U0216127

吉林人民出版社

简体字本二十六史

旧唐书

卷一——卷二七

（一）

［后晋］刘　昫等　撰

廉湘民等　标点

目　　录

旧唐书卷一
本纪第一

高　祖

　　高祖神尧大圣光孝皇帝姓李氏，讳渊。其先陇西狄道人。凉武昭王暠七代孙也。暠生歆，歆生重耳，仕魏为弘农太守。重耳生熙，为金门镇将，领豪杰镇武川，因家焉。仪凤中，追尊宣皇帝。熙生天锡，仕魏为幢主。大统中，赠司空。仪凤中，追尊光皇帝。皇祖讳虎，后卫左仆射，封陇西郡公，与周文帝及太保李弼、大司马独孤信等以功参佐命，当时称为"八柱国家"，仍赐姓大野氏。周受禅，追封唐国公，谥曰襄。至隋文帝作相，还复本姓。武德初，追尊景皇帝，庙号太祖，陵曰永康。皇考讳昞，周安州总管、柱国大将军，袭唐国公，谥曰仁。武德初，追尊元皇帝，庙号世祖，陵曰兴宁。

　　高祖以周天和元年生于长安，七岁袭唐国公。及长，倜傥豁达，任性真率，宽仁容众，无贵贱咸得其欢心。隋受禅，补千牛备身。文帝独孤皇后，即高祖从母也，由是特见亲爱，累转谯、陇、岐三州刺史。有史世良者，善相人，谓高祖曰："公骨法非常，必为人主，愿自爱，勿忘鄙言。"高祖颇以自负。

　　大业初，为荥阳、楼烦二郡太守，征为殿内少监。九年，迁卫尉少卿。辽东之役，督运于怀远镇。及杨玄感反，诏高祖驰驿镇弘化郡，兼知关右诸军事。高祖历试中外，素树恩德，及是结纳豪杰，众多款附。时炀帝多所猜忌，人怀疑惧。会有诏征高祖诣行在所，遇疾未谒。时甥王氏在后宫，帝问曰："汝舅何迟？"王氏以疾对，帝曰：

"可得死否?"高祖闻之益惧,因纵酒沉湎,纳贿以混其迹焉。十一年,炀帝幸汾阳宫,命高祖往山西、河东黜陟讨捕。师次龙门,贼帅母端儿帅众数千薄于城下。高祖从十余骑击之,所射七十发,皆应弦而倒。贼乃大溃。十二年,迁右骁卫将军。

十三年,为太原留守。郡丞王威、武牙郎将高君雅为副将。群贼蜂起,江都阻绝。太宗与晋阳令刘文静首谋,劝举义兵。俄而马邑校尉刘武周据汾阳宫举兵反。太宗与王威、高君雅将集兵讨之。高祖乃命太宗与刘文静及门下客长孙顺德、刘弘基各募兵,旬日间众且一万,密遣使召世子建成及元吉于河东。威、君雅见兵大集,恐高祖为变,相与疑惧,请高祖祈雨于晋祠,将为不利。晋阳乡长刘世龙知之,以告高祖,高祖阴为之备。五月甲子,高祖与威、君雅视事。太宗密严兵于外,以备非常。遣开阳府司马刘政会告威等谋反,即斩之以徇,遂起义兵。甲戌,遣刘文静使于突厥始毕可汗,令率兵相应。六月甲申,命太宗将兵徇西河,下之。癸巳,建大将军府,并置三军,分为左右,以世子建成为陇西公、左领大都督,左统军隶焉;太宗为敦煌公、右领大都督,右统军隶焉。裴寂为大将军府长史,刘文静为司马,石艾县长殷开山为掾,刘政会为属,长孙顺德、刘弘基、窦琮等分为左右统军。开仓库以赈穷乏,远近响应。秋七月壬子,高祖率兵西图关中,以元吉为镇北将军、太原留守。癸丑,发自太原,有兵三万。丙辰,师次灵石县,营于贾胡堡。隋武牙郎将宋老生屯霍邑,以拒义师。会霖雨积旬,馈运不给。高祖命旋师,太宗切谏乃止。有白衣老父诣军门曰:"余为霍山神使谒唐皇帝曰:'八月雨止,路出霍邑东南,吾当济师'。"高祖曰:"此神不欺赵无恤,岂负我哉!"八月辛巳,高祖引师趋霍邑,斩宋老生,平霍邑。丙戌,进下临汾郡及绛郡。癸巳,至龙门,突厥始毕可汗遣康稍利率兵五百人、马二千匹,与刘文静会于麾下。隋骁卫大将军屈突通镇河东,津梁断绝,关中向义者颇以为阻。于东水滨居人竞进舟楫,不谋而至,前后数百人。九月壬寅,冯翊贼帅孙华、土门贼帅白玄度各率其众送款,并具舟楫以待义师。高祖令华与统军王长谐、刘弘基引兵渡河。

屈突通遣其武牙郎将桑显和率众数千夜袭长谐，义师不利。太宗以游骑数百掩其后，显和溃散，义军复振。丙辰，冯翊太守萧造以郡来降。戊午，高祖亲率众围河东，屈突通自守不出，乃命攻城，不利而还。文武将吏请高祖领太尉，加置僚佐。从之。华阴令李孝常以永丰仓来降。庚申，高祖率军济河，舍于长春宫。三秦士庶至者，日以千数，高祖礼之，咸过所望，人皆喜悦。丙寅，遣陇西公建成、司马刘文静屯兵永丰仓，兼守潼关，以备他盗。太宗率刘弘基、长孙顺德等前后数万人，自渭北徇三辅，所至皆下。高祖从弟父神通起兵户县，柴氏妇举兵于司竹，至是并与太宗会。鄠县贼帅丘师利、李仲文，盩厔贼帅何潘仁等合众数万来降。乙亥，命太宗自渭汭屯兵阿城，陇西公建成自新丰趣霸上。高祖率大军自下邽西上，经炀帝行宫园苑，悉罢之，宫女放还亲属。冬十月辛巳，至长乐宫，有众二十万，京师留守刑部尚书卫文昇、右翊卫将军阴世师、京兆郡丞滑仪挟代王侑以拒义师。高祖遣使至城下，谕以匡复之意再三，皆不报。诸将固请围城。十一月丙辰，攻拔京城。卫文升先已病死，以阴世师、滑仪等拒义兵，并斩之。癸亥，率百僚，备法驾，立代王侑为天子，遥尊炀帝为太上皇，大赦，改元为义宁。甲子，隋帝诏加高祖假黄钺、使持节、大都督内外诸军事、大丞相，进封唐王，总录万机。以武德殿为丞相府，改教为令。以陇西公建成为唐国世子；太宗为京兆尹，改封秦公；姑臧公元吉为齐公。十二月癸未，丞相府置长史、司录已下官僚。金城贼帅薛举寇扶风，命太宗为元帅击之。遣赵郡公孝恭招慰山南，所至皆下。癸巳，太宗大破薛举之众于扶风。屈突通自潼关奔东都，刘文静等追擒于阌乡，虏其众数万。河池太守萧瑀以郡降。丙午，遣云阳令詹俊、武功县正李仲衮徇巴蜀，下之。

　　二年春正月戊辰，世子建成为抚宁大将军、东讨元帅，太宗为副，总兵七万，徇地东都。二月，清河贼帅窦建德僭称长乐王。吴兴人沈法兴据丹阳起兵。三月丙辰，右屯卫将军宇文化及弑隋太上皇于江都宫，立秦王浩为帝，自称大丞相。徙封太宗为赵国公。戊辰，隋帝进高祖相国,总百揆,备九锡之礼。唐国置丞相以下,立皇帝祖已下四庙于长安通义里第。夏四月辛卯,停竹使符,颁银菟符于诸郡。戊戌,世子建成及太宗自东都班师。五月乙巳,天子诏高祖冕十有二旒,建天子旌旗,出警入跸。王后、王女爵命之号,一遵旧典。戊午,隋帝诏曰:"天祸隋国,大行太上皇遇盗江都,酷甚望夷,衅深骊北。悯予小子,奄造丕愆,哀号永感,心情糜溃。仰惟荼毒,仇复靡申,形影相吊,罔知启处。相国唐王,膺期命世,扶危拯溺,自北徂南,东征西怨。致九合于诸侯,决百胜于千里,纠率夷夏,大庇甿黎,保乂朕躬,系王是赖。德侔造化,功格苍旻,兆庶归心,历数斯在,屈为人臣,载违天命。在昔虞、夏,揖让相推,苟非重华,谁堪今禹。当今九服崩离,三灵改卜,大运去矣,请避贤路。兆谋布德,顾己莫能,私僮命驾,须归藩国。予本代王,及予而代,天之所废,岂其如是?庶凭稽古之圣,以诛四凶;幸值惟新之恩,预充三恪。雪冤耻于皇祖,守禋祀为孝孙,朝闻夕殒,及泉无恨。今遵故事,逊于旧邸,庶官群辟,改事唐朝。宜依前典,趋上尊号,若释重负,感泰兼怀。假手真人,俾除丑逆,济济多士,明知朕意。仍敕有司,凡有表奏,皆不得以闻"。遣使持节、兼太保、刑部尚书、光禄大夫、梁郡公萧造,兼太尉、司农少卿裴之隐奉皇帝玺绶于高祖。高祖辞让,百僚上表劝进,至于再三,乃从之。隋帝逊于旧邸。改大兴殿为太极殿。甲子,高祖即皇帝位于太极殿,命刑部尚书萧造兼太尉,告于南郊,大赦天下,改隋义宁二年为唐武德元年。官人百姓,赐爵一级。义师所行之处,给复三年。罢郡置州,改太守为刺史。丁卯,宴百官于太极殿,赐帛有差。东都留守官共立隋越王侗为帝。壬申,命相国长史裴寂等修律令。六月甲戌,太宗为尚书令,相国府长史裴寂为尚书右仆射,相国府司马刘文静为纳言,隋民部尚书萧瑀、相国府司录窦威并为内史令。废隋《大业律令》,颁新格。己卯,备法驾,迎皇高祖宣简公已下神主祔于太庙,追谥妣窦氏为太穆皇后,陵曰寿安。庚辰,立世子建成为皇太子。封太宗为秦王,齐国公元吉为齐王。封宗室蜀国公孝基为永安王,柱国公道玄为淮阳王,长平公叔良为长平王,郑国公神通为永康王,安吉公神符为襄邑王,柱国德良为长乐王,上开府道素为竟陵王,上柱国博义为陇西王,奉慈为渤海王。诸州总管加号使持节。癸未,封隋帝为酅国公。薛举寇泾州,命秦王为西讨元帅,征之。改封永康王神通为淮安王。壬辰,加秦王雍州牧,余官如故。辛丑,内史令窦威卒。秋七月丙午,刑部尚书萧造为太子太保,追封皇子玄霸为卫王。西突厥遣使内附。秦王与薛举大战于泾州,我师败绩。八月壬午,薛举死,其子仁杲复僭称帝,命秦王为元帅以讨之。丁亥,诏曰:“隋太常卿高颎、上柱国贺若弼,并抗节不阿,矫枉无挠;司隶大夫薛道衡、刑部尚书宇文弜、左翊卫将军董纯,并怀忠抱义,以陷极刑,宜从褒饰,以慰泉壤。颎可赠上柱国、郯国公,弼赠上柱国、杞国公,各令有司加谥。道衡赠上开府、临河县公,弜赠上开府、平昌县公,纯赠柱国、狄道县公。”又诏曰:“隋右骁卫大将军李金才、左光禄大夫李敏,并鼎族高门,元功世胄,横受屠杀,朝野称冤。然李氏将兴,天祚有应,冥契深隐,妄肆诛夷。朕受命君临,志存刷荡,申冤旌善,无忘寤寐。金才可赠上柱国、申国公,敏可赠柱国、观国公。又前代酷滥子孙被流者,并放还乡里。”凉州贼帅李轨以其地来降,拜凉州总管,封凉王。九月乙巳,亲录囚徒,改银菟符为铜鱼符。辛未,追谥隋太上皇为炀帝。宇文化及至魏州,鸩杀秦王浩,僭称天子,国号许。冬十月壬申,朔,日有蚀之。李密率众来降。封皇从父弟襄武公琛为襄武王,黄台公瑗为卢江王。癸巳,诏行傅仁均所造《戊寅历》。十一月己酉,以京师谷贵,令四面入关者,车马牛驴各给课米,充其自食。秦王大破薛仁杲于浅水原,降之,陇右平。乙巳,凉王李轨僭称天子于凉州。诏颁五十三条格,以约法缓刑。十二月壬申,加秦王太尉、陕东道大行台。丁丑,封上柱国李孝常为义安王。庚子,李密反于桃林,行军总管盛彦师追讨,斩之。

二年春正月乙卯,初令文官遭父母丧者,听去职。黄门侍郎陈叔达兼纳言。二月丙戌,诏天下诸宗人无职任者,不在徭役之限,每州置宗师一人，以相统摄。丁酉，窦建德攻宇文化及于聊城，斩之，传首突厥。闰月辛丑，刘武周侵我并州。己酉，李密旧将徐世勣以黎阳之众及河南十郡降，授黎州总管，封曹国公，赐姓李氏。庚戌，上微行都邑，以察甿俗，即日还宫。甲寅，贼帅朱粲杀我使散骑常侍段确，奔洛阳。夏四月乙巳，王世充篡越王侗位，僭称天子，国号郑。辛亥，李轨为其伪尚书安兴贵所执以降，河右平。突厥始毕可汗死。五月己卯，酅国公薨，追崇为隋帝，谥曰恭。六月戊寅，令国子学立周公、孔子庙，四时致祭，仍博求其后。癸亥，尚书右仆射裴寂为晋州道行军总管，以讨刘武周。秋七月壬申，置十二军，以关内诸府分隶焉。王世充遣其将罗士信侵我谷州，士信率其众来降。西突厥叶护可汗及高昌并遣使朝贡。九月辛未，贼帅李子通据江都，僭称天子，国号吴。沈法兴据毗陵，僭称梁王。丁丑，和州贼帅杜伏威遣使来降，授和州总管、东南道行台尚书令，封楚王。裴寂与刘武周将宋金刚战于介州，我师败绩，右武卫大将军姜宝谊死之。并州总管齐王元吉惧武周所逼，奔于京师，并州陷。乙未，京师地震。冬十月己亥，封幽州总管罗艺为燕郡王，赐姓李氏。黄门侍郎杨恭仁为纳言。杀民部尚书、鲁国公刘文静。乙卯，讨刘武周军于蒲州，为诸军声援。壬子，刘武周进围晋州。甲子，上亲祠华岳。十一月丙子，窦建德陷黎阳，尽有山东之地。淮安王神通、左武候大将军李世勣皆没于贼。十二月丙申，永安王孝基、工部尚书独孤怀恩、总管于筠为刘武周将宋金刚掩袭，并没焉。甲辰，狩于华山。壬子，大风拔木。

三年春正月辛巳，幸蒲州，命祀舜庙。癸巳，至自蒲州。甲午，李世勣于窦建德所自拔归国。建德僭称夏王。二月丁酉，京师西南地有声如山崩。庚子，幸华阴。工部尚书独孤怀恩谋反，伏诛。三月癸酉，西突厥叶护可汗、高昌王麴伯雅遣使朝贡。突厥贡条支巨鸟。己卯，改纳言为侍中、内史令为中书令，给事郎为给事中。甲戌，内史侍郎封德彝兼中书令。封贼帅刘孝真为彭城王，赐姓李氏。夏四月壬寅，至自华阴。于益州置行台尚书省。甲寅，加秦王益州道行台尚书令。秦王大破宋金刚于介州,金刚与刘武周俱奔突厥,遂平并州。伪总管尉迟敬德、寻相以介州降。六月壬辰,徙封楚王杜伏威为吴王,赐姓李氏,加授东南道行台尚书令。丙午,亲录囚徒。封皇子元景为赵王,元昌为鲁王,元亨为酆王;皇孙承宗为太原王,承道为安陆王,承乾为恒山王,恪为长沙王,泰为宜都王。秋七月壬戌,命秦王率诸军讨王世充。遣皇太子镇蒲州,以备突厥。丙申,突厥杀刘武周于白道。冬十月庚子,怀戎贼帅高开道遣使降,授蔚州总管,封北平郡王,赐姓李氏。

四年春正月丁卯,窦建德行台尚书令胡大恩以大安镇来降,封定襄郡王,赐姓李氏。辛巳,命皇太子总统诸军讨稽胡。三月,徙封宜都王泰为卫王。窦建德来援王世充,攻陷我管州。夏四月甲寅,封皇子元方为周王,元礼为郑王,元嘉为宋王,元则为荆王,元茂为越王。初置都护府官员。五月已未,秦王大破窦建德之众于武牢,擒建德,河北悉平。丙寅,王世充举东都降,河南平。秋七月甲子,秦王凯旋,献俘于太庙。丁卯,大赦天下。废五铢钱,行开元通宝钱。斩窦建德于市;流王世充于蜀,未发,为仇人所害。甲戌,建德余党刘黑闼据漳反。置山东道行台尚书省于洺州。八月,衮州总管徐圆朗举兵反,以应刘黑闼,僭称鲁王。冬十月乙丑,加秦王天策上将,位在王公上,领司徒、陕东道大行台尚书令;齐王元吉为司空。乙巳,赵郡王孝恭平荆州,获萧铣。十一月甲申,于洺州置大行台,废洺州都督府。庚寅,焚都督紫微宫乾阳殿。会稽贼帅李子通以其地来降。十二月丁卯,命秦王及齐王元吉讨刘黑闼。壬申,徙封宋王元嘉为徐王。

五年春正月丙申,刘黑闼据洺州,僭称汉东王,三月丁未,秦王破刘黑闼于洺水上,尽复所陷州县,黑闼亡奔突厥。蔚州总管、北平王高开道叛,寇易州。夏四月庚戌,秦王还京师,高祖迎劳于长乐宫。壬申,代州总管、定襄郡王大恩为虏所败,战死。六月,刘黑闼引突厥寇山东。置谏议大夫官员。秋七月丁亥，吴王伏威来朝。隋汉阳太守冯盎以南越之地来降，岭表悉定。八月辛亥，以洺、荆、并、幽、交五州为大总管府。改封恒山王承乾为中山王。葬隋炀帝于扬州。丙辰，突厥颉利寇雁门。己未，进寇朔州。遣皇太子及秦王讨击，大败之。冬十月癸酉，遣齐王元吉击刘黑闼于洺州。时山东州县多为黑闼所守，所在杀长吏以应之。行军总管、淮阳王道玄与黑闼战于下博，道玄败没。十一月甲申，命皇太子率兵讨刘黑闼。丙申，幸宜州，简阅将士。十二月丙辰，校猎于华池。庚申，至自宜州。皇太子破刘黑闼于魏州，斩之，山东平。

六年春正月，吴王杜伏威为太子太保。二月辛亥，校猎于骊山。三月乙未，幸昆明池，宴百官。夏四月己未，旧宅改为通义宫，曲赦京城系囚，于是置酒高会，赐从官帛各有差。癸酉，以尚书右仆射、魏国公裴寂为左仆射，中书令、宋国公萧瑀为右仆射，侍中、观国公杨恭仁为吏部尚书。秋七月，突厥颉利寇朔州，遣皇太及秦王屯并州以备之。八月壬子，东南道行台仆射辅公祏据丹阳反，僭称宋王，遣赵郡王孝恭及岭南道大使、永康县公李靖讨之。丙寅，吐谷浑内附。九月丙子，突厥退，皇太子班师。改东都为洛州。高开道引突厥寇幽州。冬十月，幸华阴。十一月，校猎于沙苑。十二月乙巳，以奉义监为龙跃宫，武功宅为庆善宫。甲寅，至自华阴。

七年春正月己酉，封高丽王高武为辽东郡王，百济王扶余璋为带方郡王，新罗王金真平为乐浪郡王。二月，高开道为部将张金树所杀，以其地降。丁巳，幸国子学，亲临释奠。改大总管府为大都督府。吴王伏威薨。三月戊寅，废尚书省六司侍郎，增吏部郎中，秩正四品，掌选事。戊戌，赵郡王孝恭大破辅公祏，擒之，丹阳平。夏四月庚子，大赦天下，颁行新律令。以天下大定，诏遭父母丧者听终制。五月，造仁智宫于宜州之宜君县。李世勣讨徐圆朗，平之。六月辛丑，幸仁智宫。秋七月甲午，至自仁智宫。巂州地震山崩，江水咽流。八月戊辰，突厥寇并州，京师戒严。壬午，突厥退。乙未，京师解严。冬十月丁卯，幸庆善宫。癸酉，幸终南山，谒老子庙。十一月戊辰，校猎于高陵。庚午，至自庆善宫。

八年春二月己巳，亲录囚徒，多所原宥。夏四月，造太和宫于终南山。六月甲子，幸太和宫。突厥寇定州，命皇太子往幽州，秦王往并州，以备突厥。八月，并州道总管张公谨与突厥战于太谷，王师败绩，中书令温彦博没于贼。九月，突厥退。冬十月辛巳，幸周氏陂校猎，因幸龙跃宫。十一月辛卯，幸宜州。庚子，讲武于同官县。改封蜀王元轨为吴王，汉王元庆为陈王。加授秦王中书令，齐王元吉侍中，天策上将府司马宇文士及权检校侍中。十二月辛酉，至自宜州。

九年春正月丙寅，命州县修城隍备突厥。尚书左仆射、魏国公裴寂为司空。二月庚申，加齐王元吉为司徒。戊寅，亲祠社稷。三月辛卯，幸昆明池。夏五月辛巳，以京师寺观不甚清净，诏曰："释迦阐教，清净为先，远离尘垢，断除贪欲。所以弘宣胜业，修植善根，开导愚迷，津梁品庶。是以敷演经教，检约学徒，调忏身心，舍诸染著，衣服饮食，咸资四辈。自觉王迁谢，像法流行，末代陵迟，渐以亏滥。乃有猥贱之侣，规自尊高；浮惰之人，苟避徭役。妄为剃度，托号出家，嗜欲无厌，营求不息。出入间里，周旋阛阓，驱策田产，聚积货物。耕织为生，估贩成业，事同编户，迹等齐人。进违戒律之文，退无礼典之训。至乃亲行劫掠，躬自穿窬，造作妖讹，交通豪猾。每罹宪纲，自陷重刑，黩乱真如，倾毁妙法。譬兹稂莠，有秽嘉苗；类彼淤泥，混夫清水。又伽蓝之地，本曰净居，栖心之所，理尚幽寂。近代以来，多立寺舍，不求闲旷之境，唯趋喧杂之方。缮采崎岖，栋宇殊拓，错舛隐匿，诱纳奸邪。或有接延鄽邸，邻近屠酤，埃尘满室，膻腥盈道。徒长轻慢之心，有亏崇敬之义。且老氏垂化，本实冲虚，养志无为，遗情物外。全真守一，是谓玄门，驱驰世务，尤乖宗旨。朕膺期驭宇，兴隆教法，志思利益，情在护持。欲使玉石区分，薰莸有辨，长存妙道,永固福田,正本澄源,宜从沙汰。诸僧、尼、道士、女冠等,有精勤练行、守戒律者,并令大寺观居住,给衣食,勿令乏短。其不能精进、戒行者有缺、不堪供养者,并令罢遣,各还桑梓。所司明为条式,务依法教,违制之事,悉宜停断。京城留寺三所,观二所。其余天下诸州,各留一所。余悉罢之。"事竟不行。六月庚申,秦王以皇太子建成与齐王元吉同谋害己,率兵诛之。诏立秦王为皇太子,总统万机,大赦天下。八月癸亥,诏传位于皇太子。尊帝为太上皇,徙居弘义宫,改名太安宫。贞观八年三月甲戌,高祖宴西突厥使者于两仪殿,顾谓长孙无忌曰:"当今蛮夷率服,古未尝有。"元忌上千万岁寿。高祖大悦,以酒赐太宗。太宗又奉觞上寿,流涕而言曰:"百姓获安,四夷咸附,皆奉遵圣旨,岂臣之力?"于是太宗与文德皇后互进御膳,并上服御衣物,一同家人常礼。是岁,阅武于城西,高祖亲自临视,劳将士而还。置酒于未央宫,三品已上咸侍。高祖命突厥颉利可汗起舞,又遣南越酋长冯智戴咏诗,既而笑曰:"胡、越一家,自古未之有也。"太宗奉觞上寿曰:"臣早蒙慈训,教以文道。爰从义旗,平定京邑。重以薛举、武周、世充、建德,皆上禀睿算,幸而克定。三数年间,混一区宇。天慈崇宠,遂蒙重任。今上天垂佑,时和岁阜,被发左衽,并为臣妾。此岂臣智力,皆由上禀圣算。"高祖大悦,群臣皆呼万岁,极夜方罢。

九年五月庚子,高祖大渐,下诏:"既殡之后,皇帝宜于别所视军国大事。其服轻重,悉从汉制,以日易月。园陵制度,务从俭约。"是日,崩于太安宫之垂拱前殿,年七十。群臣上谥曰大武皇帝,庙号高祖。十月庚寅,葬于献陵。高宗上元元年八月,改上尊号曰神尧皇帝。天宝十三年二月,上尊号神尧大圣光孝皇帝。

史臣曰:有隋季年,皇图板荡,荒主爄燎原之焰,群盗发逐鹿之机,珍暴无厌,横流靡救。高祖审独夫之运去,知新主之勃兴,密运雄图,未伸龙跃。而屈己求可汗之援,卑辞答李密之书,决神机而速若疾雷,驱豪杰而从如偃草。洎讴谣允属,揖让受终,刑名大剗于烦苟,爵位不逾于荁轴。由是攫金有耻,伏莽知非,人怀汉道之宽平,不责高皇之慢骂。然而优柔失断,浸润得行,诛文静则议法不从,酬裴寂则曲恩太过。奸佞由之'贝锦,嬖幸得以掇蜂。献公遂间于申生,小白宁怀于召忽。一旦兵交爱子,矢集申孙。匈奴寻犯于便桥,京邑咸忧于左衽。不有圣子,王业殆哉!

赞曰:高皇创图,势若摧枯。国运神武,家难圣谟。言生床第,祸切肌肤,《鸱鸮》之咏,无损于吾。

旧唐书卷二
本纪第二

太宗上

太宗文武大圣大广孝皇帝讳世民，高祖第二子也。母曰太穆顺圣皇后窦氏。隋开皇十八年十二月戊午，生于武功之别馆。时有二龙戏于馆门之外，三日而去。高祖之临岐州，太宗时年四岁。有书生自言善相，谒高祖曰："公贵人也，且有贵子。"见太宗，曰："龙凤之姿，天日之表，年将二十，必能济世安民矣。"高祖惧其言泄，将杀之，忽失所在。因采"济世安民"之义以为名焉。太宗幼聪睿，玄鉴深远，临机果断，不拘小节，时人莫能测也。

大业末，炀帝于雁门为突厥所围，太宗应募救援，隶屯卫将军云定兴营。将行，谓定兴曰："必赍旗鼓以设疑兵，且始毕可汗举国之师，敢围天子，必以国家仓卒无援。我张军容，令数十里幡旗相续，夜则钲鼓相应，虏必谓救兵云集，望尘而遁矣。不然，彼众我寡，悉军来战，必不能支矣。"定兴从焉，师次崞县，突厥候骑驰告始毕曰："王师大至。"由是解围而遁。及高祖之守太原，太宗时年十八。有高阳贼帅魏刀儿，自号历山飞，来攻太原，高祖击之，深入贼阵。太宗以轻骑突围而进，射之，所向皆披靡，拔高祖于万众之中。适会步兵至，高祖与太宗又奋击，大破之。

时隋祚已终，太宗潜图义举，每折节下士，推财养客，群盗大侠，莫不愿效死力。及义兵起，乃率兵略徇西河，克之。拜右领大都督，右三军皆隶焉，封敦煌郡公。大军西上贾胡堡，隋将宋老生率精兵二万屯霍邑，以拒义师。会久雨，粮尽，高祖与裴寂议，且还太原，以图后举。太宗曰："本兴大义以救苍生，当须先入咸阳，号令天下。遇小敌即班师，将恐从义之徒一朝解体。还守太原一城之地，此为贼耳，何以自全？"高祖不纳，促令引发。太宗遂号泣于外，声闻帐中。高祖召问其故，对曰："今兵以义动，进战则必克，退还则必散。众散于前，敌乘于后，死亡须臾即至，是以悲耳。"高祖乃悟而止。八月己卯，雨霁。高祖引师趣霍邑。太宗恐老生不出战，乃将数骑先诣其城下，举鞭指麾，若将围城者，以激怒之。老生果怒，开门出兵，背城而阵。高祖与建成合阵于城东，太宗及柴绍阵于城南。老生麾兵疾进，先薄高祖，而建成坠马，老生乘之，高祖与建成军咸却。太宗自南原率二骑驰下峻坂，冲断其军，引兵奋击，贼众大败，各舍仗而走。悬门发，老生引绳欲上，遂斩之，平霍邑。

至河东，关中豪杰争走赴义。太宗请进师入关，取永丰仓以赈穷乏，收群盗以图京师，高祖称善。太宗以前军济河，先定渭北。三辅吏民及诸豪猾诣军门请自效者日以千计，扶老携幼，满于麾下。收纳英俊，以备僚列，远近闻者，咸自托焉。师次于泾阳，胜兵九万，破胡贼刘鹞子，并其众。留殷开山、刘弘基屯长安故城。太宗自趣司竹，贼帅李仲文、何潘仁、向善志等皆来会，顿于阿城，获兵十三万。长安父老赍牛酒诣旌门者不可胜纪，劳而遣之，一无所受。军令严肃，秋毫无所犯。寻与大军平京城。高祖辅政，受唐国内史，改封秦国公。会薛举以劲卒十万来逼渭滨，太宗亲击之，大破其众，追斩万余级，略地至于陇坻。

义宁元年十二月，复为右元帅，总兵十万徇东都。及将旋，谓左右曰："贼见吾还，必相追蹑。"设三伏以待之。俄而隋将段达率万余人自后而至，度三王陵，发伏击之，段达大败，追奔至于城下。因于宜阳、新安置熊、谷二州，戍之而还。徙封赵国公。高祖受禅，拜尚书令、右武候大将军，进封秦王，加授雍州牧。

武德元年七月，薛举寇泾州。太宗率众讨之，不利而旋。九月，薛举死,其子仁杲嗣立。太宗又为元帅,以击仁杲,相持于折墌城,深沟高垒者六十余日。贼众十余万,兵锋甚锐,数来挑战,太宗按甲以挫之。贼粮尽,其将牟君才、梁胡郎来降。太宗谓诸将军曰:"彼气衰矣,吾当取之。"遣将军庞玉先阵于浅水原南以诱之,贼将宗罗候并军来拒,玉军几败。既而太宗亲御大军,奄自原北,出其不意。罗候望见,复回师相拒。太宗将骁骑数十入贼阵,于是王师表里齐奋,罗候大溃,斩首数千级,投涧谷而死者不可胜计。太宗率左右二十余骑追奔,直趣折墌以乘之。仁杲大惧,婴城自守。将夕,大军继至,四面合围。诘朝,仁杲请降,俘其精兵万余人、男女五万口。既而诸将奉贺,因问曰:"始大王野战破贼,其主尚保坚城,王无攻具,轻骑腾逐,不待步兵,径薄城下,咸疑不克,而竟下之,何也?"太宗曰:"此以权道迫之,使其计不暇发,以故克也。罗睺恃往年之胜,兼复养锐日久,见吾不出,意在相轻。今喜吾出,悉兵来战,虽击破之,擒杀盖少。若不急蹑,还走投城,仁杲收而抚之,则便未可得矣。且其兵众皆陇西人,一败披退,不及回顾,败归陇外,则折墌自虚,我军随而迫之,所以惧而降也。此可谓成算,诸君尽不见耶?"诸将曰:"此非凡人所能及也。"获贼兵精骑甚众,还令仁杲兄弟及贼帅宗罗睺、翟长孙等领之。太宗与之游猎驰射,无所间然。贼徒荷恩慑气,咸愿效死。时李密初附,高祖令密驰传迎太宗于豳州。密见太宗天姿神武,军威严肃,惊悚叹服,私谓殷开山曰:"真英主也。不如此,何以定祸乱乎?"凯旋,献捷于太庙。拜太尉、陕东道行台尚书令,镇长春宫,关东兵马并受节度。寻加左武候大将军、凉州总管。

宋金刚之陷浍州也,兵锋甚锐。高祖以王行本尚据蒲州,吕崇茂反于夏县,晋、浍二州相继陷没,关中震骇,乃手敕曰:"贼势如此,难与争锋,宜弃河东之地,谨守关西而已。"太宗上表曰:"太原王业所基,国之根本。河东殷实,京邑所资。若举而弃之,臣窃愤恨。愿假精兵三万,必能平殄武周,克复汾、晋。"高祖于是悉发关中兵以益之,又幸长春宫亲送太宗。

　　二年十一月,太宗率众趣龙门关,履冰而渡之,进屯柏壁,与贼将宋金刚相持。寻而永安王孝基败于夏县,于筠、独孤怀恩、唐俭并为贼将寻相、尉迟敬德所执,将还浍州。太宗遣殷开山、秦叔宝邀之于美良川,大破之,相等仅以身免,悉虏其众,复归柏壁。于是将咸请战,太宗曰:“金刚悬军千里,深入吾地,精兵骁将皆在于此。武周据太原,专倚金刚以为捍。士卒虽众,内实空虚,意在速战。我坚营蓄锐以挫其锋,粮尽计穷,自当遁走。”

　　三年二月,金刚竟以众馁而遁,太宗追之至介州。金刚列阵,南北七里,以拒官军。太宗遣总管李世勣、程咬金、秦叔宝当其北,翟长孙、秦武通当其南。诸军战小却,为贼所乘。太宗率精骑击之,冲其阵后,贼众大败,追奔数十里。敬德、相率众八千来降,还令敬德督之,与军营相参。屈突通惧其为变,骤以为请。太宗曰:“昔萧王推赤心置人腹中,并能毕命,今委任敬德,又何疑也。”于是刘武周奔于突厥,并、汾悉复旧地。诏就军加拜益州道行台尚书令。七月,总率诸军攻王世充于洛邑,师次谷州,世充率精兵三万阵于慈涧。太宗以轻骑挑之,时众寡不敌,陷于重围,左右咸惧。太宗命左右先归,独留后殿。世充骁将单雄信数百骑夹道来逼,交抢竞进,太宗几为所败。太宗左右射之,无不应弦而倒,获其大将燕颀。世充乃拔慈涧之镇归于东都。太宗遣行军总管史万宝自宜阳南据龙门,刘德威自太行东围河内,王君廓自洛口断贼粮道。又遣黄君汉夜从孝水河中下舟师袭回洛城,克之。黄河已南,莫不响应,城堡相次来降。大军进屯邙山。九月,太宗以五百骑先观战地,卒与世充万余人相遇,会战,复破之,斩首三千余级,获大将陈智略,世充仅以身免。其所署筠州总管杨庆遣使请降,遣李世勣率师出轩辕道安抚其众。荥、汴、洧、豫九州相继来降。世充遂求救于窦建德。

　　四年二月,又进屯青城宫。营垒未立,世充众二万自方诸门临谷水而阵。太宗以精骑阵于北邙山,令屈突通率步卒五千渡水以击之，因诚通曰："待兵交即放烟，吾当率骑军南下。"兵才接，太宗以骑冲之，挺身先进，与通表里相应。贼众殊死战，散而复合者数焉。自辰及午，贼众始退。纵兵乘之，俘斩八千人，于是进营城下。世充不敢复出，但婴城自守，以待建德之援。太宗遣诸军掘堑，匝布长围以守之。吴王杜伏威遣其将陈正通、徐召宗率精兵二千来会于军所。伪郑州司马沈悦以武牢降，将军王君廓应之，擒其伪荆王王行本。

　　会窦建德以兵十余万来援世充，至于酸枣。萧瑀、屈突通、封德彝皆以腹背受敌，恐非万全，请退师谷州以观之。太宗曰："世充粮尽，内外离心，我当不劳攻击，坐收其敝。建德新破孟海公，将骄卒惰，吾当进据武牢，扼其襟要。贼若冒险与我争锋，破之必矣。如其不战，旬日间世充当自溃。若不速进，贼入武牢，诸城新附，必不能守。二贼并力，将若之何？"通又请解围就险以候其变，太宗不许。于是留通辅齐王元吉以围世充，亲率步骑三千五百人趣武牢。

　　建德自荥阳西上，筑垒于板渚，太宗屯武牢，相持二十余日。谍者曰："建德伺官军刍尽，候牧马于河北，因将袭武牢。"太宗知其谋，遂牧马河北以诱之。诘朝，建德果悉众而至，陈兵汜水，世充将郭士衡阵于其南，绵亘数里，鼓噪，诸将大惧。太宗将数骑升高丘以望之，谓诸将曰："贼起山东，未见大敌。今度险而战，是无政令；逼城而阵，有轻我心。我按兵不出，彼乃气衰，阵久卒饥，必将自退，追而击之，无往不克。吾与公等约，必以午时后破之。"建德列阵，自辰至午，兵士饥倦，皆坐列，又争饮水，逡巡敛退。太宗曰："可击矣！"亲率轻骑追而诱之，众继至。建德回师而阵，未及整列，太宗先登击之，所向皆靡。俄而众军合战，嚣尘四起。太宗率史大奈、程咬金、秦叔宝、宇文歆等挥幡而入，直突出其阵后，张我旗帜。贼顾见之，大溃。追奔三十里，斩首三千余级，虏其众五万，生擒建德于阵。太宗数之曰："我以干戈问罪，本在王世充，得失存亡，不预汝事，何故越境，犯我兵锋？"建德股栗而言曰："今若不来，恐劳远取。"高祖闻而大悦，手诏曰："隋氏分崩，崤函隔绝。两雄合势，一朝清荡。兵既克捷,更无死伤。无愧为臣,不忧其父,并汝功也。"

乃将建德至东都城下。世充惧,率其官属二千余人诣军门请降,山东悉平。太宗入据宫城,令萧瑀、窦轨等封守府库,一无所取,令记室房玄龄收隋图籍。于是诛其同恶段达等五十余人,枉被囚禁者悉释之,非罪诛戮者祭而诔之。大飨将士,班赐有差。高祖令尚书左仆射裴寂劳于军中。

六月,凯旋。太宗亲披黄金甲,陈铁马一万骑,甲士三万人,前后部鼓吹,俘二伪主及隋氏器物辇辂献于太庙。高祖大悦,行饮至礼以享焉。高祖以自古旧官不称殊功,乃别表徽号,用旌勋德。十月,加号天策上将、陕东道大行台,位在王公上。增邑二万户,通前二万户。赐金辂一乘,衮冕之服,玉璧一双,黄金六千斤,前后部鼓吹及九部之乐,班剑四十人。

于时海内渐平,太宗乃锐意经籍,开文学馆以待四方之士。行台司勋郎中杜如晦等十有八人为学士,每更置阁下,降以温颜,与之讨论经义,或夜分而罢。

未几,窦建德旧将刘黑闼举兵反,据洺州。十二月,太宗总戎东讨。

五年正月,进军肥乡,分兵绝其粮道,相持两月。黑闼窘急求战,率步骑二万,南渡洺水,晨压官军。太宗亲率精骑,击其马军,破之,乘胜蹂其步卒,贼大溃,斩首万余级。先是,太宗遣堰洺水上流使浅,令黑闼得渡。及战,乃令决堰,水大至,深丈余,贼徒既败,赴水者皆溺死焉。黑闼与二百余骑北走突厥,悉虏其众,河北平。时徐圆朗阻兵徐、衮,太宗回师讨平之,于是河、济、江、淮诸郡邑皆平。十月,加左右十二卫大将军。

七年秋,突厥颉利二可汗自原州入寇,侵扰关中。有说高祖云:"只为府藏子女在京师,故突厥来,若烧却长安而不都,则胡寇自止。"高祖乃遣中书侍郎宇文士及行山南可居之地,即欲移都。萧瑀等皆以为非,然终不敢犯颜正谏。太宗独曰:"霍去病,汉廷之将帅耳,犹且志灭匈奴。臣忝备藩维,尚使胡尘不息,遂令陛下议欲迁都,此臣之责也。幸乞听臣一申微效,取彼颉利。若一两年间不系其颈,徐建移都之策,臣当不敢复言。"高祖怒,仍遣太宗将三十余骑行划。还日,固奏必不可移都,高祖遂止。八年,加中书令。

　　九年,皇太子建成、齐王元吉谋害太宗,六月四日,太宗率长孙无忌、尉迟敬德、房玄龄、杜如晦、宇文士及、高士廉、侯君集、程知节、秦叔宝、段志玄、屈突通、张士贵等于玄武门诛之。甲子,立为皇太子,庶政皆断决。太宗乃纵禁苑所养鹰犬,并停诸方所进珍异,政尚简肃,天下大悦。又令百官各上封事,备陈安人理国之要。已巳,令曰:"依礼,二名不偏讳。近代已来,两字兼避,废阙已多,率意而行,有违经典。其官号、人名、公私文籍,有'世民'两字不连续者,并不须讳。"罢幽州大都督府。辛未,废陕东道大行台,置洛州都督府;废益州道行台,置益州大都督府。壬午,幽州大都督庐江王瑗谋逆,废为庶人。乙酉,罢天策府。

　　七月壬辰,太子左庶子高士廉为侍中,右庶子房玄龄为中书令,尚书右仆射萧瑀为尚书左仆射,吏部尚书杨恭仁为雍州牧,太子左庶子长孙无忌为吏部尚书,右庶子杜如晦为兵部尚书,太子詹事宇文士及为中书令,封德彝为尚书右仆射。

　　八月癸亥,高祖传位于皇太子,太宗即位于东宫显德殿。遣司空、魏国公裴寂柴告于南郊。大赦天下。武德元年以来责情流配者并放还。文武官五品已上先无爵者赐爵一级,六品已下加勋一转。天下给复一年。癸酉,放掖庭宫女三千余人。甲戌,突厥颉利、突利寇泾州。乙亥,突厥进寇武功,京师戒严。丙子,立妃长孙氏为皇后。己卯,突厥寇高陵。辛巳,行军总管尉迟敬德与突厥战于泾阳,大破之,斩首千余级。癸未,突厥颉利至于渭水便桥之北,遣其酋帅执失思力入朝为觇,自张形势,太宗命囚之。亲出玄武门,驰六骑幸渭水上,与颉利隔津而语,责以负约。俄而众军继至,颉利见军容既盛,又知思力就拘，由是大惧，遂请和，诏许焉。即日还宫。乙酉，又幸便桥，与颉利刑白马设盟，突厥引退。

九月丙戌，颉利献马三千匹、羊万口，帝不受，令颉利归所掠中国户口。丁未，引诸卫骑兵统将等习射于显德殿庭，谓将军已下曰："自古突厥与中国，更有盛衰。若轩辕善用五兵，即能北逐獯鬻；周宣驱驰方、召，亦能制胜太原。至汉、晋之君，逮于隋代，不使兵士素习干戈，突厥来侵，莫能抗御，致遣中国生民涂炭于寇手。我今不使汝等穿池筑苑，造诸淫费，农民恣令逸乐，兵士唯习弓马，庶使汝斗战，亦望汝前无横敌。"于是每日引数百人于殿前教射，帝亲自临试，射中者随赏弓刀、布帛。朝臣多有谏者，曰："先王制法，有以兵刃至御所者刑之，所以防萌杜渐，备不虞也。今引裨卒之人，弯弧纵矢于轩陛之侧，陛下亲在其间，正恐祸出非意，非所以为社稷计也。"上不纳。自是后，士卒皆为精锐。壬子，诏私家不得辄立妖神，妄设淫祀，非礼祠祷，一皆禁绝。其龟易五兆之外，诸杂占卜，亦皆停断。长孙无忌封齐国公，房玄龄邢国公，尉迟敬德吴国公，杜如晦蔡国公，侯君集潞国公。

冬十月丙辰朔，日有蚀之。癸亥，立中山王承乾为皇太子。癸酉，裴寂食实封一千五百户，长孙无忌、王君廓、尉迟敬德、房玄龄、杜如晦一千三百户，长孙顺德、柴绍、罗艺、赵郡王孝恭一千二百户，侯君集、张公谨、刘师立一千户，李世勣、刘弘基九百户，高士廉、宇文士及、秦叔宝、程知节七百户，安兴贵、安修仁、唐俭、窦轨、屈突通、萧瑀、封德彝、刘义节六百户，钱九陇、樊世兴、公孙武达、李孟常、段志玄、庞卿恽、张亮、李药师、杜淹、元仲文四百户，张长逊、张平高、李安远、李子和、秦行师、马三宝三百户。

十一月庚寅，降宗室封郡王者并为县公。

十二月癸酉，亲录囚徒。

是岁，新罗、龟兹、突厥、高丽、百济、党项并遣使朝贡。

贞观元年春正月乙酉，改元。辛丑，燕郡王李艺据泾州反，寻为左右所斩,传首京师。庚午,以仆射窦轨为益州大都督。

三月癸巳,皇后亲蚕。尚书左仆射、宋国公萧瑀为太子少师。丙午,诏:"齐故尚书仆射崔季舒、给事黄门侍郎郭遵、尚书右丞封孝琰等,昔仕邺中,名位通显,志存忠说,抗表极言,无救社稷之亡,遂见龙逢之酷。其季舒子刚、遵子云、孝琰子君遵,并以门遭时谴,淫刑滥及。宜从褒奖,特异常伦,可免内侍,量才别叙。"

夏四月癸巳,凉州都督、长乐王幼良有罪伏诛。

六月辛巳,尚书右仆射、密国公封德彝薨。壬辰,太子少保宋国公萧瑀为尚书左仆射。

是夏,山东诸州大旱,令所在赈恤,无出今年租赋。

秋七月壬子,吏部尚书、齐国公长孙无忌为尚书右仆射。

八月戊戌,贬侍中、义兴郡公高士廉为安州大都督。户部尚书裴矩卒。是月,关东及河南、陇右沿边诸州霜害秋稼。

九月辛酉,命中书侍郎温彦博、尚书右丞魏徵等分往诸州赈恤。中书令、郯国公宇文士及为殿中监。御史大夫、检校吏部尚书、参预朝政、安吉郡公杜淹署位。

十二月壬午,上谓侍臣曰:"神仙事本虚妄,空有其名。秦始皇非分爱好,遂为方士所诈,乃遣童男女数千人随徐福入海求仙药,方士避秦苛虐,因留不归。始皇犹海侧踯躅以待之,还至沙丘而死。汉武帝为求仙,乃将女嫁道术人,事既无验,便行诛戮。据此二事,神仙不烦妄求也。"尚书左仆射、宋国公萧瑀坐事免。戊申,利州都督义安王孝常、右武卫将军刘德裕等谋反,伏诛。

是岁,关中饥,至有鬻男女者。

二年春正月辛丑,尚书右仆射、齐国公长孙无忌为开府仪同三司。徙封汉王恪为蜀王,卫王泰为越王,楚王佑为燕王。复置六侍郎,副六尚书事,并置左右司郎中各一人。前安州大都督、赵王元景为雍州牧。蜀王恪为益州大都督,越王泰为扬州大都督。

二月丙戌,靺鞨内属。

十二月戊申朔,日有蚀之。丁卯,遣御史大夫杜淹巡关内诸州。出御府金宝,赎男女自卖者还其父母。庚午,大赦天下。

夏四月己卯,诏骸骨暴露者,令所在埋瘗。丙申,契丹内属。初诏天下州县并置义仓。夏州贼帅梁师都为其从父弟洛仁所杀,以城降。

五月,大雨雹。

六月庚寅,皇子治生,宴五品以上,赐帛有差,仍赐天下是日生者粟。辛卯,上谓侍臣曰:"君虽不君,臣不可以不臣。裴虔通,炀帝旧左右也,而亲为乱首。朕方崇奖敬义,岂可犹使宰民训俗。"诏曰:

天地定位,君臣之义以彰;卑高既陈,人伦之道斯著。是用笃厚风俗,化成天下。虽复时经治乱,主或昏明,疾风劲草,芬芬无绝,剖心焚体,赴蹈如归。夫岂不爱七尺之躯,重百年之命?谅由君臣义重,名教所先,故能明大节于当时,立清风于身后。至如赵高之殒二世,董卓之鸩弘农,人神所疾,异代同愤。况凡庸小竖,有怀凶悖,退观典策,莫不诛夷。辰州刺史、长蛇县男裴虔通,昔在隋代,委质晋藩,炀帝以旧邸之情,特相爱幸。遂乃志蔑君亲,潜图弑逆,密伺间隙,招结群丑,长戟流矢,一朝窃发。天下之恶,孰云可忍!宜其夷宗焚首,以彰大戮。但年代异时,累逢赦令,可特免极刑,除名削爵,迁配驩州。

秋七月戊申,诏:"莱州刺史牛方裕、绛州刺史薛世良、广州都督府长史唐奉义、隋武牙郎将高元礼,并于隋代俱蒙任用,乃协契宇文化及,构成弑逆。宜依裴虔通,除名配流岭表。"太宗谓侍臣曰:"天下愚人,好犯宪章,凡赦宥之恩,唯及不轨之辈。古语曰:'小人之幸,君子之不幸。''一岁再赦,好人暗哑。'凡养粮莠者伤禾稼,惠奸宄者贼良人。昔文王作罚,刑兹无赦。又蜀先主尝谓诸葛亮曰:'吾周旋陈元方、郑康成间,每见启告理乱之道备矣,曾不语赦也。'夫小人者,大人之贼,故朕有天下已来,不甚放赦。今四海安静,礼义兴行,非常之恩,施不可数,将恐愚人常冀侥倖,唯欲犯法,不能改过。"

八月甲戌朔，幸朝堂，亲览冤屈。自是，上以军国无事，每日视膳于西宫。癸巳，公卿奏曰："依礼，季夏之月，可以居台榭。今隆暑未退，秋霖方始，宫中卑湿，请营一阁以居之。"帝曰："朕有气病，岂宜下湿。若遂来请，糜费良多。昔汉文帝将起露台，而惜十家之产。朕德不逮于汉帝，而所费过之，岂谓为民父母之道也。"竟不许。是月，河南、河北大霜，人饥。

九月丙午，诏曰："尚齿重旧，先王以之垂范；还章解组，朝臣于是克终。释菜合乐之仪，东胶西序之制，养老之义，遗文可睹。朕恭膺大宝，宪章故实，乞言尊事，弥切深衷。然情存今古，世踵浇季，而策名就列，或乖大体。至若筋力将尽，桑榆且迫，徒竭凤兴之勤，未悟夜行之罪。其有心惊止足，行堪激励，谢事公门，收骸闾里，能以礼让，固可嘉焉。内外文武群官年高致仕、抗表去职者，参朝之日，宜在本品见任之上。"丁未，谓侍臣曰："妇人幽闭深宫，情实可愍。隋氏末年，求采无已，至于离宫别馆，非幸御之所，多聚宫人，皆竭人财力，朕所不取。且洒扫之余，更何所用？今将出之，任求伉俪，非独以惜费，亦人得各遂其性。"于是遣尚书左丞戴胄，给事中杜正伦等，于掖庭宫西门简出之。

冬十月庚辰，御史大夫、安吉郡公杜淹卒。戊子，杀瀛州刺史卢祖尚。

十一月辛酉，有事于圆丘。

十二月壬午，黄门侍郎王珪为侍中。

三年春正月辛亥，契丹渠帅来朝。戊午，谒太庙。癸亥，亲耕籍田。辛未，司空、魏国公裴寂坐事免。

二月戊寅，中书令、邢国公房玄龄为尚书左仆射，兵部尚书、检校侍中、蔡国公杜如晦为尚书右仆射，刑部尚书、检校中书令、永康县公李靖为兵部尚书，右丞魏徵为守秘书监，参预朝政。

夏四月辛巳，太上皇徙居大安宫。甲子，太宗始于太极殿听政。

五月，周王元方薨。

六月戊寅,以旱,亲录囚徙。遣长孙无忌、房玄龄等祈雨于名山大川,中书舍人杜正伦等往关内诸州慰抚。又令文武官各上封事,极言得失,己卯,大风折木。

秋八月己巳朔,日有蚀之。薛延陀遣使朝贡。

九月癸丑,诸州置医学。

冬十一月丙午,西突厥、高昌遣使朝贡。庚申,以并州都督李世勣为通汉道行军总管,兵部尚书李靖为定襄道行军总管,以击突厥。

十二月戊辰,突利可汗来奔。癸未,杜如晦以疾辞位,许之。癸丑,诏建义以来交兵之处,为义士勇夫殒身戎阵者各立一寺,命虞世南、李伯药、褚亮、颜师古、岑文本、许敬宗、朱子奢等为之碑铭,以纪功业。

是岁,户部奏言:中国人自塞外来归及突厥前后内附、开四夷为州县者,男女一百二十余万口。

旧唐书卷三
本纪第三

太宗下

　　四年春正月乙亥，定襄道行军总管李靖大破突厥，获隋皇后萧氏及炀帝之孙正道，送至京师。癸巳，武德殿北院火。

　　二月己亥，幸温汤。甲辰，李靖又破突厥于阴山，颉利可汗轻骑远遁。丙午，至自温汤。甲寅，大赦，赐酺五日。民部尚书戴胄以本官检校吏部尚书，参预朝政。太常卿萧瑀为御史大夫，与宰臣参议朝政。御史大夫、西河郡公温彦博为中书令。

　　三月庚辰，大同道行军副总管张宝相生擒颉利可汗，献于京师。甲申，尚书右仆射、蔡国公杜如晦薨。甲午，以俘颉利告于太庙。

　　夏四月丁酉，御顺天门，军吏执颉利以献捷。自是西北诸蕃咸请上尊号为"天可汗"，于是降玺书册命其君长，则兼称之。

　　秋七月甲子朔，日有蚀之。上谓房玄龄、萧瑀曰："隋文何等主？"对曰："克己复礼，勤劳思政，每一坐朝，或至日昃。五品已上，引之论事。宿卫之人，传餐而食。虽非性体仁明，亦励精之主也。"上曰："公得其一，未知其二。此人性至察而心不明。夫心暗则照有不通，至察则多疑于物。自以欺孤寡得之，谓群下不可信任，事皆自决，虽劳神苦形，未能尽合于理。朝臣既知上意，亦复不敢直言，宰相已下，承受而已。朕意不然。以天下之广，岂可独断一人之虑？朕方选天下之才，为天下之务，委任责成，各尽其用，庶几于理也。"因令有司："诏敕不便于时，即宜执奏，不得顺旨施行。"

八月丙午，诏三品已上服紫，五品已上服绯，六品七品以绿，八品九品以青；妇人从夫色。甲寅，兵部尚书、代国公李靖为尚书左仆射。

九月庚午，令收瘗长城之南骸骨，仍令致祭。壬午，令自古明王圣帝、贤臣烈士坟墓无得刍牧，春秋致祭。

冬十月壬辰，幸陇州，曲赦陇、岐二州，给复一年。十日，校猎于贵泉谷。十三日，校猎于鱼龙川，自射鹿，献于大安宫。

甲子，至自陇州。戊寅，制决罪人不得鞭背，以明堂孔穴针灸之所。兵部尚书侯君集参议朝政。

十二月辛亥，开府仪同三司、淮安王神通薨。甲寅，高昌王麴文泰来朝。

是岁，断死刑二十九人，几致刑措。东至于海，南至于岭，皆外户不闭，行旅不赍粮焉。

五年正月癸酉，大搜于昆明池，蕃夷君长咸从。丙午，亲献禽于大安宫。己卯，幸左藏库，赐三品已上帛，任其轻重。癸未，朝集使请封禅。

己酉，封皇弟元裕为邶王，元名为谯王，灵夔为魏王，元祥为许王，元晓为密王。庚戌，封皇子愔为梁王，贞为汉王，恽为郯王，治为晋王，慎为申王，嚣为江王，简为代王。

夏四月壬辰，代王简薨。以金帛购中国人因隋乱没突厥者男女八万人，尽还其家属。

六月甲寅，太子少师、新昌县公李纲薨。

七月甲辰，遣使毁高丽所立京观，收隋人骸骨，祭而葬之。戊申，初令天下决死刑必三覆奏，在京诸司五覆奏，其日尚食进蔬食，内教坊及太常不举乐。

秋九月乙丑，赐群官大射于武德殿。

冬十月，右卫大将军、顺州都督、北平郡王阿史那什钵苾卒。

十二月壬寅，幸温汤。癸卯，猎于骊山。丙午，赐新丰高年帛有差。戊申，至自温汤。

六年春正月乙卯朔，日有蚀之。

二月丙戌，置三师官员。戊子，初置律学。

三月戊辰，幸九成宫。

六月己亥，酆王元亨薨。辛亥，江王嚣薨。

冬十月乙卯，至自九成宫。

十二月辛未，亲录囚徒，归死罪者二百九十人于家，令明年秋末就刑。其后应期毕至，诏悉原之。

是岁，党项羌前后内属者三十万口。

七年春正月戊子，诏曰："宇文化及弟智及、司马德戡、裴虔通、孟景、元礼、杨览、唐奉义、牛方裕、元敏、薛良、马举、元武达、李孝本、李孝质、张恺、许弘仁、令狐行达、席德方、李覆等，大业季年，咸居列职，或恩结一代，任重一时；乃包藏凶慝，罔思忠义，爰在江都，遂行弑逆，罪百阎、赵，衅深枭獍。虽事是前代，岁月已久，而天下之恶，古今同弃，宜实重典，以励臣节。其子孙并宜禁锢，勿令齿叙。"是日，上制《破阵乐舞图》。辛丑，赐京城酺三日。丁卯，雨土。乙酉，薛延陀遣使来朝。庚寅，秘书监、检校侍中魏徵为侍中。癸巳，直太史、将仕郎李淳风铸浑天黄道仪，奏之，置于凝晖阁。

夏五月癸未，幸九成宫。

八月，山东、河南三十州大水，遣使赈恤。

冬十月庚申，至自九成宫。

十一月丁丑，颁新定《五经》。壬辰，开府仪同三司、齐国公长孙无忌为司空。

十二月丙辰，狩于少陵原，诏以少牢祭杜如晦、杜淹、李纲之墓。

八年正月癸未，右卫大将军阿史那吐苾卒。辛丑，右屯卫大将军张士贵讨东、西五洞反獠,平之。壬寅,命尚书右仆射李靖、特进萧瑀、杨恭仁、礼部尚书王珪、御史大夫韦挺、鄜州大都督府长史皇甫无逸、扬州大都督府长史李袭誉、幽州大都督府长史张亮、凉州大都督李大亮、右领事大将军窦诞、太子左庶子杜正伦、绵州刺史刘德威、黄门侍郎赵弘智使于四方,观省风俗。

二月乙巳,皇太子加元服。丙午,赐天下酺三日。

三月庚辰,幸九成宫。

五月辛未朔,日有蚀之。丁丑,上初服翼善冠,贵臣服进德冠。

七月,始以云麾将军阶为从三品。陇右山崩,大蛇屡见。山东、河南、淮南大水,遣使赈恤。

八月甲子,有星孛于虚、危,历于氐,十一月上旬乃灭。

九月丁丑,皇太子来朝。

冬十月,右骁卫大将军、褒国公段志玄击吐谷浑,破之,追奔八百余里。甲子,至自九成宫。

十一月辛未,右仆射、代国公李靖以疾辞官,授特进。丁亥,吐谷浑寇源州。己丑,吐谷浑拘我行人赵道德。

十二月辛丑,命特进李靖、兵部尚书侯君集、刑部尚书任城王道宗、凉州都督李大亮等为大总管,各帅师分道以讨吐谷浑。壬子,越王泰为雍州牧。乙卯,帝从太上皇阅武于城西。

是岁,龟兹、吐蕃、高昌、女国、石国遣使朝贡。

九年三月,洮州羌叛,杀刺史孔长秀。壬午,大赦。每乡置长一人,佐二人。乙酉,监泽道总管高甄生大破叛羌之众。庚寅,敕天下户立三等,未尽升降,置为九等。

夏四月壬寅,康国献狮子。

闰月丁卯,日有蚀之。癸巳,大总管李靖、侯君集、李大亮、任城王道宗破吐谷浑于牛心堆。

五月乙未,又破之于乌海,追奔至乌海。副总管薛万均、薛万彻又破之于赤水源,获其名王二十人。庚子,太上皇崩于大安宫。壬子,李靖平吐谷浑于西海之上,获其王慕容伏允。以其子慕容顺光降,封为西平郡王,复其本国。

秋七月甲寅,增修太庙为六室。

冬十月庚寅,葬高祖太武皇帝于献陵。戊申,祔于太庙。辛丑,左仆射、魏国公房玄龄加开府仪同三司,余如故。

十二月甲戌,吐谷浑西平郡王慕容顺光为其下所弑,遣兵部尚书侯君集率师安抚之,仍封顺光子诺曷钵河源郡王,使统其众。右光禄大夫、宁国公萧瑀依旧特进,复令参预朝政。

十年春正月壬子,尚书左仆射房玄龄、侍中魏徵上梁、陈、齐、周、隋五代史,诏藏于秘阁。癸丑,徙封赵王元景为荆王,鲁王元昌为汉王,郑王元礼为徐王,徐王元嘉为韩王,荆王元则为彭王,滕王元懿为郑王,吴王元轨为霍王,幽王元凤为虢王,陈王元庆为道王,魏王灵夔为燕王,蜀王恪为吴王,越王泰为魏王,燕王佑为齐王,梁王愔为蜀王,郯王恽为蒋王,汉王贞为越王,申王慎为纪王。

夏六月,以侍中魏徵为特进,仍知门下省事。壬申,中书令温彦博为尚书右仆射。甲戌,太常卿、安德郡公杨师道为侍中,己卯,皇后长孙氏崩于立政殿。

冬十一月庚寅,葬文德皇后于昭陵。

十二月壬申,吐谷浑河源郡王慕容诺曷钵来朝。乙亥,亲录京师囚徒。

是岁,关内、河东疾病,命医赍药疗之。

十一年春正月丁亥朔,徙邻王元裕为邓王,谯王元名为舒王。癸巳,加魏王泰为雍州牧、左武侯大将军。庚子,颁新律令于天下。作飞山宫。甲寅,房玄龄等进所修《五礼》,诏所司行用之。

二月丁巳,诏曰:

　　　夫生者天地之大德,寿者修短之一期。生有七尺之形,寿以百龄为限,含灵禀气,莫不同焉,皆得之于自然,不可以分外企也。是以《礼记》云："君即位而为椑。"庄周云："劳我以形，息我以死。"岂非圣人远鉴，通贤深识？末代已来，明辟盖寡，靡不矜黄屋之尊，虑白驹之过，并多拘忌，有慕遐年。谓云车易乘，羲轮可驻，异轨同趣，其蔽甚矣。

有隋之季，海内横流，豺狼肆暴，吞噬黔首。朕投袂发愤，情深拯溺，扶翼义师，济斯涂炭。赖苍昊降鉴，股肱宣力，提剑指麾，天下大定。此朕之宿志，于斯已毕，犹恐身后之日，子子孙孙，习于流俗，犹循常礼，加四重之梓，伐百祀之木，劳扰百姓，崇厚陵。今预为此制，务从俭约，于九嵕之山，足容棺而已。积以岁月，渐而备之。木马涂车，土桴苇篙，事合古典，不为时用。

又佐功臣，或义深舟楫，或谋定帷幄，或身摧行阵，同济艰危，克成鸿业，追念在昔，何日忘之！使逝者无知，咸归寂寞；若营魂有识，还如畴曩，居止相望，不亦善乎！汉氏使将相陪陵，又给以东园秘器，笃终之义，恩意深厚，古人岂异我哉！自今已后，功臣密戚及德业佐时者，如有薨亡，宜赐茔地一所，及以秘器，使窀穸之时，丧事无阙。所司依此营备，称朕意焉。

甲子，幸洛阳宫，命祭汉文帝。

三月丙戌朔，日有蚀之。丁亥，车驾至洛阳。丙申，改洛州为洛阳宫。辛亥，大搜于广城泽。癸丑，还宫。

夏四月甲子，震乾元殿前槐树。丙寅，诏河北、淮南举孝悌淳笃，兼闲时务；儒术该通，可为师范；文辞秀美，才堪著述；明识政体，可委字人；并志行修立，为乡闾所推者，给传诣洛阳宫。

六月甲寅，尚书右仆射、虞国公温彦博薨。丁巳，幸明德宫。己未，定制诸王为世封刺史。戊辰，定制勋臣为世封刺史。改封任城王道宗为江夏郡王，赵郡王孝恭为河间郡王。己巳，改封许王元祥为江王。

秋七月癸未，大霖雨。谷水溢入洛阳宫。深四尺，坏左掖门，毁宫寺十九所；洛水溢，漂六百家。庚寅，诏以灾命百官上封事，极言得失。丁酉，车驾还宫。壬寅，废明德宫及飞山宫之玄圃院，分给遭水之家，仍赐帛有差。丙午，修老君庙于亳州，宣尼庙于衮州，各给二十户享祀焉。凉武昭王复近墓二十户充守卫，仍禁刍牧樵采。

九月丁亥，河溢，坏陕州河北县，毁河阳中潭。幸白司马坂以观之，赐遭水之家粟帛有差。

冬十二月辛卯，幸怀州，乙未，狩于济源。丙午，车驾还宫。

十二月辛酉，百济王遣其太子隆来朝。

十二年春正月乙未，吏部尚书高士廉等上《氏族志》一百三十卷。壬寅，松、丛二州地震，坏人庐舍，有压死者。

二月乙卯，车驾还京。癸亥，观砥柱，勒铭以纪功德。甲子，夜郎獠反，夔州都督齐善行讨平之。乙丑，次陕州，自新桥幸河北县，祀夏禹庙。丁卯，次柳谷顿，观盐池。戊寅，以隋鹰扬郎将尧君素忠于本朝，赠蒲州刺史，仍录其子孙。

闰二月庚辰朔，日有蚀之。丙戌，至自洛阳宫。

夏五月壬申，银青光禄大夫、永兴县公虞世南卒。

六月庚子，初置玄武门左右飞骑。

秋七月癸酉，吏部尚书、申国公高士廉为尚书右仆射。

冬十月乙卯，狩于始平，赐高年粟帛有差。乙未，至自始平。己亥，百济遣使贡金甲雕斧。

十二月辛巳，右武候将军上官怀仁大破山獠于壁州。

十三年春正月乙巳朔，谒献陵。曲赦三原县及行从大辟罪。丁未，至自献陵。戊午，加房玄龄为太子少师。

二月丙子，停世袭刺史。

三月乙丑，有星孛于毕、昴。

夏四月戊寅，幸九成宫。甲申，阿史那结社尔犯御营，伏诛。壬寅，云阳石燃者方丈，昼如灰，夜则有光，投草木于上则焚，历年而止。

自去冬不雨至于五月。甲寅,避正殿,令五品以上上封事,减膳罢役,分使赈恤,申理冤屈,乃雨。

六月丙申,封皇弟元婴为滕王。

秋八月辛未朔,日有蚀之。庚辰,立右武候大将军、化州都督、怀化郡王李思摩为突厥可汗,率所部牙于河北。

冬十月甲申,至自九成宫。

十一月辛亥,侍中、安德郡公杨师道为中书令。

十二月丁丑,吏部尚书、陈国公侯君集为交河道行军大总管,帅师伐高昌。乙亥,封皇子福为赵王。壬午,巂州都督王志远有罪伏诛。诏于洛、相、幽、徐、齐、并、秦、蒲等州并置常平仓。己丑,吐谷浑河源郡王慕容诺曷钵来逆女。壬辰,狩于咸阳。

是岁,滁州言:"野蚕食槲叶,成茧大如奈,其色绿,凡六千五百七十硕。"高丽、新罗、西突厥、吐火罗、康国、安国、波斯、疏勒、于阗、焉耆、高昌、林邑、昆明及荒服蛮酋,相次遣使朝贡。

十四年春正月庚子,初命有司读时令。甲寅,幸魏王泰宅。赦雍州及长安狱大辟罪已下。

二月丁丑,幸国子学,亲释奠,赦大理、万年系囚,国子祭酒以下及学生高弟精勤者加一级,赐帛有差。庚辰,左骁卫将军、淮阳王道明送弘化公主归于吐谷浑。壬午,幸温汤。辛卯,至自温汤。乙未,诏以梁皇侃、褚仲都,周熊安生、沈重,陈沈文阿、周弘正、张机,隋何妥、刘焯、刘炫等前代名儒,学徒多行其义,命求其后。

三月戊午,置宁朔大使,以护突厥。

夏五月壬戌,徙封燕王灵夔为鲁王。

六月乙酉,大风拔木。己丑,薛延陀遣使求婚。己未,滁州野蚕成茧,凡收八千三百硕。

八月庚午,新作襄城宫。癸巳,交河道行军大总管侯君集平高昌,以其地置西州。

九月癸卯,曲赦西州大辟罪。乙卯,于西州置安西都护府。

冬十月己卯，诏以赠司空、河间元王孝恭，赠陕东道大行台尚书右仆射、郧节公殷开山，赠民部尚书、渝襄公刘政会等配飨高祖庙庭。

闰月乙未，幸同州。甲辰，狩于尧山。庚戌，至自同州。丙辰，吐蕃遣使献黄金器千斤以求婚。

十一月甲子朔，日南至，有事于圆丘。

十二月丁酉，交河道旋师。吏部尚书、陈国公侯君集执高昌王麴智盛，献捷于观德殿，行饮至之礼，赐酺三日。乙卯，高丽世子相权来朝。

十五年春正月丁卯，吐蕃遣其国相禄东赞来逆女。丁丑，礼部尚书、江夏王道宗送文成公主归吐蕃。辛巳，幸洛阳宫。

三月戊申，幸襄城宫。庚午，废襄城宫。

夏四月辛卯，诏以来年二月有事泰山，所司详定仪制。

五月壬申，并州僧道及老人等抗表，以太原王业所因，明年登封已后，愿时临幸。上于武成殿赐宴，因从容谓侍臣曰："朕少在太原，喜群聚博戏，暑往寒逝，将三十年矣。"时会中有旧识上者，相与道旧以为笑乐。因谓之曰："他人之言，或有面谀。公等朕之故人，实以告朕，即日政教，于百姓何如？人间得无疾若耶？"皆奏："即日四海太平，百姓欢乐，陛下力也。臣等余年，日惜一日，但眷恋圣化，不知疾若。"因固请过并州。上谓曰："飞鸟过故乡，犹踯躅徘徊；况朕于太原起义，遂定天下，复少小游观，诚所不忘。岱礼若毕，或冀与公等相见。"于是赐物各有差。丙子，百济王扶余璋卒。诏立其世子扶余义慈嗣其父位，仍封为带方郡王。

六月戊申，诏天下诸州，举学综古今及孝悌淳笃、文章秀异者，并以来年二月总集泰山。己酉，有星孛于太微，犯郎位。丙辰，停封泰山，避正殿以思咎，命尚食减膳。

秋七月甲戌，孛星灭。

冬十月辛卯，大阅于伊阙。壬辰，幸嵩阳。辛丑，还宫。

十一月壬戌，废乡长。壬申，还京师。癸酉，薛延陀以同罗、仆骨、回纥、靺鞨、霫之众度漠，屯于白道川。命营州都督张俭统所部兵压其东境；兵部尚书李勣为朔方行军总管，右卫大将军李大亮为灵州道行军总管，凉州都督李袭誉为凉州道行军总管，分道以御之。

十二月戊子朔，至自洛阳宫。甲辰，李勣及薛延陀战于诺真水，大破之，斩首三千余级，获马万五千匹，薛延陀跳身而遁。勣旋破突厥思结于五台县，虏其男女千余口，获羊马称是。

十六年春正月辛未，诏在京及诸州死罪囚徒，配西州为户；流人未达前所者，徙防西州。兼中书侍郎、江陵子岑文本为中书侍郎，专知机密。

夏六月辛卯，诏复隐王建成曰隐太子，改封海陵剌王元吉曰巢剌王。

秋七月戊午，司空、赵国公无忌为司徒，尚书左仆射、梁国公玄龄为司空。

九月丁巳，特进、郑国公魏徵为太子太师，知门下省事如故。

冬十一月丙辰，狩于岐山。辛酉，使祭隋文帝陵。丁卯，宴武功士女于庆善宫南门。酒酣，上与父老等涕泣论旧事，老人等递起为舞，争上万岁寿，上各尽一杯。庚午，至自岐州。

十二月癸卯，幸温汤。甲辰，狩于骊山，时阴寒晦冥，围兵断绝。上乘高望见之，欲舍其罚，恐亏军令，乃回辔入谷以避之。

是岁，高丽大臣盖苏文弑其君高武，而立武兄子藏为王。

十七年春正月戊辰，右卫将军、代州都督刘兰谋反，腰斩。太子太师、郑国公魏徵薨。戊申，诏图画司徒、赵国公无忌等勋臣二十四人于凌烟阁。

三月丙辰，齐州都督齐王佑长史权万纪、典军韦文振，据齐州自守，诏兵部尚书李勣、刑部尚书刘德威发兵讨之。兵未至，兵曹杜行敏执之而降，遂赐死于内侍省。丁巳，荧惑守心前星，十九日而退。

　　夏四月庚辰朔，皇太子有罪，废为庶人。汉王元昌、吏部尚书侯君集并坐与连谋，伏诛。丙戌，立晋王治为皇太子，大赦，赐酺三日。丁亥，中书令杨师道为吏部尚书。己丑，加司徒、赵国公长孙无忌太子太师，司空、梁国公房玄龄太子太傅；特进、宋国公萧瑀太子太保，兵部尚书、英国公李勣为太子詹事，仍同中书门下三品。庚寅，上亲谒太庙，以谢承乾之过。癸巳，魏王泰以罪降爵为东莱郡王。

　　五月乙丑，手诏举孝廉茂才异能之士。

　　六月己卯朔，日有蚀之。壬午，改葬隋恭帝。丁酉，尚书右仆射高士廉请致仕，诏以为开府仪同三司、同中书门下三品。

　　闰月戊午，薛延陀遣其兄子突利设献马五万匹、牛驼一万、羊十万以请婚，许之。丙子，徙封东莱郡王泰为顺阳王。

　　秋七月庚辰，京城讹言云："上遣枨枨取人心肝，以祠天狗。"递相惊悚。上遣使遍加宣谕，月余乃止。丁酉，司空、太子太傅、梁国公房玄龄以母忧罢职。

　　八月，工部尚书、郧国公张亮为刑部尚书，参预朝政。

　　九月癸未，徙庶人承乾于黔州。

　　冬十月丁巳，房玄龄起复本职。

　　十一月己卯，有事于南郊。壬午，赐天下酺三日。以凉州获瑞石，曲赦凉州，并录京城及诸州系囚，多所原宥。

　　十八年春正月壬寅，幸温汤。

　　夏四月辛亥，幸九成宫。

　　秋八月甲子，至自九成宫。丁卯，散骑常侍清苑男刘洎为侍中，中书侍郎江陵子岑文本、中书侍郎马周并为中书令。

　　九月，黄门侍郎褚遂良参预朝政。

　　冬十月辛丑朔，日有蚀之。甲辰，初置太子司议郎官员。甲寅，幸洛阳宫。安西都护郭孝恪帅师灭焉耆，执其王突骑支送行在所。

十一月壬寅，车驾至洛阳宫。庚子，命太子詹事、英国公李勣为辽东道行军总管，出柳城，礼部尚书、江夏郡王道宗副之；刑部尚书、郧国公张亮为平壤道行军总管，以舟师出莱州，左领军常何、泸州都督左难当副之。发天下甲士，召募十万，并趣平壤，以伐高丽。

十二月辛丑，庶人承乾死。

十九年春二月庚戌，上亲统六军发洛阳。乙卯，诏皇太子留定州监国；开府仪同三司、申国公高士廉摄太子太傅，与侍中刘洎、中书令马周、太子少詹事张行成、太子右庶子高季辅五人同掌机务；以吏部尚书、安德郡公杨师道为中书令。赠殷比干为太师，谥曰忠烈，命所司封墓，葺祠堂，春秋祠以少牢，上自为文以祭之。

三月壬辰，上发定州，以司徒、太子太师兼检校侍中、赵国公长孙无忌，中书令岑文本、杨师道从。

夏四月癸卯，誓师于幽州城南，因大飨六军以遣之。丁未，中书令岑文本卒于师。癸亥，辽东道行军大总管、英国公李世勣攻盖牟城，破之。

五月丁丑，车驾渡辽。甲申，上亲率铁骑与李世勣会围辽东城，因烈风发火弩，斯须城上屋及楼皆尽，麾战士令登，乃拔之。

六月丙辰，师至安市城。丁巳，高丽别将高延寿、高惠真帅兵十五万来援安市，以拒王师。李世勣率兵奋击，上自高峰引军临之，高丽大溃，杀获不可胜纪。延寿等以其众降，因名所幸山为驻跸山，刻石纪功焉。赐天下大酺二日。

秋七月，李世勣进军攻安市城，至九月不克，乃班师。

冬十月丙辰，入临渝关，皇太子自定州迎谒。戊午，次汉武台，刻石以纪功德。

十一月辛未，幸幽州。癸酉，大飨，还师。

十二月戊申，幸并州。侍中、清苑男刘洎以罪赐死。

是岁，薛延陀真珠毗伽可汗死。

二十年春正月,上在并州。丁丑,遣大理卿孙伏伽、黄门侍郎褚遂良等二十二人,以六条巡察四方,黜陟官吏。庚辰,曲赦并州,宴从官及起义元从,赐粟帛、给复有差。

三月己巳,车驾至京师。己丑,刑部尚书、郧国公张亮谋反,诛。

闰月癸巳朔,日有蚀之。

夏四月甲子,太子太师、赵国公长孙无忌,太子太傅、梁国公房玄龄,太子太保、宋国公萧瑀各辞调护之职,诏许之。

六月,遣兵部尚书、固安公崔敦礼,特进、英国公李世勣击破薛延陀于郁督军山北,前后斩首五千级,虏男女三万余人。

秋八月甲子,封皇孙为陈王。己巳,幸灵州。庚午,次泾阳顿。铁勒、回纥、拔野古、同罗、仆骨、多滥葛、思结、阿跌、契苾、跌结、浑、斛薛等十一姓各遣使朝贡,奏称:"延陀可汗不事大国,部落鸟散,不知所之。奴等各有分地,不能逐延陀去,归命天子,乞置汉官。"诏遣会灵州。

九月甲辰,铁勒诸部落俟斤、颉利发等遣使相继而至灵州者数千人,来贡方物,因请置吏,咸请至尊为可汗。于是北荒悉平,为五言诗勒石以序其事。辛亥,灵州地震有声。

冬十月,前太子太保、宋国公萧瑀贬商州刺史。丙戌,至自灵州。

二十一年春正月壬辰,开府仪同三司、申国公高士廉薨。丁酉,诏以来年二月有事泰山。甲寅赐京师酺三日。

二月壬申,诏以左丘明、卜子夏、公羊高、谷梁赤、伏胜、高堂生、戴圣、毛苌、孔安国、刘向、郑众、杜子春、马融、卢植、郑康成、服子慎、何休、王肃、王辅嗣、杜元凯、范甯等二十一人,代用其书,垂于国胄,自今有事于太学,并命配享宣尼庙堂。丁丑,皇太子于国学释菜。

夏四月乙丑,营太和宫于钟南之上,改为翠微宫。

五月戊子,幸翠微宫。

六月癸亥，司徒、赵国公无忌加授扬州都督。秋七月庚子，建玉华宫于宜君县之凤凰谷。庚戌，至自翠微宫。

八月壬戌，诏以河北大水，停封禅。辛未，骨利干国遣使贡名马。丁酉，封皇子明为曹王。

冬十一月癸卯，徙封顺阳王泰为濮王。

十二月戊寅，左骁卫大将军阿史那社尔、右骁卫大将军契苾何力、安西都护郭孝恪、司农卿杨弘礼为昆山道行军大总管，以伐龟兹。

是岁，堕婆登、乙利、鼻林送、都播、羊同、石、波斯、康国、吐火罗、阿悉吉等远夷十九国，并遣使朝贡。又于突厥之北至于回纥部落，置驿六十六所，以通北荒焉。

二十二年春正月庚寅，中书令马周卒。司徒、赵国公无忌兼检校中书令，知中书门下二省事。己亥，刑部侍郎崔仁师为中书侍郎，参知机务。戊戌，幸温汤。戊申，还宫。

二月，前黄门侍郎褚遂良起复黄门侍郎。中书侍郎崔仁师除名，配流连州。癸丑，西番沙钵罗叶护率众归附，以其俟斤屈裴禄为忠武将军，兼大俟斤。戊午，以结骨部置坚昆都督。乙亥，幸玉华宫，乙卯，赐所经高年笃疾粟帛有差。己卯。搜于华原。

四月甲寅，碛外蕃人争牧马出界，上亲临断决，然后咸服。丁巳，右武候将军梁建方击松外蛮，下其部落七十二所。

五月庚子，右卫长史王玄策击帝那伏帝国，大破之，获其王阿罗那顺及王妃、子等，虏男女万二千人，牛马二万余以诣阙。使方士那罗迩娑婆于金飚门造延年之药。吐蕃赞普击破中天竺国，遣使献捷。

六月癸酉，特进、宋国公萧瑀薨。

秋七月癸卯，司空、梁国公房玄龄薨。

八月己酉朔，日有蚀之。

九月己亥，黄门侍郎褚遂良为中书令。

十月癸亥,至自玉华宫。

十一月戊戌,眉、邛、雅三州獠反,右卫将军梁建方讨平之。庚子,契丹帅窟哥、奚帅可度者并率其部内属。以契丹部为松漠都督,以奚部置饶乐都督。

十二月乙卯,增置殿中侍御史、监察御史各二员,大理寺置平事十员。

闰月丁丑朔,昆山道总管阿史那社尔降处密、处月,破龟兹大拨等五十城,虏数万口,执龟兹王诃黎布失毕以归,龟兹平,西域震骇。副将薛万彻胁于阗王伏阇信入朝。癸未,新罗王遣其相伊赞千金春秋及其子文王来朝。

是岁,新罗女王金善德死,遣册立其妹真德为新罗王。

二十三年春正月辛亥,俘龟兹王诃黎布失毕及其相那利等,献于社庙。

二月丙戌,置瑶池都督府,隶安西都护府。丁亥,西突厥肆叶护可汗遣使来朝。

三月丙辰,置鄞州都督府。自去冬不雨,至于此月己未乃雨。辛酉,大赦。丁卯,敕皇太子于金液门听政。是月,日赤无光。

四月己亥,幸翠微宫。

五月戊午,太子詹事、英国公李世勣为叠州都督。辛酉,开府仪同三司、卫国公李靖薨。已巳,上崩于含风殿。年五十二。遗诏皇太子即位于枢前,丧纪宜用汉制。秘不发丧。庚午,遣旧将统飞骑劲兵从皇太子先还京,发六府甲士四千人,分列于道及安化门,翼从乃入;大行御马舆,从官侍御如常。壬申,发丧。

六月甲戌朔,殡于太极殿。

八月丙子,百僚上谥曰文皇帝,庙号太宗。庚寅,葬昭陵。上元元年八月,改上尊号曰文武圣皇帝。天宝十三载二月,改上尊号为文武大圣大广孝皇帝。

史臣曰：臣观文皇帝，发迹多奇，聪明神武。拔人物则不私于党，负志业则咸尽其才。所以屈突、尉迟，由仇敌而愿倾心膂；马周、刘洎，自疏远而卒委钧衡。终平泰阶，谅由斯道。尝试论之：础润云兴，虫鸣螽跃。虽尧舜之圣，不能用梼杌、穷奇而治平；伊、吕之贤，不能为夏桀、殷辛而昌盛。君臣之际，遭遇斯难，以至抉目剖心，虫流筋擢，良由遭值之异也。以房、魏之智，不逾于丘、轲，遂能尊主庇民者，遭时也。

或曰：以太宗之贤，失爱于昆弟，失教于诸子，何也？曰：然，舜不能仁四罪，尧不能训丹朱，斯前志也。当神尧任谗之年，建成忌功之日，苟除畏逼，孰顾分崩，变故之兴，间不容发，方惧“毁巢”之祸，宁虞“尺布”之谣？承乾之愚，圣父不能移也。若文皇自定储于哲嗣，不骋志于高丽；用人如贞观之初，纳谏比魏徵之日。况周发、周成之世袭，我有遗妍；较汉文、汉武之恢弘，彼多惭德。迹其听断不惑，从善如流，千载可称，一人而已！

赞曰：昌、发启国，一门三圣。文定高位，友于不令。管、蔡既诛，成、康道正。贞观之风，到今歌咏。

旧唐书卷四
本纪第四

高宗上

　　高宗天皇大圣大弘孝皇帝，讳治，太宗第九子也，母曰文德顺圣长孙皇后。以贞观二年六月，生于东宫之丽正殿。五年，封晋王。七年，遥授并州都督。幼而岐嶷端审，宽仁孝友。初授《孝经》于著作郎萧德言，太宗问曰："此书中何言为要？"对曰："夫孝，始于事亲，中于事君，终于立身。君子之事上，进思尽忠，退思补过，将顺其美，匡救其恶。"太宗大悦曰："行此，足以事父兄，为臣子矣。"及文德皇后崩，晋王时年九岁，哀慕感动左右，太宗屡加慰抚，由是特深宠异。寻拜右武候大将军。

　　十七年，皇太子承乾废，魏王泰亦以罪黜，太宗与长孙无忌、房玄龄、李勣等计议，立晋王为皇太子。太宗每视朝，常令在侧，观决庶政，或令参议，太宗数称其善。十八年，太宗将伐高丽，命太子留镇定州。及驾发有期，悲啼累日，因请飞驿递表起居，并递敕垂报，并许之。飞表奏事，自此始也。及军旋，太子从至并州。时太宗患痈，太子亲吮之，扶辇步从数日。

　　二十三年五月己巳，太宗崩，庚午，以礼部尚书、兼太子少师、黎阳县公于志宁为侍中，太子少詹事、兼尚书左丞张行成为兼侍中、检校刑部尚书，太子右庶子、兼吏部侍郎、摄户部尚书高季辅为兼中书令、检校吏部尚书，太子左庶子、高阳县男许敬宗兼礼部尚书。辛未，还京。

六月甲戌朔,皇太子即皇帝位,时年二十二。诏曰:"大行皇帝奄弃普天,痛贯心灵,若置汤火。思遵大孝,不敢灭身,永慕长号,将何逮及。粤以孤眇,属当元嗣,思励空薄,康济黎元。敬顺惟新,仰昭先德,宜布凯泽,被乎亿兆。可大赦天下。内外文武赐勋官一级。诸年八十以上赍以粟帛。雍州及诸州比年供军劳役尤甚之处,并给复一年。"辛巳,改民部尚书为户部尚书。叠州都督、英国公勣为特进、检校洛州刺史,仍于洛阳宫留守。癸未,诏司徒、扬州都督、赵国公无忌为太尉兼检校中书令,知尚书门下二省事,余并如故,赐物三千段。癸巳,特进、英国公勣为开府仪同三司、同中书门下三品。

秋七月丙午,改治书侍御史为御史中丞,诸州治中为司马,别驾为长史,治礼郎为奉礼郎以避上名,以贞观时不讳先帝二字,有司奏曰:"先帝二名,礼不偏讳。上既单名,臣子不合指斥。"上乃从之。己酉,于阗王伏阇信来朝。

八月癸酉朔,河东地震,晋州尤甚,坏庐舍,压死者五千余人。三日又震。诏遣使存问,给复二年,压死者赐绢三匹。以开府仪同三司、英国公勣为尚书左仆射、同中书门下三品。仆射始带同中书门下。庚寅,葬太宗于昭陵。

九月甲寅,加授郇州刺史、荆王元景为司徒,前安州都督、吴王恪为司空兼梁州刺史。丙寅,赠太尉、梁国公玄龄,赠司徒、申国公士廉,赠左仆射、蒋国公屈突通,并可配食太宗庙庭。

冬十一月甲子,以瑶池都督阿史那贺鲁为左骁卫大将军。乙丑,晋州地又震。是冬无雪。

永徽元年春正月辛丑朔,上不受朝,诏改元。壬寅,御太极殿,受朝而不会。丙午,立妃王氏为皇后。丁未,以陈王忠为雍州牧。

二月辛卯,封皇子孝为许王,上金为杞王,素节为雍王。

夏四月己巳朔,晋州地又震。

五月丁未,上谓群臣曰:"朕谬膺大位,政教不明,遂使晋州之地屡有震动。良由赏罚失中,政道乖方。卿等宜各进封事,极言得失，以匡不逮。"吐火罗遣使献大鸟如驼。食铜铁，上遣献于昭陵。吐蕃赞普死，遣右武卫将军鲜于匡济赍玺书往吊祭。

六月庚辰，晋州地震。

秋七月丙寅，以旱，亲录京城囚徒。

九月癸卯，右骁卫郎将高侃执车鼻可汗诣阙，献于社庙及昭陵。己未，尚书左仆射、英国公勣固请解职，许之，令以开府仪同三司同中书门下三品。

十一月己未，中书令、河南郡公褚遂良左授同州刺史。

十二月，瑶池都督、沙钵罗叶护阿史那贺鲁以府叛，自称可汗，总有西域之地。

是岁，雍、绛、同等九州旱蝗，齐、定等十六州水。

二年春正月戊戌，诏曰："去岁关辅之地，颇弊蝗螟，天下诸州，或遭水旱，百姓之间，致有罄乏。此由朕之不德，兆庶何辜？矜物罪己，载深忧惕。今献岁肇春，东作方始，粮廪或空，事资赈给。其遭虫水处有贫乏者，得以正、义仓赈贷。雍、同二州，各遣郎中一人充使存问，务尽哀矜之旨，副朕乃眷之心。"乙巳，黄门侍郎、平昌县公宇文节加银青光禄大夫，依旧同中书门下三品。守中书侍郎柳奭为中书侍郎，依旧同中书门下三品。

夏四月乙酉，秩太庙令及献、昭二陵令从五品，丞从七品。

五月壬辰，开府仪同三司及京官文武职事四品、五品，并给随身鱼。

六月辛酉，开府仪同三司、襄邑王神符薨。

秋七月丁未，贺鲁寇陷金岭城、蒲类县，遣武候大将军梁建方、右骁卫大将军契苾何力为弓月道总管以讨之。

正月乙丑，大食国始遣使朝献。己巳，侍中、燕国公于志宁为尚书左仆射，侍中兼刑部尚书、北平县公张行成为尚书右仆射，并同中书门下三品，犹不入衔。中书令兼检校吏部尚书、蓚县公高季辅为侍郎。

九月癸巳，改九成宫为万年宫。废玉华宫以为佛寺。闰月辛未，颁新定律、令、格、式于天下。冬十月辛卯，晋州地震。十一月辛酉，有事于南郊。戊辰，定襄地震。丁丑，以高昌故地置安西都护府。白水蛮寇麻州，命左领军将军赵孝祖讨平之。

三年春正月癸亥，以去秋至于是月不雨，上避正殿，降天下死罪及流罪递减一等，徒以下咸宥之。弓月道总管梁建方、契苾何力等大破处月朱耶孤注于牢山，斩首九千级，虏渠帅六千，俘生口万余，获牛马杂畜七万。丙寅，太尉、赵国公无忌以旱请逊位，不许。己巳，同州刺史、河南郡公褚遂良为吏部尚书、门下三品。丙子，亲祠太庙。丁亥，籍于千亩，赐群官帛有差。

三月辛巳，黄门侍郎、平昌县公宇文节为侍中，中书侍郎柳奭为中书令。庚申，幸观德殿，赐文武群官大射。

夏四月庚寅，左领军将军赵孝祖大破白水蛮大勃律。甲午，澧州刺史、彭王元则薨。

五月庚辰，诏以周司沐大夫裴融，齐侍中崔季舒、给事黄门侍郎裴泽、尚书左丞封孝琰、隋仪同三司豆卢毓、御史中丞游楚客等，并门挺忠梗，其子孙各宜甄擢。

秋七月丁巳，立陈王忠为皇太子，大赦天下，五品已上子为父后者赐勋一转，大酺三日。乙丑，左仆射于志宁兼太子少师，右仆射张行成兼太子少傅，侍中高季辅兼太子少保，侍中宇文节兼太子詹事。丁丑，上问户部尚书高履行："去年进户多少？"履行奏称："进户总一十五万。"又问曰："隋日有几户？今见有几户？"履行奏："隋开皇中有户八百七十万，即今现有户三百八十万。"

九月丁巳，改太子中允为内允，中书舍人为内史舍人，诸率府中郎将改为旅贲郎，以避太子名。

冬十月戊戌，幸同安大长公主第，又幸高阳长公主第，即日还宫。

十一月乙亥，驳马国遣使朝贡。庚寅，弘化长公主自吐谷浑来朝。

十二月癸巳，濮阳王泰薨。

四年春正月癸丑朔，上临轩，不受朝，以濮王泰在殡故也。丙子，新除房州刺史、驸马都尉房遗爱，司徒、秦州刺史、荆王元景，司空、安州刺史、吴王恪，宁州刺史、驸马都尉薛万彻，岚州刺史、驸马都尉柴令武谋反。

二月乙酉，遗爱、万彻、令武等并伏诛；元景、恪、巴陵、高阳公主并赐死。左骁卫大将军、安国公执失思力配流巂州，侍中兼太子詹事、平昌县公宇文节配流桂州。戊子，特进、太常卿、江夏王道宗配流桂州，恪母弟蜀王愔废为庶人。己亥，绛州刺史、徐王元礼加授司徒，开府仪同三司、英国公勣为司空。

三月壬子朔，颁孔颖达《五经正义》于天下，每年明经令依此考试。丙辰，上御观德殿，陈逆人房遗爱等口马资财为五垛，引王公、诸亲、蕃客及文武九品已上射。

夏四月戊子，林邑国王遣使来朝，贡驯象。壬寅，以旱，避正殿，减膳，亲录系囚，遣使分省天下冤狱，诏文武官极言得失。

八月己亥，陨石十八于同州之冯翊，有声如雷。

九月壬寅，尚书右仆射、北平县公张行成薨。甲戌，吏部尚书、河南郡公褚遂良为尚书右仆射，依旧知政事。

冬十月庚子，幸新丰之温汤。甲辰，曲赦新丰。乙巳，至自温汤。戊申，睦州女子陈硕贞举兵反，自称文佳皇帝，攻陷睦州属县。婺州刺史崔义玄、扬州都督府长史房仁裕各率众讨平之。

十一月癸丑，兵部尚书、固安县公崔敦礼为侍中，颁新律疏于天下。

十二月庚子，侍中兼太子少保、蓨县公高季辅卒。

五年春三月戊午，幸万年宫。辛未，曲赦所经州县系囚。以工部尚书阎立德领丁夫四万筑长安罗郭。

夏四月,守黄门侍郎颍川公韩瑗、守尚书侍郎来济,并加银青光禄大夫,依旧同中书门下三品。

闰五月丁丑夜,大雨,水涨暴溢,漂溺麟游县居人及当番卫士,死者三千余人。

六月,恒州大雨,滹沱河泛溢,溺五千余家。癸丑,蒲州汾阴县暴雨,漂溺居人,浸坏庐舍。癸亥,中书令柳奭兼吏部尚书。丙寅,河北诸州大水。

七月辛巳,有小鸟如雀,生大鸟如鸠于万年宫皇帝旧宅。

八月,大理奏决死囚,总管七十余人。辛亥,诏自今已后,五品已上有薨亡者,随身鱼并不须追收。辛未,吐蕃使人献马百匹及大驴可高五丈,广袤各二十七步。

九月丁酉,至自万年宫。

冬十一月癸酉,筑京师罗郭,和雇京兆百姓四万一千人,板筑三十日而罢,九门各施观。

十二月癸丑,倭国献琥珀、玛瑙,琥珀大如斗,玛瑙大如五斗器。戊午,发京师谒昭陵,在路生皇子贤。己未,敕二年一定户。

六年春正月壬申朔,亲谒昭陵,曲赦醴泉县民,放今年租赋。陵所宿卫将军、郎将进爵一等,陵令、丞加阶赐物。甲戌,至自昭陵。于陵侧建佛寺。庚寅,封皇子弘为代王,贤为潞王。

二月乙巳,皇太子忠加元服,内外文武职事五品已上为父后者,赐勋一级。大酺三日。

三月,营州都督程元振破高丽于贵端水。嘉州辛道让妻一产四男。壬戌,昭仪武氏著《内训》一篇。

夏五月癸未,命左屯卫大将军、卢国公程知节等五将军帅师出葱山道以讨贺鲁。黄门侍郎、颍川郡公韩瑗为侍中,中书侍郎、南阳男来济为中书令。兼吏部尚书、河东县男柳奭贬遂州刺史。

六月,大食国遣使朝贡。

秋七月乙亥,侍中、固安县公崔敦礼为中书令。乙酉,均天下州县公廨。

八月，尚药奉御蒋孝璋员外特置，仍同正。员外同正，自蒋孝璋始也。己酉，大理更置少卿一员。先是大雨，道路不通，京师米价暴贵，出仓粟粜之，京师东西二市置常平仓。

九月庚午，尚书右仆射、河南郡公褚遂良以谏立武昭仪，贬授潭州都督。乙酉，洛州大水，毁天津桥。

冬十己酉，废皇后王氏为庶人，立昭仪武氏为皇后，大赦天下。

十一月丁卯朔，临轩，命司空勣、左仆射志宁册皇后，文武群官及番夷之长，奉朝皇后于肃义门。

十一月己巳，皇后见于庙。癸酉，追赠后父故工部尚书、应国公、赠并州都督武士彟为司空。丙子，淄州高苑县吴文威妻魏氏一产四男，三见育。癸巳，应国夫人杨氏改封代国夫人。十二月，遣礼部尚书、高阳县男许敬宗每日待诏于武德殿西门。

七年春正月辛未，废皇太子忠为梁王，立代王弘为皇太子。壬申，大赦，改元为显庆。文武九品已上及五品已下子为父后者，赐勋官一转。大酺三日。甲子，尚书左仆射兼太子少师、燕国公于志宁兼太子太傅，侍中韩瑗、中书令来济、礼部尚书许敬宗，并为太子宾客。始有宾客也。御玄武门，饯葱山道大总管程知节。

二月庚寅，名《破阵乐》为《神功破阵乐》。

辛亥，赠司空武士彟为司徒、周国公。

三月辛巳，皇后祀先蚕于北郊。丙戌，户部侍郎杜正伦为守黄门侍郎、同中书门下三品。

夏四月戊申，御安福门，观僧玄奘迎御制并书慈恩寺碑文，导从以天竺法仪，其徒甚盛。

五月己卯，太尉长孙无忌进史官所撰梁、陈、周、齐、隋五代史志三十卷。弘文馆学士许敬宗进所撰《东殿新书》二百卷，上自制序。

六月，岐州刺史、潞王贤为雍州牧。

秋七月癸未,中书令兼检校太子詹事、固安县公崔敦礼为太子少师、同中书门下三品。改户部尚书为度支尚书,侍郎亦然。

八月丙申,太子少师崔敦礼卒。左卫大将军程知节与贺鲁所部歌逻禄获剌颉发及处月预支俟斤等战于榆幕谷,大破之,斩首千余级,获驼马牛羊万计。

九月癸酉,初诏户满三万已上为上州,二万已上为中州;先为上州、中州者各依旧。皇后制《外戚诫》。庚辰,括州海水泛溢,坏安固、永嘉二县,损四千余家。辛巳,初制都督及上州各置执刀十五人,中州、下州十人。癸未,初置骠骑大将军,官为从一品。程知节与贺鲁男咥运战,斩首数千级,进至恒笃城,俘其部落户口及货物钜积。

冬十一月乙丑,皇子显生,诏宗官、朝集使各加勋级。

十二月乙酉,置算学。左屯卫大将军程知节坐讨贺鲁逗留,追贼不及,减死免官。罢兰州都督,鄯州置都督。

二年春正月庚寅,幸洛阳。命右屯卫将军苏定方等四将军为伊丽道将军,帅师以讨贺鲁。

二月辛酉,入洛阳宫,曲赦洛州。庚午,封皇第七子显为周王,徙封许王素节为郇王。

三月甲子,中书侍郎李义府为中书令兼检校御史大夫,黄门侍郎杜正伦兼度支尚书,依旧同中书门下三品。

夏五月丙申,幸明德宫。

秋七月丁亥,还洛阳宫。

八月丁卯,侍中、颍川县公韩瑗左授振州刺史,中书令兼太子詹事、南阳侯来济左授台州刺史,皆坐谏立武昭仪为皇后,救褚遂良之贬也。礼部尚书、高阳郡公许敬宗为侍中,以立武后之功也。

九月庚寅,度支尚书杜正伦为中书令。

冬十月戊戌,亲讲武于许、郑之郊,曲赦郑州。遣使祭郑大夫国侨、汉太丘长陈寔墓。

十二月乙卯,还洛阳宫。庚午,改"昏""叶"宫。丁卯,手诏改洛阳宫为东都,洛州官员阶品并准雍州。废谷州,以福昌等四县,并怀州河阳、济源、温,郑州汜水并隶洛州。己巳,中书省置起居舍人两员,品同起居郎。庚午,以周王显为洛州牧。壬午,分散骑常侍为左右各两员,其右散骑常侍隶中书省。

三年春正月戊子,太尉、赵国公无忌等修《新礼》成,凡一百三十卷,二百五十九篇,诏颁于天下。

二月丁巳,车驾还京。壬午,亲录囚徒,多所原宥。苏定方攻破西突厥沙钵罗可汗贺鲁及咥运、阙啜。贺鲁走石国,副将萧嗣业追擒之,收其人畜前后四十余万。甲寅,西域平,以其地置濛池、崑陵二都督府,复于龟兹国置安西都护府,以高昌故地为西州。置怀化大将军,正三品,归化将军,从三品,以授初附首领,仍分隶诸卫。

六月,程元振攻高丽。

九月,废书、算、律学。有司奏请造排车七百乘,拟行幸载排城;上以为劳民,乃于旧顿置院墙焉。

冬十一月乙酉,兼中书令、皇太子宾客兼检校御史大夫、河间郡公李义府左授普州刺史,兼中书令、皇太子宾客、襄阳郡公杜正伦左授横州刺史。中书侍郎李友益除名,配流巂州。戊戌,侍中许敬宗权检校中书令。戊子,侍中、皇太子宾客、权检校中书令、高阳郡公许敬宗为中书令,宾客已下如故;大理卿辛茂将为侍中。鸿胪卿萧嗣业于石国取贺鲁至,献于昭陵。甲辰,开府仪同三司、鄂国公尉迟敬德薨。

四年春二月乙亥,上亲策试举人,凡九百人,惟郭侍封、张九龄五人居上第,令待诏弘文馆,随仗供奉。

三月,以左骁卫大将军、郕国公契苾何力往辽东经略。

夏四月己未,太子太傅、尚书左仆射、燕国公于志宁为太子太师,仍同中书门下三品。乙丑,黄门侍郎许圉师同中书门下三品。丙戌,太子太师、同中书门下三品、燕国公于志宁免官,放还私第。戊戌,太尉、扬州都督、赵国公无忌带扬州都督于黔州安置,依旧准一品供给。

五月丙申,兵部尚书任雅相、度支尚书卢承庆并参知政事。

秋七月壬子,普州刺史李义府为吏部尚书,同中书门下三品。

冬十月乙巳,皇太子加元服,大赦天下,文武五品已上子孙为父祖后者加勋官一级,大酺三日。

闰十月戊寅,幸东都,皇太子监国。戊戌,至东都。

十一月,以中书侍郎许圉师为散骑常侍、检校侍中。戊午,兼侍中辛茂将卒。癸亥,以邢国公苏定方为神丘道总管,刘伯英为崑夷道总管。

五年春正月甲子,幸并州。二月辛巳,至并州。丙戌,宴从官及诸亲、并州官属父老,赐帛有差。曲赦并州及管内诸州。义旗初职事五品已上身亡殁坟墓在并州者,令所司致祭。佐命功臣子孙及大将军府僚佐已下今现存者,赐阶级有差,量才处分。起义之徒职事一品已下,赐物有差。年八十已上,版授刺史、县令。佐命功臣食别封身已殁者,为后子孙各加两阶。赐酺三日。甲午,祠旧宅,以武士彠、殷开山、刘政会配食。

三月丙午,皇后宴亲族邻里故旧于朝堂,命妇妇人入会于内殿,及皇室诸亲赐帛各有差,及从行文武五品以上。制以皇后故乡并州长史、司马各加勋级。又皇后亲预会,每赐物一千段,期亲五百段,大功已下及无服亲、邻里故旧有差。城内及诸妇女年八十已上,各版授郡君,仍赐物等。己酉,讲武于并州城西,上御飞阁,引群臣临观。辛亥,发神丘道军伐百济。丁巳,左右领始改左右千牛。

夏四月戊寅,车驾还东都,造八关宫于东都苑内。癸亥,至自并州。

五月壬戌,幸八关宫,改为合璧宫。

六月庚午朔,日有蚀之,辛卯,诏文武五品已上四科举人。甲午,驾还东都。

秋七月乙巳,废梁王忠为庶人,徙于黔州。戊辰,度支尚书、同中门下三品卢承庆以罪免。

八月庚辰,苏定方等讨平百济,面缚其王扶余义慈。国分为五部,郡三十七,城二百,户七十六万,以其地分置熊津等五都督府。曲赦神丘、嵎夷道总管已下,赐天下大酺三日。

九月戊午,赐英国公勣墓茔一所。

冬十月丙子,代国夫人杨氏改荣国夫人,品第一,位在王公母妻之上。

十一月戊戌朔,邢国公苏定方献百济王扶余义慈、太子隆等五十八人俘于则天门,责而宥之。乙卯,狩于许、郑之郊。

十二月己卯,至自许州。

六年春正月乙卯,于河南、河北、淮南六十七州募得四万四千六百四十六人,往平壤带方道行营。

二月乙未,以益、绵等州皆言龙见,改元,曲赦洛州。

龙朔元年三月丙申朔,改元。壬戌,幸合璧宫。

夏五月丙申,命左骁卫大将军、凉国公契苾何力为辽东道大总管,左武卫大将军、邢国公苏定方为平壤道大总管,兵部尚书、同中书门下三品、乐安县公任雅相为浿江道大总管,以伐高丽。是日,皇后请禁天下妇人为俳优之戏,诏从之。甲子晦,日有蚀之。

六月庚寅,中书令许敬宗等进《累璧》六百三十卷,目录四卷。

秋七月癸卯,车驾还东都。

八月丙戌,令诸州举孝行尤著及累叶义居可以励风俗者。

九月甲辰,以河南县大女张年百三岁,亲幸其第。又幸李勣之第。天宫寺是高祖潜龙时旧宅,上周历殿宇,感怆久之,度僧二十人。皇后至许圉师第。壬子,徙封潞王贤为沛王。是日,以雍州牧、幽州都督、沛王贤为扬州都督、左武候大将军,牧如故。以洛州牧、周王显为并州都督。是日,敕中书门下五品已上诸司表官、尚书省侍郎并诸亲三等已上，并诣沛王宅设宴礼，奏《九部乐》。礼毕，赐帛杂彩等各有差。

冬十月丁卯，狩于陆浑。癸酉，还宫。

是岁，新罗王金春秋卒，其子法敏嗣立。

二年春正月乙巳，太府寺更置少卿一员，分两京检校。丙午，东都初置国子监，并加学生等员，均分于两都教授。

二月甲子，改京诸司及百官名：尚书省为中台，门下省为东台，中书省为西台，左右仆射为左右匡政，左右丞为肃机，侍中为左相，中书令为右相，自余各以义训改之。又改六宫内职名。甲戌，司戎太常伯、浿江道总管、乐安县公任雅相卒于军。

三月甲申，自东都还京。癸丑，幸同州。苏定方破高丽于苇岛，又进攻平壤城，不克而还。

夏四月庚申朔，至自东都。辛巳，造蓬莱宫成，徙居之。

五月丙申，左侍极许圉师为左相。乙巳，复置律、书、算三学。

六月己未朔，皇子旭轮生。乙丑，初令道士、女冠、僧、尼等，并尽礼致拜其父母。乙亥，制蓬莱宫诸门殿亭等名。

秋七月丁亥朔，以东宫诞育满月，大赦天下，赐酺三日。

八月甲午，右相许敬宗乞骸骨。壬寅，许敬宗为太子少师，同东西台三品，仍知西台事。

九月，司礼少常伯孙茂道奏称：“八品、九品旧令著青，乱紫，非卑品所服，望令著碧。”诏从之。戊寅，前吏部尚书、河间郡公李义府起复为司列太常伯，同东西台三品。

冬十月丁酉，幸温汤，皇太子弘监国。丁未，至自温汤。庚戌，西台侍郎上官仪同东西台三品。

十一月辛未，左相许圉师下狱。癸酉，封皇第四子旭轮为殷王。

十二月辛丑，改魏州为大都督府，改冀州为魏州。又以并、扬、荆、益四都督府并为大都督府，沛王贤为扬州大都督，周王显为并州大都督，殷王旭轮遥领冀州大都督。左相许圉师解现任。

三年春正月，左武卫大将军郑仁泰等帅师讨铁勒余种，尽平之。乙丑，司列太常伯李义府为右相。

二月丙戌，陇、雍、同、岐等一十五州户口，征修蓬莱宫。癸巳，置太子左右谕德及桂坊大夫等官员，改司经局为桂坊馆，崇贤馆罢，隶左春坊。丁酉，减京官一月俸，助修蓬莱宫。庚戌，诏曰："天德施生，阳和在节，言念幽圄，载恻分宵。虽复每有哀矜，犹恐未免枉滥。在京系囚应流死者，每日将二十人过。"于是亲自临问，多所原宥，不尽者令皇太子录之。诏以书学隶兰台，算学隶秘阁，律学隶详刑寺。改燕然都护府为瀚海都护府，瀚海都护府为云中都护府。

二月，前左相许圉师左迁虔州刺史。太子弘撰《瑶山玉彩》成，书凡五百卷。

夏四月乙丑，右相李义府下狱。戊子，李义府除名，配流巂州。丙午，幸蓬莱宫新起含元殿。

秋八月癸卯，彗星见于左摄提。戊申，诏百僚极言正谏。命司元太常伯窦德玄、司刑太常伯刘祥道等九人为持节大使，分行天下。仍令内外官五品已上各举所知。

冬十月丙申，绛州麟见于介山。丙午，含元殿前麟趾见。

十一月癸酉，雨水。

十二月庚子，诏改来年正月一日为麟德元年。

春正月甲子，改云中都护府为单于大都护府，官品同大都督府。

二月丁亥，加授殷王旭轮单于大都护。戊子，幸万年宫。

三月辛亥，展大赦礼。丁卯，长女追封安定公主，谥曰思，其卤簿鼓吹及供葬所须，并如亲王之制，于德业寺迁于崇敬寺。

夏四月，卫州刺史、道王元庆薨。

五月，许王孝薨。乙卯，于昆明之弄栋川置姚州都督府。

秋八月丙子朔，至自万年宫，便幸旧宅。己卯，降万年县系囚，因幸大慈恩寺。壬午,还蓬莱宫。戊子,兼司列太常伯、检校沛王府长史、城阳县侯刘祥道兼右相,大司宪窦德玄兼司元太常伯、检校左相。

九月己卯,诏曰:"周京兆尹、左右宫伯大将军、司卫上将军、少冢宰、广陵郡公宇文孝伯,忠亮存心,贞坚表志。淫刑既逞,方纳谏而求仁;忍忌将加,甘捐躯而徇节。年载虽久,风烈犹生,宜峻徽章,式旌胤胄。其孙左威卫长史思纯,可加授朝散大夫。"

十二月丙戌,杀西台侍郎上官仪。戊子,庶人忠坐与仪交通,赐死。右相、城阳县侯刘祥道为司礼太常伯。太子右中护检校西台侍郎乐颜玮、西台侍郎孙处约同知政事。

是冬无雪。

二年春正月壬午,幸东都。丁酉,幸合璧宫。戊子,虑雍、洛二州及诸司囚。甲子以发向太山,停选。

三月甲寅,兼司戎太常伯、永安郡公姜恪同东西台三品。辛未,东都造乾元殿成。

闰月癸酉,日有蚀之。

四月丙午,曲赦桂、广、黔三都督府管内大辟罪已上。丙寅,讲武邙山之阳,御城北楼观之。戊辰,左侍极、仍检校大司成、嘉兴县子陆敦信为检校右相,其大司成宜停。西台侍郎孙处约、乐彦玮并停知政事。

五月辛卯,以秘阁郎中李淳风造历成,名《麟德历》,颁之。以司空、英国公李勣,少师、高阳郡公许敬宗,右相、嘉兴县子陆敦信,左相钜鹿男窦德玄为检校封禅使。

六月,鄜州大水,坏城邑。

秋七月,邓王元裕薨。

冬十月戊午,皇后请封禅,司礼太常伯刘祥道上疏请封禅。癸亥,高丽王藏遣其子福男来朝。丁卯,将封泰山,发自东都。是岁大稔,米斗五钱,麰麦不列市。

　　十一月丙子,次于原武,以少牢祭汉将纪信墓,赠骠骑大将军。庚寅,华州刺史、燕国公于志宁卒。

　　十二月丙午,御齐州大厅。乙卯,命有司祭泰山。丙辰,发灵岩顿。

旧唐书卷五
本纪第五

高宗下

麟德三年春正月戊辰朔,车驾至泰山顿。是日亲祀昊天上帝于封祀坛,以高祖、太宗配飨。己巳,帝升山行封禅之礼。庚午,禅于社首,祭皇地祇,以太穆太皇太后、文德皇太后配飨;皇后为亚献,越国太妃燕氏为终献。辛未,御降禅坛。

壬申,御朝觐受朝贺。改麟德三年为乾封元年,诸行从文武官及朝觐华戎岳牧、致仕老人朝朔望者,三品已上赐爵二等,四品已下、七品以上加阶,八品已下加一阶,勋一转。诸老人百岁已上版授下州刺史,妇人郡君;九十、八十节级。齐州给复一年半,管岳县二年。所历之处,无出今年租赋。乾封元年正月五日已前,大赦天下,赐酺七日。癸酉,宴群臣,陈《九部乐》,赐物有差,日昳而罢。丙子,皇太子弘设会。丁丑,以前恩薄,普进爵及阶、勋等,男子赐古爵。衮州界置紫云、仙鹤、万岁观,封峦、非烟、重轮三寺。天下诸州置观、寺一所。丙戌,发自泰山。甲午,次曲阜县,幸孔子庙,追赠太师,增修祠宇,以少牢致祭。其褒圣侯德伦子孙,并免赋役。

二月己未,次亳州。幸老君庙,追号曰太上玄元皇帝,创造祠堂;其庙置令、丞各一员。改谷阳县为真源县,县内宗姓特给复一年。

夏四月甲辰,车驾至自泰山,先谒太庙而后入。

庚寅,改铸乾封泉宝钱。

六月壬寅，高丽莫离支盖苏文死。其子男生继其父位，为其弟男建所逐，使其子献诚诣阙请降，诏左骁卫大将军契苾何力率兵以应接之。

秋七月乙丑，徙封殷王旭轮为豫王。庚午，左侍极、检校右相、嘉兴子陆敦信缘老病乞辞机揆，拜大司成，兼知左侍极。大司宪兼检校右中护刘仁轨兼右相、检校右中护。

八月辛丑，兼司元太常伯、兼检校左相、钜鹿男窦德玄卒。丁未，杀司卫少卿武惟良、淄州刺史武怀运，仍改姓蝮氏。

冬十月己酉，命司空、英国公勣为辽东道行军大总管，以伐高丽。

二年春正月丁丑，以去冬至于是月无雨雪，避正殿，减膳，亲录囚徒。罢乾封钱，复行开元通宝钱。

二月戊戌，涪陵郡王愔薨。辛丑，改万年宫依旧名九成宫。

夏六月乙卯，西台侍郎杨武，西台侍郎、道国公、检校太子左中护戴至德，正谏议大夫、检校东台侍郎、安平郡公李安期，东台侍郎张文瓘，并同东西台三品。

秋八月己丑朔，日有蚀之。丙辰，东台侍郎李安期出为荆州大都督府长史。

三年春正月庚寅，诏缮工大监兼瀚海都护刘审礼为西域道安抚大使。壬子，以右相刘仁轨为辽东道副大总管。

二月戊午，辽东道破薛贺水五万人，阵斩首五千余级，获生口三万余人，器械牛马不可胜计。

丙寅，以明堂制度历代不同，汉、魏以还，弥更讹舛，遂增损古今，新制其图。下诏大赦，改元为总章元年。二月戊寅，幸九成宫。己卯，分长安、万年置乾封、明堂二县，分理于京城之中。癸未，皇太子弘释奠于国学，赠颜回太子少师，曾参太子少保。

夏四月丙辰，有彗星见于毕、昴之间。乙丑，上避正殿，减膳，诏内外群官各上封事，极言过失。于是群臣上言："星虽孛而光芒小，此非国眚，不足上劳圣虑，请御正殿，复常馔。"帝曰："朕获奉宗庙，抚临亿兆，谪见于天，诚朕之不德也，当责躬修德以禳之。"群臣复进曰："星孛于东北，此高丽将灭之征。"帝曰："高丽百姓，即朕之百姓也。既为万国之主，岂可推过于小蕃！"竟不从所请。乙亥，彗星灭。辛巳，西台侍郎杨武卒。

秋八月癸酉，至自九成宫。

九月癸巳，司空、英国公勣破高丽，拔平壤城，擒其王高藏及其大臣男建等以归。境内尽降，其城一百七十，户六十九万七千，以其地为安东都护府，分置四十二州。

二年春正月，封诸王嫡子皆为郡王。

二月，东台侍郎、同东西台三品兼知左史事张文瓘署位，始入衔。

三月，东台侍郎郝处俊同东西台三品。癸酉，皇后亲祀先蚕。

夏四月乙酉，幸九成宫。置司列少常伯、司戎少常伯各两员。

五月庚子，移高丽户二万八千二百，车一千八十乘，牛三千三百头，马二千九百匹，驼六十头，将入内地，莱、营二州般次发遣，量配于江、淮以南及山南、并、凉以西诸州空闲处安置。

六月戊申朔，日有蚀之。括州大风雨，海水泛溢永嘉、安固二县城郭，漂百姓宅六千八百四十三区，溺杀人九千七十。牛五百头，损田苗四千一百五十顷。冀州大水，漂坏居人庐舍数千家。并遣使赈给。

秋七月，剑南益、泸、巂、茂、陵、邛、雅、绵、翼、维、始、简、资、荣、隆、果、梓、普、遂等一十九州旱，百姓乏绝，总三十六万七千六百九十户，遣司珍大夫路励行存问赈贷。癸巳，冀州大都督府奏，自六月十三日夜降雨，至二十日水深五尺，其夜暴水深一丈已上，坏屋一万四千三百九十区，害田四千四百九十六顷。遣右卫大将军、凉国公契苾何力为驾海道行军大总管。

秋八月甲戌，改瀚海都护府为安北都护府。

九月己亥，发自九成宫。壬寅，停华林顿，大搜于岐。乙巳，至岐州。高祖初仕隋为扶风太守，故曲赦岐州管内。高祖时胥徒随材擢用，赐高年衣物粟帛各有差。

冬十月丁巳，至自九成宫。

十一月庚辰，发九州人夫，转发太原仓米粟入京。丁亥，徙封豫王旭轮为冀王，仍令单名轮。

十二月戊申，司空、太子太师、英国公勣薨。是冬无雪。

三年春正月丁丑，右相、乐成男刘仁轨致仕。辛卯，列辽东地为州县。

二月戊申，以旱，亲录囚徒，祈祷名山大川。癸丑，日色出如赭。

三月甲戌朔，大赦天下，改元为咸亨元年。三月丁丑，改蓬莱宫为含元殿。壬辰，太子少师、同东西台三品许敬宗致仕。

夏四月，吐蕃寇陷白州等一十八州，又与于阗合众袭龟兹拨换城，陷之。罢安西四镇。辛亥，以右威卫大将军薛仁贵为逻娑道行军大总管，右卫员外大将军阿史那道真、左卫将军郭待封为副，领兵五万以击吐蕃。庚午，幸九成宫。雍州大雨雹。

五月丙戌，诏曰："诸州县孔子庙堂及学馆有破坏并先来未造者，遂使生徒无肄业之所，先师阙奠祭之仪，久致飘露，深非敬本。宜令所司速事营造。"

六月壬寅朔，日有蚀之。

秋七月戊子，前西台侍郎李敬玄起复本职，仍依旧同东西台三品。薛仁贵、郭待封至大非川，为吐蕃大将论钦陵所袭，大败，仁贵等并坐除名。吐谷浑全国尽没，唯慕容诺曷钵及其亲信数千帐内属，仍徙于灵州界。

八月甲子，至自九成宫。梁州都督、赵王福薨。丙寅，以久旱，避正殿，尚食减膳。

九月甲申，卫国夫人杨氏薨，赠鲁国夫人，谥曰忠烈。

闰月壬子,故赠司徒、周忠孝公士矱赠太尉、太子太师、太原郡王,赠鲁国忠烈太夫人赠太原王妃。甲寅,葬太原王妃,京官文武九品已上及外命妇,送至便桥宿次。

冬十月癸酉,大雪,平地三尺余,行人冻死者赠帛给棺木。令雍、同、华州贫窭之家,有年十五已下不能存活者,听一切任人收养为男女,充驱使,皆不得将为奴婢。丙申,太子右中护兼摄正谏大夫、同东西台三品赵仁本为左肃机,罢知政事。

十二月庚寅,诸司及百官各复旧名。

是岁,天下四十余州旱及霜虫,百姓饥乏,关中尤甚。诏令任往诸州逐食,仍转江南租米以赈给之。

二年春正月乙巳,幸东都。留皇太子弘于京监国,令侍臣戴至德、张文瓘、李敬玄等辅之。唯以阎立本、郝处俊从。甲子,至东都。

二月丁亥,雍州人梁金柱请出钱三千贯赈济贫人。

夏四月戊子,大风折木。

六月戊寅,左散骑常侍兼检校秘书、太子宾客、周国公武敏之以罪复本姓贺兰氏,除名,流雷州。丁亥,以旱,亲录囚徒。

秋九月,地震。司徒、潞州刺史、徐王元礼薨。冬十月,搜扬明达礼乐之士。

十一月甲午朔,日有蚀之。庚戌,幸许、汝等州教习。癸酉,冬狩,校猎于许州叶县昆水之阳。

十二月丙戌,还东都。

三年春正月辛丑,发梁、益等一十八州兵募五千三百人,遣右卫副率梁积寿往姚州击叛蛮。辛未,制雍、洛二州人听任本州官。

二月己卯,侍中、永安郡公姜恪卒于河西镇守。

夏四月戊寅,幸合璧宫。壬午,于水南教旗。上问中书令阎立本、黄门侍郎郝处俊:"伊尹负鼎俎于汤,应是补缉时政,不知铸鼎所缘,复在何国?将为国之重器,历代传宝?"阎立本以古义对。

五月乙未，五品已上改赐新鱼袋，并饰以银；三品已上各赐金装刀子、砺石一具。

六月丙子，于洛州柏崖置仓。

八月壬子，特进、高阳郡公许敬宗卒。

九月乙卯。冀州大都督府复为魏州，魏州复为冀州。壬寅，沛王贤徙封雍王。

冬十月己未，皇太子监国。壬戌，车驾还京师。乙亥，中书侍郎、同中书门下三品、道国公戴至德加兼户部尚书，黄门侍郎、同中书门下三品张文瓘检校大理卿，黄门侍郎、甑山县公、同中书门下三品郝处俊为中书侍郎，兼检校吏部侍郎、同中书门下三品李敬玄为吏部侍郎，并依旧同中书门下三品。

十一月戊子朔，日有蚀之。甲辰，至自东都。

十二月癸卯，太子左庶子刘仁轨同中书门下三品。

是冬，左监门大将军高侃大败新罗之众于横水。

四年春正月甲午，诏咸亨初收养为男女及驱使者，听量酬衣食之直，放还本处。丙辰，绛州刺史、郑王元懿薨。

二月壬午，以左金吾将军裴居道女为皇太子弘妃。

夏四月丙子，幸九成宫。

闰五月丁卯，燕山道总管李谨行破高丽叛党于瓠卢河之西，高丽平壤余众遁入新罗。

秋七月庚午，九成宫太子新宫成，上召五品已上诸亲宴太子宫，极欢而罢。辛巳，婺州暴雨，水泛溢，漂溺居民六百家，诏令赈给。

八月辛丑，上痁疾，令太子受诸司启事。己酉，大风毁太庙鸱吻。

冬十月壬午，中书令、博陵县子阎立本卒。乙未，皇太子弘纳妃毕，曲赦岐州，大酺三日。庚子，还京师。乙巳，至自九成宫。

十一月丙寅，上制乐章，有《上元》、《二仪》、《三才》、《四时》、

《五行》、《六律》、《七政》、《八风》、《九宫》、《十洲》、《得一》、《庆云》、之曲,诏有司,诸大祠享即奏之。

十二月丙午,弓月、疏勒二国王入朝请降。

五年春二月壬午,遣太子左庶子、同中书门下三品刘仁轨为鸡林道大总管,以讨新罗,仍令卫尉卿李弼、右领大将军李谨行副之。

三月辛亥朔,日有蚀之。己巳,皇后祀先蚕。

夏四月辛卯,以尚辇奉御、周国公武承嗣为宗正卿。

五月己未,诏:"春秋二社,本以祈农,如闻此外别为邑会。此后除二社外,不得聚集,有司严加禁止。"

六月壬寅,太白入东井。

秋八月壬辰,追尊宣简公为宣皇帝,懿王为光皇帝,太祖武皇帝为高祖神尧皇帝,太宗文皇帝为文武圣皇帝,太穆皇后为太穆神皇后,文德皇后为文德圣皇后。皇帝称天皇,皇后称天后。改咸亨五年为上元元年,大赦。戊戌,敕文武官三品已上服紫,金玉带;四品深绯,五品浅绯,并金带;六品深绿,七品浅绿,并银带;八品深青,九品浅青,输石带;庶人服黄,铜铁带。一品已下文官,并带手巾、算袋、刀子、砺石,武官欲带亦听之。

九月辛亥,百僚具新服,上宴之于麟德殿。癸丑,追复长孙无忌官爵,仍以其曾孙翼袭封赵国公,许归葬于昭陵先造之坟。

十一月丙午朔,幸东都。己酉,狩于华山之曲武原。戊辰,至东都。

十二月,蒋王恽薨。戊子,于阗王伏阇雄来朝,辛卯,波斯王卑路斯来朝。壬寅,天后上意见十二条,请王公百僚皆习《老子》,每岁明经一准《孝经》、《论语》例试于有司。又请子父在为母服三年。豵王凤薨。

二年春正月甲寅,荧惑犯房。壬戌,支汗郡王献碧玻璃。丙寅,以于阗为毗沙都督府,以尉迟伏阇雄为毗沙都督,分其境内为十州,以伏阇雄有击吐蕃功故也。庚午,龟兹王白素稽献银颇罗。辛未,吐蕃遣其大臣论吐浑弥来请和,不许。

二月,鸡林道行军大总管大破新罗之众于七重城,斩获甚众。新罗遣使入朝献方物,伏罪;赦之,复其王金法敏官爵。

三月丁未,日色如赭。丁巳,天后亲蚕于邙山之阳。时帝风疹不能听朝,政事皆决于天后。自诛上官仪后,上每视朝,天后垂帘于御座后,政事大小皆预闻之,内外称为"二圣"。帝欲下诏令天后摄国政,中书侍郎郝处俊谏止之。

夏四月,分括州永嘉、永固二县置温州,析临海县为乐安、永宁二县。辛巳,周王显妃赵氏以罪幽死。己亥,皇太子弘薨于合璧宫之绮云殿。时帝幸合璧宫,是日还东都。

五月己亥,追谥太子弘为孝敬皇帝。

六月戊寅,以雍王贤为皇太子,大赦。

秋七月辛亥,洛州复置缑氏县,以管孝敬皇帝恭陵。慈州刺史、杞王上金坐事,于沣州安置。

八月庚子,太子左庶子、同中书门下三品、乐成侯刘仁轨为左仆射,依旧监修国史;中书门下三品、大理卿张文瓘为侍中;中书侍郎、同三品、甑山公郝处俊为中书令,监修国史如故;吏部侍郎、检校太子左庶子、监修国史李敬玄吏部尚书兼太子左庶子、同中书门下三品,依前监修国史;左丞许圉师为户部尚书。

九月丙午,宰相刘仁轨、戴至德、张文瓘、郝处俊并兼太子宾客。

冬十月,析永州营道、江华、唐兴三县置道州。壬午,星孛于角、亢之南,长五尺。

十二月丁亥,龟兹王白素稽献名马。

三年春正月戊戌,徙封冀王轮为相王。

二月甲戌,移安东都护府于辽东。乙亥,坚昆献名马。丁亥,幸汝州之温汤。

三月癸卯，黄门侍郎来恒、中书侍郎薛元超并同中书门下三品。甲辰，还东都。

闰三月己巳朔，吐蕃入寇鄯、廓、河、芳等四州。乙酉，洛州牧、周王显为洮州道行军元帅，领工部尚书刘审礼等十二总管；并州都督、相王轮为凉州道行军元帅，领左卫将军契苾何力等军，以讨吐蕃。二王竟不行。戊午，敕制比用白纸，多为虫蠹，今后尚书省下诸司、州、县，宜并用黄纸。其承制敕之司，量为卷轴，以备披检。庚寅，车驾还京。

夏四月戊申，至自东都。甲寅，中书侍郎李义琰同中书门下三品。戊午，幸九成宫。

六月癸丑，黄门侍郎高智周同中书门下三品。

秋七月，彗起东井，指北河，渐东北，长三丈，扫中台，指文昌宫，五十八日方灭。

八月乙未，吐蕃寇叠州。庚子，以星变，避殿，减膳，放京城系囚，令文武官各上封事言得失。壬寅，置南选使，简补广、交、黔等州官吏。青、齐等州海泛溢，又大雨，漂溺居人五千家，遣使赈恤之。

九月甲子朔，车驾还京。丙申，郇王素节削户三分之二，于袁州安置。癸丑，于北京置金邻州。

十一月丁卯，敕新造《上元舞》，圆丘、方泽、享太庙用之，余祭则停。

壬申，以陈州言凤凰见于宛丘，改上元三年曰仪凤元年，大赦。庚寅，吏部尚书李敬玄为中书令。

十二月丙申，皇太子贤上所注《后汉书》，赐物三万段。戊午，遣使分道巡抚：宰相来恒河南道，薛元超河北道，左丞崔知悌等江南道。

二年春正月乙亥，上躬籍田于东郊。庚辰，京师地震。壬辰，幸司竹园，即日还宫。

二月丁巳，工部尚书高藏授辽东都督，封朝鲜郡王，遣归安东府,辑高丽余众;司农卿扶余隆熊津州都督,封带方郡王,令往安辑百济余众。仍移安东都护府于新城以统之。

夏四月,以河南、河北旱,遣使赈给。

八月,徙封周王显为英王,改名哲。乙巳,太白犯轩辕。十二月乙卯,敕关内、河东诸州召募勇敢,以讨吐蕃。诏京文武职事官三品已上,每年各举文武才能堪任将帅牧守者一人。

是冬无雪。

三年四月丁亥朔,以旱,避正殿,亲录囚徒,悉原之。戊申,大赦,改来年正月一日为通乾。癸丑,泾州献二小儿,连心异体,年四岁。

五月壬戌,幸九成宫。以相王轮为洛州牧。

秋七月丁巳,宴近臣诸亲于咸亨殿。上谓霍王元轨曰:"去冬无雪,今春少雨,自避暑此宫,甘雨频降,夏麦丰熟,秋稼滋荣。又得敬玄表奏,吐蕃入龙支,张虔勖与之战,一日两阵,斩馘极多。又太史奏,七月朔,太阳合亏而不亏。此盖上天垂佑,宗社降灵,岂虚薄所能致此?又男轮最小,特所留爱,比来与选新妇,多不称情,近纳刘延景女,现其极有孝行!复是私衷一喜。思与叔等同为此欢,各宜尽醉。"上因赋七言诗效柏梁体,侍臣并和。

九月丁巳,还京师。辛酉,至自九成宫。癸亥,侍中张文瓘卒。丙寅,洮河道行军大总管中书令李敬玄、左卫大将军刘审礼等与吐蕃战于青海之上,王师败绩,审礼被俘。上以蕃寇为患,问计于侍臣中书舍人郭正一等,咸以备边不深讨为上策。

十月丙午,徐州刺史、密王元晓薨。

闰十月戊寅,荧惑犯钩钤。

十一月乙未,昏雾四塞,连夜不解。丙申,雨木冰。壬子,黄门侍郎、同中书门下三品来恒卒。

十二月,诏停明年"通乾"之号,以反语不善故也。

四年正月辛未，户部尚书、平恩县公许圉师卒。己酉，幸东都。庚戌，尚书右仆射、道国公戴至德薨。

二月壬戌，吐蕃赞普卒，遣使吊祭之。乙丑，东都饥，官出糙米以救饥人。

夏四月戊午，荧惑入羽林星。左丞崔知悌为户部尚书，中书令郝处俊为侍中。

五月壬午，盗杀正谏大夫明崇俨。丙戌，皇太子贤监国。戊戌，造紫桂宫于渑池之西。

六月辛亥，制大赦天下，改仪凤四年为调露元年。

秋七月己卯朔，诏以今年冬至有事嵩岳，礼官学士详定仪注。

八月丁巳，侍中郝处俊、左庶子高智周、黄门侍郎崔知温、给事中刘景先兼修国史。

九月壬午，吏部侍郎裴行俭讨西突厥，擒其十姓可汗阿史那都支及别帅李遮匐以归。

冬十月，单于大都护府突厥阿史德温傅及奉职二部相率反叛，立阿史那泥熟匐为可汗，二十四州首领并叛。遣单于大都护长史萧嗣业，将军花大智、李景嘉等讨之。与突厥战，为贼所败。嗣业配流桂州。壬子，令将军曹怀舜率兵往恒州守井陉，崔献往绛州守龙门，以备突厥。庚申，前诏封嵩山，宜停。癸亥，吐蕃文成公主遣其大臣论塞调傍来告丧，请和亲，不许。遣郎将来令文史吐蕃，会赞普之葬。

十一月戊寅朔，左庶子、同三品高智周罢知政事。癸未，以吏部侍郎裴行俭为礼部尚书，赏擒都支、遮匐之功也。甲辰，裴行俭为定襄道大总管，与营州都督周道务等兵十八万，并西军程务挺、东军李文暕等，总三十万以讨突厥。甲寅，临轩试应岳牧举人。

二年春正月乙酉，宴诸王、诸司三品已上、诸州都督刺史于洛城南门楼，奏新二月丙午，诏曰："故符玺郎李延寿撰《正典》一部，辞殚雅正，虽已沦亡，功犹可录，宜赐其家绢五十疋。"壬子，霍王元轨率文武百僚,请出一月俸料助军,以讨突厥。癸丑,幸汝州温汤。丁巳,至少室山。戊午,亲谒少姨庙。赐故玉清观道士王远知谥曰升真先生,赠太中大夫。又幸隐士田游岩所居。己未,幸嵩阳观及启母庙,并命立碑。又幸逍遥谷道士潘师正所居。甲子,自温汤还东都。

三月,裴行俭大破突厥于黑山,擒其首领奉职。伪可汗泥熟匐为其部下所杀,传首来降。

夏四月乙丑,幸紫桂宫。戊辰,黄门侍郎裴炎崔知温、中书侍郎王德真并同中书门下三品。

五月癸未,荧惑犯舆鬼。丁酉,太白经天。

秋七月,吐蕃寇河源,屯于良非川。河西镇抚大使李敬玄与吐蕃将赞婆战于湟中,官军败绩。时左武贰卫将军黑齿常之力战,大破蕃军,遂擢为河源军经略大使;令李敬玄镇鄯州,为之援。丙申,江王元祥薨。是月,突厥余众围云州,中郎将程务挺击破之。

八月丁未,自紫桂宫还东都。丁巳,鄯州都督李敬玄左迁衡州刺史。甲子,废皇太子贤为庶人,幽于别所。

乙丑,立英王哲为皇太子。改调露二年为永隆元年,赦天下,大酺三日。太子左庶子、同中书门下三品张大安坐庶人左迁普州刺史。

九月,河南、河北诸州大水,遣使赈恤,溺死者官给棺槥,其家赐物七段。

冬十月壬寅,苏州刺史曹王明封零陵郡王,于黔州安置,坐附庶人贤也。己酉,自东都还京。

十一月朔,日有蚀之。洛州饥,减价官粜,以救饥人。

二年春正月,突厥寇原、庆等州。乙亥,命将军李知十、王杲等分兵御之。癸巳遣礼部尚书裴行俭为定襄道大总管,率师讨突厥温傅部落。己亥,诏雍、岐、华、同民户宜免两年地税,河南、河北遭水处一年。上诏雍州长史李义玄曰:"朕思还淳返朴,示天下以质素。

如闻游手堕业，此类极多，时稍不丰，便至饥馑。其异色绫锦，并花间裙衣等，糜费既广，俱害女工。天后，我之匹敌，常著七破间裙，岂不知更有靡丽服饰，务遵节俭也。其紫服赤衣，闾阎公然服用；兼商贾富人，厚葬越礼。卿严加捉搦，勿使更然。"

二月丙午，皇太子亲行释奠礼。

三月辛卯，左仆射、同三品刘仁轨兼太子少傅。侍中郝处俊为太子少保，罢知政事。

五月丙戌，定襄道总管怀舜与突厥史伏念战于横水，官军大败。怀舜减死，配流岭南。

六月壬子，故江王元祥男暭以犯名教，斩于大理寺后园。

七月，太平公主出降薛绍，赦京城系囚。

闰七月丁未，黄门侍郎裴炎为侍中，黄门侍郎崔知温、中书侍郎薛元超并为中书令。庚申，上以服饵，令皇太子监国。丙寅，雍州大风害稼，米价腾踊。是月，裴行俭大破突厥史伏念之众，伏念为程务挺急追，遂执温傅来降，行俭于是尽平突厥余党。行俭执伏念、温傅，振旅凯旋。

八月丁卯朔，河南、河北大水，许遭水处往江、淮已南就食。丁亥，户部尚书崔知温卒。辛卯，改交州为安南都护府。

九月丙申，彗星见于天市，长五尺。

冬十月丙寅朔，日有蚀之。乙丑，改永隆二年为开耀元年。曲赦定襄军及缘征突厥官吏兵募等。丙寅，斩阿史那伏念及温傅等五十四人于都市。丁亥，新罗王金法敏薨，仍以其子政袭位。

十一月癸卯，徙庶人贤于巴州。

十二月，吐火罗献金衣一领，上不受。辛未，太子少保、甑山县公郝处俊薨。

永淳元年正月乙未朔，以年饥，罢朝会。关内诸府兵，令于邓、绥等州就谷。

二月癸未，以太子诞皇孙满月，大赦。改开耀二年为永淳元年，大酺三日。戊午，立皇孙重照为皇太孙，欲开府置僚属。吏部郎中王方庆曰："按《周礼》，有嫡子无嫡孙。汉、魏已来，皇太子在，不立太孙，但封王耳。晋立愍怀太子子或为太孙，齐立文惠太子子昭业为太孙，便居东宫；而皇太子在而立太孙，未有前例。"上曰："自我作古，可乎？"亦可。然竟不立府僚。

是春，关内旱，日色如赭。

四月甲子朔，日有蚀之。丙寅，幸东都。皇太子京师留守，命刘仁轨、裴炎、薛元超等辅之。上以谷贵，减扈从兵，士庶从者多殍踣于路。辛未，以裴行俭为金牙道行军大总管，与将军阎怀旦等三总管兵分道讨十姓突厥阿史那车薄。行俭未行而卒。安西副都护王方翼破车薄、咽邅，西域平。戊寅，次渑池之紫桂宫。乙酉，至东都。丁亥，黄门侍郎郭待举、兵部侍郎岑长倩、中书侍郎郭正一、吏部侍郎魏玄同并同中书门下同承受进止平章事。上谓参知政事崔知温曰："待举等历任尚浅，且令预闻政事，未可即与卿等同名称。"自是外司四品已下知政事者，遂以平章为名。

五月壬寅，置东都苑总监。自丙午连日澍雨，洛水溢，坏天津及中桥，立德、弘教、景行诸坊，溺居民千余家。

六月，关中初雨，麦苗涝损，后旱，京兆、岐陇螟蝗食苗并尽，加以民多疫疠，死者枕藉于路，诏所在官司埋瘗。丁丑，以岐州刺史苏良嗣为雍州长史。京师人相食，寇盗纵横。

秋七月己亥，造奉天宫于嵩山之阳，仍置嵩阳县。又于蓝田造万全宫。庚申，零陵王明薨。

是秋，山东大水，民饥。吐蕃寇柘、松、翼等州。

冬十月甲子，京师地震。丙寅，黄门侍郎刘景先同平章事。

十二月，南天竺、于阗各献方物。突厥余党阿史那骨笃禄等招合残众，据黑沙城，入寇并州北境。

二年春正月甲午朔，幸奉天宫，遣使祭嵩岳、少室、箕山、具茨等山，西王母、启母、巢父、许由等祠。

二月甲午，洛州长史李仲玄为宗正卿。庚午，突厥寇定州、妫州之境。己卯，左领军卫大将军薛仁贵卒。

三月庚寅，突厥阿史那骨笃禄、阿史德元珍等围单于都护府。丙午，彗见五车北，二十五日而灭。癸丑，中书令崔知温卒。

夏四月己巳，还东都。甲申，绥州部白铁余据城平县反，命将军程务挺将兵讨之。

五月庚寅，幸芳桂宫，阻雨，还东都。突厥寇蔚州，杀刺史李思俭，丰州都督崔智辨率师出朝那山掩击之，为贼所败，遂寇岚州。

秋七月己丑，封皇孙重福为唐昌郡王。甲辰，相王轮改封豫王，仍名旦。己丑，令唐昌郡王重福为京留守，刘仁轨副之。召皇太子至东都。己巳，河水溢，坏河阳城，水面高于城内五尺，北至盐坎，居人庐舍漂没皆尽，南北并坏。庚戌，荧惑入舆鬼，犯质星。

十一月，皇太子来朝。癸亥，幸奉天宫。时天后自封岱之后，劝上封中岳。每下诏草仪注，即岁饥、边事警急而止。至是复行封中岳礼。上疾而止。上者头重不可忍，侍医秦鸣鹤曰："刺头微出血，可愈。"天后帷中言曰："此可斩，欲刺血于人主首耶！"上曰："吾苦头重，出血未必不佳。"即刺百会，上曰："吾眼明矣。"戊戌，命将军程务挺为单于道安抚大使，以招讨总管材山贼元珍、骨笃禄、贺鲁等。诏皇太子监国，裴炎、刘齐贤、郭正一等于东宫同平章事。丁未，自奉天宫还东都。上疾甚，宰臣已下并不得谒见。

十二月己酉，诏改永淳二年为弘道元年。将宣赦书，上欲亲御则天门楼，气逆不能上马，遂召百姓于殿前宣之。礼毕，上问侍臣曰："民庶喜否？"曰："百姓蒙赦，无不感悦。"上曰："苍生虽喜，我命危笃。天地神祇若延吾一两月之命，得还长安，死亦无恨。"是夕，帝崩于真观殿，时年五十六。宣遗诏："七日而殡，皇太子即位于枢前。园陵制度，务从节俭。军国大事有不决者，取天后处分。"群臣上谥曰天皇大帝，庙号高宗。文明元年八月庚寅，葬于乾陵。天宝十三载，改谥曰天皇大弘孝皇帝。

　　史臣曰：大帝往在藩储，见称长者；暨升旒扆，顿异明哉。虚襟似纳于触鳞，下诏无殊于扇喝。既荡情于帷薄，遂忽怠于基扃。惑麦斛之佞言，中宫被毒；听赵师之诬说，元舅衔冤。忠良自是胁肩，奸佞于焉得志。卒致盘维尽戮，宗社为墟。古所谓一国为一人兴，前贤为后愚废，信矣哉！

　　赞曰：藉文鸿业，仅保余位。封岱礼天，其德不类。伏戎于寝，构堂终坠。自蕴祸胎，邦家殄瘁。

旧唐书卷六
本纪第六

则天皇后

　　则天皇后武氏讳曌，并州文水人也。父士彟，隋大业末为鹰扬府队正。高祖行军于汾、晋，每休止其家。义旗初起，从平京城。贞观中，累迁工部尚书、荆州都督，封应国公。

　　初，则天年十四时，太宗闻其美容止，召入宫，立为才人。及太宗崩，遂为尼，居感业寺。大帝于寺见之，复召入宫，拜昭仪。时皇后王氏、良娣萧氏频与武昭仪争宠，互谗毁之，帝皆不纳。进号宸妃。永徽六年，废王皇后而立武宸妃为皇后。高宗称天皇，武后亦称天后。后素多智计，兼涉文史。帝自显庆已后，多苦风疾，百司表奏，皆委天后详决。自此内辅国政数十年，威势与帝无异，当时称为"二圣"。

　　弘道元年十二月丁巳，大帝崩，皇太子显即位，尊天后为皇太后。既将篡夺，是日自临朝称制。庚午，加授泽州刺史、韩王元嘉为太尉，豫州刺史、滕王元婴为开府仪同三司，绛州刺史、鲁王灵夔为太子太师，相州刺史、越王贞为太子太傅，安州都督、纪王慎为太子太保。元嘉等地尊望重，恐其生变，故进加虚位，以安其心。甲戌，刘仁轨为尚书左仆射，岑长倩为兵部尚书，魏玄同为黄门侍郎，并依旧知政事。刘齐贤为侍中，裴炎为中书令。

嗣圣元年春正月甲申朔,改元。

二月戊午,废皇帝为庐陵王,幽于别所,仍改赐名哲。己未,立豫王轮为皇帝,令居于别殿。大赦天下,改元文明。皇太后仍临朝称制。庚午,废皇太孙重照为庶人。太常卿兼豫州府长史王德真为侍中,中书侍郎、豫王府司马刘祎之同中书门下三品。

三月,庶人贤死于巴州。

夏四月,滕王元婴薨。改封毕王上金为泽王,葛王素节为许王。丁丑,迁庐陵王哲于均州。

闰五月,礼部尚书武承嗣同中书门下三品。

秋七月,突厥骨咄禄、元珍寇朔州,命左威卫大将军程务挺拒之。彗星见西北方,长二丈余,经三十三日乃灭。

九月,大赦天下,改元为光宅。旗帜改从金色,饰以紫,画以杂文。改东都为神都,又改尚书省及诸司官名。初置右肃政御史台官员。故司空李勣孙柳州司马徐敬业伪称扬州司马,杀长史陈敬之,据扬州起兵,自称上将,以匡复为辞。

冬十月,楚州司马李崇福率所部三县以应敬业。命左玉钤卫大将军李孝逸为大总管,率兵三十万以讨之。杀内史裴炎。丁酉,追削敬业父祖官爵,复其本姓徐氏。

十二月,前中书令薛元超卒。杀左威卫大将军程务挺。

垂拱元年春正月,以敬业平,大赦天下,改元。刘仁轨薨。

三月,迁庐陵王哲于房州。颁下亲撰《垂拱格》于天下。

夏四月,内史苏味道左授青州刺史。

五月,秋官尚书裴居道为内史,纳言王德真配流象州,冬官尚书苏良嗣为纳言。诏内外文武九品已上及百姓,咸令自举。

是夏大旱。

二年春正月,皇太后下诏,复政于皇帝。以皇太后既非实意,乃固让。皇太后仍依旧临朝称制,大赦天下。初令都督、刺史并准京官带鱼。

三月，初置匦于朝堂，有进书言事者听投之，由是人间善恶事多所知悉。

夏四月，岑长倩为内史。

六月，苏良嗣为文昌左相，天官尚书韦待价为文昌右相，并同凤阁鸾台三品，右肃政御史大夫韦思谦为纳言。

三年春正月，封王子成义为恒王，隆基为楚王，隆范为卫王，隆业为赵王。

二月，韦思谦请致仕，许之。

夏四月，裴居道为纳言，夏官侍郎张光辅为凤阁侍郎、同凤阁鸾台平章事。庚午，刘祎之赐死于家。

秋八月，地官尚书魏玄同检校纳言。

四年春二月，毁乾元殿，就其地造明堂。山东、河南甚饥乏，诏司属卿王及善、司府卿欧阳通、冬官侍郎狄仁杰巡抚赈给。

夏四月，魏王武承嗣伪造瑞石，文云："圣母临人，永昌帝业。"令雍州人唐同泰表称获之洛水。皇太后大悦，号其石为"宝图"，擢授同泰游击将军。

五月，皇太后加尊号曰圣母神皇。

秋七月，大赦天下。改"宝图"曰"天授圣图"，封洛水神为显圣，加位特进，并立庙。就水侧置永昌县。天下大酺五日。

八月壬寅，博州刺史、琅耶王冲据博州起兵，命左金吾大将军丘神勣为行军总管讨之。庚戌，冲父豫州刺史、越王贞又举兵于豫州，与冲相应。

九月，命内史岑长倩、凤阁侍郎张光辅、左监门大将军鞠崇裕率兵讨之。丙寅，斩贞及冲等，传首神都，改姓为虺氏。曲赦博州。韩王元嘉、鲁王灵夔、元嘉子黄国公譔、灵夔子左散骑常侍范阳王蔼、霍王元轨及子江都王绪、故虢王元凤子东莞公融坐与贞通谋，元嘉、灵夔自杀，元轨配流黔州，譔等伏诛，改姓虺氏。自是宗室诸王相继诛死者，殆将尽矣。其子孙年幼者咸配流岭外，诛其亲党数百余家。

十二月，神皇拜洛水，受"天授圣图"，是日还宫。明堂成。

永昌元年春正月，神皇亲享明堂，大赦天下，改元，大酺七日。

三月，张光辅为内史，武承嗣为纳言。

夏四月，诛蒋王恽、道王元庆、徐王元礼、曹王明等诸子孙，徙其家属于巂州。

五月，命文昌右相韦待价为安息道大总管以讨吐蕃。

六月，令文武官五品已上各举所知。

秋七月，纪王慎被诬告谋反，载以槛车，流于巴州，改姓虺氏。韦待价坐迟留不进，士卒多饥馑而死，配流绣州。

八月，左肃政御史大夫王本立同凤阁鸾台三品。辛巳，诛内史张光辅。

九月，纳言魏玄同赐死于家。

冬十月，春官尚书范履冰、凤阁侍郎邢文伟并同凤阁鸾台平章事。改羽林军百骑为千骑。

载初元年春正月，神皇亲享明堂，大赦天下。依周制建子月为正月，改永昌元年十一月为载初元年正月，十二月为腊月，改旧正月为一月，大酺三日。神皇自以"曌"字为名，遂改诏书为制书。

春一月，苏良嗣为特进，武承嗣为文昌左相，岑长倩为文昌右相，裴居道为太子少傅。并依旧同凤阁鸾台三品。凤阁侍郎武攸宁为纳言，邢文伟为内史。

秋七月，杀豫章王亶，迁其父舒王元名于和州。有沙门十人伪撰《大云经》，表上之，盛言神皇受命之事。制颁于天下，令诸州各置大云寺，总度僧千人。丁亥，杀随州刺史泽王上金、舒州刺史许王素节并其子数十人。

九月九日壬午，革唐命，改国号为周。改元为天授，大赦天下，赐酺七日。乙酉,加尊号曰圣神皇帝,降皇帝为皇嗣。丙戌,初立武氏七庙于神都。追尊神皇父赠太尉、太原王士矱为孝明皇帝。兄子文昌左相承嗣为魏王,天官尚书三思为梁王,堂侄懿宗等十二人为郡王。司宾卿史务滋为纳言,凤阁侍郎宗秦客为内史。给事中傅游艺为鸾台侍郎,仍依旧知凤阁鸾台平章事。令史务滋等十人分道存抚天下。改内外官所佩鱼并作龟。

冬十月,改并州文水县为武兴县,依汉丰、沛例,百姓子孙相承给复。

二年正月,亲祀明堂。

春三月,改唐太庙为享德庙。

夏四月,令释教在道法之上,僧尼处道士女冠之前。

六月,命岑长倩率诸军讨吐蕃。左肃政御史大夫格辅元为地官尚书,鸾台侍郎乐思晦并同凤阁鸾台平章事。

秋七月,徙关内雍、同等七州户数十万以实洛阳。分京兆置鼎、稷、鸿、宜四州。夏官尚书欧阳通知纳言事。

九月,傅游艺下狱死。右羽林卫大将军、建昌王攸宁为纳言,洛州司马狄仁杰为地官侍郎、同凤阁鸾台平章事。

冬十月,制官人者咸令自举。杀文昌左相岑长倩、纳言欧阳通、地官尚书格辅元。

三年正月,亲祀明堂。

春一月,冬官尚书杨执柔同凤阁鸾台平章事。

三月,五天竺国并遣使朝贡。

四月,大赦天下,改元为如意,禁断天下屠杀。

秋七月,大雨,洛水泛溢,漂流人居五千余家,遣使巡问赈贷。

八月,魏王承嗣为特进,建昌王攸宁为冬官尚书,杨执柔为地官尚书,并罢知政事。秋官侍郎崔元琮为鸾台侍郎,夏官侍郎李昭德为凤阁侍郎,检校天官侍郎姚璹为文昌左丞,地官侍郎李元素为文昌右丞,并同凤阁鸾台平章事。

九月,大赦天下,改元为长寿。改用九月为社,大酺七日。并州改置北都。

冬十月,武威军总管王孝杰大破吐蕃,复龟兹、于阗、疏勒、碎叶镇。

二年春一月,亲享明堂。癸亥,杀皇嗣妃刘氏、窦氏。

腊月,改封皇孙成器为寿春郡王,宜王成义为衡阳郡王,隆基为临淄郡王,卫王隆范为巴陵郡王,隆业为彭城郡王。

春二月,尚方监裴匪躬坐潜谒皇嗣,腰斩于都市。

秋九月,上加金轮圣神皇帝号,大赦天下,大酺七日。辛丑,司宾卿豆卢钦望为内史,文昌右丞韦巨源同凤阁鸾台平章事,秋官侍郎陆元方为鸾台侍郎、同凤阁鸾台平章事。

三年春一月,亲享明堂。

三月,凤阁侍郎李昭德检校内史,鸾台侍郎苏味道同凤阁鸾台平章事。韦巨源为夏官侍郎,依旧知政事。

四月,夏官尚书王孝杰同凤阁鸾台三品。

五月,上加尊号为越古金轮圣神皇帝,大赦天下,改元为延载,大酺七日。

秋八月,司宾少卿姚璹为纳言。左肃政御史中丞杨再思为鸾台侍郎,洛州司马杜景俭为凤阁侍郎,仍并同凤阁鸾台平章事。梁王武三思劝率诸蕃酋长奏请大征敛东都铜铁,造天枢于端门之外,立颂以纪上之功业。

九月,内史李昭德左授钦州南宾县尉。

冬十月,文昌右丞李元素为凤阁鸾台平章事。

证圣元年春一月,上加尊号曰慈氏越古金轮圣神皇帝,大赦天下,改元,大酺七日。戊子,豆卢钦望、韦巨源、杜景俭、苏味道、陆元方并左授赵、鄜、集、绥等州刺史。丙申夜,明堂灾,至明而并从煨烬。庚子,以明堂灾告庙,手诏责躬,令内外文武九品已上各上封事,极言正谏。

春二月,上去慈氏越古尊号。

秋九月,亲祀南郊,加尊号天册金轮圣神皇帝,大赦天下,改元为天册万岁,大辟罪已下及犯十恶常赦所不原者,咸赦除之,大酺九日。

万岁登封元年腊月甲申,上登封于嵩岳,大赦天下,改元,大酺九日。丁亥,禅于少室山。己丑,又制内外官三品已上通前赐二等,四品已下加两阶。洛州百姓给复。

二年癸巳,至自嵩岳。甲午,亲谒太庙。

春一月,重造明堂成。

夏四月,亲享明堂,大赦天下,改元为万岁通天,大酺七日。以天下大旱,命文武官九品以上极言时政得失。

五月,营州城傍契丹首领松漠都督李尽忠与其妻兄妫诚州刺史孙万荣杀都督赵文翙,举兵反,攻陷营州。尽忠自号可汗。乙丑,命鹰扬将军曹仁师、右金吾大将军张玄遇、右武威大将军李多祚、司农少卿麻仁节等二十八将讨之。

秋七月,命春官尚书、梁王三思为安抚大使,纳言姚璹为之副。制改李尽忠为尽灭,孙万荣为万斩。

秋八月,张玄遇、曹仁师、麻仁节与李尽灭战于西硖石黄獐谷,官军败绩,玄遇、仁节并为贼所虏。

九月,命右武卫大将军,建安王攸宜为大总管以讨契丹,并州长史王方庆为凤阁侍郎,与殿中监李道广并同凤阁鸾台平章事。吐蕃寇凉州,都督许钦明为贼所执。庚申,王方庆为凤阁侍郎,仍依旧知政事。李尽灭死,其党孙万斩代领其众。

冬十月,孙万斩攻陷冀州,刺史陆宝积死之。

十一月,又陷瀛州属县。

二年正月，亲享明堂。凤阁侍郎李元素、夏官侍郎孙元亨坐与綦连耀谋反，伏诛。原州都督府司马娄师德为凤阁侍郎、同凤阁鸾台平章事。

春二月，王孝杰、苏宏晖等率兵十八万与孙万斩战于硖石谷，王师败绩，孝杰没于阵，宏晖弃甲而遁。

夏四月，铸九鼎成，置于明堂之庭，前益州大都督府长史王及善为内史。

五月，命右金吾大将军、河内王懿宗为大总管，右肃政御史大夫娄师德为副大总管，右武威卫大将军沙吒忠义为前军总管，率兵二十万以讨孙万斩。

六月，内史李昭德，司业少卿来俊臣以罪伏诛。孙万斩为其家奴所杀，余党大溃。魏王承嗣、梁王三思并同凤阁鸾台三品。

秋八月，纳言姚璹为益州大都督府长史。

九月，以契丹李尽灭等平，大赦天下，改元为神功，大酺七日。娄师德为纳言。

冬十月，前幽州都督狄仁杰为鸾台侍郎，司刑卿杜景俭为凤阁侍郎，并同凤阁鸾台平章事。

圣历元年正月，亲享明堂，大赦天下，改元，大酺九日。

春三月，召庐陵王哲于房州。

夏五月，禁天下屠杀。突厥默啜上言，有女请和亲。

秋七月，令淮阳王武延秀往突厥，纳默啜女为妃。遣右豹韬卫大将军阎知微摄春官尚书，赴房庭。

八月，突厥默啜以延秀非唐室诸王，乃因于别所，率众与阎知微入寇妫、檀等州。命司属卿高平王重规、右武威卫大将军沙吒忠义、幽州都督张仁亶、右羽林卫大将军李多祚等率兵二十万逆击、方放延秀还。己丑，默啜攻陷定州，刺史孙彦高死之，焚烧百姓庐舍，遇害者数千人，魏王承嗣卒。庚子，梁王三思为内史，狄仁杰为纳言。

九月,建昌王攸宁同凤阁鸾台平章事。默啜攻陷赵州,刺史高睿遇害。丙子,庐陵王哲为皇太子,令依旧名显,大赦天下,大酺五日。令纳言狄仁杰为河北道行军元帅。辛巳,皇太子谒太庙。天官侍郎苏味道凤阁侍郎、同凤阁鸾台平章事。癸未,默啜尽杀所掠赵、定州男女万余人,从五回道而去,所至残害,不可胜纪。

冬十月,夏官侍郎姚元崇、麟台少监李峤并同凤阁鸾台平章事。是月,阎知微自突厥叛归,族诛之。

二年春二月,封皇嗣旦为相王。初为宠臣张易之及其弟昌宗置控鹤府官员,寻改为奉宸府,班在御史大夫下。左肃政御史中丞魏元忠为凤阁侍郎,吉顼为天官侍郎,并同凤阁鸾台平章事。戊子,幸嵩山,过王子晋庙。丙申,幸缑山。丁酉,至自嵩山。

夏四月,吐蕃大论赞婆来奔。

秋七月,上以春秋高,虑皇太子、相王与梁王武三思、定王武攸宁等不协,令立誓文于明堂。

八月,王及善为文昌左相,豆卢钦望为文昌右相,仍并同凤阁鸾台三品。

冬十月乙亥,幸福昌县。王及善薨。

三年正月戊寅,梁王三思为特进,天官侍郎吉顼配流岭表。

腊月辛巳,封皇太子男重润为邵王。狄仁杰为内史。戊寅,幸汝州之温汤。甲戌,至自温汤。造三阳宫于嵩山。

春三月,李峤为鸾台侍郎,知政事如故。

夏四月戊申,幸三阳宫。

五月癸丑,上以所疾康复,大赦天下,改元为久视,停金轮等尊号,大酺五日。

六月,魏元忠为左肃政御史大夫,仍旧知政事。

是夏大旱。

秋七月,至自三阳宫。天官侍郎张锡为凤阁侍郎、同凤阁鸾台平章事;其甥凤阁鸾台平章事李峤为成均祭酒,罢知政事。壬寅,制曰:"隋尚书令杨素,昔在本朝,早荷殊遇。禀凶邪之德,有谄佞之才,惑乱君上,离间骨肉。摇动冢嫡,宁唯握蛊之祸;诱扇后王,卒成请蹯之衅。隋室丧亡,盖惟多僻,究其萌兆,职此之由。生为不忠之人,死为不义之鬼,身虽幸免,子竟族诛。斯则奸逆之谋,是为庭训;险薄之行,遂成门风。刑戮虽加,枝胤仍在,何得肩随近侍,齿列朝行?朕接统百王,恭临四海,上嘉贤佐,下恶贼臣。常欲从容于万机之余,褒贬于千载之外,况年代未远,耳目所存者乎!其杨素及兄弟子孙已下,并不得令任京官及侍卫。"

九月,内史狄仁杰卒。

冬十月甲寅,复旧正朔,改一月为正月,仍以为岁首,正月依旧为十一月,大赦天下。韦巨源为地官尚书,文昌左丞韦安石为鸾台侍郎、同凤阁鸾台平章事。丁卯,幸新安,曲赦其县。壬申,至自新安。

十二月,开屠禁,诸祠祭令依旧用牲牢。

大足元年春正月,制改元。

二月,鸾台侍郎李怀远同凤阁鸾台平章事。

三月,姚元崇为凤阁侍郎,依旧知政事。丙申,凤阁侍郎张锡坐赃配循州。

夏五月,幸三阳宫。命左肃政御史大夫魏元忠为总管以备突厥。天官侍郎顾琮同凤阁鸾台平章事。

六月,夏官侍郎李迥秀同凤阁鸾台平章事。辛未,曲赦告成县。

秋七月甲戌,至自三阳宫。

九月,邵王重润为易之谮构,令自死。

冬十月,幸京师,大赦天下,改元为长安。

二年春正月,突厥寇盐、夏等州,杀掠人吏。

秋九月乙丑,日有蚀之,不尽如钩,京师及四方见之。

冬十月,日本国遣使贡方物。

十一月,相王旦为司徒。戊子,亲祀南郊,大赦天下。

三年春三月壬戌,日有蚀之。

夏四月庚子,相王旦表让司徒,许之。改文昌台为中台。李峤知纳言事。

六月,宁州雨,山水暴涨,漂流二千余家,溺死者千余人。

秋七月,杀右金吾大将军唐休景。

秋九月,正谏大夫朱敬则同凤阁鸾台平昌事。戊申,相王旦为雍州牧。是月,御史大夫兼知政事、太子右庶子魏元忠为张昌宗所谮,左授端州高要尉。京师大雨雹,人畜有冻死者。

冬十月丙寅,还神都。乙酉,至自京师。

四年春正月,造兴泰宫于寿安县之万安山。天官侍郎韦嗣立为凤阁侍郎、同凤阁鸾台平章事。朱敬则请致仕,许之。

三月,进封平恩郡王重福为谯王,夏官侍郎宗楚客同凤阁鸾台平章事。

夏四月,韦安石知纳言事,李峤知内史事。丙子,幸兴泰宫。

六月,天官侍郎崔玄暐同凤阁鸾台平章事;李峤为国子祭酒,知政事如故。

七月丙戌,杨再思为内史。甲午,至自兴泰宫。宗楚客左授原州都督。

八月,姚元崇为司仆卿,知政事;韦安石检校扬州大都督府长史。

冬十月,秋官侍郎张柬之同凤阁鸾台平章事。

十一月,李峤为地官尚书,张柬之为凤阁鸾台平章事。自九月至于是,日夜阴晦,大雨雪,都中人有饥冻死者,令官司开仓赈给。

神龙元年春正月，大赦，改元。上不豫，制自文明元年已后得罪人，除扬、豫、博三州及诸逆魁首，咸赦除之。癸亥，麟台监张易之与弟司仆卿昌宗反，皇太子率左右羽林军桓彦范、敬晖等，以羽林兵入禁中诛之。甲辰，皇太子监国，总统万机，大赦天下。是日，上传皇帝位于皇太子，徙居上阳宫。戊申，皇帝上尊号曰则天大圣皇帝。

冬十一月壬寅，则天将大渐，遗制祔庙、归陵，令去帝号，称则天大圣皇后；其王、萧二家及褚遂良、韩瑗等子孙亲属当时缘累者，咸令复业。是日，崩于上阳宫之仙居殿，年八十三，谥曰则天大圣皇后。二年五月庚申，附葬于乾陵。睿宗即位，诏依上元年故事，号为天后，未几，追尊为大圣天后，改号为则天皇太后。太后尝召文学之士周思茂、范履冰、卫敬业，令撰《玄览》及《古今内范》各百卷，《青宫纪要》、《少阳政范》各三十卷，《维城典训》、《凤楼新诫》、《孝子列女传》各二十卷，《内轨要略》、《乐书要录》各十卷，《百僚新诫》、《兆人本业》各五卷，《臣范》两卷，《垂拱格》四卷，并文集一百二十卷，藏于秘阁。

史臣曰：治乱时也，存亡势也。使桀、纣在上，虽十尧不能治；使尧、舜在上，虽十桀不能乱；使懦夫女子乘时得势，亦足坐制群生之命，肆行不义之威。观夫武氏称制之年，英才接轸，靡不痛心于家索，扼腕于朝危，竟不能报先帝之恩，卫吾君之子。俄至无辜被陷，引颈就诛，天地为笼，去将安所？悲夫！昔掩鼻之谗，古称其毒；人彘之酷，世以为冤。武后夺嫡之谋也，振喉绝褓褓之儿，俎醢碎椒涂之骨，其不道也甚矣，亦奸人妒妇之恒态也。然犹泛延谠议，时礼正人，初虽牝鸡司晨，终能复子明辟，飞语辩元忠之罪，善言慰仁杰之心，尊时宪而抑幸臣，听忠言而诛酷吏。有旨哉，有旨哉！

赞曰：龙漦易貌，丙殿昌储。胡为穹昊，生此夔魅？夺攘神器，秽亵皇居。穷妖白首，降鉴何如。

旧唐书卷七
本纪第七

中宗　睿宗

　　中宗大和圣昭孝皇帝讳显，高宗第七子，母曰则天顺圣皇后，显庆元年十一月乙丑，生于长安。明年封周王，授洛州牧。仪凤二年，徙封英王，改名哲，授雍州牧。永隆元年，章怀太子废，其年立为皇太子。弘道元年十二月，高宗崩，遗诏皇太子枢前即帝位。皇太后临朝称制，改元嗣圣。元年二月，皇太后废帝为庐陵王，幽于别所。其年五月，迁于均州，寻徙居房陵。圣历元年，召还东都，立为皇太子，依旧名显。时张易之与弟昌宗潜图逆乱。神龙元年正月，凤阁侍郎张柬之、鸾台侍郎崔玄玮、左羽林将军敬晖、右羽林将军桓彦范、司武少卿袁恕己等定策率羽林兵诛易之、昌宗，迎皇太子监国，总司庶政。大赦天下。凤阁侍郎韦承庆、正谏大夫房融、司礼卿韦神庆等下狱。甲辰，命地官侍郎樊忱往京师告庙陵。司刑少卿兼相王府司马袁恕己为凤阁鸾台平章事。

　　乙巳，则天传位于皇太子。丙午，即皇帝位于通天宫，大赦天下，唯易之党与不在原限。为周兴、来俊臣所枉陷者，咸令雪免。内外文武官加两阶，三品已上加爵二等，入五品等特减四考。大酺五日。以并州牧相王旦及太平公主有诛易之兄弟功，相王加号安国相王，进拜太尉、同凤阁鸾台三品；公主加号镇国太平公主，仍赐实封，通前满五千户，皇亲先被配没者，子孙令复属籍，仍量叙官爵，出宫女三千。

丁未，天后徙居上阳宫。庚戌，凤阁侍郎、同凤阁鸾台平章事张柬之为夏官尚书、同凤阁鸾台三品，封汉阳郡公；鸾台侍郎兼检校太子右庶子、同凤阁鸾台平章事崔晔为守内史，封博陵郡公；袁恕己同凤阁鸾台三品，封南阳郡公；敬晖为纳言、平阳郡公；桓彦范为纳言、谯郡公，并加银青光禄大夫，赐实封五百户。右羽林大将军、辽国公李多祚进封辽阳郡王，赐实封六百户；内直郎、驸马都尉王同皎为云麾将军、右千牛将军、琅邪郡公，食实封五百户。并赏诛张易之兄弟功。其余封各有差。上天后尊号为则天大圣皇帝。

二月甲寅，复国号，依旧为唐。社稷、宗庙、陵寝、郊祀、行军旗帜、服色、天地、日月、寺宇、台阁、官名，并依永淳已前故事。神都依旧为东都，北都为并州大都督府，老君依旧为玄元皇帝。诸州百姓免今年租税，房州百姓给复三年。改左右肃政台为左右御史台。韦承庆贬高要尉，房融配流钦州。中书令杨再思为户部尚书、同中书门下三品、京留守；太仆卿、同中书门下三品姚元之出为亳州刺史。己未，封堂兄左金吾将军、郁林郡公千里为成纪郡王、左金吾卫大将军，实封五百户。令贡举人停习《臣轨》，依旧习《老子》。甲子，立妃韦氏为皇后，大赦天下，内外官陪位者赐勋一转，大酺三日。后父故豫州刺史玄贞为上洛郡王，后母崔氏赠上洛郡王妃。初，韩王元嘉、霍王元轨等自垂拱以来皆遭非命，是日追复官爵，令备礼改葬，有胤嗣者即令承袭，无胤嗣者听取亲为后。诏九品已上及集朝使极言朝政得失，兼举贤良方正直言极谏之士。

丙寅，左散骑常侍、谯王重福贬濮州员外刺史，不知州事。特进、太子宾客、梁王武三思为司空、同中书门下三品，加实封五百户，通前一千五百户。丁卯，右散骑常侍、定安郡王、驸马都尉武攸暨封定王，为司徒，更加实封四百户，通前一千户。辛未，上往观风殿朝天后。太尉、安国相王旦固让太尉及知政事，遂从其请。甲戌，国子祭酒祝钦明同中书门下三品。黄门侍郎、知侍中事韦安石为刑部尚书，罢知政事。丙子，诸州置寺、观一所，以"中兴"为名。丁丑，武三思固让司空、同中书门下三品，武攸暨固让司徒、封王，许之。

改封义兴郡王重俊为卫王,北海郡王重茂为温王。

三月辛巳,追复故司空、英国公李勣官爵,令所司为起坟改葬。甲申,制文明已来破家臣僚所有子孙,并还资荫。其扬州构逆徒党,唯徐敬业一房不在免限,余并原宥。丁亥,废左右司员外郎。其酷吏刘光业、王德寿、王处贞、屈贞筠、刘景阳等五人,虽已身死,官爵并宜追夺;景阳见在,贬禄州乐单尉。丘神勣、来子珣,万国俊、周兴、来俊臣、鱼承晔、王景昭、索元礼、傅游艺、王弘义、张知默、裴籍、焦仁亶、侯思立、郭霜、李敬仁、皇甫文备、陈嘉言等虽已身死,并宜除名。唐奉一配流,李秦授、曹仁哲并改与岭南远恶处。

己丑,中书侍郎兼检校相王府长史、南阳郡公袁恕己为中书令,兼检校安国相王府长史。诏曰:"君臣朝序,贵贱之礼斯殊;兄弟大伦,先后之仪亦异。圣人之制,率由斯道。朕临兹宝极,位在崇高。负扆当阳,虽受宗枝之敬;退朝私谒,仍用家人之礼。近代以来,罕遵轨度,上及公主,曲致私情,姑叔之尊,拜于子侄,违法背礼,情用恻然。自今已后,宜从革弊。安国相王某及镇国太平公主更不得辄拜卫王重俊兄弟及长宁公主姊妹等。宜告宗属,知朕意焉。"先是,诸王及公主皆以亲为贵,天子之子,诸姑叔见之必先致拜,若致书则称为启事。上志欲敦睦亲族,故下制革之。

庚寅,卫王重俊上洛州牧。王乘驷马车,卤簿从,诸王公已下、中书门下五品已上及诸亲并祖送,礼仪甚盛。事毕,赐物有差。辛卯,以故司仆少卿徐有功执法平恕,追赠越州都督,并授一子官。戊戌,左右千牛卫各置大将军一员。罢奉宸府官员。以安北大都护、安国相王旦为左右千牛大将军,每大朝会内供奉。丙午,改秋社依旧用仲秋。戊申,相王旦于太常厅上,王公诸亲祖送,卫尉张设,光禄造食。礼毕,赐物如卫王上洛州牧之仪。

夏四月乙丑,端州尉魏元忠为卫尉卿、同中书门下三品。甲戌,左庶子韦安石为吏部尚书,太子宾客李怀远为右散骑常侍,右庶子唐休璟为辅国大将军,右庶子崔玄暐为特进、检校益州大都督府长史、判都督事,右庶子、西留守、户部尚书、弘农郡公杨再思为检校扬州大都督府长史、判都督事,少詹事兼侍读、国子祭酒祝钦明为刑部尚书;并依前知政事,以上在春宫故僚也。乙亥,张柬之为中书令。戊寅,追赠邵王重润为懿德太子。同官县大雨雹,燕雀多死,漂溺居人四百家,遣使赈给。

五月壬午,迁武氏七庙神主于西京崇尊庙。东都创置太庙社稷。戊子,制依旧以周、隋为二王后。壬辰,封成纪郡王千里为成王。癸巳,侍中敬晖封为平阳郡王;侍中桓彦范扶阳郡王,赐姓韦氏;中书令张柬之汉阳郡王;中书令袁恕己南阳郡王;特进崔玄暐海陵郡王。并加授特进,罢知政事。吏部尚书韦安石为兼中书令,兵部尚书魏元忠为兼侍中。丙申,皇后表请天下士庶为出母为三年服,年二十二成丁,五十九免役。癸卯,降梁王武三思为德静郡王,定王武攸暨为乐寿郡王,河内王武懿宗等十余人并降为国公。甲辰,特进、芮国公豆卢钦望为尚书左仆射,辅国大将军、酒泉郡公唐休璟为尚书右仆射;依旧同中书门下三品。丙午,制以邹鲁之邑百户为太师、隆道公宣尼采邑,用供荐享。又授裔孙褒圣侯崇基朝散大夫,仍许子孙传袭。

六月丁巳,河北十七州大水,漂没人居。癸亥,尚书左仆射豆卢钦望,军国重事中门下可共平章;检校中书令韦安石中书令,兼检校吏部尚书;检校侍中魏元忠兼检校兵部尚书;杨再思兼户部尚书,兼检校中书令。丁卯,祔孝敬皇帝神主于太庙,庙号义宗,非礼也。戊辰,洛水暴涨,坏庐舍二千余家,溺死者甚众。

秋七月辛巳,太子宾客韦巨源同中书书门下三品。乙未,以特进、汉阳郡王张柬之为襄州刺史,仍不知州事。

八月戊申,以水灾,令文武官九品以上直言极谏。河南洛阳百姓被水兼损者给复一年。甲子,追册故妃赵氏为恭皇后,尊敬妃裴氏为皇后。乙亥,上亲祔太祖景皇帝、献祖光皇帝、世祖元皇帝、高祖神尧皇帝、皇祖太宗文武皇帝、皇考高宗天皇大帝、皇兄义宗考敬皇帝神主于太庙。皇后庙见。丁丑,御洛城南门观阙象。

九月壬午,亲祀明堂,大赦天下。禁《化胡经》及婚娶之家父母亲亡停丧成礼。天下大酺三日。戊戌,太子宾客韦巨源为礼部尚书,依旧知政事。

冬十月癸亥,幸龙门香山寺。乙丑,幸新安。改弘文馆为修文馆。辛未,魏元忠为中书令,杨再思为侍中。

十一月戊寅,加皇帝尊号曰应天,皇后尊号曰顺天。壬午,皇帝、皇后亲谒太庙,告受徽号之意,大赦天下,赐酺三日。己丑,御洛城南门楼观泼寒胡戏。辛丑,卫王重俊为左卫大将军,遥领扬州大都督;温王重茂为右卫大将军,遥领并州大都督。

十二月壬寅,则天皇太后崩。

二年春正月丙申,护则天灵驾还京。戊戌,吏部尚书李峤同中书门下三品,中书侍郎于惟谦同中书门下平章事。

闰月丙午朔,置公主府官员。乙卯,以特进敬晖、桓彦范、袁恕己等三人为滑、洛、豫刺史。

二月乙未,刑部尚书韦巨源同中书门下三品。遣十使巡察风俗。丙申,僧会范、道士史崇玄等十余人授官封公,以赏造圣善寺功也。

三月甲辰,中书令韦安石为户部尚书,罢知政事。户部尚书苏环为侍中、京留守。乙巳,黄雾四塞。唐休璟请致仕,许之。庚戌,杀光禄卿、驸马都尉王同皎。壬子,洛阳城东七里许,地色如水,侧近树木、往来车马历历影见水中,经月余乃灭。是月,大置员外官,自京诸司及诸州佐凡二千余人,超授阉官七品已上及员外者千余人。壬戌,赠后父韦玄贞太师、益州都督。

夏四月甲戌,又赠玄贞为郧王,玄贞弟四人并赠郡王。己卯,左散骑常侍、同中书门下三品李怀远致仕,许之。辛巳,洛水暴涨,坏天津桥。六月戊寅,特进、朗州刺史、平阳郡王敬晖贬崖州司马,特进、亳州刺史、扶阳郡王桓彦范龙州司马,特进、郧州刺史袁恕己窦州司马,特进、均州刺史、博陵郡王崔玄晔白州司马,特进、襄州刺史、汉阳郡王张柬之新州司马,并员外置,长任,旧官封爵并追夺。

秋七月丙午，立卫王重俊为皇太子。丙寅，中书令兼检校兵部尚书齐国公魏元忠为尚书右仆射兼中书令，仍知兵部事；吏部尚书李峤为中书令；刑部尚书韦巨源为吏部尚书，依旧同中书门下三品。庚午，礼部尚书祝钦明为中丞萧至忠所劾。前左散骑常侍李怀远为左散骑常侍、同中书门下三品、东都留守。

九月，祝钦明贬青州刺史。壬寅，幸白马寺。戊午，左散骑常侍李怀远卒。壬寅，置户部侍郎一员。

冬十月己卯，车驾还京师。戊戌，至自东都。

十一月乙巳，大赦天下，行从文武官赐勋一转。改河南为合宫，洛阳为永昌，嵩阳为乾封，阳城为告成。戊午，兼秘书郑普思坐妖逆配流儋州，其党与皆伏诛。

十二月己卯，突厥默啜寇灵州鸣沙县，灵武军大总管沙吒忠义逆击之，官军败绩，死者三万。丁巳，突厥进寇原、会等州，掠陇右牧马万余而去。甲申，募能斩默啜者，封授诸大卫大将军。丙戌，以突厥犯边，京师亢旱，令减膳彻乐。河北水，大饥，命侍中苏瓌存抚赈给。丙申，特进、尚书左仆射、兼安国相王府长史、芮国公豆卢钦望为开府仪同三司，依旧平章军国重事；尚书右仆射兼中书令、知兵部事、齐国公魏元忠为尚书左仆射兼中书令，仍兼知兵部事。

是冬，牛大疫。

三年春正月庚子朔，不受朝会，丧未再期也。庚戌，以默啜寇边，制募猛士武艺超绝者，各令自举，内外群官各进破灭突厥之策。丙辰，以旱，亲录囚徒。己巳，遣武攸暨、武三思往乾陵祈雨于则天皇后，既而雨降，上大感悦。

二月辛未，制武氏崇恩庙依旧享祭，仍置五品令、七品丞，其昊陵、顺陵置令、丞如庙。壬午，赠太师、酆王庙号褒德，陵号荣先，置六品令、八品丞。庚寅，改中兴寺、观为龙兴，内外不得言"中兴"。辛卯，幸安乐公主宅。

三月丙子，吐蕃赞普遣大臣悉董热献方物。

是春,自京师至山东疾疫,民死者众。河北、河南大旱。

夏四月辛巳,以嗣雍王守礼女为金城公主,出降吐蕃赞普。庚寅,幸荐福寺,曲赦雍州。

五月戊戌,左屯卫大将军兼检校潞州长史张仁亶为朔州道大总管,以备突厥。

丙午,突厥默啜杀我行人臧思言。

六月丁卯朔,日有蚀之。戊子,姚嶲道讨击使、侍御史唐九徵击姚州叛蛮。破之,俘虏三千计,遂于其处勒石纪功焉。

是夏,山东、河北二十余州旱,饥馑疾疫死者数千计,遣使赈恤之。

秋七月庚子,皇太子重俊与羽林将军李多祚等,率羽林千骑兵三百余人,诛武三思、武崇训,遂引兵自肃章门斩关而入。帝惶遽登玄武楼,重俊引兵至下,上自临轩谕之,众遂散去,杀李多祚。重俊出奔至鄠县,为部下所杀。癸卯,大赦天下。

八月丙子,改玄武门为神武门,楼为制胜楼。丙戌,左仆射兼中书令魏元忠请致仕,授特进。

九月丁酉,兵部尚书、郢国公宗楚客,左卫将军兼太府卿纪处讷并同中书门下三品;吏部侍郎兼左御史台中丞萧至忠为黄门侍郎兼左御史中丞、同中书门下三品;中书侍郎、东海郡公于惟谦国子祭酒,罢知政事。庚子,上皇帝尊号曰应天神龙,皇后号曰顺天翊圣,大赦天下,改元为景龙。两京文武官,三品已上赐爵一级,四品已下加一阶,外官赐勋一转。

景龙元年九月甲辰,特进魏元忠左授务川尉,言与重俊通谋也。庚辰,侍中兼左御史台大夫杨再思为中书令,吏部尚书韦巨源、太府卿纪处讷并为侍中,侍中苏环为吏部尚书。壬戌,改左右羽林卫千骑为万骑,仍分为左右。

冬十月壬午,彗见于西,月余而灭。壬午,皇后上《神武颂》,令两京及四大都督府皆刻之于石。

十二月乙丑朔，日有蚀之。丁丑，京师雨土。

二年春正月丙申，沧州雨雹，大如鸡卵。

二月辛未，幸左金吾大将军、陈国公陆颂宅。皇后自言衣箱中裙上有五色云起，令画工图之，以示百僚，乃大赦天下。癸未夜，天保星坠西南，有声如雷，野雉皆雊。乙酉，帝以后服有庆云之瑞，大赦天下。内外五品已上母妻各加邑号一等，无妻者听授女；天下妇人八十已上，版授乡、县、郡等君。

三月丙子，朔方道大总管张仁亶筑受降城于河上。

夏四月庚午，左散骑常侍、乐寿郡王、驸马都尉武攸暨让郡王，改封楚国公。癸未，修文馆增置大学士八员，直学士十二员。己丑，幸长乐公主庄，即日还宫。

六月丁亥，改太史局为太史监，罢隶秘书省。

秋七月辛卯，台州地震。癸巳，左屯卫大将军、摄右御史台大夫、朔方道行营大总管、韩国公张仁亶同中书门下三品。有赤气竟天，其光烛地，经三日乃止。

九月甲戌，黄雾昏浊。

冬十一月庚申，突厥首领娑葛叛，自立为可汗，遣弟遮弩率众犯塞。己卯，以安乐公主出降，假皇后仗出于禁中以盛其仪，帝及后御安福楼以观之。礼毕，大赦天下，赐酺三日。癸未，安西都护牛师奖与娑葛战于火烧城，师奖败绩，没于阵。

是冬，西京吏部置两侍郎铨试，东都又置两铨，恣行嘱请。又有斜封授官，预用秋阙。

三年春正月丁卯，黄雾四塞。癸酉，幸荐福寺。乙亥，宴侍臣及近亲于梨园亭。

二月己丑，幸玄武门，与近臣观宫女大酺，既而左右分曹，共争胜负。上又遣宫女为市肆，鬻卖众物，令宰臣及公卿为商贾，与之交易，因为忿争，言辞猥亵。上与后观之，以为笑乐。壬寅，侍中、舒国公韦巨源为尚书左仆射，并同中书门下三品。戊午，兵部尚书、郧国公宗楚客中书令，中书侍郎、酅国公萧至忠为侍中，太府卿韦嗣立为兵部尚书、同中书门下三品，中书侍郎、检校吏部侍郎崔湜同中书门下平章事，兵部侍郎赵彦昭为中书侍郎、同中书门下平章事。庚申，日赤紫色，无光。戊寅，礼部尚书兼扬州大都督、曹国公韦温为太子少保兼扬州大都督、同中书门下三品。太常少卿检校吏侍郎愔同中书门下平章事。

夏五月丙戌，崔湜、郑愔坐赃，湜贬襄州刺史，愔贬江州司马。

六月癸丑，太白昼见于东井。庚子，以经籍多缺，使天下搜括。壬寅，以旱，避正殿，减膳，亲录囚徒。癸卯，尚书左仆射杨再思薨。

秋七月乙卯朔，镇军大将军、右骁卫将军、兼知太史事迦业至忠配流柳州。丙辰，娑葛遣使来降。辛酉，幸梨园亭，宴侍臣学士。皇后表请诸妇人不因夫子而加邑号者，许同见任职事官，听子孙用荫，从之。壬戌，安福门外设无遮斋，三品已上行香。癸亥，御承庆殿录囚徒。壬午，遣使册骁卫大将军、兼卫尉卿、金河王突骑施守忠为归化可汗。

八月乙酉，特进、行中书令、赵国公李峤为特进、同中书门下三品，侍中、酅国公萧至忠为中书令，特进、郑国公韦安石为侍中。庚寅，诸州各置司田参军一员。吐蕃赞普遣使勃禄星奉进国信、赞普祖娑进物，及上中宫、安国相王、太平公主有差。壬辰，遣十使巡察天下。有星孛于紫宫。令特进佩鱼。散职佩鱼，自此始也。乙未，亲送朔方军总管、韩国公张仁亶于通化门外，上制序赋诗。乙巳，幸安乐公主山亭，宴侍臣、学士，赐缯帛有差。

九月壬戌，幸九曲亭子，宴侍臣、学士。戊辰，吏部尚书、怀县公苏环为尚书右仆射、同中书门下三品。

冬十月庚寅，幸安乐公主金城新宅，宴侍臣、学士。

十一月乙丑，亲祀南郊，皇后登坛亚献，左仆射舒国公韦巨源为终献。大赦天下，见系囚徒及十恶咸赦除之，杂犯流人并放还。京文武三品已上赐爵一等，四品已上加一阶，京官及应袭岳牧入三

品、五品减考,高年版授。大酺三日。壬申,幸见子陵。甲戌,开府
仪同三司、芮国公豆卢钦望薨。吐蕃赞普遣其大臣尚赞吐来逆女。

十二月壬戌,前尚书右仆射、宋国公唐休璟为太子少师、同中
书门下三品。甲子,上幸新丰之温汤。庚子,幸兵部尚书韦嗣立庄,
封嗣立为逍遥公,上亲制序赋诗,便游白鹿观。甲辰,曲赐新丰县,
百姓给复一年,行从官赐勋一转。是月幸骊山。乙巳,至自温汤。乙
酉,令诸司长官向醴泉坊看泼胡王乞寒戏。

四年春正月乙卯,于化度寺门设无遮大斋。丙寅上元夜,帝与
皇后微行观灯,因幸中书令萧至忠之第。是夜,放宫女千人看灯,因
此多有亡逸者。丁卯夜,又微行看灯。丁丑,命左骁卫大将军、河源
军使杨矩为送金城公主入吐蕃使。己卯,幸始平,送金城公主归吐
蕃。

二月壬午,曲赦咸阳、始平为金城县。便幸长安令王光辅马嵬
北原庄。癸未,至自金城。庚戌,令中书门下供奉官五品已上、文武
三品已上并诸学士等,自芳林门入集于黎园毬场,分明拔河,帝与
皇后、公主亲往观之。

三月甲寅,幸临渭亭修禊饮,赐群官柳圈以辟恶。丙辰,游宴桃
花园。庚申,京师雨冰,井水溢。壬戌,赐宰臣已下内巾子。

夏四月丁亥,上游樱桃园,引中书门下五品已上诸司长官学士
等入芳林园尝樱桃,便令马上口摘,置酒为乐。乙未,幸隆庆池,结
綵为楼,宴侍臣,泛舟戏乐,因幸礼部尚书窦希宅。

五月辛酉,秘书监、赐号王邕改封汴王。乙丑,皇后请加嗣王三
品。丁卯,前州司兵参军燕钦融上书,言皇后干预国政,安乐公主、
武延秀、宗楚客等同危宗社。帝怒,召钦融廷见,扑杀之。时安乐公
主志欲皇后临朝称制,而求立为皇太女,由是与后合谋进鸩。

六月壬午,帝遇毒,崩于神龙殿,年五十。秘不发丧,皇后亲总
庶政。癸未,以刑部尚书裴谈、工部尚书张锡并同中书门下三品,依
旧东都留守。吏部尚书张嘉福、中书侍郎岑羲、吏部侍郎崔湜并同

中书门下平章事。又命左右金吾卫大将军赵承恩、右监门大将军薛简帅兵五百人往均州,备谯王重福。立温王重茂为皇太子。甲申,发丧于太极殿,宣遗制。皇太后临朝,大赦天下,改元为唐隆。见系囚徒常赦所不免者咸赦除之,长流任放归田里,负犯痕瘕咸从洗涤。内外官三品已上赐爵一级,四品已下加一阶。以安国相王旦为太子太师。进封雍王守礼为邠王,寿春郡王成器为宋王,宗正卿晋封新兴王。丁亥,皇太子即帝位于枢前,时年十六。皇太后韦氏临朝称制,大赦天下,常赦所不原者咸赦除之。内外兵马诸亲掌,仍令韦温总知。时召诸府折重兵五万人分屯京城,列为左右管,诸韦子侄分统之。壬辰,遣使诸道巡抚,纪处讷关内道,张嘉福河北道,岑羲河南道。庚子,夜,临淄王讳举兵诛诸韦、武,皆枭首于安福门外,韦太后为乱兵所杀。

九月丁卯,百官上谥曰孝和皇帝,庙号中宗。十一月已酉,葬于定陵。天宝十三载二月,改谥曰大和大圣大昭孝皇帝。

史臣曰:廉士可以律贪夫,贤臣不能辅孱主。诚以志昏近习,心无远图,不知创业之难,唯取当年之乐。孝和皇帝载自负扆,迁于房陵,崎岖瘴疠之乡,契阔幽囚之地。所以张汉阳徘徊于克复,狄梁公哽咽以奏论,遂得生还,庸非己力。泪涤除金虎,再握璿衡,不能罪己以谢万方,而更漫游以隳入政。纵艳妻之煽党,则聚、桥争衡;信妖女以挠权,则彝伦失序。桓、敬由之覆族,节愍所以兴戈,竟以元首之尊,不免齐眉之祸。比汉、晋之惠、盈辈为优,苟非继以命世之才,则土德去也。

睿宗玄贞大圣大兴孝皇帝讳旦,高宗第八子,中宗母弟,龙朔二年六月已未,生于长安。其年封殷王,遥领冀州大都督、单于大都护、右金吾卫大将军。及长,谦恭孝友,好学,工草隶,尤爱文字训诂之书。

乾封元年,徙封豫王。总章二年,从封冀王。上初名旭轮,至是去"旭"字。上元二年，从封相王，拜右卫大将军。仪凤三年，迁洛牧；改名旦，徙封豫王。嗣圣元年，则天朝，废中宗为庐陵王，立豫王为皇帝，仍临朝称制。及革命，改国号为周，降帝为皇嗣，令依旧名轮，徙居东宫，其具仪一比皇太子。圣历元年，中宗自房陵还。帝数称疾不朝，请让位于中宗。则天遂立中宗为皇太子，封帝为相王，又改名旦，授太子右卫率。长安中，并司徒、右羽林卫大将军。自则天初临朝及革命之际，王室屡有变故，帝每恭俭退让，竟免于祸。神龙元年，以诛张易之昆弟功，进号安国相王，迁太尉，加实封。其年立为皇太弟，固辞不受。

景龙四年夏六月，中宗崩，韦庶人临朝，引用其党，分握政柄，忌帝望实素高，潜谋危害。庚子夜，临淄王讳与太平公主子薛崇简、前朝邑尉刘幽求、长上果毅麻嗣宗、苑总监钟绍京等率兵入北军，诛韦温、纪处讷、宗楚客、武延秀、马秦客、叶静能、赵履温、杨均等，诸韦、武党与皆诛之。辛丑，帝挟少帝御安福门楼慰谕百姓，大赦天下，见系囚徒常赦所不免者咸赦除之。内外文武官三品已上赐爵一级，四品已下加一阶，亲皇三等已上加两阶，四等已下及诸亲赐勋三转，天下百姓免今年田租之半。进封临淄王为平王，以薛崇简为立节郡王。钟绍京为中书侍郎，刘幽求为中书舍人，并参知政务，加实封。其余封赏有差。遣使分行诸道宣谕，仍令往均州慰劳谯王。壬寅，左千牛中郎将、宋王成器为左卫大将军，司农少卿同正员、衡阳王成义为右卫大将军，太府少卿同正员、巴陵王进范为左羽林卫大将军，太仆少卿同正员、彭城王隆业为右羽林卫大将军。黄门侍郎李日知同中书门下三品。癸卯，殿中兼知内外闲郎、检校龙武右军、仍押左右厢万骑平王讳同中书门下三品。中书侍郎、颍川郡公钟绍京为中书令。中书令、酂国公萧至忠为许州刺史、兵部尚书、逍遥公韦嗣立为宋州刺史，中书侍郎赵彦昭为绛州刺史，萧、韦、赵特置位。诛吏部尚书张嘉福于怀州。其日，王公百僚上表，咸以国家多难，宜立长君，以帝众望所归，请即尊位。

甲辰，少帝诏曰："自古帝王，必有符命，兄弟相及，存诸殿礼。

朕以孤藐，遭家艰难，顾兹蒙识，未洽治途。茫茫四海，将何所属，累圣丕基，若坠于地。王室多难，义择长君，思与群公，推崇明圣。叔父相王，高宗之子，昔以天下，让于先帝，孝友宽简，彰信兆人。神龙之初，已有明旨，将立太弟，以为副君。为王恳辞，未行册命，所以东宫虚位，至于历年。彻缀在辰，祸变仓卒，然后称制，许立冲人。钦奉前怀，愿遵理命。上申天圣之旨，下遂苍生之心；俯稽图纬之文，仰跂祖宗之烈。择今日，请叔父相王即皇帝位。朕退守本藩，归于旧邸。凡百卿士，敬承朕言，克赞我天人之休期，光我有唐之勋业。布告遐迩，咸使闻知"。相王上表，让曰："臣以宗社事重，家国情深，诛锄巨逆，奉戴嗣主。今承制旨，猥推宸极。在臣虚薄，不敢只膺。循环震惊，无任感哽！"制答曰："皇极大宝，天下至公，王者临之，盖非获已。王先圣旧意，苍生推仰，龙光紫宸，贵允系望。请遵前旨，勿或推让。"于是少帝逊于别宫。是日即皇帝位，御承天门楼，大赦天下，常赦所不免并原之。内外官四品已上加一阶，相王府官吏加两阶。流人长流、长任未还者并放还。立功人王承晔巳下千余人，赐爵秩有差。封少帝为王。其日，景云见。

乙巳，中书令钟绍京为户部尚书、越国公，实封五百户；中书舍人刘幽求为尚书左丞、徐国公，实封五百户，并依前知政事。左卫大将军、宋王成器为太子太师、雍州牧、扬州大都督，加实封二百户。宫人比来取百姓子女入宫者，放还其家。丙午，新除太常少卿薛稷为黄门侍郎，参知机务。丁未，许州刺史、梁县侯姚元之为兵部尚书、同中书门下三品，兵部尚书韦嗣立为中书令。追削武三思、武崇训官爵。戊申，萧至忠、韦嗣立、赵彦昭、崔湜并停刺史。衡阳王成义封申王，巴陵王进范封岐王，彭城王隆业封薛王。己酉，镇国太平公主加实封五百户，通前一万户。

秋七月癸丑，兵部侍郎兼知雍州长史崔日用为黄门侍郎，参知机务。丙辰，则天大圣皇后俊依旧号为天后。追谥雍王贤为章怀太子，庶人重俊日节愍太子。复敬晖、桓彦范、崔玄晖、张柬之、袁恕己、成王千里、李多祚等官爵。丁巳，河南、洛阳、华州并依旧名。以洛州长史宋璟为检校吏部尚书、同中书门下三品,中书侍郎岑羲为右散骑常侍。壬戌,以萧至忠为晋州刺史,韦嗣立为许州刺史,赵彦昭为宋州刺史,兵部尚书姚元之兼太子右庶子,吏部尚书宋璟兼太子左庶子。癸亥,吏部侍郎崔湜为尚书右丞,罢知政事。甲子,右仆射、许国公苏环、兵部尚书姚元之、吏部尚书宋璟、右常侍判刑部尚书岑羲并充使册定陵。丙寅,姚元之兼中书令。丁卯,苏环为尚书左仆射、仍旧同中书门下三品。宋国公唐休璟致仕。右武卫大将军、摄右御史大夫、同中书门下三品、韩国公张仁亶右卫大将军。戊辰,崔日用为雍州长史,薛稷为右散骑常侍,并停知机务。特进、同中书门下。三品、赵国公李峤为怀州刺史。废司田参军。

己巳,册平王为皇太子。大赦天下,改元为景云。内外官九品已上及子为父后者各加勋一转,自神龙以来直谏枉遭非命者咸令式墓,天下州县名目天授以来改为“武”字者并令复旧。废武氏崇恩庙,其昊陵、顺陵,并去陵名。

景云元年七月己巳,制自今授左右仆射、侍中、中书令、六尚书已上官听让,其余停让。追废皇后韦氏为庶人,安乐公主为悖逆庶人。丁丑,改太史监为太史局,隶秘书省。

八月癸巳,新除集州刺史、谯王重福潜入东都构逆,州县讨平之。先是,中宗时官爵渝滥,因依妃、主墨敕而授官者,谓之斜封,至是并令罢免。癸卯,改门下坊为左春坊,典书坊为右春坊,左右羽林卫依旧为左右羽林军。

九月庚戌,封皇太子男嗣贞为许昌郡王,嗣谦为贞定郡王。

冬十月甲申,诏孝敬皇帝神主先祔太庙,有违古义,于东都别立义宗庙。丁未,姚元之为中书令,兼检校兵部尚书。

十一月己酉,葬孝和皇帝于定陵。辛亥,太子太师、宋王成器为尚书左仆射。苏环为太子少傅,侍中、郧国公韦安石为太子少保,改封郇国公,并罢知政事。戊辰,宋王成器为司徒,兼领扬州大都督。庚午,太子少傅苏环薨。

是岁，韦庶人、悖逆庶人并以礼改葬，武三思父子剖棺戮尸。

二年春正月丁未朔，以山陵日近，不受朝贺。癸丑，改泉州为闽州，都督，改荣州为泉州。突厥默啜遣使请和亲，许之。己未，太仆卿郭元振、中书侍郎张说并同中书门下平章事。甲子，改封温王重茂为襄王，迁于集州。乙丑，追尊皇后刘氏为肃明皇后，墓曰惠陵；德妃窦氏为昭成皇后，墓曰靖陵。

二月丁丑，令皇太子监国。甲辰，姚元之左授申州刺史，宋璟左授楚州刺史。韦安石为侍中。丙戌，刘幽求为户部尚书，罢知政事。戊子，诏中宗时斜封官并许依旧。庚申，复置太子左右谕德、太子左右赞善，各置两员。戊戌，郭元振为兵部尚书，仍依旧同中书门下平章事。己未，改修文馆为昭文馆。黄门侍郎李日知为左台御史大夫，依旧同中书门下三品。

夏四月庚辰，张说为兵部侍郎，依旧同中书门下平章事。癸未，分瀛州置郑州。诏以释典玄宗，理均迹异，拯人化俗，教别功齐。自今每缘法事集会，僧尼、道士、女冠等宜齐行道集。甲申，韦安石为中书令；宋王成器为太子宾客，仍依旧遥领扬州大都督。丙申，李日知为侍中。壬寅，大赦天下，重福徒党放雪。京官四品已下加一阶，外官赐勋一转，三品已下各赐爵一级。天下滥度僧尼、道士、女冠并依旧。又令内外官依上元元年九品已上文武官咸带手巾算袋，武官咸带七事靺鞢并足。其腰带一品至五品并用金，六品七品并用银，八品九品并用鍮石，鱼袋着紫者金装，着绯者银装。景龙三年已前逋悬并放免。天下大酺五日。

五月庚戌，复武氏昊陵、顺陵，仍量置官属，太平公主为武攸暨请也。庚申，韦安石加开府仪同三司。辛丑，改西域公主为金仙公主，昌隆公主为玉真公主，仍置金仙、玉真两观。壬戌，殿中监窦怀真为左台御史大夫、同中书门下平章事。

六月壬午，依汉代故事，分置二十四都督府。

闰六月，初置十道按察使。

秋七月，新置都督府并停。唯雍、洛州长史，扬、益、荆、并四大都督府长史阶为三品。

八月乙卯，诏以兴圣寺是高祖旧宅，有柿树，天授中枯死，至是重生，大赦天下。其谋杀、劫杀、造伪头首并免死配流岭南，官典受赃者特从放免。天下大酺三日。丁巳，皇太子释奠于太学。己巳，韦安石为尚书右仆射、同中书门下三品兼太子宾客，礼部尚书窦希玠为太子少傅。庚午，改左右屯卫为左右威卫，左右宗卫率府为左右司御府，浑仪监为太史监。

九月丁卯，窦怀贞为侍中。

冬十月甲辰，吏部尚书刘幽求为侍中，散骑常侍魏知古同中书门下三品，太子詹事崔湜为中书侍郎、同中书门下三品，中书侍郎陆象先同中书门下平章事。韦安石为尚书左仆射、东都留守，侍中李日知为户部尚书，兵部尚书郭元振为吏部尚书，侍中兼检校左台御史大夫窦怀贞为左台御史大夫，兵部侍郎兼左庶子张说为尚书左丞罢知政事。

十一月戊寅，改太史监为太史局，依旧隶秘书省。改王师为傅。

三年春正月辛未朔，亲谒太庙。癸酉，上始释慘服，御正殿受朝贺。甲戌，并、汾、绛三州地震，坏人庐舍。辛巳，南郊。戊子，躬耕籍田。己丑，大赦天下，改元为太极。内外官四品巳下加一阶，三品巳上加爵一级。孔宣父祠庙，本州取侧近三十户以供洒扫。天下大酺五日，特赐老人九十巳上绯衫牙笏，八十巳上绿衫木笏。乙未，户部尚书岑羲、左台御史大夫窦怀贞并同中书门下三品。

二月丁酉，秘书增少监一员，光禄、大理、鸿胪、太府、卫尉、宗正各增置少卿一员，少府监、将监增置少监一员，国子监增置司业一员，左右台各增置中丞一员。雍、洛二州，并、益、荆、扬四大都督府各增置司马一员，仍分为左右司马。丁亥，皇太子释奠于国学。追赠颜回为太子太师，曾参为太子太保。每年春秋释奠，以四科弟子、曾参从祀，列于七十二贤之上。辛酉，废右御史台官员。己巳，颁新格式于天下。

夏四月辛丑，制曰：

朕闻措刑由于用刑，去杀存乎必杀。明罚峻典，自古而然；立制齐人，于是乎在。自我朝建国，仅将百年，天下和平，其来已久。往承隋季，守法颇专；比袭时安，持纲日缓。况朕薄德，甚莫逮先；惟人难理，远不如昔。粤从守位，三载于兹，庶务烦劳，不损昝景。尝谓自我作则，感而成化；痛乎迷俗凶歹，不威罔惩。将至纯风，先归重典。比者赃贿不息，渝滥公行，放心未宁，禁犯无惧。此焉暂革，期于承平，遂割小慈，以崇大体。自今已后，造伪头首者斩，仍没一房资财，同用荫者并停夺。非头首者绞。其承前造伪人，限十日内首使尽。官典主司枉法受赃一匹以上，先决杖一百。其缘赃及恶状被解及与替者，非选时不得辄入京城。纵家贯在京，不得辄至朝堂，妄有披诉。如有此色，并决杖仍加管诛。其先在京城者，限三日内勒还。上下官僚辄缘私情相嘱者，其受嘱人宜封状奏闻。成器已下，朕自决罚。其余王公已下，并解见任官，三五年间不须齿录。其进状人别加褒赏。御史宜令分察诸司。

五月戊寅，亲祀北郊。辛未，大赦天下，改元为延和。桓彦范、敬晖、崔玄暐、张柬之、袁恕己等，特还其子孙实封二百户。天下大酺五日。

六月癸丑，户部尚书岑羲为侍中。乙卯，追尊则天皇后曰天后圣帝。庚申，幽州都督孙俭率左骁卫将军李楷洛、左威卫将军周以悌等，将兵三万，与奚首领李大辅战于硎山，为贼所败，俭没于阵。壬戌，魏知古为户部尚书，仍依旧同中书门下三品。

秋七月庚午，窦怀贞为尚书右仆射，平章军国重事。己卯，上观乐于安福门，以烛继昼，经日乃止。

八月庚子，帝传位于皇太子，自称太上皇帝，五日一度受朝于太极殿，自称曰朕，五品已上除授及大刑狱，并自决之，其处分事称诰、令。皇帝每日受朝于武德殿，自称曰予，三品已下除授及重罪并令决之，其处分事称制、敕。甲辰，大赦天下，改元为先天。

八月戊申，皇帝子许昌王嗣直改封郯王，真定王嗣谦为郢王巳酉，以宋王成器为司空，依旧遥领扬州大都督。庚戌，窦怀贞为尚书左仆射、同中书门下三品，仍兼御史大夫；刘幽求为尚书右仆射，依旧同中书门下三品；魏知古为侍中；崔湜为中书令。并监修国史。丁巳，立皇帝子妃王氏为皇后。癸亥，刘幽求配流封州。

九月丁卯朔，日有蚀之。甲申，封皇帝子嗣升为陕王。

冬十月庚子，皇帝亲谒太庙，礼毕，御延喜门，大赦天下。壬寅，祔昭成皇后、肃明皇后神主于仪坤庙。癸卯，皇帝幸新丰之温汤，校猎于渭川。

十二月丁未，诰禁人屠杀犬鸡。戊午，改箕州为仪州。

二年春正月，敕江北诸州团结兵马，皆令本州刺史押掌。乙亥，吏部尚书兼太子右谕德、郇国公萧至忠为中书令。上元日夜，上皇御安福门观灯，出内人连袂踏歌，纵百僚观之，一夜方罢。

二月丙申，改隆州为阆州，始州为剑州。分异州置深州。初，有僧婆陀请夜开门然灯百千炬，三日三夜。皇帝御延喜门观灯纵乐，凡三日夜。左拾遗严挺之上疏谏之，乃止。

三月辛卯，皇后祀先蚕。癸巳，制敕、表、状、书、奏、笺、牒年月等数，作一十、三十、四十字。

夏六月丙辰，兵部尚书、朔方道行军大总管郭元振加同中书门下三品。

秋七月甲子，太平公主与仆射窦怀贞、侍中岑羲、中书令萧至忠、左羽林大将军常元楷等谋逆，事觉，皇帝率兵诛之。穷其党与，太子少保薛稷，左散骑常侍贾膺福，右羽林将军李慈、李钦，中书舍人李猷，中书令崔湜，尚书左丞卢藏用，太史令傅孝忠，僧惠范等皆诛之。兵部尚书郭元振从上御承天门楼，大赦天下，自大辟罪巳下，无轻重咸赦除之。翌日，太上皇诰曰："朕将高居无为，自今后军国刑政一事以上，并取皇帝处分。"开元四年夏六月甲子，太上皇帝崩于百福殿,时年五十五。秋七月己亥,上尊谥曰大圣贞皇帝,庙号睿宗。冬十月庚午,葬于桥陵。天宝十三载二月,改谥曰玄贞大兴孝皇帝。

史臣曰:法不一则奸伪起,政不一则朋党生,上既启其泉源,下胡息于奔竞。观夫天后之时,云委于二张之第;孝和之世,波注于三王之门。献奇则除设盈庭,纳贿则斜封满路,咸以进趋相轨,奸利是图,如火投泉,安得无败?洎景龙继统,污俗廓清,然犹投杼于乘舆之间,抵掌于太平之日。以至书频告变,上不自安,宫臣致御魅之科,天子慊巡边之诏。彼既变亏而射我,我则号泣以行刑。此虽镇国之尤,亦是临轩之失。夫君人孝爱,锡之以典刑,纳之于轨物,俾无僭偪,下绝觊觎,自然治道惟新,乱阶不作。孝和既已失之,玄贞亦未为得。

赞曰:孝和、玄贞,皆肖先人。率情背礼,取乐于身。夷涂不履,覆辙攸遵。扶持圣嗣,赖有贤臣。

旧唐书卷八
本纪第八

玄宗上

　　玄宗至道大圣大明孝皇帝讳隆基，睿宗第三子也，母曰昭成顺圣皇后窦氏。垂拱元年秋八月戊寅，生于东都。性英断多艺，尤知音律，善八分书。仪范伟丽，有非常之表。三年闰七月丁卯，封楚王。天授三年十月戊戌，出阁，开府置官属，年始七岁。朔望车骑至朝堂，金吾将军武懿宗忌上严整，诃排仪仗，因欲折之。上叱之曰："吾家朝堂，干汝何事？也迫吾骑从！"则天闻而特加宠异之。寻却入阁。长寿二年腊月丁卯，改封临淄郡王。圣历元年，出阁，赐第于东都积善坊。大足元年，从幸西京，赐宅于兴庆坊。长安中，历右卫郎将、尚辇奉御。

　　神龙元年，迁卫尉少卿。景龙二年四月，兼潞州别驾。十二月，加银青光禄大夫。州境有黄龙白日升天，尝出畋，有紫云在其上，后从者望而得之。前后符瑞凡一十九事。四年，中宗将祀南郊，来朝京师。将行，使术士韩礼筮之，著一茎孑然独立。礼惊曰："著立，奇瑞非常也，不可言。"属中宗末年，王室多故，上常阳引材力之士以自助。上所居宅外有水池，浸溢顷余，望气者以为龙气。四年四月，中宗幸其第，因游其池，结彩为楼船，令巨象踏之。

　　至六月，中宗暴崩，韦后临朝称制。韦温、宗楚客、纪处讷等谋倾宗社，以睿宗介弟之重，先谋不利。道士冯道力、处士刘承祖皆善于占兆，诣上布诚矣。上所居里名隆庆，时人语讹以"隆"为"龙"；韦庶人称制，改元又为唐隆，皆符御名。上益自负，乃与太平公主谋之，公主喜，以子崇简从。上乃与崇简，朝邑尉刘幽求，长上折冲麻嗣宗，押万骑果毅葛福顺、李仙凫，宝昌寺僧普润等定策诛之。或曰："先启大王。"上曰："我拯社稷之危，赴君父之急，事成福归于宗社，不成身死于忠孝，安可先请，忧怖大王乎？若请而从，是王与危事；请而不从，则吾计失矣。"遂以庚子夜率幽求等数十人自苑南入，总监钟绍京又率丁匠百余以从。分遣万骑往玄武门杀羽林将军韦播、高嵩，持首而至，众欢叫大集。攻白兽、玄德等门，斩关而进，左万骑自左入，右万骑自右入，合于凌烟阁前。时太极殿前有宿梓宫万骑，闻噪声，皆披甲应之。韦庶人惶惑走入飞骑营，为乱兵所害。于是分遣诛韦氏之党，比明，内外讨捕，皆斩之。乃驰谒睿宗，谢不先启请之罪。睿宗遽前抱上而泣曰："宗社祸难，由汝安定，神祇万姓，赖汝之力也。"拜殿中监、同中书门下三品，兼押左右万骑，进封平王。

睿宗即位，与侍臣议立皇太子，佥曰："除天下之祸者，享天下之福；拯天下之危者，受天下之安。平王有圣德，定天下，又闻成器已下咸有推让，宜膺主鬯，以副群心。"睿宗从之。丙午，制曰：

舜去四凶而功格天地，武有七德而戡定黎人，故知有大勋者必受神明之福，仗高义者必为匕鬯之主。朕恭临宝位，亭育寰区，以万物之心为心，以兆人之命为命。虽承继之道，咸以冢嫡居尊；而无私之怀，必推功业为首。然后可保安社稷，永奉宗祧。第三子平王基孝而克忠，义而能勇，比以朕居藩邸，虔守国彝，贵戚中人，都无引接。群邪害正，凶党实繁，利口巧言，逸说罔极。韦温、延秀，朋党竞起；晋卿、楚客，交构其间。潜结回邪，排挤端善，潜贮兵甲，将害朕躬。基密闻其期，先难奋发，推身鞠弮，众应如归，呼吸之间，凶渠殄灭。安七庙于几坠，拯群臣于将殒。方舜之功过四，比武之德逾七。灵祇望在，昆弟乐推。一人元良，万邦以定。为副君者，非此而谁？可立为皇太子。有司择日，备礼册命。

七月己巳，睿宗御承天门，皇太子诣朝堂受册。是日有景云之瑞，改元为景云，大赦天下。

二年，又制曰："惟天生烝人，牧以元后；维皇立国，副以储君。将以保绥家邦，安固后嗣者也。朕纂承洪业，钦奉宝图，夜分不寝，日昃忘倦。茫茫四海，惧一人之未周；烝烝万姓，恐一物之失所。虽卿士竭诚，守宰宣化，缅怀庶域，仍未小康。是以求下人之变风，遵先朝之故事。皇太子基仁孝因心，温恭成德，深达礼体，能辨皇猷，宜令监国，俾尔为政。其六品以下除授及徒罪已下，并取基处分。"

延和元年六月，凶党因术，人闻睿宗曰："据玄象，帝座及前星有灾，皇太子合作天子，不合更居东宫矣。"睿宗曰："传德避灾，吾意决矣。"七月壬午，制曰：

朕以寡昧，虔奉鸿休，本殊王季之贤，早达延陵之节。昔在圣历，已让皇嗣之尊；爰暨神龙，终辞太弟之授。岂唯衣冠所睹，抑亦兆庶咸知。顷属国步不夷，时艰主幼，大业有缀旒之惧，宝位深坠地之忧，议迫公卿，遂司契篆，日慎一日，以至于今。一纪之劳，勤亦至矣；万方之俗，化渐行矣。将成宿愿，脱屣寰区。昔尧之禅舜，唯能是与，禹以命惊，匪私其亲，神器之重，允归公授。皇太子基有大功于天地，定阽危于社稷，温文既习，圣敬克跻。委之监国，已移岁年，时政益明，庶工惟序。朕之知子，庶不负时，历数在躬，宜陟元后。可令即皇帝位，有司择日授册。朕方比迹洪古，希风太皇，神与化游，思与道合，无为无事，岂不美欤！王公百僚，宜识朕意。

上意惶惧，驰见叩头，请所以传位之旨。睿宗曰："吾因汝功业得宗社。今帝座有眚，思欲授及徒罪皆自决之。

先天二年七月三日，尚书左仆射窦怀贞、侍中岑羲、中书令萧至忠、崔湜、雍州长史李晋、左羽林大将军常元楷、右羽林将军李慈

等与太平公主同谋，期以其月四日以羽林军作乱。上密知之，因以
中旨告岐王范、薛王业、兵部尚书郭元振、将军王毛仲，取闲厩马及
家人三百余人，率太仆少卿李令问、王守一、内侍高力士、果毅李守
德等亲信十数人，出武德殿，入虔化门。枭常元楷、李慈于北阙。擒
贾膺福、李猷于内客省以出，执萧至忠、岑羲于朝，皆斩之。睿宗明
日下诏曰："朕将高居无为，自今军国政刑，一事已上，并取皇帝处
分。"上御承天门楼，下制曰：

朕承累圣之洪休，荷重光之积庆。昔因多难，内属构屯，宝
位深坠地之忧，神器有缀旒之惧。事殷家国，义感神祇，吟啸风
云，龚行雷电，致君亲于尧、舜，济黔首于休和。遂以孟秋，允升
储贰；旋承内禅，继体宸居。拜首之请空勤，让立之诚莫展，恭
临亿兆，二载于兹。上禀圣谟，下凝庶绩，八荒同轨，瀛海无波。
不谓奸慝潜谋，萧墙窃发。逆贼窦怀贞等并以庸妄，权齿朝廷，
毫发之效未申，丘山之衅仍积，共成枭獍，将肆奸回。太上皇圣
断宏通，英谋独运，命朕率岐王范、薛王业等躬事诛锄。齐斧一
麾，凶渠尽殪。太阳朗耀，澄氛霭于天衢；高风顺时，厉肃杀于
秋序。神灵协赞，夷夏相欢，四族之慝既清，七日之祥方永。爰
承后命，载阐休期，总军国之大猷，施云雨之鸿泽。承乾之道，
既光被于无垠；作解之恩，思式覃于品物。当与亿兆，同此惟
新。可大赦天下，大辟罪已下咸赦除之。加邠王守礼实封三百
户，宋王成器、申王成义各加实封一千户，岐王范、薛王业各加
实封七百户。文武官三品以下赐爵一级，四品已下各加一阶。
内外官人被诸道按察使及御史所摘伏，咸宜洗涤，选日依次叙
用。

丁卯，崔湜、卢藏用除名，长流岭表。壬申，王琚为银青光禄大
夫、工部尚书，封赵国公，实封三百户；姜皎银青光禄大夫、工部尚
书，封楚国公，实封五百户；李令问银青光禄大夫、殿中监，实封三
百户；王毛仲辅国大将军、左武卫大将军、检校内外闲厩兼知监牧
使、霍国公，实封五百户；王守一银青光禄大夫、太常卿同正员，进

封晋国公，实封五百户，并赏其定策功。琚、皎、令问固让。癸丑，中书侍郎陆象先为益州大都督府长史兼剑南道按察兵马使，尚书左丞张说为检校中书令。甲戌，令毁天枢，取其铜铁充军国杂用。庚辰，王琚为中书侍郎，加实封二百户；姜皎殿中监，仍充内外闲厩使，加实封二百户；李令问殿中少监、知尚食事，加实封二百户。己丑，周孝明高皇帝依旧追赠太原王，宜去帝号，孝明皇后宜称太原王妃；昊陵、顺陵并称太原王及妃墓。

八月壬辰，封州流人刘幽求为尚书左仆射、知军国重事、徐国公，仍依旧实封七百户。制曰："凡有刑人，国家常法。掩骼埋胔，王者用心。自今已后，辄有屠割刑人骨肉者，依法科残害之罪。"

九月，司空兼扬州大都督、宋王成器为太尉兼扬州大都督，益州大都督兼右金吾大将军、申王成义为司徒兼益州大都督，单于大都护兼左金吾大将军、邠王守礼为司空。癸丑，封华岳神为金天王。九月丁卯，宋王成器为开府仪同三司，尚书左仆射刘幽求同中书门下三品，检校中书令、燕国公张说为中书令，特进王仁皎为开府仪同三司。己卯，宴王公百僚于承天门，令左右于楼下撒金钱，许中书门下五品已上官及诸司三品已上官争拾之，仍赐物有差。郭元振兼御史大夫。丙戌，又置右御史台。

冬十一月甲申，幸新丰之温汤。癸卯，讲武于骊山。兵部尚书、代国公郭元振坐亏失军容，配流新州；给事中、摄太常少卿唐绍以军礼有失，斩于纛下。甲辰，畋猎于渭川。同州刺史、梁国公姚元之为兵部尚书、同中书门下三品。乙巳，至自温汤。十一月乙丑，幽求兼知侍中。戊子，上加尊号为开元神武皇帝。

十二月庚寅朔，大赦天下，改元为开元，内外官赐勋一转。改尚书左、右仆射为左、右丞相，中书省为紫微省，门下省为黄门省，侍中为监，雍州为京兆府，洛州为河南府，长史为尹，司马为少尹。国初以来宰相及食实封功臣子孙，一应沉翳未承恩者，令量才擢用。开元元年十二月己亥，禁断泼寒胡戏。癸丑，尚书左丞相兼黄门监刘幽求为太子少保，罢知政事；紫微令张说为相州刺史。甲寅，门下侍郎卢怀慎同紫微黄门平章事。

二年春正月,关中自去秋至于是月不雨,人多饥乏,遣使赈给。制求直谏昌言弘益政理者。名山大川,并令祈祭。丙寅,紫微令姚崇上言请检责天下僧尼,以伪滥还俗者二万余人。甲申,并州大都督府长史兼检校左卫大将军薛讷同紫微黄门三品,仍总兵以讨奚、契丹。

二月,突厥默啜遣其子同俄特勒率众寇北庭都护府,右骁卫将军郭虔瓘击败之,斩同俄于城下。己酉,以旱,亲录囚徒。改太史监罢隶秘书省。

闰月癸亥,令道士、女冠、僧尼致拜父母。丁卯,复置十道按察使。己未,突厥默啜妹婿火拔颉利发石失毕与其妻来奔,封燕山郡王,授左卫员外大将军。紫微侍郎、赵国公王琚左授泽州刺史,赐实封一百户,余并停。丁亥,刘幽求睦州刺史。

三月甲辰,青州刺史、郇国公韦安石为沔州别驾;太子宾客、逍遥公韦嗣立为岳州别驾;特进致仕李峤先随子在袁州,又贬滁州别驾:并员外置。去年九月有诏毁天枢,至今春始。

夏五月辛亥,黄门监魏知古工部尚书,罢知政事。

六月丁巳,开府仪同三司、宋王成器为岐州刺史,司徒、申王成义为幽州刺史,司空、邠王守礼为虢州刺史:委务于上佐。内出珠玉锦绣等服玩,又令于正殿前焚之。乙丑,兵部尚书致仕、韩国公张仁愿卒。

七月,薛讷与副将杜宾客、崔宣道等总兵六万自檀州道遇贼于滦河,为贼所败。讷等屏甲遁归,减死,除名为庶人。辛未,光禄卿窦希瑊为太子太传。房州刺史、襄王重茂薨于梁州,谥曰殇帝。丙午,昭文馆学士柳冲、太子左庶子刘子玄刊定《姓族系录》二卷,上之。以兴庆里旧邸为兴庆宫。诸王傅并停。京官所带跨巾算袋,每朝参日着,外官衙日着,余日停。吐蕃寇临洮军,又游寇兰州、渭州,掠群牧,起薛讷摄左羽林将军、陇右防御使,率杜宾客、郭知运、王畯、安思顺以御之。太常卿、岐王范为华州刺史,秘书监、薛王业为同州刺史。

八月戊午,西天竺国遣使献方物。

九月戊申,幸新丰之温泉。甲寅,制曰:"自古帝王皆以厚葬为诫,以其无益亡者,有损生业故也。近代以来,共行奢靡,递相仿效,浸成风俗,既竭家产,多至凋弊。然则魂魄归天,明精诚之已远;卜宅于地,盖思慕之所存。古者不封,未为非远。且墓为贞宅,自便有房,今乃别造田园,名为下帐,又冥器等物,皆竞骄侈。失礼违令,殊非所宜;戮尸暴骸,实由于此。承前虽有约束,所司曾不申明,丧葬之家,无所依准。宜令所司据品令高下,明为节制:冥器等物,仍定色数及长短大小;园宅下帐,并宜禁绝;填墓茔域,务遵简俭;凡诸送终之具,并不得以金银为饰。如有违者,先决杖一百。州县长官不能举察,并贬授远官。"

冬十月戊午,至自温泉。薛讷破吐蕃于渭川西界武阶驿,斩首一万七十级,马七万七匹,牛羊四万头。丰安军使郎将、判将军王海宾先锋力战,死之。

十一月庚寅,葬殇帝于武功西原。

十二月乙丑,封皇子嗣真为郢王,嗣初为鄂王,嗣玄为鄫王。时右威卫中郎将周庆立为安南使舶使,与波斯僧广造奇巧,将以进内。监选使、殿中侍御史柳泽上书谏,上嘉纳之。

三年春正月丁亥,立郢王嗣谦为皇太子,降死罪已下,大酺三日。癸卯,黄门侍郎卢怀慎为检校黄门监。甲辰,工部尚书魏知古卒。

二月,禁断天下采捕鲤鱼。十姓部落左厢五咄六啜、右厢弩五失毕五俟斤,及高丽王莫离支高大简、都督跌思太等,各率其众自突厥相继来奔,前后总二千余帐。析许州、唐州置仙州。

夏四月,岐王范兼豳州刺史,薛王业兼幽州刺史。

六月,山东诸州大蝗,飞则蔽景,下则食苗稼,声如风雨。紫微令姚崇奏请差御史下诸道，促官吏遣人驱扑焚瘗，以救秋稼，从之。是岁，田收有获，人不甚饥。

秋七月，刑部尚书李日知卒。

冬十月甲寅，制曰："朕听政之暇，常览史籍，事关理道，实所留心，中有缺疑，时须质问。宜选耆儒博学一人，每日入内侍读。"以光禄卿马怀素为左散骑常侍，与右散骑常侍褚无量并充侍读。甲子，幸郿县之凤泉汤。

十一月己卯，至自凤泉汤。乙酉，幸新丰之温汤。丁亥，妖贼崔子崟等入相州作乱。戊子，州司讨平之。甲午，至自温汤。

十二月庚午，以军器使为军器监，置官员。

是冬无雪。

四年春正月癸未，尚衣奉御长孙昕恃以皇后妹婿，与其妹夫杨仙玉殴击御史大夫李杰，上令朝堂斩昕以谢百官。以阳和之月不可行刑，累表陈请，乃命杖杀之。丁亥，宋王成器、申王成义以"成"字犯昭成皇后谥号，于是成器改名宪，成义改为㧑。刑部尚书、中山郡公李乂卒。

二月丙辰，幸新丰之温汤。丁卯，至自温汤。以关中旱，遣使祈雨于骊山，应时澍雨。令以少牢致祭，仍禁断樵采。

夏六月庚寅，月蚀既。癸亥，太上皇崩于百福殿。辛未，京师、华、陕三州大风拔木。癸酉，突厥可汗默啜为九姓拔曳固所杀，斩其首送于京师。默啜兄子小杀继立为可汗。

是夏，山东、河南、河北蝗虫大起，遣使分捕而瘗之。其回纥、同罗、霫、勃曳固、仆固五部落来附，于大武军北安置。

秋七月丙申，分嶲、雅二州置黎州。

冬十月癸丑，户部尚书、新除太子詹事毕构卒。庚午，葬睿宗大圣贞皇帝于桥陵。以同州蒲城县为奉先县，隶京兆府。

十一月丁亥，徙中宗神主于西庙。甲午，尚书左丞源乾曜为黄门侍郎、同紫微黄门平章事。辛丑，黄门监兼吏部尚书卢怀慎卒。

十二月乙卯，幸新丰之温汤。其夜，定陵寝殿灾。乙丑，至自温汤。尚书、广平郡公宋璟为吏部尚书兼黄门监，紫微侍郎、许国公苏颋同紫微黄门平章事。兵部尚书兼紫微令、梁国公姚崇为开府仪同三司，黄门侍郎、安阳男源乾曜守京兆尹，并罢知政事。停十道采访使。

五年春正月壬寅朔，上以丧制不受朝贺。癸卯寅时，太庙屋坏，移神主于太极殿，上素服避正殿，辍朝五日，日躬亲祭享。辛亥，幸东都。戊辰，昏雾四塞。

二月甲戌，至自东都，大赦天下，唯谋反大逆不在赦限，余并宥之。河南百姓给复一年，河南、河北遭涝及蝗虫处，无出今年地租。武德、贞观以来勋臣子孙无位者，访求其后奏闻；有嘉遁幽栖养高不仕者，州牧各以名荐。

三月庚戌，于柳城依旧置营州都督府。丁巳，以辛景初女封为固安县主，妻于奚首领饶乐郡主大酺。

夏四月己丑，皇帝第九子嗣一薨，追封夏王，谥曰悼。甲午，以则天拜洛受图坛及碑文并显圣侯庙，初因唐同泰伪造瑞石文所建，令即废毁。

六月壬午，巩县暴雨连月，山水泛滥，毁郭邑庐舍七百余家，人死者七十二。汜水同日漂坏近河百姓二百余家。

秋七月甲子，诏曰："古者操皇纲执大象者，何尝不上稽天道，下顺人极，或变通以随时，爰损益以成务。且衢室创制，度堂以筵。因之以礼神，是光孝德；用之以布政，盖称视朔，先王所以厚人伦感天地者也。少阳有位，上帝斯歆，此则神贵于不黩，礼殷于至敬。今之明堂，俯邻宫掖，此之严祝，有异肃恭，苟非宪章，将何轨物？由礼官博士公卿大臣广参群议，钦若前古，宜存露寝之式，用罢辟雍之号。可改为乾元殿，每临御依正殿礼。"

九月壬寅，改紫微省依旧为中书省，黄门省为门下省，黄门监为侍中。

冬十月丙子，京师修太庙成。丁丑，诏以故越王贞死非其罪，封故许王男淋为嗣越王，以继其后。戊寅，祔神主于太庙。

十一月己亥，契丹首领松漠郡王李失活来朝，以宗女为永乐公主以妻之。司徒兼邓州刺史、申王挥兼虢州刺史。

六年春正月丙辰朔，以未经大祥，不受朝贺。辛酉，禁断天下诸州恶钱，行二铢四分已上好钱，不堪用者并即销破覆铸。将作大匠韦凑上疏，请迁孝敬神主，别立义宗庙。以太子少师兼许州刺史、岐王范兼郑州刺史。

二月甲戌，礼币征嵩山隐士卢鸿。

夏五月乙未，孝敬哀皇后祔于恭陵。契丹松漠郡王李失活卒。

六月甲申，泸水暴涨，坏人庐舍，溺杀千余人。乙酉，制以故侍中桓彦范敬晖、故中书令兼吏部尚书张柬之、故特进崔玄暐、故中书令袁恕已配飨中宗庙庭，故司空苏瑰、故左丞相太子少保郴州刺史刘幽求配飨睿宗庙庭。

秋七月己未，秘书监马怀素卒。

九月乙未，遣工部尚书刘知柔持节往河南道存问。

冬十月丙申，车驾还京师。

十一月辛卯，至自东都。丙申，亲谒太庙，回御承天门，诏："七庙元皇帝已上三祖枝孙有失官序者，各与一人五品京官。内外官三品已上有庙者，各赐物三十匹，以备修祭服及俎豆。"赐文武官有差。乙巳，传国八玺依旧改称宝，符玺郎为符宝郎。

十二月，以开府仪同三司兼泽州刺史、宋王宪为泾州刺史，司徒兼虢州刺史、申王挥为绛州刺史，以太子少师兼郑州刺史、岐王范为岐州刺史，以太子少保兼徽州刺史、薛王业为虢州刺史。

七年春正月，吐蕃遣使朝贡。

三月丁酉，左武卫大将军、霍国公王毛仲加特进。渤海靺鞨郡王大祚荣死，其子武艺嗣位。

夏四月癸酉，开府仪同三司王仁皎薨。

五月己丑朔，日有蚀之。

秋七月丙辰，制以亢阳日久，上亲录囚徒，多所原免。诸州委州牧、县宰量事处置。

八月癸丑，敕："周公制礼，历代不刊；子夏为传，孔门所受。逮及诸家，或变例。与其改作，不如好古。诸服纪宜一依旧文。"

九月甲子，改昭文馆依旧为弘文馆。宋王宪徙封宁王。

冬十月，于东都来庭县廨置义宗庙。辛卯，幸新丰之温汤。癸卯，至自温汤。戊寅，皇太子诣国学行齿胄礼，陪位官及学生赐物有差。

十二月丙戌，置弘文、崇文两馆雠校书郎官员。

八年春正月甲子朔，皇太子加元服。乙丑，皇太子谒太庙。丙寅，会百官于太极殿，赐物有差。壬申，右散骑常侍、舒国公褚无量卒。己卯，侍中宋璟为开府仪同三司，中书侍郎苏颋为礼部尚书，并罢知政事。京兆尹源乾曜为黄门侍郎，并州大都督府长史张嘉贞为中书侍郎，并同中书门下平章事。

二月丁酉，皇太子敏薨，追封怀王，谥曰哀。

夏五月丁卯，源乾曜为侍中，张嘉贞为中书令。南天竺国遣使献五色鹦鹉。

六月壬寅夜，东都暴雨，谷水泛涨。新安、渑池、河南、寿安、巩县等庐舍荡尽，共九百六十一户，溺死者八百一十五人。许、卫等州掌闲番兵溺者千一百四十八人。

秋九月，突厥欲谷寇甘、源等州，凉州都督杨敬述为所败，掠契苾部落而归。以御史大夫王晙为兵部尚书兼幽州都督，黄门侍郎韦抗为御史大夫、朔方总管以御之。甲子，太子少师兼岐州刺史、岐王范兼太子少傅，太子少保兼虢州刺史、薛王业为太子太保，余并如故。

冬十月辛巳，幸长春宫。壬午，畋于下邽。

十一月乙丑，至自长春宫。辛未，突厥寇凉州，杀人掠羊马数万计而去。

九年春正月丙辰，改蒲州为河中府，置中都。丙寅，幸新丰之温汤。

夏四月庚寅，兰池州叛胡显首伪称叶护康待宾、安慕容，为多览杀大将军何黑奴，伪将军石神奴、康铁头等，据长泉县，攻陷六胡州。兵部尚书王晙发陇右诸军及河东九姓掩讨之。甲戌，上新策试应制举人于含元殿，谓曰："古有三道，今减二策。近无甲科，朕将存其上第，务收贤俊，用宁军国。"仍令有司设食。

秋七月戊申，罢中都，依旧为蒲州。己酉，王晙破兰池州叛胡，杀三万五千骑。丙辰，扬、润等州暴风，发屋拔树，漂损公私船舫一千余只。辛酉，讨诸酋长，斩康待宾。先天中，重修三九射礼，至是，给事中许景先抗疏罢之。

九月己巳朔，日有蚀之。丁未，开府仪同三司、梁国公姚崇薨。丁巳，御丹凤楼，宴突厥首领。庚申，幸中书省。癸亥，右羽林将军、权检校并州大都督府长史、燕国公张说为兵部尚书、同中书门下三品。

冬十一月丙辰，左散骑常侍元行冲上《群书目录》二百卷，藏之内府。庚午冬至，大赦天下，内外官九品已上加一阶，三品已上加爵一等。自六月二十日、七月三日匦卫社稷食实封功臣，坐事削除官爵，中间有生有死，并量加收赠。致仕官合佩鱼者听其终身。赐酺三日。

十二月乙酉，幸新丰之温汤。壬午，至自温汤。

是冬无雪。

十年春正月丁巳，幸东都。甲子，省王公已下视品官参佐及京三品已上官伏身职员。乙丑，停天下公廨钱，其官人料以税户钱充，每月准旧分例数给。戊申、内外官职田，除公廨田园外，并官收，给还逃户及贫下户欠丁田。

二月戊寅，至东都。

三月戊申，诏自今内外官有犯职至解免已上，纵逢赦免，并终身勿齿。

夏四月丁酉，封契丹首领松漠都督李郁子为松漠郡王，奚首领饶乐都督李鲁苏为饶乐郡王。

五月，东都大雨，伊、汝等水泛涨，漂坏河南府及许、汝、仙、陈等州庐舍数千家，溺死者甚众。

闰五月壬申，兵部尚书张说往朔方军巡边。戊寅，敕诸番充质宿卫子弟，并放还国。

六月辛丑，上训注《孝经》，颁于天下。癸卯，以余姚县主女慕容氏为燕郡公主，出降奚首领饶乐郡王李鲁苏。己巳，增置京师太庙为九室，移孝和皇帝神主以就正庙。

秋八月丙戌，岭南按察使裴伷先上言安南贼帅梅叔鸾等攻围州县，遣骠骑将军兼内侍杨思勖讨之。丁亥，遣户部尚书陆象先往汝、许等州存抚赈给。丙申，博、棣等州黄河堤破，漂损田稼。

九月，张说擒康原子于木盘山。诏移河曲六州残胡五万余口于许、汝、唐、邓、仙、豫等州，始空河南朔方千里之地。甲戌，秘书监、楚国公姜皎坐事，诏杖之六十，配流钦州，死于路。都水使者刘承祖配流雷州。乙亥，制曰："朕君临宇内，子育黎元。内修睦亲，以叙九族；外协庶政，以济兆人。勋戚加优厚之恩，兄弟尽友于之至。务崇敦本，克慎明德。今小人作孽，已伏宪章，恐不逞之徒，犹未能息。凡在宗属，用申惩诫；自今已后，诸王、公主、驸马、外戚家，除非至亲以外，不得出入门庭，妄说言语。所以共存至公之道，永协和平之义，克固藩翰，以保厥休。贵戚懿亲，宜书座右。"又下制，约百官不得与卜祝之人交游来往。乙卯夜，京兆人权梁山伪称襄王男，自号光帝，与其党权，屯营兵数百人，自景风、长乐等门斩关入宫城构逆。至晓兵败，斩梁山，传首东都。废河阳柏崖仓。

冬十月癸丑，乾元殿依旧题为明堂。甲寅，幸寿安之故兴泰宫，畋猎于上宜川。庚申,至自兴泰宫。波斯国使献狮子。

十一月乙未,初令宰相共食实封三百户。

十二月,停按察使。

十一年春正月丁卯,降都城见禁囚徒,流、死罪减一等,余并原之。己巳,北都巡狩,敕所至处存问高年、鳏寡茕独、征人之家;减流、死罪一等,徒以下放免。庚辰,幸并州、潞州,宴父老,曲赦大辟罪已下,给复五年。别改其旧宅为飞龙宫。辛卯,改并州为太原府,官吏补授,一准京兆、河南两府。百姓给复一年,贫户复二年,元从户复五年。武德功臣及元从子孙,有才堪文武未有官者,委府县搜扬,具以名荐。上亲制《起义堂颂》及书,刻石纪功于太原府之南街。戊申,次晋州。坛场使、中书令张嘉贞贬为幽州刺史。壬子,祠后土于汾阴之睢上,升坛行事官三品已上加一爵,四品已上加一阶,陪位官赐勋一转。改汾阴为宝鼎县。癸亥,兵部尚书张说兼中书令。

三月庚午,车驾至京师,制所经州、府、县无出今年地税,京城见禁囚徒并原免之。

夏四月丙辰,迁祔中宗神主于太庙。癸亥,张说正除中书令,吏部尚书、中山公王晙为兵部尚书、同中书门下三品。

五月己巳,北都置军器监官员。王晙为朔方节度使,兼知河北郡、陇左、河西兵马使。

六月,王晙赴朔方军。

秋八月戊申,尊八代祖宣皇帝庙号献祖,光皇帝庙号懿祖,始祔于太庙之九庙。

九月己巳,颁上撰《广济方》于天下,仍令诸州各置医博士一人。春秋二时释奠,诸州宜依旧用牲牢,其属县用酒醴而已。

冬十月丁酉,幸新丰之温泉宫。甲寅,至自温泉。

十一月戊寅,亲祀南郊,大赦天下,见禁囚徒死罪至徒流已下免除之。升坛行事及供奉官三品已上赐爵一级,四品转一阶。武德以来实封功臣、知政宰辅沦屈者,所司具以状闻。赐酺三日,京城五

日。是月,自京师至于山东、淮南大雪,平地三尺余。丁亥,废军器
监官员,少府监加置少监一人以充之。

十二月甲午,幸凤泉汤。戊申,至自凤泉汤。庚申,王晙授蕲州
刺史。

十二年春正月。

夏四月,封故泽王上金男义珣为嗣泽王。嗣许王瓘左授鄂州别
驾,以弟璆为上金嗣故也。癸卯,嗣江王旴降为信安郡王,嗣蜀王揄
为广汉郡王,嗣密王撤为濮阳郡王,嗣曹王臻为济国公,嗣赵王琚
为中山郡王,武阳郡王堪为沣国公。椁等并自神龙之后相继为王,
以瓘利泽王之封,尽令归宗改封焉。

秋七月壬申,月蚀既。己卯,废皇后王氏为庶人。后弟太子少
保、驸马都尉守一贬为泽州别驾,至蓝田,赐死。户部尚书、河东伯
张嘉贞贬台州刺史。

冬十一月庚申,幸东都,至华阴,上制岳庙文,勒之于石,立于
祠南之道周。戊寅,至自东都。庚辰,司徒、申王挥薨,追谥曰惠庄
太子。五溪首领覃行璋反,遣镇军大将军兼内侍杨思勖讨平之。

闰十二月丙辰朔,日有蚀之。

十三年春正月乙酉,以幽州都督府为大都督府。戊子,降死罪
从流,流已下罪悉原之。分遣御史中丞蒋钦绪等往十道疏决囚徒。

二月戊午,幸龙门,即日还宫。乙亥,初置矿骑,分隶十二司。丙
子,改幽州为州,邠州为莫州,梁州为襄州,沅州为巫州,舞州为州,
州为福州,以避文相类及声相近者。

三月甲午,皇太子嗣谦改名鸿;郯王嗣直改名潭,徙封庆王;陕
王嗣升改名浚,徙封忠王;鄫王嗣真改名洽,徙封棣王;鄂王嗣初改
名涓,徙封郎王;嗣玄改名滉,封荣王。又第八子涺封为光王,第十
二男潍封为仪王,第十三男云封为颍王,第十六男泽封为永王,第
十八男清封为寿王,第二十男洄封为延王,第二十一男沐封为盛

王,第二十二男溢封为济王。丙申,御史大夫程行谌奏:"周朝酷吏来子珣、万国俊、王弘义、侯思止、郭霸、焦仁亶、张知默、李敬仁、唐奉一、来俊臣、周兴、丘神勣、索元礼、曹仁哲、王景昭、裴籍、李秦授、刘光业、王德寿、屈贞筠、鲍思恭、刘景阳、王处贞等二十三人,残害宗枝,毒陷良善,情状尤重,子孙不许仕官。陈嘉言、鱼承晔、皇甫文备、傅游艺四人,情状虽轻,子孙不许近任。请依开元二年二月五日敕。"

夏四月丁巳,改集仙殿为集贤殿,丽正殿书院改集贤殿书院;内五品已上为学士,六品已下为直学士。癸酉,令朝集使各举所部孝悌文武,集于泰山之下。

五月庚寅,妖贼刘定高率其党夜犯通洛门,尽擒斩之。

六月乙亥,废都西市。

冬十月癸丑,新造铜仪成,置于景运门内,以示百官。辛酉,东封泰山,发自东都。

十一月丙戌,至兖州岱宗顿。丁亥,致斋于行宫。己丑,日南至,备法驾登山,仗卫罗列岳下百余里。诏行从留于谷口,上与宰臣、礼官升山。庚寅,礼昊天上帝于上坛,有司祀五帝百神于下坛。礼毕,藏玉册于封祀坛之石礄,然后燔柴。燎发,群臣称万岁,传呼自山顶至岳狱下,震动山谷。上还斋宫,庆云见,日抱戴。辛卯,祀皇地祇于社首,藏玉册于石礄,如封祀坛之礼。壬辰,御帐殿受朝贺,大赦天下,流人未还者放还。内外官三品已上赐爵一等,四品已下赐一阶,登山官封赐一阶,褒圣侯量才与处分。封泰山神为天齐王,礼秩加三公一等,近山十里,禁其樵采。赐酺七日。侍中源乾曜为尚书左丞相兼侍中,中书令张说为尚书右丞相兼中书令。甲午,发岱岳。丙申,幸孔子宅,亲设奠祭。

十二月己巳,至东都。时累岁丰稔,东都米斗十钱,青、齐米斗五钱。

是冬,分吏部为十铨,敕礼部尚书苏颋、刑部尚书韦抗、工部尚书卢从愿等分掌选事。

十四年春正月癸亥，改封契丹松漠郡王李召固为广化王，奚饶乐郡王李鲁苏为奉诚王，封宗室外甥女二人为公主，各以妻之。

二月庚戌朔，邕州獠首领梁大海、周光等据宾、横等州叛，遣骠骑大将军兼内侍杨思勖讨之。

三月壬寅，以国甥东华公主降于契丹李召固。

夏四月癸丑，御史中丞宇文融与御史大夫崔隐甫弹尚书右丞、兼中书令张说，鞫于尚书省。丁巳，户部侍郎李元纮同中书门下平章事。庚申，张说停兼中书令。丁卯，太子少师、岐王范薨，册赠惠文太子。辛丑，于定、恒、莫、易、沧等五州置军以备突厥。

五月癸卯，户部进计帐，今年管户七百六万九千五百六十五，管口四千一百四十一万九千七百一十二。

六月戊午，大风，拔木发屋，毁端门鸱吻，都城门等及寺观鸱吻落者殆半。上以旱、暴风雨，命中外群官上封事，指言时政得失，无有所隐。

秋七月癸丑夜，瀍水暴涨入漕，漂没诸州租船数百艘，溺者甚众。

九月己丑，检校黄门侍郎兼碛西副大都护杜暹同中书门下平章事。

是秋，十五州言旱及霜，五十州言水，河南、河北尤甚，苏、同、常、福四州漂坏庐舍，遣御史中丞宇文融检覆赈给之。

冬十月，废麟州。庚申，幸汝州广成汤。己巳，还东都。

十一月甲戌，突厥遣使来朝。辛丑，渤海靺鞨遣其子义信来朝，并献方物。

十二月丁巳，幸寿安之方秀州。己未，日色赤如赭。壬戌，还东都。

十五年春正月戊寅，制草泽有文武高才，令诣阙自举。庚子，太史监复为太史局，依旧隶秘书省。辛丑，凉州都督王君㚟破吐蕃于青海之西,虏辎车、马羊而还。

二月,遣左监门将军黎敬仁往河北赈给贫乏,时河北牛畜大疫。己巳,尚书左丞相张说、御史大夫崔隐甫、中丞宇文融以朋党相构,制说致仕,隐甫免官侍母,融左迁魏州刺史。

夏五月,晋州大水,漂损居人庐舍。癸酉,以庆王潭为凉州都督兼河西诸军节度大使,忠王浚为单于大都护、朔方节度大使,棣王洽为太原冀北牧、河北诸军节度大使,鄂王涓为幽州都督、河北节度大使,荣王滉为京兆牧、陇右节度大使,光王涺为广州都督、五府节度大使,仪王潍为河南牧,颍王沄为安东都护、平卢军节度大使,永王泽为荆州大都督,寿王清为益州大都督、剑南节度大使,延王泂为安西大都护、碛西节度大使,盛王沐为扬州大都督,并不出阁。

秋七月甲戌,雷震兴教门楼两鸱吻,栏槛及柱灾。礼部尚书苏颋卒。庚寅,鄜州洛水泛涨,坏人庐舍。辛卯,又坏同州冯翊县廨宇,及溺死者甚众。丙申,改武临县为颍阳县。己亥,赦都城系囚,死罪降从流,徒已下罪悉免之。

九月丙子,吐蕃寇瓜州,执刺史田元献及王君㚟父寿,杀掠人吏,尽取军资仓粮而去。丙戌,突厥毗伽可汗使其大臣梅录啜来朝。

闰月庚子,突骑施苏禄、吐蕃赞普围安西,副大都护赵归贞击走之。庚申,车驾发东都,还京师。回纥部落杀王君㚟于甘州之巩笔驿。制检校兵部尚书萧嵩兼判凉州事,总兵以御吐蕃。

是秋,六十三州水,十七州霜旱;河北饥,转江淮之南租米百万石以赈给之。

冬十月己卯,至自东都。

十二月乙亥,幸温泉宫。丙戌,至自温泉宫。

十六年春正月庚子,始听政于兴庆宫。秦、陇等州獠首领泷州刺史陈行范、广州首领冯仁智、何游反鲁叛,遣骠骑大将军杨思勖讨之。壬寅,安西副大都护赵归贞败吐蕃于曲子城。甲子,黑水靺鞨遣使来朝献。

秋七月，吐蕃寇瓜州，刺史张守珪击破之。乙巳，检校兵部尚书萧嵩、鄯州都督张志亮攻拔吐蕃门城，斩获数千级，收其资畜而还。丙辰，新罗王金兴光遣使贡方物。

八月己巳，特进张说进《开元大衍历》，诏命有司颁行之。辛卯，萧嵩又遣杜宾客击吐蕃于祁连城，大破之，获其大将一人，斩首五千级。

九月丙午，以久雨，降死罪从流，徒以下原之。

冬十月己卯，幸温泉宫。己丑，至自温泉宫。

十一月癸巳朔，检校兵部尚书、河西节度判凉州事萧嵩为兵部尚书、同中书门下平章事，余如故。

十二月丁卯，幸温泉宫。丁丑，至自温泉宫。

十七年二月丁卯，巂州都督张审素攻破蛮，拔昆明城及盐城，杀获万人。庚子，特进张说复为尚书左丞相，同州刺史陆象先为太子少保。甲寅，礼部尚书、信安王祎帅众攻拔吐蕃石堡城。

夏四月癸亥，令中书门下分就大理、京兆、万年、长安等狱疏决囚徒。制天下系囚死罪减一等，余并宥之。丁亥，大风震电，蓝田山崩。

五月癸巳，复置十道按察使。右散骑常侍徐坚卒。

六月甲戌，尚书右丞相源乾曜停兼侍中，黄门侍郎杜暹为荆州大都督府长史，中书侍郎李元纮为曹州刺史。兵部尚书萧嵩兼中书令。户部侍郎兼鸿胪卿宇文融为黄门侍郎，兵部侍郎裴光庭为中书侍郎，并同中书门下平章事。

秋七月辛丑，工部尚书张嘉贞卒。

八月癸亥，上以降诞日，宴百僚于花萼楼下。百僚表请以每年八月五日为千秋节，王公已下献镜及承露囊，天下诸州咸令宴乐，休暇三日，仍编为令，从之。丙寅，越州大水，漂坏廨宇及居人庐舍。己卯，中书侍郎裴光庭兼御史大夫，依旧知政事。乙酉，尚书右丞相、开府仪同三司兼吏部尚书宋璟为尚书左丞相；尚书右丞相源乾曜为太子少傅。

九月壬子，宇文融左迁汝州刺史，俄又贬昭州平乐尉。壬寅，裴光庭为黄门侍郎，依旧知政事。

冬十月戊午朔，日有蚀之，不尽如钩。癸未，睦州献竹实。庚申，前太子宾客元行冲卒。

十一月庚申，亲飨九庙。辛卯，发京师。丙申，谒桥陵。上望陵涕泣，左右并哀感。制奉先县同赤县，以所管万三百户供陵寝，三府兵马供宿卫，曲赦县内大辟罪已下。戊戌，谒定陵。已亥，谒献陵。壬寅，谒昭陵。乙巳，谒乾陵。戊申，车驾还宫。大赦天下，流移人并放还，左降官移近处。百姓无出今年地税之半。每陵取侧近六乡供陵寝。内外官三品已上加爵一等，四品已下赐一阶，五品已上清官父母亡者，依级赐官及邑号。

十二月辛酉，幸温泉宫。乙丑，校猎渭滨。壬申，至自温泉宫。是冬无雪。

十八年春正月辛卯，黄门侍郎裴光庭为侍中，依旧兼御史大夫。左丞相张说加开府仪同三司。丙午，幸薛王业宅，即日还宫。

二月丙寅，大雨雪，俄而雷震，左飞龙厩灾。

三月辛卯，改定州县上中下户口之数，依旧给京官职田。

夏四月乙卯，筑京城外郭城，凡十月而功毕。壬戌，幸宁亲公主第，即日还宫。乙丑，裴光庭兼吏部尚书。是春，命侍臣及百僚每旬暇日寻胜地宴乐，仍赐钱，令所司供帐造食。丁卯，侍臣已下宴于春明门外宁王宪之园池，上御花萼楼邀其回骑，便令坐饮，递起为舞，颁赐有差。

五月，契丹衙官突可汗杀其主李召固，率部落降于突厥，奚部落亦随西叛。奚王李鲁苏来奔，召固妻东华公主陈氏及鲁苏妻东光公主韦氏并奔投平卢军。制幽州长史赵含章率兵讨之。

六月庚申，命左右丞相、尚书及中书门下五品已上官，举才堪边任及刺史者。甲子，彗星见于五车。癸酉，有星孛于毕、昴。丙子，命单于大都护、忠王浚为河北道行军元帅,御史大夫李朝隐、京兆尹裴伷先为副,率十八总管以讨契丹及奚等,事竟不行。壬午,东都瀍、洛泛涨,坏天津、永济二桥及提象门外仗舍,损居人庐舍千余家。

闰月甲申,分幽州置蓟州。己丑,令范安及、韩朝宗就瀍、洛水源疏决,置门以节水势。辛卯,礼部奏请千秋节休假三日,及村闾社会,并就千秋节先赛白帝,报田祖,然后坐饮,从之。秋七月庚辰,幸宁王宪第,即日还宫。

八月丁亥,上御花萼楼,以千秋节百官献贺,赐四品已上金镜、珠囊、缣彩,赐五品已下束帛有差。上赋八韵诗,又制《秋景诗》。辛亥,幸永穆公主宅,即日还宫。

九月,先是高户捉官本钱;乙卯,御史大夫李朝隐奏请薄税百姓一年租钱充,依旧高户及典正等捉,随月收利,供官人税钱。

冬十月,吐蕃遣其大臣名悉猎献方物请降,许之。庚寅,幸岐州之凤泉汤。癸卯,至自凤泉汤。

十一月丁卯,幸新丰温泉宫。

十二月戊子,丰州刺史衰振坐妖言下狱死。戊申,尚书左丞相、燕国公张说薨。

是岁,百僚及华州父老累表请上尊号内请加"圣文"两字,并封西岳,不允。

十九年春正月壬戌,开府仪同三司、霍国公王毛仲贬为襄州别驾,中路赐死,党与贬黜者十数人。辛卯,遣鸿胪卿崔琳入吐蕃报聘。丙子,亲耕于兴庆宫龙池。己卯,禁采捕鲤鱼。天下州府春秋二时社及释奠,停牲牢,唯用酒酺,永为常式。

二月甲午,以崔琳为御史大夫。

三月乙酉朔,崔琳使于吐蕃。

夏四月壬午,于京城置礼院。丙申,令两京及天下诸州各置太公尚父庙,以张良配飨,春秋二时仲月上戊日祭之。

五月壬戌，五岳各置老君庙。

六月乙酉，大风拔木。

秋八月辛巳，降天下死罪从流，徒已下悉原之。

九月辛未，吐蕃遣其国相论尚他硉来朝。

冬十月丙申，幸东都。

十一月丙辰，至自东都。甲子，太子少傅源乾曜薨。

十二月，巂州都督张审素以劫制使监察御史杨汪伏诛。

是冬，浚苑内洛水，六十余日而罢。戊戌，裴光庭上《瑶山往则》、《维城前轨》各一卷，上令赐太子、诸王各一本。

二十年春正月乙卯，以礼部尚书、信安王祎率兵讨契丹。丁巳，幸长芬公主宅；乙丑，幸薛王业宅：并即日还宫。

二月己未，敕文武选人，承前例三月三十日为例，然开选门，此团甲进官至夏来。自今已后，选门并正月内开，团甲二月内讫。分命宰相录京城诸狱系囚。

三月，信安王祎与幽州长史赵含章大破奚、契丹于幽州之北山。

夏四月乙亥，宴百僚于上阳东州，醉者赐以床褥，肩舆而归，相属于路。癸巳，改造天津桥，毁皇津桥，合为一桥。

五月癸卯，寒食上墓，宜编入五礼，永为恒式。辛亥，金仙长公主薨。戊辰，信安王献奚、契丹之俘，上御应天门受之。

六月丁丑，单于大都护、河北东道行军元帅、忠王浚加司徒，都护如故；副大使信安王祎加开府仪同三司。庚寅，幽州长史赵含章坐盗用库物，左监门员外将军杨元方受含章馈饷，并于朝堂决杖，流瀼州，皆赐死于路。其月，遣范安及于长安广花萼楼，筑夹城至芙蓉园。

秋七月戊辰，幸宁王宪宅，即日还宫。

八月辛未朔，日有蚀之。己卯，户部尚书王晙卒。

九月乙巳，中书令萧嵩等奏上《开元新礼》一百五十卷，制所司行用之。**渤海靺鞨寇登州**,杀刺史韦俊,命左领军将军盖福顺发兵讨之。

冬十月丙戌,命巡幸所至,有贤才未闻达者举之。仍令中书门下疏决囚徒。辛卯,至潞州之飞龙宫,给复三年,兵募丁防先差未发者,令改出余州。辛丑,至北都。癸丑,曲赦太原,给复三年。

十一月庚午,祀后土于脽上,大赦天下,左降官量移近处。内外文武官加一阶,开元勋臣尽假紫及绯。大酺三日。

十二月壬申,至京师。

其年户部计户七百八十六万一千二百三十六,口四千五百四十三万一千二百六十五。

二十一年春正月庚子朔,制令士庶家藏《老子》一本,每年贡举人,量减《尚书》、《论语》两条策,加《老子》策。乙巳,还袝肃明皇后神主于庙。毁仪坤庙。丁巳,幸温泉宫。己未,命工部尚书李嵩使于吐蕃。癸亥,至自温泉宫。

三月乙巳,侍中裴光庭薨。甲寅,尚书右丞韩休为黄门侍郎、同中书门下平章事。

闰月,幽州道副总管郭英杰等讨契丹,为所败于都山之下,英杰死之。

夏四月丁巳,以久旱,命太子少保陆象先、户部尚书杜暹等七人往诸道宣慰赈给,及令黜陟官吏,疏决囚徒。丁酉,宁王宪为太尉,薛王业为司徒,庆王潭为太子太师,忠王浚为开府仪同三司,棣王洽为太子少傅,鄂王涓为太子太保。

五月甲申,皇太子纳妃薛氏。制天下死罪降从流,流已下释放。京文武官赐勋一转。

秋七月乙丑朔,日有蚀之。

九月壬午,封皇子溢为济王,沔为信王,泚为义王,毂为陈王,澄为丰王,潓为恒王,漩为凉王,滔为深王。

冬十月庚戌,幸温泉宫。

十一月戊子,尚书右丞相宋璟以年老请致仕,许之。

十二月丁未,兵部尚书、徐国公萧嵩为尚书右丞相,黄门侍郎韩休为兵部尚书,并罢知政事。京兆尹裴耀卿为黄门侍郎,前中书侍郎张九龄起复旧官,并同中书门下平章事。

是岁,关中久雨害稼,京师饥,诏出太仓米二百万石给之。

二十二年春正月癸亥朔,制古圣帝明皇、岳渎海镇用牲牢,余并以酒醢充奠。已巳,幸东都。辛未,太府卿严挺之、户部侍郎裴宽于河南存问赈给。乙酉,怀、卫、邢、相等五州乏粮,遣中书舍人裴敦复巡问,量给种子。已丑,至东都。

二月壬寅,秦州地震,廨宇及居人庐舍崩坏殆尽,压死官吏以下四十余人,殷殷有声,仍连震不止。命尚书右丞相萧嵩往祭山川,并遣使存问赈恤之,压死之家给复一年,一家三人已上死者给复二年。辛亥,初置十道采访处置使。微恒州张果先生,授银青光禄大夫,号曰通玄先生。

三月,没京兆商人任令方资财六十余万贯。壬午,欲令不禁私铸钱,遣公卿百僚详议可否。众以为不可,遂止。

四月乙未,伊西、北庭且依旧为节度。废太庙署,以太常寺奉宗庙。庚子,唐州界准胜州例立表,测候日暑影长短。乙巳,诏京都见禁囚徒,令中书门下及留守检校覆降罪,天下诸州委刺史。丁未,眉州鼎皇山下江水中得宝鼎。甲寅,北庭都护刘涣谋反,伏诛。

五月戊子,黄门侍郎裴耀卿为侍中,中书侍郎张九龄为中书令,黄门侍郎李林甫为礼部尚书、同中书门下平章事。关中大风拔木,同州尤甚。

是夏,上自于苑中种麦,率皇太子已下躬自收获,谓太子等曰:"此将荐宗庙,是以躬亲,亦欲令汝等知稼穑之难也。"因分赐侍臣,谓曰:"比岁令人巡检苗稼,所对多不实,故自种植以观其成;且《春秋》书麦禾,岂非古人所重也!"

六月乙未,遣左金吾将军李佺于赤岭与吐蕃分界立碑。

七月己巳,司徒、薛王业薨,追谥为惠宣太子。甲申,遣中书令张九龄充河南开稻田使。

八月,先是驾至东都,遣侍中裴耀卿充江淮、河南转运使,河口置输场。壬寅,于输场东置河阴县。又遣张九龄于许、豫、陈、亳等州置水屯。

九月壬申,改饶乐都督府为奉诚都督府。辛巳,移登州平海军于海口安置。

冬十月甲辰,试司农卿陈思问以赃私配流瀼州。

十二月戊子朔,日有蚀之。乙巳,幽州长史张守珪发兵讨契丹,斩其王屈烈及其大臣可突干于阵,传首东都,余叛奚皆散走山谷。立其酋长季过折为契丹王。

是岁,突厥毗伽可汗死。断京城乞儿。

二十三年春正月己亥,亲耕籍田,上加至九推而止,卿已下终其亩。大赦天下。京文武官及朝集采访使三品已下加一爵,四品已下加一阶,外官赐勋一转。其才有霸王之略、学究天人之际、及堪将帅牧宰者,令五品已上清官及刺史各举一人。致仕官量与改职,依前致仕。赐酺三日。

三月丁卯,殿中侍御史杨万顷为仇人所杀。

夏五月戊寅,宗子请率月俸于兴庆宫建龙池,上《圣德颂》。

秋七月丙子,皇太子鸿改名瑛,庆王直已下十四王并改名。又封皇子玭为义王,珪为陈王,珙为丰王,琪为恒王,璿为凉王,敬为汴王。其荣王琬已下并开府置官属,各食实封二千户。

八月戊子,制鳏寡茕独免今年地税之半,江淮已南有遭水处,本道使赈给之。

九月戊申,移泗州就临淮县置。

冬十月辛亥,移隶伊西、北庭都护属四镇节度。突骑施寇北庭及安西拨换城。

十一月壬申朔,日有蚀之。

十二月,新罗遣使朝献。

二十四年春正月，吐蕃遣使献方物。北庭都护盖嘉运率兵击突骑施，破之。

三月乙未，始移考功贡举，遣礼部侍郎掌之。

夏六月丙午，京兆醴泉妖人刘志诚率众为乱，将趋京城，咸阳官吏烧便桥以断其路，俄而散走，京兆府尽擒斩之。

是夏大热，道路有渴死者。

秋七月庚子，太子太保陆象先卒。辛丑，李林甫为兵部尚书，依旧知政事。己巳，初置寿星坛，祭老人星及角、亢等七宿。

八月戊申朔，加亲舅小功服，舅母缌麻服，堂舅袒免。己亥，深王滔薨。

九月壬午，改尚书主爵曰司封。

冬十月戊申，车驾发东都，还西京。甲子，至华州，曲赦行在系囚。丁丑，至自东都。

十一月壬寅，侍中裴耀卿为尚书左丞相，中书令张九龄为尚书右丞相，并罢知政事。兵部尚书李林甫兼中书令，殿中监牛仙客兵部尚书、同中书门下三品。尚书右丞相萧嵩为太子太师，工部尚书韩休为太子少保。

十二月戊申，太子太师、庆王琮为司徒。丙寅，牛仙客知门下省事。

旧唐书卷九
本纪第九

玄宗下

开元二十五年春正月壬午，制："朕猥集休运，多谢哲王，然而哀矜之情，小大必慎。自临寰宇，子育黎烝，未尝行极刑，起大狱。上玄降鉴，应以祥和，思协平邦之典，致之仁寿之域。自今有犯死刑，除十恶罪，宜令中书门下与法官详所犯轻重，具状奏闻。崇德尚齿，三代丕义；敦风劝俗，五教攸先。其曾任五品已上清资官以礼去职者，所司具录名奏，老疾不堪厘务者与致仕。道士、女冠宜隶宗正寺，僧尼令祠部检校。百司每旬节休假，并不须入曹司，任游胜为乐。宣示中外，知朕意焉。"癸卯，道士尹愔为谏议大夫、集贤学士兼知史馆事。

二月，新罗王金兴光卒，其子承庆嗣位，遣赞善大夫邢璹摄鸿胪少卿，往吊祭册立之。壬子，加宗正丞一员。戊午，罗江淮运，停河北运。癸酉，张守珪破契丹余众于梛禄山，杀获甚众。

三月乙卯，河北节度使崔希逸自凉州南率众入吐蕃界二千余里。己亥，希逸至青海西郎佐素文子觜，与贼相遇，大破之，斩首二千余级。

夏四月庚戌，陈、许、豫、寿四州开稻田。辛酉，监察御史周子谅上书忤旨，掫之殿庭，朝堂决杖死之。甲子，尚书右丞相张九龄以曾荐引子谅，左授荆州长史。乙丑，皇太子瑛、鄂王瑶、光王琚并废为庶人。太子妃兄驸马都尉薛锈长流瀼州，至蓝田驿赐死。

六月壬戌，荧惑犯房，至心星越度而过。

秋七月己卯，大理少卿徐岵奏："天下今岁断死刑五十八，几致刑措，鸟巢寺之狱。"上特推功元辅。庚申，封李林甫为晋国公，牛仙客为豳国公。己卯，敕诸陵庙并隶宗正寺，其宗正寺官员，自今并以宗枝为之。

九月壬申，颁新定《令》、《式》、《格》及《事类》一百三十卷于天下。

冬十月，制自今年每年立春日迎春于东郊，其夏及秋冬如常。以十二月朔日于正殿受朝，读时令。

十一月壬申，幸温泉宫。丁丑，开府仪同三司、广平郡公宋璟薨。

十二月丙午，惠妃武氏薨，追谥为贞顺皇后，葬于敬陵。吐蕃使其大臣属卢论莽藏来朝贡。

二十六年春正月乙亥，工部尚书牛仙客为侍中。丁丑，亲迎气于东郊，祀青帝。制天下系囚，死罪流岭南，余并放免。镇兵部还。京兆府新开稻田，并散给贫人。百官赐勋绢。长安、万年两县各与本钱一千贯，收利供驲，仍付杂驲。天下州县，每乡一学，仍择师资，令其教授。诸乡贡每年令就国子监谒先师，明经加口试。内外八品已下及草泽有博学文辞之士，各委本司本州闻荐。

二月辛卯，以李林甫遥领陇右节度使。甲辰，禁大寒食以鸡卵相馈送。庚申，葬贞顺皇后于敬陵。乙卯，以牛仙客遥领河东道节度使。辛酉，废仙州，分其属县隶许、汝等州。

三月己巳朔，减秘书省校书、正字官员。丙子，有星孛于紫微垣中，历斗魁十余日，因阴云不见。己酉，河南、洛阳两县亦借本钱一千贯，收利充人吏课役。癸未，京兆地震。吐蕃寇河西，左散骑常侍崔希逸击破之；鄯州都督杜希望又攻拔新罗城，制以其城为威戎军。

夏四月己亥朔，始令太常卿韦绦读时令于宣政殿，百僚于殿上列坐而听之。

五月乙酉，以李林甫遥领河西节度使，兼判梁州事。庚寅，幸咸宜公主宅。

六月庚子，立忠王玙为皇太子。

秋七月己巳，册皇太子，大赦天下，常赦所不免者咸赦除之。内外文武官及五品已上为父后者各赐勋一转。忠王府官及侍讲加一阶。赐酺三日。庚辰，分越州置明州。

九月丙申朔，日有蚀之。庚子，于旧六胡之地置宥州。益州长史王昱率兵攻吐蕃安戎城，为贼所据，官军大败，昱弃甲而遁，兵士死者数千人。

冬十月戊寅，幸温泉宫。

是岁渤海靺鞨王大武艺死，其子钦茂嗣立，遣使吊祭册立之。

其冬，两京建行宫，造殿宇各千余间。润州刺史齐澣开伊娄河于扬州南瓜洲浦。析左右羽林军置左右龙武军，以左右万骑营隶焉。

二十七年春正月乙巳，大雨雪。

二月己巳，加尊号开元圣文神武皇帝，大赦天下，常赦所不免者咸赦除之，开元已来诸色痕瘕人咸从洗涤，左降官量移近处。百姓免今年租税。三品已上赐爵一级，四品已上加一阶。宗庙荐飨，自今已后并用宗子。赐酺五日。

夏四月丁丑，废洮州隶兰州，改临州为洮州。乙酉，太子少傅窦瑊为开府仪同三司，吏部尚书李暠为太子少傅。丁酉，侍中牛仙客为兵部尚书兼侍中；兵部尚书兼中书令李林甫为吏部尚书，依旧兼中书令。以东宫内侍隶内侍省为署。

五月癸卯，置龙武军官员。先是，郧国公主之子薛诱与其党李谈、崔洽、石如山同于京城杀人，或利其财，或违其志，即白日椎杀，煮而食之。其夏事发，皆决杀于京兆府门，诱以国亲流瀼州，赐死于城东驿。

六月甲戌，内常侍牛仙童坐赃，决杀之。幽州节度使、兼御史大夫张守珪以贿贬为括州刺史。太子太师、徐国公萧嵩以尝赂仙童，左授青州刺史。

秋七月辛丑，荧惑犯南斗。北庭都护盖嘉运以轻骑袭破突骑施于碎叶城，杀苏禄，威震西陲。

八月，吐蕃寇白草、安人等。甲申，制追赠孔宣父为文宣王，颜回为兖国公，余十哲皆为侯，夹坐。后嗣褒圣侯改封为文宣公。

九月，皇太子改名绍。汴州刺史齐澣请开汴河下流，自虹县至淮阴北合于淮，逾时而功毕。因弃沙壅旧路，行者弊之，寻而新河之水势湸急，遂填塞矣。前刑部尚书致仕崔德甫卒。

冬十月，将改作明堂。讹言官取小儿埋于明堂之下，以为厌胜。村野童儿藏于山谷，都城骚然，咸言兵至。上恶之，遣主客郎中王佶往东都及诸州宣慰百姓，久之定。

冬十月，毁东都明堂之上层，改拆下层为乾元殿。戊戌，幸温泉宫。辛丑，至自温泉宫。

十二月，东都副留守、太子宾客崔沔卒。以益州司马章仇兼琼权剑南节度等使。

是岁，盖嘉运大破突骑施之众，擒其王吐火仙，送于京师。

二十八年春正月，两京路及城中苑内种果树。癸巳，幸温泉宫。庚子，至自温泉宫。壬寅，以望日御勤政楼宴群臣，连夜烧灯，会大雪而罢，因命自今常以二月望日夜为之。三月丁亥朔，日有蚀之。壬子，权判益州长史章仇兼琼拔吐蕃安戎城，分兵镇守之。

夏五月乙未，太子少师韩休、太子少傅李暠卒。

六月，怀州刺史、信安王祎为太子少师。庚寅，太子宾客李尚隐卒。

秋七月壬寅，追尊宣皇帝陵名曰建初，光皇帝陵名曰启运，仍置官员。

九月，魏州刺史卢晖开通济渠，自石灰巢引流至州城而西，却注魏桥。九月庚寅，封皇孙俶等十九人为郡王。

冬十月甲子,幸温泉宫。辛巳,至自温泉宫。乙酉夜,东都新殿后佛光寺灾。吐蕃寇安戎城。

十一月,牛仙客停遥兼朔方、河东节度使。

十二月乙卯,突骑施酋长莫贺达干率众内属。己未,礼部尚书杜暹卒。

是岁,金城公主薨,吐蕃遣使来告丧。其时频岁丰稔,京师米斛不满二百,天下乂安,虽行万里不持兵刃。

二十九年春正月丁丑,制两京、诸州各置玄元皇帝庙,并崇玄学,置生徒,令习《老子》、《庄子》、《列子》、《文中子》,每年准明经例考试。内外官有伯叔兄弟子侄堪任刺史、县令,所司亲自保荐。禁九品已下清资官置客舍邸店车坊、士庶厚葬。

三月,吐蕃、突厥各遣使来朝。丙午,风霾,日色无影。

夏四月庚戌朔。丙辰,以太原裴仙先为工部尚书。韦虚心卒。亲王已下及内外官各赐钱令宴乐。壬午,以左右金吾大将军裴宽为太原尹、北都留守。

秋七月乙卯,洛水汛涨,毁天津桥及上阳宫仗舍。洛、渭之间,庐舍坏,溺死者千余人。突厥登利可汗死。北州刺史王斛斯为幽州节度使;幽州节度副使安禄山为营州刺史,充平户军节度副使,押两番、渤海、黑水四府经略使。

九月,大雨雪,稻禾偃折,又霖雨月余,道途阻滞。

是秋,河北博、洺等二十四州言雨水害稼,命御史在丞张倚往东都及河北赈恤之。壬申,御兴庆门,试明《四子》人姚子产、元载等。

冬十月丙申,幸温泉宫。戊戌,分遣大理卿崔翘等八人往诸道黜陟官吏。

十一月庚戌,司空、邠王守礼薨。辛酉,至自温泉宫。己巳,雨水冰,凝寒冻冽,数日不解。辛未,太尉、宁王宪薨,谥为让皇帝,葬于惠陵。

十二月丁酉,吐蕃入寇,陷廓州达化县及振武军石堡城,节度使盖嘉运不能守。女国王赵曳夫及佛逝国王、日南国王遣其子来朝献。

天宝元年春正月丁未朔,大赦天下,改元,常赦不原咸赦除之。百姓所欠负租税及诸色并免之。前资官及白身人有儒学博通、文辞秀逸及军谋武艺者,所在具以名荐。京文武官才堪为刺史者各令封状自举。改黄钺为金钺。内外官各赐勋两转。甲寅,陈王府参军田同秀上言:"玄元皇帝降见于丹凤门之通衢,告赐灵符在尹喜之故宅。"上遣使就函谷故关尹喜台西发得之,乃置玄元庙于大宁坊。陕郡太守李齐物先凿三门,辛未,渠成放流。

二月丁亥,上加尊号为开元天宝圣文神武皇帝。辛卯,亲享玄元皇帝于新庙。甲午,亲享太庙。丙申,合祭天地于南郊。制天下囚徒,罪无轻重并释放。流人移近处,左降官依资叙用,身死贬处者量加追赠。枉法赃十五匹当绞,今加至二十匹。庄子号为南华真人,文子号为通玄真人,列子号为冲虚真人,庚桑子号为洞虚真人。其四子所著书改为真经。崇玄学置博士、助教各一员,学生一百人。桃林县改为灵宝县。改侍中为左相,中书令为右相,左右丞相依旧为仆射,又黄门侍郎为门下侍郎。东都为东京,北都为北京,天下诸州改为郡,刺史改为太守。陕州河北县为平陆县。老幼版授,文武官三品已上加一爵,四品已下加一阶。庚子,平卢节度使安禄山进阶骠骑大将军。

夏六月庚寅,武功山水暴涨,坏人庐舍,溺死数百人。

秋七月癸卯朔,日有蚀之。辛未,左相、豳国公牛仙客卒。

八月丁丑,刑部尚书、兼御史大夫李适之为左相。丁亥,突厥阿布思及默啜可汗之孙、登利可汗之女相与率其党属来降。壬辰,吏部尚书兼右相李林甫加尚书左仆射,左相李适之兼兵部尚书,左仆射裴耀卿为尚书右仆射。

九月辛卯,上御花萼楼,出宫女宴毗伽可汗妻可敦及男女等,赏赐不可胜纪。丙寅，改天下县名不稳及重名一百一十处。两京玄元庙改为太上玄元皇帝宫，天下准此。

冬十月丁酉，幸温泉宫。辛丑，改骊山为会昌山，仍于秦坑儒之所立祠宇，以祀遭难诸儒。新成长生殿名曰集灵台，以祀天神。

十一月己巳，至自温泉宫。

是岁，命陕郡太守韦坚引浐水开广运潭于望春亭之东，以通河、渭；京兆尹韩朝宗又分渭水入自金光门，置潭于西市之西街，以贮材木。

是冬无冰。

其年，天下郡府三百六十二，县一千五百二十八，乡一万六千八百二十九。户部进计帐，今年管户八百五十二万五千七百六十三，口四千八百九十万九千八百。

二年春正月丙辰，追尊玄元皇帝为大圣祖玄元皇帝，两京崇玄学改为崇玄馆，博士为学士。

三月壬子，亲祀玄元庙以册尊号。制追尊圣祖玄元皇帝父周上御史大夫敬曰先天太上皇，母益寿氏号先天太后，仍于谯郡本乡置庙。尊咎繇为德明皇帝。改西京玄元庙为太清宫，东京为太微宫，天下诸郡为紫极宫。韦坚开广济潭毕功，盛陈舟舰。丙寅，上幸广运楼以观之，即日还宫。

夏六月甲戌夜，雷震东京应天门观灾，延烧至左、右延福门，经日不灭。

七月癸丑，致仕礼部尚书王丘卒。丙辰，尚书右仆射裴耀卿薨。

九月，太子少保崔琳卒。辛酉，谯郡紫徽宫改为太清宫。

冬十月戊辰，太子太保、信安王祎卒。戊寅，幸温泉宫。

十一月乙卯，至自温泉宫。

十二月己亥，东京应天门改为乾元门。戊申，幸温泉宫。丙辰，至自温泉宫。十二月乙酉，太子宾客贺知章请度为道士还乡。

是冬无雪。

三载正月丙辰朔，改年为载。赦见禁囚徒。庚子，遣左右相已下祖别贺知章于长乐坡，上赋诗赠之。壬寅，幸温泉宫。

二月己巳，还京。丁丑，封让皇帝男琳为嗣宁王，故邠王守礼男承宁为嗣邠王，让帝男琦为嗣申王，惠宣太子男珍为嗣岐王，琄为嗣薛王。庚寅，皇太子绍改名亨。是月，河南尹裴敦复卒。

闰月辛亥，有星如月，坠于东南，坠后有声。京师讹言官遣枨捕人肝以祭天狗。人相恐，畿县尤甚，发使安之。

三月庚午，武威郡上言：番禾县天宝山有醴泉涌出，岭石化为瑞莲，远近贫乏者取以给食。改番禾为天宝县。癸酉，制天下见禁囚徒死罪降流，流已下并原之。

夏四月，南海太守刘巨鳞击破海贼吴令光，永嘉郡平。敕两京、天下州郡取官物铸金铜天尊及佛各一躯，送开元观、开元寺。

五月戊寅，长安令柳升坐赃于朝堂决杀之。

秋八月丙午，九姓拔悉密叶护攻杀突厥乌苏米施可汗，传首京师。庚申，内外文武官六品已下自今已后，赴任之后，计载终满二百日已上，许其成考。

冬十月癸巳，幸温泉宫。丁未，改史国为来威国。

十一月癸卯，还京。癸丑，每载依旧取正月十四日、十五日、十六日开坊市门燃灯，永以为常式。玉真公主先为女道士，让号及实封，赐名摘盈。

十二月甲午，分新丰县置会昌县。甲寅，亲祀九宫贵神于东郊，礼毕，大赦天下。百姓十八已上为中男，二十三已上成丁。每岁庸调，八月起征，可延至九月。诏天下民间家藏《孝经》一本。

四载春三月甲申，宴群臣于勤政楼。壬申，封外孙独孤氏女为静乐公主，出降契丹松漠都督李怀节；封外孙杨氏女为宜芳公主，出降奚饶乐都督李延宠。

秋八月甲辰，册太真妃杨氏为贵妃。是月，河南睢阳、淮阳、谯等八郡大水。

九月，契丹及奚酋长各杀公主，举部落叛。陇右节度使皇甫惟明与吐蕃战于石堡城，官军不利，副将褚直廉等死之。

冬十月，于单于都护府置金河县，安北都护府置阴山县。丁酉，幸温泉宫。壬子，以会昌县为同京县。

十二月戊戌，还京。

五载春正月癸酉，刑部尚书韦坚贬括苍太守；陇右节度使皇甫惟明贬播川太守，寻决死于黔中。乙亥，敕大小县令并准畿官吏三选听集。《礼记·月令》改为《时令》。封中岳为中天王，南岳为司天王，北岳为安天王。天下山水，名称或同，义且不经，多因于里谚，宜令所司各据图籍改定。丙子，遣礼部尚书席豫、左丞崔翘、御史中丞王铁等七人分行天下，黜陟官吏。

夏四月庚寅，左相、渭源伯李适之为太子少保，罢知政事。丁酉，门下侍郎陈希烈同中书门下平章事。

五月庚申，敕今后每至旬节休假，中书门下文武百僚不须入朝，外官不须衙集。癸卯，停郡县差丁白直课钱。

六月，敕三伏内令宰相辰时还宅。

秋七月丙子，韦坚为李林甫所构，配流临封郡，赐死。坚妹皇太子妃听离，坚外甥嗣薛王琄贬夷陵郡别驾，女婿巴陵太守卢幼临长流合浦郡。太子少保李适之贬宜春太守，到任，饮药死。

八月，以户部侍郎郭虚己为御史大夫、剑南节度使。

九月壬子，于太清宫刻石为李林甫、陈希烈像，侍于圣容之侧。

冬十月丁酉，幸温泉宫。改临淄郡为济南郡。

十一月己巳，还京。

十二月辛未，赞善大夫杜有邻、著作郎王曾、左骁卫兵曹柳勣等为李林甫所构，并下狱死。

六载正月辛巳朔，北海太守李邕、淄川太守裴敦复并以事连王曾、柳勣，遣使就杀之。丁亥，亲享太庙。戊子，亲祀圜丘，礼毕，大赦天下，除绞、斩刑，但决重杖。于京城置三皇、五帝庙，以时享祭。其章怀、节愍、惠庄、惠文、惠宣等太子，宜与隐太子、懿德太子同为一庙。每日立仗食及设仗于庭，此后并宜停废。五岳既已封王，四渎当升公位，封河渎为灵源公，济渎为清源公，江渎为广源公，淮渎为长源公。

三月戊戌，南海太守彭果坐赃，决杖，长流溱溪郡，死于路。

夏四月戊午，门下侍郎陈希烈为左相兼兵部尚书。癸酉，复置军器监。

自五月不雨至秋七月。乙酉，以旱，命宰相、台寺、府县录系囚，死罪决杖配流，徒已下特免。庚寅始雨。

冬十月戊申，幸温泉宫，改为华清宫。

十一月乙亥，户部侍郎杨慎矜及兄少府少监慎余与弟洛阳令慎名，并为李林甫及御史中丞王铁所构，下狱死。

十二月丙辰，工部尚书陆景融卒。壬戌，还京。

七载春正月己卯，礼部尚书席豫卒。己亥，韦绍奏御案褥袄帷等望去紫且赤黄，从之。

三月乙酉，大同殿柱产玉芝，有神光照殿。群臣请加皇帝尊号曰开元天宝圣文神武应道，许之。

夏四月辛丑，以高力士为骠骑大将军。

五月壬午，上御兴庆宫，受册徽号，大赦天下，百姓免来载租庸。三皇以前帝王，京城置庙，以时致祭。其历代帝王肇迹之处未有祠宇者，所在各置一庙。忠臣、义士、孝妇、烈女德行弥高者，亦置祠宇致祭。赐酺三日。

六月，范阳节度使安禄山赐实封及铁券。

秋八月己亥朔，改千秋节为天长节。壬子，改万年县为咸宁县。

冬十月庚午，幸华清宫，封贵妃姊二人为韩国、虢国夫人。

十二月戊戌，言玄元皇帝见于华清宫之朝元阁，乃改为降圣阁。改会昌县为昭应县,会昌山为昭应山;封山神为玄德公,仍立祠宇。辛酉,还京。

八载春正月甲申,赐京官绢,备春时游赏。

二月戊申,引百官于左藏库纵观钱币,赐绢而归。

三月,朔方节度使张降丘于东受降城北筑横塞城。

夏四月,咸宁太守赵奉璋决杖而死,著作郎韦子春贬端溪尉,李林甫陷之也。幸华清宫观风楼。

五月辛巳,于开远门外作振旅亭。戊子,南海太守刘巨鳞坐赃,决死之。

六月,大同殿又产玉芝一茎。陇右节度使哥舒翰攻吐蕃石堡城,拔之。

闰月己丑,改石堡城为神武军。剑南索磨川新置都护府,宜以保宁为名。丙寅,上亲谒太清宫。册圣祖玄元皇帝尊号为圣祖大道玄元皇帝。高祖、太宗、高宗、中宗、睿宗五帝,皆加“大圣皇帝”之字;太穆、文德、则天、和思、昭皇后,皆加“顺圣皇后”之字。群臣上皇帝尊号为开元天宝圣文神武应道皇帝。丁卯,上御含元殿受册,大赦天下。自今后每至禘祫,并于太清宫圣祖前序昭穆。初,太白山人李浑言太白山金星洞有帝福寿玉版石记,求得之,乃封太白山为神应公,金星洞为嘉祥公,所管华阳县为贞符县。戊辰,太子太师、徐国公萧嵩薨。丁亥,南衙立仗马宜停,省进马官。

秋八月戊子,郡别驾宜停,下郡置长史。

冬十月丙寅,幸华清宫。

十一月丁巳,幸御史中丞杨钊庄。

九载春正月庚寅朔,与岁次同始,受朝于华清宫。己亥,还京。庚戌,群臣请封西岳,从之。

二月壬午,御史中丞宋浑坐赃及奸,长流高要郡。

三月庚戌,改甀使为献纳。辛亥,西岳庙灾。时久旱,制停封西岳。

夏五月庚寅，以旱，录囚徒。乙卯，安禄山进封东平郡王。节度使封王，自此始也。

秋七月己亥，国子监置广文馆，徙生徒为进士业者。

九月乙卯，处士崔昌上《五行应运历》，以国家合承周、汉，请废周、隋不合为二王后。

冬十一月庚寅，幸华清宫。己丑，制自今告献太清宫及太庙改为朝献，巡陵为朝拜，告宗庙为奏，天地享祀文改昭告为昭荐，以告者临下之义故也。辛卯，幸杨国忠亭子。辛丑，立周武王、汉高祖庙于京城，司置官吏。

十二月乙亥，还京。

十载春正月乙酉朔。壬辰，朝献太清宫。癸巳，朝飨太庙。甲午，有事于南郊，合祭天地，礼毕，大赦天下。太庙置内官，供洒扫诸陵庙。己亥，改传国宝为承天大宝。丁未，李林甫领安北副大都护、朔方节度使。庚戌，大风，陕郡运船失火，烧米船二百余只，人死者五百计。癸丑，分遣嗣吴王祗等十三人祭岳渎海镇。

二月丁巳，安禄山兼云中太守、河东节度使。

夏四月，剑南节度使鲜于仲通将兵六万讨云南，与云南王阁罗凤战于泸川，官军大败，死于泸水者不可胜数。

五月丁亥，改诸卫幡旗绯色者为赤黄，以符土运。

秋八月乙卯，广陵郡大风，潮水覆船数千艘。丙辰，京城武库灾，烧器械四十七万事。

是秋，霖雨积旬，墙屋多坏，西京尤甚。

冬十月辛亥，幸华清宫。

十一月乙未，幸杨国忠宅。丙午，兵部侍郎、兼御史中丞杨国忠兼领剑南节度使。

十一载春正月辛亥，还京。

二月癸酉，禁恶钱，官出好钱以易之。既而商旅不便，诉于国忠，乃止之。

三月，朔方节度副使、奉信王阿布思与安禄山同讨契丹，布思与禄山不协，乃率其部下叛归漠北。丙午，制今后每月朔望，宜令荐食于太庙，每室一牙盘，仍五日一开室门洒扫。改吏二监。

夏四月，御史大夫兼京兆尹王铁赐死，坐弟锝与凶人邢缛谋逆故也。杨国忠兼京兆尹。

五月戊申，庆王琮薨，赠靖德太子。

六月戊子，东京大风，拔树发屋。

八月己丑，幸左藏库，赐群臣帛有差。

九月甲寅，改诸卫士为武士。

冬十月戊寅，幸华清宫。

十一月乙卯，尚书左仆射兼右相、晋国公李林甫薨于行在所。庚申，御史大夫兼蜀郡长史杨国忠为右相兼文部尚书。

十二月甲戌，杨国忠奏请两京选人铨日便定留放，无长名。己亥，还京。

十二载春正月壬子，杨国忠于尚书省注官，注讫，于都堂对左相与诸司长官唱名。

二月庚辰，选人邓怼等二十余人，以国忠铨注无滞，设斋于勤政殿下，立碑于尚书省门。癸未，追削故右相李林甫在身官爵，男将作监岫、宗党李复道等五十人皆流贬，国忠诬奏林甫阴结叛胡阿布思故也。

夏五月乙酉，以魏、周、隋依旧为三恪及二王后，复封韩、介、酅等公。辛亥，太庙诸陵署旧隶太常寺。

七月壬子，天下齐人不得乡贡，须补国子学生然后贡举。

八月，京城霖雨，米贵，令出太仓米十万石，减假粜与贫人。仍令中书门下就京兆、大理疏决囚徒。

九月己亥朔，陇右节度使、凉国公哥舒翰进封西平郡王，食实封五百户。

冬十月戊申，幸华清宫。和雇京城丁户一万三千人筑兴庆宫墙，起楼观。

至十二月，改横密城为天德军。庚寅，行从官宪部尚书张筠等请上尊号为开元天地大宝圣文神武孝德证道皇帝。

十三载春正月丁酉朔，上御华清宫之观风楼，受朝贺。己亥，安庆绪献俘于行在，帝引见于禁中，赏赐钜万。乙巳，加安禄山尚书左仆射，赐实封千户，奴婢十房，庄、宅各一区；又加闲厩、五坊、宫苑、陇右群牧都使，以武部侍郎吉温为副。丙午，还京。

二月癸酉，上亲朝献太清宫，上玄元皇帝尊号曰大圣祖高上大道金阙玄元太皇大帝。甲戌，亲飨太庙，上高祖谥曰神尧大圣大光孝皇帝，太宗谥曰太宗文武大圣大广孝皇帝，高宗谥曰高宗天皇大圣大弘孝皇帝，中宗谥曰中宗太和大圣大昭孝皇帝，睿宗谥曰睿宗玄真大圣大兴孝皇帝。乙亥，御兴庆殿受徽号，礼毕，大赦天下。左降官遭父母忧，放归。献陵等五署改为台，令丞各升一阶。文武三品已上赐爵一级，四品已下加一阶。赐酺三日。戊寅，右相兼文部尚书杨国忠守司空，余如故。甲申，司空杨国忠受册，天雨黄土，沾于朝服。禄山奏前后讨契丹立功将士跳荡等，请超三资，告身仍望好写；于是超授将军者五百余人，中郎将者二千余人。

三月丁酉，太常卿张垍贬卢溪郡司马，垍兄宪部尚书均贬建安太守。丙午，御跃龙殿门张乐宴群臣，赐右相绢一千五百匹，彩罗三百匹，彩绫五百匹；左相绢三百匹，采罗绫各五十匹；余三品八十匹，四品五品六十匹，六品七品四十匹，极欢而罢。壬戌，御勤政楼大酺。北庭都护程千里生擒阿布思献于楼下，斩之于朱雀街。乙丑，左羽林上将军封常清权北庭都护、伊西节度使。万春公主出降杨朏。

夏五月，荧惑守心五十余日。

六月乙丑朔，日有蚀之，不尽如钩。侍御史、剑南留后李宓率兵击云南蛮于西洱河,粮尽军旋,马足陷桥,为阁罗凤所擒,举军皆没。废济阳郡,以所领五县隶东平郡。

秋八月丁亥,以久雨,左相、许国公陈希烈为太子太师,罢知政事;文部侍郎韦见素为武部尚书,同中书门下平章事。

是秋,霖雨积六十余日,京城垣屋颓坏殆尽,物价暴贵,人多乏食,令出太仓米一百万石,开十场贱粜以济贫民。东都瀍、洛暴涨,漂没一十九坊。上御勤政楼试四科制举人,策外加诗赋各一首。制举加诗赋,自此始也。

冬十月壬寅,幸华清宫。贬河东太守韦陟为桂岭尉,武部侍郎吉温为澧阳郡长史。乙巳,开府仪同三司、毕国公窦郑尨。戊午,还京。

其载,户部计今年见管州县户口:管郡总二百二十一,县一千五百三十八,乡一万六千八百二十九;户九百六十一万九千二百五十四,三百八十八万六千五百四不课,五百三十万一千四十四课;口五千二百八十八万四百八十八,四千五百二十一万八千四百八十不课,七百六十六万二千八百课。

十四载春三月丙寅,宴群臣于勤政楼,奏《九部乐》,上赋诗效柏梁体。癸未,遣给事中裴士淹等巡抚河南、河北、淮南等道。

八月壬辰,上亲录囚徒。

冬十月壬辰,幸华清宫。甲午,颁《御注老子》并《义疏》于天下。

十一月戊午朔,始宁太守罗希奭以停止张博济决杖而死,吉温自缢于狱。丙寅,范阳节度使安禄山率蕃、汉之兵十余万,自幽州南向诣阙,以诛杨国忠为名,先杀太原尹杨光翙于博陵郡。壬申,闻于行在所。癸酉,以郭子仪为灵武太守、朔方节度使。封常清自安西入奏,至行在。甲戌,以常清为范阳、平卢节度使、兼御史大夫,令募兵三万以御逆胡。戊寅,还京。以羽林大将军王承业为太原尹,以卫尉卿张介然为陈留太守、河南节度采访使,以金吾将军程千里为潞州长史,并令讨贼。甲申,以京兆牧、荣王琬为元帅,命高仙芝副之，于京城召募，号曰天武军，其众十万。丙戌，高仙芝等进军，上御勤政楼送之。

十二月丙戌朔，禄山于灵昌郡渡河。辛卯，陷陈留郡，杀张介然。甲午，陷荥阳郡，杀太守崔无诐。丙申，封常清与贼战于成皋罂子谷，官军败绩，常清奔于陕郡。丁酉，禄山陷东京，杀留守李澄、中丞卢奕、判官蒋清。时高仙芝镇陕郡，弃城西保潼关。常山太守颜杲卿与长史袁履谦、贾深等杀贼将李钦凑，执贼将何千年、高邈送京师。辛丑，诏皇太子统兵东讨。以永王璘为山南节度使，以江陵长史源洧副之；颍王璬为剑南节度使，以蜀郡长史崔圆副之。二王不出阁。丙午，斩封常清、高仙芝于潼关，以哥舒翰为太子先锋兵马元帅，领河、陇兵募守潼关以拒之。辛亥，荣王琬薨，赠靖恭太子。

十五载春正月乙卯，御宣政殿受朝。其日，禄山僭号于东京。庚申，以李光弼为云中太守、河东节度使。壬戌，贼将蔡希德陷常山郡，执太守颜杲卿、长史袁履谦，杀民吏万余，城中流血。甲子，哥舒翰进位尚书左仆射、同中书门下平章事。乙丑，贼将安庆绪犯潼关，哥舒翰击退之。乙巳，加平原太守颜真卿户部侍郎，奖守城也。

二月丙戌，李光弼、郭子仪将兵东出井陉，与贼将史思明战，大破之，进取郡县十余。丙辰，诛工部尚书安思顺。

三月壬午朔，以河东节度使李光弼为御史大夫、范阳节度使。乙酉，以平原太守颜真卿为河北采访使。己亥，改常山郡为平山郡，房山县为平山县，鹿泉县为获鹿县，鹿成县为束鹿县。

夏四月丙午，以赞善大夫来瑱为颍川太守、招讨使。

五月戊午，南阳太守鲁炅与贼将武令珣战于滍水上，官军大败，为贼所虏，进寇我南阳。诏嗣虢王巨自蓝田出师救南阳。

六月癸未朔，颜真卿破贼将袁知泰于堂邑，北海太守贺兰进明收信都。庚寅，哥舒翰将兵八万与贼将乾佑战于灵宝西原，官军大败，死者十六七。其日，李光弼与贼将史思明战于常山东嘉山，大破之，斩获数万计。辛卯，哥舒翰至潼关，为其帐下火拔归仁以左右数十骑执之降贼，关门不守，京师大骇，河东、华阴、上洛等郡皆委城而走。

甲午，将谋幸蜀，乃下诏亲征，仗下从，士庶恐骇，奔走于路。乙未，凌晨，自延秋门出，微雨沾湿，扈从惟宰相杨国忠韦见素、内侍高力士及太子、亲王，妃主、皇孙已下多从之不及。平明渡便桥，国忠欲断桥。上曰："后来者何以能济？"命缓之。辰时，至咸阳望贤驿置顿，官吏骇散，无复储供。上憩于宫门之树下，亭午未进食，俄有父老献籹，上谓之曰："如何得饭？"于是百姓献食相继。俄又尚食持膳至，上颁给从官而后食。是夕次金城县，官吏已遁，令魏方进男允招诱，俄得智藏寺僧进荤粟，行从方给。

丙辰，次马嵬驿，诸卫顿军不进。龙武大将军陈玄礼奏曰："逆胡指阙，以诛国忠为名，然中外群情，不无嫌怨。今国步艰阻，乘舆震荡，陛下宜徇群情，为社稷大计，国忠之徒，可置之于法。"会吐蕃使二十一人，遮国忠告诉于驿门，众呼曰："杨国忠连蕃人谋逆！"兵士围驿四合，乃诛杨国忠、魏方进一族，兵犹未解。上令高力士诘之，回奏曰："诸将既诛国忠，以贵妃在宫，人情恐惧。"上即命力士赐贵妃自尽。玄礼等见上请罪，命释之。

丁酉，将发马嵬驿，朝臣唯韦见素一人，乃命见素子京兆府司录谞为御史中丞，充置顿使。议其所向，军士或言河、陇，或言灵武、太原，或言还京为便。韦谞曰："还京，须有捍贼之备，兵马未集，恐非万全，不如且幸扶风，徐图所向。"上询于众，咸以为然。及行，百姓遮路乞留皇太子，愿戮力破贼，收复京城，因留太子。

戊戌，次扶风县。己亥，次扶风郡。军士各怀去就，咸出丑言，陈玄礼不能制。会益州贡春彩十万匹，上悉命置于庭，召诸将谕之曰："卿等国家功臣，陈力久矣，朕之优奖，常亦不轻。逆胡背恩，事须回避。甚知卿等不得别父母妻子，朕亦不及亲辞九庙。"言发涕流。又曰："朕须幸蜀，路险狭，人若多往，恐难供承。今有此彩，卿等即宜分取，各图去就。朕自有子弟中官相随，便与卿等诀别。"众咸俯伏涕泣曰："死生愿从陛下。"上曰："去住任卿。"自此悖乱之言稍息。

庚子，以司勋郎中、剑南节度留后崔圆为蜀郡长史、剑南节度副大使。以颍王璬为剑南节度大使，以监察御史宋若思为御史中丞充置顿使，韦谔充巡阁道使，并令先发。辛丑，发扶风郡，是夕，次陈仓。壬寅，次散关。分部下为六军，颍王璬先行，寿王瑁等分统六军，前后左右相次。丙午，次河池郡，崔圆奏剑南岁稔民安，储供无阙，上大悦，授圆中书侍郎、同中书门下平章事，蜀郡长史、剑南节度如故。以前华州刺史魏犀为梁州长史。

秋七月癸丑朔。壬戌，次益昌县，渡吉柏江，有双鱼夹舟而跃，议者以为龙。甲子，次普安郡，宪部侍郎房琯自后至，上与语甚悦，即日拜为吏部尚书、同中书门下平章事。丁卯，诏以皇太子讳充天下兵马元帅，都统朔方、河东、河北、平卢等节度兵马，收复两京；永王璘江陵府都督，统山南东路、黔中、江南西路等节度大使；盛王琦广陵郡大都督，统江南东路、淮南、河南等路节度大使；丰王珙武威郡都督，领河西、陇石、安西、北庭等路节度大使。初，京师陷贼，车驾仓皇出幸，人未知所向，众心震骇，及闻是诏，远近相庆，咸思效忠于兴复。庚午，次巴西郡，太守崔涣奉迎。即日以涣为门下侍郎、同中书门下平章事。以韦见素为左相。庚辰，车驾至蜀郡，扈从官吏军士到者一千三百人，宫女二十四人而已。

八月癸未朔，御蜀都府衙，宣诏曰："朕以薄德，嗣守神器，每乾乾惕厉，勤念生灵，一物失所，无忘罪己。聿来四纪，人亦小康，推心于人，不疑于物。而奸臣凶竖，弃义背恩，割剥黎元，扰乱区夏，皆朕不明之过也。今巡抚巴蜀，训厉师徒，仍令太子诸王搜兵重镇，诛夷凶丑，以谢昊穹；思与群臣重弘理道，可大赦天下。"癸巳，灵武使至，始知皇太子即位。丁酉，上用灵武册称上皇，诏称诰。己亥，上皇临轩册肃宗，命宰臣韦见素、房琯使灵武，册命曰："朕称太上皇，军国大事先取皇帝处分，后奏朕知。候克复两京，朕当怡神姑射，偃息大庭。"

明年九月，郭子仪收复两京。十月，肃宗遣中使啖廷瑶入蜀奉迎。丁卯，上皇发蜀郡。十一月丙申，次凤翔郡。肃宗遣精骑三千至扶风迎卫。十二月丙午，肃宗具法驾至咸阳望贤驿迎奉。上皇御宫之南楼，肃宗拜庆楼下，呜咽流涕不自胜，为上皇徒步控辔，上皇抚背止之，即骑马前导。丁未，至京师，文武百僚、京城士庶夹道欢呼，靡不流涕。即日御大明宫之含元殿，见百僚，上皇亲自抚问，人人感咽。时太庙为贼所焚，权移神主于大内长安殿，上皇谒庙请罪，遂幸兴庆宫。

三载二月，肃宗与群臣奉上皇尊号曰太上至道圣皇帝。乾元三年七月丁未，移幸西内之甘露殿。时阉宦李辅国离间肃宗，故移居西内。高力士、陈玄礼等迁谪，上皇寝不自怿。

上元二年四月甲寅，崩于神龙殿，时年七十八。群臣上谥曰至道大圣大明孝皇帝，庙号玄宗。初，上皇亲拜五陵，至桥陵，见金粟山岗有龙盘凤翥之势，复近先茔，谓侍臣曰："吾千秋后宜葬此地，得奉先陵，不忘孝敬矣。"至是，追奉先旨以创寝园，以广德元年三月辛酉葬于泰陵。

史臣曰：孔子称"王者必世而后仁"。李氏自武后移国三十余年，朝廷罕有正人，附丽无非险辈。持苞苴而请谒，奔走权门；效鹰犬以飞驰，中伤端士。以致斩丧王室，屠害宗枝，骨鲠大臣，屡遭诬陷，舞文酷吏，坐致显荣。礼仪无复兴行，刑政坏于犬马，端揆出阿党之语，冕旒有和事之名，朋比成风，廉耻都尽。

我开元之有天下也，纠之以典刑，明之以礼乐，爱之以慈俭，律之以轨仪。黜前朝侥幸之臣，杜其奸也；焚后庭珠翠之玩，戒其奢也；禁女乐而出宫嫔，明其教也；赐酺赏而放哇淫，惧其荒也；叙友于而敦骨肉，厚其俗也；搜兵而责帅，明军法也；朝集而计最，校吏能也。庙堂之上，无非经济之才；表著之中，皆得论思之士。而又旁求宏硕，讲道艺文。昌言嘉谟，日闻于献纳；长辔远驭，志在于升平。贞观之风，一朝复振。于斯时也。烽燧不惊，华戎同轨。西蕃君长，越绳桥而竞款玉关；北狄酋渠，捐毳幕而争趋雁塞。象郡、炎州之玩，鸡林、鳀海之珍，莫不结辙于象胥，骈罗于典属。膜拜丹墀之下，夷歌立仗之前，可谓冠带百蛮，车书万里。天子乃览云台之义，草泥金之札，然后封日观，禅云亭，访道于穆清，怡神于玄牝，与民休息，比屋可封。于时垂髫之倪，皆知礼让；戴白之老，不识兵戈。虏不敢乘月犯边，士不敢弯弓报怨。“康哉”之颂，溢于八纮。所谓“世而后仁”，见于开元者矣。年逾三纪，可谓太平。

於戏！国无贤臣，圣亦难理；山有猛虎，兽不敢窥。得人者昌，信不虚语。昔齐桓公行同禽兽，不失霸主之名；梁武帝静比桑门，竟被台城之酷。盖得管仲则淫不害霸，任朱异则善不救亡。开元之初，贤臣当国，四门俱穆，百度唯贞，而释、老之流，颇以无为请见。上乃务清净，事薰修，留连轩后之文，舞咏伯阳之说，虽稍移于勤倦，亦未至于息荒。俄而朝野怨咨，政刑纰缪，何哉？用人之失也。自天宝已还，小人道长。如山有朽坏，虽大必亏；木有蠹虫，其荣易落。以百口百心之谗诣，蔽两目两耳之聪明，苟非铁肠石心，安得不惑！而献可替否，靡闻姚、宋之言；妒贤害功，但有甫、忠之奏。豪猾因兹而睥睨，明哲于是乎卷怀，故禄山之徒，得行其伪。厉阶之作，匪降自天，谋之不臧，前功并弃。惜哉！

赞曰：开元握图，永鉴前车。景气融朗，昏氛涤除。政才勤倦，妖集廷除。先民之言，“靡不有初”。

旧唐书卷一〇
本纪第一〇

肃　宗

　　肃宗文明武德大圣大宣孝皇帝讳亨,玄宗第三子,母曰元献皇后杨氏,景云二年乙亥生。初名嗣升,二岁封陕王,五岁拜安西大都护、河西四镇诸蕃落大使。上仁爱英悟,得之天然;及长,聪敏强记,属辞典丽,耳目之所听览,不复遗忘。

　　开元十五年正月,封忠王,改名浚。五月,领朔方大使、单于大都护。十八年,奚、契丹犯塞,以上为河北道元帅,信安王祎为副,帅御史大夫李朝隐、京兆尹裴伷先等八人总管兵以讨之。仍命百僚设次于光顺门,与上相见。左丞相张说退谓学士孙逖、韦述曰:"尝见太宗写真图,忠王英姿颖发,仪表非常,雅类圣祖,此社稷之福也。"二十年,诸将大破奚、契丹,以上遥统之功,加司徒。二十三年,改名玙。二十五年,皇太子瑛得罪。二十六年六月庚子,立上为皇太子,改名绍。后有言事者云:绍与宋太子名同,改今名。初,太子瑛得罪,上召李林甫议立储贰,时寿王瑁母武惠妃方承恩宠,林甫希旨,以瑁对。及立上为太子,林甫惧不利己,乃起韦坚、柳勣之狱,上几危者数四。后又杨国忠依倚妃家,恣为褒秽,惧上英武,潜谋不利,为患久之。

　　天宝十三载正月,安禄山来朝,上尝密奏,云禄山有反相,玄宗不听。十四载十一月,禄山果叛,称兵诣阙。十二月丁未,陷东京。辛丑,制太子监国,仍遣上亲总诸军进讨。时禄山以诛杨国忠为名,由是军民切齿于杨氏。国忠惧,乃与贵妃谋间其事,上遂不行。乃召河西节度使哥舒翰为皇太子前锋兵马元帅,令率众二十万守潼关。

明年六月,哥舒翰为贼所败,关门不守,国忠讽玄宗幸蜀。丁酉,至马嵬顿,六军不进,请诛杨氏。于是诛国忠,赐贵妃自尽。车驾将发,留上在后宣谕百姓,众泣而言曰:“逆胡背恩,主上播越,臣等生于圣代,世为唐民,愿戮力一心,为国讨贼,请从太子收复长安。”玄宗闻之曰:“此天启也。”乃令高力士与寿王瑁送太子内人及服御等物,留后军厩马从上。令力士口宣曰:“汝好去!百姓属望,慎勿违之。莫以吾为意。且西戎北狄,吾尝厚之,今国步艰难,必得其用,汝其勉之!”

上回至渭北,便桥已断,水暴涨,无舟楫;上号令水滨百姓,归者三千余人。渭水可涉,又遇潼关散卒,识以为贼,与之战,士众多伤。乃收其余众北上,军既济,其后皆溺,上喜,以为天之佑。时从上惟广平、建宁二王及四军将士,才二千人。自奉天而北,夕次永寿,百姓遮道献牛酒。有白云起西北,长数丈,如楼阁之状,议者以为天子之气。戊戌,至新平郡。时昼夜奔驰三百余里,士众器械亡失过半,所存之众,不过一旅。己亥,至安定郡,斩新平太守薛羽、保定太守徐谷,以其弃郡也。庚子,至乌氏驿,彭原太守李遵谒见,率兵士奉迎,仍进衣服粮糗。上至彭原,又募得甲士四百,率私马以助军。辛丑,至平凉郡,搜阅监牧公私马,得数万匹,官军益振。时贼据长安,知上治兵河西,三辅百姓皆曰:“吾太子大军即至!”贼望西北尘起,有时奔走。戊申,扶风人康景龙杀贼宣慰使薛总等二百余人,陈仓令薛景仙率众收扶风郡守之。由是关辅豪右皆谋杀贼,贼故不敢侵轶。

上在平凉,数日之间未知所适,会朔方留后杜鸿渐、魏少游、崔漪等遣判官李涵奉笺迎上,备陈兵马招集之势,仓储库甲之数,上大悦。鸿渐又发朔方步骑数千人于白草顿奉迎。时河西行军司马裴冕新授御史大夫赴阙,遇上于平凉,亦劝上治兵于灵武以图进取,上然之。上初发平凉,有彩云浮空,白鹤前引,出军之后,有黄龙自上所憩屋腾空而去。上行至丰宁南,见黄河天堑之固,欲整军北渡,以保丰宁,忽大风飞沙,跬步之间,不辨人物,及回军趋灵武,风沙顿止,天地廓清。

七月辛酉,上至灵武,时魏少游预备供帐,无不毕备。裴冕、杜鸿渐等从容进曰:"今寇逆乱常,毒流函谷,主上倦勤大位,移幸蜀川。江山阻险,奏请路绝,宗社神器,须有所归。万姓颙颙,思崇明圣,天意人事,不可固违。伏愿殿下顺其乐推,以安社稷,王者之大孝也。"上曰:"俟平寇逆,奉迎銮舆,从容储闱,侍膳左右,岂不乐哉!公等何急也?"冕等凡六上笺,辞情激切,上不获已,乃从。

是月甲子,上即皇帝位于灵武。礼毕,冕等跪进曰:"自逆贼凭陵,两京失守,圣皇传位陛下,再安区宇,臣稽首上千万岁寿。"群臣舞蹈称万岁。上流涕歔欷,感动左右。即日奏其事于上皇。是日,御灵武南门,下制曰:

朕闻圣人畏天命,帝者奉天时。知兵灵睹命,不敢违而去之;知历数所归,不获已而当之。在昔帝王,靡不由斯而有天下者也。乃者羯胡乱常,京阙失守,天未悔祸,群凶尚扇。圣皇久厌大位,思传眇身,军兴之初,已有成命,予恐不德,罔敢祗承。今群工卿士佥曰:"孝莫大于继德,功莫盛于中兴。"朕所以治兵朔方。将殄寇逆,务以大者,本其孝乎。须安兆庶之心,敬顺群臣之请,乃以七月甲子,即皇帝位于灵武。敬崇徽号,上尊圣皇曰上皇天帝,所司择日昭告上帝。朕以薄德,谬当重位,既展承天之礼,宜覃率土之泽,可大赦天下,改元曰至德。内外文武官九品已上加两阶、赐两转,三品已上赐爵一级。

以朔方度支副使、大理司直杜鸿渐为兵部郎中,朔方节度判官崔漪为吏部郎中,并知中书舍人。以御史中丞裴冕为中书侍郎、同中书门下平章事。河西兵马使周佖为河西节度使,陇右兵马使彭元晖为陇右节度使,前蒲州刺史吕崇贲为关内节度使兼顺化郡太守。以陈仓县令薛景仙为扶风太守,以陇右节度使郭英乂为天水郡太守。改灵武郡为大都督府,上县为望,中县为上。丁卯,逆胡害霍国长公主、永王妃侯莫陈氏、义王妃阎氏、陈王妃韦氏、信王妃任氏、驸马杨朏等八十余人于崇仁之街。甲戌,贼党同罗部五千余人自西京出降朔方军。己卯,京兆尹崔光远、长安令苏震等率府县官吏大呼于西市,杀贼数千级,然后来赴行在。诏改扶风为凤翔郡。

八月壬午,朔方节度使郭子仪、范阳节度使李光弼破贼于常山郡之嘉山。上以治兵收京城,诏子仪等旋师,子仪、光弼率所统步骑五万至自河北。诏以子仪为兵部尚书,依前灵州大都督府长史;光弼为户部尚书,兼太原尹、北京留守:同中书门下平章事。回纥、吐蕃遣使继至,请和亲,愿助国讨贼,皆宴赐遣之。是日,上皇至成都,大赦。癸巳,上所奉表始达成都。丁酉,上皇逊位称诰,遣左相韦见素、文部尚书房琯、门下侍郎崔涣等奉册书赴灵武。

九月壬辰,上南幸彭原郡。封故邠王守礼男承寀为敦煌王,令使回纥和亲,册回纥可汗女为毗伽公主,仍令仆固怀恩送承寀至回纥部。内官边令诚背上皇投贼,至是复来见,上命斩之。丙子,至顺化郡,韦见素、房琯、崔涣等自蜀郡赍上册书及传国宝等至。己卯,斩潼关败将李承光于纛下。

十月辛巳朔,日有蚀之,既。癸未,彭原郡以军兴用度不足,权卖官爵及度僧尼。上素知房琯名,至是琯请为兵马元帅收复两京,许之,仍令兵部尚书王思礼为副。分兵为三军,杨希文、刘贵哲、李光进等各将一军,其众五万。辛丑,琯与贼将安守忠战于陈涛斜,官军败绩,杨希文、刘贵哲等降于贼,琯亦奔还。平原太守颜真卿以食尽援绝,弃城渡河,于是河北郡县尽陷于贼。十一月辛亥,河西地震有声,圮裂庐舍,张掖、酒泉尤甚。戊子,回纥引军来赴难,与郭子仪同破贼党同罗部三千余众于河上。诏宰相崔涣巡抚江南,补授官吏。

十二月戊子,以王思礼为关内节度。彭原郡百姓给复二载,郡同六雄,县升紧、望。以秦州都督郭英乂为凤翔太守,谏议大夫高适为广陵长史、淮南节度兼采访使。贼将阿史那承庆攻陷颖川郡,执太守薛愿、长史庞坚。甲辰,江陵大都督府永王璘擅领舟师下广陵。

二载春正月庚戌朔,上在彭原受朝贺。是日通表入蜀贺上皇。上皇在蜀,每得上表疏,讯其使者,知上涕恋晨省,乃下诰曰:"至和育物,大孝安亲,古之哲王,必由斯道。朕往在春宫,尝事先后,问安靡阙,视膳无违。及同气天伦,联华棣萼,居尝共被,食必分甘。今皇帝奉而行之,未尝失坠,每有衔命而来,戒途将发,必肃恭拜跪,涕泗涟洏,左右侍臣,罔不感动。间者抱戴、赤雀、白狼之瑞,接武荐臻,此皆皇帝圣敬之符,孝友之感也。故能诞敷德教,横于四海,信可以光宅寰宇,永绥黎元者哉!其天下有至孝友悌行著乡闾堪旌表者,郡县长官采听闻奏,庶孝子顺孙沐于玄化也。"甲寅,以襄阳太守李峘为蜀郡长史、剑南节度使,将作少监魏仲犀为襄阳、山南道节度使,永王傅刘汇为丹阳太守兼防御使。以宪部尚书李麟同中书门下平章事。上皇遣平章事崔圆奉诰赴彭原。乙卯,逆胡安禄山为其子庆绪所杀。辛酉,于江宁县置金陵郡,仍置军,分人以镇之。甲子,幸保定郡。丙寅,武威郡九姓商胡安门物等叛,杀节度使周佖,判官崔称率众讨平之。是日,蜀郡健儿贾秀等五千人谋逆,上皇御蜀郡南楼,将军席元庆等讨平之。

二月戊子,幸凤翔郡。文城太守武威郡九姓齐庄破贼五千余众。上议大举收复两京,尽括公私马以助军。给事中李廙署云"无马",大夫崔光远劾之,贬廙江华太守。节度使李光弼大破贼将蔡希德之众于城下,斩虏七万,军资器仗称是。朔方节度使郭子仪大破贼将崔乾佑于潼关,收河东郡。永王璘兵败,奔于岭外,至大庾岭,为洪州刺史皇甫侁所杀。

三月癸亥,河西自去冬地震,至是方止。辛酉,以左相韦见素、平章事裴冕为左右仆射,并罢知政事。以前宪部尚书致仕苗晋卿为左相。吐蕃遣使和亲,遣给事中南巨川报命。癸亥大雨,至癸酉不止,诏疏理刑狱,甲戌方止。

夏四月戊寅朔,以郭子仪为司空,兼副元帅,统诸节度;李光弼为司徒。乙酉,太史奏岁星、太白、荧惑集于东井。

五月癸丑,郭子仪与贼将安守忠战于清渠,官军败绩,子仪退保武功。丁巳,房琯为太子少师,罢知政事。以谏议大夫张镐为中书侍郎、同中书门下平章事。以武部侍郎杜鸿渐为河西节度。庚申,诰追赠故妃杨氏为元献皇太后,上母也。甲子,郭子仪以失律让司空,许之。

七月庚戌夜,蜀郡军人郭千仞谋逆,上皇御玄英楼,节度使李峘讨平之。丁巳,贼将安武臣陷陕郡,民无遗类。

八月甲申,以黄门侍郎崔涣为余杭太守、江东采访防御使。己丑,以平章事张镐兼河南节度、采访处置等使。灵昌太守许叔冀为贼所攻,援兵不至,拔众投睢阳郡。癸巳,大阅诸军,上御城楼以观之。丁酉,改雍县为凤翔县,陈仓为宝鸡县。

闰八月辛未,贼将遽寇凤翔,崔光远行军司马王伯伦、判官李椿率众捍贼。贼退,乘胜至中渭桥,杀贼守桥众千人,追击入苑中。时贼大军屯武功,闻之烧营而去。伯伦与贼血战而死,李椿力穷被执,然自是贼不敢西侵。

九月丁丑,上党节度使程千里与贼挑战,为贼将蔡希德所擒。敦煌王承寀自回纥使还,拜宗正卿;纳回纥公主为妃,回纥封为叶护,持四节,与回纥叶护太子率兵四千助国讨贼。叶护入见,宴赐加等。丁亥,元帅广平王统朔方、安西、回纥、南蛮、大食之众二十万,东向讨贼。壬寅,与贼将安守忠、李归仁等战于香积寺西北,贼军大败,斩首六万级,贼帅张通儒弃京城东走。癸卯,广平王收西京。甲辰,捷书至行在,百僚称贺,即日告捷于蜀。上皇遣裴冕入京,启告郊庙社稷。

冬十月乙巳朔,以崔光远为京兆尹。诏曰:"缘京城初收,要安百姓,又洒扫宫阙,奉迎上皇。以今月十九日还京,应缘供顿,务从减省。"吐蕃寇陷西平郡。癸丑,贼将尹子奇陷睢阳,害张巡、姚訚、许远。贼自香积之败,悉众保陕郡,广平王统郭子仪等进攻,与贼战于陕西之新店,贼众大败,斩首十万级,横尸三十里。庚申,安庆绪与其党奔河北。壬戌,广平王入东京,陈兵天津桥南,士庶欢呼路侧。陷贼官伪署侍中陈希烈、中书令张垍等三百余人素服待罪。癸亥,上自凤翔还京,仍遣太子太师韦见素入蜀迎上皇,凤翔郡给复五载。丙寅,至望贤宫,得东京捷书至,上大喜。丁卯,入长安。士庶涕泣拜忭曰:“不图复见吾君!”上亦为之感恻。九庙为贼所焚,上素服哭于庙三日,入居大明宫。是日,上皇发蜀郡。己巳,文武胁从官免冠徒跣,朝堂待罪,禁之府狱,命中丞崔器劾之。回纥叶护自东京还,宴之于宣政殿,便辞还蕃。乃封叶护为忠义王,约每年送绢二万匹,至朔方王便交授。

十一月壬申朔,上御丹凤楼,下制曰:“我国家出震乘乾,立极开统。讴歌历数,启圣千龄;文物声名,握图六叶。安禄山夷羯贱类,粗立边功,遂肆凶残,变起仓卒,而毒流四海,涂炭万灵。朕兴言痛愤,提戈问罪,灵武聚一旅之众,至凤翔合百万之师,亲总元戎,扫清群孽。广平王俶受委元帅,能振天声;郭子仪决胜无前,克成大业。兼回纥叶护、云南子弟、诸蕃兵马,力战平凶,势若摧枯,易同破竹。朕早承圣训,尝读“礼经”,义切奉先,恐不克荷。今复宗庙于函洛,迎上皇于巴蜀;导銮舆而反正,朝寝门而问安;寰宇载宁,朕愿毕矣。且复人将有主,敬当天地之心。兴岂在予,实凭社稷之佑。今两京无虞,三灵通庆,可以昭事,宜在覃恩,待上皇到日,当取处分。”是时河南、河东诸郡县皆平。宫省门带“安”字者改之。伪御史大夫严庄来降。新成九庙神主,上新告享。

十二月丙午,上皇至自蜀,上至望贤宫奉迎。上皇御宫南楼,上望楼辟易,下马趋进楼前,再拜蹈舞称庆。上皇下楼,上匍匐捧上皇足,涕泗呜咽,不能自胜。遂扶侍上皇御殿,亲自进食;自御马以进,上皇上马,又躬揽辔而行,止之后退。上皇曰:“吾享国长久,吾不知贵,见吾子为天子,吾知贵矣。”上乘马前导,自开远门至丹凤门,旗帜烛天,彩棚夹道。士庶舞忭路侧,皆曰:“不图今日再见二圣!”百僚班于含元殿庭,上皇御殿,左相苗晋卿率百辟称贺,人人无不感咽。礼毕,上皇诣长乐殿谒九庙神主,即日幸兴庆宫。上请归东宫,上皇遣高力士再三慰謩而止。受贼伪署左相陈希烈、达奚珣等二百余人并禁于杨国忠宅鞫问。

甲寅，以左相苗晋卿为中书侍郎、同中书门下平章事。十二月戊午朔，上御丹凤门，下制大赦。蜀郡灵武元从功臣太子太师、豳国公韦见素，内侍、齐国公高力士，右龙武大将军陈玄礼，各加实封三百户。田长文、张崇俊、杜休祥各加二百户。右仆射裴冕冀国公，殿中监李辅国成国公，宗正卿李遵郑国公，兼进封邑。广平王俶封楚王，加实封二千户。左仆射、朔方节度郭子仪加司徒，进封代国公，实封一千户。兵马使仆固怀恩封丰国公，右金吾将军李嗣业封虢国公，司徒兼太原尹李光弼蓟国公，关内节度王思礼霍国公，淮南节度来瑱颍国公，南阳太守鲁炅岐国公，仍并加实封。京兆尹崔光远邺国公，开府李光进范阳郡公，左相苗晋卿为侍中、封韩国公，宪部尚书、平章事李麟褒国公，中书侍郎崔圆为中书令、赵国公，中书侍郎张镐南阳县公。近日所改百司额及郡名官名，一依故事。改蜀郡为南阳，凤翔府为西京，西京改为中京，蜀郡改为成都府。凤翔府官僚并同三京名号。其李麐、卢弈、颜杲卿、袁履谦、许远、张巡、张介然、蒋清、庞坚等即与追赠，访其子孙，厚其官爵。文武三品已上赐爵一级，四品已下加一阶。赐酺五日。进封南阳王杰为赵王，新城王仅为彭城王，颍川王佋为兖王。第七男侹为泾王，第九男僴封襄王，第十男佋封兴王，第十一男偲封杞王，第十二男侗封定王。甲子，上皇御宣政殿，授上传国玺，上于殿下涕泣而受之。

己丑，贼将伪范阳节度使史思明以其兵众八万，之籍，与伪河东节度使高秀严并表送降。庚午，制："人臣之节，有死无二；为国之体，叛而必诛。况乎委质贼廷，宴安逆命，耽受宠禄，淹延岁时，不顾恩义，助其效用，此其可宥，法将何施？达奚珣等或受任台辅，位极人臣；或累叶宠荣，姻联戚里；或历践台阁，或职通中外。夫以犬马微贱之畜，犹知恋主；龟蛇蠢动之类，皆能报恩。岂曰人臣，曾无感激？自逆胡作乱，倾覆邦家，凡在黎元，皆含怨愤，杀身殉国者，不可胜数。此等黔首，犹不背国恩。受任于枭獍之间，咨谋于豺虺之辈，静言此情,何可放宥。达奚珣等一十八人,并宜处斩;陈希烈等七人,并赐自尽;前大理卿张均特宜免死,配流合浦郡。"是日斩达奚珣等于子城西南隅独柳树,仍集百僚往观之。

三载正月甲戌朔。戊寅,上皇御宣政殿,册皇帝尊号曰光天文武大圣孝感皇帝。上以徽号中有"大圣"二字,上表固让,不允。乙酉,敕:"因乱所失库物,先差使搜检,如闻下吏因便扰人,其搜检使一切并停,务令安辑。"内出宫女三千人。庚寅,大阅诸军于含元殿庭,上御栖鸾阁观之。庚子,册良娣张氏为淑妃。

二月癸卯朔,贼将伪淄青节度能元皓以其地请降,用为河北招讨使,并其子昱并授官爵。乙巳,上御兴庆宫,奉册上皇徽号曰太上至道圣皇大帝。丁未,御明凤门,大赦天下,改至德三载为乾元元年。成都、灵武扈从功臣三品已上与一子官,五品已下与一子出身,六品已下量与改转。死王事、陷贼不受伪命而死者,并与追赠。陷贼官先推鞫者,例减罪一等。今后医卜入仕者,同明法例处分。

三月癸酉朔。甲戌,元帅楚王俶改封成王。乙亥,山南东道、河南、淮南、江南皆置节度使。辛卯,以岁饥,禁酤酒,梦熟之后,任依常式。太史监为司天台,取承宁坊张守珪宅置,仍补官员六十人。

夏四月癸卯,以太子少师、嗣虢王巨为东京留守、河南尹,充京畿采访处置使。己酉,册淑妃张氏为皇后。辛亥,九庙成,备法驾自长安殿迎九庙神主入新庙。甲寅,上亲享九庙,遂有事于圆丘,即日还宫。翌日,御明凤门,大赦天下。戊辰,上进炼石英金甖于兴庆宫。

五月壬申朔,回纥、黑衣大食各遣使朝贡,至阁门争长,诏其使各从左右入。壬午,诏:"近缘狂寇乱常,诸道分置节度,盖总管内征发、文牒往来,仍加采访,转滋烦扰。其诸道先置采访、黜陟二使宜停。"癸未夜,月掩心前星。戊子,以河南节度、中书侍郎、平章事张镐为荆州大都督府长史、本州防御使,以礼部尚书崔光远为河南节度。庚寅,立成王俶为皇太子。以荆州长史季广琛赴河南行营会计讨贼于河北。己未,中书令崔圆为太子少师,刑部尚书、同平章事李麟为太子少傅，并罢知政事。以太常少卿、知礼仪事王玙为中书侍郎、同中书门下平章事。丙申，敦煌王承寀薨。

六月辛丑朔，吐火罗、康国遣使朝贡。己酉，初置太一神坛于圆丘东。是日，命宰相王玙摄行祠事。癸丑夜，月入南斗魁。戊午，诏："三司所推劾受贼伪官等，恩泽频加，科条递减，原其事状，稍近平人，所推问者，并宜释放。"

秋七月辛未朔，吐火罗叶护乌利多并九国首领来朝，助国讨贼，上令赴朔方行营。丙戌，初铸新钱，文曰"乾元重宝"，用一当十，与开元通宝同行用。丁亥，制上皇第二女宁国公主出降回纥英武威远毗伽可汗。

八月壬寅，以青徐等五州节度使季广琛兼许州刺史，河南节度使崔光远兼汴州刺史。以青州刺史许叔冀兼滑州刺史，充青滑六州节度使。甲辰，上皇诞节，上皇宴百官于金明门楼。朔方节度使郭子仪、河东节度使李光弼、关内节度使王思礼来朝，加子仪中书令，光弼侍中，思礼兵部尚书，余如故。

九月庚午朔，右羽林大将军赵昢为蒲州刺史、蒲同虢三州节度使，贝州刺史能元皓为齐州刺史、齐兖郓等州防御使。庚寅，大举讨安庆绪于相州。命朔方节度郭子仪、河东节度李光弼、关内潞州节度使王思礼、淮西襄阳节度鲁炅、兴平节度李奂、滑濮节度许叔冀、平卢兵马使董秦、北庭行营节度使李嗣业、郑蔡节度使季广琛等九节度之师，步骑二十万，以开府鱼朝恩为观军容使。癸巳，广州奏大食国、波斯国兵众攻城，刺史韦利见弃城而遁。

十月乙未，以凤翔尹李齐物为刑部尚书，以濮州刺史张方须为广州都督、五府节度使。郭子仪奏破贼十万于卫州，获安庆绪弟庆和，进收卫州。甲寅，上皇幸华清宫，上送于灞上。许叔冀奏："卫州妇人侯四娘、滑州妇人唐四娘、某州妇人王二娘相与歃血，请赴行营讨贼。"皆补果毅。壬申，王思礼破贼二万于相州。

十一月丁丑，郭子仪收魏州，得伪署刺史萧华于州狱，诏复以华为刺史。是日，上皇至自华清宫，上迎于灞上。上自控上皇马辔百余步,诟止之,乃已。

十二月癸卯,以河南节度崔光远为魏州刺史,遣萧华赴相州行营。甲辰,以升州刺史韦黄裳为苏州刺史、浙西节度使。庚戌,以户部尚书李峘充淮南、浙西观察使、处置节度使。丙寅,立春,上御宣政殿,读时令,常参官五品已上升殿序坐而听之。时王师围相州,庆绪食尽,求于史思明率众来援。丁卯,思明复陷魏州,刺史崔光远出奔。

二年春正月己巳朔,上御含元殿,受尊号曰乾元大圣光天文武孝感皇帝。是日,史思明自称燕王于魏州,僭立年号。丁丑,上亲祀九宫贵神,斋宿于坛所。戊寅,有事于籍田,上行九推,礼官奏太过,上曰:“朕劝农率下,所恨不终于亩耳。”癸未夜,月掩岁星。乙丑,以御史中丞崔寓都统浙江、淮南节度处置使。丙申,开府仪同三司、卫尉卿、怀州北庭行营节度使、虢国公李嗣业卒于相州行营。庚子,以太子少师崔圆充东京留守,判尚书省事。

二月壬子望,月蚀既。百官请加皇后张氏尊号曰“翊圣”,上以月蚀阴德不修而止。贬东京留守、嗣虢王巨以陕州刺史,苛政也。丙辰,月犯心大星。壬戌,遣侍中苗晋卿、王玙分录囚徒。

三月丁卯朔。己巳,皇后祀先蚕于苑中。壬申,相州行营郭子仪等与贼史思明战,王师不利,九节度兵溃,子仪断河阳桥,以余众保东京。辛卯,以卫尉卿荔非元礼为怀州刺史,权镇西、北庭行营节度使;以滑州刺史许叔冀充滑、汴、曹、宋等州节度使;以郓州刺史尚衡为徐州刺史,充亳、颍等州节度使。甲午,以兵部侍郎吕諲同中书门下平章事,以太子宾客薛景仙为凤翔尹、本府防御使。乙未,侍中苗晋卿为太子太傅,平章事王玙为刑部尚书,并罢知政事。以京兆尹李岘为吏部尚书,礼部侍郎李揆为中书侍郎,与户部侍郎第五琦等并同中书门下平章事。丙申,以郭子仪为东畿、山东、河南等道节度、防御兵马元帅,权东京留守,判尚书省事。以河西节度副使来瑱为陕州刺史,充虢华节度、潼关防御团练等使。

四月丁酉朔,王思礼奏于潞城县东直千岭破贼万人。壬寅,诏以寇孽未平,务怀挥挹,"自今以后,朕常膳及服御等物,并从节减,诸作坊造坊并停"。"比缘军国务殷,或宣口敕处分。今后非正宣,并不得行用,中外诸务,各归有司。英武军及六军诸使,比因论竟便行追摄。今后须经台府,如处断不平,具状闻奏。自文武五品已上正官各举贤良方正、直言极谏一人,任自封进。两省官十日一上封事。御史台欲弹事,不须进状,仍服豸冠。残妖未殄,国步犹难,共体至公,以康庶政。朕推诚御物,与众共之,思与苍生,臻夫至道。宣示中外,知朕意焉"。甲辰,以邓州刺史鲁炅为郑州刺史,充陈、郑、颍、亳节度使;以徐州刺史尚衡为青州刺史,充青、淄、密、登、莱、沂、海等州节度使;以商州刺史、兴平军节度李奂兼豫、许、汝等州节度使。乙巳,第五琦依旧判度支、租庸等使。史思明僭号于魏州。贬季广琛宣州刺史。崔光远为太子少保。癸亥,以久旱徙市,雩祈雨。

五月辛巳,贬宰相李岘蜀州刺史。丁亥,上御宣政殿试文经邦国等四科举人。乃以汝州刺史刘展为滑州刺史,以平卢军节度都知兵马使董秦为濮州刺史。

六月乙未朔,以右仆射裴冕为御史大夫、成都尹,持节充剑南节度副大使、本道观察使;以邠州刺史房琯为太子宾客;以饶州刺史颜真卿为升州刺史,充浙江西道节度使。己巳,以明州刺史吕延之为越州刺史,充浙江东道节度使;以右羽林大将军彭元曜为郑州刺史,充陈、郑、申、光、寿等州节度使。

秋七月乙丑朔,以礼部尚书韦陟充东京留守。太子少傅、兖国公李麟卒。辛巳,制以赵王係为天下兵马元帅,司空兼侍中李光弼为副。丁亥,以兵部尚书、潞州大都督府长史、潞沁节度、霍国公王思礼兼太原尹,充北京留守、河东节度副大使;刑部尚书王玙为蒲州刺史,充蒲、同、绛三州节度使。

八月乙亥,襄州偏将康楚元逐刺史王政,据城自守。丙辰,宁国公主自回纥还宫。副元帅李光弼兼幽州大都督府长史、河北节度等使。

九月甲午，襄州贼张嘉延袭破荆州，澧、朗、复、郢、硖、归等州官皆弃城奔窜。戊辰，新铸大钱，文如乾元重宝，而重其轮，用一当五十，以二十二斤成贯。丁亥，以太子少保崔光远充荆、襄等州招讨使，右羽林大将军王仲升充申、安、沔等州节度使，右羽林将军李抱真为郑州刺史、郑陈颍亳四州节度使。庚寅，逆胡史思明陷洛阳，副元帅李光弼守河阳，汝、邓、滑等州陷贼。

冬十月丁酉，制亲征史思明，竟不行。乙巳，李光弼奏破贼于城下。壬戌，宰相吕𬤇起复，依前平章事。

十一月甲子朔，商州刺史韦伦破康楚元，荆襄平。庚午，户部侍郎、同平章事第五琦贬忠州长史，御史大夫贺兰进明贬秦州司马。

十二月癸巳朔，神策将军卫伯玉破贼于陕东疆子坂。甲寅，以御史大夫史翙为襄州刺史，充山南东道节度、观察处置等使。

三年春正月癸亥朔。辛巳，李光弼进位太尉、兼中书令，余如故。以杭州刺史侯令仪为升州刺史，充浙江西道节度兼江宁军使。戊子，以朔方节度使郭子仪兼邠宁鄜坊两道节度使。

二月癸巳朔，以右丞崔寓为蒲州刺史，充蒲、同、晋、绛等州节度使。庚戌，第五琦除名，长流夷州。癸丑，以太子少保崔光远为凤翔尹、秦陇节度使。

三月壬申，以京兆尹李若幽为成都尹、剑南节度使。甲申，以蒲州为河中府，其州县官吏所置，同京兆、河南二府。

四月甲午，李光弼奏破贼于怀州、河阳。甲辰，以礼部尚书、东京留守韦陟为吏部尚书，太子宾客房琯为礼部尚书。以太子宾客、平章事张镐为左散骑常侍，太子宾客崔涣为大理卿。是岁饥，米斗至一千五百文。戊申，襄州军乱，杀节度使史翙，部将张维瑾据州叛。丁巳夜，彗出东方，在娄、胃间，长四尺许。戊午，以右丞萧华为河中尹、兼御史中丞，充同、晋、绛等州节度、观察处置使。己未，以陕州刺史来瑱为襄州刺史，充山南东道襄邓等十州节度、观察处置等使。庚申，以右羽林大将军郭英乂为陕州刺史、陕西节度、潼关防御等使。

闰四月辛酉朔，彗出西方，其长数丈。壬戌，以礼部尚书房琯为晋州刺史。甲子，制彭王仅充河西节度大使，兖王侹北庭节度大使，泾王侹陇右节度大使，杞王倕陕西节度大使，兴王佋凤翔节度大使，蜀王傀邠宁节度大使，并不出阁。丁卯，太原尹王思礼进位司空。甲戌，天下兵马元帅、赵王係改封越王。

己卯，以星文变异，上御明凤门，大赦天下，改乾元为上元。追封周太公望为武成王，依文宣王例置庙。时大露，自四月雨至闰月末不止。米价翔贵，人相食，饿死者委骸于路。壬午，以刑部尚书王玙为太常卿，右散骑常侍韩择木为礼部尚书。

五月庚寅朔。丙午，以太子太傅、韩国公苗晋卿为侍中。壬子，黄门侍郎、同中书门下三品吕諲为太子宾客，罢知政事。癸丑，以河南尹刘晏为户部侍郎，勾当度支、铸钱、盐铁等使。是夜，月掩昴。

六月乙丑，诏先铸重棱钱一当五十，宜减当三十文；开元宜一当十。

七月己丑朔，丁未，上皇自兴庆宫移居西内。丙辰，开府高力士配流巫州；内侍王承恩流播州，魏悦流溱州；左龙武大将军陈玄礼致仕。丙辰，御史大夫崔器卒。

八月辛未，吏部尚书韦陟卒。丁丑，以太子宾客吕諲为州大都督府长史、澧朗硖忠五州节度观察处置等使。己卯，以将作监王昂为河中尹、本府晋绛等州节度使。丁亥，赠故兴王佋为恭懿太子。

九月甲午，以荆州为南都，州曰江陵府，官吏制置同京兆。其蜀郡先为南京，宜复为蜀郡。

十月壬申，以庐州刺史赵良弼为越为刺史，充浙江东道节度使；青州刺史殷仲卿为淄州刺史、淄沂沧德棣等州节度使。甲申，以兵部侍郎尚衡为青州刺史、青登等州节度使。

十一月乙巳，李光弼奏收怀州。宋州刺史刘展赴镇扬州，扬州长史邓景山以兵拒之，为展所败，展进陷扬、润、升等州。

十二月庚辰,以右羽林军大将军李鼎为凤翔尹、兴凤陇等州节度使。癸未,岁星掩房。

二年春正月丁亥朔。辛卯,温州刺史季广琛为宣州刺史,充浙江西道节度使。甲午,上不康,皇后张氏刺血写佛经。甲寅,诏府县、御史台、大理疏理系囚,死罪降从流,流已下并释放。乙卯,平卢军兵马使田神功生擒刘展,扬、润平。

二月己未,党项寇宝鸡,入散关,陷凤州,杀刺史萧愎,凤翔李鼎邀击之。癸亥,以凤翔尹崔光远为成都尹、剑南节度度支营田观察处置等使,以太子詹事、赵国公崔圆为扬州大都督府长史、淮南节度观察等使。辛未夜,月有蚀之,既。戊寅,李光弼率河阳之军五万,与史思明之众战于北邙,官军败绩。光弼、仆固怀恩走保闻喜,鱼朝恩、卫伯玉走保陕州,河阳、怀州共陷贼,京师戒严。癸未,中书侍郎、同中书门下三品李揆贬为袁州长史。以前河中尹萧华为中书侍郎、同平章事、集贤殿崇文馆大学士,兼修国史。

三月甲子,史朝义率众夜袭我陕州,卫伯玉逆击败之。戊戌,史思明为其子朝义所杀。李光弼以失律让太尉、中书令,许之,授侍中、河中尹、晋绛等州节度观察使。

夏四月乙亥朔,嗣岐王珍得罪,废为庶人,于溱州安置。连坐窦如玢、崔昌处斩,驸马都尉杨洄、薛履谦赐自尽,左散骑常侍张镐贬辰州司户长任。己未,以吏部侍郎裴遵庆为黄门侍郎、同中书门下平章事。青州刺史尚衡、兖州刺史能元皓并奏破贼。壬午,梓州刺史段子璋叛,袭破遂州,杀刺史嗣虢王巨。东川节度使李奂战败,奔成都。

五月甲午,思明伪将滑州刺史令狐彰以滑州归朝,授彰御史中丞,依前滑州刺史、滑魏德贝相六州节度使。乙未,剑南节度使崔光远率师与李奂击败段子璋于绵州,擒子璋杀之,绵州平。李光弼来朝,进位太尉、兼侍中,充河南副元帅,都统河南、淮南、山南东道五道行营节度,镇临淮。北京留守、守司空、太原尹、河东节度副大使、霍国公王思礼卒。辛丑,以鸿胪卿、赵国公管崇嗣为太原尹、兼御史大夫,充北京留守、河东节度副大使。壬子,太子少傅、宗正卿李齐物卒。

六月癸丑朔。己卯,以凤翔尹李鼎为鄜州刺史、陇右节度营田等使。

秋七月癸未朔,日有蚀之,既。大星皆见。甲辰,延英殿御座梁上生玉芝,一茎三花,上制《玉灵芝诗》。

八月癸丑朔,以中官李辅国守兵部尚书,于尚书省上,命宰臣百官送之,酺宴竟日。自七月霖雨,至是方止,墙宇多坏,漉鱼道中。辛巳,以殿中监李若幽为户部尚书,充朔方镇西北庭陈郑等州节度使,镇绛州,赐名国桢。

九月壬午朔。壬辰,以太子宾客、集贤殿学士、昌黎伯韩择木为礼部尚书。壬寅,制:朕获守丕业,敢忘谦冲,欲垂范而自我,亦去华而就实。其“乾元双大光天文武孝感”等尊崇之称,何德以当之?钦若昊天,定时成岁,《春秋》五始,义在体元,惟以纪年,更无润色。至于汉武,饰为浮华,非前王之茂典,岂永代而作则。自今已后,朕号唯称皇帝,其年号但称元年,去上元之号。其以今北庭潞仪隰等州行营、本管节度观察等事,移镇绛州。壬申,嗣宁王棣薨。癸酉,河南副元帅李光弼破贼于许州城下,书复许州。

建辰月庚辰朔。壬午,诏天下见禁系囚,无轻重一切释放。丙戌夜,月有白冠。癸巳,以襄州刺史来瑱为安州刺史,充淮西申、安、蕲、黄、沔等十六州节度使。甲午,党项奴刺寇梁州,刺史李勉弃郡走。丙申,党项寇奉天。上不康,百僚于佛寺斋僧。丁未,诏左降官、流人一切放还。戊申,中书侍郎、平章事、徐国公萧华为礼部尚书,罢知政事。以尚书户部侍郎元载同中书门下平章事,以礼部尚书韩择木为太子太保。

建巳月庚戌朔。壬子,楚州刺史崔侁献定国宝玉十三枚:一曰玄黄天符,如笏,长八寸,阔三寸,上圆下方,近圆有孔,黄玉也;二曰玉鸡,毛文悉备,白玉也;三曰谷璧,白玉也,径可五六寸,其文粟粒无雕镂之迹；四曰西王母白环，二枚，白玉也，径六七寸；五曰碧色宝，圆而有光；六曰如意宝珠，形圆如鸡卵，光如月；七曰红鞣鞨，大如巨栗，赤如樱桃；八曰琅玕珠，二枚，长一寸二分；九曰玉块，形如玉环，四分缺一；十曰玉印，大如半手，斜长，理如鹿形，陷入印中，以印物则鹿形著焉；十一曰皇后采桑钩，长五六寸，细如箸，屈其末，似真金，又似银；十二曰雷公石斧，长四寸，阔二寸，无孔，细致如青玉。十三宝置于日中，皆白气连天。侁表云："楚州寺尼真如者，恍惚上升，见天帝。帝授以十三宝，曰：'中国有灾，宜以第二宝镇之。'"甲寅，太上至道圣皇天帝崩于西内神龙殿。上自仲春不豫，闻上皇登遐，不胜哀悸，因兹大渐。乙丑，诏皇太子监国。又曰："上天降宝，献自楚州，因以体元，叶乎五纪。其元年宜改为宝应，建巳月为四月，余月并依常数，仍依旧以正月一日为岁首。"丁卯，宣遗诏。是日，上崩于长生殿，年五十二。群臣上谥曰文明武德大圣大宣孝皇帝，庙号肃宗。宝应二年三月庚午，葬于建陵。

史臣曰：臣每读《诗》至许穆夫人闻宗国之颠覆，周大夫伤宫室之黍离，其辞情于邑，赋谕勤恳，未尝不废书兴叹。及观天宝失驭，流离奔播，又甚于诗人之于邑也。当其戎羯负恩，奄为豨突，豺豕遽兴于下，胡越宁虑于舟中，借人之戈，持之反刺，变生于不意也。所幸太王去国，幽人不忘于周君，新莽据图，黔首仍思于汉德。是以宣皇帝蒙六圣之遗业，因百姓之乐推。号令朔方，旬日而车徒云合；旋师右辅，期月而关、陇砥平。故两都再复于銮舆，九庙复歆于黍稷。观其迎上皇于蜀道，陈拜庆于望贤，父子于是感伤，行路为之陨涕。昔太公迎子，或从家令之言；而西伯事亲，靡怠寝门之问。曾参、孝已，足以拟伦。然而道屈知几，志微远略。残妖未殄，宜先恢复之谋；余烬才书，何暇升平平之礼。方听王玙伏奏，辅国赞成，绀辕躬籍于春郊，翠幰先蚕于茧馆，或御殿晓宣时令，或登坛宿礼贵神，礼即宜然，时何暇给。钟悬未移于簴簨，思明已陷于洛阳，是知祝史畴人，安能及远。犹赖大臣宣力，诸将效忠，旄头终陨于三川，杲日重明于六合。比平王之迁洛，我则英雄；论元帝之渡江，彼诚么麽。宁亲复国，肃乃休哉！

　　赞曰：犬羊犯顺，辇辂播迁。凶徒竟毙，景祚重延。星驰蜀道，雨泣望贤。孝宣之谥，谁曰不然？

旧唐书卷一一
本纪第一一

代　宗

　　代宗睿文孝武皇帝讳豫，肃宗长子。母曰章敬皇太后吴氏，以开元十四年十二月十三日生于东都上阳宫。初名俶，年十五封广平王。玄宗诸孙百余，上为嫡皇孙。宇量弘深，宽而能断，喜惧不形于色。仁孝温恭，动必由礼，幼而好学、尤专《礼》《易》，玄宗钟爱之。

　　禄山之乱，京城陷贼，从肃宗搜兵灵武，以上为天下兵马元帅。时朝廷草创，兵募寡弱，上推心示信，招怀流散，比至彭原，兵众数万。及肃宗回幸凤翔，时房琯、郭子仪继战不利，贼锋方锐，屡来寇袭。上选求勇干，频挫其锋，圣虑遑宁，士心大振。及师进讨，百官辞送，步出阙门，方始乘马。回纥叶护王子率兵入助，勇冠诸蕃，上接以优恩，结为兄弟，故香积之战，贼徒大败，遂委西京而遁。虽子仪、嗣业之奋命，由上恩信结于士心，故人思自效。既收京城，令行禁止，民庶按堵，秋毫不犯，耆老欢迎，对之歔欷。闻贼残众犹保陕郊，即日长驱，东趋虢洛。新店之役，一战大捷，庆绪之党，十歼七八。数旬之间，河南底定，两都恢复，二圣回銮，统率之功，推而不受。肃宗还京，大赦，改封楚王。

　　乾元元年三月，改封成王，四月庚寅立为皇太子，改名豫。上元末年，两宫不豫，太子往来侍疾，躬尝药膳，衣不解带者久之，及承监国之命，流涕从之。

　　宝应元年四月，肃宗大渐，所幸张皇后无子，后惧上功高难制，阴引越王系于宫中,将图废立。乙丑,皇后矫诏召太子。中官李辅国、程元振素知之,乃勒兵于凌霄门,俟太子至,即卫从太子入飞龙厩以俟其变。是夕,勒兵于三殿收捕越王系及内官朱光辉、马英俊等禁锢之,幽皇后于别殿。丁卯,肃宗崩,元振等始迎上于九仙门,见群臣,行监国之礼。己巳,即皇帝位于枢前。甲戌,诏:"国之大事,戎马为先,朝有旧章,亲贤是属。故求诸必当,用制于中权;存乎至公,岂惭于内举。特进、奉节郡王适可天下兵马元帅。"乙亥,以兵部尚书、判元帅行军闲厩等使李辅国进号尚父,飞龙闲厩副使程元振为右监门将军。流宦官朱光辉、啖庭瑶、陈仙甫等于黔中。

五月己卯朔,以李辅国为司空兼中书令,余如故。辛卯,制曰:"三年之丧,天下达礼,苟或变革,何以教人?朕遭此闵凶,攀号罔极,公卿固请,俾听朝务,斩焉缞绖,痛贯心灵,岂可便议公除,遽移谅暗。昨见所司仪注,今月十三日大祥,十五日从吉。仰凭遗制,又欲抑予,窃惟哀思,深谓未可。其百僚并以此释服,朕将继武丁之道,《素冠》之诗,恭默再周,不忍权夺。凡庶在位,宜悉哀怀。"宰臣苗晋卿等三上表请依遗制,方听政。丙戌,嗣鲁王宇改封邹王,奉节郡王适进封鲁王,李光弼进封临淮王。贬礼部尚书萧华为陕州司马。改行乾元钱,重棱小钱一当二,重棱大钱一当三。丙申,以户部侍郎元载同中书门下平章事,充度支转运使。改乾元大小钱并一当一。丁酉,御丹凤楼,大赦。子仪、光弼、李光进诸道节度使并加实封,四月十七日立功人并号"宝应功臣"。内外文武官三品已上进爵,四品已下加阶。诸州防御使并停。内外官三考一转。益昌郡王遹进封郑王,延庆郡王迥进封韩王。故庶人皇后王氏、故庶人太子瑛、鄂王瑶、光王琚并宜复封号。棣王琰、永王璘并与昭雪。建昌王追封齐王,崇恩王追封卫王,灵昌王追封郓王。壬寅,以来瑱复为襄州刺史、山南东道节度使。

六月己酉朔,百僚临于西宫,上不视朝。自是每朔望皆如之,迄于山陵。凡人臣有事辞见,先临西宫,然后诣朝。改豫州为蔡州,避上名也。侍中苗晋卿以老疾,请三日一入中书,从之。己未,罢尚父李辅国判元帅行军及兵部尚书、闲厩等使。辅国请逊位。辛酉，以辅国为博陵王，罢中书令，许朝朔望。壬申，以通州刺史刘晏为户部侍郎、兼御史大夫、京兆尹，充度支转运盐铁诸道铸钱等使。

秋七月己卯朔。辛巳，观军容使鱼朝恩封冯翊郡开国公，宦官程元振为镇军大将军、保定郡开国公。乙酉，襄州刺史裴义长流费州，赐死于蓝田驿。庚寅，诏不许觇使阅投觇人文状。赐道州司马敬羽自尽。来瑱自襄州来朝，郭子仪自河中来朝。

八月己酉朔。自七月不雨，至此月癸丑方雨。庚午夜，西北有赤光亘天，贯紫微，渐移东北，弥漫半天。贬太子少傅李遵为袁州刺史。台州贼袁晁陷台州，连陷浙东州县。

九月丁丑朔，鲁王适改封雍王。以山南东道节度使来瑱为兵部尚书、同中书门下平章事，节度如故。程元振进封邠国公。丙申，右仆射、山陵使裴冕贬施州刺史。戊戌，回纥登里可汗率众来助国讨逆，令御史大夫尚衡宣慰之。甲午，太州至陕州二百余里黄河清，澄澈见底。甲午，秘书监韩颖、中书舍人刘烜配流岭表，寻赐死，坐狎昵李辅国也。

冬十月辛酉，诏天下兵马元帅雍王统河东、朔方及诸道行营、回纥等兵十余万讨史朝义，会军于陕州。加朔方行营节度使、大宁郡王仆固怀恩同中书门下平章事。丁卯夜，盗杀李辅国于其第，窃首而去。戊辰，元帅雍王率诸军进发，留郭英义、鱼朝恩镇陕州。壬申，王师次洛阳北郊。甲戌，战于横水，贼大败，俘斩六万计。史朝义奔翼州。乙亥，雍王奏收东京、河阳、汴、郑、滑、相、魏等州。乙酉，陕西节度使郭英义权知东京留守。丁酉，伪恒州节度使张忠志以赵、定、深、恒、易五州归顺，以忠志检校礼部尚书、恒州刺史，充成德军节度使，赐姓名曰李宝臣。于是河北州郡悉平，贼范阳尹李怀仙斩史朝义首来献，请降。

十二月庚戌，太子太师、邠国公韦见素薨。辛未，仆固怀恩为尚书左仆射、兼中书令、灵州大都督府长史、河北副元帅。邠州新置镇南军。

是岁,江东大疫,死者过半。吐蕃陷我临、洮、秦、成、渭等州。

二年春正月丁亥朔。甲午,户部尚书、兼御史大夫、都统淮南节度观察等使、越国公李峘卒。国子祭酒、兼御史大夫、京兆尹刘晏为吏部尚书、同中书门下平章事,度支诸使如故。壬寅,制开府仪同三司、行兵部尚书、同中书门下平章事、充山南东道节度观察处置等使、上柱国、颍国公来瑱削在身官爵,长流播州,寻赐死于路。

闰月戊申,以史朝义下降将李宝臣为检校礼部尚书、兼御史大夫、恒州刺史、清河郡王,充成德军节度使;薛嵩为检校刑部尚书、相州刺史、相卫等州节度使;李怀仙检校兵部尚书、兼侍中、武威郡王、幽州节度使;田承嗣检校户部尚书、魏州刺史、雁门郡王、魏博等州都防御使。

二月甲午,回纥登里可汗辞归蕃。

三月甲辰朔,襄州右兵马使梁崇义杀大将李昭,据城自固,乃授崇义襄州刺史、山南东道节度使。丁未,袁傪破袁晁之众于浙东。玄宗、肃宗归祔山陵。自三月一日废朝,至于晦日,百僚素服诣延英门通名起居。

四月戊寅朔,太州依旧为华州,太阴县为华阴县。庚辰,河南副元帅李光弼奏生擒袁晁,浙东州县尽平。辛巳,群臣请上尊号。

五月癸卯朔。丙寅,尚书省试制举人,命左右丞、侍郎对试,赐食如旧仪。太常卿杜鸿渐奏:“婚葬合给卤簿,望于国立大功及二等已上亲则给,余不在给限。”从之。

六月癸酉朔。癸未,以陈郑泽潞节度使李抱玉检校司空,封武威郡王;河中节度使王昂检校刑部尚书,封邠国公;同华节度使李怀让检校工部尚书;同日入省,宰相送上。甲申,以前淮西节度使王仲升为右羽林大将军,兼御史大夫。六军将军兼大夫,自仲升始也。甲午观军容使鱼朝恩自陕州入朝。上御达礼门,命公卿百僚观兵马。同华节度使李怀让自杀,为程元振所构。

秋七月壬寅朔。戊申,群臣上尊号曰宝应元圣文武皇帝,御含元殿受册。壬子，御宣政殿宣制，改元曰广德，大赦天下，常赦不原者咸赦除之。安禄山、史思明亲族应在诸道，一切原免不问。民户三丁免一丁庸，租税依旧每亩二升。男子二十成丁，五十入老。元帅雍王兼尚书令，河北副元帅仆固怀恩加太保，回纥登里可汗进徽号。功臣皆赐铁券，藏名太庙，画像凌烟阁。刺史、县令自今后改转，刺史以三年为限，县令四年为限，员外及摄试，不得厘务。丁巳，仆固玚兼御史大夫，充朔方行营节度。是月，吐蕃大寇河、陇，陷我秦、成、谓三州，入大震关，陷兰、廓、河、鄯、洮、岷等州，盗有陇右之地。

八月，以荆南节度使李岘为宗正卿。

九月壬戌朔，仆固怀恩拒命于汾州，遣宰臣裴遵庆往宣抚之。己丑，吐蕃寇泾州，刺史高晖以城降，因为吐蕃乡导。

冬十月庚午朔。辛未，高晖引吐蕃犯京畿，寇奉天、武功、盩厔等县。蕃军自司竹园渡渭，循南山而东。丙子，驾幸陕州。上出苑门，射生将王献忠率四百骑叛，胁丰王已下十王归京。从官多由南山诸谷赴行在。郭子仪收合散卒，屯于商州。丁丑，次华州，官吏藏窜，无复储拟。会鱼朝恩领神策军自陕来迎驾，乃幸朝恩军。戊寅，吐蕃入京师，立广武王承宏为帝，仍逼前翰林学士于可封为制封拜。辛巳，车驾至陕州。子仪在商州，会六军使张知节、乌崇福、长孙全绪等率兵继至，军威遂振。旧将王甫诱聚京城恶少，齐击街鼓于朱雀街，蕃军震慑，狼狈奔溃。庚寅，子仪收京城。壬辰，以宰臣元载判天下元帅行军司马，京兆尹、兼吏部侍郎严武为黄门侍郎，朗州刺史第五琦为京兆尹、兼御史大夫。癸巳，以郭子仪为京留守。高晖闻吐蕃溃，以三百骑东奔至潼关，为关守李伯越所杀。

十一月辛丑朔，太常博士柳伉上疏，以蕃寇犯京师，罪由程元振，请斩之以谢天下。上甚嘉纳，以元振有保护之功，削在身官爵，放归田里。

十二月甲辰，宦官市舶使吕太一逐广南节度使张体，纵下大掠广州。丁亥，车驾发陕郡还京。辛卯，鄂州大风，火发江中，焚船三千艘，焚居人庐舍二千家。甲午，上至陕州。乙未，以侍中苗晋卿为太保,黄门侍郎、同平章事裴遵庆为太子少傅,并罢知政事;宗正卿、梁国公李岘为黄门侍郎、同中书门下平章事。丙申,放广武王承宏于华州,一切不问。丁酉,朔方行营节度使仆固玚为帐下枭首来献。怀恩闻玚死,烧营遁入吐蕃。朝臣称贺,上不悦,曰:"朕之凉德,信不及人,致勋臣颠覆,用增愧恶,何至贺焉!"程元振自三原县衣妇人服入京城,京兆府擒之以闻,乃下御史台鞫问。吐蕃陷松州、维州、云山城、笼城。

二年春正月己亥朔。壬寅,御史台以程元振狱状闻,配流溱州。既行,追念旧勋,特矜遐裔,令于江陵府安置。甲辰,复置京畿观察使,以御史中丞领之。癸卯,尚书右丞颜真卿为刑部尚书、兼御史大夫,充朔方宣慰使。癸亥,吏部尚书、同平章事、度支转运使刘晏为太子宾客,黄门侍郎、同平章事李岘为太子詹事,并罢知政事。以前右散骑常侍王缙为黄门侍郎,太常卿杜鸿渐为兵部侍郎,并同中书门下平章事。罢度支使,以户部侍郎第五琦专判度支及诸道盐铁、转运、铸钱等使。甲子,元帅、尚书令雍王三上章让皇太子。第五琦奏诸道置常平仓使司,量置本钱和籴,许之。丁卯,司徒、兼中书令郭子仪充河东副元帅、河中等处观察,兼云州大都督、单于镇北大都护。

二月己巳朔,册天下兵马元帅、尚书令、雍王适为皇太子。癸酉,上亲荐献太清宫、太庙。乙亥,祀昊天上帝于圆丘,那日还宫。戊寅,以沣州刺史裴冕为左仆射兼御史大夫,充东都、河南、江南、淮南转运使。己未,第五琦开决汴河。

五月丁酉朔。戊午,敕中书、门下两省加置散骑常侍四员,官为正三品。庚申,罢岁贡孝悌力田、童子等科。甲子,禁钿作珠翠等,委所司切加捉搦,癸未,制:"太保、兼中书令、灵州大都督府长史、单于镇北副大都护、充朔方节度、关内度支营田盐池押诸蕃部落副大使、知节度事、六城水运使、河北副元帅、上柱国、大宁郡王仆固怀恩,先任灵州大都督府长史、单于镇北副元帅、朔方节度使宜并停,其太保、兼尚书令、大宁郡王如故。"

七月己酉朔,河南副元帅、太尉、兼侍中、临淮王李光弼薨于徐州,废朝三日。判度支第五琦兼京兆尹、御史大夫。

八月丁卯,宰臣王缙为侍中,持节都统河南、淮西、淮南、山南东道节度行营事,进封太原郡公。固让侍中,从之。宰相杜鸿渐判门下省事。癸巳,王缙兼领东京留守。

九月乙未朔。丙申,诏征河中兵讨吐蕃,将发,是夜军众喧噪,劫节度使崔寓家财及民家产殆尽,皆重装而行,吏不能禁。自七月大雨未止,京城米斗值一千文。蝗食田。丙午,河东节度使辛云京检校尚书右仆射、同中书门下平章事、太原尹、北京留守。己酉,江南西道观察、洪州刺史张镐卒。辛亥,河东副元帅、中书令、汾阳郡王郭子仪加太尉,充北道邠宁、泾原、河西已东通和吐蕃及朔方招抚使;陈郑、泽潞节度使李抱玉进位司徒,充南道通和吐蕃使、凤翔秦陇临洮已东观察使。子仪三表恳让太尉,许之。己未,剑南节度严武攻拔吐蕃当狗城,破蕃军七万。尚书左丞杨绾知东京选,礼部侍郎贾至知东都举,两都分举选,自此始也。辛酉,以太子詹事李岘为吏部尚书、兼御史大夫,知江南东西及福建道选事,并观农宣慰使;仍命洪州刺史李勉副知选事。

是秋,蝗食田殆尽,关辅尤甚,米斗千钱。

冬十月丙寅,仆固怀恩引吐蕃二万寇邠州,节度使白孝德闭城拒守。丁卯,寇奉天,京师戒严。先锋郭晞斩贼营于邠州西,俘斩数百计。子仪屯泾阳,蕃军挑战,子仪不出。甲申,河南尹苏震卒。剑南严武奏收吐蕃盐井城。

十一月乙未,怀恩与蕃军自溃,京师解严。丁未,子仪自泾阳入觐,诏宰臣百僚迎之于开远门,上御安福寺待之。

十二月乙丑,加子仪关内、河中副元帅兼尚书令,吏部侍郎畅璀为左散骑常侍、河中尹。子仪三表让尚书令,词情恳切,优诏从之。丁卯夜,星流如雨。戊辰,子仪于都省领副元帅事,宰臣百僚送,仍令射生五百骑戎服自光范门送至省门,右仆射郭英乂以乐迎之。

是日便赴奉天。

是岁,户部计帐,管户二百九十三万三千一百二十五,口一千六百九十二万三百八十六。

永泰元年春正月癸巳朔,制曰:

吐五纪者,建号以体元;授四时者,布和而顺气。天心可见,人欲是从,爰立大中之道,式受惟新之命。朕嗣膺下武,获主万方,顾以薄德,乘兹艰运,戎麾问罪,今已十年。饮至策勋,惟凶渠之授首;劳师黩武,岂人主之用心。军役屡兴,干戈未戢,茫茫士庶,毙于锋镝。皇穹以朕为子,苍生以朕为父,圣德不能被物,精诚不能动天。俾我生灵,沦于沟壑,非朕之咎,孰之过欤?朕所以驭朽悬旌,坐而待曙,劳怀罪己之念,延想安人之策。亦惟群公卿士,百辟庶僚,咸听朕命,协宣乃力,履清白之道,还淳素之风。率是黎元,归于仁寿,君臣一德,何以尚兹。乃者刑政不修,惠化未洽,既尽财力,良多抵犯,静惟哀矜,实轸于怀。今将大振纲维,益明惩劝,肇举改元之典,弘敷在宥之泽,可大赦天下,改广德三年为永泰元年。

是日,雪盈尺。戊申,泽潞李抱玉兼凤翔陇右节度使,兼南道通和吐蕃、凤翔秦陇临洮已东观察处置等使,仍命四镇行营节度使马璘为副和吐蕃使。癸丑,罢岐州之凤翔县,并入天兴县。乙卯,左散骑常侍高适卒。戊午,剑南节度使严武加检校吏部尚书,山南节度使张献诚加检校工部尚书。以前太子少保王玙为太子少师,前袁州刺史李遵为太子少保,听朝朔望。

二月甲子夜,雷霆震击。丁丑,内出宫女千人,品官六百人守洛阳宫。戊寅,党项羌寇富平,焚定陵寝殿。庚辰,仪王璲薨。诸陵署复隶太常寺。戊子,河西党项永、定等十二州部落内属,请置宜、芳等十五州,许之。

三月壬辰朔,诏左仆射裴冕、右仆射郭英义、太子少傅裴遵庆、检校太子少保白志贞、太子詹事臧希让、左散骑常侍畅璀、检校刑部尚书王昂、高升、检校工部尚书崔涣、吏部侍郎李季卿、王延昌、礼部侍郎贾至、泾王傅吴令瑶等十三人，并集贤院待诏。上以勋臣罢节制者，京师无职事，乃合于禁门书院，间以文儒公卿，宠之也。仍特给飧本钱三千贯。庚子夜，降霜，木有冰。岁饥，米斗千钱，诸谷皆贵。丙午，凤翔李抱玉让司徒，从之，授左仆射、同平章事。庚戌，吐蕃请和。诏宰臣元载、杜鸿渐与蕃使同盟于兴唐寺。辛亥，大风拔木。

是春，大旱，京师米贵，斛至万钱。

夏四月己巳，乃雨。戊子，太保致仕苗晋卿薨。庚寅，剑南节度使、检校吏部尚书严武卒。

五月癸丑，以尚书右仆射、定襄郡王郭英乂为成都尹、御史大夫，充剑南节度使。是月麦稔。判度支第五琦奏请十亩税一亩，效古什一而征，从之。

六月癸亥，吏部尚书李岘南选回，至江陵，贬衢州刺史。自春无雷，至此月甲申，大风而雷。代州置代北军，平州置柳城，析通州石鼓县置巴渠县。

秋七月辛卯朔，淄青节度使侯希逸为副将李怀玉所逐。制以郑王邈为平卢、淄青节度大使，令怀玉权知留后事。以久旱，遣近臣分录京城诸狱系囚。甲午，升平公主出降驸马都尉郭暧。庚子，雨。时久旱，京师米斗一千四百，他谷食称是。

八月乙亥，河南道副元帅、泾节度使马璘封扶风郡王。

九月辛卯，太白经天。丁酉，仆固怀恩死于灵州之鸣沙县。时怀恩诱吐蕃数十万寇邠州，客将尚书品息赞磨、尚悉东赞等寇奉天、醴泉，党项羌、浑、奴剌寇同州及奉天，逼凤翔府、周至县，京师戒严。时以星变，羌虏入寇，内出《仁王佛经》两舆付资圣、西明二佛寺，置百尺高座讲之。及奴虏寇逼京畿，方罢讲。己酉，郭子仪自河中至，进屯泾阳，李忠臣屯东渭桥，李光进屯云阳，马璘、郝玉屯便桥，骆奉仙、李伯越屯周至，李抱玉屯凤翔，周智光屯同州，杜冕屯坊州。上亲率六军屯苑内。庚戌，下诏亲征。内官鱼朝恩上言，请括私马,京城男子悉单衣围结,塞京城二门之一。士庶大骇,有逾垣凿窦出城者,吏不能禁。自丙午至甲寅大雨,平地水流。丁巳,吐蕃大掠京畿男女数万计,焚庐舍而去。同华节度周智光以兵追击于澄城,破贼万计。

冬十月己未,复讲《仁王经》于资圣寺。吐蕃于邠州,与回纥相遇,复合从入寇。辛酉,逼奉天。癸亥,党项攻同州,焚州民庐舍。丁丑,郭子仪说谕回纥,令与吐蕃疑贰。庚辰,子仪先锋将白元光合回纥军击吐蕃之众于灵台县之西原,斩首五万级,俘获人畜凡三百里不绝。辛巳,京师解严。壬午,仆固怀恩大将仆固名臣以千骑来降。诏税百官钱,市绢十万以赏回纥。乙酉回纥首领胡禄都督来朝。癸卯,朔方将李回方奏收灵武郡。丁亥,分宣、饶、歙户口于秋浦县置池州,分信州弋阳置贵溪县。

闰十月辛卯,以京兆少尹黎干为京兆尹。丙午,封朔方大将孙守亮等九人为异姓王,李国臣等十三人为同姓王。丁未,百僚上表,以军兴急于粮饷,请纳职田以助费,从之。戊申,进封渭北节度使李光进为武威郡王;以刑部侍郎路嗣恭检校工部尚书、兼御史大夫、灵州大都督府长史,充关内副元帅,兼知朔方节度等使。剑南节度使郭英义为其检校西山兵马使崔旰所杀,邛州柏茂林、泸州杨子琳、剑南李昌夔皆起兵讨旰,蜀中乱。

十一月,宰臣河南都统王缙请减诸道军资钱四十万贯修洛阳宫,从之。

十二月己酉,敕:"如闻诸州承本道节度、观察使牒,科役百姓,致户口凋弊,此后委转运使察访以闻。"

二年春正月丁巳朔,大雪平地二尺。壬申,减子孙袭实封者半租,永为常式。乙酉,制:

治道同归,师氏为上,化人成俗,必务于学。俊造之士,皆从此途,国之贵游,罔不受业。修文行忠信之教,崇祗庸孝友之德,尽其师道,乃谓成人。然后扬于王庭,敷以政事,征之以理,任之以官，置于周行，莫非邦彦，乐得贤也，其在兹乎！朕志承理体，尤重儒术，先王设教，敢不虔行。顷以戎狄多虞，急于经略，太学空设，诸生盖寡。弦诵之地，寂寥无声，函丈之间，殆将不扫，上庠及此，甚用闵焉。今宇县×宁，文武并备，方投戈而讲艺，俾释菜以行礼。使四科咸进，六艺复兴，神人以和，风化浸美，日用此道，将无间然。其诸道节度、观察、都防御等使，朕之腹心，久镇方面，眷其子弟，为奉义方，修德立身，是资艺业。恐干戈之后，学校尚微，僻居远方，无所咨禀，负经来学，宜集京师。其宰相朝官、六军诸将子弟，欲得习学，可并补国子学生。其中身虽有官，欲附学读书者亦听。其学官委中书门下选行业堪为师范者充。其学生员数，所习经业，供承粮料，增修学馆，委本司条奏以闻。

丙戌，以户部尚书刘晏充东都京畿、河南、淮南、江南东西道、湖南、荆南、山南东道转运、常平、铸钱、盐铁等使，以户部侍郎第五琦充京畿、关内、河东、剑南西道转运、常平、铸钱、盐铁等使。至是天下财赋，始分理焉。

二月丁亥朔，释奠于国学，赐宰百官飧钱五百贯，于国学食。壬辰，镇南都护依旧为安南都护府。乙未，贬刑部尚书颜真卿为峡州员外别驾，以不附元载，载陷之于罪也。壬子，命黄门侍郎、同平章事杜鸿渐兼成都尹，持节充山南西道、剑南东川等道副元帅，仍充剑南西川节度使，以平郭英义之乱也。以四镇行营节度使马璘兼邠州刺史。癸丑，以山南西道节度使。梁州刺史张献诚兼充剑南东川节度观察使，邛州刺史柏茂林充邛南防御使，剑南西山兵马使崔旰为茂州刺史，充剑南西山防御使，从杜鸿渐请也。

三月辛未，张献诚与崔旰战于梓州，为旰所败，仅以身免。

夏四月辛亥，诏尚书省郎中授中州刺史，员外郎授下州刺史，为定制。

五月丙辰，税青苗地钱使、殿中侍御韦光裔诸道税地回，是岁得钱四百九十万贯。自乾元己未，天下用兵，百官俸钱折，乃议于天下地亩青苗上量配锐钱，命御史府差使征之，以充百官俸料。每年据数均给之，岁以为常式。

六戊戌，以淮南节度使崔回检校尚书右仆射。自春旱，此月庚子始雨。丁未，日重轮。其夜，月重轮。

秋七月辛酉，检校兵部尚书、衢州刺史李岘卒。自五月大雨，洛水泛溢，漂溺居人庐舍二十坊。河南诸州水。加荆南节度使卫伯玉检校工部尚书。癸未，太庙二室芝草生。

八月丁亥，国子监释奠复用牲牢。上元二年，诏诸祠献熟，至是鱼朝恩请复旧制。壬寅，以茂州刺史崔旰为成都尹、兼御史大夫、剑南西川节度行军司马、邛南防御使、邛州刺史柏茂林为邛南节度使，从杜鸿渐所请也。癸卯，太子少保裴遵庆为吏部尚书，吏部尚书崔寓为太子少傅。甲辰，以开府仪，同负三司、右监卫大将军、观军容宣慰处置使、神策军兵马使、上柱国、冯翊郡开国公鱼朝恩加内侍监、判国子监事，充鸿胪礼宾等使，进封郑国公。辛亥，以检校礼部尚书裴士淹充礼使。

九月庚申，京兆尹黎干以京城薪炭不给，奏开漕渠，自南山谷口入京城，至荐福寺东街，北抵景风、延喜门入苑，阔八尺，深一丈。渠成，是日上幸安福门以观之。丙子，宣州刺史李佚坐赃二十四万贯，集众杖死，籍没其家。

冬十月癸未朔。己丑，宗正卿吴王祇奏上《皇室永泰新论》二十卷，太常博士柳芳撰。和蕃使杨济与蕃使论位藏等来朝。丙申，令宰臣宴论位藏于中书省。

十一月甲寅，乾陵令于陵署得赤兔以献。丙辰，诏：

古者量其国用，而立税典，必于经费，由之重轻。公田之籍，可谓通制；履亩而税，斯诚弊法。所期折中，以便于时，亿兆不康，君孰与足？故爱人之体，先以博施；富国之源，必均节用。朕自临宸极，比属艰难，尝欲阐朴淳之风，守冲俭之道，每念黎庶，思致和平。而边事犹殷，戎车屡驾，军兴取给，皆出邦畿。九伐之师，尚勤王略；千金之费，重困吾人。乃者遵冉有之言，守周公之制，什而税一，务于行古。今则编户流亡，而垦田减税，计量入之数甚倍征之法，纳隍之惧，当宁轸怀。虑失三农，忧深万姓，务从省约，稍冀蠲除，用申勤恤之怀，以救茕嫠之弊。京兆府今年合征十二万五千石数内，宜减放一十七万五千石，青苗地头钱宜三分取一。在京诸司官员久不请俸，颇闻艰辛。其诸州府县官，及折冲府官职田，据苗子多少，三分取一，随处粜货，市轻货以送上都，纳青苗钱库，以助均给百官。

甲子，日长至，上御含元殿，下制大赦天下，改永泰二年为大历元年。

十二月己亥，彗起匏瓜，其长尺余，犯宦者星。癸卯，同华节度使周智光专杀陕州监军张志斌。前虢州刺史庞充据华州谋叛。

是冬，雪。

二年春正月壬子朔。丁巳，密诏关内、河东副元帅郭子仪治兵讨周智光。壬戌，贬智光为澧州刺史。甲子，以兵部侍郎张仲光为华州刺史、潼关防御使，大理卿敬括为同州刺史、长春宫等使。是日，周智光帐下将斩智光并子元耀、元干三首，传之以献。己巳，诏潼关置兵三千。癸酉，诏：

　　天文著象，职在于畴人；谶纬不经，蠹深于疑众。盖有国之禁，非私家所藏。虽裨灶明征，子产尚推之人事；玉彤必验，景略犹置于典刑。况动皆讹谬，率是矫诬者乎！故圣人以经籍之义，资理化之本，侧言曲学，实紊大猷，去左道之乱政，俾彝伦而攸叙。自四方多故，一纪于兹，或有妄庸，辄陈休咎，假造符命，私习星历。共肆穷乡之辩，相传委巷之谭，作伪多端，顺非佹泽。荧惑州县，违误间阎，坏纪挟邪，莫逾于此。其玄象器局、天文图书、《七曜历》、《太一雷公式》等，私家不合辄有。今后天下诸州府，切宜禁断，本处分明榜示，严加捉搦。先藏蓄此等书者，敕到十日内送官，本处长吏集众焚毁。限外隐藏为人所告者，先决一百，留禁奏闻。所告人有官即与超资注拟，无官者给赏钱五百贯。两京委御史台处分。各州方面勋臣，洎百僚庶尹，罔不诚亮王室，简于朕心，无近憸人，慎乃有位，端本静末，其诚乃哉！

丁丑，升魏州为大都督府。戊寅，敕："同、华两州，顷因盗据，民力凋残，宜给复二年，一切蠲免。"庚辰，禁王公宗子郡县主之家，不得与军将婚姻交好，委御史台察访弹奏。

二月壬午，幸昆明池踏青。丙戌，封华州牙将姚怀为感义郡王，李延俊为承化郡王，以斩智光之功也。郭子仪自河中来朝。癸卯，宰臣元载王缙、左仆射裴冕、户部侍郎第五琦、京兆尹黎干各出钱三十万，置宴于子仪之第。

三月辛亥夜，大风。丁巳，河中作献玄狐。汴宋节度使田神功来朝。戊辰，贬太子少保李遵永州司马，坐赃也。甲戌，鱼朝恩宴子仪、宰相、节度、度支使、京兆尹于私第。乙亥，子仪亦置宴于其第。戊寅，田神功宴于其第。时以子仪元臣，寇难渐平，蹈舞王化，乃置酒连宴。酒酣，皆起舞。公卿大臣列坐于席者百人。子仪、朝恩、神功一宴费至十万贯。

夏四月己亥，以江南西道都团练观察等使、洪州刺史李勉为京兆尹刑部侍郎魏少游为洪州刺史，兼御史大夫，江西观察团练等使。庚子，宰臣内侍鱼朝恩与吐蕃同盟于兴唐寺。丙午，加田神功检校右仆射。癸酉，以工部侍郎徐浩为广州刺史、岭南节度观察使。

六月戊戌，山南、剑南副元帅杜鸿渐自蜀入朝。壬寅，荆南节度使卫伯玉封城阳郡王。癸卯，御史大夫王翊卒。

秋七月戊申朔，以右散骑常侍于休烈为检校工部尚书、知省事。时方面勋臣升八座者多非正员，朝命正员者以知省事为名。以中书舍人张延赏检河南尹。丙寅，以剑南西川节度行军司马崔旰为剑南西川节度观察等使，遂州刺史杜济为剑南东川节度观察等使。以杭州刺史张伯仪为安南都护。癸酉，析道州延唐县置大历县。甲戌酉时，有白气竟天。

八月庚辰，凤翔节度使李抱玉来朝。壬午，月入氐。丙戌，渤海朝贡。辛卯,潭、衡水灾。丙申,月犯毕。壬寅,太常卿、驸马都尉姜庆初得罪,赐自尽。敕陵庙署复隶宗正寺。

九月戊申朔,岁星守东井七日。甲寅,吐蕃寇灵州,进寇邠州。诏子仪率师三万,自河中镇泾阳,京师戒严。戊午夜,白雾起西北竟天。子仪移镇奉天。乙丑昼,有大流星出于午,没于亥。命左丞李涵宣慰河北。荧惑犯南斗。辛未,靺鞨使来朝。桂州山獠陷州城,刺史李良逋去。

十月戊寅,灵州奏破吐蕃二万,京师解严,甲申,减京官职田三分之一,给军粮。乙酉,醴泉出于栎阳,饮之愈疾。回纥、党项使来朝。癸卯,上御紫宸殿,策试茂才异行、安贫乐道、孝悌力田、高蹈不仕等四科举人。

十一月庚申,改黄门侍郎依旧为门下侍郎。曰:“春秋以九命作上公,而谓之宰臣者,三分之职。汉制:中书令出纳诏命,典司枢密;侍中上殿称制,参议政事。魏、晋已还,益重其任职。有关于公府,事不系于尚书,虽陈启沃之谋,未专宰臣之称,所以委遇斯大,品秩非崇。至于国朝,实执其政,当左辅右弼之寄,总代天理物之名,典领百僚,陶熔景化。岂可具瞻之地,命数不加,固当时进以等威,副其金属。其侍中、中书令宜升入正二品,门下、中书侍郎升入正三品。”壬戌夜,月晕南北河、东井,镇星入舆鬼,久之方散。甲子,月去轩辕一尺。己丑,率百官京城士庶出钱以助军。壬申,京师地震,自东北来,其声如雷。

十二月甲申,凤翔李抱玉来朝。丁酉,太原节度使辛云京来朝。荧惑入壁垒。戊戌,黑气如尘,竟北方。

是秋,河东、河南、淮南、浙江东西、福建等道五十五州奏水灾。

三年春正月丙午朔。辛亥,剑南西山置乾州,管招武、宁远二县。壬子夜,月掩毕。甲子,册新罗国王金乾运母为太妃。甲戌,以工部侍郎蒋涣为尚书左丞,江西团练观察使、苏州刺史韦元甫为尚书右丞,左丞李涵、右丞贾至并为兵部侍郎。乙亥,永和公主薨。

二月己卯,以常州刺史李栖筠为苏州刺史、兼御史中丞、浙西团练观察使。壬午,邠宁节度马璘来朝。

三月乙巳朔,日有蚀之。壬申,割恒州卫唐县置沮州,以灵寿、恒阳隶之。

夏四月戊寅,以山南西道节度使、邓国公张献诚为检校户部尚书,以疾辞位也。右羽林将军张献恭为梁州刺史、兼御史中丞,充山南西道节度观察使,兄献诚所荐也。壬寅,滑亳节度使令狐彰加检校工部尚书。剑南西川节度使、兼御史大夫崔旰来朝。

五月戊申,加崔旰检校右散骑常侍。乙卯,追谥故齐王倓为承天皇帝,兴信公主亡女张氏为恭顺皇后,祔葬。辛酉,改桂州临源县为全义县。癸酉,以左散骑常侍崔昭为京兆尹。是日地震。戊辰,以剑南西川节度使崔旰检校工部尚书,改名宁。宁为柏茂林、杨子琳所攻,宁既入朝,子琳乘虚袭据成都府。朝廷忧之,即日诏宁还成都。庚午,以邛州刺史鲜于叔明为梓州刺史,充剑南东川节度使。

六月戊子,承天皇帝倓奉天皇帝庙,同殿异室。庚寅,太子少师王玙卒。壬辰,幽州节度使、检校侍中、幽州大都府长史李怀仙为麾下兵马使朱希彩所杀。庚子,淮南节度使、检校尚书左仆射、知省事、扬州大都督府长史、赵国公崔圆卒。

闰月己酉,郭子仪加司徒。庚申,宰臣充河南副元帅王缙兼幽州节度使。以尚书右丞韦元甫扬州大都督府长史、兼御史大夫、充淮南节度观察等使。丁卯,以幽州节度副使、试太常卿朱希彩知幽州留后。遣兵部侍郎李涵兼御史大夫,使河北宣慰,以幽州乱故也。庚午,相州薛嵩、魏州田承嗣、恒州李宝臣并加左右仆射。

七月壬申,崔宁弟宽攻破杨子琳,收复成都府。是月,五星并聚于东井,占曰:中国之利也。乙亥,王缙赴镇州。

八月己未,月掩毕。辛酉,月入东井。壬戌,吐蕃十万寇灵武。荧惑犯太微垣。丁卯,吐蕃寇邠州,京师戒严。戊辰,邠宁节度使马璘破吐蕃二万于邠州。御史大夫崔涣为税地青苗钱使,给百官俸钱不平,诏尚书左丞蒋涣按鞫,贬崔涣为道州刺史。庚午,河东节度使、检校左仆射、太原尹、同中书下平章事辛云京卒。门下侍郎、同中书门下平章事、兼幽州长史、持节、河南副元帅、都统河南淮西山南东道诸节度行营、兼幽州卢龙等军节度使、太微宫使、弘文馆大学士、兼东都留守、齐国公王缙兼太原尹、北都留守,充河东军节度,余官使并如故。辛未,以门下侍郎、同中书门下平章事、山剑副元帅、太清宫使、崇玄馆大学士杜鸿渐兼东都留守。

九月壬申,郭子仪自河中移镇奉天。岁星入舆鬼。丁丑,济王环薨。荧惑入太微垣。壬午,吐蕃寇灵州。甲申,以尚书左丞蒋涣为华州刺史,充镇国军潼关防御使。丙戌,检校户部尚书、知省事、邓国公张献诚卒。丁亥,工部尚书赵国珍卒。庚寅,以前华州刺史张重光为尚书左丞。壬辰,灵州将白元光破吐蕃二万于灵武。戊戌,灵武奏破吐蕃六万,百僚称贺,京师解严。

冬十月甲寅,朔方留后、灵武大都督府长史常让光加检校工部尚书。乙未,以京兆尹李勉为广州刺史,充岭南节度使。丁卯,子仪自奉天来朝。

十一月丁亥,幽州留后朱希彩为幽州长史,充幽州卢龙节度使。癸巳,加廊下百官厨料,增旧五分之一。

十二月壬寅,道州刺史崔涣卒。己酉,以邠宁节度使马璘为泾原节度,移镇泾州,其邠宁割隶朔方军。邠州将吏以烧马坊为乱,兵马使段秀实斩其凶首八人,方定。

四年春正月庚午朔。甲戌,大风。乙亥,大雪,平地盈尺。甲申,日有蚀之。子仪回河中。戊子,敕有司定王公士庶每户税钱,分上、中、下三等。宗室颍州刺史李峄专杀,法司以议亲,宜赐自尽。乙未,福建观察使李承昭请徙汀州于长汀县之白石村,从之。黑衣大食国使朝贡。

二月乙巳,以泸州刺史杨子琳为陕州刺史。乙卯,宰臣杜鸿渐让山剑副元帅,从之。丙辰夜,地震,有声如雷者三。辛酉,以湖南都团练观察使、衡州刺史韦之晋为潭州刺史,因是徙湖南军于潭州。江西团练使魏少游来朝。

三月壬申,诏:

夫计人而置官,度事而赋任,因时立制,损益在焉。吏足以理人,人足以奉吏,则官称其禄,禄当其秩,然后上下相乐,公私不匮。昔汉光武时及魏太和中,并减吏员,兼省乡邑,致理之道,此其一隅。今连岁治戎,天下凋瘵,京师近甸,烦苦尤重,比屋流散,念之恻然。人寡吏多,困于供费,欲其苏息,不可得也。设令廉耻守分,以奉科条,犹有禄廪之烦,役使之弊;而况贪猾纵欲,而动逾典章,作威以虐下,厚敛以润己者乎!古者县置大夫一员,足以为治,奚必贰佐分掌而后治耶?且京畿户口,减耗大半,职员如旧,何以堪之?岂可以重困之人,供不给之费。使人不倦,其在变通,制事之宜,式从省便。其京兆府长安、万年宜各减丞一员、尉两员,余县各减丞、尉一员。余委吏部条件处分。

吏部尚书裴遵庆为右仆射,刘晏改吏部尚书。庚寅,江西团练使魏少游封赵国公。丙申,复置仙州。

夏四月壬寅,陕州虞邑县复为安邑县,虢州天平县复为湖城县。

五月丙戌,京师地震。辛卯,以仆固怀安女为崇徽公主,嫁回纥可汗,仍令兵部侍郎李涵往册命。

六月丁酉,以太子詹事臧希让检校工部尚书,充渭北节度,以渭北节度李光进为太子太保。辛亥,升辰州为都督府,析辰、巫、溪、锦、业等州置团练观察使。

秋七月己丑,以沣州刺史崔瓘为潭州刺史、湖南都团练观察使。癸未,诏:

至理之代,先德后刑,上欢然以临下,下欣然以奉上,祸乱不作,法令可施。去圣久远,薄于教化,简书填委,狱讼烦兴。苛吏舞文,冤人致辟,思欲刷耻改行,厥路无由,岂天地父母慈爱之意也!朕主三灵之重,托群后之上,夕惕若厉,不敢荒宁。内访卿士，外咨方岳，日不暇给，八年于兹，而大道淳风，郁而不振。四郊多垒，连岁备边，师旅在外，役费尤广，赋役转输，疾耗吾人，困竭无聊，穷斯滥矣。下庶暗昧，不见刑网，戎士在军，未习法令，犯禁抵罪，其徒实繁。犴狴之间，未详事实，吏议不决，动淹时月，伤沮和气，屡彰咎征。此皆朕之不明，教之未至，上失其道而绳下以刑，敢不罪己以答灾眚。人者君之支体，害之则君有所伤；刑者教之辅助，失之则人无所措。虑有冤滥，惨然忧伤，用明慎罚之典，俾弘在宥之泽。其天下见禁囚，死罪降从流，流已下释放，左降、流人、移隶等，委所司奏听进止。如闻州县官比来率意恣笔粗杖，不依格令，致使殒毙，深可哀伤。频有处分，仍闻乖越。自今已后，非灼然蠹害，不得辄加非理，所司严加纠察以闻。

先是皇姨弟薛华因酒色之忿，手刃三人，弃尸于井，事发系狱，赐自尽，故有是诏。

八月丙申朔。自夏四月连雨至此月，京城米斗八百文。官出米二万石，减估而粜，以惠贫民。己卯，虎入长寿坊元载家庙，射生将周皓引弩毙之。

冬十月乙卯，以汝州刺史孟皞为京兆尹。

十一月辛未，禁畿内弋猎。乙亥，门下侍郎、同中书门下平章事、卫国公杜鸿渐卒。丙子，以左仆射、翼国公裴冕同中书门下平章事，充东都留守、河南淮南淮西山南东道副元帅。

十二月乙未，敕左右补阙、拾遗、内供奉员左右各置两员，余罢之。戊戌，裴冕卒。辛酉，敕京兆府税宜分作两等，上等每亩税一斗，下等税六升，能耕垦荒地者税二升。

五年春正月乙丑朔。辛卯，以陕州节度使皇甫温判凤翔尹，充凤翔、河陇节度使；凤翔节度使李抱玉判梁州事，充山南西道节度使。壬申，河南尹张延赏兼御史大夫，充东都留守。罢河南、淮西、淮南、山南东道副元帅，所管军隶东都留守。

二月戊戌,李抱玉移镇周至,凤翔军忿,纵兵大掠,数日乃止。己亥,废仙州,以襄城、叶县隶汝州。诏罢鱼朝恩观军容使。己巳,朝恩自缢而死。戊寅,诏定京兆府户税。夏税,上田亩税六升,下田四升。秋税,上田亩五升,下田三升,荒田开垦者二升。己丑,敕:

唐虞之际,内有百揆,庶政惟和。至于宗周,六卿分职,以倡九牧。《书》曰:龙作纳言,帝命惟允。《诗》云:仲山甫,王之喉舌。皆尚书之任也。虽西汉以二府分理,东京以三分总务;至于领录天下之纲,综核万事之要,邦国善否,出纳之由,莫不处正于会府也。令、仆以综详朝政,丞、郎以弥纶国典,法天地而分四序,配星辰而统五行,元本于是乎在。九卿之职,亦中台之辅助,小大之政,多所关决。自王室多难,一纪于兹,东征西伐,略无宁岁。内外荐费,征求调发,皆迫于国计,切于军期,率于权便裁之,新书从事,且救当时之急,殊非致理之道。今外虞既平,罔不率俾,天时人事,表里相符。将明画一之法,大布惟新之命,陶甄化源,去末归本。

魏、晋有度支尚书,校计军国之用,国朝但以郎官署领,办集有余。时艰之后,方立便额,参佐既众,簿书转烦,终无弘益,又失事体。其度支使及关内、河东、山南西道、剑南西川转运常平盐铁等使宜停。礼仪之本,职在奉常,任年置使,因循未改,有乖旧制,实旷司存。委太常卿自举本职,其使宜停。汉朝丞相与公卿已下五日一决事,帝亲断可否。且国之安危,不独注于将相;考之理乱,固亦在于庶官。尚书、侍郎、左右丞及九卿,参领要重,朕所亲倚,固当朝夕进见,以之匡益也。并宜详校所掌,具陈损益,如非时宜,须有奏议,亦听诣阁请对,当亲览其意,择善而从。

朕受昊天之成命,承累圣之鸿业,齐心涤虑,夙夜忧劳。顾以不敏不明,薄于德化,致使旧章多废,至理未弘,其心愧耻,终食三叹。虽诏书屡下,以申振恤,且朝典未举,犹深郁悼。思与百辟卿士,励精于理,俾国经王道,可举而行,各宜承式,以恭尔位。诸州置屯亦宜停。

于是悉以度支之务委于宰相。辛卯,以兵部侍郎贾至为京兆尹,士淹为处以京西兵马使李忠臣为凤翔尹,代皇甫温;温移镇陕州。

庚子,湖南都团练使崔灌为为其兵马使臧玠所杀,玠据潭州为乱。澧州刺史杨子琳、道州刺史裴虬、衡州刺史杨济出军讨玠。乙巳夜,岁星入轩辕。丙午,复置先农、马祖坛,祀之。丁未,封幽州节度使朱希彩为高密郡王。己未夜,彗起五车,长三丈。庚申,宰臣太原尹王缙入朝。

五月辛未,刑部侍郎黎干为桂州刺史、桂管防御经略招讨观察等使。己卯夜,彗起北方,其色白。庚辰,贬礼仪使、礼部尚书裴士淹为虔州刺史,户部侍郎、判度支第五琦为饶州刺史,皆鱼朝恩党也。元载既诛朝恩,下制罢使,仍放黜之。癸未,以羽林大将军辛京杲为潭州刺史、湖南观察使。甲申,西北白气竟天。徙置当、悉、相、静、恭五州于山险要害地,备吐蕃也。

六月己未,彗星始灭,赦天下见禁囚徒。

秋七月丁卯,以浙东观察使、越州刺史、御史大夫薛兼训为检校工部尚书、太原尹、北都留守,充河东节度使。是月,京城斗米千文。

八月辛卯,宰臣元载上疏请置中都于河中府,秋秒行幸,春中还京,以避蕃戎侵寇之患。疏入不报。载疏大旨以关辅、河东等十州户税入奉京师,创置精兵五万,以威四方,辞多捭阖,欲权归于己也。

九月丁丑,以宣歙池等州都团练观察使、宣州刺史、兼御史中丞陈少游充浙江东道团练观察使。吐蕃寇永寿。汴州田神功来朝。

十二月乙未,改巫州为溆州,业州为蒋州。

六年春正月己未朔。戊寅,于鄜州之析城置肃戎军。二月乙酉,御史大夫敬栝卒。

夏四月丁巳,上御宣政殿试制举人,至夕,策未成者,令太官给烛,俾尽其才。己未,澧州刺史杨子琳来朝,赐名猷。丁丑,改泉州为充州。戊寅,诏:"纂组文绣,止害女红。今师旅未息,黎元空虚,岂可使淫巧之风,有亏常制。其缕锦花文所织,盘龙、对凤、麒麟、狮子、天马、辟邪、孔雀、仙鹤、芝草、万字、双胜、透背,及大锦绵、竭凿六破已上,并宜禁断。其长行高丽白锦、大小花缕锦,任依旧例织造。有司明行晓谕。

五月癸卯,以河南尹张延赏为御史大夫。

秋七月乙巳,月掩毕。

八月乙卯,淮南节度使韦元甫卒。丙辰,以东都副留守常休明为检校左散骑常侍、河阳三城使。夏旱,此月己未始雨。庚午,以御史大夫张延赏为扬州大都督府长史、淮南节度使。丙午,以苏州刺史、浙江观察使李栖筠为御史大夫。丁丑,获白兔于太极殿之内廊。庚辰夜,月入紫微垣。

九月壬辰夜,荧惑犯哭星。自八月连雨,害秋稼。戊申,于轮台置静塞军。辛亥,荧惑入壁垒。

冬十月壬午,沧州置横海军。

十一月己亥,文单国王婆弥来朝,献驯象一十一。壬寅夜,月入太微,又掩氐。十二月己未,江西观察使、检校刑部尚书魏少游卒。庚午,制以文单王婆弥为开府仪同三司、试殿中监。

是岁春旱,米斛至万钱。

七年春正月癸未朔。戊子,于魏州顿邱县,置澶州。以顿邱县之观城店置观城县,以张之清丰店置清丰县,并割魏州之临黄县,并隶澶州。以贝州临清县之张桥店置永济县。乙未,月犯轩辕。庚子,以检校户部尚书路嗣恭为洪州刺史、兼御史大夫、江西观察使。辛丑,太常卿杨绾兼充礼仪使。甲辰,回纥使出鸿胪寺劫掠坊市,吏不能禁止,复三百骑犯金光、朱雀等门。是日皇城诸门皆闭,慰谕之方止。

二月甲寅,以兵部侍郎李涵为苏州刺史、兼御史中丞,充浙西观察使。镇星临太微。戊午夜,月掩天关。

三月壬辰,招谏议大夫置四员为定。

夏四月甲寅,回纥王子李秉义卒,归国宿卫赐名也。

五月乙酉,雨雹,大风折树。丙戌夜,月入太微。辛卯,徙忻州之七圣容于太原府之紫极宫。乙未,诏:

> 跻于道者,化淳而刑措;善于理者,纲举而网疏。朕涉道未弘,烛理多昧,常亦遐想太古,高挹玄风,保合太和,在宥天下,盖德薄而未臻也。是用因时以设教,便俗以立防,务尽平恕,用申哀恤,又化浅而多犯也。加以边虞未戢,徭赋适繁,荒废之际,寇攘斯起。遂令圜土嘉石之下,积有系囚;竹章牙简之中,困于法吏。属盛阳之候,大暑方蒸,仍念狴牢,何堪郁灼?所以沴伤和气,感致咎征,天道人事,岂相远也!如闻天下诸州,或愆时雨,首种不入,宿麦未登。哀我矜人,何时不恐?皆由朕过,益用惧焉。惕然忧嗟,深自咎责。所以减膳撤乐,别居斋宫,祷于神明,冀获嘉应。仲夏之月,静事无为,以助晏阴,以弘长养。断薄决小,已过于麦秋;继长增高,宜顺乎天意。可大赦天下,见禁囚徒,罪无轻重,一切释放。

癸亥,以检校礼部尚书蒋涣充东都留守。

六月庚戌朔,有司言日蚀,阴云不见。丁丑,诏诫薄葬,不得造假花果及金手脱宝钿等物。

秋七月癸巳,回纥番客夺长安县令邵说所乘马,人吏不能禁。

八月庚戌,赐北庭都护曹令忠姓名曰李元忠。

九月乙未,工部尚书于休烈卒。

冬十月壬子,上畋于苑中,矢一发贯二兔,从臣皆贺。辛未,以权知幽州卢龙节度留后朱泚检校左散骑常侍,充幽州卢龙节度使。丙子以太府卿吕崇贲为广州都督,充岭南节度使。

十一月庚辰,诏:自顷蕃戎入寇,巴南屡多征役,其巴、蓬、渠、集、壁、充、通、间等州,宜放二年租庸。甲申,以福建观察使李承昭为礼部尚书,华州刺史李琦为福州刺史、福建都团练观察使。辛卯,以岭南节度使李勉为工部尚书。

十二月丙寅，雨土。是夜，长星出于参。辛未，滑州置永平军。壬子，禁铸铜器。癸酉，大雪。

是秋稔。回纥、吐蕃、大食、渤海、室韦、靺鞨、契丹、奚、牂牁、康国、石国并遣使朝贡。

八年春正月丁丑朔。壬午，昭义军节度、检校右仆射、相州刺史薛嵩卒。癸卯，敕天下青苗地头钱每亩十五文，率京畿三十文，自今一例十五文。京官三品已上郎官御史，每年各举一人堪为刺史县令者。

甲子，御史大夫李栖筠弹吏部侍郎徐浩。丁卯，幽州节度使朱泚加检校户部尚书，封怀宁郡王。徐浩、薛邕违格，并停知选事。壬申，永平军节度使、检校右仆射、滑州刺史、霍国公令狐彰卒，遗表荐刘晏、李勉代己。

丙子，以工部尚书李勉兼御史大夫、滑州刺史，充永平军节度、滑亳观察等使。

夏四月戊申，乾陵上仙观天尊殿有双鹊衔紫泥补殿之隙缺，凡十五处。戊午，以太仆卿吴仲孺为鄂州刺史、鄂岳沔等州团练观察使。

五月乙酉，贬吏部侍郎徐浩明州别驾，薛邕歙州刺史，京兆尹杜济杭州刺史，皆坐典选也。以太府卿于颀为京兆尹。辛卯，郑王邈薨，赠昭静太子。壬辰，曲赦京城系囚。癸卯，诏赦天下系囚，死罪降从流，流已下并放。

六月，陇州华亭县置义宁军。癸亥，户部侍郎、判度支韩滉奏安邑盐池生乳盐。

是夏，城奉天以备蕃寇。

秋七月己卯，太白入东井。乙未，月掩毕。

八月甲寅，诏吏部尚书刘晏知三铨选事。己未吐蕃寇灵武。庚午，灵武奏蕃军退去。辛未，幽州节度使朱滔弟滔率五千骑来朝，请河西防秋。诏千骑迓于国门,许自皇城南面出开远门,赴泾州行营。

九月癸酉,临晋公主薨。壬午,岭南节度使、广州刺史吕崇贲为部将哥舒晃所杀。癸未,晋州男子郇谟以麻辫发,持竹筐及苇席,哭于东市,请进三十字,如不称旨,请裹尸于席筐。上召见,赐衣,馆之禁中。内二字"监团",欲去诸道监军、团练使也。丁亥,贬左巡使、殿中侍御史杨护,以其抑郇谟而不上闻也。戊子,诏京官五品以上各上封事,言政得失。是岁,大有年己丑夜,太白入太微。甲午,东都留守蒋琼兼知东都贡举。戊戌,以辰锦观察使李昌夒为桂州刺史、桂管防御观察使。大鸟见武功,肉翅狐首,四足有爪,爪长四尺三寸,毛赤如蝙蝠,群鸟随而噪之。神策将张白芬射毙以献。

冬十月癸卯,魏博田承嗣加同平章事。丁巳夜,月掩毕。吐蕃寇泾州、邠州。甲子,子仪先锋将浑瑊与吐蕃战于宜禄,我师不利。瑊与泾白马璘极力追蹑,蕃军溃去。乙丑,以江西观察使路嗣恭为广州刺史,充岭南节度使,封翼国公。以浙东观察使、越州刺史陈少游为扬州大都督府长史,充淮南节度使。戊辰,郭子仪奏破吐蕃十万,百僚称贺。己卯夜,月入羽林。癸巳,月入太微。

十一月壬寅朔。庚戌,汴宋节度使田神功来朝。辛酉,淮西节度使李忠臣来朝。

十二月癸酉,月入羽林。

自冬无雪。

是岁,大有年。

九年春正月庚子朔。壬寅,汴宋节度使、太子少师、检校尚书右仆射、兼御史大夫、汴州刺史田神功卒。沣朗两州镇遏使、沣州刺史杨猷擅浮江而下,至鄂州。诏许赴汝州,遂溯汉而上,复、郢、襄等州皆闭城拒之。

二月己丑,以田神功弟神玉权知汴宋留后。癸巳,郭子仪自邠州来朝,李抱玉自凤翔来朝。

三月丙午,禁畿内渔猎采捕,自正月至五月晦,永为常式。戊子,以沣州刺史杨猷为洮州刺史。

夏四月丁丑,月入太微。己卯,以桂管观察使黎干为京兆尹、兼御史大夫。甲申,中书舍人常衮率两省官一十八人诣阁请论事,诏三人各尽所怀。乙酉,诏郭子仪等大阅兵师以备吐蕃。壬辰,诏赦大辟以下系囚无轻重释放。乙未,华阳公主薨,上悲惜之,累日不听朝,宰臣抗疏陈请之。

庚戌,废沤州。庚申,诏度支使支七十万贯、转运使五十万贯和籴,岁丰谷贱也。乙丑,诏:

> 四海之内,方协大宁,西戎无厌,独阻王命,不可忘战,尚劳边事。朕顷以兵革之后,军国空耗,躬率节俭,务勤农桑。上玄储休,及岁大稔,益用多愧,不知其然。虽属此人和,近于家给,而边谷未实,戎备犹虚。因其天时,思致丰积,将设平籴,以之馈军。然以中都所供,内府不足,粗充常入之数,岂齐倍余之收。其在方面荩臣,成兹大计,共佐公家之急,以资塞下之储。每道岁有防秋兵马,其淮南四千人,浙西三千人,魏博四千人,昭义二千人,成德三千人,山南东道三千人,荆南二千人,湖南三千人,山南西道二千人,剑南西川三千人,东川二千人,鄂岳一千五百人,宣歙三千人,福建一千五百人。其岭南、浙东、浙西,亦合准例。恐路远往来增费,各委本道每年取当使诸色杂钱及回易利润、赃赎钱等,每人计二十贯。每道据合配防秋人数多少,都计钱数,市轻货送纳上都,以备和籴,仍以秋收送毕。

泾原节度使马璘来朝。丙寅,加马璘尚书左仆射、知省事。璘讽将士进状求宰相,故有是授。幽州节度使朱泚遣弟滔奉表请自入朝,兼自率五千骑防秋。许之,诏所司筑第待之。

己卯,月掩南斗。庚辰,月入太微。

秋七月甲辰,月掩房,又入羽林。久旱,京兆尹黎干历祷诸祠,未雨。又请祷文宣庙,上曰:“丘之祷久矣。”

八月辛未,以虢州刺史宋晦为同州刺史,充长春宫营田等使。

戊寅，以陕州大都督府长史皇甫温为越州刺史，充浙东观察使。辛卯，月掩轩辕。

九月庚子，幽州节度使朱泚来朝。乙巳，渭北节度使、坊州刺史臧希让卒。

是秋大雨。

冬十月壬申，信安王瑝薨。乙亥，梁王璿薨。以前宣州刺史季广琛为右散骑常侍。

十一月戊戌，大雪，平地盈尺。庚子，以商州刺史李国清为陕州大都督府长史，充陕州观察使。

十二月庚寅，以中书舍人杨炎、秘书少监韦肇并为吏部侍郎，中书舍人常衮为礼部侍郎。壬辰，赦京系囚，死罪降从流，流已下并释放。

十年春正月乙未朔。己酉，昭义牙将裴志清逐其帅薛崿。薛崿奔洺州，上章待罪。志清率众归田承嗣。壬寅，寿王瑁薨。乙未，朱泚抗表乞留京师，西征吐蕃，请以弟滔权为幽州留后，许之。以昭义将薛择为相州刺史，薛雄为卫州刺史，薛坚为洺州刺史，皆嵩之族人也。戊申，遣使慰谕田承嗣，令各守封疆，承嗣不奉诏。壬子，充州复为果州。癸丑，田承嗣盗取洺州，又破卫州。

二月己丑，盗杀卫州刺史薛雄。丙寅，罢辰、锦、溪、奖五州经略使，复隶黔中。辛未，制第四子述封睦王，充岭南节度度支营田、五府经略观察处置等大使。第五子逾可封郴王，充渭北鄜坊等州节度大使。第六子连封恩王。第七子韩王迥可充汴宋节度大使。第八子遘可封郯王。第十三子造封忻王，充昭义节度大使。第十四子遑封韶王。十五子运封嘉王。十六了遇封端王。十七子遹封循王。十八子通封恭王。十九子达封原王。二十子逸封雅王。并可开府仪同三司，不出阁。丙子，以华州刺史李昭承为相州刺史，知昭义兵马留后。时田承嗣尽盗入相、卫所管四州之地，自署长吏。是日河阳军乱，逐城使常休明，迫牙将王惟恭为留后，军士大掠数日。休明奔东都。甲申,以平卢淄青节度观察海运押新罗渤海两蕃等使、检校工部尚书、青州刺史李正己检校尚书左仆射;前陇右节度副使、陇州刺史马燧为商州刺史,充本州防御使。

三月甲午,陕州军乱,逐观察使李国清,纵兵大掠。国清卑词遍拜将士,方免祸,一夕而定。乙巳,薛嵩、常休明至阙下,素服待罪。丁未,以左散骑常侍孟皞为叶州刺史,充潼关防御使。庚戌,荧惑入壁垒。

四月,太常寺奏:诸州府所用斗秤,当寺给铜斗秤,州府依样制造而行。从之。乙丑,制:魏博节度使、开府仪同三司、太尉、检校尚书左仆射、同中书门下平章事、魏州大都督府长史、上柱国、雁门郡王田承嗣可贬永州刺史。仍诏河东、镇冀、幽州、淄青、淮西、滑亳、汴宋、泽潞、河阳道出师进讨。甲申,大雨雹,暴风拔树,飘屋瓦,落鸱吻,人震死者十之二,京畿损稼者七县。

五月乙未,田承嗣部将霍荣国以磁州归。癸卯,剑南置昌州。罢两都贡举,都集上都,停童子科。

六月辛未,田承嗣遣其党裴志清攻围冀州,为李宝臣所败。

秋七月己未,户部尚书畅悦卒。杭州大风,海水翻潮,溺州民五千家,船千艘。

八月丁卯,田承嗣上表请束身归朝。戊子夜,月入太微。己丑,田承嗣将卢子期攻磁州。

九月戊戌,荆南节度使卫伯玉来朝。壬寅,宥京城系囚。戊申,回纥白昼杀人于市,吏捕之,拘于万年狱。其首领赤心持兵入县,劫囚而出,斫伤狱吏。月晕,荧惑犯昴、五车、参、东井等星。癸丑,吐蕃寇陇州,凤翔李抱玉击退之。戊午,幽州节度使朱泚镇奉天。

冬十月辛酉,日有蚀之。癸亥,以商州刺史马燧检校左散骑常侍、河阳三城使。甲子,昭义节度使李承昭卢子期战于磁州清水县,大破之,生擒子期以献。丙寅,贵妃独孤氏薨,追赠曰贞懿皇后。己丑,尚书右仆射裴遵庆卒。十一月辛卯,新平公主薨。丁酉,田承嗣所署瀛州刺史吴希光以城降。丁未,路嗣恭攻破广州,擒哥舒晃,斩首以献。

十一年春正月庚寅朔，田承嗣上表请罪。壬辰，遣谏议大夫杜亚使魏州宣慰，许其自新。辛亥，剑南节度使崔宁奏大破吐蕃二十万，斩首万级，生擒首领一千一百五十人，献于阙下。

二月癸亥，荆南节度使卫伯玉卒于京师。戊子，河阳军复乱，大掠三日，监军使冉廷兰率兵斩其乱首，方定。戊申，昌乐公主薨。辛亥，御史大夫李栖筠卒。

夏四月戊午朔。丙子，以浙西观察使、苏州刺史、御史大夫李涵知台事，充京畿观察使。己卯，以前淮南节度使、扬州大都督府长史、御史大夫张延赏为江陵尹、兼御史大夫，充荆南节度使。

五月癸巳，以永平军节度使李勉为汴州刺史，充汴宋等八州节度观察留后。时汴将李灵耀专杀濮州刺史孟鉴，北连田承嗣，故命勉兼领汴州。授灵耀濮州刺史，灵耀不受诏。

六月戊戌，以李灵耀为汴州刺史，充节度留后。

秋七月戊子夜，暴澍雨，平地水深盈尺，沟渠涨溢，坏坊民千二百家。庚寅，田承嗣兵寇滑州，李勉拒战而败。

八月丙寅，幽州节度使朱泚加同中书门下平章事。李灵耀据汴州叛。甲申，命淮西李忠臣、滑州李勉、河阳马燧三镇兵讨之。

闰月丁酉，太白经天。

九月乙丑，李忠臣等兵进营郑州，灵耀之众来薄战。淮西兵乱，乃退军于荥泽。戊辰，淄青李正己奏取郓、濮二州。

冬十月乙酉，忠臣军破贼于中牟，进军，又败贼于汴州郭外，乃攻之。乙丑，承嗣遣侄悦率兵三万援灵耀。丙午，淮西、河阳之师合击田悦营，其众大败，悦脱身北走。灵耀闻悦之败，弃城遁走。汴州平。丁未，滑将杜如江生擒灵耀而献。

十二月丁亥，加平卢淄青节度使、检校尚书左仆射、青州刺史、饶阳王李正己为检校司空、同中书门下平章事，成德国节度使、太子太傅、检校尚书左仆射、陇西郡王李宝臣检校司空、同中书门下平章事。庚寅，泾原节度使、检校尚书左仆射、知省事、扶风郡王马璘卒。丁酉，以泾原节度副使、试太常卿、张掖郡王段秀实权知河东节度留后，北都留守薛兼训病故也。昭义节度使李承昭抗表称疾，以泽潞行军司马李抱玉权知磁、邢兵马留后。庚戌，加淮西节度、检校右仆射、安州刺史、西平郡王李忠臣检校司空、同中书门下平章事，仍兼汴州刺史。

十二年春正月甲寅朔。辛酉，以四镇北庭泾原节度副使、知节度使事、张掖郡王段秀实为泾州刺史、兼御史大夫，充本州团练使。月掩轩辕。渤海使献日本国舞女十一人。癸酉夜，月掩心前大星，又入南斗魁。京师旱，分命祈祷。

二月戊子，淄青节度使李正己之子纳为青州刺史，充淄青节度留后。丁未，以朗州刺史李国清为黔州刺史、经略招讨观察使。

三月乙卯，河西陇右副元帅、凤翔怀泽潞秦陇等州节度观察等使、兵部尚书、同中书门下平章事、潞州大都督府长史、知凤翔府事、上柱国、凉国公李抱玉卒。壬戌，月入太微。癸亥，以太原少尹、河东节度行军司马、权知河东留后鲍防为太原尹、御史大夫，充北都留守、河东节度使。戊辰夜，月逼心前星。庚午，左降官永州刺史田承嗣复授魏博节度使，官并如故。承嗣侄悦、子绾绪纶并复旧官。庚辰，宰相元载、王缙得罪下狱，命吏部尚书刘晏讯鞫之。辛巳，制：中书侍郎、平章事元载赐自尽，门下侍郎、平章事王缙贬括州刺史。

夏四月壬午，以朝议大夫、守太常卿、兼修国史杨绾为中书侍郎，尚书礼部侍郎；集贤院学士常衮为门下侍郎，并同中书门下平章事。癸未，以右庶子潘炎为礼部侍郎。贬吏部侍郎杨炎为道州司马，元载党也。谏议大夫、知制诰韩洄、王定、包佶、徐璜，户部侍郎赵纵，大理少卿裴翼，太常少卿王纮，起居舍人韩会等十余人，皆坐元载贬官也。给事中杜亚使魏州，赐田承嗣铁券。癸巳，以前秘书监李揆为睦州刺史。揆故宰相，为元载所忌，二十年流落丐食江湖间，载诛，方得为郡。又召颜真卿于湖州，亦载所忌斥外也。乙未，月掩心前星。丁酉，西川破吐蕃于望汉城，擒蕃将大笼官论器然以献。壬寅，以前商州刺史乌崇福为安南都护、本管经略使。渤海、奚、契丹、室韦、靺鞨并遣使朝贡。己酉，加京官料钱，文武班诸司共二千七百九十六员，文官一千八百五十四员，武官九百四十二员，岁加给一十五万六千贯，并旧给凡二十六万贯。以关内副元帅、兵马使浑瑊兼邠州刺史。

五月辛亥，罢天下州团练守捉使名。甲寅，诸道邸务在上都名曰留后，改为进奏院。丙辰夜，月入太微。辛酉，贬刑部尚书王昂连州刺史，昂至万州卒。庚午，敕毁元载祖、父坟，剖棺弃骸，焚毁私庙主于大宁里。甲戌，以前安南都护张伯仪为广州刺史、兼御史大夫，充岭南节度使。

六月癸巳，时小旱，上斋居祈祷，圣体不康，是日不视朝。

秋七月戊午，罢润州丹阳军、苏州长洲军。己巳，中书侍郎、同中书门下平章事、集贤殿崇文馆大学士、兼修国史杨绾卒。

八月癸巳，赐东川节度使鲜于叔明姓李氏。癸卯，宰臣让赐食。先是元载、王缙辅政，每日赐食，因为故事。至是，常衮等上表云："飨钱已多，更颁御膳，胡颜自安，乞停赐食。"从之。甲辰，以湖州刺史颜真卿为刑部尚书。乙巳，以久雨宥常参百僚，不许御史点班。

九月乙卯，许以庶人礼葬元载。辛酉，以泾原节度副使段秀实为四镇北庭行营、泾原郑棣等节度使。庚午，吐蕃寇坊州，掠党项羊马而去。

是秋，宋、亳、陈、滑等州水。

冬十月丁亥，户部侍郎、判度支韩滉官解县两池生瑞盐，乃置祠，号宝应庆池。壬寅夜，月掩昴，又入太微。乙巳，以滑州牙将刘洽为宋州刺史。京兆尹黎干奏水损田三万一千顷。度支使韩滉奏所损不多。兼渭南令刘藻曲附滉，亦云部内田不损。差御史赵计检渭南田，亦附滉云不损。上曰："水旱咸均，不宜渭南独免。"复命御史朱敖检之，渭南损田三千顷。上叹息曰："县令职在字人，不损亦宜称损，损而不闻，岂有恤隐之意耶！"刘藻、赵计皆贬官。

十一月癸丑,太白临哭星。乙卯夜,月入羽林。癸酉,以右散骑常侍萧昕为工部尚书。刑部尚书颜真卿献所著《韵海镜源》三百六十卷。

十二月丁亥,西川崔宁奏于西山破吐蕃十万,斩首八千,生擒九百人。己亥,天下仙洞灵迹禁樵捕。庚子,以幽州节度使朱泚兼陇右节度副大使,权知河西、泽潞行营兵马事。京兆尹请修六门堰,许之。

十三年春正月戊申朔。辛酉,坏白渠碾硙八十余所,以夺农溉田也。壬戌,刑部尚书、鲁郡公颜真卿三抗章乞致仕,不允。淄青节度使李正己请附属籍,从之。戊辰,回纥寇太原,鲍防与之战,我师不利。朱泚徙封遂宁郡王。

二月庚辰,代州都督张光晟击回纥,战于羊武谷,破之,北人乃安。己亥,吐蕃寇灵武。甲辰,太仆寺佛堂有小脱空金刚右臂忽有黑汗滴下,以纸承之,色类血。

三月甲戌,河阳将士劫回纥辎重,因与相斗,纵兵大掠,久之方定。

四月丁亥,以浙西观察留后李道昌为苏州刺史,兼御史中丞,充浙西都团练观察使。己丑,以前浙西观察使李涵为御史大夫。甲辰,吐蕃寇灵州,朔方留后常谦光击败之。

五月戊午,宦官刘清潭赐名忠翼。

六月戊戌,陇右节度使朱泚于军士赵贵家得猫鼠同乳不相害,笼而献之。

秋七月壬子,中书舍人崔佑甫知吏部选事。癸丑,剑南节度使崔宁加检校司空,东川李叔明加检校工部尚书。辛未,吐蕃寇盐州、庆州。

八月甲戌朔,成德军节度使李宝臣抗章请复本姓张氏,从之。

冬十月丁酉,葬贞懿皇后于庄陵。

十一月丁卯,日长至,有司祀昊天上帝于南郊,上不视朝故也。

十二月丙戌,以吏部尚书刘晏为左仆射,判使如故。以给事中杜亚为洪州刺史、兼御史中丞,充江西观察使。以江西观察使路嗣恭为兵部尚书。

是岁,郴州黄山崩,压死者有数百人。

十四年春正月壬寅朔。壬戌,以楚州刺史李泌为沣州刺史。

二月癸未,魏博七州节度使、太尉、检校尚书左仆射、同中书门下平章事、魏州大都督府长史田承嗣卒。甲申,以魏博中军兵马使、左司马田悦兼御史中丞,充魏博节度留后。

三月丁未,汴宋节度使李忠臣为麾下将族侄李希烈所逐,忠臣狼狈归朝。上以忠臣立功于国,乃授检校司空、同平章事。庚戌,以河南严郢为京兆尹,河中少尹、知府事赵惠伯为河南尹。辛酉,以前容管经略使、容州刺史王雄为河中少尹、知府事。

夏四月癸未,成德军节度使张宝臣复请姓李,从之。

五月癸卯,上不康,至辛亥,不视朝。北都留守鲍防以北庭归朝。辛酉,诏皇太子监国。是夕,上崩于紫宸之内殿。遗诏皇太子柩前即位。壬戌,迁神柩于太极殿,发丧。

八月庚申,群臣上尊谥曰睿文孝武皇帝,庙号代宗。

十月己酉,葬于元陵。十二月丁酉,祔于太庙。

史臣曰:呜呼,治道之失也,若河决金堤,火炎昆仑,虽神禹之乘四载,玄冥之洒八瀛,亦不能堙洪涛而扑烈焰者,何也?良以势既坏而不能遽救也。观夫开元之治也,则横制六合,骏奔百蛮;及天宝之乱也,天子不能守两都,诸侯不能安九牧。是知有天下者,治道其可忽乎!明皇之失驭也,则禄山暴起于幽陵;至德之失驭也,则思明再陷于河洛;大历之失驭也,则怀恩乡导于犬戎。自三盗合从,九州鼎沸,军士膏于原野,民力殚于转输,室家相吊,人不聊生,而子仪号泣于用兵,元载殷忧于避狄。然而代宗皇帝少属乱离,老于军旅,识人间之情伪,知稼穑之艰难,内有李、郭之效忠,外有昆戎之幸利。遂得凶渠传首,叛党革心,关辅载宁,獯戎渐弭。至如稔辅国之恶,议元振之罪,去朝恩之权,不以酷刑,俾之自咎,亦立法念功之旨也。罪已以伤仆固,彻乐而悼神功,惩缙、载之奸回,重衮、绾之儒雅,修己以禳星变,侧身以谢咎征,古之贤君,未能及此。而犹有李灵耀作梗,田承嗣负恩,命将出军,劳师弊赋者,盖阳九之未泰,岂君道之过欤!

赞曰:群盗方梗,诸戎竞侵。猛士尝胆,忠臣痛心。扫除沴气,敷衍德音。延洪纳祉,帝虑何深。

按:本卷错简两节,均经后人校正,若循原式,阅者殊苦不便,兹亦遵改,并于衔接处各加○,以存其迹,其原式如左:

今第十六页前十二行"崔瓘为潭州刺史,湖南"下原接今第十七页前十二行"凤翔,移镇鳌屋"。

今第十七页前十二行"二月戊戌,李抱玉"下原接今第十八页前十一行"为其兵马使臧玠所杀"。

今第十八页前十一行"湖南都团练使崔瓘为"下原接今第十六页前十三行"都团练观察使。癸未,诏"。

今第二十页后十二行"李栖筠弹吏部侍郎徐"下原接今第二十一页后三行"京五品以上"。

今第二十一页后二行"戊子,诏"下原接今第二十页后十二行"节度使朱泚加检校户部尚书,封怀宁郡王"。

今第二十二页前六行"杨猷为洮州刺史"下原接今第二十页后十二行"丁卯,幽州"。

今第二十页后十二行"丁卯,幽州"下原接今第二十页后十三行"徐浩、薛邕违格"。

但殿本于今第十六页前十三行"癸未,诏"下增"以天下刑官滥刑"七字,按上文"三月壬申,省减吏员,诏"并不先著,理由,今增七字必非原文。又于今第十七页前十二行"移镇鳌屋"上删"凤翔"二字,按"凤翔"二字上似脱一"自"字,是时抱玉固为凤翔节度使也。殿本任意增损,殊嫌臆断。今第十八页前十一行"都团练使崔瓘"句经改正后衍一"为"字,殿本亦已删去。又今第二十页后十二行"李栖筠弹吏部侍郎徐"下,殿本旁注"阙"字,按徐浩、傅浩为吏部侍郎,坐以妄弟冒选,托侍郎薛邕注授京尉,为御史大夫李栖筠所弹。今第二十页后十三行原有"徐浩、薛邕违格并停知选事"句,是上文。李栖筠所弹者必即其人其事,窃以为"李栖筠弹吏部侍郎徐"下宜与"徐浩、薛邕"云云相接,于事方合,特衍一"徐"字耳!殿本插入"丁卯,幽州"云云二十一字,似有未惬,并举所疑,以质读者。张元济识。

旧唐书卷一二

本纪第一二

德宗上

　　德宗神武孝文皇帝讳适,代宗长子,母曰睿真皇后沈氏。天宝元年四月癸巳,生于长安大内之东宫。其年十二月,拜特进,封奉节郡王。代宗即位之年五月,以上为天下兵马元帅,改封鲁王。八月,改封雍王。时史朝义据东都,十月,遣上会诸军于陕州,大举讨贼。十一月,破贼于洛阳,进收东都,河南平定。朝义走河北,分命诸将追之,俄而贼将李怀仙斩朝义首以献,河北平。以元帅功拜尚书令,食实封二千户,与郭子仪等八人图形凌烟阁。广德二年二月,立为皇太子。

　　大历十四年五月辛酉,代宗崩。癸亥,即位于太极殿。

　　闰月壬申,贬中书舍人崔佑甫为河南少尹。甲戌,贬门下侍郎、平章事常衮为潮州刺史。召崔佑甫为门下侍郎、同中书门下平章事。丙子,诏诸州府、新罗、渤海岁贡鹰鹞皆停。戊寅,诏山南枇杷、江南柑橘,岁一贡以供宗庙,余者皆停。庚寅,以兵部尚书路嗣恭为东都留守,以常州刺史萧复为潭州刺史、湖南团练观察使。辛巳,罢邕府岁贡奴婢。癸未,改括州为处州,括苍县为丽水县。停梨园使及伶官之冗食者三百人,留者皆隶太常。剑南岁贡春酒十斛,罢之。甲申,以司徒、兼中书令、河中尹、灵州大都督、单于镇北大都护充关内河东副元帅、朔方节度、关内支度盐池六城水运大使、押诸蕃部落、管内及河阳等道观察使、上柱国、汾阳郡王、山陵使、食实封一千九百户郭子仪可加号尚父，守太尉，余官如故，加实封通前二千户，月给一千五百人粮、马二百匹草料。以朔方都虞候李怀光为河中尹，邠、宁、庆、晋、绛、慈、隰等州节度观察使；以朔方右留后常谦光兼灵州大都督，西受降城、定远军、天德、盐、夏、丰节度等使；以朔方左留后、单于副都护浑瑊为单于大都护、振武东军中二受降城，镇北、及绥、银、麟、胜等军州节度营田使。丙戌，诏禁天下不得贡珍禽异兽，银器勿以金饰。丁亥，诏文单国所献舞象三十二，令放荆山之阳，五坊鹰犬皆放之，出宫女百余人。己丑，以右羽林大将军吴希光检校散骑常侍、兼御史中丞，充渭北鄜坊丹延都团练观察使。辛卯，以河阳三城镇遏使马燧检校工部尚书，兼太原尹、御史大夫、北都留守、河东节度使。壬辰，以河东节度留后鲍防为京畿观察使；陈州刺史李芃检校太常少卿，为东阳三城镇遏使。癸巳，以寿州刺史杜亚为江西观察使。甲午，册太尉子仪。自开元以来，册礼多废，天宝中杨国忠册司空，至是行子仪之册。以江西观察使杜亚为陕州长史，充转运使。丙申，诏兵部侍郎黎干害若豺狼，特进刘忠翼掩义隐贼，并除名长流。既行，俱赐死。丁酉，以京畿观察使鲍防为福州刺史、福建都团练观察使。以户部侍郎、判度支韩滉为太常卿，吏部尚书刘晏判度支盐铁转运等使。初，晏与滉分掌天下财赋，至是晏都领之。

六月己亥朔，御丹凤楼，大赦天下，罪无轻重，咸赦除之。内外文武三品已上赐爵一级，四品已下加一阶，致仕官同见任，百姓为户者赐古爵一级。加李正己司徒，太子太傅，崔宁、李勉本官同平章事。天下进献，事缘郊祀陵庙所须，依前勿阙，余并停。诸州刺史上佐今后准式入计。诸州刺史，常参官，父在未有官，量与五品致仕官；父亡殁，与追赠。自至德已来别敕，或因人奏，或临事颁行，差互不同，使人疑惑，中书门下详定官决，取堪久长行用者编入格条。自今更不得奏置寺观及度人。庚子，封元子诵为宣王，次子谟为舒王，谌为通王，谅为虔王，详为肃王，并加开府仪同三司。乙巳，封皇弟乃为益王，迅为随王。丙午，举先天故事，非供奉侍卫之官，自文武六品已上清望官，每日二人更直待制，以备顾问，仍以延英南药院故地为廨。癸丑，诏皇族五服等已上居四方者，家一人赴山陵，县次给食。已未，扬州每年贡端午日江心所铸镜，幽州贡麝香，皆罢之。辛酉，罢宣歙池、鄂岳沔二都团练观察使，陕虢都防御使，以其地分隶诸道。复置东都京畿观察使，以御史中丞为之。壬戌，处州刺史王缙、湖州刺史第五琦皆为太子宾客，睦州刺史李揆为国子祭酒，并留司东都。中官邵光超送淮西旌节，李希烈遗缣七百匹，事发，杖六十，配流。由是中官不敢受赂。癸亥，诏中书门下、御史台五品已上，诸司三品已上长官，各举可任刺史县令者一人，中书门下量才进拟，有犯坐举主。

秋七月戊辰朔，日有蚀之。礼仪使、吏部尚书颜真卿奏：“列圣谥号，文字繁多，请以初谥为定。”兵部侍郎袁傪议云：“陵庙玉册已刻，不可轻改。”罢。傪妄奏，不知玉册皆刻初谥而已。庚午，诏：“邕州所奏金坑，诚为润国，语人以利，非朕素怀。其坑任人开采，官不得禁。”辛未，以吏部侍郎房宗偃为御史中丞、东都畿观察使。罢右银台门客省岁给廪料万二千斛。自永泰已来，或四方奏计未遣者，或上书言事忤旨者，及蕃客未报者，常数百人，于客省给食，横费已甚，故罢之。壬申，毁元载、马璘、刘忠翼之第，以其雄侈逾制也。癸酉，减宫中服御常贡者千数。丁丑，复置厩马随仗于月华门外。已卯，诏王公卿士不得与民争利，诸节度观察使于扬州置回易邸，并罢之。庚辰，诏鸿胪寺，蕃客入京，各服本国之服。罢商州岁贡稿胶。辛卯，罢天下榷酒。丁酉，诏国用未给，其宣王已下开府俸料皆罢给。

八月庚辰，以门下侍郎、平章事崔佑甫为中书侍郎、平章事，以道州司马司正杨炎为门下侍郎、平章事，以怀州刺史乔琳为御史大夫、同平章事、京畿观察使。乙巳，遣太常少卿韦伦使吐蕃，以蕃俘五百人还之，修好也。癸亥，诏人死亡于外以棺柩还城者勿禁。

九月甲戌，以淮西节度为淮宁军。辛巳，以检校刑部尚书白孝德为太子少傅。丙戌，秘书少监邵说为吏侍郎，给事中刘乃为兵部侍郎，中书舍人令狐峘为礼部侍郎。

冬十月丁酉朔，吐蕃合南蛮之众号二十万，三道寇茂州、扶、文、黎、雅等州，连陷郡邑。发兵四千助蜀，大破之。己酉，葬代宗于元陵。戊午，九成宫贡立战炭炉，襄州贡种蔗蒻之工，皆罢之。散官豢猪三千头给贫民。

十一月辛未，以鸿胪卿贾耽为梁州刺史、山南西道节度观察使。丁丑，以陕州长史杜亚为河中尹、河中晋绛慈隰都防御观察使。壬午，御史大夫、平章事乔琳为工部尚书，罢知政事。加剑南西川节度观察度支营田等使、检校司空、平章事、成都尹崔宁兼御史大夫、京畿观察使。癸巳，加崔宁兼灵州大都督，单于镇北大都护、朔方节度等使，出镇坊州。以荆南节度使、检校礼部尚书、兼江陵尹、御史大夫张延赏检校兵部尚书兼成都尹、御史大夫、剑南西川节度度支营田观察等使。以朔方节度虞候杜希全为灵州留后；以鄜州刺史张光晟单于振武军使、东中二受降城绥银鄜胜等军州留后；延州刺史李建为鄜坊丹延留后。杨炎素恶崔宁，虽授以三镇，仍署此三人为留后，夺宁之权也，人皆愤之。

十二月己亥，南选使可以专达，勿复以御史临之。乙卯，制：宣王某可立为皇太子。丙寅晦，日有蚀之。诏元日朝会不得奏祥瑞事。

建中元年春正月丁卯朔，御含元殿，改元建中，群臣上尊号曰圣神文武皇帝。己巳，上朝太清宫。庚午，谒太庙。辛未，有事于郊丘。是日还宫，御丹凤门，大赦天下。自艰难以来，征赋名目颇多，今后除两税外，辄率一钱，以枉法论。常参官、诸道节度观察防御等使、都知兵马使、刺史、少尹、畿赤令、大理司直评事等，授讫三日内，于四方馆上表让一人以自代。其外官委长吏附送其表，付中书门下。每官阙，以举多者授之。王府六品以上官及诸州县有司可并省及诸官减者，量事废省。天下子为父后者赐勋两转。己巳，福建观察使鲍防、湖南观察使萧复让宪官，从之。自兵兴已来，方镇重任必兼台省长官，以至外府僚佐，亦带台省衔。至是除韩滉苏州刺史，杜亚河中少尹,而领都团观察使,不带台省兼官。自是诸道非节度而兼宪官者皆让。甲午,诏:"东都河南江淮山南东道等转运租庸青苗盐铁等使、尚书左仆射刘晏,顷以兵车未息,权立使名,久勤元老,集我庶务,悉心瘁力,垂二十年。朕以征税多门,乡邑凋耗,听于群议,思有变更,将置时和之理,宜复有司之制。晏所领使宜停,天下钱谷委金部、仓部,中书门下拣两司郎官,准格式调掌。"是月,浚丰州陵阳渠。

二月丙申,遣黜陟使一十一人分行天下。癸卯,以户部郎中韩洄为谏议大夫,以泾原节度使段秀实为司农卿。己酉,贬尚书左仆射刘晏为忠州刺史。癸丑,昭义军节度留后李抱真为本道节度使。甲寅,贬史馆修撰、礼部侍郎令狐峘郴州司马,右补阙柳晃巴州司户。日本国朝贡。癸亥,朱泚兼四镇北庭行军、泾原节度使。

三月丙寅,礼仪使奏东都太庙阙木主,请造。诏下议之,不决。庚午,监察御史张著以法冠弹中丞严郢浚陵阳渠匿诏不行,削郢官,著赐绯鱼。辛未,左散骑常侍、翰林学士张涉放归田里。甲戌,以前司农卿庾准为江陵尹、兼御史中丞、荆南节度使。癸巳,以谏议大夫韩洄为户部侍郎、判度支。时将贬刘晏、罢史名,归尚书省本司。今又命洄判度支,令金部郎中杜佑权勾当江淮水陆运使,一如刘晏,韩滉之则,盖杨炎之排晏也。

夏四月乙未朔,泾原裨将刘文喜据城叛。己亥,地震。辛未,命江西观察使崔昭册命回纥可汗。戊申,以福建观察使鲍防为洪州刺史、江西团练观察使。癸丑,上诞日,不纳中外之贡,唯李正己、田悦各献缣三万匹,诏付度支。妃父王景先、驸马高怡献金铜像,上曰,"有何功德?非吾所为。"退还之。壬戌,以衡州刺史、嗣曹王皋为潭州刺史、湖南团练观察使,御史中丞元全柔为杭州刺史。

五月甲子朔。戊辰,以太常少卿韦伦为太常卿,复使吐蕃。己卯,右金吾卫大将军李通为黔州刺史、黔中经略招讨观察盐铁等使,潮州刺史常衮为福建观察使。泾州将刘光国杀刘文喜,降,泾州平。

六月甲午朔，中书侍郎、同中书门下平章事崔佑甫卒。辛丑，筑奉天城，加试殿中监刘海宾兼御史中丞，封乐平郡王。海宾泾州将，赏杀刘文喜也。乙卯，京兆尹源休使回纥，册武义成功可汗。

秋七月丁丑，罢内出盂兰盆，不命僧为内道场。壬申，以鸿胪寺左右威远营隶金吾。己丑，忠州刺史刘晏赐自尽。

八月甲午，振武军使张光晟杀领蕃回纥首颇突董统等千人，收驼马千余、缯锦十万匹。乃征光晟归朝，以彭令芳代之。乙未，河中晋绛观察使杜亚为睦州刺史。丁未，加朱泚中书令，余官使并如故。以舒王谟为泾原节度大使，尚书右丞孟皞为泾州刺史、知留后。东爨乌蛮守来朝贡。丁巳，遥尊上母沈氏曰皇太后。戊午，以吏部尚书颜真卿为太子少师，依前礼仪使。改嗣舒王藻为嗣郢王。

九月戊辰，判度支韩洄奏请于商州红崖冶洛源监置十炉铸钱，江淮七监每铸一千费二千文，请皆罢，从之。己卯，雷。

冬十月甲午，贬尚书左丞薛邕为连山尉，坐赃也。乙巳，太子少傅、昌化郡王白孝德卒。庚寅，以睦王述为奉迎皇太后使，工部尚书乔琳为副。

十一月辛酉朔，朝集使及贡使见于宣政殿。兵兴已来，四方州府不上计、内外不朝会者二十有五年，至此始复旧制。州府朝集者一百七十三人，诏每令分番二人待诏。乙丑，赠敬晖等五王官，又赠张九龄司徒，钟绍京太子太傅。戊寅，诸王有官者初令出阁就班。又出嫁岳阳等一十县主，皆在诸王院久而未适人者，上悉命以礼出降。

十二月辛卯，韦伦使回，与吐蕃宰相论钦明思等五十五人同至，献方物，修好也。丁酉，令详定国初以来将相功臣房玄龄等一百八十七人，据功绩分为三等。

是岁，户部计帐，户总三百八万五千七十有六，赋入一千三百五万六千七十贯，盐利不在此限。

二年春正月庚申朔。戊辰，成德军节度、恒定等州观察使、司空、兼太子太傅、同中书门下平章事、恒州刺史、陇西郡王李宝臣卒。丙子，以汴宋滑亳陈颍泗节度观察使、检校吏部尚书、同平章事李勉为永平军节度、汴滑陈等州观察等使；以兵部尚书、东都留守路嗣恭为郑汝陕河阳三城节度、东畿观察等使；以宋州刺史刘洽为宋亳颍节度使。以郑州隶永平军。自去年十月无雪，至甲申方雨雪。丁亥，检校户部尚书张献恭为东都留守，以河南尹赵惠伯为河中尹、河中晋绛慈隰都防御观察使，以前郑州刺史于颀为河南尹。

二月己未，以御史中丞卢杞为御史大夫、京畿观察使，以桂管观察使李昌巙为江陵尹、兼御史大夫、荆南节度等使，以前荆南节度使庾准为左丞。甲辰，以容州刺史卢岳为桂州防御观察使。乙巳以门下侍郎杨炎为中书侍郎、同中书门下平章事，以御史大夫卢杞为门下侍郎、同中书门下平章事。丙午，以宋亳节度为宣武军。丁未，以御史中丞袁高为京畿观察使。乙卯，振武军乱，杀其帅彭令芳、监军刘惠光。

三月庚申朔，筑汴州城。初，大历中李正己有淄、青、齐、海、登、莱、沂、密、德、棣、曹、濮、兖、郓十五州之地，李宝臣有恒、定、易、赵、深、冀、沧七州之地，田承嗣有魏、博、相、卫、洺、贝、澶七州之地，梁崇义有襄、邓、均、房、复、郢六州之地，各聚兵数万。始因叛乱得位，虽朝廷宠待加恩，心犹疑贰，皆连衡盘结以自固。朝廷增一城，浚一池，便飞语有辞，而诸盗完城缮甲，略无宁日。至是田悦初禀命，刘文喜殄除，群凶震惧。又奏计者还，都无赐与，既归，皆构怨言。先是汴州以城隘不容众，请广之。至是筑城，正己、田悦移兵于境为备，故诏分汴、宋、滑为三节度，移京西防秋兵九万二千人以镇关东。又于郿城置濄州。辛巳，以汾州刺史王栩为振武军使、东中二受降城镇北绥银麟胜等州留后。以万年令崔汉衡为殿中少监，使吐蕃。

夏四月己酉朔，省沔州。庚寅，襄州梁崇义兼同中书门下平章事。己亥，省燕州、顺化州。乙卯，并平琴州为党州。丁巳，贬礼部侍郎于召桂州刺史，御史中丞袁高韶州长史。

五月丙寅，以军兴十一而税。己巳，以淮宁军节度使李希烈充汉南北诸道都知兵马招抚处置等使，封南平王。庚寅，以浙江西道为镇海军，加苏州刺史韩滉检校礼部尚书、润州刺史，充镇海军节度使、浙江东西道观察等使。以御史中丞一员为理匭使，谏议大夫一员知匭使，给事中、中书舍人为监考使。辛丑，尚父、中书令、汾阳郡王郭子仪薨。丙午，以检校秘书少监郑叔则为御史中丞、东都畿观察使。壬子，以怀郑河阳节度副使李芃为河阳三城、怀州节度使，仍割东畿五县隶焉。

秋七月戊子朔，诏曰："二庭四镇，统任西夏五十七蕃、十姓部落，国朝以来，相奉率职。自关、陇失守，东西阻绝，忠义之徒，泣血相守，慎固封略，奉遵礼教，皆侯伯守将交修共理之所致也。伊西北庭节度观察使李元忠可北庭大都护，四镇节度留后郭昕为安西大都护、四镇节度观察使。"自河、陇陷虏，伊西北庭为蕃戎所隔，间者李嗣业、荔非元礼、孙志直、马璘辈皆遥领其节度使名。初，李元忠、郭昕为伊西北庭留后，隔绝之后，不知存亡，至是遣使历回纥诸蕃入奏，方知音信，上嘉之。其伊西北庭将士叙官，仍超七资。庚申，以中书侍郎、平章事杨炎为左仆射，以前永平军节度使张镒为中书侍郎、同中书门下平章事。司空、淮阳郡王侯希逸卒。丁丑，以河中尹关播为给事中，同州刺史李承为河中尹、晋绛都防御观察使。辛巳，以邠宁节度使李怀光兼灵州大都督、单于镇北大都护、朔方节度使。以鄜坊丹延观察留后李建徽为坊州刺史、鄜坊丹延都团练观察使。壬午，以幽州陇右节度使、中书令朱泚为太尉。田悦攻寇临洺，守将张伾城守。

八月辛卯，平卢淄青节度观察使、司徒、太子太保、同中书门下平章事李正己卒。庚戌，以中书舍人卫晏为御史中丞、京畿观察使。壬子，淮宁军节度使李希烈攻襄阳，诛梁崇义，斩其同恶三十余人。

九月辛酉，以易州刺史张孝忠为恒州刺史，充成德军节度观察使。壬戌，加李希烈同中书门下平章事。癸亥，兵部尚书、翼国公路嗣恭卒。甲子，以晋绛观察使李承为襄州刺史、山南东道节度观察等使。戊辰,以杭州刺史元全柔为黔中经略招讨观察等使。

冬十一月乙酉,尚书左仆射杨炎贬崖州司马,寻赐死。戊申,加宣武军节度使刘洽御史大夫。徐州刺史李洧弃其帅李纳,以州来降。

十一月辛未,宣武节度刘洽与神策将曲环大破李纳之众于徐州。己巳,诏:"成德军节度都知兵马使、恒州刺史、袭高丽朝鲜郡王李惟岳,以其父宝臣有忠劳于王室、惟岳隳坠父业,蔑弃国恩,缧绖之中,擅掌戎务。外结凶党,益固奸谋,不孝不忠,宜肆原野。削尔在身官爵。"乙亥,贬户部侍郎、判度支韩洄蜀州刺史,以江淮转运使、度支郎中杜佑代判度支、户部事。丁丑,以陕州长史李齐为河中尹,充河中晋绛防御观察使;以商州刺史姚明敭为陕州长史、本州防御、陆运使;以权盐铁使、户部郎中包佶充江淮水陆运使。李纳将海州刺史王涉以州降。

十二月庚寅,河中节度使马燧检校左仆射,泽潞节度使李抱真检校兵部尚书,赏破田悦之功也。丙申,太子宾客王缙卒。

三年春正月乙卯朔。丙寅,幽州节度使朱滔、张孝忠破李惟岳之兵于束鹿。辛未,诏供御及太子诸王常膳有司宜减省之,于是宰臣上言,减堂厨百官月俸,请三分省一以助军,从之。庚辰,追封皇叔僖为宋王,赠皇弟选荆王。

闰月丙申,以文宣王三十七代孙齐贤为兖州司功,袭文宣公。辛丑,复置具员簿。甲辰,成德军兵马使王武俊杀李惟岳,传首京师。庚戌,马燧、李抱真、李芃破田悦兵于洹水,进攻魏州。

二月戊午,惟岳将定州刺史杨政义以州降。加朱滔检校司徒,以张孝忠检校兵部尚书、易定沧三州节度使、以检校太子宾客王武俊检校秘书监、恒州刺史、恒冀都团练观察使,康日知为赵州刺史、深赵都团练观察使。

三月丁亥,赠故卫尉卿颜杲卿司徒,故常山太守袁履谦左散骑常寺,故许州长史庞坚右散骑常侍,故巩县主簿蒋清礼部侍郎。赠故骁卫将军、代国公安金藏兵部尚书,授其子承恩庐州长史。乙未,以徐州刺史李洧为徐沂海团练观察使。戊戌,田悦洺州刺史田昂以城降。以岭南节度使张伯仪检校兵部尚书,兼江陵尹、御史大夫、荆南节度等使;以容管经略使元琇为广州刺史、岭南节度使。丙午,贬京兆尹卢慭为抚州长史。

夏四月,李纳守德州将李士真、守棣州将李长卿皆以城降。庚申,先陷蕃僧尼将士八百人自吐蕃而还。壬戌,封朱滔为通义郡王。朱滔、王武俊与田悦合从而叛。太常博士韦都宾、陈京以军兴庸调不给,请借京城富商钱,大率每商留万贯,余并入官,不一二十大商,则国用济矣。判度支杜佑曰:“今诸道用兵,月费度支钱一百余万贯,若获五百万贯,才可支给数月。”甲子,诏京兆尹、长安万年令大索京畿富商,刑法严峻,长安令薛萃荷校乘车,于坊市搜索,人不胜鞭笞,乃至自缢。京师嚣然,如被盗贼。搜括既毕,计其所得才八十万贯,少尹韦祯又取僦柜质库法拷索之,才及二百万。丁丑,彭王傅徐浩卒,赠太子少师。戊寅,以中书侍郎、平章事张镒兼凤翔尹、陇右节度使,以代朱泚。加泚实封五百户,赐窦氏名园、泾水上腴田及锦采金银器,以安其意,时滔叛故也。壬午,贬御史大夫严郢为费州长史,杖杀左巡使、殿中侍御史郑詹。尹岁余卒。

五月丙戌,增两税、盐榷钱,两税每贯增二百,盐每斗增一百。丁亥,贬太子詹事邵说归州刺史,卒于贬所。辛卯,诏朔方节度使李怀光率神策及朔方军东讨。丙申,诏:“故伊西北庭节度使杨休明、故河西节度使周鼎、故西州刺史李琇璋、故瓜州刺史张铣等,寄崇方镇,时属殷忧,固守西陲,以抗戎房。殁身异域,多历岁年,以迄于兹,旅榇方旋,诚深追悼,宜加宠赠,以贲幽泉。休明可赠司徒,鼎赠太保,琇璋赠户部尚书,铣赠兵部侍郎。”皆陇右牧守,至德已来陷吐蕃而殁故,至是西蕃通和,方得归葬也。丁酉,加河东节度使、检校左仆射马燧同平章事,泽潞李抱真检校右仆射,河阳李芃检校兵部尚书,神策营招讨使李晟右散骑常侍,赏破田悦功也。乙巳,贬户部侍郎、判度支杜佑为苏州刺史,以中书舍人赵赞为户部侍郎、判度支。辛亥，易定节度赐名义武军。

六月丁巳，尚书左丞准卒。甲子，京师地震。以左散骑常侍李涵为入回纥吊祭使，京兆少尹源休为光禄卿。戊寅，以前衢州刺史赵涓为尚书左丞，右庶子柳载为右丞。辛未，朱滔、王武俊兵救田悦，至魏州北。是日李怀光兵亦至，马燧、抱真、李芃等盛军容迓怀光。朱滔等虑其掩袭，遂出兵，怀光与之接战于连籧山之西，王师不利，各还营垒。贼乃壅河决水，绝我粮道。

秋七月甲申，以前振武军使王翃为京兆尹，以兵部郎中杨真为御史中丞、京畿观察使。以括率商户，人情不安，癸巳，诏除已收纳入库外，一切停，已贮纳者仍明置薄历，各给文牒，后准元数却还。甲午，以前同州刺史萧复为兵部侍郎。庚子，马燧、李怀光、李抱真、李㧊等四节度兵退保魏桥。朱滔、王武俊、田悦之众亦屯于魏桥东南，与官军隔河对垒。自五月不雨，甲辰始雨。宣武节度李勉为检校司徒，怀宁李希烈检校司空，邠宁李怀光同平章事，李㧊封开阳郡王。

八月丁未，初分置汴东西水陆运两税盐铁事，从户部侍郎、判度支赵赞奏也。戊午，太子宾客第五琦卒华西。辛酉，以泾原节度留后姚令言为泾原节度使。戊辰，以江淮盐铁使、太常少卿包佶为汴东水陆运两税盐铁使。己巳，加剑南西川节度使张延赏检校吏部尚书。甲戌，以大理少卿崔纵为汴西水陆运两税盐铁使。丁丑，以礼仪使、太子少师颜真卿为太子太师。庚辰，徐海沂都团练使李洧卒。江淮讹言有毛人捕人，食其心，人情大恐。

九月丁亥，以李洧部将高承宗为徐州刺史、徐海沂都围练使。判度支赵赞上言，请为两都、江陵、成都、杨、汴、苏、洪等州署常平轻重本钱，上至百万贯，下至十万贯，收贮斛斗匹段丝麻，候贵则下价出卖，贱则加估收籴，权轻重以利民。从之。赞乃于诸道津要置吏税商货，每贯税二十文，竹木茶漆皆什一税一，以充常平之本。己亥夜，有猛兽入宣阳里，伤二人，诘朝获之。

冬十月辛亥，以湖南观察使嗣曹王皋为洪州刺史、江西节度使。丙辰，以吏部侍郎关播为中书侍郎、同平章事。都官员外郎樊泽使蕃回，与蕃相尚结赞约来年正月望日会盟清水。丙子，肃王祥薨。

十一月己卯，以淮山南节度使贾耽检校工部尚书、兼襄州刺史、御史大夫、山南东道节度使，以兴凤团练使严震为梁州刺史、山南西道节度使。甲午，以前山南东道节度使李承为潭州刺史、湖南观察使。是月，朱滔、田悦、王武俊于魏县军垒各相推奖，僭称王号。滔称大冀王，武俊称赵王，悦称魏王。又劝李纳称齐王。僭署官名如国初亲王行台之制。丁丑，李希烈自称天下都元帅、太尉、建兴王，与朱滔等四盗胶固为逆。

四年春正月戊寅朔。丁亥，凤翔节度使张镒与吐蕃宰相尚结赞同盟于清水。庚寅，李希烈陷汝州，执州将李元吉而去，东都震骇。甲午，遣颜真卿宣慰李希烈军。戊戌，以龙武大将军哥舒曜为东都畿汝节度使，率凤翔、衮宁、泾原等军，东讨希烈。丙午，福建观察使常衮卒。

二月戊申，于河阳三城置河阳军节度。乙卯，哥舒曜收汝州。丁丑，以工部侍郎蒋镇充礼仪使。

三月己卯，复置沔州。癸未，以左散骑常侍孟皞为福建都团练观察使。辛卯，嗣曹王皋击李希烈将陈质之众，败之，收复黄州。丁酉，荆南张伯仪与贼战，败绩。嗣曹王收复蕲州。

夏四月庚申，以永平宣武河阳等军节度都统、检校司徒、平章事李勉为淮西招讨使，襄阳帅贾耽、江西嗣曹王等为之副。甲子，京师地震，生黄白毛，长尺余。丙子，哥舒曜进军至隶桥，大震雷，人死者十之三四，乃退保襄城。

五月辛巳夜，京师地震。乙酉，颍王璬薨。乙巳，滑、濮二州黄河清。滑州马生角。

六月庚戌，初税屋间架、除陌钱。时马燧、李怀光、李抱真、李芃屯魏县，李晟屯易定，李勉、陈少游、哥舒曜屯怀汝间，神策诸军皆临贼境。凡诸道之军出境,仰给于度支,谓之食出界粮,月费钱一百三十万贯,判度支赵赞巧法聚敛,终不能给。至是又税屋,所吏秉笔持算,入人庐舍而抄计,峻法绳之,愁叹之声,遍于天下。

秋七月甲申,以国子祭酒李揆为礼部侍郎,复其爵。甲午,以李揆为左仆射、兼御史大夫,为入吐蕃会盟使。

八月丁未,李希烈率众三万攻哥舒曜于襄城。湖南观察使李承卒。

九月戊寅,龙见于汝州之城濠。丙戌,李勉将唐汉臣、刘德信丧师于扈涧,汴军自此不振,东都危急。

冬十月丙午,诏泾原节度使姚令言率泾原之师救哥舒曜。丁未,泾原军出京城,至浐水,倒戈谋叛,姚令言不能禁。上令载缯采二车,遣晋王往慰谕之,乱兵已阵于丹凤阙下,促神策军拒之,无一人至者,与太子诸王妃主百余人出苑北门,右龙武军使令狐建方教射于军中,闻难,聚射士得四百人扈从。其夕至咸阳,饭数匕而过。戊申,至奉天。己酉,元帅战虞候浑瑊以子弟家属至,乃以瑊为行在都虞候,神策军使白志贞为行在都知兵马使,以令狐建为中军鼓角使,金吾将军侯仲庄为奉天防城使。乱兵既剽京城,屯于白华,乃于晋昌里迎朱泚为帅,称太尉,居含元殿,上以奉天隘,欲幸凤翔,壬子,凤翔军乱,杀节度使张镒,乃止。癸丑,李希烈陷襄城,哥舒曜走洛阳。乙卯,赐检校司空崔宁死。丁巳,以吏部尚书萧复、刑部侍郎刘从一、谏议大夫姜公辅并以本官同中书门下平章事。邠宁节度韩游环与论惟明率兵三千至,才入奉天,贼军亦至,乃出拒之,王师不利。贼乘胜攻门,自卯至午,杀伤殆半,会有草车在门外,浑瑊令焚之,贼众遂退。癸巳,泚贼三面攻城,浑瑊力战御之,方退,大将吕希倩死之。贼自下丁未攻城,至己巳二十余日,矢石不绝。

十一月乙亥,以陇右节度判官、陇州留后、殿中侍御史韦皋为陇州刺史、兼御史大夫、奉义军节度使。灵武留后杜希全、盐州刺史戴休颜、夏州刺史常春合兵六千来援,至汉谷,为贼所败而退。贼由是攻城愈急,矢石雨下,死伤者众,人心危蹙,上与浑瑊对泣。朱泚据乾陵作乐,下瞰城中,词多侮慢。戊子,贼造云桥,攻东北隅,兵仗不能及,城中忧恐,相顾失色。浑瑊预为地道,及云桥成,城脚陷不得进,瑊命焚之,风回焰转,桥焚而贼退。朔方节度李怀光遣兵马使张诏奉表,言大军将至,乃令昪诏巡城,叫呼欢声动地,贼不之测,疑惧缓攻。癸巳,怀光军次醴泉,是夜贼解围而去。神策将李晟自定州麾师赴难,军于渭桥。甲午,以商州都虞候王仙鹤权商州防御使。

十二月壬戌,贬门下侍郎、平章事卢杞为新州司马,贬行在都知兵马使白志真为恩州司马,户部侍郎、判度支赵赞为播州司马。癸亥,以京兆少尹裴腆判度支。甲子,以湖南观察留后赵憬为湖南观察使。乙丑,以祠部员外郎陆贽为考功郎中,金部员外郎吴通微为职方郎中,翰林学士并如故。以侍御史吴通玄为起居舍人,充翰林学士。己巳,以河中尹李齐运为宗正卿。庚午,李希烈陷汴州。以右庶子崔纵为京兆尹。癸酉,以中书侍郎、平章事关播为刑部尚书,司封郎中杜黄裳为给事中。命给事中孔巢父淄青宣慰,华州刺史董晋河北宣慰。

兴元元年春正月癸酉朔,上在奉天行宫受朝贺,诏曰:

立政兴化,必在推诚;忘己济人,不吝改过。朕嗣服丕构,君临万邦,失守宗祧,越在草莽。不念率德,诚莫追于既往;永言思咎,期有复于将来。明征其义,以示天下。小子惧德不嗣,罔敢息荒。然以长于深宫之中,暗于经国之务,积习易溺,居安忘危,不知稼穑之艰难,不恤征戍之劳苦。致泽靡下究,情不上通,事既壅隔,人怀疑阻。犹昧省己,遂用兴戎,征师四方,转饷千里。赋车籍马,远近骚然;行赍居送,众庶劳止。力役不息,田莱多荒。暴令峻于诛求,疲民空于杼轴,转死沟壑,离去乡里,邑里丘墟,人烟断绝。天谴于上而朕不寤,人怨于下而朕不知。驯致乱阶,变起都邑,贼臣乘衅,肆逆滔天,曾莫愧畏,敢行凌逼。万品失序,九庙震惊,上累于祖宗,下负于蒸庶。痛心靦面,罪实在予,永言愧悼,若坠泉谷。赖天地降佑,人祇协谋,将相竭诚,瓜牙宣力,群盗斯,皇维载张,将弘远图,必布新令。朕晨兴夕惕,惟省前非。乃者公卿百僚用加虚美,以"圣神文武"之号,被蒙暗寡昧之躬,固辞不获,俯遂群议。昨因内省,良所瞿然。自今已后,中外书奏不得言"圣神文武"之号。

今上元统历,献岁发祥,宜革纪年之号,式敷在宥之泽,可大赦天下,改建中五年为兴元元年。李希烈、田悦、王武俊、李纳,咸以勋旧,继守藩维,朕抚驭乖方,致其疑惧,皆由上失其道而下罹其灾。一切并与洗涤,复其爵位,待之如初,仍即遣使宣谕。朱滔以泚连坐,路远必不同谋,永念旧勋,务存弘贷,如能效顺,亦与惟新。朱泚反易天常,盗窃名器,暴犯陵寝,所不忍言,获罪祖宗,朕不敢赦。除泚外,并从原宥。应赴奉天并进收京城将士,并赐名"奉天定难功臣",身有过犯,减罪三等,子孙过犯,减罪二等。先税除陌、间架等钱,竹木茶漆等税,并停。奉天升为赤县。

分命朝臣诸道宣谕。以奉天行营都团练使杨惠元检校工部尚书。丙戌,以吏部侍郎萧复为门下侍郎、同平章事,以吏部侍郎卢翰为兵部侍郎、同平章事。戊子,命宰臣萧复往山南、荆南、湖南、江西、岳鄂、浙江东西、福建等道宣慰。己丑,以京兆尹裴腆为户部侍郎、判度支。丙申以山南东道行军司马樊泽为襄州刺史、山南东道节度使;以浑瑊为行都知兵马使;以前赵州观察使康日知兼同州刺史,充奉诚军节度使。辛丑,诏六军各置统军一员,秩从二品;左右常侍各加一员;太子宾客加四员。

二月戊寅,诏故司农卿张披王段秀实赠太尉,谥曰忠烈,赐实封五百户。赠滑州兵马使贾隐林左仆射,以滑州刺史李澄兼汴州刺史、汴滑节度使。是日,李晟自咸阳移兵东渭桥,避怀光也。晟以怀光反状已明,请上幸蜀。王武俊效顺,加中书门下平章事,兼幽州节度使,令讨朱滔。吐蕃遣使来朝,请以兵助国讨逆,乃令御史大夫于顾入蕃宣谕之。甲子,加李怀光太尉,仍赐铁券,赦三死罪。怀光怒曰："人臣反逆,乃赐铁券,今赐怀光,是反必矣!"乃投之于地。上命翰林学士陆贽晓谕之。是日人心恐骇。怀光夺杨惠元、李建徽所将兵,惠元被害。丁卯,车驾幸梁州,留戴休颜守奉天,以史中丞齐映为沿路置顿使。李晟大集兵赋,以收复为己任。李怀光患之,移军泾阳,连朱泚,欲同灭晟。晟卑词厚意,致书谕之,冀其感悟,怀光颇增愧惧。

三月甲申,以秘书监崔汉衡为上都留守,右散骑常侍于颀为京兆尹。是日,怀光烧营,走归河中。其将孟涉、段威勇等千人奔归李晟。丙戌,以前饶州刺史杜佑为广州刺史、岭南节度使,加神策节度使李晟兼京畿渭北鄜坊丹延节度观察使。庚寅,车驾次城固。唐安公主薨,上爱女,悼惜之甚。壬申,至梁州。丁丑,宣武节度使刘洽加同平章事。己亥,以行在都知兵马使浑瑊检校左仆射、同平章事、灵州大都督,充朔方节度使、邠宁振武永平奉天行营副元帅。是日,诏授李怀光太子太保,其余官职并罢。泾州乱,牙将田希鉴杀其帅冯河清,自称留后。

四月辛丑朔。时将士未给春衣,上犹夹服,汉中早热,左右请御暑服,上曰:"将士未易冬服,独御春衫可乎!"俄而贡物继至,先给诸军而始御之。壬寅,诏奉天随从将士并赐号"元从功臣"。以邠宁兵马使韩游瑰为邠宁节度使。尚书左丞赵涓卒。己巳,以陕虢防遏使唐朝臣为河中尹、河中同晋绛节度使,御史大夫李齐运兼京兆尹。魏博行军司马田绪杀其帅田悦,诏赠悦太尉,以绪为魏州长史、魏博节度观察使。甲寅,以谏议大夫、平章事姜公辅为左庶子,加剑南节度使张延赏同平章事,以前山南东道节度使贾耽为工部尚书。甲子,入蕃使、左仆射李揆卒于凤州。乙丑,浑瑊与吐蕃将论莽罗之众破贼将韩旻之众于武功,斩首万级。丙寅,加李纳平章事。丁卯,义王玭薨。

五月,淮南节度使陈少游加检校司徒,东川节度使李叔明太子太傅,镇海军韩滉检校右仆射。癸酉,泾王侹薨。徐沂海团练使高承宗卒,以其子明应知徐州事。丙子,李抱真、王武俊破朱滔于经城

东南,斩首三万级,擒伪相朱良祐、李俊以献。朱滔遁归幽州。癸未,
岳州李兼、黔南元全柔、桂管卢岳加御史大夫,岳加中丞。庚寅,李
纳上章禀命,乃赠李正己太尉。壬辰,商州尚可孤破贼于蓝田。乙
未,安西四镇节度使郭昕、北庭都护李元忠加左右仆射。是夜,李晟
自渭北移军于光泰门外。贼来薄,我军争奋击,大败之,蹙入光泰
门,斩馘数千计,贼党恸哭而入白华。戊辰,列阵于光泰门外。遣骑
将史万顷往神麚村开苑墙二百余步,贼树栅当之。我军争栅,云合
电击,与贼血战,贼党大败,追击至白华,朱泚、姚令言率众万余遁
去。晟收复京城。是日,浑瑊与戴休颜亦破贼三千于咸阳,韩游瑰
追朱泚于泾州。

　　六月庚子朔,升恒州为大都督府。癸卯,赠神策兵马使杨惠元
右仆射。是日,李晟上《收京城露布》,上览之,涕下沾襟。泾州田希
鉴斩姚令言,幽州军士韩旻于彭原斩朱泚,并传首至行在。乙巳,遣
吏部侍郎班宏入京宣谕。己酉,加李晟司徒、兼中书令,实封一千
户;骆元光、尚可孤加检校左右仆射,皆实封五百户。以泾州将田希
鉴为泾州刺史、泾原节度使。癸丑,诏以梁州为兴元府,郑县为赤
畿,官名品制视京兆、河南,百姓给复二年,见任官员加两阶,耆老
与版授,郑县令赐绯。加兴元尹严震检校右仆射,赐实封一百户。加
浑瑊侍中,实封八百户;韩游瑰检校左仆射,实封四百户;戴休颜检
校右仆射,实封二百户。考功郎中知制诰陆贽、司封郎中知制诰吉
中孚,并为谏议大夫;水部员外郎顾少连为礼部郎中:并依前充翰
林学士。行在左右厢兵马使令狐建、时常春并加散骑常侍。丙辰,
斩伪相李忠臣,籍没其家。李晟奏受贼伪署同恶抵法之家,所没财
物、牛马、奴婢,请以赏军士。从之。戊午,车驾还京,发兴元,是日
大雨,及入斜谷,晴霁,从官将士欢然以为天助。

　　秋七月丙子,车驾次凤翔府。诏放管内今年秋税;耆寿侍老八
十已上,各与版授刺史,赐紫,其余版授上佐,赐绯;府、县置顿官,
孝满日放选。受伪署官乔琳、蒋镇、张光晟、李通、蒋鉴伏诛。朱泚
害郡王、王子、王孙七十七人于马璘宅,丁丑,令所司具凶礼收瘗净

域寺。庚辰,诏:

> 李怀光往因职任,颇著干能,朕嗣位之初,首加拔擢,托为
> 心膂,授以节旄。顷岁河朔不宁,俾令征讨,任兼将相,恩极丘
> 山。及朱泚猖狂,扰乱京邑,怀光回军赴难,宗社再宁,保佑朕
> 躬,厥功甚茂。故元帅、河中之权,太尉、中书之秩,仍加实封,
> 爰及宗亲,人臣之荣,孰可为比?非朕于怀光不厚,岂朕报怀光
> 不崇!贼寇未除,猜嫌已构,受朱泚奸凶之说,听张佋罔惑之
> 言,曾不沈思,遂生疑阻,交通逆孽,残害忠良。朕志在推诚,事
> 皆掩覆,礼遇转厚,委任益隆。怀光都不改图,愈深不轨。救书
> 慰问将士,怀光并不令宣;三军咸欲收城,怀光并不令出。自云
> 已共朱泚定约,不能更事国家。朕以眇身,获承鸿业,务全大
> 计,移幸山南,仓皇之间,备历危险。据其罪状,情实难容,然以
> 解围奉天,其功不细,昨又遣男璀谢罪,请束身归朝。朕悯其知
> 过之心,念其赴难之效,以功赎罪,务在优恩。今遣给事中孔巢
> 父赍先授怀光太子在保牒,往河中宣谕,三日内便与怀光同赴
> 上都,如欲家口同行,亦听怀光自便。朕必能保全终始,宠待如
> 初。

> 朔方将士,尝立大功,子仪再收京城,咸是此军之效,昨远
> 从河朔,赴难奉天,逆贼畏威;望风奔遁,永言劳绩,朕不暂忘。
> 将士各竭忠谋,中遭迫胁,朕每念及,痛心自咎。比者君臣阻
> 隔,只为怀光一人,怀光既请入朝,尚舍其罪,况诸将士并是功
> 臣,各宜坦然,勿更忧臣。先赐官封,一切如旧。

壬午,至自兴元。时浑瑊、韩游瑰、戴休颜以其众扈从,李晟、骆元
光、尚可孤以其众奉迎,步骑十余万,旌旗连亘数十里,都民僧道,
欢呼感泣。李晟见于三桥,自陈收城迟晚之咎,伏地请罪,上慰劳遣
之。丁亥,河中宣慰使孔巢父、中官啖守盈并为怀光所害。辛卯,御
丹凤楼,大赦天下。赐李晟永崇里第,女乐八人。甲午,命宰臣诸将
送晟入新赐第,教坊乐,京兆府供帐食馔,鼓吹导从,京城以为荣
观。

八月辛丑，诏所司为赠太尉段秀实树碑立庙。淄青节度使承前带陆海运、押新罗渤海两蕃等使，宜令李纳兼之。癸卯，加司徒、中书令、合川郡王李晟兼凤翔尹，充凤翔陇右节度等使、泾原四镇北庭行营兵马副帅，改封西平郡王。河东保宁军节度使、太原尹、北都留守、检校司徒、平章事、北平郡王马燧为奉诚军晋绛慈隰节度行营兵马副元帅；以灵盐节度使、侍中、兼灵州大都督、楼烦郡王浑瑊为河中尹、晋绛节度使、河中同陕虢等州及管内行营兵马副元帅，改封咸宁郡王。时方命瑊与马燧各出师讨怀光故也。甲辰，以金吾大将军杜希全为灵州大都督、西受降城天德军灵盐丰夏节度营田等使；以同绛节度使唐朝臣为鄜坊丹延等州节度使；以保义军节度使、凤翔尹李楚琳为金吾大将军；以奉义军节度使、陇州刺史韦皋为左金吾卫大将军。戊申，以奉天行营节度戴休颜为左龙武统军。己酉，以延王玢、随王迅、西平长公主薨，废朝。己未，前湖州刺史袁高为给事中。

九月庚午，宗正卿李琬卒。赐浑瑊大宁里第，并女乐五人，诏宰臣诸将赐乐馈赠如送李晟入第故事。壬午，赠故右仆射致仕李涵太子太保。乙亥，王武俊加检校司徒，李抱真检校司空，并赐实封五百户，赏破朱滔之功也。甲申，以前岭南节度使元琇为户部侍郎、判度支。丁亥，上顾谓宰臣曰："今大盗虽除，时犹多难，宜广延纳，以达下情。近日谏官都无论奏，自今每正衙及延英坐日，常令朝臣三两人面奏时政得失，庶有弘益也。"

是秋，蝧蝗蔽野，草木无遗。

冬十月乙丑，马燧收绛州。戊辰，令中官窦文场、王希迁监左右神策军都知兵马使。

闰月庚午，诏："朕临御万方，失于君道，兵革不息，于今五年。闵众庶之劳，悔征伐之事。而李希烈蔑义弃德，反道虐人。朕哀彼生灵，陷于涂炭，苟存拯物，不惮屈身。故于岁首特布新令，赦其殊死，待以至诚。使臣才及于郊圻，巨猾已闻其僭窃，酷烈滋甚，吞噬无厌。将相大臣，咸怀愤激，继陈章疏，固请讨除。朕以所行天诛，本去人害,兵戈既接,玉石难分。言念勋臣,横遭胁制,虽思改革,厥路无由,受污终身,衔冤没代,沦胥以逐,诚可痛伤。岂孽自一夫,而毒流万姓,为人父母,宁不愧怀!宜令诸道节度使明行晓谕,罪止元凶,协制之徒,一切不问。"唐朝臣奏收永乐县。癸酉,以右龙武大将军李观为泾州刺史、泾原节度使。乙亥,诏宋亳、淄青、泽潞、河东、恒冀、幽、易定、魏博等八节度,螟蝗为害,蒸民饥馑,每节度赐米五万石,河阳、东畿各赐三万石,所司般运,于楚州分付。丁丑,李晟至泾州,诛节度使田希鉴,罪其杀冯河清也。戊子,希烈将李澄以滑州归国。甲午,以李澄为汴州刺史、汴滑节度使,封武威郡王。神策行营节度使、检校尚书右仆射、冯翊郡王尚可孤卒。

十一月癸卯,宋亳节度使刘洽与曲环破希烈之众于陈州,俘斩三万级,生擒贼将翟崇晖以献。戊午,刘洽大破希烈之众,擒其伪相郑贲等五人以献。希烈遁归蔡州,汴州平。乙丑,宰相萧复三上章乞罢免,许之。

十二月乙亥,淮南节度使、检校司空、平章事陈少游卒。赠萧定太子太师。以寿州刺史张建封为濠寿都团练使。庚辰,以刑部侍郎杜亚为扬州长史、淮南节度使。戊子,以吏部郎中崔造为给事中。辛卯,以谏议大夫陆贽为中书舍人,依前翰林学士。诏翰学士朝服班序,宜同诸司官知制诰例。

贞元元年正月丁酉朔,御含元殿受朝贺,礼毕,宣制大赦天下,改元贞元。戊戌,大风雪,寒。去秋螟蝗,冬旱,至是雪,寒甚,民饥冻死者踣于路。丁未,以饶州刺史卢惎为福州刺史、福建观察使。癸丑,始闻太子太师、鲁郡公颜真卿为希烈所害,追赠司徒,废朝五日,谥曰文忠。仍特授男颎、硕等官。壬戌,以吉州长史卢杞为沣州别驾,寻卒。

二月丙寅朔,遣工部尚书贾耽、侍郎刘太真分往东都、两河宣尉。河南、河北饥,米斗千钱。癸未,李抱真、严震来朝。寒食节,上与诸将击鞠于内殿。丙戌,以检校秘书监金良相为检校太尉、使持节、大都督、鸡林州刺史、宁海军使，袭封新罗王。辛卯，大雨。

三月丙申朔，以蜀州刺史韩洄为兵部侍郎，以汴东水陆运等使、左庶子包佶为刑部侍郎。辛丑，户部侍郎、判度支元琇兼诸道水陆运使。丁未，李希烈陷南阳，杀守将黄金岳。甲寅，诏宰臣宣谕御史，今后上封弹奏，人自陈论，不得群署章疏。戊午，宣武帅刘洽检校司空；以汴滑节度使李澄为滑州刺史，充郑滑节度使。加李纳司空。

夏四月乙丑朔，晋五谊改封舒五。癸酉，鄂岳观察使李谦为洪州刺史，江西都团练观察使。丁丑，以江西节度使嗣曹王皋为江陵尹、荆南节度使。己卯，改滑州永平军名曰义成。江陵度支院失火，烧租赋钱谷百余万。时关东大饥，赋调不入，由是国用益窘。关中饥民蒸蝗虫而食之。汴帅刘洽赐名玄佐。

五月癸卯，分命朝臣祷群神以祈雨。蝗自海而至，飞蔽天，每下则草木及畜毛无复孑遗。谷价腾踊。辛酉，以河阳都知兵马使雍希颜为河阳怀都团练使。

六月丙子，以兵部侍郎韩洄为京兆尹。辛巳，刘玄佐兼汴州刺史。壬午，以工部尚书贾耽兼御史大夫、东都留守、都畿汝州防御使，以汴州刺史薛珏为河南尹。辛卯，以左金吾卫大将军韦皋检校户部尚书，兼成都尹、御史大夫、剑南西川节度观察使。以国子祭酒董晋为左金吾卫大将军。幽州朱滔卒，赠司徒。

秋七月甲午朔，河东节度使马燧自河中行营来朝。庚子，大风拔树。辛丑，以左散骑常侍李泌为陕州长史、陕虢都防御观察陆运使。丙午，以镇海军、浙江东西道节度使韩滉检校尚书左仆射、同平章事、江淮转运使，以河南尹薛珏为河南水陆运使。戊申，马燧还行营。辛亥，加检校工部尚书王士真为德棣都团练观察使。壬子，以前涿州刺史、兼御史中丞刘怦为幽州长史、御史大夫、幽州卢龙节度副大使，兼使持节度管理度支营田观察、押奚契丹经略卢龙等军使。丁巳，以左散骑常侍郎柳浑为兵部侍郎。庚申，以谏议大夫高参为中书舍人。关中蝗食草木都尽，旱甚，灞水将竭，井多无水。有司计度支钱谷，才可支七旬。甲子，诏："夫人事失于下，则天变形于上，咎征之作，必有由然。自顷已来，灾诊仍集，雨泽不降，绵历三时，虫蝗继臻，弥亘千里。菽粟翔贵，稼穑枯瘁，嗷嗷蒸人，聚泣田亩，兴言及此，实切痛伤。遍祈百神，曾不获应，方悟祷祠非救灾之术，言词非谢谴之诚。忧心如焚，深自刻责。得非刑法舛缪，忠良郁湮，暴赋未蠲，劳师靡息。事或无益，而重为烦费；任或非当，而横肆侵蟊。有一于兹，足伤和气。本其所以，罪实在予，万姓何辜，重罹饥殍。所宜出次贬食，节用缓刑，侧身增修，以谨天戒。朕自今视朝不御正殿，有司供膳并宜减省，不急之务，一切停罢。除诸军将士外，应食粮人诸色用度，本司本使长官商量减罢，以救凶荒。俟岁丰登，即令复旧。"

甲子，李怀光大将尉珪以焦篱堡降。丁卯，怀光将徐庭光以长春宫兵六千人降。甲戌，朔方大将牛名俊斩李怀光，传首阙下。马燧收复河中。丁丑，始雨。己卯，诏："朕诚信未著，抚御失宜，致使功臣陷于诛戮，谓之克敌，能不愧心！然以怀光一家，在法无舍；念其昔居将相，尝寄腹心，罪虽挂于刑书，功已藏于王府。以干纪之迹，固合灭身；以赴难之勋，所宜有后。宜以怀光男一人为嗣，赐庄宅各一区。仍还怀光尸首，任其收葬。怀光妻、诸儿女，递送沣州，委李皋逐便安置，使得存立。其出嫁女、诸亲并释放。陷贼将士，一切并与洗雪。河中、绛百姓，给复一年。北平王马燧、咸宁王浑瑊并与一子五品正员官。燧可侍中，瑊可检校司空。骆元光、韩游瑰、唐朝臣各赐实封二百户，与一子六品正员官。昨河中行营将士，共赐二十万端匹以充宴赏，放归本道。"新除中书侍郎、平章事张延赏为尚书左仆射。时宰相刘从一病，诏征延赏。李晟与延赏有隙，自凤翔上表论之。延赏罢镇西川还，行至兴元，改授左仆射。戊子，前河阳节度使、检校尚书左仆射、开阳郡王李芃卒。

九月己亥，幽州节度刘怦病，请以子济权知军州事，从之。癸卯，以牛名俊为丹凡州刺史。御史大夫崔纵奏："准制勘会内外官员，商量并省停减，详议闻奏者。伏以兵戎未息，仕进颇多，在官者既合序迁,有功者又颁褒赏。比来每至选集,不免据阙留人,尝难遗才,仍招怨望。况有恩诏,甄录功劳,诸道叙优,人数甚广,见须处置,不可稽留。今若停减吏员,实恐未便于事,非但承优者无官可授,抑又叙进者无路可容,本冀便人,翻成敛怨。事仍旧贯,以适时宜,更待事平,然后经度。"制从之。乙巳,上御正殿,策贤良方正、能直言极谏等三科举人。辛亥,宰相刘从一以疾辞任,授户部尚书。庚申,刘从一卒。幽州节度使刘怦卒。辛巳,以权知幽州卢龙军府事刘济为幽州长史、兼御史大夫、幽州卢龙节度观察、押奚契丹两蕃等使。丙戌,浑瑊自河中来朝。

十一月癸巳朔,山南严震来朝。癸卯,上亲祀昊天上帝于圆丘。时河中浑瑊、泽潞李抱真、山南严震、同华骆元光、邠宁韩游瑰、鄜坊唐朝臣、奉诚康日知等大将侍祠。郊坛毕,还宫,御丹凤楼,大赦天下。丁丑,诏文武常参官共赐钱七百万贯,以岁凶谷贵衣冠窘乏故也。

十二月戊辰,诏延英视事日,令常参官七人引对,陈时政得失。自是群官互进,有不达理道者,因多诋讦,不适事宜,上亦优容遣之。

二年春正月壬辰朔,以岁饥罢元会,礼也。丙申,诏以民饥,御膳之费减半,宫人月共粮米都一千五百石,飞龙马减半料;台郎御史与兼官出畿赤令。庚子,大雪,平地尺余。壬寅,以散骑常侍刘滋、给事中崔造、中书舍人齐映并守本官,同中书门下平章事。门下侍郎、平章事卢翰为太子宾客。丁未,以礼部侍郎鲍防为京兆尹,京兆尹韩洄为刑部侍郎,国子祭酒包佶知礼部贡举。以江陵少尹李复为容州刺史、本管经略使。癸丑,以御史大夫崔纵为吏部侍郎。谏议大夫、知制诰、翰林学士吉中孚为户部侍郎、判度支两税,元琇判诸道盐铁、榷酒。诏宰相齐映判兵部,李勉判刑部,刘滋判吏部、礼部,崔造判户部、工部。甲寅,诏天下两税钱物,委本道观察使、刺史差人送上都;其先置诸道水陆转运使及度支巡院、江淮转运等使并停。时崔造专政,改易钱谷,职事多隳败;造寻以忧病归第。

二月癸亥,山南樊泽奏破希烈将杜文朝之众五千,擒文朝以献。乙丑,鹿入含元殿,卫士执之。甲戌,户部侍郎元琇为尚书左丞,京兆少尹李竦为户部侍郎、判盐铁榷酒。

三月壬寅,滑州李澄奏破希烈之众于郑州。乙巳,以司农卿李模为黔中观察使。

四月丙寅,淮西李希烈为其牙将陈仙奇所鸩,并诛其妻子,仙奇以淮西归顺。戊辰,以前黔中观察使元全柔为湖南观察使。辛巳,陕州观察使李泌奏卢氏山治出瑟瑟,请禁以充贡奉。上曰:“瑟瑟不产中土,有则与民共之,任人采取。”甲申,诏以淮西牙将陈仙奇为蔡州刺史、淮西节度使,都统刘玄佐、李澄、曲环、李皋、贾耽、张建封各与一子正员官,赏平淮、蔡功也。丁未,以剑南东川节度使李叔明为太子太傅,以东川兵使王叔邕为梓州刺史、剑南东川节度使。

五月丙申,自癸巳大雨至于兹日,饥民俟夏麦将登,又此霖澍,人心甚恐,米斗复千钱。丁酉,以伊西北庭节度留后杨袭古为北庭大都护、伊西北庭节度支营田瀚海等使。己亥,百僚请上复常膳;是时民久饥困,食新麦过多,死者甚众。伊西北庭节度使李元忠卒,赠司空。辛酉,大风雨,街陌水深数尺,人有溺死者。癸未,横海军使、沧州刺史程日华卒,以其子怀直权知军州事。

秋七月戊子,黔中观察使理所复在黔州。辛卯,以开州别驾白志贞为果州刺史。乙未,福建观察卢惎卒。己酉,以虔王谅为申光随蔡节度大使,以淮西兵马使吴少诚为蔡州刺史、知节度留后,加东都留守贾耽东都畿唐汝邓都防御观察使,以陇右行营节度使曲环为陈许节度使。戊午,以鄜坊节度唐朝臣为单于大都护、振武绥银节度使,右金吾大将军论惟明为琇州刺史、鄜坊都防御观察使。己巳,以金吾大将军董晋为尚书右丞。庚辰,右散骑常侍蒋沇卒。丙戌,吐蕃寇泾、陇、邠、宁,诸镇守闭壁自固,京师戒严。遣河中节度骆元光镇咸阳。

九月,诏:“左右金吾及十六卫将军,故事皆择勋臣,出镇方隅,入居侍从。自天宝艰难之后,卫兵虽然废阙,将军品秩尤高。此诚文武勋臣出入转迁之地,宜增禄秩,以示优崇。并宜加给料钱及随身粮课,仍举故事,置武班朝参,其廊下食亦宜加给。其十六卫各置上将军一人,秩从二品;左右金吾上将军,俸料次于六统军支给。欲求致理,必藉兼才,文武递迁,不全限隔。自今内外文武缺官,于文武班中量才望相参叙用。仍依故事,于本卫量置卫兵。所司条件以闻。”丁酉,义成军节度、郑滑观察等使、检校尚书左仆射、滑州刺史、武威郡王李澄卒。以东都畿唐邓汝等防御观察使贾耽检校尚书右仆射,兼滑州刺史、义成军节度、郑滑等州观察使。戊戌,以吏部侍郎崔纵检校礼部尚书、东都留守、东都畿唐邓汝防御观察使。己亥,敕左右卫上将军、大将军并于衙内宿。乙巳,吐蕃寇好畤,京师戒严。李晟部将王佖击吐蕃于汧阳城,败其中军。辛亥,寇凤翔,李晟出师御之,一夕而退。

冬十月壬午,奏关内、河中、河南等道秋夏两税、青苗等钱,悉折纳粟麦,兼加估收粜以便民,从之。是月,李晟破吐蕃摧沙堡。

十一月甲午,册淑妃王氏为皇后。乙未,两浙节度使韩滉来朝。丁酉,册皇后王氏;是日后崩,谥曰昭德。辛丑,吐蕃陷盐州。壬寅,刘玄佐、曲环、鄂岳卢玄卿并来朝。

十二月丁巳,以韩滉兼度支、诸道盐铁转运使。吐蕃陷夏州,又陷银州。庚申,以给事中、同平章事崔造为右庶子。贬尚书右丞、度支元琇为雷州司户,为韩滉诬奏,人以为非罪,谏官屡论之。辛未,凤翔李晟来朝。壬申,京城畿内榷酒,每斗榷钱一百五十文,斸酒户差役,从度支奏也。

三年春正月丙戌朔。壬寅,以左仆射张延赏同中书门下平章事。乙巳,礼部侍郎薛播卒。辛亥,以户部侍郎李竦为鄂岳观察使。壬子,以兵部侍郎柳浑同中书门下平章事;刘滋守本官,罢知政事;中书舍人、平章事齐映贬夔州刺史。戊寅,度支盐铁转运使、镇海军节度、浙江东西道观察等使、检校左仆射、同中书门下平章事、晋国公韩滉卒,赠太傅。以果州刺史白志贞为润州刺史、兼御史大夫、浙西观察使,宣州刺史皇甫政为越州刺史、浙东观察使。

三月庚寅,诏今年朝集使宜停。丙午,凤翔陇右元帅副兵马使吴诜为福建观察使,凤翔都虞候邢君牙为凤翔尹、本府团练使。丁未,制凤翔陇右泾原四镇北庭管内兵马副元帅、凤翔陇右道节度使、奉天靖难功臣、司徒兼中书令、凤翔尹、上柱国、西平郡王、食实封一千五百户李晟可太尉兼中书令。庚戌,以晟甥元帅兵马使王佖为右威卫上将军。辛亥,河东马燧来朝。时番相尚结赞使大将论颊热卑辞厚意告马燧,请两国同盟和好,上疑其不诚,不允,故燧自将论颊热入朝,盛言番相请盟,可以保信。上乃从之,许盟于平凉。

夏四月庚申,诏:“蕃寇虽退,疆理犹虞,安边之策,必有良算,宜令常参官各陈边事,随所见封进以闻。”入蕃使崔翰奏于蕃中诱问给役者,求蕃国人马真数,云凡五万九千余人,马八万六千匹,可战者仅三万人,余悉老幼。庚午,御麟德殿,试《定难乐曲》,马燧所献。

五月丁亥,以侍中浑瑊为吐蕃清水会盟使,兵部尚书崔汉衡副之;瑊与骆元光率师二万往会盟所。丁酉,以左丞畅悦为湖南观察使。戊戌,左右神策、左右龙武各加将军一员。丙午,以岭南节度使杜佑为尚书右丞,以容管经略使李复为广州刺史、岭南节度使。蕃相尚结赞请改会盟之所于原州之土梨树,神策将马有麟奏:“土梨地多险厄,恐蕃军隐伏;不如平凉川,其地坦平,又近泾州。”乃改盟于平凉川。十月,东都、河南、江陵、汴州、扬州大水,漂民庐舍。

闰月乙卯,以国子司业裴胄为潭州刺史、湖南观察使。戊午,陕虢李泌献瑞麦,一茎五穗。庚申,诏省州县官员,上州留上佐、录事、参军、司户、司士各一员,中州上佐、录事、参军、司户、司兵各一员,下州上佐、录事、司户各一员,京兆河南两府司录、判司及四赤丞、簿、尉量留一半,诸赤畿县留令、丞、尉各一员。时宰相张延赏请减官收俸料以助军讨吐蕃故也。壬戌戌,日有黑晕,自辰及申方散。癸亥,以荆南节度使、检校户部尚书、嗣曹王皋为襄州刺史、山南东道节度、襄邓郧安随唐等州观察使,以山南东道节度使樊泽为江陵尹、荆南节度使。辛未,侍中浑瑊与吐蕃宰相尚结赞同盟于平凉,为蕃兵所劫,瑊狼狈遁而获免,崔汉衡已下将吏陷没者六十余人。癸酉,遣使赍书以让结赞,蕃界不受。戊寅,枉矢坠于虚危。辛巳,以少府监卢岳为陕虢观察使。是月,太白昼见,凡四十余日。

六月丙戌,以检校司徒、侍中马燧为司徒兼侍中,以赞吐蕃之盟失策而罢兵柄也。以陕虢观察使李泌为中书侍郎、平章事,以左龙武将军李自良为检校工部尚书、太原尹、河东节度使。乙巳,浙西观察使白志贞卒。是月,吐蕃驱盐,夏二州居民,焚其州城而去。

七月甲寅,浑瑊自盟所来素服待罪,释之。乙卯,诏:“朕顷缘兴师备边,资用不给,遂权议减官,以务集事。近闻授官者皆已随牒之任,扶老携幼,尽室而行。俸禄未请,归还无所,衣冠之弊,流寓何依?其先敕所减官员,并宜仍旧。”初既减员,内外咨怨张延赏,李泌初入相,乃讽谏官论之,乃下此诏。丙辰,平凉陷蕃官员崔汉衡已下各与一子正员官。以左羽林大将军韩潭为夏州刺史、夏绥银等州节度使。壬申,赐骆元光姓曰李元谅。尚书左仆射、同中书门下平章事张延赏薨,赠太保。癸酉,复置吏部小选。

八月辛巳朔,日有蚀之。丁亥,陷蕃兵部尚书崔汉衡得还。己丑,以兵部侍郎、平章事柳浑为散骑常侍,罢知政事。壬申,以给事中王纬为润州刺史、江西观察使,常州刺史刘赞为宣州刺史、宣歙池观察使。戊戌,贬前门下侍郎、同平章事萧复为太子左庶子,饶州安置,坐宗人位、佩、儒、偲、鼎等连郘国长公主奸盅事也。戊辰,吐蕃犯塞,诸军戒严。

九月丁巳,吐蕃大掠汧阳、吴山、华亭界民庶,徙于安化峡西。庚申,左庶子崔造卒。癸亥,回纥可汗遣使合阙将军请昏于我,许以咸安公主降之。丙寅,吐蕃陷华亭,又陷泾州之连云堡。甲戌,吐蕃退,俘掠邠、泾、陇等州民户殆尽。自是蕃寇常至泾、陇。

冬十月,吐蕃修原州城,屯据之。丁亥,太子太傅李叔明卒。丙戌,神策将魏循上言:“射生将韩钦绪等十余人与资敬寺妖僧李广弘同谋不轨,广弘自言当为人主,约十月十日大举,已署置将相名目。"诏捕劾之,连坐死者百余人;钦绪,游瑰之子,特赦之。是月,复降鱼书停刺史务。

十一月丁丑,以湖南观察使赵憬为给事中。是夜,京师地震者三,鸟巢散落。壬申,禁商人不得以口马兵械市于党项。辛丑,鄜坊节度使论惟明卒。是岁,作玄英观于大明宫北垣。

旧唐书卷一三
本纪第一三

德宗下

贞元四年春正月庚戌朔，上御丹凤楼，制曰："朕以菲薄，托于王公之上，恭承天地之序，虔奉祖宗之训，遐想至理，思臻大和。而诚不感物，化不柔远，声教犹郁，征赋仍繁。顷者务于安人，不惮屈己，与西蕃结好，申以齐盟。而戎心不厌，背义亏信，劫胁士庶，屡犯封疆。元元何辜，皆朕之失。乃者辇毂之下，凶狂结构，上帝垂佑，悉自伏诛，刑以止杀，谅非获已。今三阳布和，万物资始，思与群公兆庶，惟新政理，宜敷在宥之泽，以覃作解之恩。可大赦天下，大辟已下罪咸赦除之。"是日质明，含元殿前阶基栏槛坏损三十余间，压死卫士十余人。京师地震，辛亥又震，壬子又震。壬戌，以左龙武大将军王西曜为麟州刺史、鄜坊丹延节度使。丁卯，京师地震，戊辰又震，庚午又震。以宣武军行营节度使刘昌为泾州刺史、四镇北庭行军泾原等州节度使。癸酉，京师地震。甲戌，以华州潼关节度使李元谅兼陇右节度使、临洮军使。乙亥，地震，金、房尤甚，江溢山裂，庐舍多坏，居人露处。陈留雨木如大指，长寸余，有孔通中，下而植于地，凡十里许。辛巳，李泌以京官俸薄，请取中外给用除陌钱，及阙官俸外一分职田、额内官俸，及刺史执刀司马军事等钱，令户部别库贮之，以给京官月俸，令五十万，常有二百余万以资国用。壬午，地震，甲申又震，乙酉又震，丙申又震。甲辰，太仆郊牛生犊六足，又豕生两首四足。筑延喜门北复道属永春门。泾原刘昌复筑连

云堡。戊辰,鹿入京师市门。甲寅,地震。宴群臣于麟德殿,设《九
部乐》,内出舞马,上赋诗一章,群臣属和。己未,地震。丁卯,有司
条奏省官,其左右常侍、太子宾客请依前置四员,从之。庚午,地震。
诏泾原刘昌于平凉会盟所收被害将士骸骨,葬于浅水原,为二冢,
立石堆志之,题曰怀忠冢。辛未,地震。中书省梧树有鹊以泥为巢。
癸巳,以太子左庶子畅悦为桂管观察使。改左右射生为左右神威
军。福建兵乱,逐观察使吴诜。丁未,陇右李元谅筑良原城。丁巳,
右龙武统军张伯仪卒。辛酉,以吉州刺史张庭为安南都护、本管经
略使。升郓州为大都督府。壬戌,加置谏议大夫八员,分中书四员
为右,门下四员为左。检校左庶子萧复卒于饶州。丙寅,地震,丁卯
又震。月犯岁星。辛未,太子宾客吴凑为福建观察使。乙亥,荧惑、
岁、镇三星聚营室,凡二十日。是月,吐蕃寇泾、邠、宁、庆、鄜等州,
焚彭原县,边将闭城自固。贼驱人畜三万计,凡二旬而退。吐蕃入
寇以秋冬,今盛暑而来,华人陷蕃者道之也。

　　六月丁丑,鄂岳观察使李涷卒。乙酉,以尚书左丞杜佑为陕州
长史、陕虢观察使。徵夏县处士先除著作郎阳城为谏议大夫。城以
褐衣诣阙,上赐之章服而后召。乙丑,桂管都防御观察使畅悦卒。乙
未,以谏议大夫何士干为鄂岳沔蕲黄等州都团练观察使。乙亥,封
皇子、皇弟邕王等七人为王,兼卿、监、祭酒等官。癸卯,荧惑退行入
羽林。

　　秋七月庚戌,以左金吾将军张献甫为邠宁节度使;陈许防御兵
马使韩全义检校工部尚书,充长武城及诸军行营节度使。癸丑,邠
宁军因韩游瑰受代,惮张献甫之严,乘其无帅,纵兵大掠,仍胁监军
杨明义奏请范希朝为帅。都虞候杨朝晟斩其乱首二百余人,方定。
朝命仍以希朝副献甫。己未,奚、室韦寇振武军。壬戌,诏以太尉、
中书令、西平郡王李晟长子愿为银青光禄大夫、太子宾客,赐勋上
柱国,与晟门并列戟。乙丑,以前抚州刺史戴叔论为容州刺史、兼御
史中丞、本管经略使。丁丑,以兵部尚书崔汉衡为晋州刺史、晋慈隰
观察使。壬申,诏:"嗣王、郡王朝会,班位在本官班之上。左右庶子

准令在左右丞侍郎之下、诸司四品之上,令在少卿之下,非也,宜改之。"乙亥,以苏州刺史孙晟为桂州刺史、桂管观察使。荆河自陕州至河阴,水色如墨,流入汴口,至汴州,一宿而复。又汴郑管内乌皆入田绪、李纳之境,衔柴为城,方十余里,高二三尺,绪、纳恶而去之,信宿复如之,乌口皆流血。

八月,以权判吏部侍郎吉中孚为中书舍人。乙酉,检校司徒、兼太子太师、汧国公李勉薨。甲午,京师地震,其声如雷。

九月丙午,诏:"比者卿士内外,左右朕躬,朝夕公门,勤劳庶务。今方隅无事,蒸庶小康,其正月晦日、三月三日、九月九日三节日,宜任文武百僚选胜地追赏为乐。每节宰相及常官参共赐钱五百贯文,翰林学士一百贯文,左右神威、神策等军每厢共赐钱五贯文,金吾、英武、威远诸卫将军共赐钱二百贯文,客省奏事共赐钱一百贯文,委度支每节前五日支付,永为常式。"戊申,晋慈隰观察使崔汉衡加都防御使名。癸丑,赐百僚宴于曲江亭,仍作《重阳赐宴诗》六韵赐之。群臣毕和,上品其优劣,以刘太真、李纾为上等,鲍防、于召为次等,张蒙、殷亮等二十人又次之。唯李晟、马燧、李泌三宰相之诗不加优劣。庚申,吐蕃寇邠、宁、坊等州。

冬十月,诏中书门下选常参官曾为牧宰有理行者以名闻。宰臣奏于颀、董晋等十二人前任有治迹,诏颀等于左右丞听各言政要,左右丞条奏,上乃御宣政殿亲试其言而后用之。丙戌,以右神策将军李长荣为河阳三城怀州团练使,仍赐名元。戊子,回纥公主将姜媵六十余人、马二千匹来迎咸安公主,命刑部尚书关播送公主归蕃。

十二月辛巳,少府监李观卒。

五年春正月壬辰朔。乙卯,诏:"四序嘉辰,历代增置,汉崇上巳,晋纪重阳。或说襄除,虽因旧俗,与众共乐,咸合当时。朕以春方发生,候及仲月,勾萌毕达,天地和同,俾其昭苏,宜助畅茂。自今宜以二月一日为中和节,以代正月晦日,备三令节数,内外官司休

假一日。"宰臣李傪请中和节日令百官进农书,司农献穤稑之种,王
公戚里上春服,士庶以刀尺相问遗,村社作中和酒,祭勾芒以祈年
谷,从之。丁卯,右散骑常侍宜城县子柳浑卒。

二月己丑,贬京兆尹郑叔则为永州长史。戊戌,以沧景留后程
怀直为沧景观察使。庚子,以大理卿董晋为门下侍郎、同中书门下
平章事;以御史中丞窦参为中书侍郎、平章事,兼转运使;以户部侍
郎班宏为户部尚书,依前度支转运副使。

三月甲辰,中书侍郎、同平章事李傪卒。乙卯,以兵部郎中姚南
仲为御史中丞,司农卿薛珏为京兆尹,以大理卿李速为黔州刺史、
黔州观察使。癸亥,以资州刺史庞复为安南都护、本管经略使。丙
寅,贬礼部侍郎刘太真为信州刺史。以给事中杜黄裳为河南尹。戊
辰,诏以李怀光外孙燕八八为左卫率府胄曹参军,赐姓名曰李承
绪,仍赐钱千贯,俾自营居业。

夏四月乙未,以太子少师萧昕为工部尚书,致仕,给半禄、料,
永为常式。初,致仕官只给半禄,无料,上加之以待老臣,半料自昕
始也。

五月戊辰,宋州麦一茎九岐者百余本。

六月乙未,以光禄卿裴腆为桂管观察使。

秋七月,以嗣滕王湛然为太子宾客、入回纥使。

八月辛未,以同州刺史窦颖为户部侍郎。

九月壬戌,诏以褚遂良已下至李晟等二十七人,图形于凌烟
阁,以继国初功臣之像。

冬十月丙午,西川韦皋奏与东蛮合力大破吐蕃于故巂州,擒其
将藏遮遮。自是吐蕃挫锐,竟复巂州。庚午,百僚请复徽号,不允。
己丑,易定节度使、检校司空、平章事张孝忠以擅出兵袭蔚州,降检
校司空为左仆射。桂管观察、御史中丞孙晟卒。癸巳,以户部侍郎
窦觎为扬州长史、兼御史大夫、淮南节度使。

十二月庚午,回纥汩咄禄长寿天亲毗伽可汗卒。辛未,以淮南
节度使杜亚为东都留守,畿汝州都防御使,兵部侍郎裴谞为河南

尹，司农卿李翼为陕虢据都防御观察使壬申，以陕虢观察使杜佑检校礼部尚书，兼扬州长史、淮南节度使。

六年春正月戊辰朔。戊申，大雪。

二月戊辰朔，百僚会宴于曲江亭，上赋《中和节群臣赐宴》七韵。是日，百僚进《兆人本业》三卷，司农献黍粟各一斗。岐州无忧王寺有佛指骨寸余，先是取来禁中供养，乙亥，诏送还本寺。丙戌，以中书舍人陆贽权兵部侍郎。甲午，以吏部侍郎刘滋为吏部尚书。丁酉，王武俊守棣州将赵镐以郡归李纳，武俊怒，以兵攻之。

三月庚子，百僚宴于曲江亭，上赋《上巳诗》一篇赐之。壬寅，浑瑊自河中来朝。戊午，牂牁蛮来朝。甲子，以旱，日色如血，无光。

夏四月甲辰，大风雷。

闰月庚申，太白、辰星聚东井。戊午，始雨。

五月丙寅朔，上御紫宸受朝。上以是月一阴生，臣子道长，父子必以是朔面焉，故取朔日受朝。壬午，以宁州刺史范希朝为单于大都护、麟胜节度使。

是夏，淮南、浙东西、福建等道旱，井泉多涸，人渴乏，疫死者众。

秋七月丙寅，淮南节度使窦觎卒。癸酉，复呼亲王母曰太妃，公主母曰太仪。

八月丁未，工部尚书致仕鲍防卒。

九月乙丑，收诸道进奏院官印，悉毁之。己卯，诏："十一月八日，有事于南郊太庙，行从官吏将士等，一切并令自备食物。其诸司先无公厨者，以本司阙职物充。其王府官，度支量给廪物。其仪仗礼物，并仰御史搏节处分。"

冬十月己亥，文武百僚京城道俗抗表请徽号，上曰："朕以春夏亢旱，粟麦不登，朕精诚祈祷，获降甘雨，既致丰穰，告谢郊庙。朕倘因禋祀而受徽号，是有为为之。勿烦固请也。"辛亥，回纥吊祭使、鸿胪卿郭锋复命，回纥遣达北勒梅录将军来，告九姓回纥登里逻没密施俱录忠贞毗伽可汗之丧。

十一月庚午,日南至,上亲祀昊天上帝于郊丘。礼毕还宫,御丹凤楼宣赦,见禁囚徒减罪一等,立仗将士及诸军兵,赐十八万段匹。今后刺史、县令以四考为限。青州李纳以棣州还王武俊,并其兵士三千。

是岁,吐蕃陷我北庭都护府,节度使杨袭古奔西州。回纥大相颉干迦斯给袭古,请合军收复北庭,乃杀袭古,安西因是阻绝,唯西州犹固守之。回纥亦为吐蕃所逼,取浮图川,乃迁部落羊马于牙帐之南以避之。

七年春正月壬戌朔。己巳,襄王僙薨。庚辰,以湖南观察使裴胄为洪州刺史、江西观察使,以常州刺史李衡为潭州刺史、湖南观察使。蔡州置汝南县。黑衣大食遣使朝贡。以中书舍人韩皋为御史中丞。

二月己巳,泾原帅刘昌复筑平凉城。城去故原州一百五十里,本原之属县,地当御戎之冲要。昌复浃辰而功毕,分兵戍之,边患稍弭。庚子,侍中浑瑊自河中来朝。

三月辛酉,陈许节度使曲环奏请权停当道冗官,待一二年后,民力稍给,则复之。壬戌,左龙武统军戴休颜卒。甲子,泾原节度使刘昌筑胡谷堡,改名彰义堡。堡在平凉西三十五里,亦御戎之要地。壬申,诏:"顷来赐衣,文彩不常,非制也。朕今思之,宜有定制,节度使宜以鹘衔绶带,观察使宜以雁衔威仪。"威仪瑞草也。关辅牛疫死,十亡五六。上遣中使以诸道两税钱买牛,散给畿民无牛者。辛巳,诏神威、神策六军将士自相讼,军司推劾;与百姓相讼,委府县推劾;小事移牒,大事奏取处分,军司、府县不得相侵。癸未,义武军节度使、检校司空、平章事张孝忠卒。

夏四月庚子,太子少师致仕萧昕卒。汴州献白乌。戊午,诏:"仲夏之时,万物敷畅,阳德方茂,阴事始承。昔者观于法象,因天地交会之序,为父子相见之仪,沿习成风,古今不易。王者制事,在于因人,酌其情而用中,顺其俗以为礼。咸觐之义,既行于父子之间;资事之情,岂隔于君臣之际,申恩卿士,自我为初。起今年五月朔,御正殿,召见文武百官,外官因朝奏,咸听就列。仍编礼式,以为常典。"己未,安南首领杜英轮叛,攻都护府,都护高正平忧死。

五月庚申朔,上御宣政殿见百官,从新制也。辛未,置柔远军为安南都护府。甲申,端王遇薨。许州献白乌。戊子,以衡州刺史齐映为桂管观察使。

六月庚子朔。乙巳,太常卿崔纵卒。

秋七月庚午,以信州刺史郑叔则为福建观察使。癸酉,上幸章敬寺,赋诗九韵,皇太子与群臣毕和,题之寺壁。戊寅,以邕王谅为义武军节度使、易定观察等大使,以定州刺史张升云为留后。庚辰,以虔州刺史赵昌为安南都护、经略招讨使。

八月己丑,以翰林学士归从敬为工部尚书。甲午,给事中郑瑜为中书舍人。丙申,贬宗正卿李翰为雅王傅;翰林学士陆贽为兵部侍郎,罢学士。庚戌,夏州奏开延化渠,引乌水入库狄泽,溉田二百顷。

九月庚申,兵部尚书致仕马炫卒。

冬十月癸丑,每御延英令诸司官长二人奏本司事。寻又敕常参官每一日二人引对,访以政事,谓之巡对。

十一月乙丑,令常参官趋朝入阁,不得奔走。周亲已下丧者禁惨服,朝会须服本色绫袍金玉带。丁酉,以前福建观察使吴凑为陕州长史、陕虢观察使。

是冬无雪。

八年春正月丙辰朔。癸酉,罢桂管经略招讨使。

二月丁亥,许州人李狗儿持杖入含元殿,击栏槛,又格擒者。诛之。庚子,京师雨土。己酉,吏部尚书李纾卒。乙丑,山南东道节度使、检校户部尚书嗣曹王皋薨。庚午,宣武军节度使、司徒、平章事刘玄佐卒。癸酉,剑南西川节度使韦皋奏请,有当道闲员官吏,增其

俸禄，从之。己亥，以湖南观察使李衡为洪州刺史、江西观察使。襄
州军乱，掠府库民财殆尽，都将徐诚斩其乱首杨清潭，方止。丙子，
以荆南节度使樊泽为襄州刺史、山南东道节度使，以江西观察使裴
胄为江陵尹、荆南节度使。以户部尚书班宏判度支，户部侍郎张滂
为诸道盐铁转运使。己卯，以陕虢观察使吴凑为汴州刺史、宣武军
节度、汴宋等州观察使。辛巳，以同州刺史姚南仲为陕虢观察使。壬
午，以左庶子李充为京兆尹，以苏州刺史齐抗为潭州刺史、湖南观
察使。

　　夏四月丁丑，贬左金吾大将军嗣虢王则之为昭州司马，左谏议
大夫、知制诰吴通玄为泉州司马，给事中窦申道州司马。戊子，以雅
王傅李翰为金吾卫大将军。翰前为窦参所恶贬官，至是参败，上遽
召翰，口授将军，便令金吾仗上事，翌日除书方下。庚寅，以汴州长
史刘士宁为汴州刺史、宣武节度使。时吴凑行次氾水，闻其有变而
还。乙未，贬中书侍郎、平章事窦参为郴州别驾，窦申景州司户。寻
杖杀申。诸窦皆贬。以尚书左丞赵憬、兵部侍郎陆贽为中书侍郎、
同中书门下平章事。丁酉，韦皋请十二而税，以给官吏，从之。丙午，
以东都、河南、淮南、江南、岭南、山南东道两税等物，令户部侍郎张
滂主之；以河内、河东、剑南、山南西道等财，户部尚书、判度支班宏
主之。一遵大历故事，如刘晏、韩滉分掌焉。给事中韦夏卿左迁常
州刺史，坐交诸窦也。是月，吐蕃寇云州。

　　五月乙卯朔，上御宣政殿受朝。丙辰，初增税京兆青苗亩三钱，
以给掌闲圹骑。戊午，以光禄少卿崔穆为黔州观察使。己未，大风，
吹坏庐舍，门阙。丙寅，以大理卿王胡为福建观察使。戊辰，初令授
台省官者各具举主于授官诏。先是郎官缺，左右丞举之，御史缺，大
夫、中丞举之，诏书不具所举。及赵憬、陆贽为相，建议官郎不宜专
于左右丞，宜令尚书、丞、郎各举其可，诏书具所举官名，御史亦如
之，异日考殿最以举主能否。从之。癸酉，平卢淄青节度使、检校司
徒、平章事李纳卒。癸未，前太仆少卿刘士干有罪赐死，刘玄佐养子
也。

六月，吐蕃寇泾州。

秋七月甲寅朔，户部尚书、判度支萧国公班宏卒。以桂管观察使齐映为洪州刺史、江西观察使；以翰林学士归崇敬为兵部尚书致仕。辛巳，大雨。

八月乙丑，以天下水灾，分命朝臣宣抚赈贷。河南、河北、山南、江淮凡四十余州大水，漂溺死者二万余人。辛卯，以青州刺史李师古为郓州大都督府长史、平卢淄青等州节度观察海运陆运、押亲罗渤海两蕃等使。

丁未，诏以岁凶罢九月赐宴。

九月丁巳，韦皋攻吐蕃之维州，获蕃将论莽热以献。贬太子宾客于召江州别驾，寻卒。乙亥，以太子宾客薛珏为岭南节度使。

冬十月己亥，追封故皇弟遏为均王。庚戌，复命金吾置门籍。

十一月壬子朔，日有蚀之。己巳，贬右庶子姜公辅泉州别驾。严震奏破吐蕃于芳州。壬申，诏自今死刑勿决，先杖。

十二月庚寅，诏赐遭水县乏绝户米三十万石。丁未，以给事中李巽为潭州刺史、湖南观察使。

闰月癸酉，门下省奏："邮驿条式，应给纸券。除门下外，诸使诸州不得给往还券，至所诣州府纳之，别给俾还朝。常参官在外除授及分司假宁往来，并给券。"从之。甲戌，牂牁、室韦、靺鞨皆遣使朝贡。

九年春正月庚辰朔，朝贺毕，上赋《退朝观仗归营诗》。乙酉，剑南东川节度使王叔邕来朝。癸卯，初税茶，岁得钱四十万贯，从盐铁使张滂所奏。茶之有税，自此始也。甲辰，禁卖剑铜器。天下有铜山，任人采取，其铜官买，除铸镜外，不得铸造。

二月庚戌朔。先是宰相以三节次宴，府县有供帐之弊，请以宴钱分给，各令诸司选胜宴会，从之。是日中和节，宰相宴于曲江亭，诸司随便，自是分宴焉。易定留守张升云为义武军节度使。辛酉，诏复筑盐州城。贞元三年，城为吐蕃所毁，自是塞外无堡障，犬戎入寇,既城之后,边患息焉。

三月己亥,以驾部郎中、知制诰张式为虢州刺史。

夏四月辛酉,地震,有声如雷,河中、关辅尤甚,坏城壁庐舍,地裂水涌。

五月庚申,废诸州府执刀。甲辰,以义成军节度使、检校右仆射贾耽为左仆射、同中书门下平章事,以尚书左丞卢迈本官同平章事。以郑州刺史李融为滑州刺史、义成军节度使。乙巳,韦皋奏,遣军出西山,破吐蕃峨和城、定廉城、通鹤军,凡平堡五十余所。是日以蕃俘器仗来献。丙戌,以门下侍郎、平章事董晋为礼部尚书,罢知政事。甲寅,加韦皋检校右仆射,以司农少卿裴延龄为户部侍郎、判度支。庚申,以给事中李衡为户部侍郎、诸道盐铁转运使。

秋七月乙未,敕县令以四考为限,无替者宜至五考。庚子,以信州刺史孙公器为邕经略使。故事,宰相秉笔决事,每人十日一易。至是贾耽、赵憬、陆贽、卢迈同平章政事,百僚有所关白,更相让而不言。始诏令旬日秉笔,后诏每日更秉笔。剑南西山羌女国王汤立志、哥邻王董卧庭、白狗王罗陀忿、弱水王董避和、逋租王弟邓告知、南水王俭尚悉曩等六国君王,自来朝贡。六国初附吐蕃,韦皋出西山讨吐蕃,故六蛮内附,各授官敕遣之。

八月庚戌,太尉、中书令、西平郡王李晟薨,赠太师,废朝五日。己巳,皇太子长男广陵王淳纳妃郭氏。

九月己卯,罢九日宴,以太师晟丧也。

冬十月己酉,侍中马燧对于延英。燧足疾,诏令不拜,行仆于地,命宦者扶持之。上谓之曰:“前日卿与太尉晟俱来,今公独至。”因歔欷欷泣下。及燧退,上送及阶。癸酉,环王国献犀牛,上令见于太庙。

十一月乙酉,日南至,上亲郊圆丘。是日还宫,御丹凤楼,制曰:“朕以寡德,祗膺大宝,励精理道,十有五年。夙夜惟寅,罔敢自逸,小大之务,莫不祗勤。皇灵怀顾,宗社垂佑,年谷丰阜,荒服会同,远至迩安,中外咸若。永惟多佑,实荷玄休。是用虔奉礼章,躬荐郊庙,克展因心之敬,获申报本之诚。庆感滋深,悚惕惟励,大福所赐,岂独在予,思与万方,均其惠泽,可大赦天下。”辛卯,华州潼关镇国军、陇右节度使李元谅卒于良原,以其部将阿史那叙统元谅之众,戍良原。壬寅河南尹、东都留守裴谞卒。甲辰,制以冬荐官,宜令尚书丞、郎于都堂访以理术,试时务状,考其通否及历任考课事迹,定为三等,并举主姓名。仍令御史一人为监试。如授官后政事能否,委御史台、观察使以闻,而殿最举主。

十二月丙午朔,制:“今后使府判官、副使、行军已下,使罢后,如是检校试五品以上官不合集于吏部选,任准罢使郎官、御史例,冬季闻奏。”丙辰,宣武军乱,逐节度使刘士宁。壬戌,以通王谌为宣武军节度使,以宣武军节度副使李万劳为汴州刺史、宣武军节度、汴宋等州观察留后。朔方灵盐节度副大使、太子少师、检校左仆射、余姚郡王杜希全卒。

十年春正月乙亥朔。乙酉,以虔王谅为朔方灵盐丰节度大使,以朔方等道行军司马李栾为留后。壬辰,南诏异牟寻大破吐蕃于神川,使来献捷。己亥,昭义节度使、检校司空、平章事李抱真请降官,乃授检校左仆射。时抱真病,巫祝言宜降爵,故有是请。

二月丙午,以瀍州刺史刘澭为秦州刺史、陇右经略军使,理普润县,仍以普润军为名。乙卯,以给事中齐抗为河南尹。乙丑,义成军节使;郑滑观察使李融卒。丁卯,诏:“君臣之际,义莫重焉,每闻薨殂,良深悼恻。应文武朝臣薨卒者,其月俸、料宜全给,仍更准本官一月俸、料,以为赙赠。”

三月乙亥,黄雾四塞,日无光。以华州刺史李复为滑州刺史、义成军节度使。沧州程怀直来朝,赐安业坊宅,妓一人,复令还镇。庚辰,南诏异牟寻攻收吐蕃铁桥已东城垒一十六,擒其王五人,降其民众十万口。壬申,以同州刺史卢徵为华州刺史、潼关防御、镇国军等使。辛丑,以延州刺史李如暹所部蕃落赐名曰安塞军,以如暹为军使。

夏四月戊辰，地震，癸丑复震。恒州奏见巨人迹。以云南告捷使高细龙为左武卫将军。是月，太白昼见。有大鸟飞集宫中，食杂骨。

是春霖雨，罕有晴日。

六月壬寅朔，昭义军节度使、检校左仆射、同中书门下平章事、义阳王李抱真卒，诏以其将王延贵权知义军事。癸丑，以祠部郎中袁滋兼御史中丞，为册南诏使。甲寅，以辰州刺史房孺复为容管经略使。丙寅，韦皋奏西山峨和城击破吐蕃城栅，斩首二千八百级。庚午，度支使裴延龄兼灵、盐等州盐池井榷使。辛未晦，有水鸟集于左藏库，是夜暴雨，大风折木。

秋七月壬申朔，以邕王谅为昭义军节度使，以昭义押衙王延贵为潞府左司马，充昭义节度留后，赐史虔休。抱真别将权知洺州事元谊、不悦虔休为留后，据洺州叛，阴结田绪。庚辰，赐南诏异牟寻金印银窠，其文曰"贞元册南诏印"。先是，吐蕃以金印授南诏，韦皋因其旧而请之。汴州军乱，攻节度留后李万荣，不胜而溃，万荣悉捕斩其孥。己亥，前汴州节度使刘士宁宜于郴州安置。钦州守镇黄少卿叛，攻邕管经略使孙公器，又陷钦、横、浔、贵等州。吐蕃大将论乞髯、阳没藏、悉诺硉以其家内附，授归义将军。因置四品已下武官，以授四夷归附者，仍定怀化大将军已下俸钱。

九月辛未朔，以袁州刺史董镇为邕管经略使。戊子，赐百僚九日宴，上赋诗赐之。辛卯，南诏献铎槊、浪人剑、吐蕃印八纽。戊戌，定州张云升改名茂昭。

冬十月癸卯，御宣政殿，试贤良方正、能直言极谏等举人。壬戌，刑尚书刘滋卒。

十一月乙酉，诸道盐铁转运使张滂为卫尉卿，以浙西观察使王纬为诸道盐铁转运使。庚寅，秘书监致仕穆宁卒。

十二月庚子朔。壬戌，贬中书侍郎、平间事陆贽为太子宾客。

十一年春正月庚午朔。乙亥，岭南节度使薛珏卒。乙未，以秘书少监王础为黔中经略观察使，卫尉少卿武少仪为邕管经略使。丙申，以邕管经略使王锷为广州刺史、岭南节度使。

二月癸卯，以衢州刺史李若初为福建观察使。乙巳，册渤海大钦茂之子嵩为渤海郡王、忽汗州都督。乙卯，于泾州彰信堡置潘原县。甲子，九姓回纥骨咄禄毗伽奉诚可汗卒。

三月庚午，司徒兼侍中马燧以疾请罢侍中，不许。辛未，赐宰臣两省供奉官宴于曲江亭。乙丑，以吏部侍郎郑瑜为河南、淮南水陆转运使。丙申，渚州准例荐隐居丘园不求闻达蔡广成等九人，各授试官，令给公乘，到京日量才叙用。

夏四月，旱。壬戌，贬太子宾客陆贽为忠州别驾，京兆尹李元充信州长史，卫尉卿张滂汀州长史。癸亥，以兵部侍郎韩皋为京兆尹。甲子、赐南诏敕书，始列中书三官奉宣行，复旧制也。丙寅，幽州刘济奏大破奚王啜刺等六万余众。

五月丁卯朔。庚午，命有司虑囚，旱故也。丁丑，以宣武留后李万荣为汴州刺史、宣武节度副使、知节度事。以昭义军节度留后王虔休为潞州大都督府长史、昭义军节度副大使、知节度事、管内度支营田、潞泽磁邢洺观察使。又以朔方留后李栾为灵州大都督府长史、朔方灵盐丰夏四州受降定远城天德军节度副大使、知节度事、管内度支营田观察押蕃落等使。甲申，河东节度使、检校工部尚书、太原尹李自良卒。庚寅，遣使册九姓回纥腾里罗羽录没密施合胡六骨咄禄毗伽怀信可汗。癸巳，以通王谌为河东节度使，以河东行军司马李悦节为河东节度营田观察留后、北都副留守。甲午，初铸河东监军印。监军有印，自王定远始也。

六月，河阳献白乌。甲辰，晋慈隰观察使崔汉衡卒。癸丑，以绛州刺史姚齐梧为晋慈隰都防御观察使。

秋七月丙寅朔，右谏议大夫阳城为国子司业。河东监军王定远配流崖州，坐专杀也。辛卯，江西观察使、洪州刺史齐映卒。

八月辛亥，司徒兼侍中、北平郡王马燧薨，赠太傅。丙辰，以楚州刺史路賨为洪州刺史、江西观察使。

闰月己丑,国子司业裴澄表上《乘舆月令》十二卷,《礼典》十二卷。

九月己卯,赐宰臣两省供奉官宴于曲江,赋诗六韵赐之。丁巳,加韦皋统押近界诸蛮及山西八国、云南安抚等使。沧州大将程怀信逐其帅程怀直。

冬十月丁丑,以虔王谅为横海军节度大使,以兵马使程怀信为留后。

十一月丙申,日南至,不受朝贺,以司徒马燧葬也。辛丑,太常定马燧谥曰“景武”,上曰:“景,太祖谥,改庄武可也。”己酉,潭州献赤乌。

十二月戊辰,上猎苑中,戒多杀,止行三驱之礼,劳士而还。

十二年春正月甲午朔。庚子,元谊、李文通率洺州兵五千、民五万家东奔田绪。壬子,以前沧州节度使程怀直为左龙武统军。乙丑,成德军节度使、检校司徒、兼侍中浑瑊兼中书令;兴元节度使严震、魏博田绪、西川韦皋并加检校左右仆射、同中书门下平章事。于是方镇皆叙进兼官。上制《贞元广利药方》五百八十六首,颁降天下。

三月癸巳朔。甲午,韦皋奏收降蛮七千户,得吐蕃所赐金字告身五十五片。乙巳,以户部侍郎裴延龄为户部尚书。戊申,以兵部尚书董晋充东都留守、判东都尚书省、东畿汝都防御使。

四月壬戌朔。戊辰,左右十军使奏:去年冬车驾幸诸营,欲于银台亭子门外立碑以纪圣迹。从之。庚午,魏博节度使,度支营团观察使,检校左仆射,平章事,魏州长史,驸马都尉,雁广郡王田绪卒。庚辰,上降诞日,命沙门、道士加文儒官讨论三教,上大悦。

五月辛卯朔。丙申,邠宁节度使张献甫卒。甲辰,以邠宁都虞候杨朝晟为邠州刺史、邠宁庆节度使。银夏节度使韩潭让所授礼部尚书,乞雪崔宁,许其家收葬。丁巳,驸马郭暧、王士平、暧弟煦暄,坐代宗忌辰饮宴,贬官归第。

六月壬戌,故欢州司户窦参,许其家收葬。乙丑,初置左右护军中尉监、中护军监,以授宦官。以左右神策军使窦文场、霍仙鸣为左右神策护军中尉监,以左右神威军使张尚进、焦希望为左右神威中护军监。辛巳,宣歙观察使、宣州刺史刘赞卒。

七月乙未,以东都留守、兵部尚书董晋检校左仆射、同中书门下平章事、汴州刺史、宣武军节度使、宋亳颍观察使。时李万荣病,万荣子乃自署为兵马使,军人又逐乃,汴州乱,故命董晋帅之。以太子宾客王翃为东都留守、判东都尚书省事、东畿汝都防御使。是日,汴州节度使李万荣卒。

八月辛未朔,日有蚀之。己巳,以前魏博节度副使田季安为魏州长史、魏博节度观察等使,庚午,增修望仙门广夹城,十王宅、六王宅。癸酉,以虢州刺史崔衍为宣歙池观察使。以乞髯子汤忠义为归德将军。丙子,以汝州刺史陆长源为宣武行军司马。丙戌,门下侍郎、平章事赵憬薨。

九月甲午,以河东行军司马李景略为丰州刺史、天德军丰州西受降城都防御使。丙午,户部尚书、判度支裴延龄卒。庚戌,幸鱼藻宫,即日还内。壬子,吐蕃寇庆州。

冬十月壬戌,诏以京畿旱,放租税。甲戌,谏议大夫崔损、给事中赵宗儒并同中书门下平章事,俱赐金紫。以少府监崔穆为晋州刺史、晋兹隰观察使。

十一月辛卯,昭义王虔休造《诞圣乐曲》以献。

十二月己未,大雪平地二尺,竹柏多死。环王国所献犀牛,甚珍爱之,是冬亦死。上著《刑政箴》一首。癸未,回纥、南诏、剑南西山国女国王并来朝贺。

十三年春正月戊子朔。庚寅,太子少师致仕关播卒。壬寅,吐蕃赞普遣使修好,塞上以闻,上以犬戎负约,不受其使。东都尚书省火。

二月丁巳,赐宰臣、两省供奉官宴于曲江亭。乙亥,度支郎中苏弁为户部侍郎、判度支,兵部郎中王绍判户部。

三月戊子,造会庆亭于麟德殿前。乙巳,以福建都团练使李若初为明州刺史、浙东观察使,以婺州刺史柳冕为福建观察使。

夏四月壬戌,上幸兴庆宫龙堂祈雨。乙丑,大雪。庚午,义成军节度使、郑滑观察营田、检校左仆射、滑州刺史李复卒。己卯,以大理卿于颀为陕州长史、陕虢观察使。庚辰,以陕虢都防御观察转运等使姚南仲为滑州刺史、义成军节度、郑滑观察使。

五月丙戌朔,韦皋收复巂州,画图来上。壬子,以库部郎中、翰林学士郑余庆为工部侍郎、知吏部选事。

六月己卯朔,以衡州刺史陈云为邕管经略使。辛巳,引龙首渠水自通化门入,至太清宫前。壬午,韦皋奏于巂州破吐蕃,生擒大笼官七人,马畜器械不可胜纪。

秋七月丙戌,宰相卢迈请告累月,四表避相位,是日,命宰臣问疾于卢迈私第。己丑,右神策中尉霍仙鸣病,赐马十匹,令于诸寺斋僧。壬辰,浚湖渠、鱼藻池,深五尺。乙未,地震。甲辰,以兵部郎中、判户部王召为户部侍郎。乙丑,诏今后嗣王薨葬,所司并供卤薄,永为常式。

八月丁巳,诏京兆尹韩皋修昆明池石炭、贺兰两堰兼湖渠。壬午,容管经略使房孺复卒。

九月己丑,卢迈恳让相位,乃授太子宾客。辛卯九日,宴宰臣百官于曲江,上赋诗以赐之。己未,江西观察使路瑰卒。甲辰,升定州为大都督府。以湖南观察使李巽为江州刺史、江西观察使,以礼部侍郎吕渭为潭州刺史、湖南观察使。

冬十月癸丑朔,以前滁州刺史房济为容管经略使。丙辰,黔中观察使奏:"溪州人户诉,被前刺史魏从琚于两税外,每年加进朱砂一千斤、水银二百斤,户民疾苦,请停。"从之。淮南吴少诚擅开淘刁河、汝河,诏使不能禁。癸酉,宰相贾耽以疾避相位,不允。丁丑,徐泗节度使张建封来朝,上嘉之,次日于延英召对。癸巳,赠太傅马燧祔庙,命所司供少牢祭,仍给卤簿,从宅至庙。

十二月庚辰,右龙武统军韩游瑰卒。

十四年春正月壬午朔。庚寅，诏诸道州府应贞元八年至十一年两税及榷酒钱，在百姓复内者，总五百六十万七千贯，并除放。甲午，敕："比来朝官或相过从，金吾皆上闻。其间如是亲故，或尝同僚，伏腊岁时，须有还往，亦人伦常礼，今后不须奏闻。"因张建封奏议也。

二月壬子朔。戊午，上御麟德殿，宴文武百僚，初奏《破阵乐》，遍奏《九部乐》，及宫中歌舞妓十数人列于庭。先是上制《中和乐舞曲》，是日奏之，日晏方罢。比诏二月一日中和节宴，以雨雪，改用此日。上又赋《中春麟德殿宴群臣诗》八韵，群臣颁赐有差。乙亥，赐光蔡节度曰彰义军。

三月丙申，右神策行营节度、凤翔陇右观察使、检校尚书右仆射、凤翔尹邢君牙卒。以右神策将军张昌为凤翔尹、右神策行营节度、凤翔陇右节度使，仍改名敬则。

夏四月乙丑，以左谏议大夫、平章事崔损为修奉八陵使。先是昭陵寝殿为火所焚，至是献、昭、乾、定、泰五陵各造屋三百八十间，桥、元、建三陵据缺补造。

五月庚辰朔。甲午，前东都留守、东畿汝都防御使、检校吏部尚书杜亚卒。丙午，户部侍郎、判度支苏弁为太子詹事。上特召度支郎中于硕于延英，兼御史中丞，赐金紫，令判度支。

闰月庚申，以左神策行营节度韩全义为夏州刺史，兼盐夏绥银节度使，以代韩潭。甲子，贬太子詹事苏弁为汀州司户，兄赞善大夫衮为永州司户，前京兆府士曹晁为信州司户。

六月癸卯，太子宾客卢迈卒。乙巳，以旱俭，出太仓粟赈贷。

秋七月，以吉州刺史杜春为邕管经略使。乙卯，贬京兆韩皋为抚州司马。召右金吾将军吴凑于延英，面授京兆尹，即令入府视事。

是夏，热甚。壬申，以给事中、同中书门下平章事赵宗儒为太子左庶子，以左谏议大夫、平章事崔损为门下侍郎、平章事，以工部侍郎郑余庆为中书侍郎、同平章事。左神策护军中尉霍仙鸣卒。丁丑，以宦者第五守亮代仙鸣为中尉。己卯，左右神策置统军，品秩奉给视六军统军例。甲午，崔损修奉八陵寝宫毕，群臣于宣政殿行称贺。浙西观察使、润州刺史王纬卒。

九月丁未朔。己酉，山南东道节度使、检校尚书右仆射、襄州刺史樊泽卒。乙卯，以同州刺史崔宗为陕州大都督府长史、陕虢观察水陆转运使，以浙东观察李若初为润州刺史、浙西观察使及诸道盐铁转运使，又以常州刺史裴肃为越州刺史、浙东观察使。丙辰，以陕虢观察使于頔为襄州刺史、山南东道节度使。丁卯，杞王俣薨。以太常卿杜确为同州刺史、本州防御、长春宫使。癸酉，谏议大夫田登奏言："兵部武举人持弓挟矢，数千百人入皇城，恐非所宜。"上闻之瞿然，乃命停武举。

冬十月癸酉，以岁凶谷贵，出太仓粟三十万石，开场粜以惠民。庚子，夏州韩全义奏破吐蕃盐州。

十一月己未，韦皋进《开西南蛮事状》十卷，叙开复南诏之由。

十二月戊子，太子少师致仕郧国公韦伦卒。癸酉，出东都含嘉仓粟七万石，开场粜以惠河南饥民。己亥，南诏异牟寻遣使贺正旦。明州镇将栗锽杀刺史卢云。

十五年春正月丙午朔。甲寅，雅王逸薨。甲戌，浙西观察使李若初卒。

二月，罢中和节宴会，年凶故也。丁丑，宣武军节度使、检校左仆射、平章事、汴州刺史董晋卒。乙酉，以行军司马陆长源检校礼部尚书、汴州刺史、御史大夫、宣武军节度度支营田、汴宋亳颍观察等使。以常州刺史李锜为润州刺史、浙西观察使及诸道盐铁转运使。是日，汴州军乱，杀陆长源及节度判官孟叔度、丘颖，军人脔而食之。监军俱文珍以宋州刺史刘逸准久为汴之大将，以书招之，俾静乱。乙丑，以宋州刺史刘逸准检校工部尚书、兼汴州刺史、宣武军节度使。仍赐名全谅。乙未，裴肃奏于台州擒栗锽以献，斩于独柳树。癸卯，罢三月群臣宴赏，岁饥也。出太仓粟十八万石，粜于京畿诸县。

三月甲寅,吴少诚寇唐州,杀监军邵国朝,掠居民千余而去。丁巳,以度支郎中、兼中丞于颀为户部侍郎,依前判度支。戊午,昭义军节度使、检校工部尚书王虔休卒。戊辰,以河阳三城节度使李元为潞州长史、昭义军节度使、泽潞磁邢洺观察使,以河阳节度押衙衡济为怀州刺史、河阳三城怀州节度。辛未,太子少师致仕于顾卒。壬申,于易州满城县置永清军。癸酉,令江淮岁运米二百万石。虽有是命,然岁运不过四十万石。

四月丁丑,以久旱,令阴阳人法术祈雨。壬午,内侍省加置内给事二员。癸未,以安州刺史伊慎为安黄节度营田观察使。庚寅,应京城内外诸军县镇职员官,见共五万八千二百七十一人,宜令每人赐粟一石。乙未,特进、兵部尚书归崇敬卒。

五月甲辰朔。戊辰,宗正卿嗣吴王巘薨。

六月己卯,黔中观察使、御史中丞王础卒。癸巳,山南西道节度使、检校尚书左仆射、平章事严震卒。

秋七月乙巳,以兴州刺史、兴元都虞候严砺为兴元尹、兼御史大夫、山南西道节度度支营田观察等使。丙午,故唐安公主赐谥曰庄穆。公主赐谥,自唐安始也。丁未,以王础废朝一日。观察使卒废朝,自础始也。戊午,贬谏议大夫苗拯万州刺史,左拾遗李繁播州参军,以私议除拜严砺不当而无章疏,而伪言累上疏故也。郑、滑大水。

八月壬申朔。丙申,陈许节度使、检校尚书右仆射、许州刺史曲环卒。丁酉,以洋州刺史韦士及为黔中观察使。丙午,以陈许兵马使、前陈州刺史上官涗为许州刺史、陈许节度使。吴少诚谋逆渐甚,陷临颍,进围许州。庚戌,宣武军节度使、检校工部尚书、汴州刺史刘全谅卒。丙辰,制:"吴少诚非次擢用,授以节旄,秩居端揆之荣,任总列城之重。期申报效,奉我典章,而秉心匪彝,自底不类。凶狡成性,扇构多端,擅动甲兵,暴越封壤。寿州茶园,辄纵凌夺;唐州诏使,潜构杀伤。干犯国章,罪在无赦。朕以王者之德,在乎好生;人君之体,务于含垢。宁屈己以宥罪,不残人以兴师。以上稽宗社之威,外抑忠贤之请,庶有悛革,尚议优容。幸邻境之丧,逞贪乱之志,焚略县邑,残暴吾民。朕尤冀知非,为之忍耻,亟颁恩命,未许出师。至乃攻逼许州。肆其蛊毒,恣行杀戮,流害黎蒸。恶稔祸盈,人神同弃,兴言致讨,实悼于怀。宜令诸道各出师徒,掎角齐进。吴少诚在身官爵,并宜削夺。"己巳,自今中和、重阳二节,每节只禁屠一日。辛酉,以大理评事宣武军都知兵马使韩弘检校工部尚书,兼汴州刺史、御史大夫、宣武军节度使。

冬十月己丑,邕王谅薨。吏部侍郎奚陟卒。

十一月乙巳,冬至,罢朝会,兵兴也。壬子,襄州于𬱟奏,于朗山破淮南贼三千人。

十二月庚午,朔方等道副元帅、河中绛州节度使、检校司徒、兼奉朝中书令浑瑊薨。乙未,战淮西贼于小溵河,王师不利,诸军自溃。丁酉,以同州刺史杜确为河中尹、河中绛州观察使。

十六年春正月庚子朔。乙巳,恒冀、定州许、河阳四镇之师与贼战,皆不利而退。南诏献《奉圣乐舞曲》,上阅于麟德殿前。

二月己酉,以左神策行营、银夏节度等使韩全义为蔡州行营招讨使,陈许节度使上官涗副之。己丑,左龙武统军程怀直卒。己酉,华州刺史、潼关防御、镇国军使卢征卒。壬子,以尚书右丞袁滋为华州刺史、潼关防御、镇国军使。

夏四月丁亥,黔中知宴设吏傅近逐观察使韦士宗。己丑,以昭义军节度使姚南仲为右仆射。以权知新罗国事金俊邕袭祖开府检校太尉、鸡林州都督、新罗国王。辛卯,以义成军行军司马卢群为滑州刺史、兼御史中丞、义成军节度使。壬申,检校兵部尚书、京兆尹吴凑卒。

五月戊戌朔,以雨罢朝。庚戌,韩全义与蔡贼将吴少诚战于溵水南,王师败绩。徐泗濠节度使、检校尚书右仆射、徐州刺史张建封卒。壬子,徐州军乱,不纳行军司马韦夏卿,迫建封子愔为留后。丙寅,韦士宗却入黔州。丁卯,以吏部侍郎顾少连为京兆尹。

六月丙午,郓州李师古、淮南杜佑并加同平章事,以佑兼领徐泗濠节度,以前虢州参军张愔起复骁卫将军,兼徐州刺史、御史中丞、本州团练使、知徐州留后。

秋七月,湖南观察使吕渭卒。

八月癸酉,以河中尹王□为潭州刺史、湖南观察使。

九月,宥吴少诚。驸马都尉郭暧卒。义成军节度使卢群卒。丙午,前太常卿裴郁卒。戊辰,以左丞李元素为滑州刺史、兼御史大夫、义成军节度使。庚戌,贬中书侍郎、同中书门下平章事郑余庆为郴州司马,户部侍郎、判度支于頔为泉州司户。以户部侍郎王召判度支,以户部郎中崔从质为户部侍郎。癸酉,吴少诚贼迫官军潋水砦下营,韩全义退保陈州,诸军散还本道,官军不振。以河南少尹张式为河南尹、水陆转运使。庚申,以太常卿齐抗为中书侍郎、同平章事。癸亥,以虔王谅为徐州节度使,张愔为留后。

冬十月辛未,兴元严砺希监军旨,诬奏流人通州别驾崔河图,长流崖州,赐死,人士伤之。吴少诚引兵归蔡州,上表待罪。戊子,诏雪吴少诚,复其官爵。乙丑,河东节度使、检校礼部尚书、太原尹、兼御史大夫、北都留守李悦卒。甲午,以河东行军司马郑儋检校工部尚书、太原尹、河东节度使。

十一月癸卯,泗州、濠州宜隶淮南观察使。戊申,以太府卿韦渠牟为太常寺卿。

十二月戊寅,罢吏部复考判官及礼部别项贡举。

十七年春正月甲午朔。甲寅,韩全义自蔡州行营还,诏归镇华州。

二月癸巳朔,赐群臣宴于曲江亭,上赋《中和节赐宴曲江诗》六韵赐之。丁酉,雨雹。己亥,雨霜。戊申夜,雷震,雨雹。庚戌,大雨雪兼雹。

三月乙丑,赐群臣宴于曲江亭。己巳,黔中观察使韦士宗复为三军所逐。癸酉，衢州刺史郑式瞻进绢五千匹，银二千两，上曰："式瞻犯赃，已诏御史按问，所进宜付左藏库。"丁丑，省天下州府别驾、司马、田曹、参军；京兆、河南、太原三府外，诸府判司双曹者省一。

夏四月丁未，始命驸马及郡县王婿无子者，养男不用母荫。辛亥，以谏议大夫裴佶为黔中观察使。

五月壬戌朔，日有蚀之。乙酉，邠宁节度使、检校工部尚书、邠州刺史杨朝晟卒。丙戌，以工部侍郎赵植为广州刺史、兼御史大夫、岭南节度使。

六月戊戌，以定平镇兵马使李朝寀检校工部尚书，兼邠州刺史、朔方邠宁庆节度使；以中官杨志廉为右神策护军中尉。浙西人崔善真诣阙上书，论浙西观察使李锜罪状。上览奏不悦，令械善真送于李锜。为凿坑待善真，既至，和械推而埋之。由是锜恣横叛。己酉，以邠宁兵马使高固为邠州刺史、兼御史大夫、邠宁庆节度使。丁巳，成德军节度使、恒冀深赵德棣观察等使、恒州大都督府长史、检校太尉、中书令、琅琊郡王王武俊薨，赠太师，谥曰忠烈。

秋七月戊寅，吐蕃寇盐州。辛巳，以前成德军节度副使、检校工部尚书、知恒府事、清河郡王王士真起复授恒州长史，充成德军节度使。乙酉，太常卿韦渠牟卒。己丑，吐蕃陷麟州，杀刺史郭锋，毁城垒而去。

八月戊午，以河东行军司马严绶检校工部尚书、兼太原尹、御史大夫、河东节度使。

九月壬戌，韦皋大破吐蕃于雅州。戊辰，群臣宴曲江，上赋《九日赐宴曲江亭诗》六韵赐之。丁丑，礼部尚书李齐运卒。

冬十月，加韦皋检校司徒、中书令，封南康郡王，赏破吐蕃功也。戊午，盐州刺史杜彦先委城奔庆州。辛未，宰相贾耽上《海内华夷图》及《古今郡国县道四夷述》四十卷。甲戌，翰林待诏戴少平死十六日复生。庚戌，以京兆尹顾少连为吏部尚书，以吏部侍郎韦夏卿为京兆尹。淮南节度使杜佑进《通典》，凡九门，共二百卷。

十八年春正月戊午朔，大雨雪，罢朝贺。乙丑，骠国王遣使悉利移来朝贡，并献其国乐十二曲与乐工三十五人。乙亥，韦皋以所擒蕃相论莽热来献。庚辰，以常州刺史贾全为越州刺史、浙东观察使。

二月戊子朔，赐群臣宴于马璘之山池。

三月癸未，以剑南东川行军司马李康为梓州刺史、兼御史大夫、剑南东川节度使。乙丑，赐群臣宴于马璘之山池。己巳，以蕲州刺史郑绅为鄂州刺史、鄂岳蕲沔观察使。癸酉，以浙东团练副使齐总为衢州刺史，总以横赋进奉希恩，给事中许孟容封还制书。丙戌，以河中行军司马郑元为河中尹、兼御史大夫、河中绛节度使。

五月癸亥，以窦群为左拾遗。庚辰，以祠部员外郎裴泰为检校兵部郎中，充安南都护、本管经略使。

六月癸巳，以吏部尚书顾少连为兵部尚书、东都留守、东都畿汝防御使。前东都留守、检校礼部尚书王翃卒。

秋七月庚辰，蔡、申、光三州春水夏旱，赐帛五万段，米十万段，盐三千硕。

八月壬寅，以邕管经略使徐中为广州刺史、岭南节度使。甲辰，以岭南节度掌书记、试大理评事张正元为邕州刺史、御史中丞、邕管经略使，给事中许孟容以非先次授，封还诏书。丁未，以户部侍郎、判度支王召为户部尚书、判度支，

九月乙卯朔，以太常少卿杨凭为潭州刺史、湖南观察使。癸亥，赐群臣宴于马璘山池，上赋《九日赐宴诗》六韵赐之。

冬十月丁亥，以刑部尚王锷为淮南节度副使兼行军司马。己酉，鄜坊丹延节度使检校礼部尚书王栖耀卒。

十一月丙辰，以同州刺史刘公济为鄜州刺史、鄜坊丹延节度使。

十二月乙巳，贬大理卿李正臣为卫尉少卿，正臣为御史弹劾下狱，不堪其辱而死。戊申，黎州蛮、牂牁使入朝。

十九年春正月癸丑朔。

二月壬午朔,赐宴马璘山池。丁亥,修含元殿。赐安黄节度曰奉义军。丙申,以桂管留后韦武为桂州刺史、桂管观察使。己亥,安南经略使裴泰为州将王季元所逐。甲辰,淮南节度使杜佑来朝。

三月壬子朔,以杜佑检校司空、同中书门下平章事、太清宫使。以淮南行军司马王锷检校尚书右仆射,兼扬州大都督府长史、淮南节度使。丁卯,以今年孟夏禘祫,前议太祖、懿、献之位未决,至此禘祭,方正太祖东向之位,已下列序昭穆。其献祖、懿祖祔于德明、兴圣之庙,每禘祫年就本室祫之。乙亥,以司农卿李实为京兆尹。

夏四月乙未,泾原节度使刘昌奏请移行原州为平凉城,从之。戊戌,百官以祔庙毕,蹈舞称贺。

五月辛亥,湖南节度使、检校工部尚书、江陵尹裴胄卒。乙未,以荆南行军司马裴筠为江陵尹、兼御史大夫、荆南节度使。甲子,四镇北庭行军泾原节度使、检校右仆射、泾州刺史刘昌卒。甲戌,以泾原节度留后段佑为泾州刺史、兼御史大夫、四镇北庭行军泾原节度使。乙亥,吐蕃遣使论频热入朝。甲辰,以陈许行军司马刘昌裔检校工部尚书,兼许州刺史、陈许节度使。自正月至是未雨,分命祈祷山川。

秋七月戊午,以关辅饥,罢吏部选、礼部贡举。己未,中书侍郎、平章事齐抗为太子宾客,病免也。甲戌,始雨。乙亥,尚右仆射姚南仲薨。贷京畿民麦种。

八月乙未,大雨霖。

冬十月乙未,以太子宾客韦夏卿为东都留守、东都畿汝都防御使。

闰月丁巳,门下侍郎、同平章事崔损卒。

十一月戊寅朔,以盐州兵马使李兴干为盐州刺史,许专达于上,不隶夏州。丙午,振武麟胜节使范希朝来朝。戊壬,以振武行军司马阎巨源检校工部尚书,兼单于大都护、振武麟胜节度使。庚申,以太常卿高郢为中书侍郎、同中书门下平章事。壬申,监察御史崔远入台近,不练故事,违式入右神策军;上怒,笞四十,配流崖州。

二十年春正月丁丑朔。丙申，天德军防御团练使、丰州刺史李景略卒，以其判官任简迪代领其任。己亥，以鄜坊丹诞节度使刘公济为工部尚书，以其行军司马裴玢代领其任。

二月丙午朔，罢中和节宴，岁俭池。庚戌，大雷震，雨雹。

三月甲申，以吐蕃赞普卒，废朝。己亥，以国子祭酒赵昌为安南都护、御史大夫、本管经略使。

夏四月辛酉，太子宾客齐抗卒。丙寅，吐蕃使臧河南观察使论乞冉等五十四人来朝贡。陈许节度赐号忠武军。

五月甲戌朔，御宣政殿。乙亥，以史馆修撰、秘书监张荐为工部侍郎、兼御史大夫，充入吐蕃吊祭使。

七月癸酉朔，大雨雹。辛卯，福建观察使柳冕奏置万安监牧于泉州界，置群牧五，悉索部内马牛羊近万头匹，监吏主之。

八月戊申，以房州刺史郅士美为黔中观察使。己未，以昭义兵马使卢从史为检校工部尚书，兼潞州长史、昭义军节度、泽潞磁邢洺观察使。

九月庚辰，赐群臣宴于马璘山池。

冬十月甲辰，于景州南皮县置唐昌军。辛亥，易定节度使张茂昭来朝。

十一月丁酉，以临察御史李程、秘书正字张丰、蓝田县尉王涯并为翰林学士。

十二月，吐蕃、南诏、日本国并遣使朝贡。庚午，以桂管防御使颜证为桂州刺史、桂管观察使。

二十一年春正月辛未朔，御含元殿受朝贺。是日，上不康。丙子，以浙东观察判官凌准为翰林学士。癸巳，会群臣于宣政殿，宣遗诏：皇太子宜于枢前即位。是日，上崩于会宁殿，享寿六十四。甲午，迁神枢于太极殿。丙申，发丧，群臣缟素。皇太子即位。永贞元年九月丁卯，群臣上谥曰神武孝文，庙号德宗。十月己酉，葬于崇陵，昭德皇后王氏祔焉。

　　史臣曰：德宗皇帝初总万机，励精治道。思政若渴，视民如伤。凝旒延纳于谠言，侧席思求于多士。其始也，去无名之费，罢不急之官；出巷之嫔嫱，放文单之驯象；减太官之膳，诫服玩之奢；解鹰犬而放伶伦，止榷酤而绝贡奉。百神咸秩，五典克从，御正殿而策贤良，辍廷臣而治畿甸。此皆前王之能事，有国之大猷，率是而行，夫何敢议。加以天才秀茂，文思雕华。洒翰金銮，无愧淮南之作；属辞铅椠，何惭陇坻之书。文雅中兴，复高前代，《二南三祖》，岂盛于兹。然而王霸迹殊，淳醨代变，揆时而理，斟酌斯难。苟于交丧之秋，轻取鄙夫之论，历观近世，靡不败亡。德宗在藩，齿胄之年，曾为统帅；及出震承乾之日，颇负经纶。故从初罢郭令戎权，非次听杨炎谬计，遂欲混同华裔，束缚奸豪，南行襄汉之诛，北举恒阳之伐。出车云扰，命将星繁，罄国用不足以馈军，竭民力未闻于破贼。一旦德音扫地，愁叹连甍，果致五盗僭拟于天王，二朱凭陵于宗社。奉天之窘，可为涕零，罪己之言，补之何益。所赖忠臣戮力，否运再昌。虽知非竟逐于杨炎，而受佞不忘于卢杞，用延赏之私怨，夺李晟之兵符；取延龄之奸谋，罢陆贽之相位。知人则哲，其若是乎！贞元之辰，吾道穷矣。

　　赞曰：聪明文思，惟睿作圣。保奸伤善，听断不令。御历三九，适逢天幸。赐宴之辰，徒矜篇咏。

旧唐书卷一四
本纪第一四

顺　宗

　　顺宗至德大圣大安孝皇帝讳诵，德宗长子，母昭德皇后王氏。上元二年正月生于长安之东内。大历十四年六月，封宣王。建中元年正月丁卯，立为皇太子。

　　贞元二十一年正月癸巳，德宗崩，丙申，即位于太极殿。上自二十年九月风病，不能言，暨德宗不豫，诸王亲戚皆侍医药，独上卧病不能侍。德宗弥留，思见太子，涕咽久之。大行发丧，人情震惧。上力疾衰服，见百僚于九仙门。既即位，知社稷有奉，中外始安。庚子，群臣上书请听政。

　　二月辛丑朔。甲申，以河阳三城行军司马元韶为怀州刺史、河阳怀州节度使。丙午，罢翰林医工、相工、占星、射覆、冗食者四十二人。己酉，以易定张茂昭兼同平章事，以来朝，故宠之。是夜，太白犯昴。辛卯，以吏部郎中韦执谊为尚书左丞相、同中书门下平章事。辛酉，贬京兆尹李实通州长史，寻卒。壬子，淄青李师古以兵寇滑之东鄙，闻国丧也。甲寅，释仗内囚严怀志、吕温等一十六人。平凉之盟陷蕃，久之得还，以习蕃中事，不欲令出外，故囚之仗内，至是方释之。日本国王并妻还蕃，赐物遣之。壬寅，以太子侍书、翰林待诏王伾为左散骑常侍，充翰林学士。以前司功参军、翰林待诏王权文为起居舍人，充翰林学士。到鸿胪卿王权为京兆尹。甲子，御丹凤楼，大赦天下。诸道除正敕率税外，诸色榷税并宜禁断；除上供外，不得别有进奉。百姓九十已上,赐米二石,绢两匹,版授上佐、县君。仍令本部长吏就家存问,百岁以上,赐米五石,绢二匹,绵一屯,羊酒,版授下州刺史郡君。戊辰,以开府仪同三司、检校太尉、使持节、大都督鸡林州诸军事、鸡林州刺史、上柱国、新罗王金重熙兼宁海军使,以重熙母和氏为太妃,妻朴氏为妃。

三月庚午,出宫女三百人于安国寺,又出掖庭教坊女乐六百人于九仙门,召其亲族归之。戊寅,以韦皋兼检校太尉,李师古、刘济兼检校司空,张茂昭司徒。丙戌,检校司空、同平章事杜佑为度支盐铁使。戊子,徐州节度赐名武宁军。蔡州吴少诚兼同平章事。以翰林学士王叔文为度支盐铁转运使副,杜佑虽领使名,其实叔文专总。宰相贾耽兼检校司空,郑瑜吏部尚书,高郢刑部尚书,韦执谊中书侍郎,镇冀王士真、淮南王锷、魏博田季安皆检校司空。癸巳,诏册广陵郡王淳为皇太子,改名纯。

夏四月壬寅,制第十弟谔封钦王,第十一弟诚封珍王。男建康郡王涣封郯王,改名经;洋川郡王沔封均王,改名纬;临淮郡王洞封溆王,改名纵;弘农王浼封莒王,改名纾;汉东郡王泳封密王,改名绸;晋陵郡王湜封郇王改名约;云安郡王滋封宋王,改名结;宣城郡王淮封集王,改名缃;德阳郡王滑封冀王,改名绿;河东郡王㳶封和王,改名绮。十七男绚封衡王,十九男缥封会王,二十男绾封福王,二十一男绲封抚王,二十三男纮封岳王,二十四男绅封袁王,二十五男纶封桂王,二十七男缚封翼王。弥臣国嗣王道勿礼封弥臣国王。西平郡王晟男左羽林大将军愿袭封岐公,食邑三千户。戊申,诏以册太子礼毕,赦京城系囚,大辟降从流,流以下减一等。以给事中陆质、中书舍人崔枢并为太子侍读。庚戌,封太子男宁、宽、宥、察、寰、寮等六人为郡王,并食邑三千户。癸丑,赠入吐蕃使、工部侍郎、兼御史大夫张荐礼部尚书。丙寅,罢万安监牧。戊辰,以杭州刺史韩皋为尚书右丞。

五月己巳,以右金吾卫大将军范希朝为右神策统军,充左右神策、京西诸城镇行营兵马节度使。丁丑,以邕管经略使韦丹为河南少尹，以万年县令房启为容管经略招讨使。癸未，以郴州司马郑余庆为尚书左丞。甲辰，以检校司空、忽汗州都督、渤海国王大嵩璘检校司徒。承徽王氏、赵氏可昭仪，崔氏、杨氏可充仪，王氏可昭暧、王氏可昭容，牛氏可修仪，张氏可美人。以右丞韩皋为鄂岳沔蕲都团练观察使。丁亥，升襄州为大都督府。临汉县仍徙于邓城。辛卯，以盐铁转运使副王叔文为户部侍郎。

六月丙申，诏二十一年十月已前百姓所欠诸色课利、租赋、钱帛，共五十二万六千八百四十一贯、石、匹、束，并宜除免。

七月戊辰朔，吐蕃使论悉诺来朝贡。丙子，郓州李师古加检校侍中。赠故忠州别驾陆贽兵部尚书，谥曰宣；赠故道州刺史阳城为左散骑常侍。戊寅，以户部侍郎潘孟阳为度支盐铁转运使副。丙戌，关东蝗食田稼。癸巳，横海军节度使、沧州刺史程怀信卒，以其子副使执恭起复沧州刺史、横海军节度使。甲午，度支使杜佑奏："太仓见米八十万石，贮来十五年，东渭桥米四十五万石，支诸军皆不悦。今岁丰阜，请权停北河转运，于滨河州府和籴二百万石，以救农伤之弊。"乃下百僚议，议者同异不决而止。乙未，诏："朕承九圣之烈，荷万邦之重。顾以寡德，涉道未明，虔恭寅畏，惧不克荷。恐上坠祖宗之训，下贻卿士之忧，夙夜祗勤，如临渊谷，而积疾未复，至于经时，怡神保合，常所不暇。永惟四方之大，万务之殷，不躬不亲，虑有旷废。加以山陵有日，霖潦逾旬，是用儆于朕心，以答天戒。其军国政事，宜令皇太子勾当。"时上久疾，不复延纳宰臣共论大政。事无巨细皆决于李忠言、王伾、王叔文。物论喧杂，以为不可。藩镇屡上笺于皇太子，指三竖之挠政，故有是诏。以太常卿杜黄裳为门下侍郎，左金吾将军袁滋为中书侍郎，并同中书门下平章事；郑珣瑜为吏部尚书，高郢刑部尚书，并罢知政事。皇太子见百僚于朝堂。丙申，皇太子于麟德殿西亭见奏事官。

八月丁酉朔。庚子，诏："惟皇天佑命烈祖，诞受方国，九圣储祉，万邦咸休。肆予一人，获缵丕业，严恭守位，不遑暇逸。而天佑不降，疾恙无瘳，将何以奉宗庙之灵，殿郊禋之礼！畴咨庶尹，对越上玄,内愧于朕心,上畏于天命。夙夜祗栗,深惟永图。一日万机,不可以久旷;天工人代,不可以久违。皇太子纯睿哲温文,宽和仁惠,孝友之德,爱敬之诚,通乎神明,格于上下。是用皇王至公之道,遵父子传归之制,付之重器,以抚兆人。必能宣祖宗之重光,荷天地之休命,奉若成宪,永绥四方。宜令皇太子即皇帝位,朕称太上皇,居兴庆宫,制称诰。”辛丑,诰:“有天下传归于子,前王之制也。钦若大典,斯为至公,式扬耿光,用体文德。朕获奉宗庙,临御万方,降疾不瘳,庶政多阙。乃命元子,代予守邦,爰以令辰,光膺册礼,宜以今月九日册皇帝于宣政殿。国有大命,恩俾惟新,宜因纪元之庆,用覃在宥之泽。宜改贞元二十一年为永贞元年。自贞元二址一年八月五日已前,天下死罪降从流,流以下递减一等。”诰立良弟王氏为太上皇后,良媛董氏为太上皇德妃。壬寅,贬右散骑常侍王伾为开州司马,前户侍郎、度支盐铁转运使王叔文为渝州司户。

元和元年正月丙寅朔,皇帝率百僚上太上皇尊号曰应乾圣寿。甲申,太上皇崩于兴庆宫之咸宁殿,享年四十六岁。六月乙卯,皇帝率群臣上大行太上皇谥曰至德大圣大安孝皇帝,庙号顺宗。秋七月壬申,葬于丰陵。

史臣韩愈曰:顺宗之为太子也,留心艺术,善隶书。德宗工为诗,每赐大臣方镇诗制,必命书之。性宽仁有断,礼重师傅,必先致拜。从幸奉天,贼泚逼迫,常身先禁旅,乘城拒战,督励将士,无不奋激。德宗在位岁久,稍不假权宰相。左右幸臣如裴延龄、李齐运、韦渠牟等,因间用事,刻下取功,而排陷陆贽、张滂辈,人不敢言,太子从容论争,故卒不任延龄、李齐运、韦渠牟为相。尝侍宴鱼藻宫,张水嬉,采舰雕靡,宫人引舟为櫂歌,丝竹间发,德宗欢甚,太子引诗人“好乐无荒”为对。每于敷奏,未尝以颜色假借宦官。居储位二十年,天下阴受其赐。惜乎寝疾践祚,近习弄权;而能传政元良,克昌运祚,贤哉!

旧唐书卷一五上
本纪第一五上

宪宗上

　　宪宗圣神章武孝皇帝讳纯,顺宗长子也,母曰庄宪王太后。大历十三年二月生于长安之东内。六七岁时,德宗抱置膝上,问曰:"汝谁子,在吾怀?"对曰:"是第三天子。"德宗异而怜之。贞元四年六月,封广陵王。顺宗即位之年四月,册为皇太子。七月乙未,权勾当军国政事。

　　八月丁酉朔,受内禅。乙巳,即皇帝位于宣政殿。先是,连月霖雨,上即位之日晴霁,人情欣悦。丙午,升平公主进女口十五人,上曰:"太上皇不受献,朕何敢违!其还郭氏。"丁未,始御紫宸对百僚。己酉,以道州刺史路恕为邕管经略使。庚戌,荆南献龟二,诏曰:"朕以寡昧,纂承丕业,永思理本,所宝惟贤。至如嘉禾神芝,奇禽异兽,盖王化之虚美也。所以光武形于诏令,《春秋》不书祥瑞,朕诚薄德,思及前人。自今已后,所有祥瑞,但令准式申报有司,不得上闻;其奇禽异兽,亦宜停进。"癸丑,剑南西川节度使、检校太尉、中书令令、南康郡王韦皋薨。甲寅,以常州刺史穆赞为宣歙池观察使,以前宣歙观察使崔衍为工部尚书。己未,以中书侍郎、平章事袁滋为剑南东西两川、山南西道安抚大使,时韦皋卒,刘辟据蜀邀节钺故也。辛酉,太上皇诰册册良娣王氏为太上皇后。癸亥,以朝请大夫、守尚书左丞、轻车都尉、赐紫金鱼袋郑余庆同中书门下平章事。丙寅,以饶州刺史李吉甫为考功郎中,夔州刺史唐次为吏部郎中,并知制诰。

九月丁卯朔。己巳，罢教坊乐人授正员官之制。辛未，河阳三城节度使元韶卒。癸酉，以陈州刺史孟元阳为怀州刺史、河阳三城孟怀节度使。丙子，敕申光蔡、陈许两道比遭亢旱，宜加赈恤，申光蔡赈米十万石，陈许五万石。丁丑，前户部侍郎蔡弁卒。襄州于顿进鹰，诏还之。己卯，京西神策行营节度行军司马韩泰贬抚州刺史、司封郎中韩晔贬池州刺史，礼部员外郎柳宗元贬召州束史，屯团员外郎刘禹锡贬连州刺史，交王叔文也。辛巳，给事中陆质卒。

冬十月丙申朔。丁酉，集百僚发曾太皇太后沈氏哀于肃章门外。检校司空兼右仆射、同中书门下平章事、魏国公贾耽卒。戊戌，以宰臣剑南安抚使袁滋检校吏部尚书、同中书门下平章事、成都尹、剑南西川节度观察等使，以西川行军司马刘辟为给事中。舒王谊薨。庚子，南诏使赵迦宽来赴山陵。浙东观察使贾全卒。辛丑，吐蕃使论乞缕贡助山陵金银衣服。太常上大行曾太皇太后沈氏谥曰睿真皇后。丙午，以华州刺史杨于陵为越州刺史、浙东观察使。丁未，改桂州纯化县为慕化县，蒙州纯义县为正义县。己酉，葬德宗皇帝于崇陵。甲寅，以刑部尚书高郢为华州刺史、潼关防御、镇国军使，御史中丞李鄘为京兆尹。贬京兆尹王权为雅王傅。久雨，京师盐贵，出库盐二万石，粜以惠民。乙巳，祔睿真皇后神主、德宗皇帝神主于太庙。壬申，贬正议大夫、中书侍郎、平章事韦执谊为崖州司马，以交王叔文也。润、池、扬、楚、湖、杭、睦、江等州旱。贬剑南西川节度使袁滋为吉州刺史，以其慰抚三川逗留不进故也。以左骁卫将军李演为夏州刺史、夏绥银等州节度使，以右庶子武元衡为御史中丞。己卯，再贬抚州刺史韩泰为虔州司马，河中少尹陈谏台州司马，召州刺史柳宗元为永州司马，连州刺史刘禹锡朗州司马，池州刺史韩晔饶州司马，和州刺史凌准连州司马，岳州刺史程异柳州司马，皆坐坐王叔文。初贬刺史，坐物议罪之，故再加贬窜。辛巳，宣、抚、和、郴、郢、袁、衢七州旱。壬午，吏部尚书郑珣瑜卒。甲申，以湖南观察使杨凭为洪州刺史、江西观察使，以虢州刺史薛苹为潭州刺史、湖南观察使。鄂、岳、婺、衡等州旱。癸巳，宣歙观察使穆赞卒。

十二月丙申朔。庚子,以东都留守韦夏卿为太子少保,以兵部尚书王绍为东都留守。壬寅,改淳州为蛮州,还淳县为清溪县,淳风县为从化县,姓淳于者姓于。甲辰,襄阳于頔加平章事。丙申,月犯毕。己酉,以新除给事中、西川行军司马刘辟为成都尹、剑南西川节度使。岁星犯太微西垣。庚戌,金州复析汉阴县置石泉县。壬子,以右谏议大夫韦丹为梓州刺史,充剑南东川节度使,以常州刺史路应为宣州刺史、宣歙池观察使。壬戌,以朝请大夫、守中书舍人、翰林学士、上柱国郑绚为中书侍郎、同平章事、集贤殿学士。以考功郎中、知制诰李吉甫为中书舍人,以考功员外郎裴垍为考功郎中、知制诰,并充翰林学士。

元和元年春正月丙寅朔,皇帝率群臣于兴庆宫奉上太上皇尊号曰应乾圣寿太上皇。丁卯,御含元殿受朝贺。礼毕,御丹凤楼,大赦天下,改元曰。以鄂岳沔观察使韩皋为鄂岳蕲安黄等州节度使。丁丑,太子少保韦夏卿卒。辛未,以兴元元从功臣、右神策护军使副薛盈珍为右神策护军中尉。壬午,成德军节度使、检校司空王士真同中书门下平章事。癸未,诏以太上皇旧恙愆和,亲侍药膳,起今月十六日已后,权不听政。以左神策长武城防秋都知兵马使高崇文检校工部尚书,充神策行营节度使。甲申,太上皇崩于兴庆宫,迁殡于太极殿,发丧。乙酉,宰杜佑摄冢宰,杜黄裳为礼仪使,右仆射伊慎大明宫留守,视事于尚书省。壬辰,复置斜谷路馆驿。戊子,制:“剑南西川,疆界素定,藩镇守备,各有区分。顷因元臣薨谢,邻藩不睦,刘辟乃因虚构隙,以忿结仇,遂劳王军,兼害百姓。朕志存含垢,务欲安人,遣使谕宣,委之旌钺。如闻道路拥塞,未息干戈,轻肆攻围,拟图吞并。为君之体,义在胜残,命将兴师,盖非获已。宜令兴元严砺、东川李康掎角应接,神策行营节度使高崇文、神策兵马使李元奕率步骑之师,与东川、兴元之师类会进讨。其粮料供饷,委度支使差官以闻。”甲午,高崇文之师由斜谷路,李元奕之师由骆谷路,俱会于梓潼。辛卯,群臣请听政。

二月乙未朔，以度支郎中宽敬为山剑行营粮料使。严砺奏收剑州。乙丑，入朝奚王梅落可银青光禄大夫、检校司空，封饶乐郡王，放还蕃。癸卯，赠宣武军节度使陆长源为右仆射，赠故吉州刺史姜公辅礼部尚书。甲辰，以钱少，禁用铜器。癸丑，以魏博田委安同平章事。戊戌，谓宰臣曰："前代帝王，或急于听政，或躬决繁务，其道如何？"杜黄裳对曰："帝王之务，在于修己简易，择贤委任，宵旰以求民瘼，舍己从人以厚下，固不宜急肆安逸。然事有纲领小大，当务知其远者大者；至如薄书讼狱，百吏能否，本非人主所自任也。昔秦始皇自程决事，见嗤前代；诸葛亮王霸之佐，二十罚以上皆自省之，亦为敌国所诮，知不久堪；魏明帝欲省尚书拟事，陈矫言其不可；隋文帝日旰听政，令卫士传餐，文皇帝亦笑其烦察。为人主之体固不可代下司职，但择人委任，责其成效，赏罚必信，谁不尽心。《传》称帝舜之德曰：'夫何为哉？恭己南面而已。诚以能举十六相属，去四凶也。岂与劳神疲体自任耳目之主同年而语哉！但人主常势，患在不能推诚，人臣之弊，患在不能自竭，由是上疑下诈，礼貌或虚，欲求致理，自然难致。苟无此敝，何患不至于理。"上称善久之。以京兆尹李鄘为尚书右丞，以金吾大将军郑云达为京兆尹。

三月乙丑朔。戊辰，诏常参官寒食拜墓，在畿内听假日往还，他州府奏取进止。辛未，御史中丞武元衡奏："中书门下御史台五品已上官、尚书省四品已上、诸司正三品已上、从三品职事官、东都留守、转运盐铁节度观察使、团练防御招讨经略等使、河南尹、同华州刺史、诸卫将军三品已上官除授，皆入阁谢，其余官许于宣政南班拜讫便退。"诏曰："如此例中有加使及职掌并准此。"又"兵部、吏部、礼部贡院官员，每举选限内，有十月至二月不奉朝参。若称事繁，则中书门下、御史台、度支、京兆府公事至重，朝谒如常。况旬节已赐归休，又许分日，一月之内，才奉十日朝参，甚暑甚寒，又蒙矜放。臣求故实，以为王颜任中丞日尝论其事，举对甚详。伏请准贞元十二年四月二十七日敕，永为常式。"从之。丙子，严砺收梓州。丁丑，制削夺刘辟在身官爵。先是，韩全义入朝，令其甥杨惠琳知留后,俄有诏除李演为节度,代全义。演赴任,惠琳据城叛,诏发河东、天德兵诛之。辛巳,夏州兵马使张承金斩惠琳,传首以献。壬辰,大行太上皇德妃董氏卒。以右神策行营节度高崇文检校兵部尚书、梓州刺史、剑南东川节度。

戊戌,以安南经略副使张舟为安南都护、本管经略使。己亥,以前剑南东川节度使韦丹为晋绛观察使。壬寅,以前安南经略使赵昌为广州刺史、岭南节度使。癸卯,前岭南节度使徐申卒。丙午,命宰臣监试制举人于尚书省,以制举人先朝所征,不欲亲试也。丁未,以检校司空、平章事杜佑为司徒,所司备礼册拜,平章事如故;罢领度支、盐铁、转运等使,从其让也,仍以兵部侍郎李巽代领其任。戊申,以陇右经略使、秦州刺史刘澭为保义军节度使。赈浙东米十万石。己未,武元衡奏,常参官兼御史大夫、中丞者,准检校省官例,立在本品同类之上。壬戌,邵王约薨。武元衡奏:“正衙待制官,本置此官以备问。比来正衙多不奏事。自今后请以尚书省六品以上职事官、东宫师傅宾詹、王傅等,每坐日令两人待,退朝,诏于延英候对。”从之。

五月甲子朔。丁卯,京兆尹郑云逵卒。辛未,以兵部侍郎韦武为京兆尹兼御史大夫。壬申,贬剑南东川节度使李康为雷州司马。陈、许、蔡等州旱。以横海军留后程执恭横海军节度使。庚辰,左丞、同平章事郑余庆为太子宾客,罢知政事。辛卯,册太上皇后王氏为皇太后。

六月癸巳朔,以册太后礼毕,赦天下系囚,死罪降从流,流以下递减一等。文武内外官加母邑号,太后诸亲,量与优给。丙子,册德宗充容武氏为崇陵德妃。大风折树。丁酉,高崇文破贼万人于鹿头关。加幽州刘济侍中,淄青李师古检校司徒。癸卯,高崇文收汉州。

闰六月壬子朔,淄青李师古卒。戊辰,以秘书监董叔经为京兆尹。壬午,谏议大夫去左、右字,只置四员。以前司封员外郎韦况为谏议大夫。甲申,吐蕃论勃藏来朝贡。

秋七月壬辰朔。壬寅,葬顺宗于丰陵。己酉,太子少保致仕韩全义卒。

八月辛酉朔。癸亥,以左卫大将军李愿检校礼部尚书、夏州刺史,充夏绥银节度使。甲子,郇王母王昭仪、宋王母赵昭仪、郑王母张昭训、衡王母阎昭训等,各以其王并为太妃。以许氏为美人,尹氏、段氏为才人。浔阳公主母崔昭训为太妃。韩全义子进女乐八人,诏还之。丁卯,封王子平原郡王宁为邓王,同安郡王宽为沣王,延安郡王宥为遂王,彭城郡王察为深王,高密郡王寰为洋王,文安郡王寮为绛王,第十男审为建王。己巳,以建王审为郓州大都督,平卢淄青节度使;以节度副使李师道权知郓州事,充节度留后。乙亥,册妃郭氏为贵妃。灵武李栾奏,黄河岸塌处得古钱三千三百,其形小,方孔,三足。壬午,左降官韦执谊、韩泰、陈谏、柳宗元、刘禹锡、韩晔、凌准、程异等八人,纵逢恩赦,不在量移之限。癸未,京兆尹董叔经卒。甲申,御史台奏,常参官在城未上及在外未到、假故等,在外未到,计水陆程外,满百日,并停解,从之。丙戌,以尚书右丞李鄘为京兆尹。

九月辛卯朔。癸卯,诏自今后两省官每坐日一人对。丙午,以太子宾客郑余庆为国子祭酒。辛亥,高崇文奏收成都,擒刘辟以献。癸丑,以山人李渤为左拾遗,征不至。甲子,易定张茂昭来朝。丙寅,以剑南东川节度使、检校兵部尚书、梓州刺史、封渤海郡王高崇文检校司空,兼成都尹、御史大夫,充剑南西川节度副大使、知节度事、管内度支营田观察使、处置统押近界诸蛮及西山八国兼云南安抚等使,仍改封南平郡王,食邑三千户。戊戌,以山南西道节度使严砺为梓州刺史、剑南东川节度使;以将作监柳晟检校工部尚书,兼兴元尹,充山南西道节度使。庚辰,以吉州刺史袁滋为御史大夫,充义成军节度使。壬午,以淄青节度使留后李师道检校工部尚书,兼郓州大都督府长史,充平卢淄青节度副大使、知节度事。丙戌,以渤海国王大嵩璘检校太尉。戊子,斩刘辟并子超郎等九人于独柳树下。

十一月庚寅朔。己巳,以简王傅王权为河南尹。丁未,以司农

卿李上公为陕州大都督府长史，充陕虢观察使。甲申，以武宁军节
度张愔为工部尚书，以东都留守王绍检校右仆射，兼徐州刺史、武
宁军节度使，徐泗濠等州观察等使。庚戌，以吏部侍郎赵宗儒为东
都留守、东畿汝防御使，以国子祭酒郑余庆为河南尹。甲寅，以给事
中刘宗经为华州刺史、潼关防御、镇国军等使。丙辰，以内常侍吐突
承璀为神策护军中尉。

　　十二月丙申朔，太常奏隐太子、章怀、懿德、节愍、惠庄、惠文、
惠、靖、恭昭靖以下九太子陵，代数已远，官额空存，今清陵户外并
停。乙亥，工部尚书张愔卒。丙戌，新罗、渤海、牂牁、回纥各遣使朝
贡。

　　二年春正月己丑朔，上亲献太清宫、太庙。辛卯，祀昊天上帝于
郊丘，是日还宫，御丹凤楼，大赦天下。先是，将及大礼，阴晦浃辰，
宰臣请改日，上曰：“郊庙事重，斋戒有日，不可遽更。”享献之辰，景
物晴霁，人情欣悦。丁酉，司徒杜佑辞知政事，诏令每月三度入朝，
便于中书商量政事。庚子，回纥请于河南府、太原府置摩尼寺，许
之。乙巳，以门下侍郎、同平章事、南阳郡开国公杜黄裳检校司空、
同平章事、兼河中尹、河中晋绛等州节度使。停诸陵留守。己卯，以
户部侍郎、赐绯鱼袋武元衡为门下侍郎、同平章事、赐紫金鱼袋，以
中书舍人、翰林学士李吉甫为中书侍郎、同平章事。丁巳，停中和、
重阳二节赐宴；其上巳宴，仍旧赐之。

　　二月辛酉，诏僧尼道士全隶左右街功德使，自是祠部司封不复
关奏。丙寅，左右羽林军应管月番飞骑总五千六百一十三人，并停。
己巳，起居舍人郑随次对，面受进止；令宣与两省小供奉官，自今已
后，有事即进状，次对官宜停。庚午，司天造新历成，诏题为《元和观
象万》。壬申夜，月掩岁星。丁丑，寒食节，宴群臣于麟德殿，赐物有
差。壬午，以第五国轸为右神策军中尉。

　　三月辛卯，群臣宴于曲江亭。癸卯，判度支李巽为兵部尚书，依
前判度支盐铁转运使。

夏四月甲子，禁铅锡钱。以右金吾卫大将军范希朝为检校司空、灵州长史、朔方灵盐节度使。戊寅，近置英武军额，宜停。庚辰，岭节度使赵昌进琼、管、儋、振、万、安六州《六十二洞归降图》。

六月丁巳朔，始置百官待漏院于建福门外。故事，建福、望仙等门，昏而闭，五更而启，与诸坊门同时。至德中有吐蕃囚自金吾仗亡命，因救晚开门，宰相待漏于太仆寺车坊。至是始令有司据班品置院。戊午，凤翔节度使张敬则卒。乙丑，五坊色役户及中书门下两省纳课陪厨户及捉钱人，并归府县色役。己巳，停舒、庐、滁、和四州团练使额。癸丑，东都庄宅使织造户，并委府县收管。乙亥，停润州丹阳军额。丙子，左神策军新筑夹城，置玄化门晨耀楼。辛巳，以京兆尹李郇为凤翔尹、凤翔陇右节度使。蔡州水，平地深七八尺。

秋七月丙戌朔，敕刑部侍郎许孟容等删定《开元格后敕》。丁亥，敕外命妇朝谒皇太后，多有前却，今后诸亲委宗正寺，百官母妻委台司，如有违越者，夫子夺一月俸，频不到，有司具状奏闻。戊子，录配享功臣之后，得苏瑰孙系，用为京兆府司录；崔玄暐孙元方、张说孙峘，并为监察御史；狄仁杰后玄范，为右拾遗；敬晖元亮、袁恕己孙德师，相次叙用。癸巳，太仆寺丞令孤峘进亡父峘所撰《代宗实录》四十卷，诏赠峘工部尚书。

八月丙辰朔。辛酉，宰相武元衡兼判户部事。壬戌，刑部奏改《律》卷第八为《斗竞律》。甲子，以职方员外郎王洁为岭南选补使，监察御史崔元方监之。甲戌，中书奏："先停诸道奏祥瑞。伏以所献祥瑞，皆缘腊飨、告庙、元会奏闻，今后诸大瑞随表闻奏，中瑞、下瑞申有司，其元日奏祥瑞，请依令式。"从之。辛巳，封杜黄裳为邠国公，于頔为燕国公。没蕃僧惟良阐等四百五十人自蕃中还。

九月乙酉，密王绸薨。

十月己酉，以浙西节度使李锜为左仆射；以御史大夫李元素为润州刺史，镇海军、浙西节度使。庚申，李锜据润州反，杀判官王澹、大将赵琦。时锜诈请入朝。署澹为留后，因讽兵士乱，杀澹、琦，遂令苏、常、杭、湖、睦五州戍将杀刺史，修石头故城，谋欲僭逆。壬戌，诏："李锜属列宗枝，任居方伯，穷赫奕之贵，饱绸缪之恩。待以亲贤，报之以逆节；授其师旅，用之以乱常。累献表章，亟请朝会，初则诈疾，后乃纵兵。僚佐以献规受屠，王臣以传命见胁。朕切于含垢，未忍发明，累降中人，令遵前旨。无辑车之戒路，有沴气之滔天，加以日逞淫刑，月兴暴赋。朕为人父母，闻甚恻然，顾惟纪纲，焉敢废坠！李锜在身官爵，并宜削夺。"以淮南节度使王锷充诸道行营招讨使，内官薛尚衍为监军，率汴、徐、鄂、淮南、宣歙之师，取宣州路进讨。丁卯，以门下侍郎、平章事武元衡检校吏部尚书、兼门下侍郎、平章事、成都尹，充剑南西川节度使，仍封临淮郡公。将行，上御安福门慰劳之。癸酉，润州大将张文良、李奉仙等执李锜以献。辛巳，锜从父弟宋州刺史钴、通事舍人铣坐贬岭外。

十一月甲申，斩李锜于独柳树下，削锜属籍。丙戌，以擒李锜润州牙将张文良为左金吾卫将军，封南阳郡王；田少卿、李奉仙等为羽林将军，并封公。甲辰，诏司徒杜佑筋力未衰，起今后每日入中书视事。

十二月甲寅，宰相李吉甫封赞皇侯。丙辰，上谓宰臣曰："朕览国书，见文皇帝行事，少有过差臣论诤。往复数四。况朕之寡昧，涉道未明，令后事或未当，卿等每事十论，不可一二而止。"丁巳，东都国子监增置学生一百人。癸亥，御史台奏："文武常参官准乾元元年三月十四日敕，如有朝堂相吊慰及跪拜、待漏行立失序，语笑喧哗；入衙入阁，执笏不端，行立迟慢；立班不正，趋拜失仪，言语微喧，穿班穿仗，出入阁门，无故离位；廊下饮食，行坐失仪喧闹；入朝及退朝不从正衙出入；非公事入中书等：每犯夺一月俸。班列不肃，所由指摘，犹或饰非，即具闻奏贬责。臣等商量，于旧条每罚各减一半，所贵有犯必举。"从之。丙寅，以剑南西川节度使高崇文检校司空、同平章事、兼邠州刺史、邠宁庆节度使，充京西诸军都统。壬申，礼部举人，罢试口义，试墨义十条，五经通五，明经通六，即放进士。举人曾为官司科罚，曾任州县小吏，虽有辞艺，长吏不得举送，违者举送官停任，考试官贬黜。丙子，令宰臣宣敕：百僚游宴过从饯别，此后所由不得奏报，务从欢泰。保义军节度使刘瀌卒。己卯，史官李吉甫撰《元和国计簿》，总计天下方镇凡四十八，管州府二百九十五，县一千四百五十三，户二百四十四万二百五十四，其凤翔、鄜坊、邠宁、振武、泾原、银夏、灵盐、河东、易定、魏博、镇冀、范阳、沧景、淮西、淄青十五道，凡七十一州，不申户口。每岁赋入倚办，止于浙江东西、宣歙、淮南、江西、鄂岳、福建、湖南等八道，合四十九州，一百四十四万户。比量天宝供税之户，则四分有一。天下兵戎仰给县官者八十三万余人，比量天宝士马，则三分加一，率以两户资一兵。其他水旱所损，征科发敛，又在常役之外。吉甫都纂其事，成书十卷。

是岁，吐蕃、回纥、奚、契丹、渤海、牂牁、南诏并朝贡。

三年春正月癸未朔。癸巳，群臣上尊号曰睿圣文武皇帝。御宣政殿受册，礼毕，移仗御丹凤楼，大赦天下。庚子，泾原段佑请修临泾城，在泾州北九十里，扼犬戎之冲要，诏从之。戊申，罢左右神威军，合为一，号天威军。

二月丙申，宰相李吉甫进封赵国公。己丑，以武昌军节度使韦皋为润州刺史、镇海军节度、浙江观察使。辛未，赠故布衣崔善真睦州司马，忠谏而死于李锜也。癸丑，以鄜坊节度使裴玢为兴元尹、山南西道节度使。丙子，以右金吾卫大将军路恕为鄜州刺史、鄜坊节度使。戊寅，咸安大长公主卒于回纥。

三月癸巳，郇王总麃。庚子，以定平镇兵马使宋仁佣为四镇北庭泾原等州节度使。乙巳，御宣政殿试制科举人。

夏四月癸丑，中使郭里旻酒醉犯夜，杖杀之，金吾薛伾、巡使韦缋皆贬逐。赐朱仁佣名曰忠亮。乙丑，贬翰林学士王涯虢州司马，时涯甥皇甫湜与牛僧孺、李宗闵并登贤良方正科第三等，策语太切，权幸恶之，故涯坐亲累贬之。壬申，大风毁含元殿栏槛二十七间。乙亥，以岭南节度使赵昌为江陵尹、荆南节度使，以户部侍郎杨于陵为广州刺史、岭南节度使。丁丑，以荆南节度使裴均为右仆射、

判度支。敕五月一日御殿受朝贺礼宜停。己卯,裴均为尚书省都堂
上仆射。其送印及呈孔目唱案授案,皆尚书郎为之,文武三品已上
升阶列坐,四品五品及郎官、御史拜于厅下,然后召御史中丞、左右
丞、侍郎升阶答拜。虽修故事行之,议者论其太过。

五月壬辰,兵部请复武举,从之。甲午,敕东都畿汝州都防御使
及副使宜停,所管将士三千七百三十人,随畿汝界分留守及汝州防
御使分掌之。辛丑,右仆射裴均请取荆南杂钱万贯修尚书省,从之。
丙午,正衙册九姓回纥可汗为登罗里汩密施合毗伽保义可汗。

六月戊辰,诏以钱少,欲设畜钱之令,先告谕天下商贾畜钱者,
并令逐便市易,不易畜钱。天下银坑,不得私采。癸亥,以邕管将黄
少卿为归顺州刺史,弟少高、少温并授官,西原蛮酋也,贞元中屡寇
邕管,至是归款。乙丑,罢江淮私堰埭二十二,从转运使奏也。甲戌,
以河南尹郑余庆为东都留守。丁丑,沙陀突厥七百人携其亲属归振
武节度使范希朝,乃授其大首领曷勒河波阴山府都督。

秋七月辛巳朔,日有蚀之。己亥,复以度支安邑、解县两池留后
为榷盐使。丁未,涪州复隶黔中道。

八月庚申,复置东都防御兵七百人。

九月己丑,淮南节度使王锷来朝。庚寅,以山南东道节度使于
頔守司空、同平章事;以右仆射裴均检校左仆射、同平章事、襄州长
史,充山南东道节度使;加宣武韩弘同平章事。丙申,以户部侍郎裴
垍为中书侍郎、同平章事。戊戌,以中书侍郎、平章事李吉甫检校兵
部尚书、兼中书侍郎、平章事、扬州大都督府长史、淮南节度使。以
淮南节度使王锷检校司徒、河中尹、河中晋绛慈隰节度使。河中节
度使、检校司空、同平章事邠国公杜黄裳卒。

是秋,京师大雨。

十月己酉朔。癸亥,以太常卿高郢为御史大夫。甲子,以御史
中丞窦群为湖南观察使,既行,改为黔中观察使。群初为李吉甫擢
用,及持宪,反倾吉甫,吉甫劾其阴事,故贬之。丁卯,度支使下判案
官,以四员为定。

十一月甲午，横海军节度使程执恭来朝。

十二月庚戌，以临泾县为行原州，命镇将郝玭为刺史。自玭镇临泾，西戎不敢犯塞。甲子，南诏异牟寻卒。辛未，以谏议大夫段平仲使南诏吊祭，仍立其子骠信苴蒙阁劝为南诏王。

是岁，淮南、江南、江西、湖南、山南东道旱。

夏四月丙子朔。戊寅，国子祭酒冯伉卒。壬午，裴均进银器一千五百两，以违敕，付左藏库。甲申，令皇太子居少阳院。武功人张英奴撰《回波辞》惑众，杖杀之。丙申，抚州山人张洪骑牛冠履，献书于光顺门，书不足采，遣之。庚子，制故太尉、西平郡王李晟宜编附属籍。以太常卿李元素为户部尚书、判度支，以商州刺史元义方为福建观察使。甲辰，以兵部侍郎权德舆为太常卿，仍赐金紫。以御史大夫高郢为兵部尚书，以刑部郎中、侍御史知杂李夷简为御史中丞。

五月丙午朔。辛酉，刑部尚书郑元卒。丁卯，盐铁使、吏部尚书李巽卒。

六月乙亥朔。丁丑，以河东节度使李鄘为刑部尚书，充诸道盐铁转运使；以灵盐节度使范希朝为太原尹、北都留守、河东节度使；以右卫上将军王泌为灵州大都督府长史、灵盐节度使。辛丑，五岭已北银坑任人开采，禁钱不过岭南。

秋七月乙巳朔，御制《前代君臣事迹》十四篇，书于六扇屏风。是月，出书屏以示宰臣，李藩等表谢之。丁未，渭南暴水，坏庐舍二百余户，溺死六百人，命府司赈给。乙卯，右羽林统军高固卒。壬戌，御史中丞李夷简弹京兆尹杨凭前为江西观察使时赃罪，贬凭临贺尉。戊辰，以尚书右丞许孟容为京兆尹，赐金紫。

八月甲戌朔。癸未，兖州鱼台县移置于黄台市。丙申，安南都护张舟奏破环王国三万余人，获战象、兵械，并王子五十九人。癸卯，赠太师裴冕宜配享代宗庙庭，赠太师李晟、赠太尉段秀实宜配享德宗庙庭。

九月甲辰朔。良戌，以成德军都知兵马使、镇府右司马王承宗起复检校工部尚书,充成德军节度使;以德州刺史薛昌朝检校左常侍,充保信军节度、德棣等州观察等使。昌朝,薛嵩之子,婚于王氏,时为德州刺史。朝廷以承宗难制,乃割二州为节度,以授昌朝。制才下,承宗以兵劫昌朝归镇州。丁卯,邠宁节度使、检校司空、同平章事高崇文卒。

冬十月癸酉朔,以右羽林统军阎巨源为邠州刺史、邠宁庆节度使,以少府监崔颋为同州刺史、本州防御、长春宫等使。癸未,诏:"成德军节度使王承宗顷在苫庐,潜窥戎镇。而内外以事君之礼,叛而必诛;分土之仪,专则有辟。朕念其先祖尝有茂勋,贷以私恩,抑于公议。使臣帝午以告谕,孱童俯伏以陈诚,愿献两州,期无二事。朕亦收其后效,用以曲全,授节制于旧疆,齿勋贤于列位。况德、棣本非成德所管,昌朝又是承宗懿亲,俾抚近邻,斯诚厚泽,外虽两镇,内是一家。而承宗象恭怀奸,肖貌稔恶,欺裴武于得位之后,囚昌朝于授命之中。加以表疏之间,悖慢斯甚,义士之所兴叹,天地之所不容。恭行天诛,盖示朝典,承宗在身官爵,并宜削夺。"以神策左军中尉吐突承璀为镇州行营招讨处置等使,以龙武将军赵万敌为神策先锋将,内官宋惟澄、曹进玉、马朝江等为行营馆驿粮料等使。京兆尹许孟容与谏官面论,征伐大事,不可以内官为将帅,补阙独孤郁其言激切。诏旨只改处置为宣慰,犹存招讨之名。己丑,诏军进讨,其王武俊、士直坟墓,军士不得樵采,其士平、士则各守本官,仍令士则各袭武俊之封。庚寅,册邓王宁为皇太子。癸巳,以册储,肆赦系囚,死罪降流,流以下递降一等。文武常参官、外州府长官子为父后者,赐勋两转。工部侍郎归登、给事中吕元膺为皇太子诸王侍读。己亥,吐突承璀军发京师,上御通化门劳遣之。

十一月癸卯朔,浙西苏、润、常州旱俭,赈米二万石。甲子,河南尹杜兼卒。己巳,彰义军节度使、检校司空、同平章事吴少诚卒。

十二月壬申朔,以户部侍郎张弘靖为陕府长史、陕虢观察陆运等使,赐金紫。以陕虢观察使房式为河南尹。中丞李夷简奏:"诸州府于两税外违格科率,请诸道盐铁、转运、度支、巡院察访报台司,以凭举奏。"从之。

五年春正月壬寅朔。己巳，浙西观察使韩皋以杖决安吉令孙澥致死，有乖典法，罚一月俸料。

二月辛未朔。戊子，礼院奏东宫殿阁名及宫臣姓名，与太子名同者改之，其上台官列、王官爵土无例辄改，从之。东台监察御史元稹摄河南尹房式于台，擅令停务，贬江陵府士曹参军。

三月辛丑朔，宰相杜佑与同列宴于樊川别墅，上遣中使赐酒馔。乙巳，以御史中丞李夷简为户部侍郎、判度支，以兵倍侍郎王播为御史中丞。癸巳，以太子宾客郑絪检校礼部尚书、广州刺史、岭南节度使。己未，制以遂王宥为彰义军节度使，以申州刺史吴少阳为中光蔡节度留后。甲子，大风折木。丁卯，宰相于頔请依杜佑例一月三朝，从之。

夏四月庚午朔。癸酉，户部尚书李元素卒。甲申，镇州行营招讨使吐突承璀执昭义节度使卢从史，载从史送京师。丁亥，河东范希朝奏破贼于木刀沟。福州复置候官、长乐二县，建州置将乐县。壬申，以昭义都知兵马使、潞州左司马乌重胤为怀州刺史、河阳三城怀州节度使，以河阳节度使孟元阳为潞州长史、昭义军节度、泽潞磁邢洺观察使。戊戌，贬前昭义节度使卢从史为欢州司马。

五月庚子朔。乙巳，昭义军三千人夜溃奔魏州。右神策军使段佑卒。庚申，吐蕃使论思即热朝贡，并归郑叔矩、路泌之柩。

六月庚午朔。戊寅，以太府卿李少和为洪州刺史、江西观察使。奚、回纥、室韦寇振武。癸巳，应给食实封例，节度使兼宰相，每食实封百户，岁给八百端匹，若是绢，加给绵六百两；节度使不兼宰相，每百户给百匹；军使诸卫大将军，每百户给三百五十端匹。

秋七月己亥朔。庚子，王承宗遣判官崔遂上表自首，请输常赋，朝廷除授官吏。丁未，诏昭洗王承宗，复其官爵，待之如初。诸道行营将士，共赐物二十八万四百三十端匹。时招讨非其人，诸军解体，而藩邻观望养寇，空为逗挠，以弊国赋。而李师道、刘济亟请昭雪，乃归罪卢从史而宥承宗，不得已而行之也。幽帅刘济加中书令，魏博田季安加司徒，淄青李师道加仆射，并以罢兵加赏也。乙卯，幽州节度使刘济为其子总鸩死。庚申，以虔州刺史马总为安南都护、本管经略使。

八月乙巳朔。乙亥，上顾谓宰臣曰："神仙之事信乎？"李藩对曰："神仙之说，出于道家；所宗《老子》五千文为本。《老子》指归，与经无异。后代好怪之流，假托老子神仙之说。故秦始皇遣方士载童女入海求仙，汉武帝嫁女与方士，求不死药，二主受惑，卒无所得。文皇帝服胡僧长生药，遂致暴疾不救。古诗云：'服食求神仙，多为药所误。'诚哉是言也。君人者，但务求理，四海乐推，社稷延永，自然长年也。"上深然之。以浙东观察使薛苹为润州刺史、浙西观察使，以常州刺史李逊为越州刺史、浙东观察使。以都官郎中韦贯之为中书舍人，起居舍人裴度为司封员外郎、知制诰。癸巳，以邓州刺史崔咏为邕州刺史、本管经略使。

九月戊戌朔。辛亥，以吐突承璀复为左军中尉。谏官以承璀建谋讨伐无功，请行朝典。上宥之，降承璀为军器使。乃以内官程文干为左军中尉。壬戌，以瀛州刺史刘总起复受幽州长史，充幽州卢龙军节度使。癸亥，以兵部尚书高郢为右仆射致仕。丙寅，制以正议大夫、守太常卿、上柱国、襄武县开国侯、赐紫金鱼袋权德舆可守礼部尚书、同中书门下平章事。丁卯，翰林学士独孤郁守本官起居，以妻父权德舆在中书，避嫌也。

冬十月戊辰朔，以京兆尹许孟容为兵部侍郎，以中丞王播代孟容，又以吕元膺代播。升平大长公主薨。庚辰，宰相裴垍进所撰《德宗实录》五十卷，赐垍锦采三百匹、银器等，史官蒋武、韦处厚等颁赐有差。辛巳，定州将杨伯玉诱三军为乱，拘行军司马任迪简。别将张佐元杀伯玉，迪简谋归朝，三军惧，乃杀佐元。壬辰，制以迪简检校工部尚书、定州长史，充义武军节度观察、北平军等使。甲午，以前义武军节度、检校太尉、兼太子太傅、同平章事张茂昭检校太尉、兼中书令、河中尹，充河中晋绛慈隰节度使。

十一月戊戌朔,浙西奏当镇旧有丹阳军,今请并为镇海军,从之。庚子,右金吾卫大将军伊慎降为右卫将军,以行赂三十万与中尉第五从直,求为河东节度故也。甲辰,会王缳薨。庚戌,以前河中节度使王锷检校司空、兼太子太傅、太原尹、北都留守、河东节度使。以代州刺史阿跌光进为单于大都护、振武麟胜节度度支营田观察押蕃落等使。庚申,以中书侍郎、平章事裴垍为兵部尚书。以前保信军节度使、德州刺史薛昌朝为右武卫将军,前为王承宗虏之,囚于镇州,至是归朝故也。丙寅,吏部郎中柳公绰献《太医箴》,上深喜纳,遣中使抚劳之。

十二月丁卯朔。癸酉,诸道盐铁转运使、刑部尚书李鄘检校吏部尚书,兼扬府长史,充淮南节度使。以河南尹房式为宣州刺史、宣歙池观察、采石军等使。以前宣歙观察使卢坦为刑部侍郎,充诸道盐铁转运使。壬午,以吏部郎中柳公绰为御史中丞。以前御史中丞吕元膺为鄂州刺史、鄂黄岳沔蕲安黄等州观察使。以鄂岳观察郗士美为河南尹。新授谏议大夫蒋武请改名义。以吏部侍郎崔邠为太常卿。

六年春正月丙申朔。丙申,以彰义军留后吴少阳检校工部尚书,充彰义军节度、申光蔡等州观察使。敕谏议大夫孟简、给事中刘伯刍、工部侍郎归登、右补阙萧俛等于丰泉寺翻译《大乘本生心地观音经》。庚申,以淮南节度使、中书侍郎、同平章事、赵国公李吉甫复知政事、集贤殿大学士、监修国史。

二月丙寅朔。壬申,门下侍郎、同平章事李藩为太子詹事。藩与吉甫不叶,吉甫既用事,故罢藩相位。丙子,河中节度使、检校太尉、中书令张茂昭卒。以太府卿裴次元为福建观察使。己丑,忻王造薨。癸巳,以陕虢观察使张弘靖检校礼部尚书、河中尹、晋绛慈等州节度使,以右丞卫次公为陕府长史、陕虢观察使。以中书舍人、翰林学士李绛为户部侍郎。以京畿民贫,贷常平义仓粟二十四万石,诸道州府依此赈贷。

三月乙未朔，以河南尹郗士美检校工部尚书，兼潞府长史、昭义军节度使。丁未，以检校右仆射严绶为江陵尹、荆南节度使。河东旧使锡钱，民颇为弊，宜于蔚州置五炉铸钱。乙卯，畿内军镇牧放，驸马贵族略获，并不得带兵仗，恐杂盗也。

夏四月乙丑朔。戊辰，兵部尚书裴垍为太子宾客。以谏议大夫裴堪为同州防御使。庚午，以户部侍郎、判度支李夷简检校礼部尚书、襄州大都督府长史、山南东道节度使；以刑部侍郎、盐铁转运使卢坦为户部侍郎、判度支；京兆尹王播为刑部侍郎、充诸道盐铁转运使；以福建观察使元义方为京兆尹。癸酉，以张茂昭家妓四十七人归定州。己卯，月近房。以前荆南节度使赵宗儒为刑部尚书。东都留守郑余庆为兵部尚书，依前留守。王播奏：江淮河岭已南、兖郓等盐院，元和五年都收卖盐价钱六百九十八万五千五百贯。校量未改法已前四倍抬估，虚钱一千七百四十六万三千七百贯。除盐本外，付度支收管。从之。辛卯，户部奏置巡官。

五月甲午朔，取受王承宗钱物人品官王伯恭杖死。庚子，以左金吾卫将军李惟简检校户部尚书、凤翔尹、陇右节度使。丙午，前山南东道节度使、检校左仆射、平章事裴均卒。壬子，以振武节度阿跌光进凤彰诚节，久立茂勋，宜赐姓李氏。弟洛州刺史光颜已从别敕处分。

六月甲子朔，减教坊乐人衣粮。丁卯，中书门下奏：

官省则事省，事省则人清；官烦则事烦，事烦则人浊。清浊之由，在官之烦省。国家自天宝已后，中原宿兵，见在军士可使者八十余万。其余浮为商贩，度为僧道，杂入色役，不归农桑者，又十有五六。则是天下常以三分劳筋苦骨之人，奉七分坐衣待食之辈。今内外官给俸料者不下一万余员，其间有职出异名，奉离本局，府寺旷废，簪组因循者甚众。况敛财日寡而授禄至多，设官有限而入色无数，九流安得不杂，万物安得不烦。汉初置郡不过六十，文景酰化，百王莫先，则官少不必政紊，郡多不必事理。今天下三百郡，一千四百县。故有一邑之地，虚设

群司，一乡之氓，徒分县职，所费至广，所制全轻。伏请敕吏兵
部侍郎，郎中给事中，中书舍人各一人，错综利病，详定废置，
吏员可并省者并省之，州县可并合者并合之。每年入仕者可停
减者停减之。此则利广而易求官，少而易理，稍减冗食，足宽疲
氓。又国家旧章，依品制俸，官一品月俸三十千，其余职田禄
米，大约不过千石，自一品以下，多少可知。艰难已来，禁网渐
弛，于是增置使额，厚请俸钱。故大历中权臣月俸有至九千贯
者，列郡刺史无大小给皆千贯。常衮为相，始立限约，至李泌又
量其闲剧，随事增加，时谓通济，理难减削。然犹有名存职废，
额去俸存，闲剧之间，厚薄顿异。将为永式，须立常规。
从之。乃命给事中段平仲、中书舍人韦贯之、兵部侍郎许孟容、户部
侍郎李绛等详定减省。甲申，以御史中丞柳公绰为湖南观察使。丁
亥，太白近右执法。戊子，赐御史中丞窦易直绯鱼袋。

秋七月癸巳朔，尚书右仆射致仕高郢卒。庚申，赠银青光禄大
夫、太子宾客裴垍太子少傅。

八月癸亥朔，户部侍郎李绛奏："诸州阙官职田禄米，及见任官
抽一分职田。请所在收贮，以备水旱赈贷。"从之。乙丑，以天德军
防御使张煦为夏州刺史、夏绥银等州节度使。丁卯，荆南先制永安
军，宜停。辛巳，以常州刺史崔芃为洪州刺史、江西观察使。

九月癸巳朔，以蜀州刺史崔能为黔中观察使。戊戌，富平县人
梁悦为父复仇，杀秦杲，投狱请罪。特敕免死，决杖一百，配流循州。
职方员外郎韩愈献议执奏之。减诸司流外总一千七百六十九人。贬
黔中观察使窦群为开州刺史，以为政烦苛，辰、锦二州蛮叛故也。

冬十月，以前夏州节度使李愿检校兵部尚书、徐州刺史，充武
宁军节度使。戊辰，以户部尚书韩皋为东都留守，判东都尚书省事。
以太子詹事李藩为华州刺史、潼关防御、镇国军使。以东都留守郑
余庆为吏部尚书。己巳，诏："朕于百执事、群有司，方澄源流，以责
实效。转运重务，专委使臣，每道有院，分督其任；今陕路漕引悉归
中都，而尹守职名尚仍旧贯。又诸道都团练使，足修武备以靖一方；

而别置军额，因加吏禄，亦既虚设，颇为浮费。思去烦以循本，期省事以便人。其河南水陆运、陕府陆运、润州镇海军、宣州采石军、越州义成军、洪州南昌军、福州靖海军等使额，并宜停。所收使已下俸料一事已来，委本道充代百姓阙额两税，仍具数奏闻。"戊寅，诏：

> 王者之牧黎元也，爱之如子，视之如伤。苟或风雨不时，稼穑不稔，则必除烦就简，惜力重劳，以图便安，以阜生业。况邦畿之内，百役所丛，虽勤恤之令亟行，而供亿之制犹广。重以经夏炎叹，自秋霖澍，南亩亏播植之功，西成失丰登之望。内乏口食，外牵王徭，岂惟转输之虞，虑有馁殍之患。斯盖理道犹郁，和气未通，永言于兹，良所咎叹。京兆府每年所配折籴粟二十五万石宜放。于百姓有粟情愿折纳者，时估外特加优饶。今春所贷义仓粟，方属岁饥，容至丰熟岁送纳。元和五年已前诸色逋租并放。百官职田，其数甚广，今缘水潦，诸处道路不通，宜令所在贮纳，度支取用，令百官据数于太仓请受。遭水旱处，通计所损，便与除破，不得检覆。为理之本，在乎安人。咨尔尹京宰邑之臣，实为亲人阜俗之寄，必当询其疾苦，奉我诏条。恤隐为心，无怠于事，罔或徇利以剥下，吐刚而茹柔，使闾井咸安，茕嫠获济。各勉忠孝，宜悉朕怀。

丙戌，以谏议大夫孔戣为皇太子诸王侍读。

十一月壬辰朔。癸巳，新授华州刺史李藩卒。乙巳，以工部尚书赵昌检校兵部尚书，兼华州刺史，充潼关防御、镇国军等使。

十二月癸亥朔。壬申，诏委宗正卿选人门嫁十六宅诸王女，仍封为县主。甲申，京兆尹元义方、户部侍郎判度支卢坦以违令立戟，罚一月俸，收夺所请门戟。己丑，制以朝义郎、守尚书户部侍郎、骁骑尉、赐紫金鱼袋李绛为朝议大夫、守中书侍郎、同中书门下平章事。

闰十二月辛卯朔，右卫上将军伊慎卒。辛亥，皇太子宁薨，谥曰惠昭，废朝三日。国典无太子薨礼，国子司业裴茞精礼学，特赐于西内定仪。

旧唐书卷一五下
本纪第一五下

宪宗下

元和七年春正月辛酉朔。己巳,以刑部尚书赵宗儒检校吏部尚书、兴元尹、山南西道节度使。庚午,以兵部书王召判户部事。辛未,以京兆尹元义方为郴州刺史、郴坊丹延观察使,以司农卿李铦为京兆尹。是夜月掩荧惑。壬申,废信州永丰县、越州山阴县、衢州盈川县。癸酉,振武河溢,毁东受降城。

二月庚寅朔。壬辰,诏以去秋旱歉,赈京畿粟三十万石;其元和六年春赈贷百姓粟二十四万石,并宜放免。辛丑,尚书省重定左、右仆射上事仪注。壬寅,以兵部侍郎许孟容为河南尹。辛亥,山南西道节度使裴玢卒。癸丑,入蕃使不得与私觌正员官,量别支给以充私觌。旧使绝域者,许卖正员官十余员,取货以备私觌,虽优假远使,殊非典法,故革之。敕:"钱重物轻,为弊颇甚。详求适变,将以便人。所贵缯货通行,里闾宽恤。宜令群臣各随所见利害状以闻。"

三月己未朔。辛酉,以惠昭太子葬,罢曲江上巳宴。庚午,以旱,敕诸司疏决系囚。

夏四月戊子朔。癸巳,敕天下州府民户,每田一亩,种桑二树,长吏逐年检计以闻。辛亥,盐铁使王播奏元和六年卖盐铁,除峡内井盐外,计收六百八十五万九千二百贯。

五月戊午朔。庚申,上谓宰臣曰:"卿等累言吴越去年水旱。昨有御史自江淮回,言不至为灾,人非甚困。"李绛对曰:"臣得两浙、淮南状,继言歉旱。方隅授任,皆朝廷信重之臣。御史非良,或容希媚,此正当奸佞之臣。况推诚之道,君人大本,任大臣以事,不可以小臣言间之。伏望明示御史姓名,正之典刑。"上曰:"卿言是也。朝廷大体,以恤人为本,一方不稔,即宜赈救,济其饥寒,况可疑之也!向者不思而有此问,朕言过矣。"绛等拜贺。癸亥,荧惑近太微右执法。

六月丁亥朔,舒州桐城梅天陂内,有黄白二龙,自陂中乘风雷跃起,高二百尺,行六里,入浮塘陂。癸巳,以金紫光禄大夫、守司徒、同平章事、崇文馆大学士、太清宫使、上柱国、岐国公杜佑为光禄大夫、守太保致仕,宜朝朔望,佑累表恩请故也。己亥,月近南斗魁第四星。镇州甲仗库一十三间灾,兵仗都尽。王承宗常畜叛谋,至是始惧天罚,凶气稍夺,仍杀三库吏百余人。乙丑,以兵部员外郎王涯知制诰。乙亥,制立遂王宥为皇太子,改名恒。己卯,以新罗大宰金彦升为开府仪同三司、检校太尉、使持节、大都督鸡林州诸军事、鸡林州刺史,兼宁海军使、上柱国,封新罗国王;仍册彦升妻贞氏为妃。

八月丁亥朔,新除新罗国大宰相金崇斌等三人,宜令本国准例赐戟。戊戌,魏博节度使田季安卒。辛丑,废蓬州宕渠县。甲辰,宣歙,观察使房式卒。丙午,以苏州刺史范传正为宣歙观察使。戊申,制:"诸州府五品已上官替后,委本道长官量其才行、官业、资历,每年冬季一度闻荐。其罢使郎官、御史,许朝臣每年冬季准此闻荐。诸使府参佐、检校官、从元授官月日计,如是五品已上官及台省官,经三十个月外,任余转改;余官经三十六个月奏转改。如未经考便有事故及停替官,本限之外更加十个月,即任申奏。"辛亥,以左龙武大将军薛平为滑州刺史、义成军节度使。

冬十月乙未,魏博三军举其衙将田兴知军州事。时田季安死,子怀谏年十一,为副大使、知军府事,军政一决于家僮蒋士则,数易大将,军情不安。因田兴入衙,兵环而劫请,兴顿仆于地,军众不散。兴曰:"欲听吾命,勿犯副大使。"众曰:"诺。"但杀蒋士则等十数人而止。即日移怀谏于外,令朝京师。甲辰,以魏博都知兵马使、兼御史中丞、沂国公田兴为银青光禄大夫、检校工部尚书,兼魏州大都督府长史,充魏博节度使。庚戌,沣王宽改名恽,深王察改名悰,洋王寰改名忻,绛王寮改名悟,建王审改名恪。以郑滑节度使袁滋为户部尚书。

十一月丙辰朔。乙丑,诏:"田兴以魏博请命,宜令司封郎中、知制诰裴度往彼宣慰,赐三军赏钱一百五十万贯,以河阴院诸道合进内库物充。六州百姓给复一年,兼赦管内见系囚徒。"及度至魏州,田兴礼待甚恭,仍请度至六州诸县宣达朝旨。辛未,太保致仕杜佑卒。东川观察使潘孟阳奏龙州武安县嘉禾生,有麟食之。麟之来,群鹿环之,光彩不可正视。使画工图之以献。乙亥,以给事中李逢吉、司勋员外郎李巨并充皇太子诸王侍读。戊寅,吏部尚书郑余庆请复置吏部考官三员,吏部郎中杨于陵执奏以为不便。乃诏考官韦颛等三人,只考及第科目人,其余吏部侍郎自定。己卯,江西观察使崔芃卒。辛巳,以前魏博节度副使田怀谏为右监门卫将军,赐宅一区、刍粟等。甲申,以同州刺史裴堪为河西观察使。

十二月丙戌朔。以吏部尚书郑余庆为太子少傅。丙辰,左拾遗杨归厚以自娶妇,进状借礼会院,贬国子主簿分司。戊戌,以京兆尹裴向为同州防御使。己亥,魏博奏管内州县官员二百五十三员,请吏部铨注。

八年春正月乙卯朔。庚午,册大言义为渤海国王,授秘书监、忽汗州都督。辛未,制以正议大夫、守礼部尚书、同平章事、上柱国、扶风郡开国公权德舆守礼部尚书,罢知政事。癸未,以山南东道节度使李夷简检校户部尚书、成都尹,充剑南西川节度使。以户部尚书袁滋检校兵部尚书、襄州刺史,充山南东道节度使。

二月乙酉朔。辛卯,田兴改名弘正。宰相李吉甫进所撰《元和郡国图》三十卷,又进《六代略》三十卷,又为《十道州郡图》五十四卷。宰相于頔男太常丞敏专杀梁正言奴,弃溷中。事发,頔与男季友素服待罪。贬頔恩王傅。于敏长流雷州，锢身发遣。殿中少监、驸马都尉于季友诳罔公主，藏隐内人，转授凶兄，移贮外舍，伤风黩礼，莫大于兹，宜削夺所任官，令在家修省。赞善大夫于正、秘书丞于方并停见任，皆頔之子也。捕获授于頔赂为致出镇人梁正言，及交构权贵僧鉴虚，并付京兆府杖死。甲子，以剑南西川节度使、银青光禄大夫、检校吏部尚书、兼门下侍郎、同平章事、上柱国、临淮郡开国公、食邑二千户武元衡复入中书知政事，兼崇玄馆大学士、太清宫使。辛未，上以久旱，亲于禁中雩，是夜，澍雨沾足。丙子，大风坏崇陵寝殿鸱尾，折门戟六。

夏四月癸未朔。乙酉，以邕管经略使房启为桂管观察使，以开州刺史窦群为邕管经略使。丙戌，以钱重货轻，出库钱五十万贯，令两常平仓收市布帛，每段匹于旧估加十之一。鄜坊观察使元义方卒。辛卯，以将作监薛伾为鄜坊观察使。乙未，长安西市豕生三耳八足二尾。僧鉴虚为高崇文纳赂四万五千贯与宰相杜黄裳，共引致人永乐县令吴凭，付钱与黄裳男载。敕吴凭配流昭州，黄裳、崇文已薨殁，所用钱不须勘问，杜载释放。辛亥，赐魏博田弘正钱二十万贯，收市军粮。庚申，河中尹张弘靖奏修古舜城。

六月辛巳朔。时积雨，延英不开十五日。是日，上谓宰臣曰："今后每三日，雨亦对来。"乙酉，工部尚书致仕裴佶卒。丙戌，以东都留守韩皋检校吏部尚书，兼许州刺史，充忠武军节度使。庚寅，京师大风雨，毁屋飘瓦，人多压死。所在川渎暴涨，行人不通。辛丑，出宫人二百车，任从所适，以水灾故也。壬寅，宰臣武元衡李吉甫李绛、旧相郑余庆权德舆，各奉诏令进旧诗。

秋七月辛亥朔。癸丑，以权德舆检校吏尚书、东都留守。丁卯，以振武节度使李光进为灵州大都督府长史、灵武节度使。癸酉，命中尉彭中献修兴唐观，壮其规制，北拒禁城，开复道以通行幸。是夜，月近五诸侯。丁丑，新授桂管观察使房启降为太仆少卿。启初拜桂管，启吏赂吏部主者，私得官告以授启。俄有诏命中使赍告牒与启，曰："受之五日矣。"上怒，杖吏部令史，罚郎官，启亦即降之。

以安南都护马总为桂管观察使,以江州刺史张勔为安南都护、本管经略招讨使。鄜坊观察使薛伾卒。

八月辛巳朔。癸未,以蕲州刺史裴行立为安南都护、本管经略招讨使,以张勔耄年也。丁亥,以司农卿裴武为鄜坊观察使。庚寅,诏毁冢徇国故徐州刺史李洧等一十家子孙,并宜甄奖。甲午,太白近轩辕。辛丑,以东川节度使潘孟阳为户部侍郎、判度支,卢坦为梓州刺史、剑南东川节度使。乙巳,废天武军,并入神策军。

九月庚戌朔。丙辰,淄青李师道进鹘十二,命还之。戊午,赐群臣宴于曲江。乙丑,诏:“比闻岭南五管并福建、黔中等道,多以南口饷遗,及于诸处博易,骨肉离析,良贱难分。此后严加禁止,如违,长吏必当科罚。”淮西吴少阳献马三百匹。丙寅,诏::“减死戍边,前代美政,量其远迩,亦有便宜。今后两京、关内、河南、河东、河北、淮南、山南东西道州府,除大辟罪外,轻犯不得配流天德五城。”戊辰,以给事中窦易直为陕虢防御使,仍赐金紫。壬申,以恩王傅于頔为太子宾客。以前朔方灵盐节度使王佖为右卫。将相出入,翰林草制,谓之白麻。至佖,奏罢中书草制,因为例也。太常习乐,始复用大鼓。

冬十月庚辰朔。己丑,荧惑近太微西垣南首星。庚寅,以湖南观察使柳公绰为岳鄂沔蕲安黄观察使。辛卯,泾原节度使朱忠亮卒。壬辰,汴州韩弘进所撰《圣朝万岁乐谱》,共三百首。己巳,以宗正少卿李道古为黔中观察使,以苏州刺史张正甫为湖南观察使。丙申,以大雪放朝,人有冻踣者,雀鼠多死。戊戌,以神策普润镇使苏光荣为泾州刺史、四镇北庭行军泾原节度使。翰林学士、司封员外郎韦弘景守本官,以草光荣诏漏叙功勋故也。壬辰,振武奏回纥千骑至鹈鹕泉。

十一月庚戌朔。丙辰,以福建观察使裴次元为河南尹。丙寅,以盐州隶夏州。自夏州至丰州,初置八驿。丁卯,以泗州刺史薛謇为福建观察使。右龙武统军刘昌裔卒。癸酉,昭义郗士美奏诸军就食于临洺。京畿水、旱、霜,损田三万八千顷。

十二月庚辰朔,以京兆尹李铦为鄜坊观察使,以代裴武入为京兆尹。辛巳,敕:"应赐王公、公主、百官等庄宅、碾硙、店铺、车坊、园林等,一任贴典货卖,其所缘税役,便令府县收管。"敕:"张茂昭立功河朔,举族归朝,义烈之风,史册收载。如闻身殁之后,家无余财,追怀旧勋,特越常典,宜岁赐绢二千匹,春秋二时支给。"群臣上表,请立德妃郭氏为皇后。丙戌,以桂管观察使马总为广州刺史、岭南节度使,以邕管经略使崔咏为桂管观察使。庚寅,以夔州刺史马平阳为邕管经略使。振武军乱,逐其帅李进贤,屠其家。乃以夏州节度使张煦代进贤,率兵二千赴镇,许便宜击断。丙午,以金吾卫将军田进为夏州刺史、夏绥银节度使。以河溢浸滑州羊马城之半,滑州薛平、魏博田弘正征役万人,于黎阳界开古黄河道,南北长十四里,东西阔六十步,深一丈七尺,决旧河水势,滑人遂无患。

九年春正月己酉朔。乙卯,大雾而雪。李吉甫累表辞相位,不许,乙亥,张煦入单于都护府,诛作乱军士苏国珍等二百五十二人。

二月己卯朔,户部侍郎、判度支潘孟阳兼京北五城营田使。丁丑,贬前振武节度使李进贤为通州刺史,监军路朝见配役于定陵。丁未,诏以岁饥,放关内元和八年已前逋租钱粟,赈常平义仓粟三十万石。丙申赐振武军绢二万匹。丁酉,月近心大星。癸卯,制朝议大夫、守中书侍郎、同平章事、上柱国、高邑男李绛守礼部尚书,累表辞相位故也。

三月己酉朔。丙辰,隽州地震,昼夜八十震,压死者百余人。庚申,妖人梁叔高自广州来,授书与吏部侍郎杨于陵,使为己辅。于陵执之以告,杀之。辛酉,以太子少傅郑余庆检校右仆射、兴元尹、山南西道节度使,代赵宗儒为御史大夫。丁卯,陨霜杀桑。召大理卿裴棠棣男损、前昭应令杜式方男惊见于麟德殿前,各赐绯,许尚公主。

夏四月戊寅朔。庚寅,诏赐太师咸宁王浑瑊宜配享德宗庙庭。

五月丁未朔,以岭南节度使郑絪为工部尚书。庚申,移宥州于泾原军,郭下置延恩县,隶夏州观察使。是月旱,谷贵,出太仓粟七十万石,开六场粜以惠饥民。乙丑,桂王纶薨。以旱,免京畿夏税十三万石、青苗钱五万贯。

六月丙子朔。戊寅,以天德军经略使周怀义卒,废朝一日。经略使废朝,自怀义始也。庚辰,以义武军度副使浑镐检校工部尚书,兼定州大都督府长史,充义武军节度使、易定观察使、北平军等使。丙戌,以左龙武将军燕重旰为丰州刺史、天德军丰州西城中城都防御押蕃落等使。乙未,置礼宾院于长兴里之北。丙申,以左丞孔戣为华州刺史、潼关防御、镇国军等使。壬寅,制河中晋绛慈隰等州节度使张弘靖守刑部尚书、同中书门下平章事。

秋七月丙午朔。乙未,以御史大夫赵宗儒检校尚书右仆射,兼河中尹、河中晋绛等州节度使。戊辰,以太子司议郎杜悰为银青光禄大夫、殿中少监、驸马都尉,尚岐阳公主。

闰八月乙巳朔。辛酉,以河阳节度使乌重胤兼汝州刺史。壬戌,以中书舍人王涯、屯田郎中韦绶为皇太子诸王侍读。己巳,加田弘正检校右仆射,赏三军钱二十万贯。

九月甲戌朔,以洺州刺史李光颜为陈州刺史、忠武军都知兵马使。丙戌,以山南东道节度使袁滋检校兵部尚书,兼江陵尹、荆南节度使。以荆南节度使严绶检校司空、襄州刺史、山南东道节度使。乙丑,月掩轩辕。淮西节度使吴少阳卒,其子元济匿丧:自总兵柄,乃焚劫舞阳等四县。朝廷遣使吊祭,拒而不纳。壬辰,真腊国朝贡。戊戌,加河东节度使王锷检校司空、同平章事,以给事中孟简为越州刺史、浙东观察使,赠吴少阳尚书右仆射。

冬十月甲辰朔。丙午,金紫光禄大夫、中书侍郎、同平章事、集贤大学士、监修国史、上柱国、赵国公李吉甫卒。甲寅,以刑部员外郎令狐楚为职方员外郎、知制诰。壬戌,以忠武军节度使韩皋为吏部尚书,以忠武军节度副使兼陈州刺史李光颜为许州刺史、忠武军节度使。甲子,制:"朕嗣膺宝位,于兹十年。每推至诚,以御方夏,庶以仁化,臻于太和,宵衣旰食,意属于此。今淮西一道,未达朝经,擅自继袭,肆行寇掠。将士等迫于受制,非是本心。思去三面之罗,庶遵两阶之义。宜以山南东道节度使严绶兼充申光蔡等州招抚使。"仍命内常侍崔潭峻为监军。戊辰,以尚书左丞吕元膺检校工部尚书、东都留守。旧例,命留守赐旗甲与方镇同,及元膺受命,不赐。谏官援华、汝、寿三州例有赐,居守之重,不宜独阙,上曰:"此三处亦宜停赐。"

十一月甲戌朔。甲申,以吏部尚书韩皋为太子宾客。甲午,以御史中丞胡证为单于大都护,振武灵胜等军节度使。丁酉,太子太傅范希朝卒。戊戌,以中书舍人裴度为御史中丞;以左金吾大将军郭钊检校工部尚书、邠州刺史,充邠宁节度使;以职方员外郎、知制诰令狐楚为翰林学士。

十二月甲辰朔。丁未,振武节度使张煦卒。辛亥,邠宁节度使、检校右仆射阎巨源卒。癸丑,兵部尚书王召卒。己未,右羽林统军孟元阳卒。丙寅,太子少保赵昌卒。戊辰,制以中大夫、守尚书右丞、上骑都尉、赐紫金鱼袋韦贯之本官同中书门下平章事。

十年春正月癸酉朔。乙酉,宣武军节度使韩弘守司徒,平章事并如故。丙申,严绶帅师次蔡州界。己亥,制削夺吴元济在身官爵。庚子,桂管奏移富州治于故城。

二月癸卯朔。甲辰,严绶军为贼所袭,败于磁丘,退守唐州。田弘正子布、韩弘子公武各率师隶李光颜讨贼。辛亥,以礼部尚书李绛为华州潼关防御镇军等使。壬戌,河东防秋将刘辅杀丰州刺史燕重旰。己巳,以羽林将军李汇为泾原节度使。

三月壬申朔,以右金吾将军李奉仙为丰州刺史、天德军西城中城都防御使。己卯,以剑南西川节度行军司马李程为兵郎中、知制诰。乙酉,以虔州司马韩泰为章州刺史,以永州司马柳宗元为柳州刺史、饶州司马韩晔为汀州刺史,朗州司马刘禹锡为播州刺史,台州马陈谏为封州刺史。御史中丞裴度以禹锡母老,请移近处,乃改授连州刺史。赠故太常卿崔邠礼部尚书。李光颜破贼于南顿。辛亥,盗焚河阴转运院。凡烧钱帛二十万贯匹、米二万四千八百石、仓室五十五间。防院兵五百人营于县南,盗火发而不救,吕元膺召其将杀之。自盗火发河阴,人情骇扰。壬戌,以长安县令徐俊为邕管经略使。

五月辛未朔。辛巳,御史中丞裴度兼刑部侍郎。时度自淮西行营宣慰还,所言军谋机,多合上旨,故以兼官宠之。丙申,李光颜大破贼党于洄曲。自征兵讨贼,凡十余镇之师,环于申、蔡,未立战功。裴度使还,奏曰:“臣观诸将,惟光颜见义能勇,必能立功。”至是告捷,京师相贺,上尤赏度之知人。

六月辛丑朔。癸卯,镇州节度使王承宗遣盗夜伏于靖安坊,刺宰相武元衡,死之;又遣盗于通化坊刺御史中丞裴度,伤首而免。是日,京城大骇,自京师至诸门加卫兵;宰相导从加金吾骑士,出入则毂弦露刃,每过里门,诃索甚喧;公卿持事柄者,以家僮兵仗自随。武元衡死数日,未获贼。兵部侍郎许孟容请见,奏曰:“岂有国相横尸路隅,不能擒贼!”因洒泣极言,上为之愤叹。乃诏京城诸道,能捕贼者赏钱万贯,仍与五品官,敢有盖藏,全家诛戮。乃积钱二万贯于东西市。京城大索,公卿节将复壁重辕者皆搜之。庚戌,神策将士王士则、王士平以盗名上言,且言王承宗所使,乃捕得张晏等八人诛之。乙丑,制以朝议郎、守御史中丞、兼刑部侍郎、飞骑尉、赐紫金鱼袋裴度为朝请大夫、守刑部侍郎、同中书门下平章事。

秋七月庚午朔,灵武节度使李光进卒。辛未,以神策军长武城使杜叔良为朔方灵盐定远城节度观察使。甲戌,诏:“成德军节度使王承宗,自涤瑕疵,累加奖拔,列在维藩之任,待以忠正之徒。谓怀君父之恩,克励人臣之节。而动思弃命,恣逞非心,傲狠反常,横辱无畏。以其先祖,尝立忠勋,每念含容,庶闻悛革。曾不知阴谋朔状,久则逾彰;凶德祸机,盈而自覆。乃敢轻肆指斥,妄陈表章,潜遣奸人,内怀兵刃,贼杀元辅,毒伤宪臣,纵其凶残,无所顾望。推穷事迹,罪状昭明,周览谳词,良用惊叹。宜令绝其朝贡,其所部博野、乐寿两县本属范阳,宜却隶刘总。驸马都尉王承系、太子赞善王承迪、丹王府司马王承荣等,并宜远郡安置。”先是,承宗上表怨咎武元衡，留中不报。又肆指斥，上使持其表以示百官，群臣皆请问罪。丙戌，泾原节度使李汇卒，以将作监王潜为泾州刺史、四镇北庭泾原节度使。乙未，以京兆尹裴武为司农卿，以捕贼弛慢故也。

八月己亥朔，日有蚀之。丙寅，诃陵国遣使献僧祇僮及五色鹦鹉、频伽鸟并异香名宝。丁未，淄青节度使李师道阴与嵩山僧圆净谋反，勇士数百人伏于东都进奏院，乘洛城无兵，欲窃发焚烧宫殿而肆行剽掠。小将杨进、李再兴告变，留守吕元膺乃出兵围之，贼突围而出，入嵩岳，山棚尽擒之。讯其首，僧圆净主谋也。僧临刑叹曰："误我事，不得使洛城流血！"

九月癸酉，以宣武军节度使韩弘充淮西行营兵马都统。丁酉，以太子宾客韩皋为兵部尚书。

冬十月庚子，始析山南东道为两节度，以户部侍郎李逊为襄州刺史，充襄复郢均房节度使；以右羽林将军高霞寓为唐州刺史，充唐随邓节度使。刑部尚书权德舆奏请行用新删定《敕格》三十卷，从之。壬子，以太子宾客于頔为户部尚书。

十一月戊辰，诏出内库缯绢五十五万匹供军。乙亥，以山南东道节度使严绶为太子少保。戊寅，盗焚献陵寝宫。诏发振武兵二千。会义武军以讨王承宗。

十二月壬寅夜，太白犯镇星。甲辰，李愿击败李师道之众九千，斩首二千级。壬子，东都留守吕元膺请募置三河子弟以卫宫城。甲寅，越州复置山阴县。庚申，新造指南车、记里鼓。出宫人七十二人置京城寺观，有家者归之。乙丑，河东节度使王锷卒。是岁，渤海、新罗、奚、契丹、黑水、南诏、牂牁并遣使朝贡。

十一年春正月丁卯朔，以宿师于野，不受朝贺。己巳，以中书侍郎、平章事张弘靖检校吏部尚书，兼太原尹、北都留守、河东节度使。戊寅，诏群臣曰："今用兵已久，利害相半。其攻守之宜，罚宥之要，宜各具议状以闻。"庚辰，翰林学士钱徽、萧俛各守本官，以上疏清罢兵故也。癸未，削夺王承宗在身官爵，所袭封邑赐武俊子金吾将军士卒。令河东、河北道诸镇加兵进讨。甲申，盗断建陵门戟四十七竿。甲子，李光颜奏破贼。

二月癸卯，吐蕃赞普卒。以中书舍人、权知礼部贡举、赐绯鱼袋李逢吉为门下侍郎、同平章事，赐紫金鱼袋。以内库绢四万匹赏幽、魏将士。甲寅，以华州刺史李绛为兵部尚书。丙辰，月掩心。戊午，南诏蛮酋晟龙盛卒。

三月庚午，皇太后崩于兴庆宫之咸宁殿。是日，群臣发丧于西宫两仪殿，以宰臣裴度为礼仪使，吏部尚书韩皋为大明宫留守，设次于中书。辛未，敕诸司公事，宜权取中书门下处分。癸酉，分命朝臣告哀于天下。甲戌，见群臣于紫宸门外庑下。己卯，以宰臣李逢吉充大行皇太后山陵使，出内库缯帛五万匹充奉山陵。己丑，月近镇星。

夏四月壬寅，西川节度使李夷简遣使告哀于南诏。后丧，边镇告四夷，旧制也。庚戌，贬户部侍郎、判度支杨于陵为郴州刺史，坐供军有阙也。丁巳，以徐、宿饥，赈粟八万石。

五月丁卯夜，辰、岁二宿合于东井。宿州军乱，逐刺史骆怡。壬申，李光颜破贼于凌云栅。

六月甲辰，高霞寓败于铁城，退保新兴栅，是日人情悚骇，宰相奏对，多请罢兵。上曰：“胜负兵家常势，不可以一将失利，便沮成计。今但议用兵方略，朝廷庶务，制置可否耳。”是夜，月掩心后星。庚戌，田弘正军讨王承宗，次于南宫。辛酉，群臣上大行皇太后谥曰庄宪。

秋七月丁丑，贬随唐节度使高霞寓为归州刺史。以河南尹郑权为襄州刺史，充山南东道节度使；以荆南节度使袁滋为唐州刺史、彰义节度使、申光唐蔡随邓州观察使。权以唐州为理所；以华州刺史裴武为江陵尹，充荆南节度使。戊寅，以随州刺史杨旻为唐州刺史，充行营都知兵马使。以滋儒者，故复以旻将其兵。壬午，宣武军奏破贼。

八月壬寅，以宰臣韦贯之为吏部侍郎，罢知政事。贯之以淮西、河北两处用兵，劳于供饷，请缓承宗而专讨元济，与裴度争论上前故也。戊申，容州奏飓风海水毁州城。甲申，附庄宪皇后于丰陵。

九月丁卯，饶州奏浮梁、乐平二县，五月内暴雨水溢，失四千七百户，溺死者一百七十人。丙子，新除吏部侍郎韦贯之再贬湖南观察使。辛未，贬吏部侍郎韦颢为陕州刺史，刑部郎中李正辞为金州刺史，度支郎中薛公干为房州刺史，屯田郎中李宣为忠州刺史，考功郎中韦处厚为开州刺史，礼部员外郎崔韶为果州刺史，并为补阙张宿所构，言与贯之朋党故也。乙酉，蔡州军前奏拔凌云栅。

冬十月丁巳，以刑部尚书权德舆检校吏部尚书，兼兴元尹，充山南西道节度使。丙寅，幽州刘总加平章事，郓州李师道加检校司空。师道闻拔云栅，乃惧，伪贡款诚，故有是命。庚午，以司农卿王遂为宣州刺史、宣歙池观察使，以京兆尹李脩为润州刺史、浙西观察使。以遂、脩常历计司，能聚敛，方借供军，故有斯授。壬申，敕诸道奏事官，非急切不得乘驿马。丁丑，出内库钱五百万贯供军。戊寅夜，月犯岁。辛巳，命内常侍梁守谦监淮西行营诸军，仍以空名告身五百通及金帛付之。戊子夜，土、火合于虚、危。

十二月丙午，以易州刺史陈楚为定州刺史、义武军节度使。丁未，以翰林学士、尚书工部侍郎、知制诰王涯为中书侍郎、同平章事。甲寅，以闲厩宫苑使李诉检校左散骑常侍，兼邓州刺史，充唐随邓等州节度使。初置淮颍水运使，运扬子院米，自淮阴溯流至寿州，四千里入颍口，又溯流至颍州沈丘界，五百里至于项城，又溯流五百里入溵河，又三百里输于郾城。得米五十万石，菱一千五百万束。省汴运七万六千贯。己未，邕管奏黄洞贼屠岩州。未央宫及飞龙草场火。京畿水害田，润、常、湖、衢、陈、许大水。

是岁冬雷，桃、杏花。回鹘、靺鞨、奚、契丹、牂柯、渤海等朝贡。

十二年春正月辛酉朔，以用兵不受朝贺。癸未，贬义武军节度使浑镐为循州刺史，坐讨贼失律也。甲申，贬唐邓节度袁滋为抚州刺史，以上疏请罢兵故也。乙酉夜，星见而雨。戊子夜，彗出毕南，长丈余,指西南,凡三日,南近参箕而没。

二月壬申,出内库绢布六十九万段匹、银五千两,付度支供军。庚子,敕京城居人五家相保,以搜奸慝。时王承宗、李师道欲阻用兵之势,遣人折陵庙之戟,焚刍藁之积,流矢飞书,恐骇京国,故搜索以防奸。及贼平,得淄青簿领,中有赏蒲潼关吏案,乃知容奸者关吏也。搜索不足以为防。庚申,敕宜于许汝行营侧近置行郾城,以处贼中归降人户。甲寅,岳鄂团练使李道古师攻申州,克罗城,贼力战,道古之众大败。

三月壬戌,昭义郗士美兵败于柏乡,兵士死者千人。戊辰,沧州程执恭改名权。太常定李吉甫谥曰“敬宪”,度支郎中张仲方非之。上怒,贬为遂州司马。赐吉甫谥曰忠。丁丑,月犯心后星。癸未,贼将吴秀琳以文城栅兵三千降李诉。

夏四月辛卯,李光颜破贼三万于郾城,杀其卒什二三,获马千匹、器甲三万。辛丑,驸马都尉于季友居嫡母丧,与进士刘师服欢宴夜饮。季友削官爵,笞四十,忠州安置;师服笞四十,配流连州;于顿不能训子,削阶。己酉,出太仓粟二十五万石粜于西京,以惠饥民。庚戌,敕改蔡州吴房县为遂平县,移置于文城栅南新城内。丁卯,贼郾城守将邓怀金与县令董昌龄以郾城降。甲戌,渭南雨雹,中人有死者。丙子,诏权罢河北行营,专讨淮蔡。

五月庚寅朔。癸巳,随唐节度使李愬奏败贼于吴房,获贼将李佑。己亥,以尚书左丞许孟容为东都留守,充都畿防御使。时东畿民户供军尤苦,车数千乘相错于路,牛皆馈军,民户多以驴耕。己酉,作蓬莱池周廊四百间。

六月己未朔,以卫尉卿程异为盐铁使,代王播。时异为盐铁使副,自江南收拾到供军钱一百八十五万以进,故得代播。壬戌,贼吴元济上表,请束身归朝。时连破三栅,贼势迫蹙,实欲归朝,而制于左右,故不果行。乙酉,京师大雨,含元殿一柱倾,市中水深三尺,坏坊民二千家。

秋七月戊子朔。壬辰,诏以定州饥,募人入粟受官及减选、超资。河北水灾，邢、洺尤甚，平地或深二丈。甲辰，户部尚书于頔请致仕，不允。岭南节度使崔咏卒。乙酉，敕："今后左降官及责授正员官等，宜从到任经五考满，许量移；如未满五考遇恩赦者，从节支处分；如犯十恶大逆、赃贿缘坐，奏取进止。"庚戌，以国子祭酒孔戣为广州刺史、岭南节度使。丙辰，制以中书侍郎、平章事裴度守门下侍郎、同平章事、使持节蔡州诸军事、蔡州刺史，充彰义节度、申光蔡观察处置等使，仍充淮西宣慰处置使。以朝散大夫、守尚书户部侍郎、上护军、赐紫金鱼袋崔群为中书侍郎、同中书门下平章事。以刑部侍郎马总兼御史大夫，充淮西行营诸军宣慰副使，以太子右庶子韩愈兼御史中丞，充彰义军行军司马；以司勋员外郎李正封、都官员外郎冯宿、礼部员外郎李宗闵皆兼侍御史，为判官书记：从度出征。诏以郾城为行蔡州治所。

八月戊午朔。庚申，裴度发赴行营，敕神策军三百人卫从，上御通化门劳遣之。度望门再拜，衔涕而辞，上赐之犀带。以河南尹辛秘为潞府长史、昭义军节度使，代郗士美。以士美为工部尚书，孟简为户部侍郎。戊辰，以同州刺史张正甫为河南尹。甲申，裴度至郾城。

九月丁亥朔。戊子，出内库罗绮、犀玉、金带之具，送度支估计供军。甲午，御史台奏："同制除官，承前以名字高下为班位先后。或名在前身在外，及到，却在旧人之上。今请以上日为先后。"敕曰："名在前，上日在后，未逾月，不在此限。行立班次，即宜以敕内前后为定。"戊戌，剑南东川节度卢坦卒。己亥，贬京兆尹窦易直为金州刺史，以鞫狱得赃不实故也。辛丑，以御史中丞为京兆尹。壬寅，以湖南观察使韦贯之为太子詹事分司。乙巳，以刑部郎中知杂崔元略为御史中丞。丁未，以朝议大夫、门下侍郎、同平章事李逢吉检校兵部尚书、使持节梓州诸军事、梓州刺史，充剑南东川冬十月壬申，裴度往洨口观板筑五沟，贼遽至，注弩挺刃将及度，而李光颜、田布扼其归路，大败之。是日，度几陷。癸酉，内出《元和辩谤略》三卷付史馆。甲申，以淮南节度使检校左仆射李鄘为门下侍郎。同中书门下平章事,以右丞卫次公代郧为淮南节度使。己卯,随唐节度使李愬率师入蔡州,执吴元济以献,淮西平。甲申,诏:"淮西立功将士,委韩弘、裴度条疏奏闻。淮西军人,一切不问。宜准元敕给复二年。"

十一月丙戌朔,御兴安门受淮西之俘。以吴元济徇两市,斩于独柳树;妻沈氏,没入掖庭;弟二人、子三人,配流,寻诛之;判官刘协等七人处斩。录平淮西功:随唐节度使、检校左散骑常侍李愬检校尚书左仆射、襄州刺史,充山南东道节度、襄邓随唐福郢均房等州观察等使;加宣武军节度使韩弘兼侍中;忠武军节度使李光颜、河阳节度使乌重胤并检校司空。以宣武军都虞候韩公武检校左散骑常侍、郦州刺史、鄜坊丹延节度使,以魏博行营兵马使田布为右金吾卫将军,皆赏破贼功也。甲午,恩王连薨。以蔡州郾城为溵州,析上蔡、西平、遂平三县隶焉。戊申,以淮西宣慰副使、刑部侍郎马总为彰义军节度留后。

十二月壬戌,以彰义军节度、淮西宣慰处置使、门下侍郎、同平章事裴度守本官,赐上柱国、晋国公、食邑三千户;以蔡州留后马总检校工部尚书、蔡州刺史、彰义军节度使、溵州颍陈许节度使。丙子,以右庶子韩愈为刑部侍郎。

是岁,河南、河北水。

十三年春正月乙酉朔,御含元殿受朝贺,礼毕,御丹凤楼,大赦天下。己丑,以文宣王三十八代孙孔惟晊袭文宣公。庚寅,敕李师道频献表章,披露恳诚,宜令谏议大夫张宿往彼宣慰。辛亥,以礼部尚书王播为成都尹、剑南西川节度使。

二月乙亥,御麟德殿,宴群臣,大合乐,凡三日而罢,颁赐有差。

三月庚寅,以前剑南西川节度使李夷简为御史大夫。丙申,以同州刺史郑絪为东都留守、都畿汝防御使。庚子,以御史大夫李夷简为门下侍郎、同平章事。宰相李郧守户部尚书,罢知政事。丁未,以太子少师郑余庆为左仆射。辛亥,诏:"百司职田,多少不均,为弊日久,宜令逐司各收职田草粟都数,自长官以下,除留阙官物外分给。"至银台待罪,请献德、棣二州,兼入管内租税。壬戌,前东都留守许孟容卒。庚辰,诏复王承宗官爵。以华州刺史郑权为德州刺史、横海军节度、德棣沧景等州观察使。

五月乙酉,凤翔节度使李惟简卒。乙未,月近心后星。丙辰,以忠武军节度使李光颜为滑州刺史、义成军节度使,以彰义军节度使马总为许州刺史、忠武军节度使、陈许溵蔡观察等使。戊戌,以山南东道节度使李诉为凤翔尹、凤翔陇右节度使。辛丑,知渤海国务大仁秀检校秘书监、忽汗州都督,册为渤海国王。丙午,以户部侍郎孟简检校工部尚书、襄州刺史、山南东道节度使。

六月癸丑朔,日有食之。乙丑,湖南观察使袁滋卒。丁丑,以沧景节度使程权为邠州刺史、邠宁节度使。出内库绢三十万匹、钱三十万贯,付度支供军。

秋七月癸未,以新除凤翔节度使李愬为徐州刺史、武宁军节度使。甲申,以田弘正检校司空。乙酉,诏削夺淄青节度使李师道在身官爵。仍令宣武、魏博、义成、武宁、横海等五镇之师,分路进讨。辛丑,以门下侍郎、同平章事李夷简检校左仆射、同平章事、扬州大都督府长史、淮南节度使。己酉,诸道节度使先带度支营田使名者,并罢之。庚戌,以左仆射郑余庆为凤翔陇右节度使。

八月壬子,以中书侍郎平章事王涯为兵部侍郎,罢知政事。戊午,以尚书右丞崔从为兴元尹、山南西道节度使。甲戌,太白近左执法。乙亥,敕应同司官有大功已上亲者,但非连判及勾检之官并官长,则不在回避改换之限。时刑部员外郎杨嗣复以父于陵除户部侍郎,遂以近例避嫌,请出省,不从,因有是敕。丁丑,木、金、水三宿聚于轸。戊寅,前山南西道节度使权德舆卒。

九月甲申,以左卫将军高霞寓为单于大都护、振武陵胜节度使。甲辰,以户部侍郎、判度支皇甫镈同中书门下平章事,依前判度支。以卫尉卿充诸道盐铁转运使程异为工部侍郎、同中书门下平章事,依前充使。是时,上切于财赋,故用聚敛之臣居相位。诏下,群情惊骇,宰臣裴度、崔群极谏,不纳。二人请退。荧惑近哭星。丁未,出内库绢十万匹给东军。

冬十月甲寅，吐蕃寇宥州。壬戌，灵武奏破吐蕃二万于定远城。癸亥，前淮南节度使卫次公卒。甲子，平凉镇遏兵马使郝玭奏收复原州，破吐蕃二万。是夜，月近昴。丙子，以左金吾卫大将军薛平检校刑部尚书、滑州刺史，充义成军节度使；以义成军节度使李光颜为许州刺史，充忠武军节度使、陈许观察等使。

十一月辛巳朔，夏州破吐蕃五万。灵武奏攻破吐蕃长乐州罗城。丁亥，以山人柳泌为台州刺史，为上于天台山采仙药故也。制下，谏官论之，不纳。壬寅，以河阳节度使乌重胤为沧州刺史、横海军节度、沧景德棣观察等使。丁未，以华州刺史令狐楚为怀州刺史，充河阳三城怀孟节度使。

十二月辛亥，敕左右龙武军六军及威远营应纳课户共一千八百人衣粮并停，仍付府县收管。戊寅，军前擒到李师道将夏侯澄等四十七人，诏并释付魏博及义成军收管，要还贼中者，则量事优给放还。上顾谓宰臣曰："人臣事君，但力行善事，自致公望，何乃好树朋党？朕甚恶之！"裴度对曰："君子从人徒，未有无徒者。君子从之，则同心同德；小人之徒，是为朋党。"上曰："他人之言，亦与卿等相似，岂易辨之哉？"度曰："君子小人，观其所行，当自区别矣。"上曰："凡好事口说则易，躬行则难。卿等既言之，须行之，勿空口说。"度等谢曰："陛下处分，可谓至矣，臣等敢不激励。然天下之人，从陛下所行，不从陛下所言，臣等亦愿陛下每言之则行之。"上颇欣纳。

是岁，回纥、南诏蛮、渤海、高丽、吐蕃、奚、契丹、诃陵国并朝贡。

十四年春正月庚辰朔，以东师宿野，不受朝贺。壬午，复置仗内教坊于延政里。丁亥，徐州军破贼二万于金乡。迎凤翔法门寺佛骨至京师，留禁中三日，乃送诸寺，王公士庶奔走舍施如不及。刑侍韩愈上疏极陈其弊。癸巳，贬愈为潮州刺史。丙申，魏博军破贼五万于东河。辛巳，斩前沧州刺史李宗奭于独柳树。朝廷初除郑权沧州，宗奭拒诏不受代,既而为三军所逐,乃入朝,故诛之。癸卯夜,月近南斗魁。丙午,魏博军破贼万人于阳谷。

二月己酉朔,以商州刺史严谟为黔中观察使。乙卯,敕淄青行营诸军,所至收下城邑,不得妄行伤杀,及焚烧户舍,掠夺民财,开发坟墓。宜严加止绝。以镇、冀水灾,赐王承宗绫绢万匹。辛酉,襄阳节度使孟简举郧乡镇遏使赵洁为郧乡县令,有亏常式,罚一月俸料。壬戌,田弘王奏,今月九日,淄青都知兵马使刘悟斩李师道并男二人首请降,师道所管十二州平。甲子,上御宣政殿受贺。己巳,上御兴安门受田弘正所献贼俘,群臣贺于楼下。庚午,制以淄青兵马使、金紫光禄大夫、试殿中监、兼监察御史刘悟检校工部尚书、滑州刺史,充义成军节度使,封彭城郡王,食邑三千户,赐钱二万贯、庄宅各一区。癸酉,田弘正加检校司徒、同中书门下平章事。

三月己卯朔。丁酉,上以齐、鲁初平,宴群臣于麟德殿,赐物有差。戊子,以华州刺史马总郓濮曹等州观察使;己丑,以义成军节度使薛平为青州刺史,充平卢军节度使、淄青齐登莱等州观察事等使;以淄青四面行营供军使王遂为沂州刺史,充沂海兖密等州都团练观察等使;析李师道所据十二州为三镇也。庚寅,浙西观察使李修卒。辛卯,李师道妻魏氏并男没入掖庭,堂弟师贤、师智、侄弘巽配流。乙未,以中书舍人卫中行为华州刺史、潼关防御、镇国军等使。辛丑,上顾谓宰臣曰:"听受之间,大是难事。推诚选任,所谓委寄,必合尽心;及至所行,临事不无偏党。朕临御已来,岁月斯久,虽不明不敏,然渐见物情,每于行为,务欲详审。比令学士集前代昧政之事,为《辩谤略》,每欲披阅,以为鉴诫耳。"崔群对曰:"无情曲直,辩之至易;稍怀欺诈,审之实难。故孔子有众好众恶之论,浸润肤受之说,盖以暧昧难辩故也。若择贤而任之,待之以诚,纠之以法,则人自归公,孰敢行伪?陛下详观载籍,以广聪明,实天下幸甚。"丁未,以抚州司马令狐通为右卫将军。给事中崔植封还制书,言通前刺史寿州,用兵失律,未宜奖用。上令宰臣谕植,以通父彰有功,不忍遂弃其子。其制方行。

夏四月戊申朔。乙卯，太白顺行近东井。戊午，以刑部尚书李愿为凤翔尹，充凤翔陇右节度使。丙辰，诏："诸道节度、都团练、防御、经略等使所管支郡，除本军州外，别置镇遏、守捉、兵马者，并合属刺史。如刺史带本州团练、防御、镇遏等使，其兵马额便隶此使。如无别使，即属军事。其有边于溪洞连接蕃蛮之处，特建城镇，不关州郡者，不在此限。"辛未，工部侍郎、同平章事、诸道盐铁转运等使程异卒。丙子，制金紫光禄大夫、门下侍郎、同中书门下平章事，兼弘文馆大学士、上柱国、晋国公、食邑三千户裴度可检校左仆射，兼门下侍郎、平章事，太原尹、北都留守，充河东节度观察处置等使。

五月戊寅朔，以刑部侍郎柳公绰充盐铁转运等使。庚辰，以楚州刺史李听为夏州刺史、夏绥银宥等州节度使。丙戌，以河东节度使、检校吏部尚书、同平章事张弘靖为吏部尚书；以忠武军节度使李光颜为邠宁庆节度使，仍以忠武军六千人赴镇。庚寅，以工部尚书郗士美检校刑部尚书、许州刺史，充忠武军节度使。是夜，月近心大星。己亥，置临海监牧，命淮南节度使兼之。敕李师古妻裴氏、女宜娘于邓州安置，李宗奭妻韦氏放出掖庭，坐李师道族人籍没，上愍之，宥以轻典。以宣歙观察使窦易直为润州刺史，充浙西观察使。韩弘进助平淄青绢二十万匹，女乐十人。女乐还之。

六月丁未朔。癸丑，以福建观察使元锡为宣州刺史、宣歙池观察使。庚申，以户部侍郎归登为工部尚书。以郑州刺史裴乂为福州刺史、福建观察使。辛酉，敕定州大都督府复上州。甲子，以前兵部尚书李绛检校吏部尚书、河中尹，充河中晋绛慈隰观察使。癸酉，诏左金吾大将军胡证充京西北巡边使，所经镇戍，与守将审量利害，具事实奏闻。

秋七月丁丑朔。戊寅，汴州韩弘来朝。己卯，左散骑常侍致仕薛苹卒。乙酉夜，月掩心大星。辛巳，群臣上尊号曰元和圣文神武法天应道皇帝。是日，御宣政殿受册，礼毕，御丹凤楼，大赦天下。京畿今年秋税、青苗、榷酒等钱，每贯量放四百文；元和五年已前逋租赋并放。甲午，韩弘进䌷绢二十八万匹、银器二百七十事。丁酉，以河阳三城怀州节度使、朝义郎、使持节怀州诸军事守怀州刺史,兼御史大夫,赐紫金鱼袋令狐楚,可朝议大夫,守中书侍郎,同中书门下章事。壬寅,以永州刺史韦正武为邕管经略使。癸卯,以前黔中观察使魏义为怀州刺史、河阳三城怀孟节度使。沂州军乱,杀节度使王遂。甲辰,以棣州刺史曹华为沂州刺史,充沂海兖密等州都团练以观察使。乙巳,罢晋州防御使。

八月丁未朔。己酉,制宣武军节度副大使、知节度事、汴宋亳颍等州观察处置等使、开府仪同三司、守司徒、兼侍中、汴州刺史、上柱国、许国公、食邑三千户韩弘可守司徒、兼中书令,弘坚辞戎镇故也。癸丑,以吏部尚书张弘靖为检校尚书左仆射、同平章事、汴州刺史、宣武军节度使。甲寅,于襄州谷城县置临汉监以牧马,仍令山南东道节度使兼充监牧使。戊午,王承宗进位检校左仆射。己未,田弘正来朝。上谓宰臣曰:“天下事重,一日不可旷废。若遇连假不坐,有事即诣延英请对。”崔群以残暑方甚,目同列将退。上止之曰:“数日一见卿等,时虽暑热,朕不为劳。”久之方罢。丁亥,宴田弘正与大将判官二百人于麟德殿,赐物有差。戊辰,陈许节度使、检校刑部尚书郗士美卒。

九月丙子朔。戊寅,考功郎中萧佑进古画、古书二十卷。斩沂州乱首王弁于东市。癸未,以国子祭酒李逊检校礼部尚书、许州刺史、忠武军节度、陈许殷蔡等观察使。庚寅,贬右卫大将军田缙为衡王傅。缙前镇夏州,私用军粮四万石,强取党项羊马,致党项引吐蕃入寇故也。甲午,以太子少师郑余庆兼判国子祭酒。辛丑,以田弘正兄相州刺史田融检校刑部尚书,兼太子宾客,分司东都。甲辰,以魏博节度使、光禄大夫、检校司徒、同平章事、兼魏州大都督长史、上柱国、沂国公、食邑三千户田弘正依前检校司徒、兼侍中,赐实封三百户。时弘正三上表乞留阙庭,不许。乙巳,上顾谓宰臣曰:“朕读《玄宗实录》,见开元初锐意求理,至十六年已后,稍似懈倦,开元末又不及中年,何也?”崔群对曰:“玄宗少历民间,身经迍难,故即位之初,知人疾苦,躬勤庶政。加之姚崇、宋璟、苏颋、卢怀慎等守正之辅，孜孜献纳，故致治平。及后承平日久，安逸于乐，渐远端士，而近小人。宇文融以聚敛媚上心，李林甫以奸邪惑上意，加之以国忠，故及于乱。愿陛下以开元初为法，以天宝末为戒，即社稷无疆之福也。”时皇甫镈以谄刻欺蔽在相位，故群因奏以讽之。

冬十月丙午朔。壬戌，安南军乱，杀都护李象古，并家属、部曲千余人皆遇害。丙寅，以唐州刺史桂仲武为安南都护，潮州刺史韩愈为袁州刺史。是月，吐蕃寇盐州。

十一月乙亥朔，以户部尚书李鄘为太子宾客、东都留守。辛卯，灵武大将史奉敬破吐蕃于盐州城下，赐奉敬实封五十户赏之。丁酉，以原王傅郑权为右金吾大将军，充右街使。上服方士柳泌金丹药，起居舍人裴潾上表切谏，以“金石含酷烈之性，加烧炼则火毒难制。若金丹已成，且令方士自服一年，观其效用，则进御可也”。上怒。己亥，贬裴潾为江陵令。

十二月乙巳朔。庚戌，国子祭酒郑余庆奏见任文官一品至九品，外使兼京正员官者，每月于所请料钱每贯抽十文，修国子监，从之。乙卯，以谏议大夫、守中书侍郎、同中书门下平章事、上柱国、赐紫金鱼袋崔群为潭州刺史、兼御史大夫，充湖南观察使。为皇甫镈所谮。及群被贬，人皆切齿于镈。

十五年春正月甲戌朔，上以饵金丹小不豫，罢元会。庚辰，镇冀观察使王承宗奏镇冀深赵等州，每州请置录事参军一员，判司三员，每县请置令一员，从之。壬午，以前湖南观察使崔俊权知户部侍郎、判度支。丙戌，沂海四州观察使府移置于兖州，改观察使曹华为兖州刺史。乙未，命邠宁李光颜修筑盐州城。此月七日已后，昼常阴晦，微雨雪；夜则晴明，凡十七日方澄霁。丙申，月犯心大星，光彩相及。废齐州丰齐县入长清，废全节县入历城，废亭山县入章丘县。义成军节度使刘悟来朝。戊戌，上对悟于麟德殿。上自服药不佳，数不视朝，人情惊惧，及悟出道上语，京城稍安。庚子，以少府监韩璀为鄜州刺史、鄜坊丹延节度使。是夕，上崩于大明宫之中和殿，享

年四十三年。时以暴崩,皆言内官陈弘志弑逆,史氏讳而不书。辛
丑,宣遗诏。壬寅,移仗西内。

五月丁酉,群臣上谥曰圣神章武皇帝,庙号宪宗。庚申,葬于景
陵。

史臣蒋系曰:宪宗嗣位之初,读列圣实录,见贞观、开元故事,
竦慕不能释卷,顾谓丞相曰:"太宗之创业如此,玄宗之致理如此,
既览国史,乃知万倍不如先圣。当先圣之代,犹须宰执臣僚同心辅
助,岂朕今日独能为理哉!"自是延英议政,昼漏率不五六刻方退。
自贞元十年已后,朝廷威福日削,方镇权重。德宗不委政宰相,人间
细务,多自临决,奸佞之臣,如裴延龄辈数人,得以钱谷数术进,宰
相备位而已。及上自藩邸监国,以至临御,讫于元和,军国枢机,尽
归之于宰相。由是中外咸理,纪律再张,果能剪削乱阶,诛除群盗。
睿谋英断,近古罕俦,唐室中兴,章武而已。任异、镈之聚敛,逐群、
度于藩方,政道国经,未至衰紊。惜乎服食过当,阉竖窃发,苟天假
之年,庶几于理矣!

赞曰:贞元失驭,群盗箕踞。章武赫斯,削平啸聚。我有宰衡,
耀德观兵。元和之政,闻于颂声。

旧唐书卷一六
本纪第一六

穆　宗

穆宗睿圣文惠孝皇帝讳恒，宪宗第三子，母曰懿安皇后郭氏。贞元十一年七月，生于大明宫之别殿。初名宥，封建安郡王。元和元年八月，进封遂王。五年三月，领彰义军节度大使。七年十月，册为皇太子，改今讳。

十五年正月庚子，宪宗崩。丙午，即皇帝位于太极殿东序。是日，召翰林学士段文昌、杜元颖、沈传师、李肇、侍读薛放、丁公著、于思政殿，并赐金紫。丁未，集群臣班于月华门外。贬门下侍郎、同平章事皇甫镈为崖州司户。戊申，上见宰臣于紫宸门外。辛亥，以朝议郎、守御史中丞、飞骑尉、袭徐国公、赐绯鱼袋萧俛为朝散大夫、守中书舍人、翰林学士，武骑尉、赐紫金鱼袋段文昌为中书侍郎、同平章事。上始御延英对宰臣。诏曰："山人柳泌轻怀左道，上惑先朝。固求牧人，贵欲疑众，自知虚诞，仍更遁逃。僧大通医方不精，药术皆妄。既延祸衅，俱是奸邪。邦国固有常刑，人神所宜共弃，付京兆府决杖处死。"金吾将军李道古贬循州司马。宪宗末年，锐于服饵，皇甫镈与李道古荐术人柳泌、僧大通待诏翰林。泌于台州为上炼神丹，上服之，日加躁渴，遂弃万国。甲寅，二王后介国公宇文仲达卒，有司举旧典葬祭之。以监察御史李德裕、右拾遗李绅、礼部员外郎庾敬休并守本官，充翰林学士。丁巳，以剑南东川节度使李逢吉为襄州刺史，充山南东道节度使；以吏部侍郎王涯检校礼部尚

书、梓州刺史,充剑南东川节度使。己未,改恒岳为镇岳,恒州为镇
州,定州恒阳县为曲阳县。恒王房子孙改为泜王房。丙寅,以右神
策大将军张维清为单于大都护,充振武麟胜节度使。丁卯,上及群
臣皆释服从吉。戊辰,群臣始朝于宣政衙。是夜地震。庚午,册大
行皇帝贵妃郭氏为皇太后。贬谏议大夫李景俭为建州刺史。

二月癸酉朔。丁丑,御丹凤楼,大赦天下。宣制毕,陈俳优百戏
于丹凤门内,上纵观之。丁亥,幸左神策军观角抵及杂戏,日昃而
罢。癸巳,罢邕管经略使,所管州县隶邕府。甲午,以桂管观察使裴
行立为安南都护,充本管经略使。乙未,以太仆卿杜式方为桂州刺
史,充桂管观察使。丙申,丹王逾薨。丁酉,敕入回纥使宜与私觌正
员官十三员,入吐蕃使与八员。庚子,太子宾客吕元膺卒。辛丑,以
户部侍郎杨于陵为户部尚书。壬寅,敕举贤良方正、直言极谏等科
目人,宜令中书门下尚书省四品已上于尚书省同试。

三月癸卯朔,赠皇太后父郭暧太傅,母虢国大长公主赠齐国大
长公主。壬子,召侍讲学士韦处厚、路随于太液亭讲《毛诗·关雎》、
《尚书·洪范》等篇。既罢,并赐绯鱼袋。左右军中尉马进潭、梁守
谦、魏弘简等请立门戟,从之。以太子詹事分司东都韦贯之为河南
尹。丁巳,御史中丞崔植奏:"元和十二年敕,御史台三院御史据除
拜上日为后,未上日不得计月数。又准其年九月十七日敕,逾一个
月不在此限,行立班次,即宜以敕内先后为定。臣观此后敕未便事
宜,请自今后三院御史职事行立,一切依敕文先后为定,除拜上日
便为月数。"从之。戊午,吏部尚书赵宗儒奏:"先奉敕,先朝所放制
科举人,令与中书门下四品已上官同于尚书省就试者。臣伏以制科
所设,本在亲临,南省策试,亦非旧典。今覃恩既毕,庶政惟新,况山
陵日近,公务繁迫,待问之士,就试非多。臣等商量,恐须停罢。"从
之。罢申州岁贡茶。乙丑,以皇太后兄司农卿郭钊为刑部尚书兼司
农卿,右金吾卫大将军郭鏦检校工部尚书。丁卯,贬太子宾客留司
东都孟简为吉州员外司马。戊辰夜,大风雹。

夏四月壬申朔。丁丑,澧王宽薨。乙酉,三恪鄫国公杨造卒。丁

亥，敕：“内侍省见管高品官白身，都四千六百一十八人，除官员一千六百九十六人外，其余单贫，无屋室居止，宜每人加衣粮半分。”

五月壬寅朔。癸卯，诏：“以国用不足，应天下两税、盐利、榷酒、税茶及户部阙官、除陌等钱，兼诸道杂榷税等，应合送上都及留州、留使、诸道支用、诸司使职掌人课料等钱，并每贯除旧垫陌外，量抽五十文。仍委本道、本司、本使据数逐季收计。其诸道钱便差纲部送付度支收管，待国用稍充，即依旧制。其京百司俸料，文官已抽修国学，不可重有抽取；武官所给校簿，亦不在抽取之限。”壬子，诏：“入景陵玄宫合供千味食，鱼肉肥鲜，恐致薰秽，宜令尚药局以香药代食。”庚申，葬宪宗于景陵。

六月辛未朔。丁丑，以司徒、兼中书令韩弘为河中尹，充河中晋绛磁隰等州节度使。安南都护桂仲武奏诛贼首杨清，收复安南府。戊寅，又金吾将军李佑检校左散骑常侍，兼夏州刺史，充夏绥银宥节度使，代李听；以听为灵州大都督府长史，充朔方灵盐节度使。以中书舍人王仲舒为洪州刺史、御史中丞，充江西观察使。己卯，放京兆府今年夏青苗钱八万三千五百六十贯，宜委令狐楚，以楚山陵用不尽绫绢，准实估付京兆府，代所放青苗钱。庚辰，加邠宁庆节度使李光颜特进，以城盐州之功也。以考功员外郎、史馆修撰李翱为朗州刺史，坐与李景俭相善故也。癸未，并兖州莱芜县入乾封县。己丑，工部尚书归登卒。壬辰，诏：“帝王所重者国体，所切者人情。苟得其体，必臻于大和；如失其情，是曲于小利。况设官求理，颁禄责功，教既有常，宁宜就减。近以每岁经费，量入数少，外官俸料，据数收贯。朕再三思度，终所未安。今则岁属丰登，兵方偃息，自宜克己以足用，何得剥下以为谋。临轩载怀，实所增愧。其今年五月敕应给用钱每贯抽五十文，都计一百五十万贯，宜并停抽。”仍出内库钱三十七万五千贯，付度支给用。初，宪宗用兵，擢皇甫镈为相，苛敛剥下，人皆咎之，以至谴逐。至是宰臣创抽贯之利，制下，人情不悦，故罢之。癸巳，皇太后移居兴庆宫，皇帝与六宫侍从大合宴于南内，回幸右军，颁赐中尉等有差。自是凡三日一幸左右军及御宸晖、九仙等门,观角抵、杂戏。

秋七月辛丑朔。壬寅,以晋河中绛观察使李绛为兵部尚书。甲辰,以大理卿孔戡为潭州刺史、湖南观察使。乙巳,诏:"皇太后就安长乐,朝夕承颜,慈训所加,庆感兼极。今月六日是朕载诞之辰,奉迎皇太后于宫中上寿。朕既深欢慰,欲与臣下同之。其日,百寮、命妇宜于光顺门进名参贺,朕于光顺门内殿与百寮相见,永为常式。"非典也。郓曹濮等州节度赐号天平军,从马总奏也。丙午,敕:乙巳诏书载诞受贺仪宜停。先是,左丞韦绶奏行之,宰臣以古无降诞受贺之礼,奏罢之。丁未,苑内假山毁,压死役者七人。自五月不雨,至此月壬子始雨。甲寅,御新成永安殿观百戏,极欢而罢。乙卯,敕自后新除节度、观察使到任日,具见在钱帛、斛斗、器械数目分析以闻。安南都护裴行立卒。是日,上幸安国寺观盂兰盆。邕管经略使杨旻卒。平卢军新加押新罗、渤海两蕃使,赐印一面,许置巡官一人。新作宝庆殿。庚申夜,荧惑入羽林。壬戌,盛饰安国、慈恩、千福、开业、章敬等寺,纵吐蕃使者观之。丙寅,以新成永安殿,与中宫贵主密宴以乐之,嫔妃皆预。丁卯,以门下侍郎、平章事令狐楚为宣州刺史、兼御史大夫,充宣歙池观察使。楚为山陵使,纵吏于羊刻下,不给工徒价钱,积留钱十五万贯,为羡余以献,故及于贬。

八月庚午朔。辛未,兵部尚书杨于陵总百寮钱货轻重之议,取天下两税、榷酒、盐利等,悉以布帛任土所产物充税,并不征见钱,则物渐重,钱渐轻,农人见免贱卖匹段。请中书门下、御史台诸司官长重议施行。从之。癸酉,太子少傅致仕李鄘卒。甲戌,安南都护桂仲武斩叛将杨清首以献,收复安南府。乙亥,赐教坊钱五千贯,充息利本钱。御勤政楼,问人疾苦。前江西观察使裴次元卒。己卯,月掩牵牛。同州雨雪害秋稼。京兆府户曹参军韦正牧专知景陵工作,刻削厨料充私用,计赃八千七百贯文;石作专知官奉仙县令于羊刻削,计赃一万三千贯,并宜决重杖处死。壬辰,幸鱼藻池,发神策军二千人浚鱼藻池。戊戌,以朝议郎、守御史中丞、武骑尉、赐紫金鱼袋崔植为朝散大夫、守中书侍郎、同中书门下平章事。己亥,宣歙观察使令狐楚再贬衡州刺史。

九月庚子朔，改河北税盐使为榷盐使。辛丑，大合乐于鱼藻宫，观竞渡。又召李愬、李光颜入朝，欲于重阳日宴群臣。拾遗李珏等上疏谏云：“元朔未改，园陵尚新。虽易月之期，俯从人欲；而三年之制，犹服心丧。夫遏密弛禁，盖为齐人；合乐内庭，事将未可。”不听。乙巳，以驾部郎中、知制诰李宗闵为中书舍人。宋州大水，损田六千顷。戊申，以重阳节曲宴郭钊兄弟、贵戚、主婿等于宣和殿。己酉，大雨三日，至是雨雪，树木无风而摧仆者十五六。以吏部侍郎崔群为御史大夫。沧、景水，损田。戊午，加河东节度使、金紫光禄大夫、检校尚书右仆射兼门下侍郎、同平章事、太原尹、北都留守、上柱国、晋国公、食邑三千户裴度守司空、门下侍郎、同平章事。以邠宁节度使、检校司空、邠州刺史、上柱国、武威郡开国公、食邑二千户李光颜并同中书门下平章事。又以武宁军节度、徐泗濠等州观察等使、检校尚书左仆射、徐州刺史、上柱国、凉国公、食邑三千户李诉为同中书门下平章事、潞州大都督府长史，充昭义军节度、泽潞磁邢洺观察处置等使。夏州奏移宥州于长泽县置。辛酉，宴李光颜、李诉于麟德殿，颁赐优厚。以袁州刺史韩愈为朝散大夫、守国子祭酒，复赐金紫。丙寅，以御史大夫崔群检校兵部尚书、徐州刺史，充武宁军节度、徐泗宿濠观察等使；以将作监崔能为广州刺史，充岭南节度使。丁卯，以兵部尚书李绛为御史大夫。戊辰，以前岭南节度使孔戣为吏部侍郎。

冬十月庚午朔，阇婆国遣使朝贡。庚辰，宰相与吐蕃使于中书议事。京百司共赐钱一万贯，仰御史台据司额大小、公事闲剧均之。成德军节度使王承宗卒，其弟承元上表请朝廷命帅，遣起居舍人柏耆宣慰之。辛巳，金公亮修成指南车、记里鼓车。壬午，吐蕃寇泾州，命中尉梁守谦将神策军四千人及八镇兵赴援。乙酉，以魏博等州节度观察等使、光禄大夫、检校司徒、兼侍中、魏博大都督府长史、上柱国、沂国公、食邑三千户、实封三百户田弘正可检校司徒、兼中书令、镇州大都督府长史、成德军节度、镇冀深赵等州观察处置等使。

以镇冀深赵等观察度支使、朝议郎、试金吾左卫胄曹参军、兼监察御史王承元可银青光禄大夫、检校工部尚书、使持节滑州诸军事、守滑州刺史、御史大夫，充义成军节度、郑滑等州观察等使。以昭义节度使、检校尚书左仆射、同中书门下平章事李诉可本官，为魏州大都督府长史，充魏博等州节度、观察等使。以义成军节度使刘悟依前检校右仆射、兼潞州大都督府长史，充昭义节度、泽潞邢洺磁等州观察等使。以左金吾将军田布为检左散骑常侍、兼怀州刺史、御史大夫，充河阳三城怀孟节度使。乙酉，泾州奏吐蕃退去。时夏州节度使田缙贪猥，侵刻党项羌，羌引西蕃入寇，赖郝玼、李光颜奋命拒之，方退。丁亥，西川奏吐蕃侵雅州，令发兵镇守。东川节度使王涯陈破吐蕃策，言以厚赂北蕃，俾入西蕃，据地得人多少赏之。

十一月乙亥朔。癸卯，制：“朕闻帝王丕宅四海，子育群生，如天无不覆，如日无不烛。乃眷冀方，初丧戎帅，念乎三军之事，泊于四州之人。或怀忠积诚，而思用莫展；或灾荒兵役，而望恤何阶。今则昌运一开，诚节咸著。王承元首陈章疏，愿赴阙庭。永念父兄之忠，克固君臣之义，已加殊奖，别委重藩。又念成德军将士等，叶谋向义，丹款载申，咸欲效其器能，各宜列之爵秩。大将史重归、牛元翼已超授宠荣，今更都加厚赐。宜令谏议大夫郑覃往镇州宣慰，赐钱一百万贯。王泽所洽，天网方恢，宥过释冤，与人休泰。其管内见禁囚徒，罪无轻重，并宜释放。朕以武俊之勋劳，光于彝鼎；士真之恭恪，继被节旄。承宗感恩，亦克立效。永言十代之宥，俾赐一门之荣。承宗兄弟已授官爵，其承宗葬事亦差官监视，务令周厚。”丁未，封王承宗祖母李氏为晋国太夫人。辛亥，田弘正奏王承元以今月九日领兵二千人赴镇滑州。成德军征赏钱颇急，乃命柏耆先往谕之。以华州刺史卫中行为陕州长史，充陕虢观察使；以宗正卿李翱为华州刺史、潼关防御、镇国军使。乙卯，上幸金吾将军郭钑城南庄，钑以庄为献。戊午，诏曰：“朕来日暂往华清宫，至暮却还。”御史大夫李绛、常侍崔元略已下伏延英门切谏。上曰：“朕已成行，不烦章疏。”谏官再三论列。是日，田弘正奏今月十六日入镇州讫。己未，上由复道出城幸华清宫,左右中尉摭仗,六军诸使、诸王、驸马千余人从,至晚还宫。癸亥,检校司徒、兼太子少师郑余庆卒。以渭州刺史、泾原行营兵马使、保定郡王郝玭为庆州刺史。玭勇将,深入吐蕃接战,朝廷恐失勇将,故移之内地。

十二月己巳朔。戊寅召故女学士宋若华妹若昭入宫掌文奏。壬午,幸右军击鞠,遂畋于城西。丙戌,前昭义军节度使辛秘卒。己丑,以库部郎中、知制诰牛僧孺为御史中丞。岭南奏崖州司户参军皇甫镈卒。丙申,以司门员外郎白居易为主客郎中、知制诰。

是岁,计户帐,户总二百三十七万五千四百,口总一千五百七十六万。定、盐、夏、剑南东西川、岭南、黔中、邕管、容管、安南合九十七州不申户帐。

长庆元年正月己亥朔,上亲荐献太清宫、太庙。是日,法驾赴南郊。日抱珥,宰臣贺于前。辛丑,祀昊天上帝于圆丘,即日还宫,御丹凤楼,大赦天下。改元长庆。内外文武及致仕官三品已上赐爵一级,四品已下加一阶,陪位白身人赐勋两转,应缘大礼移仗宿卫御楼兵仗将士,普恩之外,赐勋爵有差。仍准旧例,赐钱物二十万四千九百六十端匹。礼毕,群臣于楼前称贺。仗退,上朝太后于兴庆宫。壬寅,夏州节度使奏浙东、湖南等道防秋兵不习边事,请留其兵甲,归其人。灵武节度使李听奏请于淮南、忠武、武宁等道防秋兵中取三千人衣赐月粮,赐当道自召募一千五百人马骁勇者以备边。仍令五十人为一社,每一马死,社人共补之,马永无阙。从之。癸卯,以河阳怀节度使田布为泾州刺史,充四镇北庭行营、泾原节度使;以刑部尚书兼司农卿郭钊检校户部尚书、怀州刺史,充河阳三城怀节度使;以泾原节度使王潜检校兵部尚书、江陵尹,充荆南节度使。乙巳,鄜坊节度使韩璀改名充。己酉,以前检校大理少卿、驸马都尉刘士泾为太仆卿。给事中韦弘景、薛存庆封还诏书,上谕之曰:"士泾父昌有边功,久为少列十余年,又以尚云安公主,朕欲加恩,制官敕下。"制命始行。翰林学士、司勋员外郎李德裕上疏曰:"臣见国朝故事,驸马国之亲密,不合与朝廷要官往来,开元中禁止尤切。近日驸马多至宰相及要官宅,此辈无他才可以延接,唯是漏泄禁密、交通中外。伏望宣示驸马等今后有事任至中书见宰臣,此外不得至宰臣及台省官私第。”从之。戊午夜,星孛于翼。壬戌,制朝议大夫、守门下侍郎、同中书门下平章事徐国公萧俯为尚书右仆射,累表乞罢政事故也。癸亥,以左散骑常侍崔元略为黔州刺史,充黔中观察使。丁卯,星孛于辰,近太微西垣南第一星。

二月戊辰朔。癸酉,以尚书右仆射萧俯为吏部尚书。甲戌,以检校右仆射兼吏部尚书韩皋守右仆射。乙亥夜,太白犯昴。丙子,上观杂伎乐于麟德殿,欢甚,顾谓给事中丁公著曰:“比闻外间公卿士庶时为欢宴,盖时和民安,甚慰予心。”公著对曰:“诚有此事。然臣之愚见,风俗如此,亦不足嘉。百司庶务,渐恐劳烦圣虑。”上曰:“何至于是?”对曰:“夫宾宴之礼,务达诚敬,不继以淫。故诗人美‘乐且有仪’,怜异屡舞。前代名士,良辰宴聚,或清谈赋诗,投壶雅歌,以杯酌献酬,不至于乱。国家自天宝已后,风俗奢靡,宴席以喧哗沉湎为乐。而居重位、秉大权者,优杂倡肆于公吏之间,曾无愧耻。公私相效,渐以成俗,由是物务多废。独圣心求理,安得不劳宸虑乎!陛下宜颁训令,禁其过差,则天下幸甚。”时上荒于酒乐,公著因对讽之,颇深嘉纳。己卯,幽州节度使刘总奏请去位落发为僧。又请分割幽州所管郡县为三道,请支三军赏设钱一百万贯。壬申,以中书侍郎、平章事段文昌检校刑部尚书、同平章事、成都尹,充剑南西川度等使。以朝散大夫、尚书户部侍郎、知制诰、翰林学士、上柱国、建安县开国男杜元颖守本官、同中书门下平章事。以剑南西川节度使王播为刑部尚书,充盐铁转运使。乙酉,天平军节度使马总奏:“当道见管军士三万三千五百人,从去年正月已后,情愿居农者放,逃亡者不捕。”先是,平定河南,及王承元年镇州,宰臣萧俯等不顾远图,乃献销兵之议,请密议诏天下军镇,每年限百人内破八人逃死,故总有是奏。丁亥夜,月月犯岁星,在尾十三度。辛卯,寒食节,宴群臣于麟德殿,颁赐有差。壬辰,刑部侍郎李建卒。癸巳,九姓回纥毗伽保义可汗卒。

　　三月丁酉朔，浙东奏移明州于鄮县置。刘总进马一万五千匹。甲辰，郑滑节度使王承元祖母晋国太夫人李氏来朝，既见上，令朝太后于南内。丁未，宗正寺奏："准贞元二十一年敕，宗子陪位，放五百七十人出身。准今年敕放三百人。伏缘人数至多，不沾恩泽，乞降特恩，更放二百人出身。"从之。平卢薛平奏：海贼掠卖新罗人口于缘海郡县，请严加禁绝，俾异俗怀恩。从之。戊申，罢京西、京北和籴使，扰人故也。罢河北榷盐法，许约计课利都数付榷盐院。庚戌，以左丞韦绶为礼部尚书。是夜，太白近五车。辛亥，命给事中韦弘庆充幽州宣慰使，左拾遗狄兼谟副之。盐铁使王播奏江淮盐估每斗加五十文，兼旧三百文。癸丑，以幽州卢龙军节度副大使知节度事、押奚契丹两蕃经略等使、检校司空、同中书门下平章事、楚国公刘总可检校司徒、兼侍中、天平军节度、郓曹濮等州观察等使。以宣武军节度使、检校右仆射、同平章事张弘靖为检校司空、同平章事、兼幽州大都督府长史，充幽州卢龙军节度使。从刘总所奏故也。以凤翔节度使李愿检校司空、汴州刺史，充宣武军节度使；以邠宁节度使李光颜为凤翔尹，依前检校司空、平章事，充凤翔陇右节度使；以右卫大将军高霞寓检校工部尚书、邠州刺史，充邠宁节度使。谏官上疏论霞寓败军左谪，未宜拜方镇，不从。乙卯，以权知京兆尹卢士玫为瀛州刺史，充瀛莫等州都团练观察使，从刘总奏析置也。丁巳，制："刘总已极上台，仍移重镇，兄弟子侄，各授官荣，大将宾寮，亦宜超擢。幽州百姓给复一年，赐三军赏钱一百万贯。令宣慰使薛存庆与弘靖计会支给。"戊午，封皇弟憬为郳王，悦为琼王，恂为沔王，怿为婺王，愔为茂王，怡为光王，协为淄王，㻂为衢王，惋为澶王；皇子湛为景王，涵为江王，凑为漳王，溶为安王，瀍为颍王。以兵部侍郎柳公绰为京兆尹、兼御史大夫。己未，以屯田员外郎李德裕为考功郎中，左补阙李绅为司勋员外郎，并依前知制诰、翰林学士。敕今年钱徽下进士及第郑朗等一十四人，宜令中书舍人王起、主客郎中知制诰白居易等重试以闻。甲子，刘总请以私第为佛寺，乃遣中使赐寺额曰报恩。幽州奏刘总坚请为僧，又赐僧衣，赐号大觉。总是夜遁去，幽州人不知所之。乙丑，以漳州刺史韩泰为郴州刺史，汀州刺史韩晔为永州刺史，循州刺史陈谏为道州刺史，量移也。

　　夏四月丙寅朔，授刘总弟约及总男等一十一人官，内五人为刺史，余朝班环卫。庚午，易定奏刘总已为僧，三月二十七日卒于当道界，赠太尉。甲戌，秘书监蒋乂卒。丙子，以前天平军节度使马总复为天平节度使。丁丑，诏：“国家设文学之科，本求才实，苟容侥幸，则异至公。访闻近日浮薄之徒，扇为朋党，谓之关节，干扰主司，每岁策名，无不先定。永言败俗，深用兴怀。郑朗等昨令重试，意在精核艺能，不于异常之中，固求深僻题目，贵令所试成就，以观学艺浅深。孤竹管是祭天之乐，出于《周礼》正经，阅其呈试之文，都不知其本事，辞律鄙浅，芜累何多。亦令宣示钱徽庶共深自怀愧。诚宜尽弃，以警将来。但以四河天虞，人心方泰，用弘宽假，式示殊恩。孔温业、赵存约、窦洵直所试粗通，与及第；卢公亮等十一人可落下。自今后礼部举人，宜准开元二十五年敕，及第人所试杂文并策，送中书门下详复。”贬礼部侍郎钱徽为江州刺史，中书舍人李宗闵为剑州刺史，右补阙杨汝士为开州开江令。戊寅，宰臣崔植、杜元颖奏请，坐日所有君臣献替，事关礼体，便随日撰录，号为《圣政纪》，岁终付史馆。从之。事亦不行。丙戌，正衙命使册九姓回纥为登罗羽录没密施句主录毗伽可汗。辛卯，以衡州刺史令狐楚为郢州刺史，吉州司马孟简为睦州刺史。壬辰，诏百辟卿士各徇公，勿为朋党。甲午，以张弘靖入幽州，受朝贺。中书门下奏燕、蓟八州平，准礼宜告陵庙，从之。

　　五月丙申朔。戊戌，以刑狱淹滞，立程：凡大事，大理寺三十五日详断讫，申刑部，三十日闻奏；中事，大理寺三十日，刑部二十五日；小事，大理寺二十五日，刑部二十日。所断罪二十件已上为大，十件已上为中，十件已下为小。刑部四复官、大理六丞每月常须二十日入省寺，其厨料令户部加给。从中丞牛僧孺奏也。己亥，贬考功员外郎李渤为虔州刺史，以前书宰相考辞太过，宰相杜元颖等奏贬之。癸卯,幽州大将李参已下十八人并为刺史及诸卫将军。己酉,右散骑常侍致仕柳登卒。辛亥,造百尺楼于宫中。壬子,加茶榷,旧额百文,一晚加五十文,从王播奏。拾遗李珏上疏论其不可,疏奏不报。丙辰,建王审霙。丁巳,沧州先置景州于弓高县,置归化县于福城草市,并宜停废。壬戌,幽州宣慰使给事中薛存庆卒于镇州。癸亥,敕先置溵州于郾城,宜废;其郾城上蔡、西平、遂平两县复隶蔡州。皇妹太和公主出降回纥登罗骨没施合毗伽可汗。甲子,命金吾大将军胡证充送公主入回纥使,兼册可汗;又以太府卿李锐为入回纥婚礼使。

六月乙丑朔。辛未,吐蕃犯青塞堡。甲申,赐御史中丞牛僧孺金紫。

秋七月乙未朔。壬寅,月掩房次相。壬子,群臣上尊号曰文武孝德皇帝。是日,上受册于宣政殿,礼毕,御丹凤楼,大赦天下。甲寅,幽州监军使奏:“今月十日军乱,囚节度使张弘靖别馆;害判官韦雍、张宗元、崔仲卿、郑塤。军人取朱滔子洄为留后。”丁巳,贬张弘靖为太子宾客分司。己未,再贬弘靖为吉州刺史。朱洄自以年老,令军人立其子克融为留后。初刘总归朝,籍其军中素难制者送归阙庭,克融在籍中。宰相崔植、杜元颖素不知兵,心无远虑,谓两河无虞,不复祸乱矣,遂奏刘总所籍大将并勒还幽州,故克融为乱,复失河北矣。庚申,以昭义军度使刘悟检校司空,兼幽州大都督府长史,充幽州卢龙军节度副大使、知节度事。以国子祭酒韩愈为兵部侍郎。辛酉,太和长公主发赴回纥,上以半仗御通化门临送,群臣班于章敬寺前。

八月甲子朔。己巳,镇州监军宋惟澄奏:七月二十八日夜军乱,节度使田弘正并家属将佐三百余口并遇害。军人推衙将王廷凑为留后。辛未,以左金吾将军杨元卿为泾州刺史,充四镇北庭行军、泾原节度使。敕公卿大臣至中书议幽、镇讨伐之谋。癸酉,王廷凑遣盗杀冀州刺史王进岌,据其郡。乙亥,以前泾原节度使田布起复检校工部尚书,兼魏州大都督府长史,充魏博节度使。己卯,以深州刺史、本州团练使牛元翼充深冀节度使。辛巳夜,太白近轩辕左角。冀州刺史吴昕潜为幽州兵所逐。瀛州兵乱,囚观察使卢士玫。瀛州寻为幽州兵所据。乙丑,以河东节度裴度充幽、镇两道招抚使。庚寅,以建州刺史李景俭为谏议大夫。壬辰夜,太白近太微西垣。癸巳,镇州出兵围深州。

九月甲午朔。丁酉,废兴州鸣水县。戊戌夜,太白近太微右执法。壬寅,大雨震霆。乙巳,相州兵乱,杀刺史邢楚。丙午,令内常侍段文政监领郑滑、河东、许三道兵,救援深州。吐蕃请盟,许之。辛亥夜,月近天关。壬子,幽州贼掠易州涞水、遂城、满城。癸丑,以前魏博节度使李愬为太子少保。癸酉,魏博节度使田布奏,出师五千赴贝州行营。

冬十月甲子朔。丙寅,太中大夫、守刑部尚书、骑都尉王播可中书侍郎、同中书门下平章事,依前充盐铁转运使。以河东节度使裴度充镇州四面行营都招讨使;以左领军卫大将军杜叔良充深冀诸道行营节度使。戊辰,以深冀节度使牛元翼为镇州大都督府长史,充成德军节度、镇冀深赵等州节度使。辛未,以中书舍人、知贡举王起为礼部侍郎,兵部郎中杨嗣复为库部郎中、知制诰。壬申,以东都留守郑纲为吏部尚书;以吏部尚书李绛检校右仆射、判东都尚书省事、东都留守、都畿防御使。以工部尚书丁公著检校左散骑常侍,兼越州刺史、御史中丞,充浙东观察使。乙亥,沂州刺史王智兴为武宁军节度副使。丁丑,裴度奏,自将兵取故开路进讨。朱克融兵寇蔚州。戊寅,王廷凑兵寇贝州。易州刺史柳公济奏,于白石岭破燕军三千。沧州乌重胤奏,于饶阳破贼。工部尚书韦贯之卒。壬午,以尚书主客郎中、知制诰白居易为中书舍人。河东节度使裴度三上章,论翰林学士元稹与中官知枢密魏弘简交通,倾乱朝政。以稹为工部侍郎,罢学士;弘简为弓箭库使。甲申,以京兆尹、御史大夫柳公绰为吏部侍郎。丙戌,以深冀行营节度使杜叔良为沧州刺史、横海军节度使,以代乌重胤;授重胤检校司徒、兴元尹,充山南西道节度使。时上急于诛贼,杜叔良出征日面辞,奏云:“臣必旦夕破贼。”

重胤善将知兵，以贼势未可卒平，用兵稍缓，故有是拜。丁亥，前浙东观察使薛戎卒。戊子，魏博田布奏，自率全师进讨。太子少保李诉卒。己丑，以户部侍郎、判度支崔俊为工部尚书、判度支；以山南西道节度使崔从为尚书左丞；以秘书监许季同为华州刺史，充潼关防御、镇国军使。辛卯，昭义刘悟奏，自将兵次临城。

十一月甲午朔，裴度奏破贼于会星镇。朱克融兵大寇定州，节度使陈楚出师拒战，破贼二万。乙巳，徐州崔群奏，遣节度副使王智兴率师赴行营。戊申，以司农卿裴武为镇州行营供军使。戊午，上御宣政殿，试制科举人。辛酉，淄青牙将马延崟谋逆，节度使薛平觉其谋而诛之。诏中书舍人白居易、缮部郎中陈岵、考功员外郎贾悚同考制策。

十二月甲子朔。丙寅，以前容管经略使留后严公素为容州刺史、容管经略使。丁卯，贬谏议大夫李景俭为楚州刺史。庚午，杜叔良之军与贼战于博野，为贼所败，七千人陷贼，叔良仅免。乙亥，敕诸道除上供外，留州留使钱内每贯割二百文以助军用，贼平后仍旧。定州陈楚破朱克融贼二万于望都。戊寅，以凤翔节度使李光颜为忠武军节度使，代李逊，仍兼深冀行营节度；以李逊为凤翔节度使。贬员外郎独孤朗韶州刺史，起居舍人温造朗州刺史，司勋员外郎李肇沣州刺史，刑部员外郎王镒郓州刺史，坐与李景俭于史馆同饮，景俭乘醉见宰相谩骂故也。兵部郎中知制诰冯宿、库部郎中知制诰杨嗣复各罚一季俸料，亦坐与景俭同饮，然先起，不贬官。辛巳，李光颜赴镇，百寮饯于章敬寺。上御通化门临送，赐玉带名马。仍敕神策副使杨承和充深冀行营都监押。壬午，出内库钱五万贯以助军。乙酉，以幽州都知兵马使朱克融检校右散骑常侍，充幽州卢龙军节度使，其拘囚张弘靖、杀害府寮之罪，一切释放。时朝议以克融能保全弘靖，王廷凑杀害弘正，可赦燕而诛赵，故有是诏。

是岁，天下户计二百三十七万五千八百五，口一千五百七十六万二千四百三十二，元不进户军州不在此内。

二年春正月癸巳朔,以用兵罢元会。乙未,以夔州刺史王承弁为安南都护、本管经略招讨使。丁酉,朱克融陷沧州弓高县,贼攻下博,兼邀饷道车六百乘而去。庚子,魏博兵自溃于南宫县。戊申,魏博牙将史宪诚夺师,田布伏剑而卒。己酉,以魏博中军先锋兵马使宪诚检校工部尚书,兼魏州大都督府长史,充魏博节度使。是日,大风霾。庚戌,以德州刺史王日简为沧州刺史,充横海军节度、沧德棣观察等使,以代叔良。壬子,贬叔良为归州刺史,以献计诛幽镇无功,而兵败丧所持旌节也。甲寅,以工部尚书、度支崔倰检校礼部尚书,兼凤翔尹,充凤翔陇节度使。以鸿胪卿、兼御史大夫张平叔判度支。复以弓高县为景州。表州奏海冻二百里。乙卯,以前凤翔节度使李逊为刑部尚书。己未,刑部尚书李逊卒。庚子,以兖沂密观察使曹华为节度使;以天德军防御使李进诚兼灵州刺史,充朔方灵盐定远城等州节度使;以晋州刺史李岵为丰州刺史,充天德军丰州东西受降城都防御使。内出缯帛八万匹以助军。权停岭南、黔中今年选补。

二月癸亥朔。甲子,诏雪王廷凑,仍授镇州大都督府长史、御史大夫,充成德军节度、镇冀深赵等州观察等使。三军将士,待之如初。仍令兵部侍郎韩愈往彼宣谕。以前吉州刺史张弘靖为抚州刺史。弘靖初贬官,尚在幽州,拘留半岁,克融授节,始得还,故有是命。丙寅,以前成德军节度使牛元翼检校工部尚书、襄州刺史,充山南东道节度观察、临汉监牧等使。丁卯,以考功郎中、知制诰李德裕为中书舍人,依前翰林学士。癸酉,以鄜坊节度使韩充为义成军节度使,以代王承元;以承元为鄜坊节度使。甲戌夜,火、木星相近。沧州节度使王日简赐姓名李全略。辛巳,以正议大夫、守中书侍郎、同中书门下平章事、武骑尉、赐紫金鱼袋崔植为刑部尚书,罢知政事;以工部侍郎元稹守本官、同平章事。以翰林学士、中书舍人李德裕为御史中丞;司勋员外郎、知制诰李绅为中书舍人,依前翰林学士。右庶子王仲周以奉使缓命,贬台州刺史。癸未,以深冀行营诸军节度、忠武军节度使李光颜为沧州刺史、横海军节度使,兼忠武军节

度、深冀行营并如故；以横海军节度使李全略为德州刺史、德棣等
州节度。丙戌，以兵部郎中、知制诰冯宿检校左庶子，充山南东道节
度副使，权知襄州军府事，以牛元翼在深州重围故也。丁亥，以河东
节度使、司空、兼门下侍郎、平章事裴度守司徒、平章事，充东都留
守，判东都尚书省事、都畿汝防御使、太微宫等使；以前灵武节度使
李德为太原尹、北都留守、河东节度使。

　　三月壬辰朔，诏曰："武班之中，淹滞颇久。又诸荐送大将，或随
节度使归朝。自今已后，宜令神策六军军使及南衙常参武官，各护
历任送中书门下，素立大功及有才器者，量加奖擢。常参官依月限
改转，诸道军府带监察已上官者，限三周年即与改转。军士死王事
者，三周年内不得停衣粮。先于留州留使钱内每贯割二百文助军，
今后不用抽取。"上于驭军之道，未得其要，常云宜姑息戎臣。故即
位之初，倾府库颁赏之，长行所护，人至巨万，非时赐与，不可胜纪。
故军旅益骄，法令益弛，战则不克，国祚日危。洎颁此诏，方镇多以
大将文符鬻之富贾，曲为论奏，以取朝秩者，叠委于中书矣。名臣扼
腕，无如之何。癸巳，以兵部尚书萧俛为太子少保，以前山南东道节
度使李逢吉为兵部尚书。壬寅，左骁卫上将军张奉国卒。以鸿胪卿、
判度支张平叔为户部侍郎充职。平叔以曲承恩顾，上疏请官自卖
盐，可以富国强兵，陈利害十八条。诏下其疏，令公卿详议。中书舍
人韦处厚随条诘难，固言不可，事遂不行。朱克融、王廷凑合兵攻深
州，不解。裴度与书谕之，克融还镇，廷凑攻城亦缓，乃并加检校工
部尚书。戊申，裴度来朝，对于麟德殿，伏奏龙墀，因叙河北用兵，呜
咽流涕，上改容慰劳之。壬子，以新授东都留守裴度为扬州大都督
府长史，充淮南节度使。癸丑，徐州节度使崔群为其副使王智兴所
逐，智兴自专军务。甲寅，以右仆射韩皋为左仆射，以前淮南节度使
李夷简为右仆射。前东都留守李绛复拜旧官。丙辰，守司徒裴度正
衙受册讫，谒太庙，赴尚书省上，宰臣百寮皆送。丁巳，以左丞崔从
检校礼部尚书、郾州刺史、鄜坊节度使，以代王承元；以承元为凤翔
陇节度使。戊午，司徒裴度复入中书知政事。以中书侍郎、平章事

王播检校右仆射，兼扬州大都督府长史，充淮南节度使，依前兼诸道盐铁转运使；以凤翔节度使崔倰为河南尹。牛元翼率十余骑突围出深州来朝，深州大将臧平等一百八十人皆为王廷凑所杀。己未，以武宁军节度副使王智兴检校工部尚书，兼徐州刺史，充武宁军节度使；以德棣节度使李全略复为沧州节度使，仍合沧景德棣为一镇。李光颜还镇许州。

夏四月辛酉朔，日有蚀之。甲子，左仆射韩皋赴省上，中使赐酒馔，宰臣百寮送，一如近式。云阳县角抵力人张莅负羽林官骑康宪钱，宪往征之。莅乘醉打宪将殒，宪男买德年十四，持木钟击莅首破，三日而卒。刑部奏覆，敕曰："买德尚在童年，能知子道。虽杀人当死，为父可哀。若从沉命之科，恐失原情之意。可减死罪一等。"忻州刺史李寰守博野，王廷凑攻之不下。其李寰所领兵宜割属右神策，以寰为军使，仍以忻州军为名。庚辰，桂州观察使杜式方卒。癸未，以武宁军节度使崔群为秘书监，分司东都。翰林侍讲学士韦处厚、路随进所撰《六经法言》二十卷，赐锦彩二百匹、银器二百事，处厚改中书舍人，随改谏议大夫，并赐金紫。丁亥，以秘书监严誉为桂管观察使。是夜，东北有流星，光彩烛地，殷殷有声，出天市垣，至郎位灭。

五月辛卯朔。以德州刺史李景俭为谏议大夫。癸丑，太子少傅严绶卒。戊午，幽州朱克融上表进马万匹、羊十万口，先请其价赏军。陇山有异兽如猴，腰尾皆长，色青赤而猛鸷，见蕃人则跃而食之，遇汉人则否。

六月甲戌朔。甲子，司徒、平章事裴度守尚书右仆射，工部侍郎、平章事元稹为同州刺史。以正议大夫、守兵部尚书、轻车都尉李逢吉为门下侍郎、同中书门下平章事。乙丑，大风震电，坠太庙鸱吻，霹御史台树。丁卯，以易州刺史柳公济为定州刺史、义武军节度使。壬申，谏官论责裴度太重，元稹太轻，乃追稹制书，削长春宫使。戊寅，以前右仆射李夷简为太子少保，分司东都。戊子，复置邕管，以安南副使崔结为邕管经略使。

秋七月己丑朔。丙申，宋王结薨，废朝。戊戌，汴州军乱，逐节度使李愿，立牙将李充为留后。好畤县山水漂溺居人三百家。陈、许、蔡等州水。壬寅，出中书舍人白居易为杭州刺史。乙巳，诏南北省五品已上官议讨李齐。丙午，贬李愿为随州刺史。以郑滑节度使韩充为汴州刺史、宣武军节度使、汴宋亳颍观察等使，郑滑如故；以宣武军节度押衙李齐为右金吾卫将军。丁未，内出绫绢五十万匹付度支，以供军用。陈、许水灾，赈粟五万石。己酉，中使杨再昌使镇州。王廷凑奏："奉诏取牛元翼家族，请至秋末发遣。其田弘正骸骨，寻访不知所在。"辛亥，以赠司徒、忠烈公李𪩘子源为谏议大夫，赐绯鱼袋。乙卯，敕："员外郎知制诰二年后转郎中，又二年后转前行郎中，又一年即正除；谏议大夫知同前郎中；给事中并翰林学士别宣知者，不在此限。"以前义武军节度使陈楚为东都留守、判尚书省事、东畿汝防御使。本朝故事，东都留守罕用武臣，今用楚，以李齐扰汴宋故也。

八月己未朔，以绛州刺史崔弘礼为河南尹，兼东畿防御副使。给事中韦颍以弘礼望轻，封还诏书，上遣中使谕之，乃下。诏陈许李光颜将兵收汴州。戊辰，以左仆射韩皋为东都留守、判尚书省事、东畿汝防御使。以东都留守陈楚为河阳怀节度使。癸酉，韩充奏今月六日发军入汴州界，营于千塔。丙子，汴州监军姚文寿与兵马使李质同谋斩李齐及其党薛志忠、秦邻等。丁丑，韩充入汴州。以前东都留守李绛为华州刺史，充潼关防御、镇国军等使。浙东处州大水，溺居民。以兖海沂密节度使曹华为滑州刺史，充义成军节度、郑滑颍等州观察等使；以宋州刺史高承简为兖州刺史、兖海沂密等州节度使；以汴州防城兵马使李质为右金吾卫将军。颍州棣郑滑观察使。盐铁转运使王播进《开颍口图》。

九月戊子朔，浙西大将王国清谋叛，观察使窦易直讨平之，同恶二百余人并诛之。韩充送李齐男道源、道枢、道瀹等三人，斩于西市；齐妻马氏、小男道本、女汴娘配于掖庭。壬子，太子少师李夷简卒，赠太子太保。癸卯，以前河阳节度使郭钊为河中尹，兼河中绛隰等州节度使。御史中丞李德裕为润州刺史、兼御史大夫、浙江西道都团练观察处置等使,以代窦易直;以易直为吏部侍郎。加晋州刺史李寰为晋磁等州都团练观察使。乙巳,敕团练防御州置判官一员,其副使推巡并停。辛亥,以吏部侍郎柳公绰为御史大夫。先有诏广芙蓉苑南面,居人庐舍坟墓并移之,群情骇扰。癸丑,降敕罢之。德州军乱,害刺史王稷,尽剽其家财奴仆。丁亥,以万州刺史李元喜为安南都护。阴山府沙磁突厥兵马使朱耶执宜来朝贡,赐官诰、锦彩、银器。

冬十月戊午朔。壬戌,前河中晋绛磁隰等州节度使、开府仪同三司、守司徒、中书令、河中尹、上柱国、许国公韩弘可守司徒、兼中书令。甲子夜,月掩牵牛中星。戊辰,兴元节度使乌重胤来朝,移授天平军节度使。己卯,以工部侍郎郑权为工部尚书,以前华州刺史许季同为工部侍郎。是日,上由复道幸咸阳,止于善因佛寺,施僧钱百万,咸阳令绢百匹。

闰十月戊子朔,入回纥使金吾大将军胡证、副使光禄卿李宪、婚礼使卫尉卿李锐、副使宗正少卿李子鸿等,送太和公主自蕃中回。庚寅,以吏部尚书郑絪为太子少傅;以太常卿赵宗儒为吏部尚书;韦绶为兴元尹,充山南西道节度使。壬辰,右骁卫大将军韩公武卒,废朝。以户部尚书杨于陵为太常卿。丙申,回纥可汗遣使献国信四床、女口六人、葛禄口四人。己亥,敕翰林侍讲学士谏议大夫路随、中书舍人韦处厚,兼充史馆修撰《宪宗实录》,仍更日入史馆。《实录》未成,且许不入内署,仍放朝参。甲寅,诏:“江淮诸州旱损颇多,所在米价不免踊贵,眷言疲困,须议优矜。宜委淮南、浙西东、宣歙、江西、福建等道观察使,各于当道有水旱处,取常平义仓斛斗,据时估减半价出粜,以惠贫民。”丙辰,以太子宾客令狐楚为陕虢观察使。

十一月丁巳朔。丁卯,尚书左丞庚承宣为陕虢观察使。令狐楚复为太子宾客,分司东都。楚已至陕州视事一日,追改之。庚午,命景王率禁军五百骑,侍从皇太后幸华清宫,又幸石瓮寺。辛未,以前安南都护桂仲武为邕管经略使。癸酉，上幸华清宫迎太后，巡狩于骊山下，即日驰还，太后翌日方还。丙子，集王缃薨。庚辰，上与内官击鞠禁中，有内官欻然坠马，如物所击。上恐，罢鞠升殿，遽足不能履地，风眩就床。自是外不闻上起居者三日。是夜，月近房。

十二月丁亥朔，诏五坊鹰隼并解放，独具皆毁之。庚寅，宰臣李逢吉率百寮至延英门请见，上不许。中外与度等三上疏，请立皇太子。是夜，司徒、中书令韩弘卒。辛卯，上于紫宸殿御大绳床见百官，李逢吉奏景王成长，请立为皇太子，左仆射裴度又极言之。癸巳，诏景王为皇太子。淮南奏和州饥，乌江百姓杀县令以取官米。甲午，内出绢二百匹，赈两市癃残穷者。己未，两军容内司公主戚属之家，并以上疾痊平，诸寺为僧斋。仍敕在京诸司疏放系囚。丙午，上御宣政殿册皇太子。受册毕，百寮谒太子于东宫，太子举帘，执笏答拜，宫僚拜则受之。丁未，判度支、户部侍郎张平叔贬通州刺史。是夜，月掩左角。己酉，以前天平军节度使马总检校左仆射、守户部尚书。庚戌，以吏部侍郎窦易直为户部侍郎、判度支。癸丑，以太子册礼，宣制赦囚徒。以前黔中观察使崔元略为鄂岳蕲黄安等州观察使。太子宾客孟简卒。乙卯，以前陕虢观察使卫中行为尚书右丞。

是冬十月频雪，其后恒燠，水不冰冻，草木萌发，如正二月之后。

三年正月丁巳朔，上以疾不受朝贺。是日大风，昏翳竟日。嗣郢王佐宜于崖州安置，坐妄传禁中语也。敕不得买新罗人为奴婢，已居中国者即放归其国。礼部侍郎王起奏：当司所试贡举人，试讫申送中书，候覆讫下当司，然后大字放榜。从之。

二月，天平军监军奏：节度使乌重胤病，牙将王赞割股肉以疗。河阳节度使陈楚奏：移使府于三城，未有门戟，欲移怀州门戟于河阳。从之。谏议大夫殷侑奏礼部贡举请置"三传三史"科，从之。户部尚书崔俊卒。

三月丁巳，宰臣百寮赐宴于曲江亭。敕应御服及器用在淮南、两浙、宣歙等道合供进者，并端午诞节常例进献者，一切权停。其鹰犬之类，除备搜狩外，并令解放。以牛僧孺同中书门下平章事。日晡晚后，有贼入通化门，斗死者一人，伤者六人。赐宣徽院供奉官钱自一百二十贯文已下有差。

五月，山南西道奏移成州于实井堡。山南东道节度使牛元翼卒。秘书少监李随奏请造当司图书印一面，从之。

十月，宰相监修国史杜元颖奏：史官沈传师除镇湖南，其本分修史，便令将赴本任修撰。从之。敕京兆尹、御史大夫韩愈宜放台参，后不得为例。

七月，国子祭酒韦乾庆卒。

八月，郑滑节度使曹华卒。检校尚书右仆射、户部尚书马总卒。兴元节度使韦绥卒。上由复道幸兴庆宫，至通化门，赐持盂僧绢二百匹，因幸五方，赐从官金银铤有差。

九月，泽潞节度使刘悟进位平章事。赐宰臣百寮重九宴于曲江亭。南诏王丘佺进金碧文丝十有六品。

十月，以京兆尹韩愈为兵部侍郎，以御史中丞李绅为江西观察使。宰相李逢吉与李绅不协，绅有时望，恐用为相。及绅为中丞，乃除韩愈为京兆尹、兼御史大夫，仍放台参。绅性峭直，屡上疏论其事，遂与愈辞理往复，逢吉乃两罢之，然绅出而愈留。宰相杜元颖罢知政事，除成都尹、剑南西川节度使。龙武统军陈楚卒。以兵部侍郎韩愈为吏部侍郎，新除江西观察使李绅为户部侍郎。绅既罢除江西，上令中使就第赐玉带，绅因除叙泣而请留，中使具奏，故与愈俱改官。召翰林学士庞严对，因赐金紫。赐内园使公廨本钱一万贯，军器使三千贯。杜元颖赴镇蜀，上御安福门饯，因赐皇城留守及金吾卫率等帛有差。

十一月，上御通化门，观作毗沙门神，因赐绢五百匹。停浙东贡甜菜，海蚶。

十二月，浙西观察使李德裕奏去管内淫祠一千一十五所。

　　四年正月辛亥朔,上御殿受朝如常仪。上饵金石之药,处士张皋上疏切谏,上悦,召之,求皋不获。泽潞判官贾直言新授谏议大夫,刘悟上表乞留,从之。礼部尚书致仕孔戣卒。辛未,上大渐,诏皇太子监国。壬申,上崩于寝殿,时年三十。群臣上谥曰睿圣文惠孝皇帝,庙号穆宗。十一月庚申,葬于光陵。

　　史臣曰:臣观五运之推迁,百王之隆替,亦无常治,亦无常乱,在人而已,匪降自天。当轩黄御宇之秋,则百年无事;及商辛握图之日,则四海横流。昔章武皇帝痛国命之不行,惜朝纲之将坠,乃求贤俊,总揽英雄,果能扼大盗之喉,制奸臣之命。五十载已终之土,复入提封;百万户受弊之甿,重苏景化。元和之政,几致升平。鸱枭方革于好音,龙鼎俄伤于短祚。苟或时有平、勃之佐,继以文、景之才,则廷凑、克融,自缩螳螂之臂;智兴、李𬩽,敢萌狗鼠之谋?强盗宁窥孟贲之金,饿隶不拾婴儿之钲。观夫屠主,可谓痛心,不知创业之艰难,不恤黎元之疾苦。谓威权在手,可以力制万方;谓旒冕在躬,可以坐驰九有。曾不知聚则万乘,散则独夫,朝作股肱,暮为仇敌。仲长子所谓"至于运徙势去,独不觉悟者,岂非富贵生不仁,沉溺致愚疾。存亡以之迭代,治乱从此周复"。诚哉是言也!

　　赞曰:惠王不令,败度乱政。骄僻偶全,实赖遗庆。皇皇上帝,为民立正。此何人哉,遽干鼎命。

旧唐书卷一七上
本纪第一七上

敬宗　文宗上

　　敬宗睿武昭愍孝皇帝讳湛，穆宗长子，母曰恭僖太后王氏。元和四年六月七日，生于东内之别殿。长庆元年三月，封景王。二年十二月，立为皇太子。四年正月壬申，穆宗崩。癸酉，皇太子即位枢前，时年十六。甲子，左仆射韩皋卒。丙子，群臣准遗诏奏皇帝宝册，礼毕，诏赏神策诸军士人绢十匹、钱十千，畿内诸军镇绢十匹、钱五千，其余军镇颁给有差。内出绫绢三百万段以助赏给。穆宗初即位，在京军士人获五十千，在外军镇差降无几。至是，宰臣奏议请量国力颁赏，故差减于先朝，物议是之。群臣五上章请听政，从之。

　　二月辛巳朔，上缞服见群臣于紫宸门外。壬午，渤海送备宿卫大聪叡等五十人入朝。癸未，贬户部侍郎李绅为端州司马。丙戌，贬翰林学士、驾部郎中、知制诰庞严为信州刺史，翰林学士、司封员外郎、知制诰蒋防为汀州刺史，皆绅之引用者。以右拾遗吴思为殿中侍御史，充入蕃告哀使。李绅之贬，李逢吉受贺，群官至中书，而思独不往，逢吉怒而斥为远使。戊子，河北告哀使、谏议大夫高允恭卒于东都。辛卯，敕没掖庭宫人、先配内园宫人，并宜放出，任其所适。己亥，册大行皇帝皇太后为太皇太后。庚子，西川节度使杜元颖进毷画打球衣五百事，非礼也。辛丑，上始御紫宸殿受朝。既退，幸飞龙院，厚赐内官等物有差。以米贵，出太仓粟四十万石，于两市贱粜，以惠贫民。癸未夜，太白犯东井北辕。乙巳，上率群臣诣光顺门册皇太后。丁未，御中和殿击球，赐教坊乐官绫绢三千五百匹。戊申，击球于飞龙院。己酉，大合乐于中和殿，极欢而罢，内官颁赐有差。

三月庚戌朔，贬司农少卿李彤吉州司马，以前为邓州刺史，坐赃百万，仍自刻德政碑故也。壬子，上御丹凤楼，大赦天下。京畿夏青苗钱并放，秋青苗钱每贯放二百文。天下常贡之外不得进献。六宅、十宅诸王女，宜令每年于选人中选择降嫁。今后户帐田亩，五年一定税。是日，风且雨。甲寅，始于延英对宰臣。丙辰，以尚书右丞韦颙为户部侍郎。戊午，礼仪使奏："外命妇正旦及四始日旧行起居之礼，伏以礼烦则渎，请停。"从之。庚申，工部尚书胡证检校户部尚书、京兆尹。甲子，故山南东道节度使牛元翼家为王廷凑所害，上惜其冤横，伤悼久之，仍叹宰执非才，纵奸臣跋扈。翰林学士韦处厚奏曰："理乱之本，非有他术，顺人则理，违人则乱。陛下当食叹息，恨无萧曹。今有一裴度，尚不能用，此冯唐所以感悟汉文，虽有颇牧不能用也。"以太子少保张弘靖为太子少师，分司东都太子宾客令狐楚为河南尹。丁卯，以刑部尚书段文昌判左丞事。戊辰，群臣入阁，日高犹未坐，有不任立而踣者。谏议大夫李渤出次白宰相，俄而始坐。班退，左拾遗刘栖楚极谏，头叩龙墀血流，上为之动容，仍赐绯鱼袋。编甿徐忠信阑入浴堂门，杖四十，配流天德。庚午，赐内教坊钱一万贯，以备游幸。是夜，太白犯东井北辕。甲戌，夏州节度使李祐奏：于塞外筑乌延、宥州、临塞、阴河、陶子等五城，以备蕃寇。又以党项为盗，于芦子关北木瓜筑垒，以扼其冲。乙亥，幸教坊、赐伶官绫绢三千五百匹。

夏四月庚申朔。甲申，以御史大夫王涯为户部尚书、兼御史大夫，充盐铁转运等使。壬辰，兵部侍郎武儒衡卒。丙申，贼张韶等百余人至右银台门，杀阍者，挥兵大呼，进至清思殿，登御榻而食，攻弓箭库。左神策军兵马使康艺全率兵入宫讨平之。是日，上闻其变，急幸左军。丁酉，上还宫，群臣称庆。谏议大夫李渤以上轻易致盗，言甚激切。己亥，九仙门等监共三十五人，并笞之。辛丑，染坊使田晟、段政直流天德，以张韶染坊役夫故也。诏雪吐突承璀之罪，令男士晔改葬之。丙午，宰臣李逢吉封凉国公，牛僧孺封奇章县子。

五月己酉朔。乙卯，制以正议大夫、尚书吏部侍郎、上柱国、渭源县开国男、食邑三百户、赐紫金鱼袋李程守本官、同中书门下平章事。以朝议郎、守尚书户部侍郎、兼御史大夫、判度支、上柱国、赐紫金鱼袋窦易直为朝散大夫，本官同中书门下平章事。判度支、户部侍郎韦颙赐金紫。己未，割富平县之丰水乡、下邽县之翟公乡、澄城县之抚道乡、白水县之会宾乡，以奉景陵。癸亥，以盐州刺史傅良弼为夏州节度使。东都、江陵监大转运留后并改为知院官，从其使王涯请也。

六月己卯朔，以左神策大将康日全为鄜坊节度使。辛巳，敕以霖雨命疏决京城系囚。庚辰，大风吹坏延喜、景风等门。工部侍郎张惟素卒。壬辰，以左金吾大将军李愿检校司空、兼河中尹、御史大夫，充河中绛隰等州节度使。丙申，山南西道节度使、守司空裴度加同中书门下平章事。度之拜兴元也，为宰相李逢吉所排，不带平章事，李程、韦处厚日为度论于上前，故有是命。加陈许节度使李光颜守司徒。癸卯，太保张弘靖卒。己巳，浙西水坏太湖堤，水入州郭，漂民庐舍。丁未，以吏部尚书赵宗儒为太常卿，兵部尚书郑絪为吏部尚书。

秋七月戊申朔。己酉，睦州清溪等六县大雨，山谷发洪水泛溢，漂城郭庐舍。庚辰，以前河中节度使郭钊为兵部尚书。戊午，太子宾客许季同卒。辛酉，疏灵州特进渠，置营田六百顷。乙丑，郓、曹、濮暴雨水溢，坏城郭庐舍。丁卯，敕以谷贵，凡给百官俸内一半合给匹段，今宜给粟，每斗折钱五十文。辛未，以大理卿崔元略为京兆尹、兼御史大夫。甲戌，左金吾卫大将军李祐进马二百五十匹。御史温造于阁内奏弹祐罢使违敕进奉，祐趋出待罪，诏宥之。襄、均、复等州汉江溢，漂民庐舍。丙子，浙西观察使李德裕奏："诏令当道造盝子二十具，计用银一万三千两、金一百三十两。昨已进段具，用银一千三百两，当道在库贮备银无二三百两，皆百计收市，方成此

两具。臣当道唯有留使钱五万贯，每事节俭支费，犹欠十三万贯不
足。臣若因循不奏，则负陛下任使之恩；若分外诛求，又累陛下慈俭
之德。伏乞宣令宰臣商议，何以遣臣得上不违宣索，下不阙军须，不
困疲人，不敛物怨。"时有诏罢进奉，故德裕有是奏。

　　八月丁酉朔。是夜，火犯土星。妖贼马文忠与品官季文德等凡
一千四百人，将图不轨，皆杖一百处死。癸未，火犯东井。甲寅，诏
于关内、关东折籴和籴粟一百五十万石。陈、许、蔡、郓、曹、濮等州
水害秋稼。丁亥，火入东井。己丑，以李磨、孙宏为河南府兵曹，参
奏，蒋清、孙鄋为伊阳令，录忠臣后也。是夜，金犯轩辕右角。壬辰，
江王府长史段钊上言，称前任龙州刺史，近郭有牛心山，山上有仙
人李龙迁祠，颇灵应，玄宗幸蜀时，特立祠庙。上遣高品张士谦往龙
州检行，回奏牛心山有掘断处。群臣言宜须修筑。时方沍寒，役民
数万计，东川节度使李绛表诉之。甲子，以太常卿赵宗儒为太子少
师。乙巳，宣武军节度韩充卒。

　　九月丙午朔。丁未，波斯大商李苏沙进沉香亭子材，拾遗李汉
谏云："沉香为亭子，不异瑶台、琼室。"上怒，优容之。庚戌，以河南
尹令狐楚检校礼部尚书、汴州刺史、宣武军节度、宋汴亳观察等使。
乙卯，罢理匦使。以谏议大夫李渤知匦，奏请置胥吏、添课料故也。
戊午，加朱克融检校司空。诏浙西织造可幅盘绦掅绫一千匹。观察
使李德裕上表论谏，不奉诏，乃罢之。己巳，以兵部侍郎王起为河南
尹。甲子，吐蕃遣使求《五台山图》。己巳，浙西、淮南各进宣索银妆
奁三具。

　　冬十月丙子朔，宗正寺选尚县主婿和元亮等二十五人，各赐钱
三十万，令备吉礼。辛巳，以吏部侍郎崔从为太常卿。庚子，岭南节
度使郑权卒。辛丑，吐蕃贡犛牛、铸成银犛牛羊鹿各一。壬寅，以鄂
岳观察使、检校兵部尚书崔植检校吏部尚书，兼广州刺史、御史大
夫，充岭南南节度观察经略使。以户部侍郎韦顗为御史中丞，兼户
部侍郎；以御史中丞郑覃权知工部侍郎；以刑侍郎韦弘景为吏部侍
郎；以权知礼部侍郎李宗闵权知兵部侍郎；以工部侍郎于敖为刑部

侍郎。

十一月丙午朔。戊申，安南都护李元喜奏：黄家贼与环王国合势陷陆州，杀刺史葛维。苏、常、湖、岳、吉、潭、郴等七州水伤稼。庚申，葬穆宗于光陵。

十二月乙亥朔。癸未，回纥、吐蕃、奚、契丹遣使朝贡。襄州柳公绰、沧州李全略、晋州李寰、滑州高承简并自尚书加检校右仆射。以前起居舍人刘栖楚为谏议大夫。淮南节度使王播厚赂贵要，求领盐铁使，谏议大夫独孤朗张仲方、起居郎孔敏行柳公权宋申锡、补阙韦仁实刘敦儒、拾遗李景让薛廷老等伏延英抗疏论之。戊子夜，月掩东井。庚寅，加天平军节度使乌重胤同平章事。乙未，徐泗王智兴请置僧尼戒坛，浙西观察使李德裕奏状论其奸辛。时自宪宗朝有敕禁私度戒坛，智兴冒禁陈请，盖缘久不兴置，由是天下沙门奔走如不及。智兴邀其厚利，由是致富，时议丑之。丁酉，宰相牛僧孺进封奇章郡公，李程彭原郡公，窦易直晋郡公，并食邑三千户。吏部侍郎韩愈卒。

宝历元年春正月乙巳朔。辛亥，亲祀昊天上帝于南郊。礼毕，御丹凤楼，大赦，改元宝历元年。先是，户县令崔发坐误辱中官下狱，是日，与诸囚陈于金鸡竿下俟释放。忽有内官五十余人，环发而殴之，发破面折齿，台吏以席蔽之，方免。有诏复系于台中，宰相救之，方释。宰相牛僧孺累表乞解机务，帝许以郊礼后。乙卯，以僧孺检校礼部尚书、同平章事、鄂州刺史，充武昌军节度、鄂岳观察使。淮南节度使王播兼诸道盐铁转运使。于鄂州特置武昌军额，宠僧孺也。壬申，以给事中李渤为桂州刺史、兼御史中丞、桂管防御观察使。李德裕献《丹扆箴》六首，上深嘉之，命学士韦处厚优其答诏。辛卯，以前礼部郎中李翱为庐州刺史，以求知制诰，面数宰相李逢吉过故也。辛丑，江西观察使薛放卒。癸卯，以职方郎中、知制诰王璠为御史中丞。

三月乙巳朔，以兵部尚书郭钊为梓州刺史、剑南东川节度使。

壬子，宴群臣于三殿。戊辰夜，有流星长三丈，出紫微，入浊灭。辛未，以前桂管观察使殷侑为江西观察使。上御宣政殿试制举人二百九十一人，以中书舍人郑涵、吏部郎中崔琯、兵部郎中李虞仲并充考制策官。

夏四月甲戌朔，宰相凉国公李逢吉进封郑国公。以右神策大将军康志睦检校工部尚书，兼青州刺史、平卢军节度使。宣中书，以谏议大夫刘栖楚为刑部侍郎。丞郎宣授，自栖楚始也。郑涵等考定制举人，敕下后数日，上谓宰相曰："韦端符、杨鲁士皆涉物议，宜与外官。"乃授端符白水尉，鲁士诚固尉。宰臣请其罪名，不报。癸巳，群臣上徽号曰文武大圣广孝皇帝，御宣政殿受册。礼毕御丹凤楼，大赦天下，大辟罪已下，无轻重咸赦除之。时李绅贬官，李逢吉恶绅，不欲绅量移，乃于赦书节文内，但言左降官已经量移，宜与量移近处，不言未量移者宜与量移。翰林学士韦处厚上疏论列云："不可为李绅一人与逢吉相恶，遂令近年流贬官皆不得量移，则乖旷荡之道也。"帝遽命追赦书添改之。乙亥，以剑南东川节度、检校司空李绛为左仆射。御史萧彻弹京兆尹、兼御史大夫崔元略违诏征畿内所放钱万七十贯，付三司勘鞫不虚。辛丑，敕削元略兼御史大夫。

五月甲辰朔，以前平卢军节度使薛平检校左仆射、兼户部尚书。赐振武军钱一十四万贯，修筑东受降城。庚戌，幸鱼藻宫观竞渡。庚申，正衙命使册九姓回纥登里啰汨没密施毗伽昭礼可汗。丙寅，太子少傅致仕阎济美卒。丁卯，湖南观察使沈传师奏："当道先配吐蕃罗没等一十七人，准赦放还本国，今属得状，不愿还。"从之。庚午，以右金吾将军李文悦为丰州刺史、天德军防御使。安南李元喜奏移都护府于江北岸。

六月壬申朔。乙酉，诏公主、郡主并不得进女口。丙戌，将作监张武均出为洋州刺史，坐赃犯也。诸司白身冯志谋等三百九人，并赐禄。丁亥，命品官田务丰领国信十二车赐回纥可汗及太和公主。己丑，河中节度使、检校司空李愿卒。乙未，以检校左仆射、兼户部尚书薛平检校司空、河中尹、河中节度使。

秋七月癸卯朔,以忠武军节度使、守司徒、兼侍中李光颜为太原尹、北京留守、河东节度使王沛为许州刺史、忠武军节度使。荧惑犯右执法。甲辰,盐铁使王播进羡余绢一百万匹,仍请日进二万,计五十日方毕。播自掌盐铁,以正入钱进奉,以希宠固位,托称羡余,物议欲鸣鼓而攻之。乙酉,鄜坊水坏庐舍。癸丑,以右金吾卫大将军张茂宗为兖海沂密节度使。乙卯,正衙命使册司徒李光颜。丙辰,淄王傅分司元锡卒。己未,诏王播造竞渡船二十只供进,仍以船材京内造。时计其功,当半年转运之费。谏议大夫张仲方切谏,乃改进十只。辛酉,万年县典贾镇诬告故统军王佖男王谟等七人谋乱,诏杖杀之。甲子夜,月犯毕,乙丑,侍讲学士崔郾、高重进《纂要》十卷,赐锦彩二百匹。丁卯,以户部侍郎韦颛为吏部侍郎,京兆尹崔元略为户部侍郎。奉天县水坏庐舍。辛未,以左散骑常侍胡证为户部尚书、判度支。太子宾客分司卢士玫卒。

闰七月壬午朔,以权知工部侍郎郑覃为京兆尹。甲申,拾遗李汉、舒元褒、薛廷老于阁内论曰:"伏见近日除授,往往不由中书进拟,多是内中宣出。臣恐纪纲浸坏,奸邪恣行,伏希详察。"上然之。诏度支进铜三千斤、金薄十万翻,修清思院新殿及升阳殿图障。丙戌,户部尚书致仕裴堪卒。戊子,以给事中卢元辅为工部侍郎。壬辰,以前河东节度使李听为义成军节度使。戊戌,以刑部尚书段文昌为兵部尚书,依前判左丞事。

八月辛丑朔。戊申,以郇国公杨造男元凑袭郇国公,食邑三千户。两京、河西大稔,敕度支和籴折籴粟二百万石。乙卯夜,太白近房。戊午,遣中使往湖南、江南等道及天台山采药。时有道士刘从政者,说以长生久视之道,请于天下求访异人,冀获灵药。仍以从政为光禄少卿,号升玄先生。

秋九月辛未朔。丁丑,卫尉卿刘遵古役人再荣告前袁王府长史武昭谋害宰相李逢吉,诏三司鞠之。壬午,昭义节度使刘悟卒。癸未夜,太白犯南斗。丙戌夜,月犯右执法。丁酉,华州暴水伤稼。徐州王智兴奏,大将武华等四百人谋乱,并伏诛。

十月庚子朔,河南尹王起奏,盗销钱为佛像者,请以盗铸钱论。丁巳,振武节度使张惟清以东受降城滨河,岁久雉堞摧坏,乃移置于绥远烽南,及是功成。己未,以崖州安置人嗣郯王佐为颍王府长史,分司东都,仍赐金紫。壬戌夜,太白近哭星。甲子,三司鞫武昭狱得宝。

武昭及弟汇、役人张少腾宜付京兆府决,河阳节度掌书记李仲言配流象州,汇流崖州,太学博士李涉流康州,皆坐武昭事也。

十一月庚午朔。辛未,以殿史中丞王璠为工部侍郎,以谏议大夫独孤朗为御史中丞。癸酉,镇星近东井。癸未,以殿中少监严公素为容管经略使。是夜,月犯东井。庚寅,车驾幸温汤,即日还宫。壬辰,以刑部侍郎刘栖楚为京兆尹。丙申,诏封皇子普为晋王。丁酉,吏部侍郎韦颙卒。

十二月己亥朔。辛丑,以晋王普为昭义军节度副大使;以刘悟子将作监主簿从谏起复云麾将军、守金吾卫大将军同正、检校左散骑常侍、兼御史大夫,充昭义节度留后。戊申夜,月犯毕。其夜,北方有雾起,须臾遍天,雾上有赤气,久而方散。甲子,以左仆射李绛为太子少师,分司东都。戊辰,敕:“农功所切,实在耕牛,疲畎多乏,须议给赐。委度支往河东、振武、灵、夏等州市耕牛一万头,分给畿内贫下百姓。”

是岁,淮南、浙西、宣、襄、鄂、潭、湖南等州言旱伤稼。

二年春正月己巳朔。辛未,贬殿中侍御史王源植昭州司马。时源植街行,为教坊乐伎所侮,导从呵之,遂成纷竞。京兆尹刘栖楚决责乐伎,御史中丞独孤朗论之太切,上怒,遂贬源植。庚午,湖南观察使沈传师奏:奉诏校寻叶靖能、罗光远文案,检寻不获。癸酉,右赞善大夫李光现与品官李重实争忿,以笏击重实流血,上以宗属,罚两月俸料。甲戌,以诸军丁夫二万入内穿池修殿。辛巳,兴元节度使裴度奏修斜谷路及馆驿皆毕功。壬辰,裴度来朝。甲午,以卫尉卿刘遵古为湖南观察使,以国子祭酒卫中行为福建观察使。丙申,盐铁使王播奏:"扬州城内,旧漕河水浅,舟船涩滞,输不及期程。今从阊门外古七里港开河,向东屈曲,取禅智寺桥,东通旧官河,计长一十九里。其功役所费,当使自方圆支遣。"从之。

二月己亥朔。辛丑,容管经略使严公素奏:"当州普宁等七县,请同广、昭、桂、贺四州例北选。"从之。丙午夜,月犯毕。丁未,以山南西道节度观察处置等使、光禄大夫、守司空、同中书门下平章事、兴元尹、上柱国、晋国公裴度守司空、同平章事,复知政事。丁巳寒食节,三殿宴群臣,自戊午至庚申方止。丙寅,正册司空裴度。丁卯,以礼部尚书王涯检校左仆射,为山南西道节度使。

三月戊辰朔,命兴唐观道士孙准入翰林待诏。辛未,江西观察使殷侑请于洪州宝历寺置僧尼戒七坛,敕殷侑故违制令,擅置戒坛,罚一季奉料。甲戌,赐宰臣百寮上巳安子曲江亭。乙亥,右散骑常侍李翱卒。戊寅,幸鱼藻宫观竞渡。辛巳,以同州刺史萧俛为太子少保分司。壬午,以工部尚书裴武为同州刺史。癸未,岭南节度使崔植奏:"广、湖、封、雷、潘、辩等七州戍军,除折冲别将外,并请停。"从之。丙戌,昆明夷遣使朝贡。丁亥,敕册才人郭氏为贵妃。丙申,以吏部侍郎韦弘景为陕虢观察使。

四月戊戌朔,横海军节度使李全略卒。壬寅,以右金吾卫大将军高承简为邠宁节度使。丙午,王廷凑检司空。戊申,昭义节度使留后刘从谏检校工部尚书,充昭义节度副大使、知节度事。庚戌,鄂岳观察使牛僧孺奏:"当道沔州与鄂州隔江相对,才一里余,其州请并省,其汉阳、汶川两县隶鄂州。"从之。丙辰,右金吾卫大将军高霞寓卒。丙寅,先是王廷凑请于当道立圣德碑,是日,内出碑文赐廷凑。

五月戊辰朔,上御宣和殿,对内人亲属一千二百人,并于教坊赐食,各颁锦彩。辛未,秘书省著作郎韦公肃注太宗所撰《帝范》十二篇进,特赐锦彩百匹。甲戌,以泾原节度杨原卿为河阳三城怀州节度使,以金吾卫大将军李祐为泾源节度使。是夜,月近太微星,浙西送到绝粒女道士施子微。戊寅,幸鱼藻宫观竞渡。庚辰,中使自新罗取鹰鹘回。幽州军乱，杀其帅朱克融及男延龄，军人立其第二子延嗣为留后。辛巳，神策军苑内古长安城中修汉未央宫，掘获白玉床一张，长六尺。癸未，山人杜景先于光顺门进状，称有道术；令中使押杜景先往淮南及江南、湖南、岭南诸州求访异人。甲申，以右丞丁公著为兵部侍郎，以前湖南观察使沈传师为尚书左丞。辛卯，赠朱克融司徒。甲午夜，荧惑犯昴。赐兴唐观道士刘从政院钱二万贯。

六月丁酉朔，赐御史中丞独孤朗金紫。丁巳，减放苑内役人二千五百。帝性好土木，自春至冬，兴作相继。庚申，郓州进驴打球人石定宽等四人。是夜，太白犯昴。辛酉，幸凝碧池，令兵士千余人，于池中取大鱼长大者送入新池。癸亥，以旱，命京城司疏理系囚。以延康坊官宅一区为诸王府司局。甲子，上御三殿，观两军、教坊、内园分朋驴鞠、角抵。戏酣，有碎首折臂者，至一更二更方罢。

秋七月丙寅朔。乙亥，河中进力士八人。癸未，衡王绚薨。癸巳，敕鄠县渼陂尚食管系，太仓广运潭复赐司农寺。

八月丙申朔，以司空、平章事裴度判度支；以工部侍郎王播为河南尹，代王起；以起为吏部侍郎；以前福州观察使徐晦为工部侍。是夜，太白近太微。令供奉道士二十人随浙西处士周息元入内宫之山亭院，上问以道术，言识张果、叶静能。浙西观察使李德裕上疏言息元诞妄，无异于人。庚戌，以太府卿李宪为江西观察使。丁丑夜，月犯舆鬼。加京兆尹刘栖楚兼御史大守、东畿汝都防御使。

九月丁丑朔，大合宴于宣和殿，陈百戏，自甲戌至丙子方已。戊寅，河东节度使、守司徒、兼侍中李光颜卒。出内库钱万贯，令内园召募力士。幽州监军奏：都知兵马使李再义与弟再宁同杀朱延嗣并其家属三百余人，推再义为留后。壬申，宰相李程为北都留守、河东节度使。敕户部所管同州长春宫庄宅，宜令内庄宅使管系。

冬十月乙未朔。乙亥，以幽州衙前都知兵马使李再义检校户部尚书，充卢龙军节度副大使、知节度使，仍赐名载义。壬戌，以中书舍人崔郾为礼部侍郎。

　　十一月甲子朔，以太清宫道士赵归真充两阶道门都教授博士。帝好深夜自捕狐狸，宫中谓之"打夜狐"。中官许遂振、李少端、鱼志弘以侍从不及削职。壬申，以户部尚书胡证检校兵部尚书，兼广州刺史，充岭南节度使。甲申，以右仆射、同平章事李逢吉检校司空、同平章事，兼襄州刺史，充山南东道节度使、临汉监牧使。乙酉，同州刺史裴武卒。已丑，诏朝官及方镇人家不得置私白身。癸巳，以前东都留守杨于陵为太子少傅。中官李奉义、王惟直、成守贞各杖三十，分配诸陵；宣徽使阎弘约、副使刘弘逸各杖二十。

　　十二月甲午朔。辛丑，帝夜猎还宫，与中官刘克明、田务成、许文端打球，军将苏佐明、王嘉宪、石定宽等二十八人饮酒。帝方酣，入室更衣，殿上烛忽灭，刘克明等同谋害帝，即时殂于室内，时年十八。群臣上谥曰睿武昭愍孝皇帝，庙号敬宗。大和元年七月十三日，葬于庄陵。

　　史臣曰：古人谓尧无子，舜无父，言其贤不肖之相远也。以文惠骄诞之性，继之以昭愍，固其宜也。而昭献、昭肃，英特不群，文足以纬邦家，武足以平祸乱。三子之操行顿异，其何道哉？宝历不君，国统几绝，天未降丧，幸赖裴度，复任弥谐。彼狡童兮，夫何足议！

　　文宗元圣昭献孝皇帝讳昂，穆宗第二子，母曰贞献皇后萧氏。元和四年十月十日生。长庆元年封江王。初名涵。宝历二年十二月八日，敬宗遇害，贼苏佐明等矫制立绛王勾当军国事。枢密使王守澄、中尉梁守谦率禁军讨贼，诛绛王，迎上于江邸。癸卯，见宰臣于阁内，下教处分军国事。甲辰，僧惟真、齐贤、正简，道士赵归真，并配流岭南，击毬军将于登等六人令本军处置。宰臣百寮三上表劝进。乙巳，即位于宣政殿。丙午，上赴西宫成服。丁未，宰臣百寮上表请听政，三表，许之。道士纪处玄、杨冲虚，伎术人李元戢、王信等，并配流岭南。戊申，尊圣母为皇太后。已酉，敕凤翔、淮南先进女乐二十四人，并放归本道。庚戌，以正议大夫、尚书兵部侍郎、知制诰、充翰林学士、柱国、赐紫金鱼袋韦处厚为中书侍郎、同中书门下平章事。以翰林学士路随承旨,侍讲学士宋申锡充书诏学士。丙辰,以山南东道节度使柳公绰为刑部尚书。丁巳,为绛王举哀,废朝三日,庚申,诏:

> 君天下者,莫尚乎崇澹泊,予困穷,遵道以端本,推诚而达下。故圣祖之诚,以慈俭为宝;大《易》明训,垂简易之文。未有上约而下不丰,欲寡而求不给。朕以眇薄,遭逢内难,刷君父之仇耻,摅亿兆之哀冤。而股肱大臣,群卿庶士,引义抗请,至于再三。以图宗社之安,以答华夷之望,俯从众欲,夙夜震兢。思所以克己复礼,修政安人,宵兴匪宁,旰食劳虑。夫俭过则酌之以礼,文胜则矫之以质。庶乎俗登太古,道洽生灵,仪刑家邦,以化天下。内庭宫人非职掌者,放三千人,任从所适。长春宫觓斗诸物,依前户部收管。鄠县渼陂、凤翔府洛谷地还府县。教坊乐官、翰林待诏、伎术官并总监诸色职掌内冗员者共一千二百七十人,并宜停废。总监中一百二十四人先属诸军,并各归本司。余七百三人,勒纳牒身,放归本管。先供教坊衣粮一百分、厢家及诸司新加衣粮三千分,并宜停给。五方鹰鹞并解放。今年新宣附食度支衣粮小儿一百人,并停给。别诏宣纂组雕镂不在常贡内者,并停。度支、盐铁、户部及州府百司应供宫禁年支一物已上,并准贞元元额为定。先造供禁中床榻以金筐瑟瑟宝钿者,悉宜停造。东头御马坊、毬场,宜却还龙武军。其殿及亭子,所司毁拆,余舍赐本军。应行从处张陈,不得用花蜡结蜡华饰。今年已来诸道所进音声女人,各赐束帛放还。城外坟墓先有开斫以备行幸处,宜晓示百姓,任其修塞。其大逆魁首苏功明等二十八人,并已处斩,宗族籍没。妖妄僧惟贞、道士赵归真等或假于卜筮,或托以医方,疑众挟邪,已从流窜。其情非奸恶,迹涉违误者,一切不问。凶徒既殄,寰宇仁康,载举令猷,用弘庶绩。布告中外,知朕意焉。

帝在藩邸,知两朝之积弊,此时厘革,并出宸衷,士民相庆,喜理道之复兴矣。壬戌，以前江西观察使殷侑为大理卿。

太和元年春正月癸亥朔。庚午，以御史中丞独孤朗为户部侍郎，以兵部尚书、权判左丞事段文昌为御史大夫。是夜，月掩毕大星。戊寅，以左散骑常侍李益为礼部尚书致仕，以京兆尹刘栖楚为桂管观察使。以前户部侍郎于敖为宣歙观察使，代崔群；以群为兵部尚书。癸未，以吏部侍郎庾承宣为京兆尹、兼御史大夫。丙申，复置两辅、六雍、十望、十紧、三十四州别驾。其诸色在京及内外诸军使等职事，并不在挟名限。己亥，以右散骑常侍、集贤殿学士、判院事张正甫为工部尚书。辛丑，以前广州节度使崔植为户部尚书，以太子少师、分司东都李绛检校司空，兼太常卿。乙巳，御丹凤楼，大赦，改元太和。甲寅，敕诸道节度观察使去任日，宜具交割状，仍限新使到任一月分析闻奏，以凭殿最。丙辰，以华州刺史钱徽为尚书右丞，以前河阳节度使崔弘礼为华州镇国军使。己未，以太子少保分司萧俛为检校右仆射，兼礼部尚书。庚申，以虔州刺史韩约为安南都护。

三月庚戌朔，右军中尉梁守谦清致仕，以枢密使王守澄代之。戊寅，以前苏州刺史白居易为秘书监，仍赐金紫。壬午，幽州李载义奏故张弘靖判官家属凡一百九十人，并送赴阙。

四月壬辰朔。癸巳，以太子少傅杨于陵守右仆射致仕，俸料全给。甲午，凤翔筑临汧城于汧阳县西北八十里。壬寅，毁升阳殿东放鸭亭；戊申，毁望仙门侧看楼十间；并敬宗所造也。以前亳州刺史张遵为邕管经略使。乙卯，以礼部尚书萧俛为太子少师分司。己未，忠武军节度王沛卒。庚申，以太仆卿高瑀检校左散骑常侍，充忠武军节度。己巳，贬山南东道节度副使李续为涪州刺史，山南东道行军司马张又新为汀州刺史，李逢吉党也。

五月壬戌朔。戊辰，诏："元首股肱，君臣象类，义深同体，理在坦怀。夫任则不疑，疑则不任。然自魏、晋已降，参用霸制，虚议搜索，因习尚存。朕方推表大信，置人心腹，庶使诸侯方岳，鼓洽道化，夷貊飞走，畅泳治功。况吾台宰，又何间焉。自今已后，紫宸坐朝，众寮既退，宰臣复进奏事，其监搜宜停。"丙子，以天平军节度使 守司徒、同中书门下平章事乌重胤为横海军节度使；以前摄横海军节度副使、检校国子祭酒、侍御史李同捷检校左散骑常侍，兼兖州刺史，充海沂密等州节度使。就加魏博史宪诚同平章事。甲申，淮南节度、盐铁、转运等使王播来朝。丙戌夜，荧惑犯右执法。

六月辛卯朔，敕文武常参官朝参不到，据料钱多少，每贯罚二十五文。癸巳，以淮南节度副大使、知节度事、管内营田观察处置临海监牧等使，兼诸道盐铁转运等使、银青光禄大夫、检校司空、同中书门下平章事、扬州大都督府长史、上柱国、太原县开国伯、食邑七百户王播可尚书左仆射、同中书门下平章事，依前充诸道盐铁转运使。以御史大夫段文昌代播为淮南节度使。丙申，左司郎中、兼侍御史知杂温造权知御史中丞。癸卯，诏："元和、长庆中，皆因用兵，权以济事，所下制敕，难以通行。宜令尚书省取元和已来制敕，参详删定讫，送中书门下议定闻奏。"甲寅，以旱放系囚。

七月辛酉朔。癸亥，太常卿李绛进封魏国公。李同捷除衮海，不受诏，结幽镇谋叛。癸酉，葬敬宗于庄陵。辛巳，敕今年权于东都置举。徐州王智兴请全军讨李同捷。

八月庚寅朔，以工部侍郎独孤朗为福建观察使，以太府卿裴弘泰为黔中经略使、观察使。左仆射致仕杨于陵让全给俸料，许之。庚子，诏削夺李同捷在身官爵，复以张茂宗为衮海沂密节度使。辛丑，邠宁节度使高承简卒。壬寅，以刑部尚书柳公绰检校左仆射，充邠宁节度使。戊申，以谏议大夫张仲方为福建观察使。癸丑，前福建观察使独孤朗卒。

九月庚申朔。癸亥，以左神策军将军、知军事何文哲为鄜坊丹延节度使。甲戌，以左神策大将军、知军事李泳为单于都护，充振武麟胜节度使。丁丑，浙西观察使李德裕、浙东观察使元稹就加检校礼部尚书。壬午，桂管观察使刘栖楚卒。丙戌，以谏议大夫萧裕为桂管观察使。癸丑，衮州复置莱芜县。

十一月己未朔。丙申，河中薛平奏虞乡县有白虎入灵峰观。天平横海等军节度使、守司徒、同中书门下平章事乌重胤卒。庚辰，以保义军节度、晋磁等州观察处置等使李寰为横海军节度使。癸巳，以晋州、磁州复隶河中。癸巳，以左丞钱徽为华州刺史。丁酉，右金吾卫大将军王公亮为潭州刺史、湖南观察使。

二年春正月戊午朔。壬申，以右散骑常侍孔戢为京兆尹。

二月丁亥朔，以兵部侍郎王起为陕虢观察使，代韦弘景；以弘景为尚书左丞。乙巳，以刑部侍郎卢元辅为兵部侍郎，秘书监白居易为刑部侍郎。庚戌，敕李绛所进则天太后删定《兆人本业》三卷，宜令所在州县写本散配乡村。

三月丁丑朔，度支奏："京兆府奉先县界卤池侧近百姓，取水柏柴烧灰煎盐，每一石灰得盐一十二斤一两，乱法甚于咸土，请行禁绝。今后犯者据灰计盐，一如两池盐法条例科断。"从之。辛巳，上御宣政殿亲试制策举人。以左散骑常侍冯宿、太常卿贾𫗧、库部郎中庞严为考制策官。

闰三月丙戌朔，内出水车样，令京兆府造水车，散给缘郑白渠百姓，以溉水田。

夏四月丙辰朔。壬午，以邕管经略使王茂元为容管经略使。

五月乙酉朔。丁巳，命中使于汉阳公主及诸公主第宣旨：今后每遇对日，不得广插钗梳，不须著短窄衣服。乙未，以吏部侍郎丁公著为礼部尚书。庚子，敕："应诸道进奉内库，四节及降诞进奉金花银器并纂组文缬杂物，并折充铤银及绫绢。其中有赐与所须，待五年后续有进止。"帝性恭俭，恶侈靡，庶人务敦本，故有是诏。帝与侍讲学士许康佐语及取蚺蛇胆，生剖其腹，为之恻然。乃诏度支曰："每年供进蚺蛇胆四两，桂州一两、贺州二两、泉州一两，宜于数内减三两，桂、贺、泉三州轮次岁贡一两。"帝自撰集《尚书》中君臣事迹，命画工图于太液亭，朝夕观览焉。王廷凑出兵侵邻藩，欲挠王师以援李同捷，昭义刘从谏请出军讨之。

六月乙卯朔，晋王普薨，赠为悼怀太子。陈州水，害秋稼。癸亥，四方馆请赐印，其文以"中书省四方馆"为名。辛酉，以吏部书郑绲为太子少保。辛巳，以灵武节度使李进诚为邠宁节度使，以天德军使李文悦为灵武节度使。乙酉，以前邠宁节度使柳公绰检校左仆射，兼刑部尚书。甲辰，诏宰臣集三署品已上常参官，议讨王廷凑可否。是夜，彗西出摄提南，长二尺。

八月甲寅朔。丁巳，以兵部侍郎卢元辅为华州镇国军使，以代钱徽；以徽为吏部尚书致仕。壬戌，京畿奉先等十七县水。

九月甲申朔。丁亥，王智兴拔棣州。以新除横海军节度使李寰为夏州节度使。甲午，诏削夺王廷凑在身官爵，邻道接界随便进讨。以前夏州节度使傅良弼为横海军节度使。庚戌，安南军乱，逐都护韩约。

冬十月癸丑朔。丁巳，罢扬州海陵监牧。以户部尚书崔植为华州刺史、镇国军使。丙寅，岭南节度使胡证卒。辛未，以江西观察使李宪为岭南节度使。癸酉，以尚书右仆射、同平章事窦易直检校左仆射、同平章事，充山南东道节度使、临汉监牧等使，代李逢吉，以逢吉为宣武军节度使，代令孤楚，以楚为户部尚书。以右丞沈传师为江西观察使。己卯，以河南尹王璠为右丞，以左散骑常侍冯宿为河南尹。

十一月癸未朔。乙酉，以金吾卫大将军李祐为横海军节度使，新除傅良弼赴镇，卒于陕州故也。甲辰，禁中巳时昭德寺火，直宣政殿之东，至午未间，北风起，火势益甚，至暮稍息。

十二月壬子朔。乙丑，魏博行营都知兵马使亓志绍率所部兵马二万人谋叛，欲杀史宪诚父子。壬申，中书侍郎、同平章事韦处厚暴卒。戊寅，诏以兵部侍郎、知制诰、充翰林学士路随为中书侍郎、同平章事。

三年春正月壬午朔。丙戌，亓志绍率兵回据永济县，其众分散入诸县邑。史宪诚告难，诏沧州行营兵士赴之。丁亥，京兆尹孔戢卒。庚寅，吏部尚书致仕钱徽卒。庚子，李听杀败亓志绍兵，志绍北走镇州。甲辰,以太常卿李绛检校司空、兼兴元尹、山南西道节度使。华州刺史、镇国军潼关防御使崔植卒。己酉,以前山南西道节度使王涯为太常卿。

二月辛亥朔,以兵部尚书崔群为荆南节度使。甲寅,荆南节度使王潜卒。

三月辛巳朔,以户部尚书令狐楚为东都留守。乙酉,敕兵戈未息,教坊每日祗候乐人宜权停。壬辰,易定节度使柳公济卒。以前东都留守崔从为户部尚书。

夏四月庚午,王智兴奏部下将石雄摇扇军情,请行朝典,乃长流白州。

五月己卯朔。甲申,柏耆斩李同捷于将陵,沧景平,李祐入沧州。丁亥,御兴安楼,受沧州所献。李祐送李同捷母、妻及男元达等赴阙,诏并宥之,令于湖南安置。贬沧德宣慰使、谏议大夫柏耆循州司户,宣慰判官、殿中侍御史沈亚之虔州南康尉,以擅入沧州取李同捷,诸镇所怒,奏论之也。丙申,横海军节度使李祐卒。以泾原节度使李祐为齐、德等州节度使,改名有裕。丁酉,以前义武军节度使傅毅为沧州刺史、横海军节度使。辛丑,以右金吾卫大将军张惟清检校司空,充泾原节度使;以左金吾卫大将军刘遵古为邠宁节度使。

六月己酉朔。辛亥,以魏博节度使史宪诚检校司徒、兼侍中、河中尹,充河中晋绛节度使;以义成军节度使李听兼充魏博节度使;以魏博节度副使、检校工部尚书史孝章为相卫节度使。壬申,敕:"元和四年敕禁铅锡钱皆纳官,许人纠告,一钱赏百钱,此为太过。此后以铅锡钱交易者,一贯以下,州府常行杖决脊杖二十;十贯以下决六十,徒三年;过十贯已上,集众决杀。能纠告者,一贯赏钱五十文。"

秋七月己卯朔。癸未,中使齐弘逸送史宪诚旌节自魏州还,称六月二十六日夜,魏博军乱,杀史宪诚,立大将何进滔为留后,其新节度使李听入城不得。乙丑,河中节度使薛平依前河中节度使。乙

未,岭南节度使李宪卒。兵中侍郎卢元辅卒。丁酉,以京兆尹崔护
为御史大夫、广南节度使。戊戌,以大理卿李谅为京兆尹。乙巳,以
礼部尚书、翰林侍讲学士丁公著检校户部尚书,兼润州刺史,充浙
江西道观察使;以前浙西观察使、检校礼部尚书李德裕为兵部侍
郎。辛亥,魏博何进滔奏:准诏割相、卫三州,三军不受。壬子,诏以
魏博衙内都知兵马使何进滔检校左散骑常侍,充魏博节度使。癸
丑,以卫尉卿殷侑检校工部尚书,为齐德沧节度使。辛酉,京畿、奉
先等九县旱,损田。播州流人卫中行卒。宋、亳水,害稼。壬申,诏
雪王廷凑,复官爵。甲戌,以吏部侍郎李宗闵同中书门下平章事。

九月戊寅朔。辛巳,敕两军、诸司、内官不得著纱縠绫罗等衣
服。帝性俭素,不喜华侈。驸马韦处仁戴夹罗巾,帝谓之曰:“比慕
卿门地清素,以之选尚。如此巾服,从他诸戚为之,唯卿非所宜也。”
壬辰,以兵部侍郎李德裕检校户部尚书,兼滑州刺史、义成军节度
使。戊戌,以前睦州刺史陆亘为越州刺史、浙东观察使,代元稹;以
稹为尚书左丞,代韦弘景;以弘景为礼部尚书。

冬十月戊申朔。己酉,江西沈传师奏:皇帝诞月,请为僧尼起方
等戒坛。诏曰:“不度僧尼,累有敕命。传师忝为藩守,合奉诏条,诱
致愚妄,庸非理道,宜罚一月俸料。”丙辰,以前义成军节度使李听
为太子少师。癸亥,以户部侍郎崔元略为户部尚书、判度支。以中
书舍人韦词辛为湖南观察使。

十一月丁丑朔。庚辰,太子太傅郑絪卒。丙戌,敕前亳州刺史
李繁于京兆府赐死。甲申,帝亲祀昊天上帝于南郊,礼毕,御丹凤
门,大赦。节文禁止奇贡,云:“四方不得以新样织成非常之物为献,
机杼纤丽若花丝布撩绫之类,并宜禁断。敕到一月,机杼一切焚弃。
刺史分忧,得以专达。事有违法,观察使然后奏闻。”丙申,西川奏南
诏蛮入寇。甲辰,王智兴来朝。乙巳,以智兴守太傅,依前平章事、
武宁军节度使,进封雁门郡王。

十二月丁未朔,南蛮逼戎州,遣使起荆南、鄂岳、襄邓、陈许等
道兵赴援蜀川。以剑南东川节度使郭钊为西川节度使,仍权东川

事。壬子，贬剑南西川节度使杜元颖为韶州刺史。遣中使杨文端赍诏赐南蛮王蒙丰佑。蛮军陷邛、雅等州。戊午，以右领军卫大将军董重质充神策西川行营都知兵马使。西川奏蛮军陷成都府。东川奏蛮军入梓州西郭门下营。又诏促诸镇兵救援西川。己丑，以东都留守令狐楚检校右仆射、天平军节度使，代崔弘礼为东都留守。丁卯，贬杜元颖循州司马。乙巳，郭钊奏蛮军抽退，遣使赐蛮帅蒙篅巅国信。辛未，以太子少师李听为邠宁节度使。癸酉，以中丞温造为右丞，吏部郎中宇文鼎为中丞。

旧唐书卷一七下
本纪第一七下

文宗下

　　太和四年春正月丙子朔。辛卯,武昌军节度使牛僧孺来朝。丙戌,以左神策军大将军丘直方为鄜坊节度使。戊子,诏封长男永为鲁王。辛卯,以武昌节度使、鄂岳蕲黄安申等观察处置等使、金紫光禄大夫、检校吏部尚书、同中书门下平章事、上柱国、奇章郡开国公牛僧孺为兵部尚书、同中书门下平章事。壬辰,以兵部侍郎崔郾为陕虢观察使。封鲁王母王氏为昭仪。癸巳,以前邠宁节度使刘遵古为剑南东川节度使。甲午,守左仆射、同平章事、诸道盐铁转运使王播卒。丙申,以太常卿王涯为吏部尚书,充诸道盐铁转运使。辛丑,以尚书左丞杜元颖检校户部尚书,充武昌军节度、鄂岳蕲黄安申等州观察使。癸卯,以前陕虢观察使王起为左丞。

　　二月丙午朔。戊午,兴元军乱,节度使李绛举家被害,判官薛齐、赵存约死之。庚申,以左丞温造为兴元节度使。辛未,夏州节度使李寰卒。壬申,以神策行营节度使董重质为夏绥银宥节度使。

　　三月乙亥,以河东节度使李程检校左仆射、同平章事,兼河中尹、晋绛磁隰等州节度使,以刑部尚书柳公绰检校左仆射、太原尹、北都留守、河东节度使。丁丑,以前河中节度使薛平为太子太保。丁亥,以卫尉卿桂仲武为福建观察使。兴元温造奏:"害李绛贼首丘鉴、丘铸及官健千人,并处斩讫。其亲刃绛者斩一百段,号令者三段,余并斩首。内一百首祭李绛,三十首祭死王事官寮,其余尸首并投于汉江。"己丑,诏兴元监军使杨叔元宜配流康州百姓,锢身递于配所。丁酉,监修国史、中书侍郎平章事路随进所撰《宪宗实录》四十卷,优诏答之,赐史官等五人锦绣银器有差。癸卯,以淮南节度使段文昌检校尚书左仆射、同中书门下平章事,兼江陵尹,充荆南节度使;以前太子宾客崔从检校右仆射、扬州大都督府长史、淮南节度使。甲辰,以前荆南节度使崔群检校右仆射、兼太常卿。以中书舍人李虞仲为华州刺史,代严休复;以休复为右散骑常侍。

夏四月乙巳朔。丙午,以右散骑常侍、翰林侍讲学士郑覃为工部尚书。丁未,兵部尚书致仕张贾卒。丁巳,贬前齐德沧景等州节度使李有裕为永州刺史,驰驿赴任。庚申,以尚书左丞王起为户部尚书、判度支,代崔元略;以元略检校吏部尚书,为东都留守。辛酉夜,月掩南斗第二星。壬戌,诏曰:"俭以足用,令出惟行,著在前经,斯为理本。朕自临四海,愍元元之久困,日昃忘食,宵兴疚怀。虽绝文绣之饰,尚愧茅茨之俭。亦谕卿士,形于诏条。如闻积习流弊,余风未革。车服第室,相高以华靡之制;资用货宝,固启于贪冒之源。有司不禁,侈俗滋扇。盖朕教导之未敷,使兆庶昧于耻尚也。其何以足用行令,臻于致理欤!永念惭叹,迨兹申敕。自今内外班列职位之士,各务素朴,弘兹国风。有僭差尤甚者御史纠上。主者宣示中外,知朕意焉。"文宗承长庆、宝历奢靡之风,锐意惩革,躬行俭素,以率厉之。辛未,以前东都留守崔弘礼为刑部尚书。镇州王廷凑请修建初、启运二陵,从之。

五月甲戌朔。丁丑,以旱命京城诸司疏理系囚。己卯,通化南北二门锁不可开,钥入,如有持之者。上令铁工破锁,时日已及辰矣。丁亥,改郓州东平县为天平县。戊子,敕度支每岁于西川织造绫罗锦八千一百六十七匹,令数内减二千五百十匹。

六月癸卯朔。丁未,以守司徒、门下侍郎、平章事、上柱国、开国公、食邑三千户、食实封三百户裴度守司徒、平章军国重事;待疾损日,每三日、五日一度入中书。辛未夜,自一更至五更,大小星流旁午,观者不能数。壬申,诏:如闻诸司刑狱例多停滞,委尚书左右丞及监察御史纠举以闻。

秋七月癸酉朔。癸未,诏以朝议郎、尚书右丞、上柱国、赐紫金鱼袋宋申锡为正议大夫、行尚书右丞、同中书门下平章事。乙酉,敕:"前行郎中知制诰者,约满一周年,即与正授;从谏议大夫知者,亦宜准此;余依长庆二年七月二十七日敕处分。"振武置云伽关,加镇兵千人。以吏部侍郎王播为京兆尹、兼御史大夫,代李谅为桂管观察使。太原饥,赈粟三万石。赐十六宅诸王绫绢二万匹。丁酉,守司徒裴度上表辞册命,言:"臣此官已三度受册,有觍面目。"从之。

八月壬寅朔。丙辰,鄜州水,溺居民三百余家。太原柳公绰奏云、代、蔚三州山谷间石化为面,人取食之。己未,宣歙观察使于敖卒。甲子,内出绫绢三十万匹,付户部充和籴。戊辰,幸梨园亭,会昌殿奏新乐。

九月壬申朔。丁丑,以大理卿裴谊检校右散骑常侍,充江西观察使,代沈传师;以传师为宣歙观察使。内出绫三千匹,赐宥州筑城兵士。戊寅,舒州太湖、宿松、望江三县水,溺民户六百八十,诏以义仓赈贷。庚辰,吏部尚书王涯为右仆射,依前盐铁转运使。壬午,以守司徒、平章军国重事、晋国公裴度守司徒、兼侍中,充山南东道节度使。以投来奚王茹羯为右骁卫将军同正。丙戌,以前山南东道节度使窦易直为尚书左仆射。戊子,吏部尚书致仕裴向卒。己丑,淮南天长等七县水,害稼。丁酉,前丰州刺史、天德军使浑瑊坐赃七千贯贬,贬袁州司马。

冬十月壬寅朔。戊申,以东都留守崔元略检校吏部尚书,兼滑州刺史、义成军节度使,代李德裕;以德裕检校兵部尚书,兼成都尹,充剑南西川节度使。己酉,京师有熊入庄严寺。庚戌,以前刑部尚书崔弘礼为东都留守。甲寅,以前剑南西川节度使、检校司空郭钊为太常卿,代崔群为吏部尚书。丁卯,御史中丞宇文鼎奏:"今月十三日,宰臣宣旨,今后群臣延英奏事,前一日进状入来者。臣以寻常公事,不暇面论,但见表章,足以陈露。倘临时忽有公务,文字不足尽言,则咫尺天听无路闻达。更俟后坐,动逾数辰,处置之间,便有不及。伏乞重赐宣示,限以状入者,并在卯前;如在卯后,听不收览。自然人各遵守,礼亦得中。"从之。

十一月辛未朔。是夜,荧惑近左执法。癸巳,以左丞康承宣为兖海沂密等州节度使。淮南大水及虫霜,并伤稼。

十二月辛丑朔,沧州殷侑请废景州为景平县。己酉,义成军节度使崔元略卒。壬子,以左金吾卫大将军段嶷为义成军节度使。癸丑,湖南观察使韦词卒。丙辰,以工部侍郎崔琯为京兆尹,代王播为尚书左丞。癸亥,东都留守崔弘礼卒。以同州刺史高重为潭州刺史、兼御史中丞,充湖南观察使。甲子,左仆射致仕杨于陵卒,赠司空。丙寅,以前河南尹冯宿为工部侍郎。戊辰,以太子宾客分司白居易为河南尹,以代韦弘景;以弘景守刑部尚书、东都留守。

闰十二月辛未朔。壬申,太常卿郭钊卒,赠司徒。壬辰,废齐州归化县地入临邑县。废景州,其县隶沧州刺史。

是岁,京畿、河南、江南、荆襄、鄂岳、湖南等道大水,害稼,出官米赈给。

五年春正月庚子朔,以积阴浃旬,罢元会。丁巳,赐沧德节度使曰义昌军。太原旱,赈粟十万石。己未,诏方镇节度观察使请入观者,先上表奏闻,候允则任进程。庚申,幽州军乱,逐其帅李载义,立后院副兵马使杨志诚为留后。癸亥,诏端午节辰,方镇例有进奉,其杂彩匹段,许进生白绫绢。己丑,以权知渤海国务大彝震检校秘书监、忽汗州都督、渤海国王。

二月庚午朔。壬辰,以卢龙军节度使、守太保、同平章事李载义守太保、同中书门下平章事。时载义失守入朝,赐第于永宁里,给赐优厚。丙申,以桂管观察使李谅为岭南节度使。戊戌,神策中尉王守澄奏得军虞候豆卢著状,告宰相宋申锡与漳王谋反。即今追捕。庚子,诏贬宋申锡为太子右庶子。壬寅,左常侍崔玄亮及谏官等十四人伏奏玉阶:"北军所告事,请不于内中鞫问,乞付法司。"帝曰:

"吾已谋于公卿矣,卿等且退。"崔玄亮泣涕陈谏久之,帝改容劳之曰:"朕即与宰臣商议。"玄亮等方退。癸卯,诏漳王凑可降为巢县公,右庶子宋申锡开州司马同正。初,京师恟恟,以宰相实联亲王谋逆,三四日后,方知诬构。人士侧目于守澄、郑注,故谏官号泣论之,申锡方免其祸。己酉,敕以李载义入朝,于曲江亭赐宴,仍命宰臣官寮赴会。辛酉,以黔中观察使裴弘泰为桂管经略使,以前安州刺史陈正仪为黔中观察使。丁卯,紫宸奏事,宰相路随至龙墀,身仆于地,令中人掖之。翌日,上疏陈退,识者嘉之。

夏四月己巳朔。甲戌,以新罗王嗣子金景徽为开府仪同三司、检校太保,使持节鸡林州诸军事、鸡林州大都督、宁海军使、上柱国,封新罗王;仍封其母朴氏为新罗国太妃。丁亥,诏:"史官记事,用戒时常,先朝旧制,并得随仗。其后宰臣撰时政记,因循斯久,废坠实多。自今后宰臣奏事,有闻献替及临时处分稍涉政刑者,委中书门下丞一人随时撰录,每季送史馆,庶警朕阙,且复官常。"己丑,以李载义为山南西道节度,依前守太保、同平章事,代温造;以造为兵部侍郎。以幽州卢龙节度留后杨志诚检校工部尚书,为幽州卢龙节度使。

五月戊戌朔,太庙第四室、第六室破漏,有司不时修葺,各罚俸。上命中使领工徒及以禁中修营材葺之。右补阙韦温上疏论曰:"宗庙不葺,罪在有司弛慢,宜加重责。今有司止于罚俸,便委内臣葺修,是许百司之官公然废职。以宗庙之重,为陛下所司,则群官有司,便同委弃,此臣窃为圣朝惜也。事关宗庙,皆书史册,苟非旧典,不可率然。伏乞更下诏书,复委所司营葺,则制度不紊,官业各修矣。"疏奏,帝嘉之,乃追止中使,命有司修奉。戊午,西川李德奏裕:南蛮放还先虏掠百姓、工巧、僧道约四千人还本道。辛酉,东都留守、刑部尚书韦弘景卒。丙寅,以京兆尹崔琯为尚书左丞。太常少卿庞严权知京兆尹。

六月丁卯朔。戊寅,以霖雨涉旬,诏疏理诸司系囚。辛卯,苏、杭、湖南水害稼。甲午,东川奏:玄武江水涨二丈,梓州罗城漂人庐舍。

秋七月丁酉朔。庚子，赠太子宾客李渤礼部尚书。辛丑，以兵部侍郎温造检校户部尚书，为东都留守。甲辰，以太子少师分司、上柱国、袭徐国公萧俛守左仆射致仕。剑南东、西两川水，遣使宣抚赈给。己未，以给事中罗让为福建观察使。

八月丙寅朔。庚午，武昌军节度使、检校户部尚书元稹卒。辛未，贬刑部员外郎舒元舆为著作郎。元舆累上表请自效，并进文章，朝议责其躁进也。壬申，以河阳三城怀州节度使杨元卿为宣武军节度，代李逢吉；以逢吉检校司徒、兼太子太师，充东都留守，代温造；以温造为河阳三城怀州节度使。戊寅，以陕虢观察使崔郾为鄂岳安黄观察使。甲申，以中书舍人崔咸为陕州防御使。诏陕州旧有都防御观察使额宜停，兵马属本州防御使。丙戌，京兆尹庞严卒。庚寅，以司农卿、驸马都尉杜悰为京兆尹。

九月丙申朔。甲辰，贬太子左庶子郭求为婺王府司马，以其心疾，与同寮忿竞也。翰林学士薛廷老、李让夷皆罢职守本官。廷老在翰林，终日酣醉无仪检，故罢。让夷常推荐廷老，故坐累也。己未，以左仆射窦易直判太常卿。西川李德裕奏收复吐蕃所陷维州，差兵镇守。

冬十月乙丑朔，以前绵州刺史郑绰为安南都护。戊寅，蛮寇巂州，陷二县。辛巳，沧州移清池县于南罗城内置。

十一月乙未朔。庚戌，凤翔节度使王承元来朝。己未，以承元检校司空、青州刺史，充平卢军节度使。癸亥，以尚书左仆射、判太常卿事窦易直检校司空，为凤翔陇右节度使。

十二月乙丑朔。戊寅，以左丞王播兼判太常卿事。甲申，贬新除桂管观察使裴弘泰为饶州刺史，以除镇淹程不进，为宪司所纠故也。癸巳，以郑州刺史李翱为桂管观察使。

是岁，淮南、浙江东西道、荆襄、鄂岳、剑南东川并水，害稼，请蠲秋租。是冬，京师大雨雪。

六年春正月乙未朔，以久雪废元会。戊戌，振武李泳招收得黑山外契苾部落四百七十三帐。壬子，诏："朕闻'天听自我人听，天视自我人视'。朕之菲德，涉道未明，不能调序四时，导迎和气。自去冬已来，逾月雨雪，寒风尤甚，颇伤于和。念兹庶旽，或罹冻馁，无所假贷，莫能自存。中宵载怀，旰食兴叹，怵惕若厉，时予之辜。思弘惠泽，以顺时令。天下死罪囚，除官典犯赃、故意杀人外，并降从流，流已下递降一等。应京畿诸县，宜令以常平义仓斛斗赈恤。京城内鳏寡癃残无告不能自存者，委京兆尹量事济恤，具数以闻。言念赤子，视之如伤。天或警予，示此阴沴，抚躬夕惕，予甚悼焉。"群臣拜表上徽号。甲寅，司徒致仕薛平卒。

二月甲子朔，以前义昌军节度使殷侑检校吏部尚书，充天平军节度、郓曹濮等州观察使、代令狐楚；以楚检校右仆射，兼太原尹、北部留守、河东节度使。戊寅，苏、湖二州水，赈米二十二万石，以本州常平义仓斛斗给。庚辰，户部尚书、判度支王起请于邠宁、灵武置营田务，从之。己丑，寒食节，上宴群臣于麟德殿。是日，杂戏人弄孔子，帝曰："孔子，古今之师，安得侮渎。"亟命驱出。

三月甲午朔。辛丑，以武宁军节度使、守太傅、同平章事王智兴兼侍中，充忠武军节度、陈许蔡观察等使。以邠宁节度使李听为武宁军节度、徐泗濠观察等使；以金吾卫大将军孟友亮为邠宁节度使。以前河东节度使柳公绰为兵部尚书。辛酉，以前忠武军节度使高瑀检校右仆射，充武宁军节度使、徐泗濠观察等使。

夏四月癸亥朔。乙丑，兵部尚书柳公绰卒。戊寅，以新除武宁军节度使李听为太子太保。

五月癸巳朔。甲辰，西川修邛崃关城，又移巂州于台登城。壬子，浙西丁公著奏杭州八县灾疫，赈米七万石。丁巳，以盐州刺史王晏平检校左散骑常侍、御史大夫，充灵盐节度使。己未，兴平县人上官兴因醉杀人而亡窜，官捕其父囚之，兴归，待罪有司。京兆尹杜悰、中丞宇文鼎以兴自首免父之囚，其孝可奖，请免死。诏两省参议，皆言杀人者死，古今共守，兴不可免。上竟从悰等议免死，决杖八十，配流灵州。庚申，诏："如闻诸道水旱害人，疾疫相继，宵旰罪己，兴寝疚怀。今长史奏申，札瘥犹甚。盖教化未感于蒸人，精诚未格于天地，法令或爽，官吏为非。有一于兹，皆伤和气。并委中外臣寮，一一具所见闻奏，朕当亲览，无惮直言。其遭灾疫之家，一门尽殁者，官给凶器。其余据其人口遭疫多少，与减税钱。疫疾未定处，官给医药。诸道既有赈赐，国费复虑不充，其供御所须及诸公用，量宜节减，以救凶荒。"

六月壬戌朔。丙寅，京兆尹杜悰兼御史大夫。戊寅，右仆射王涯奉敕，准令式条疏士庶衣服、车马、第舍之制度。敕下后，浮议沸腾。杜悰于敕内条件易施行者宽其限，事竟不行，公议惜之。

秋七月辛卯朔。甲午，以谏议大夫王彦威、户部郎中杨汉公、祠部员外郎苏涤、右补阙裴休并充史馆修撰。故事，史官不过三员，或止两员，今四人并命，论者非之。戊申，原王逵薨。癸丑，以前灵武节度使李文悦为兖海沂密节度使。己未，以河中节度使李程为左仆射；以户部尚书、判度支王起检校吏部尚书，充河中晋磁隰节度使；以御史中丞、兼刑部侍郎宇文鼎为户部侍郎、判度支。

八月辛酉朔，吏部尚书崔群卒。以驾部郎中、知制诰李汉为御史中丞。乙丑，以尚书右丞、判太常卿王璠检校礼部尚书、润州刺史、浙西观察使。庚午，山南东道节度使裴度来朝。壬申，以前浙西观察使丁公著为太常卿。甲戌，御史中丞李汉奏论仆射上事仪，不合受四品已下官拜。时左仆射李程将赴省上故也。诏曰："仆射上仪，近定所缘拜礼，皆约令文，已经施行，不合更改，宜准太和四年十一月十六日敕处分。

九月庚寅朔，淄青初定两税额，五州一十九万三千九百八十九贯，自此上淄青始有上供。庚子，以太傅赵宗儒守司空致仕。辛丑，涿州置新城县，古督亢之地也。丁未，太常卿丁公著卒。庚戌，司空致仕赵宗儒卒。壬子，以右金吾卫将军史孝章为邠州刺史、邠坊丹延节度使。

冬十月庚子朔。甲子，诏鲁王永宜册为皇太子。壬午，以左金吾卫将军李昌言检校左散骑常侍，充夏绥银宥节度使。甲申，以谏议大夫王彦威为河中少尹，以其论上官兴狱太徼讦故也。

十一月己丑朔。丁未，淮南节度使、检校右仆射崔从卒。乙卯，以荆南节度使段文昌为剑南西川节度使，依前检校左仆射、同平章事。

十二月己未朔。乙丑，以中书侍郎、同平章事牛僧孺检校右仆射、同平章事、扬州大都督府长史，充淮南节度使。戊辰，内养王宗禹渤海使回，言渤海置左右神策军、左右三军一百二十司，画图以进。以尚书右丞崔琯为江陵尹、荆南都团练观察使。珍王诚薨。乙亥，昭义节度使刘从谏来朝。丁未，以前西川节度使李德裕为兵部尚书。责授循州司户杜元颖卒，赠湖州刺史。

七年春正月乙丑朔，御含元殿受朝贺。比年以用兵、雨雪，不行元会之仪。故书，吴、蜀贡新茶，皆于冬中作法为之，上务恭俭，不欲逆其物性，诏所供新茶，宜于立春后造。甲午，加刘从谏同平章事。襄州裴度奏请停临汉监牧，从之。此监元和十四年置，马三千二百匹，废百姓田四百余顷，停之为便。乙亥，以太府卿崔珙为广州刺史、岭南节度使。壬子，诏："朕承上天之眷佑，荷列圣之丕图，宵旰忧劳，不敢暇逸，思致康乂，八年于兹。而水旱流行，疫疾作沴，兆庶艰食，札瘥相仍。盖德未动天，诚未感物，一类失所，其过在予。载怀罪己之心，深轸纳隍之叹。如闻关辅、河东，去年亢旱，秋稼不登，今春作之时，农务又切，若不赈救，惧至流亡。京兆府赈粟十万石，河南府、河中府、绛州各赐七万石，同、华、陕、虢、晋等州各赐十万石，并以常平义仓物充。"以新除岭南节度使崔珙检校工部尚书，充武宁军节度使；以右金吾卫将军王茂元为岭南节度使。丙辰，以前武宁军节度使高瑀为刑部尚书。岭南五管及黔中等道选补使，宜权停一二年。

二月己未朔。己巳，以吏部侍郎庾承宣为太常卿。癸酉，以宗正卿李诜为陕州防御使，代崔咸；以咸为右散骑常侍。己卯，麟德殿对吐蕃、渤海、牂牁、昆明等使。辛巳，御史台奏：均王傅王堪男祯，国忌日于私第科决罚人。诏曰："准令，国忌日禁饮酒、举乐。决罚人吏，都无明文。起今后从有此类，不须举奏。王祯宜释放。"丙戌，诏以银青光禄大夫、守兵部尚书、上柱国、赞皇县开国伯、食邑七百户李德裕以本官同中书门下平章事。

三月戊子朔。庚寅，以前户部侍郎杨嗣复为尚书左丞。壬辰，以左散骑常侍张仲方为太子宾客分司。仲方为郎中时，常驳故相李吉甫谥，德裕秉政，仲方请告，因授之。己亥，岭南节度使李谅卒。辛丑，和王绮薨。复于甬桥置宿州，割徐州符离县蕲县、泗州虹县隶之，以东都盐铁院官吴季真为宿州刺史。癸卯，以京兆尹、驸马都尉杜悰检校礼部尚书，充凤翔陇右节度。己酉，安南奏：蛮寇当管金龙州，当管生獠国、赤珠落国同出兵击蛮，败之。庚戌，出给事中杨虞卿为常州刺史，中书舍人张元夫汝州刺史。以太府卿韦长为京兆尹。丙辰，以散骑常侍严休复为河南尹。丁巳，以给事中萧浣为郑州刺史。

夏四月戊午朔。辛酉，九姓回纥可汗卒。癸亥，前凤翔节度使、检校司空窦易直卒。癸酉，以同州刺史吴士智为江西观察使，以吏部侍郎高锐为同州刺史。庚辰，以工部侍郎李固言为右丞，中书舍人杨汝士为工部侍郎。壬子，以河南尹白居易为太子宾客，分司东都。甲申，以江西观察使裴谊为歙池观察使，代沈传师；以传师为吏部侍郎。以右金吾卫将军唐弘实使回纥，册九姓回纥爱登里罗汨没使合句录毗伽彰信可汗。

五月丁亥朔。丁酉，以李听为凤翔陇右节度使，依前检校司徒、兼太子太保。癸卯，兴元李载义来朝。癸丑，以前邛州刺史刘旻为安南都护。

六月丁巳朔。乙巳，以山南西道节度使李载义为太原尹、北都留守、河东节度使，依前守太保、同平章事。壬申，以御史中丞李汉为礼部侍郎，以工部尚书、翰林侍讲学士郑覃为御史大夫。甲戌，以刑部尚书高瑀为太子少保分司。乙亥，以中书侍郎、平章事李宗闵

检校礼部尚书、同平章事,兼兴元尹、山南西道节度使。丁丑,以左
金吾卫将军李从易为桂管观察使。己卯,以右神策大将军李用为邠
宁节度使。河阳修防口堰,役工四万,溉济源、河内、温县、武德、武
陟、五县田五千余顷。癸未,泾原节度使张惟清卒。乙酉,以前河东
节度使令狐楚检校右仆射,兼吏部尚书。

　　秋七月丙戌朔。丁亥,以右龙武统军康志睦为四镇北庭行军、
泾原节度使。壬寅,以金紫光禄大夫、守尚书右仆射、诸道盐铁转运
使、上柱国、代郡公、食邑二千户王涯可同中书门下平章事,领使如
故。甲辰,右丞李固言等奏状,论仆射省中上事,不合受四品已下
拜。敕旨宜准太和四年十一月十六日敕处分。乙巳,虢州刺史崔玄
亮卒。以左丞杨嗣复检校礼部尚书,充剑南东川节度使;以户部侍
郎庾敬休为左丞。己酉,以旱,命京城诸司疏决系囚。壬子,敕应任
外官带一品正京官者,纵不知政事,其俸料宜兼给。癸丑,以左仆射
李程检校司空,兼汴州刺史、宣武军节度使。甲寅,以旱徙市。左降
官开州司马宋申锡卒,诏许归葬。

　　闰七月乙卯朔,诏曰:“朕嗣守丕图,覆妪生类,兢业寅畏,上承
天休。而阴阳失和,膏泽愆候,害我稼穑,灾于黔黎。有过在予,敢
忘咎责。从今避正殿,减供膳,停教坊乐,厩马量减刍粟,百司厨馔
亦宜权减。阴阳郁堙,有伤和气,宜出宫女千人。五坊鹰犬量须减。
放内外修造事非急务者,并停。”时久无雨,上心忧劳。诏下数日,雨
泽沾洽,人心大悦。乙丑,以前宣武军节度杨元卿为太子太保。戊
戌,以给事中崔戎为华州刺史。癸未,以太子宾客李绅检校左散骑
常侍,兼越州刺史,充浙东观察使,代陆亘;以亘为宣歙观察使。

　　八月甲申朔,御宣政殿,册皇太子永。是日降诏:“应犯死降徒
流,流已下递减一等。诸王自今年后相次出阁,授紧望已上州刺史
佐。其十六宅诸县主,委吏部于选人中简择配匹,具以名闻。皇太
子方从师傅授《六经》,一二年后,当令齿胄国庠,以兴坠典。宜令国
子选名儒,置五经博士各一人。其公卿士族子弟,明年已后,不先入
国学习业,不在应明经进士限。其进士举宜先试帖经,并略问大义,

取经义精通者放及第。卿大夫者，下人之所视，远方之所仿，若非恭俭克己，廉真任人，而望其服从，固不可得。况朕不宝珠玉，不御纤华，逮于六宫，皆务俭薄。卿大夫得不叶朕此志，率先兆人？比年所颁制度，皆约国家令式，去其甚者，稍谓得中。而士大夫苟自便身，安于习俗，因循未革，以至于今。百官士族，起今年十月，其衣服舆马，并宜准太和六年十月七日敕。如有固违，重加黜责。文武常参官及诸州府长官子为父后者，赐勋两转。"癸巳，太子太保杨元卿卒。戊申，以京兆尹韦长兼御史大夫，以刑部尚书高瑀为忠武军节度使。

九月甲寅朔。丙寅，侍御史李款阁内奏弹前邠州行军司马郑注，曰："注内通敕使，外连朝官，两地往来，卜射财货，昼伏夜动，干窃化权。人不敢言，道路以目。请付法司推劾情款。"旬日之中，谏章数十上，由是授注通王府司马、兼侍御史，充神策军判官，中外骇叹。甲寅，以前忠武军节度使王智兴依前守太傅、兼侍中、河中尹、河中晋绛磁隰节度使代王起；以起为兵部尚书。

冬十月癸未朔，扬州江都等七县水，害稼。壬辰，上降诞日，僧徒、道士讲论于麟德殿。翌日，御延英，上谓宰臣曰："降诞日设斋，起自近远。朕缘相承已久，未可便革，虽置斋会，唯对王源中等暂入殿，至僧道讲论，都不临听。"宰相路随等奏："诞日斋会，诚资景福，本非中国教法。臣伏见开元十七年张说、源乾曜请以诞日为千秋节，内外宴乐，以庆昌期，颇为得礼。"上深然之，宰臣因请十月十日为庆成节，上诞日也。从之。辛酉，润、常、苏、湖四州水，害稼。

十一月癸丑朔。乙亥，泾原节度使康志睦卒。己卯，以左神策长武城使朱叔夜为泾州刺史，充泾原节度使。壬午，于银州置监牧。

十二月癸未朔。己亥，刑部详定大理丞谢登新篇《格后敕》六十卷，令删落详定为五十卷。庚子，幸望春宫，圣体不康。癸卯，天平军节度、检校司空王承元卒。丁未，以河南尹严休复检校礼部尚书，充平卢军节度、淄青登莱棣观察等使。戊申，以给事中王质权知河南尹。以河东节度副使李石为给事中。

八年春正月癸丑朔。丁巳，圣体痊平，御太和殿见内臣。甲子，御紫宸见群臣。丙寅，修太庙。令太常卿庾承宣摄太尉，遍告九室，迁神主于便殿。癸酉，扬、楚、舒、庐、寿滁、和七州去年水，损田四万余顷。

二月壬午朔，日有蚀之。庚寅，诏以圣躬痊复，赦系囚，放逋赋，移流人。己亥，蔚州飞狐镇置铸钱院。

三月壬子朔。甲寅，上巳，赐群臣宴于曲江亭。庚午，以山南东道节度使裴度充东都留守，依前守司徒、兼侍中；以东都留守李逢吉检校司徒，兼右仆射。癸酉，衮海节度使李文悦卒。丙子，以右丞李固言为华州刺史，代崔戎；以戎为衮海观察使。

四月壬午朔。壬辰，集贤学士裴潾撰《通选》三十卷，以拟昭明太子《文选》，潾所取偏僻，不为时论所称。甲午，以宿州刺史吴季真为邕管经略使。乙巳，翰林学士、兵部侍郎王源中辞内职，乃以源中为礼部尚书。

五月辛亥朔。己巳，修奉太庙毕，以吏部尚书令狐楚摄太尉，遍告神主，复正殿。飞龙神驹中厩火。

六月庚辰朔。辛巳，徙市。壬午，大理卿刘遵古卒。壬辰，陈许节度使高瑀卒。甲午，以旱，诏诸司疏决系囚。丙申，以前凤翔节度使、驸马都尉杜悰起复检校户部尚书，充忠武军节度使。戊戌，宰臣王涯、路随奏请依旧制读时令。庚子，衮海观察使崔戎卒。辛丑，同州刺史高钺卒。戊申，以将作监、驸马都尉崔杞为衮海沂密观察使。

秋七月庚戌朔。丙辰，以工部侍郎杨汝士为同州刺史。戊午，奉先、美原、栎阳等县雨，损夏麦。辛酉，定陵台大雨，震东廊，廊下地裂一百三十尺，诏宗正卿李仍叔启告修塞。癸亥，覃王经薨。己巳夜，月犯昴。壬申，以右金卫大将军段百伦检校工部尚书，充福建观察使。堂帖中外臣寮，各举善《周易》学者。

八月己卯朔，右龙武统军董重质卒。庚寅，太白犯荧惑。辛卯，诏故澧王大男汉可封东阳郡王，第二男源可封安陆郡王，第三男演可封临川郡王；故深王大男潭可封河内郡王；第二男淑可封吴兴郡王；故绛王大男洙可封新安郡王；第二男滂可封高平郡王；故淑王大男涌可封颍川郡王；淄王大男浣可封许昌郡王；沔王大男瀛可封晋陵郡王；祁王大男溥可封平阳郡王：仍并赐光禄大夫。丙申，罢诸色选举，岁旱故也。己亥，御写《周易》义五道示群臣，有人明此义者，三日内闻奏。时李仲言以《易》道惑上及下其义，人皆窃笑，卒无进言者。

九月乙酉朔。辛亥夜，彗起太微，近郎位，西指，长丈余，西北行，凡九夜，越郎位西北五尺灭。癸丑，月入南斗。乙亥，宣州观察使陆亘卒。己未，宰臣李德裕进《御臣要略》及《柳氏旧闻》三卷。随州刺史杜师仁前刺吉州，坐赃计绢三万匹，赐死于家。故江西观察使裴谊乖于廉察，削所赠工部尚书。庚申，右军中尉王守澄宣召郑注，对于浴堂门，仍赐锦彩银器。是夜，彗出东方，长三尺，辉耀甚伟。辛酉，以权知河南尹王质为宣歙观察使。吏部尚书致仕张正甫卒。癸亥，以尚书吏部侍郎郑浣为河南尹。甲子，郑注进《药方》一卷。庚午，安王溶、颍王瀍皆检校兵部尚书。宰相路随册拜太子太师。辛巳，幽州节度使杨志诚、监军李怀仵悉为三军所逐，立其部将史元忠为留后。陕州、江西旱，无稼。己丑，秘书监崔咸卒。庚寅，以山南西道节度使、检校礼部尚书、同平章事、上柱国、襄武县开国侯、食邑一千户李宗闵可中书侍郎、同中书门下平章事。辛卯，以中使田全操充皇太子见太师礼仪使。壬辰，召国子四门助教李仲言对于思政殿，赐绯。河南府、邓州、同州、扬州并奏旱虫伤损秋稼。甲午，以银青光禄大夫、守中书侍郎、平章事李德裕检校兵部尚书、同平章事、兴元尹，充山南西道节度使。以助教李仲言为国子《周易》博士，充翰林侍讲学士。皇太子见太师路随于崇明门。丙申，谏官上疏论李仲言不合奖任，上令中使宣谕谏官曰："朕留仲言禁中，顾问经义，敕命已行，不可遽改。"淮南、两浙、黔中水为灾，民户流亡，京师物价暴贵。庚子，诏郑注对于太和殿。以御史大夫郑覃为户部尚书。壬寅，翰林院宴李仲言赐《法曲》弟子二十人奏乐以宠之。丙午,以新除兴元节度使李德裕为兵部尚书。

十一月丁未朔。庚戌,以尚书左仆射致仕萧俛太子太傅。辛亥,以左金吾卫大将军萧洪为河阳三城节度使。襄州水,损田。壬子,滁州奏清流等三县四月雨至六月,诸山发洪水,漂溺户万三千八百。癸丑,以礼部尚书王源中检校户部尚书,充山南西道节度使;以户部侍郎李汉为华州刺史、镇国军潼关防御使。成德军节度使王廷凑卒。以前扬州节度使温造为御史大夫。己卯,幽州节度使杨志诚被逐入朝,下御史台讯鞫。志诚在幽州,被服皆为龙凤,乃流之岭外,至商州杀之。乙亥,以兵部尚书李德裕检校右仆射,充镇海军节度、浙江西道观察使。丙子,李仲言奏请改名训,从之。

十二月丁丑朔。己卯,以昭义节度副使、检校库部员外郎、赐紫金鱼袋郑注为太仆卿。辛巳,以棣州刺史韩威为安南都护。癸未,以通王为幽州卢龙节度使,以权勾当幽州兵马史元忠为留后。甲申,许太子太傅萧俛致仕。是夜,月掩昴。己丑,以太子宾客分司张仲方为左散骑常侍,常州刺史杨虞卿为工部侍郎。己亥,以尚书左仆射李逢吉守司徒致仕。以宗正卿李仍叔为湖南观察使,代李翱;以翱为刑部侍郎,代裴潾,以潾为华州镇国军潼关防御使。昭成寺火。

九年春正月丁未朔。乙卯,以镇州左司马王元逵起复定远将军、守左金吾卫大将军、检校工部尚书,充成德军节度使、镇冀深赵观察等使。以太常卿庾成宣检校吏部尚书,充天平军节度使,代殷侑;以侑为刑部尚书。癸亥,巢县公凑薨,追封齐王。壬申,司徒致仁李逢吉卒。癸酉,以右散骑常侍舒元舆为陕州防御观察使。以前棣州刺史田早为安南都护。

二月丙子朔。甲申,以司农卿王彦威兼御史大夫,充平卢军节度使。丁亥,发神策军一千五百人修淘曲江。如诸司有力要于曲江置亭馆者,宜给与闲地。辛丑,冀王绿薨。癸卯,京师地震。甲辰,以幽州留后史元忠为卢龙节度使。乙巳,剑南西川节度使、检校左仆射,同平章事段文昌卒。庚申,以剑南东川节度使杨嗣复检校户部尚书,兼成都尹、西川节度使。乙丑,以岁饥,河北尤甚,赐魏博六州粟五万石,陈许、郓、曹濮三镇各赐糙米二万石。庚午,左丞庚敬林卒,废朝一日。诏曰:"官至丞、郎,朕所亲委,不幸云亡者,宜为之废朝。自今丞、郎宜准诸司三品官例,罢朝一日。"

夏四月丙子朔。丙戌,以桂管观察使李从易为广州刺史、岭南节度使。以镇海军节度使、浙西观察等使李德裕为太子宾客,分司东都。辛卯,以京兆尹贾𫗧为浙西观察使;以工部侍郎杨虞卿为京兆尹,仍赐金紫。以给事中韩佽为桂管观察使。丙申,以太子太师、门下侍郎、平章事路随为镇海军节度、浙西观察等使。戊戌,诏以新浙西观察使贾𫗧为中书侍郎、同中书门下平章事。庚子,诏银青光禄大夫、守太子宾客分司东都、上柱国、赞皇县开国伯、食邑七百户李德裕贬袁州长史。辛丑,大风,含元殿四鸱吻并皆落,坏金吾仗舍废楼观城四十余所。壬寅,吏部侍郎沈传师卒。

五月乙巳朔。丁未,以浙东观察使李绅为太子宾客,分司东都。乙卯,以给事中高铢为浙东观察使。戊午,以御史大夫温造为礼部尚书,以吏部侍郎李固言为御史大夫。辛酉,太和公主进马射女子七人,沙陀小儿二人。戊辰,以金吾大将军李玭为黔中观察使;以尚书右丞王璠为户部尚书、判度支。己巳,以户部尚书郑覃为秘书监。辛未,宰相王涯册拜司空。癸酉,以河中节度使王智兴为宣武军节度使,依前守太傅、兼侍中。

六月乙亥朔,西市火。以前宣武军节度使李程为河中节度使。庚寅夜,月掩岁。癸巳,以吏部尚书令狐楚为太常卿。丁酉,礼部尚书温造卒。京兆尹杨虞卿家人出妖言下御史台。虞卿弟司封郎中汉并男知进等八人挝登闻鼓称冤,敕虞卿归私第。己亥,以右神策大将军刘沔为泾原节度使。壬辰,诏以银青光禄大夫、守中书侍郎、同平章事、襄武县开国侯、食邑一千户李宗闵贬明州刺史。时杨虞卿坐妖言人归第,人皆以为冤诬宗闵,于上前极言论列,上怒,面数宗闵之罪,叱出之,故坐贬。

秋七月甲申朔,贬京兆尹杨虞卿为虔州司马同正。丙午,以给事中李石权知京兆尹。戊申，填龙首池为鞠场，曲江修紫云楼。辛亥，诏以御史大夫李固言为门下侍郎、同平章事。壬子，再贬李宗闵为虔州长史。癸丑，以右司郎中、兼侍御史，知杂事舒元舆为御史中丞。贬吏部侍郎李汉为邠州刺史，刑部侍郎萧浣为遂州刺史。丁巳，诏不得度人为僧尼。戊午，贬工部侍郎、充皇太子侍读崔侑为洋州刺史，贬吏部郎中张讽夔州刺史，考功郎中皇太子侍读苏涤忠州刺史，户部郎中杨敬之连州刺史。辛酉，以鄂岳观察使崔郾充浙西观察使，以国子祭酒高重为鄂岳观察使。壬戌，镇海军节度使路随卒。癸亥，贬侍御史李甘为封州司马，殿中侍御史苏特为潘州司户。甲子，以《周易》博士李训为兵部郎中、知制诰，依前充翰林侍讲学士。丁卯，天平军节度使庾承宣卒。以大理卿罗让为散骑常侍，以汝州刺史郭行余为大理卿。戊辰，以刑部尚书殷侑为天平军节度使。以吉州刺史裴泰为邕管经略使。

八月甲戌朔，以户部侍郎李翱检校礼部尚书，充山南东道节度使，代王起；以起为兵部尚书判户部事。丙子，又贬虔州长中李宗闵为潮州司户。丁丑，以太仆卿郑注为工部尚书，充翰林侍讲学士。上幸左军龙首殿，因幸梨园，含元殿大合乐。戊寅，以秘书监郑覃为刑部尚书。贬翰林学士、守尚书户部侍郎、知制诰李珏为江州刺史，以鄜坊节度使史李章为义成军节度使。甲申，以左神策军大将军赵儋为鄜坊节度使。甲午，贬中书舍人权璩为郑州刺史。丙申，内官杨承和于权州安置，韦元素象州安置，王践言思州安置，仰锢身递送。言李宗闵为吏部侍郎时，托驸马沈㐸于宫人宋若宪处求宰相，承和、践言、元素居中导达故也。宗闵党杨虞卿、李汉、萧浣皆再贬。壬寅，贬中书舍人高元裕为阆州刺史。元裕为郑注除官制，说注医药之功，注衔之故也。以苏州刺史卢周仁为湖南观察使。

九月癸卯朔，奸臣李训、郑注用事，不附己者，即时贬黜，朝廷悚震，人不自安。是日，下诏曰："朕承天之序，烛理未明，劳虚襟以求贤，励宽德以容众。顷者台辅乖弼谐之道，而具寮扇朋比之风，翕然相从，实敷彝宪。致使薰莸共器，贤不肖并驰，退迹者咸后时之夫，登门者有迎吠之客。缪蛰之气，埋郁未平，而望阴阳顺时，疢疠不作，朝廷清肃，班列和安，自古及今，未尝有也。今既再申朝典，一变浇风，扫清朋附之徒，匡饬贞廉之俗，凡百卿士，惟新令猷。如闻周行之中，尚蓄疑惧，或有妄相指目，令不自安，今兹旷然，明喻朕意。应与宗闵、德裕或新或故及门生旧吏等，除今日已前放黜之外，一切不问。"辛亥，以太子宾客分司东都白居易为同州刺史，代杨汝士；以汝士为驾部侍郎。乙亥，以泾原节度使刘沔为振武麟胜节度使。丙辰，以权知御史中丞舒元舆为御史中丞，兼判刑部侍郎。庚申，以凤翔节度使李听为忠武军节度使。癸亥，令内养齐抱真将杖于青泥驿决杀前襄州监军陈弘志，以有弑逆之罪也。丁卯，以门下侍郎、同平章事李固言为兴元尹、山南西道节度使；以翰林侍讲学士、工部尚书郑注检校右仆射，充凤翔陇右节度使。戊辰，以右军中尉王守澄为左右神策观军容使，兼十二卫统军。己巳，诏以朝议郎、守御史中丞、兼刑部侍郎、赐紫金鱼袋舒元舆本官同中书门下平章事。朝议郎、守兵部郎中、知制诰、充翰林侍讲学士、赐绯鱼袋李训可守尚书礼部侍郎、同中门下平章事，仍赐金紫。壬申，以刑部郎中、兼侍御史、知杂李孝本权知御史中丞。

冬十月癸酉朔。乙亥，杜悰复为陈许节度使，李听为太子保分司。内出曲江新造紫云楼彩霞亭额，左军中尉仇士良以百戏于银台门迎之。时郑注言秦中有灾，宜兴土功厌之，乃浚昆明、曲江二池。上好为诗，每诵杜甫《曲江行》云："江头宫殿锁千门，细柳新蒲为谁绿？"乃知天宝已前，曲江四岸皆有行宫台殿、百司廨署，思复升平故事，故为楼殿以壮之。王涯献榷茶之利，乃以涯为榷茶使。茶之有榷税，自涯始也。京兆、河南两畿旱。以吏部尚书令狐楚为左仆射，以刑部尚书郑覃为右仆射。辛巳，遣中使李好古赍鸩赐王守澄，是日，守澄卒。壬午，赐群臣宴于曲江亭。癸未，以前广州节度使王茂元为泾原节度使。丁亥，礼部郎中钱可复、兵部员外郎李敬彝、驾部员外郎卢简能、主客员外郎萧杰、左拾遗卢茂弘等皆授凤翔使府判官，从郑注奏请也。乙未，以新授同州刺史白居易为太子少傅分司,以汝州刺史刘禹锡为同州刺史。己亥,以前河阳节度使萧洪为鄜坊节度使。淄青观察使王彦威请停管内县丞一十九员,从之。庚子,东都留守、特进、守司徒、侍中裴度进位中书令,余如故。以前山南西道节度使王源中为刑部尚书。

十一月壬寅朔。乙巳,令内养冯叔良杀前徐州监军王守涓于中牟县。以左神策将军胡沐为容管经略使,以大理卿郭行余为邠宁节度使。丁未,鄜坊节度使赵儋卒。乙酉,左金吾卫大将军崔郜卒。癸丑,以左仆射令狐楚判太常卿事,右仆射郑覃判国子祭酒事。丁巳,以户部尚书、判度支王璠为太原尹、北都留守、河东节度使。戊午,以京兆尹李石为户部寺郎、判度支,以京兆少尹罗立言权知府事。己未,以太府卿韩约为左金吾卫大将军。壬戌,中尉仇士良率兵诛宰相王涯、贾𫗧、舒元舆、李训,新除太原节度王璠、郭行余、郑注、罗立言、李孝本、韩约等十余家,皆族诛。时李训、郑注谋诛内官,诈言金吾仗舍石榴树有甘露,请上观之。内官先至金吾仗,见幕下伏甲,遽扶帝辇入内,故训等败,流血涂地。京师大骇,旬日稍安。癸亥,诏以银青光禄大夫、尚书左仆射、上柱国荥阳郡开国公郑覃以本官同中书门下平章事。乙丑,诏以朝议郎、守尚书户部侍郎、判度支李石可朝议大夫、本官同平章事。丁卯,以左神策大将军陈君弈为凤翔节度使。戊辰,以给事中李翔为史中丞,左右军中尉仇士良、鱼志弘并兼上将军。

十二月壬朔,诸道盐铁转运榷茶使令狐楚奏榷茶不便于民,请停,从之。癸丑,太子太保张茂宗卒。甲子,敕左右省起居赏笔砚及纸于螭头下记言记事。丙子,以刑部尚书王源中为天平军节度使。丁丑,敕诸道府不得私置历日板。己卯,凤翔监军奏郑注判官钱可复等四人并处斩讫。庚辰,上御紫宸,谓宰相曰:"坊市之间,人渐安未?"李石奏曰:"人情虽安,然刑杀过多,致此阴沴。又闻郑注在凤翔招致兵募不少,今皆被刑戮,臣恐乘此生事,切宜原赦以安之。"上曰:"然。"郑覃又陈理道。上曰:"我每思贞观、开元之时,观今日之事,往往愤气填膺耳。"癸未,仪仗使田全操巡边回,驰马入金光门,街市讹言相惊,纵横散走。赖金吾大将军陈君赏以其徒立望仙门下,至晚方定。丁亥,以权知京兆尹张仲方为华州防御使,以司农卿薛元赏权知京兆。左仆射令狐楚奏:"方镇节度使等,具铙帱,带器仗,就尚书省兵部参辞,伏乞停罢。如须参谢,令具公服。"从之。时楚引训、注奸谋,用王璠、郭行余兵仗,遂云不宜以兵仗入省参辞,殊乖事体也。物议尤之。先是,宰相武元衡被害,宪宗出内库弓箭、陌刀赐左右街使,俟宰相入朝,以为翼从,及建福门退。至是亦停之。辛卯,置谏院印。

开成元年正月辛丑朔,帝常服御宣政殿受贺,遂宣诏大赦天下,改元开成。乙巳,御紫宸殿,宰臣李石奏曰:"陛下改元御殿,人情大悦,全放京兆一年租赋,又停四节进奉,恩泽所该,实当要切。"帝曰:"朕务行其实,不欲崇长空文。"石曰:"赦书须内留一本,陛下时看之。又十道黜陟使发日,更付与公事根本,令向外与长吏详择施行,方尽利害之要。"丁未,以秘书监韦缜为工部尚书。敕:"杨承和、韦元素、王践言、崔潭峻顷遭诬陷,每用追伤,宜复官爵,听其归葬。"以银州刺史刘源为夏绥银宥节度使。丙辰望,日有蚀之。

二月辛未朔,以左散骑常侍罗让为江西观察使。乙亥夜四更,京师地震,屋瓦皆堕。丙申,左武卫大将军朱叔夜赐死于蓝田关。天德奏生退浑部落三千帐来投丰州。

三月庚子朔。壬寅,以袁州长史李德裕为滁州刺史。庚申,幸龙首池,观内人赛雨,因赋《暮春喜雨诗》。昭义节度使刘从谏三上疏,问王涯罪名,内官仇士良闻之惕惧。是日,从谏遣焦楚长入奏,于客省进状,请面对。上召楚长慰谕遣之。

夏四月庚午朔,以河南尹郑瀚为左丞,以太子宾客分司东都李绅为河南尹。癸酉,以亳州刺史裴弘泰为义成军节度使,以谏议大夫李让夷兼权知起居舍人事。己卯,以潮州司户李宗闵为衡州司马,以江州刺史李珏为太子宾客分司。癸未,吏部侍郎李虞仲卒。辛卯,淄王协薨。甲午,诏以山南西道节度使、检校兵部尚书李固言为门下侍郎、同中书门下平章事；以左仆射、诸道盐铁转运使令狐楚检校左仆射，为山南东西道节度使。丙申，李固言判户部事；李石判度支，兼诸道盐铁转运使。

五月乙亥朔。癸卯，以翰林学士归融为御史中丞。丁未，以给事中郭承嘏为华州防御使。给事中卢载以承嘏公正守道，屡有封驳，不宜置之外郡，乃封还诏书。惮日，复以承瑕为给事中，乃以给事中卢钧代假守华州。乙卯，御紫宸，上谓宰臣曰："为政之道，自古所难。"李石对曰："朝廷法令行，则易。"丁巳，以尚书右丞郑肃为陕虢都防御观察使。前罢观察，复置之。以中书舍人唐扶为福建观察使。庚申，判国子祭酒宰臣郑覃奏："太学新置五经博士各一人，请依王府官例，赐以禄粟。"从之。丙寅，昭义奏开夷仪山路，通太原、晋州，从之。

闰五月己巳朔。甲申，以河中节度使李程为左仆射、判太常卿事。乙酉，以太子太保分司李听为河中节度使。丙戌，乌集唐安寺，逾月方散。己丑，以神策大将军魏仲卿为朔方灵盐节度。湖南观察使卢周仁进羡余钱二万贯、杂物八万段；不受，还之，使贷贫下户征税。

六月戊戌朔。癸亥，以河南尹李绅检校礼部尚书、汴州刺史，充宣武军节度使。

秋七月戊辰朔，御史台奏："秘书省管新旧书五万六千四百七十六卷，长庆二年已前，并无文案。太和五年已后，并不纳新书。今请创立簿籍，据阙添写卷数，逐月申台。"从之。辛未，以左金吾卫将军傅毅为鄜坊节度使。癸酉，宣武军节度使王智兴卒。辛卯，刑部尚书殷侑检校右仆射，充山南东道节度使。壬午，以滁州刺史李德裕为太子宾客。甲午，以金吾卫大将军陈君赏为平卢军节度使，代王彦威；以彦威为户部侍郎、判度支。丙申，湖南观察使卢周仁进羡余钱一十万贯，御史中丞归融弹其违制进奉，诏以周仁所进钱于河阴院收贮。

八月戊戌朔。甲辰，诈称国舅人前鄜坊节度使萧洪宜长流骥州。戊申,以皇太后亲弟萧本为右赞善大夫。

九月丁卯朔。庚辰,诏复故左降开州司马宋申锡正议大夫、尚书右丞、同平章事,仍以其子慎徽为城固尉。以饶州刺史马植为安南都护。辛巳,以寿州刺史高承恭为邕管经略使。辛卯,敕秘书省,集贤院应欠书四万五千二百六十一卷,配诸道缮写。

冬十月丁酉朔。己酉,扬州江都七县水旱,损田。

十一月丙寅朔。庚辰,浙西观察使崔郾卒。以太子宾客分司东都李德裕检校户部尚书,充浙西观察使。壬午,以兵部尚书、皇太子侍读王起兼判太常卿。甲申,以左仆射李程兼吏部尚书。忠武帅杜悰、天平帅王源中奏:当道常平义仓斛斗,除元额外,请别置十万石。

十二月丙申朔,以京兆尹、兼御史大夫薛元赏为武宁节度、徐泗宿濠观察等使,以户部侍郎、兼御史中丞归融为京兆尹,以给事中狄兼谟为御史中丞。己酉,岭南节度使李从易卒。庚戌,以华州刺史卢钧为广州刺史,充岭南节度太仆卿段伯伦卒。癸丑,以兵部侍郎杨汝士检校礼部尚书,充剑南东川节度使。己未,溆王纵薨。

二年春正月乙丑朔。丙寅,宣州观察使王质卒。乙亥,以吏部侍郎崔郸为宣歙观察使,以右丞郑浣为刑部尚书、判左丞事。庚寅,户部侍郎、判度支王彦威进所撰《供军图》,略序曰:“至德、乾元之后,迄于贞元、元和之际,天下有观察者十,节度二十有九,防御者四,经略者三。掎角之师,犬牙相制,大都通邑,无不有兵,约计中外兵额至八十余万。长庆户口凡三百三十五万,而兵额又约九十九万,通计三户资奉一兵。今计天下租赋,一岁所入,总不过三千五百余万,而上供之数三之一焉。三分之中,二给衣赐,自留州留使兵士衣食之外,其余四十万众,仰给度支焉。”

二月乙未朔。丙申,刑部侍郭承嘏卒。丙午夜,彗出东方,长七尺,在危初,西指。戊申,王彦威进所撰《唐典》七十卷,起武德,终永贞。庚戌,均王纬薨。辛酉夜,彗长丈余,直西行,稍南指,在虚九度半。壬戌夜，彗长二丈余，广三尺，在女九度，自是渐长阔。

三月甲子朔，内出音声女妓四十八人，令归家。乙丑夜，彗星长五丈，歧分两尾，其一指氐，其一掩房。丙寅，罢曲江宴。是夜，彗长六丈，尾无歧，在亢七度。敕尚食使，自今每一日御食料分为十日，停内修造。戊辰夜，彗长八丈有余，西北行，东指，在张十四度。辛未，宣徽院《法曲》乐官放归。壬申，诏曰：

> 朕嗣丕构，对越上玄，虔恭寅畏，于今一纪。保尝不宵衣念道，昃食思愆，师周文之小心，慕《易·乾》之夕惕，惧德不类，贻列圣羞。将欲俗致和平，时无殃咎。然诚未格物，谪见于天，仰愧三灵，俯惭庶汇，思获攸济，浩无津涯。昔宋景发言，星因退舍；鲁僖纳谏，饥不害人。取鉴往贤，深惟自励。载轸在予之责，宜降恤辜之恩，式表殷忧，冀答昭诫。天下死罪降徒流，流已下并释放，唯故杀人、官典犯赃、主掌钱谷贼盗，不在此限。诸州遭水旱处，并蠲租税。中外修造并停，五坊鹰隼悉解放。朕今素服避殿，彻乐减膳。近者内外臣寮，继贡章表，欲加徽号。夫道大为帝，朕膺此称，祗愧已多，刬钟星变之时，敢议名扬之美？非惩既往，且徼将来，中外臣寮，更不得上表奏请。
>
> 表已在路，并宜速还。在朝群臣，方岳长吏，宜各上封事，极言得失，弼违纳诲，副我虚怀。

甲戌，以左仆射李程为山南东道节度使。壬午，以楚州刺史严諪为桂管观察使。甲申，以山南东道节度使殷侑为太子宾客分司。贞兴门外鹊巢于古冢。丁亥，邠宁节度使李用卒。戊子，以河南尹李珏为户部侍郎。己丑，以金吾大将军李直臣为邠宁节度使。壬辰，桂管观察使韩佽卒。以兵部侍郎裴潾为河南尹。

夏四月甲午朔。戊戌，诏将仕郎、守尚书工部侍郎、知制诰，充翰林学士，兼皇太子侍读、上骑都尉、赐紫金鱼袋陈夷行可本官同中书门下平章事。丙子，以中书舍人敬昕为江西观察使。戊申，前江西观察使罗让卒。己酉，秘书监张仲方卒。丁卯，宰相李石奏定长定选格。庚申，太原节度使李载义卒。辛酉，诏置终南山神祠。蓬州复置蓬池、朗池二县。

五月癸亥朔。己丑，以东都留守裴度为太原尹、北都留守、河东节度使，依前守司徒、中书令。丙寅，户部侍郎李珏判本司事。以浙西观察使李德裕检校户部尚书，兼扬州大都督府长史，充淮南节度使。辛未，诏以前淮南节度使牛僧孺为检校司空、东都留守，以苏州刺史卢商为浙西观察使。壬申，上幸十六宅，与诸王宴乐。决十六宅宫市内官范文喜等三人，以供诸王食物不精故也。

六月癸巳朔。丁酉，以成德军节度使王元逵为驸马都尉，尚寿安公主。己亥，以鸿胪卿李逵为天德军都防御使。庚子，吏部奏长定选格，请加置南曹郎中一人。别置印一面，以“新置南曹之印”为文，从之。丙午，河阳军乱，逐节度使李泳。戊申，以左金吾卫将军李执方为河阳三城怀州节度使。庚戌，以右金吾卫大将军崔珙为京兆尹。魏、博、泽、潞、淄、青、沧、德、兖、海、河南府等州并奏蝗害稼。郓州奏蝗得雨自死。丁亥，以御史中丞狄兼谟为刑部侍郎，以前京兆尹归融为秘书监，以给事中李翊为湖南观察使。

秋七月壬戌朔。乙亥，以久旱徙市，闭坊门。甲申，以太府卿张贾为兖海观察使。诏除河北三镇外，诸州府不得以试衔奏官。郓州奏：“当州先废天平、平阴两县，请复置平阴县，以制盗贼。”从之。乙酉，以蝗旱，诏诸司疏决系囚。己丑，遣使下诸道巡复蝗虫。是日，京畿雨，群臣表贺。外州李绅奏蝗虫入境，不食田苗，诏书褒美，仍刻石于相国寺。

八月壬辰朔。丁酉，彗出虚、危之间。振武奏突厥入寇营田。庚戌，诏昭仪王氏册为德妃，昭容杨氏册为贤妃。又诏：“敬宗皇帝第二子休复、第三子执中、第四子言扬、第六子成美等，宜开列土之封，用申睦族之典。休复可封梁王，执中可封襄王，言扬可封汜王，成美可封陈王。皇第二男宗俭可封蒋王。”乙丑，房州刺史卢行简坐赃杖杀。己巳，以前湖南观察使卢行术为陕虢观察使。甲申，诏曰：“庆成节朕之生辰，天下锡宴，庶同欢泰。不欲屠宰，用表好生，非是信尚空门，将希无妄之福。恐中外臣庶不谕朕怀，广置斋筵，大集僧众，非独凋耗物力，兼恐致惑生灵。自今宴会蔬食，任陈脯醢，永为常例。"又敕："庆成节宜令京兆尹准上巳、重阳例，于曲江会文武百寮，延英奉觞宜权停。"戊子，以尚书户部侍郎、判度支王彦威为卫尉卿，分司东都。

冬十月辛卯朔，诏改天后所撰《三教珠英》为《海内珠英》。戊戌，诏嘉王运、循王通、通王谌并可光禄大夫、检校司空，赐勋上柱国，仍依百官例给料钱。安王溶、颖王瀍并给料钱。庚子，庆成节，赐群臣宴于曲江，上幸十六宅，与诸王宴乐。癸卯，宰臣判国子祭酒郑覃进《石壁九经》一百六十卷。时上好文，郑覃以经义启导，稍折文章之士，遂奏置五经博士，依后汉蔡伯喈刊碑列于太学，创立《石壁九经》，诸儒校正讹谬。上又令翰林勒字官唐玄度复校字体，又乖师法，故石经立后数十年，名儒皆不窥之，以为芜累甚矣。戊申，以门下侍郎、同平章事李固言为剑南西川节度使，依前同门下侍郎、平章事。甲寅，敕盐铁、户部、度支三使下监院官，皆郎官、御史为之，使虽更改，院官不得移替，如显有旷败，即具事以闻。已未，以前西川节度使杨嗣复为户部尚书，充诸道盐铁转运使。

十一月辛酉朔。壬戌，以太子宾客分司东都殷侑为忠武军度使。癸亥，狂病人刘德广突入含元殿，付京兆府杖杀。乙丑，京师地震。丁丑，兴元节度使令狐楚卒。丁亥，以刑部尚书郑浣为山南西道节度使。已丑，契丹朝贡。

十二月庚寅朔。丙申，阁内对左右史裴素等。上自开成初复故事，每入阁，左右史执笔立于螭头之下，君臣论奏，得以备书，故开成政事最详于近代。壬寅，以前忠武军节度使杜悰为工部尚书，判度支。时悰既除官，久未谢恩，户部侍郎李珏奏杜悰为岐阳公主服假内。珏因言："比来驸马为公主行服三年，所以士族之家不愿为国戚者以此。"帝大骇其奏，即日诏曰："制服轻重，必资典礼，如闻往者驸马为公主行服三年，缘情之义，殊非故实，违经之制，今乃闻知。宜行期周，永为定制。"

三年春正月庚申朔。甲子，宰臣李石遇盗于亲仁里，中剑，断其马尾，又中流矢，不甚伤。是时，京城大恐，捕盗不获，既而知仇士良所为。乙丑，常参官入朝者九人而已，余皆潜窜，累日方安。丁卯，诏故齐王凑赠怀懿太子。戊申，以诸道盐铁转运使、正议大夫、守户部尚书、上柱国、弘农郡开国伯、食邑七百户、赐紫金鱼袋杨嗣复可本官同中书门下平章事，朝议郎、户部侍郎、判户部事、上柱国、赐紫金鱼袋李珏可本官同中书门下平章事，依前判户部事。丙子，以中书侍郎、同中书门下平章事李石为荆南节度使，依前中书寺郎、平章事。丁丑，以前荆南节度使韦长为河南尹。癸未，诏去秋蝗虫害稼处放通赋，仍以本处常平仓赈贷。是日大雪。

二月己丑朔。乙未，上谓宰臣曰：“李宗闵在外数年，可别与一官。”郑覃、陈夷行曰：“宗闵养成郑注，几覆朝廷，其奸邪甚于李林甫。”杨嗣复、李珏奏曰：“太和末，宗闵、德裕同时得罪，二年之间，德裕再量移为淮南节度使，而宗闵尚在贬所。凡事贵得中，不可但徇私情。”上曰：“与一郡可也。”丁酉，以衡州司马李宗闵为杭州刺史。庚子，吏部奏：“去年所修长定选格，或乖往例，颇不便人，不可久行，请却用旧格。”从之。乙巳，诏仆射、尚书、侍郎、左右丞、大卿监每遇坐日，宜令两人循次进对。丁未，以同州刺史孙简为陕虢观察使，代卢行术；以术为福王傅，分司东都。乙酉，礼部尚书许康佐卒。辛亥，左丞卢载为同州防御使。

三月己未朔。庚午，封故陈王第十九男俨为宣城郡王，故襄王第三男寀为乐平郡王。

夏四月戊子朔。己丑，礼部尚书致仕徐晦卒。辛卯，户部侍郎崔龟从判本司事。诏曰：“户部侍郎两员，今后先授上者，宜公判本司钱谷；加带平章事，判盐铁度支，兼中丞学士不在此限。”壬辰，以给事中裴袞为华州防御使。己酉，改《法曲》为《仙韶曲》，仍以伶官所处为仙韶院。兵部侍郎裴潾卒。癸丑，屯田郎中李衢、沔王府长史林赞等进所修《皇唐玉牒》一百五十卷。

五月丁巳朔，敕礼部，贡院进士、举人，岁限放三十人及第。辛

酉,诏:"前江西观察使吴士规坐赃,长流端州。"庚午,月犯天心大
星。癸未,以吏部侍郎高锴为鄂岳观察使,代高重;以重为兵部侍
郎。

六月丁未朔。辛酉,出宫人四百八十,送两街寺观安置。废晋
州平阳院矾官,并归州县。癸丑,上御紫宸,对宰臣曰:"币轻钱重如
何?"杨嗣复曰:"此事已久,不可遽变其法,法变则扰人。但禁铜器,
斯得其要。"

秋七月丙辰朔。壬戌,陈许节度使殷侑卒。甲子,以卫尉卿王
彦威检校礼礼部尚书,充忠武军节度使;以右金吾卫大将军史孝章
为邠宁节度使。戊辰,西川节度使李固言再上表,让门下侍郎及检
校右仆射。

八月丙戌朔。甲午,山南东道诸州大水,田稼漂尽。丁酉,诏:
"大河而南,幅员千里,楚泽之北,连亘数州。以水潦暴至,堤防溃
溢,既坏庐舍,复损田苗。言念黎元,罹此灾沴,或生业荡尽,农功索
然,困匮雕残,岂能自济。宜令给事中卢弘宣往陈许、郑滑、曹濮等
道宣慰,刑部郎中崔璪往山南东道、鄂岳、蕲黄道宣慰。"己亥,嘉王
运薨。魏博六州蝗食秋苗并尽。

九月丙辰朔。辛酉,荆南李石让中书侍郎,乃改授检校兵部尚
书。壬戌,上以皇太子慢游败度,欲废之,中丞狄兼谟垂涕切谏。是
夜,移太子于少阳院,杀太子宫人左右数十人。戊辰,诏梁王等五
人,先于北内,可却归十六宅。辛未,易定节度使张璠卒。壬申,以
易州刺史李仲迁为定州刺史,充义武军节度使。戊寅,以东都留守
牛僧孺为左仆射。辛巳,诏皇太子侍读窦宗直隔日入少阳院。

冬十月乙酉朔,以尚书左丞崔琯检校户部尚书,充东都留守。
易定军乱,不纳新使李仲迁,立张璠子元益为留后。己丑,以少府监
张沼为黔中观察使。壬辰,以右金吾卫将军高霞寓为夏绥银宥节度
使。癸巳,以中书舍人李景让为华州防御使。甲午庆成节,命中人
以酒醐、《仙韶乐》赐群臣宴于曲江亭。丁酉,夏州节度使刘源卒。庚
子,皇太子薨于少阳院,谥曰庄恪。乙巳,以左金吾将军郭旼为邠宁

庆节度使。是夜，彗起于轸，其长三丈，东西指。己酉，前邠宁节度使史孝章卒。

十一月乙卯朔，是夜，彗孛东西竟天。壬戌，诏曰："上天盖高，感应必由乎人事；寰宇虽广，理乱尽系于君心。从古已来，必然之义。朕嗣膺宝位，十有三年，常克己以恭虔，每推诚于众庶。将以导迎休应，渐致辑熙，期克倚于宗桃，思保宁于华夏。而德有所未至，信有所未孚，灾气上腾，天文谪见，再周期月，重扰星缠。当求衣之时，睹垂象之变，兢惧惕厉，若蹈泉谷。是用举成汤之六事，念宋景之一言，详求谴告之端，采听销禳之术。必有精理，蕴于众情，冀屈法以安人，爰恤刑而原下。应京城诸道见系囚，自十二月八日已前，死罪降流，已下递减一等，十恶大逆、杀人劫盗、官典犯赃不在此限。今年遭永蝗虫处，并宜存抚赈给。"以沧州节度使李彦佐为郓曹濮节度使，以德州刺史、沧景节度副使刘约为义昌军节度使。癸亥，以宋州刺史唐弘实为邕管经略使。乙丑，天平军节度使王源中卒。庚午，以翰林学士丁居晦为御史中丞。壬申，以蔡州刺史韩威为定州刺史、义武军节度、北平军等使。

十二月乙酉朔。辛丑，诏以河东节度使、开府仪同三司、守司徒、兼中书令、太原尹、北都留守、上柱国、晋国公、食邑三千户裴度可守司徒、中书令。以兵部侍郎狄兼谟为河东节度使。丙午，守太子太师、尚书右仆射、门下侍郎、国子祭酒、同平章事郑覃罢太子太师，仍三五日入中书。日本国贡真珠绢。

四年春正月甲寅朔。丁巳，荧惑太白辰聚于南斗。丁卯夜，于咸泰殿观灯作乐，三宫太后诸公主等毕会。上性节俭，延安公主衣裾宽大，即时斥归，驸马窦浣待罪。诏曰："公主入参，衣服逾制，从夫之义，过有所归。浣宜夺两月俸钱。"

闰月甲申朔，以吏部侍郎郑肃检校礼部尚书、河中晋绛磁隰等州节度使，以苏州刺史李道枢为浙东观察使，以谏议大夫高元裕为御史中丞。丙申，以前河中节度使李听为太子太保。己亥，裴度自太原至，上令中人就第问疾。辛丑，以司农卿李玘为福建观察使，谏官论其不可，乃罢之。丙午，以大理卿卢贞为福建观察使。丁未，兴元节度使郑浣卒。戊申阇婆国朝贡。

二月癸酉朔。辛酉，以吏部侍郎归融检校礼部尚书，充山南西道节度使。丙寅，寒食节，上御通化门以观游人。戊辰，幸勤政楼观角抵、蹴鞠。

三月癸未朔。乙酉，赐群臣上巳宴于曲江。是夜，月掩东井第三星。丙申，司徒、中书令裴度卒。癸酉，浙东观察使李道枢卒。以户部侍郎崔龟从为宣歙观察使，代崔郸；以郸为太常卿。以楚州刺史萧俶为浙东观察使。

夏四月壬子朔，以右羽林统军李昌元为鄜坊节度使。壬戌，有獐出太庙。

五月辛丑朔。丁亥，阁内上谓宰臣曰：“新修《开元政要》如何？”杨嗣复曰：“臣等未见。陛下欲以此书传示子孙，则宣付臣等，参定可否。缘开元政事与贞观不同，玄宗或好畋游，或好声色，选贤任能，未得尽美。撰述示后，所贵作程，岂容易哉！”丙申，郑覃、陈夷行罢知政事，覃守左仆射，夷行为吏部侍郎。丙午，邠宁节度使郭忩卒。天平、魏博、易定等管内蝗食秋稼。

六月辛亥朔，以长武城使苻彻为邠宁节度使。庚申，上幸十六宅安王、颍王院宴乐，赐与颇厚。戊辰，以久旱，分命祠祷，每忧动于色。宰臣等奏曰：“水旱时数使然，乞不过劳圣虑。”上改容言曰：“朕为人主，无德及天下，致兹灾旱，又谪见于天。若三日不雨，当退归南内，更选贤明以主天下。”宰臣呜咽流涕，各请策免。是夜，大雨沾霈。丁丑，襄阳山竹结实，其米可食。

秋七月庚辰朔，西蜀水，害稼。乙未夜，月犯荧惑。壬寅，以河南尹韦长为平卢军节度使，以刑部侍郎高锴为河南尹。甲辰，以大中大夫守太常卿、上柱国、赐紫金鱼袋崔郸可本官同中书门下平章事。沧景、淄青大水。

八月庚戌朔，以给事中姚合为陕虢观察使。辛亥，郯王憬薨。丙辰,邢州废青山县,磁州移昭义县于固镇驿。癸亥,以左仆射牛僧孺检校司空、同平章事,兼襄州刺史,充山南东道节度使。辛未夜,流星出羽林,尾长八十余尺,灭后有声如雷。壬申,镇、冀四州蝗食稼,至于野草树叶皆尽。

九月己卯朔。辛卯,以剑南东川节度杨汝士为吏部侍郎。丁酉夜,月掩东井第三星。辛丑,以吏部侍郎陈夷行为华州镇国军防御使,以苏州刺史李颖为江西观察使,以谏议大夫冯定为桂管观察使。甲辰,以京兆尹郑复为剑南东川节度使。丙午,以前江西观察使敬昕为京兆尹。

冬十月己酉朔。戊午,庆成节,赐群臣宴于曲江亭。辛酉夜,星入斗魁。前桂管观察使严謩卒。丙寅,制以敬宗第六男陈王成美为皇太子。丁丑,太子太保李听卒。

十一月己卯朔。壬申,前福建观察使唐扶卒。己亥,曲赦京城系囚。

十二月己酉朔。癸丑,贬光禄卿、驸马都尉韦让为沣州长史。乙卯,乾陵火。以杭州刺史李宗闵为太子宾客,分司东都。辛酉,上不康,百僚赴延英起居。乙亥,宰臣入谒,见上于太和殿。

是岁,户部计见管户四百九十九万六千七百五十二。

五年春正月戊寅朔,上不康,不受朝贺。己卯,诏立亲弟颍王瀍为皇太弟,权勾当军国事。皇太子成美复为陈王。辛巳,上崩于大明宫之太和殿,寿享三十三。群臣谥曰元圣昭献皇帝,庙号文宗。其年八月十七日,葬于章陵。

史臣曰:昭献皇帝恭俭儒雅,出于自然,承父兄奢弊之余,当阉寺挠权之际,而能以治易乱,化危为安。太和之初,可谓明矣。初,帝在藩时,喜读《贞观政要》,每见太宗孜孜政道,有意于兹。洎即位之后,每延英对宰臣,率漏下十一刻。故事,天下双日视事,帝谓宰辅曰:“朕欲与卿等每日相见,其辍朝、放朝,用双日可也。”时宪宗郭后居兴庆宫,曰太皇太后,敬宗母宝历太后及上母萧太后,时呼"三宫太后"。帝性仁孝,三宫问安,其情如一。尝内园进樱桃,所司启曰:"别赐三宫太后。"帝曰:"太后宫送物,焉得为赐。"遽取笔改赐为奉。宗正寺以祭器朽败,请易之,及有司呈进,命陈于别殿,具冠带而阅之,容色凄然。尤勤于政理,凡选内外群官,宰府进名,帝必面讯其行能,然后补除。中书用鸿胪卿张贾为衢州刺史,贾好博,朝辞日,帝谓之曰:"闻卿善长行。"对曰:"政事之余,聊与宾客为戏,非有所妨。"帝曰:"岂有好之而无妨也!"内外闻之悚息。而帝以累世变起禁闱,尤侧目于中官,欲尽除之。然训、注狡之流,制御无术,矢谋既误,几致颠危。所谓"有帝王之道,而无帝王之才",虽旰食焦忧,不能弭患,惜哉!

　　赞曰:昭献统天,洪惟令德。心愤仇耻,志除凶慝。未殄夔魖,又生鬼蜮。天未好治,乱何由息。

旧唐书卷一八上
本纪第一八上

武宗　宣宗上

　　武宗至道昭肃孝皇帝讳炎，穆宗第五子，母曰宣懿皇后韦氏。元和九年六月十二日，生于东宫。长庆元年三月，封颍王，本名瀍。开成中加开府仪同三司、检校吏部尚书，依百官例，逐月给俸料。

　　初，文宗追悔庄恪太子殂不由道，乃以敬宗子陈王成美为皇太子，开成四年冬十月宣制，未遑册礼。五年正月二日，文宗暴疾，宰相李珏、知枢密刘弘逸奉密旨，以皇太子监国。两军中尉仇士良、鱼弘志矫诏颍王于十六宅，曰："朕自婴疾疹，有加无瘳，惧不能躬总万机，日厘庶政。稽于谟训，谋及大臣，用建亲贤，以贰神器。亲弟颍王瀍昔在藩邸，与朕常同师训，动成仪矩，性禀宽仁。俾奉昌图，必谐人欲。可立皇太弟，应军国政事，便令权勾当。百辟卿士，中外庶臣，宜竭乃心，辅成予志。陈王成美先立为皇太子，以其年尚冲幼，未渐师资，比日重难，不遑册命，回践朱邸，式协至公，可复封陈王。"是夜，士良统兵士于十六宅迎太弟赴少阳院，百官谒见于东宫思贤殿。三日，仇士良收捕宣诏院副使尉迟璋杀之，屠其家。四日，文宗崩，宣遗诏：皇太弟宜于枢前即皇帝位，宰相杨嗣复摄冢宰。十四日，受册于正殿，时年二十七。陈王成美、安王溶殂于邸第。初，杨贤妃有宠于文宗，而庄恪太子母王妃失宠怨望，为杨妃所谮，王妃死，太子废。及开成末年，帝多疾无嗣，贤妃请以安王溶嗣，帝谋于宰臣李珏，珏非之，乃立陈王。至是，仇士良立武宗，欲归功于己，乃发安王旧事，故二王与贤妃皆死。

二月，制穆宗妃韦氏追谥宣懿皇太后，帝之母也。上御正殿，降德音，以开府、右军中尉仇士良封楚国公，左军中尉鱼弘志为韩国公，太常卿崔郸、户部尚书判度支崔珙并本官同中书门下平章事。敕二月十五日玄元皇帝降生日宜为降圣节，休假一日。

三月，诏宫人刘氏、王氏并为妃。敕朔望入阁对刑法官，是日非便，宜停。

五月，中书奏：六月十二日，皇帝载诞之辰，请以其日为庆阳节。祔宣懿太后于太庙。初，武宗欲启穆宗陵祔葬，中书门下奏曰："园陵已安，神道贵静。光陵二十余载，福陵则近又修崇。窃惟孝思，足彰严奉。今若再因合祔，须启二陵，或虑圣灵不安，未合先旨。又以阴阳避忌，亦有所疑。不移福陵，实协典礼。"乃止。就旧坟增筑，名曰福陵。又奏："准今年二月八日赦文，应京诸司勒留官，令本处克留手力杂给与摄官者。臣等检详，诸道正官料钱绝少，杂给手力即多，今正官勒留，亦管公事，料钱少于杂给，刻下事未得中。臣等商量，其正官料钱杂给等钱，望每贯割留二百文与摄官，余并如旧。"从之。

秋七月，制检校礼部尚书、华州刺史陈夷行复为中书侍郎、同平章事。

八月十七日，葬文宗皇帝于章陵。知枢密刘弘逸、薛季稜率禁军护灵驾到陵所，二人素为文宗奖遇，仇士良恶之，心不自安，因是掌兵，欲倒戈诛士良、弘志。卤簿使兵部尚书王起、山陵使崔稜觉其谋，先谕卤簿诸军。是日弘逸、季郸伏诛。门下侍郎、同平章事杨嗣复检校吏部尚书、潭州刺史，充湖南都团练观察使；中书侍郎、同平章事李珏检校兵部尚书、桂州刺史，充桂管防御观察等使；御史中丞裴夷直为杭州刺史：皆坐弘逸、季稜党也。易定军乱，逐节度使陈君赏。君赏鸠合豪杰数百人，复入城，尽诛谋乱兵士，军城复安。

九月，以淮南节度使、检校尚书左仆射李德裕为吏部尚书、同中书门下平章事，寻兼门下侍郎；以宣武军节度使、检校吏部尚书、汴州刺史李绅代德裕镇淮南。帝在藩时,颇好道术修摄之事,是秋,召道士赵归真等八十一人入禁中,于三殿修金箓道场,帝幸三殿,于九天坛亲受法箓。右拾遗王哲上疏,言王业之初,不宜崇信过当,疏奏不省。

十一月,盐铁转运使奏江淮已南请复税茶,从之。魏博节度使何进滔卒,三军推其子重霸知留后事。

会昌元年正月壬寅朔。庚戌,有事于郊庙,礼毕,御丹凤楼,大赦,改元。

二月壬寅,以淮南节度使、检校吏部尚书李绅为中书侍郎、同平章事。中书奏:“南宫六曹皆有职分,各责官业,即事不因循。近者户部度支,多是诸军奏请,本司郎史,束手闲居。今后请只令本行分判,委中书门下简择公干才器相当者转授。”从之。车驾幸昆明池。赐仇士良纪功碑,诏右仆射李程为其文。

三月,贬湖南观察使杨嗣复潮州司民,桂管观察使李珏瑞州司马,杭州刺史裴夷直驩州司户。宰臣李德裕进位司空。三月壬申,宰相李德裕、陈夷行、崔珙、李绅等奏:“宪宗皇帝有恢复中兴之功,请为百代不迁之庙。”帝曰:“所论至当。”续议之,事竟不行。赠故中书令、晋国公裴度太师。山南东道蝗害稼。造灵符应圣院于龙首池。

四月辛丑,敕:“《宪宗实录》旧本未备,宜令史官重修进内。其旧本不得注破,候新撰成同进。”时李德裕先请不迁宪宗庙,为议者沮之,复恐或书其父不善之事,故得改撰实录,朝野非之。

五月辛未,中书门下奏:“据《六典》,隋置谏议大夫七人,从四品上。大历二年,升门下侍郎为正三品,两省遂阙四品。建官之道,有所未周。诗云‘衮职有阙,仲山甫补之’。周、汉大臣,愿入禁闼,补过拾遗。张衡为侍郎,为居帷幄,从容讽谏。此皆大臣之任,故其秩峻,其任重,则敬其言而行其道。况寨谔之地,宜老成之人,秩未优崇,则难用耆德。其谏议大夫望依隋氏旧制,升为从四品,分为左右,以备两省四品之阙。向后与丞郎出入迭用,以重其选。又御史中丞内大夫之贰,缘大夫秩崇,官不常置。中丞为宪台之长。今寺监、少卿、少监、司业、少尹并为寺署之贰,皆为四品。中丞官名至重,见秩未崇,望升为从四品。"从之。

六月,有秃鹙鸟集于禁苑。庚子夜五更,小流星五十余旁午流散。制以魏博兵马留后何重霸检校工部尚书、魏州大都督府长史,充天雄军节度使,仍赐名重顺。中书奏请依姚璹故事,宰相每月修时政记送史馆,从之。以衡山道士刘玄靖为银青光禄大夫,充崇玄馆学士,赐号广成先生,令与道士赵归真于禁中修法箓。左补阙刘彦谟上疏切谏,贬彦谟为河南府户曹。敕:"自前中外上封论事,有所纠举,则请留中。今后并云'请付御史台',不得云'留中不下'。如事关军国,理须密,不在此限。如台司勘当后,若得事实,必奖奉公。苟涉加诬,必当反问。告示中外,明知此意。"

七月己巳,北方有流星经天良久。关东大蝗伤稼。襄郢江左大水。彗复出室壁之间。

八月,回鹘乌介可汗遣使告难,言本国为黠戛斯所攻,故可汗死,今部人推为可汗。缘本国破散,今奉太和公主南投大国。时乌介至塞上,大首领嗢没斯与赤心宰相相攻,杀赤心,率其部下数千帐近西城。天德防御使田牟以闻。乌介又令其相颉干迦斯上表,借天德城以安公主,仍乞粮储牛羊供给。诏金吾大将军王会、宗正少卿李师偃往其牙宣慰,令放公主入朝,赈粟二万石。

九月,幽州军乱,逐其帅史元忠,推牙将陈行泰为留后。三军上章请符节,朝旨未许。

十月,幽州雄武军使张绛遣军吏吴仲舒入朝,言行泰惨虐,不可处将帅之任,请以镇军加讨,许之。十月,诛行泰,遂以绛知兵马使。车驾校猎咸阳。

十一月丁酉朔。壬寅夜,大星东北流,其光烛地,有声如雷,山崩石陨。其彗起于室,凡五十六日而灭。太和公主遣使入朝,言乌介自称可汗,乞行策命,缘初至漠南,乞降使宣慰,从之。

十二月,中书门下奏修实录体例:"旧录有载禁中之言。伏以君上与宰臣、公卿言事，皆须众所闻见，方可书于史册。且禁中之语，在外何知，或得之传闻，多涉于浮妄，便形史笔，实累鸿猷。今后实录中如有此色，并请刊削。又宰臣与公卿论事，行与不行，须有明据。或奏请允惬，必见襃称；或所论乖僻，因有惩责。在藩镇上表，必有批答，居要官启事者，自有著明，并须昭然在人耳目。或取舍存于堂案，或与夺形于诏敕，前代史书所载奏议，罔不由此。近见实录多载密疏，言不彰于朝听，事不显于当时，得自其家，未足为信。今后实录所载章奏，并须朝廷共知者，方得纪述，密疏并请不载。如此则理必可法，人皆向公，爱憎之志不行，襃贬之言必信。"从之。李德裕奏改修《宪宗实录》所载吉甫不善之迹，郑亚希旨削之，德裕更此条奏，以掩其迹。晋绅谤议，武宗颇知之。

二年春正月丙申朔，以抚王纮为开府仪同三司、幽州大都督府长史，充幽州卢龙节度大使。以雄武军使张绛检校左散骑常侍，兼幽州左司马，知两使留后，仍赐名仲武。中书奏百官议九宫坛本大祠，请降为中祠。宰相崔珙、陈夷行奏定左右仆射上事仪注。

二月丙寅，中书奏："准元和七年敕，河东、凤翔、鄜坊、邠宁等道州县官，令户部加给课料钱岁六万二千五百贯。吏部出得平留官数百员，时以为当。自后户部支给零碎不得，观察使乃别将破用，徒有加给，不及官人，所以选人惮远，不乐注受。伏望令部都与实物，及时支遣。诸道委观察判官知给受，专判此案，随月支给，年终计帐申户部。又赴选官人多京债，到任填还，致其贪求，罔不由此。今年三铨，于前件州府得官者，许连状相保，户部各借两月加给料钱，至支时折下。所冀初官到任，不带息债，衣食稍足，可责清廉。"从之。太子太师致仕萧俛卒。牂柯、南诏蛮遣使入朝。

三月，遣使册回纥乌介可汗。以振武麟胜节度使、银青光禄大夫、检校尚书右仆射、单于大都护、兼御史大夫、彭城郡开国公、食邑二千户刘沔可检校右仆射，兼太原尹、北京留守，充河东节度、管内观察处置等使，代符澈。时回纥在天德，命沔以太原之师讨之。

四月乙丑朔，光禄大夫、守司空、兼门下侍郎、平章事李德裕，银青光禄大夫、守右仆射、门下侍郎、平章事崔珙，银青光禄大夫、中书侍郎、同平章事李绅，金紫光禄大夫、检校司徒、兼太子太保牛僧孺等上章，请加尊号曰仁圣文武至神大孝皇帝。戊寅，御宣政殿受册。是月九日雨，至十四日转甚，乃改用二十三日。时有纤人告中尉仇士良，言宰相作赦书，欲减削禁军衣粮马草料。士良怒曰："必若有此，军人须至楼前作闹。"宰相李德裕等知之，请开延英诉其事。帝曰："奸人之词也。"召两军中尉谕之曰："赦书出自朕意，不由宰相，况未施行，公等安行此言？"士良惶恐谢之。是日晴霁。中书奏："元日御含元殿，百官就列，唯宰相及两省官皆未开扇前立于栏槛之内，及扇开，便侍立于御前。三朝大庆，万邦称贺，唯宰相侍臣同介胄武夫，竟不拜至尊而退，酌于礼意，事未得中。臣等请御殿日昧爽，宰相、两省官斗班于香案前，俟扇开，通事赞两省官再拜，拜讫，升殿侍立。"从之。天德奏，回纥族帐侵扰部内。敕："劝课种桑，比有敕命，如能增数，每岁申闻。比知并无遵行，恣加翦伐，列于鄽市，卖作薪蒸。自今州县所由，切宜禁断。"

五月，敕庆阳节百官率酺外，别赐钱三百贯，以备素食合宴，仍令京兆府供帐，不用追集坊市乐人。天德军使田牟奏：回纥大将嗢没斯与多览将军将吏二千六百人请降，遣中人赍诏慰劳之。宰相李德裕兼守司徒。太子太师致仕郑覃卒。

六月甲子朔，火星犯木。丙寅，太白犯东井。回纥降将嗢没斯将吏二千六百余人至京师。制以嗢没斯检校工部尚书，充归义军使，封怀化郡王，仍赐姓名曰李思忠，以回纥宰相受耶勿为归义军副使、检校右散骑常侍，赐姓名曰李弘顺。

七月，岚州人田满川据郡叛，刘沔诛之。

八月，回纥乌介可汗过天德，至杷赖烽北，俘掠云、朔北川，诏刘沔出师守雁门诸关。回纥首领屈武降幽王，授左武卫将军同正。诏以回纥犯边，渐侵内地，或攻或守，于理何安？令少师牛僧孺、陈夷行与公卿集议可否以闻。僧孺曰："今百寮议状，以固守关防，伺

其可击则用兵。"宰相李德裕议:"以回纥所恃者嗢没、赤心耳,今已
离叛,其强弱之势可见。戎人犷悍,不顾成败,以失二将,乘忿入侵,
出师急击,破之必矣。守险示弱,虏无由退。击之为便。"天子以为
然。乃征发许、蔡、汴、滑等六镇之师,以太原节度使刘沔为回纥南
面招讨使;以张仲武为幽州卢龙节度使、检校工部尚书,封兰陵郡
王,充回纥东面招讨使;以李思忠为河西党项都将,回纥西南面招
讨使:皆会军于太原。制以皇子峴为益王,岐为兖王,皇长女为昌乐
公主,第二女为寿春公主,第三女永宁公主。上御麟德殿,见室韦首
领督热论等十五人。太原奏回纥移帐近南四十里,过叛将嗢没斯,
昨至横水俘虏,兼公主上表言食尽,乞赐牛羊事。赐乌介诏曰:

　　朕自临寰区,为人父母,唯以好生为德,不愿黩武为名。故
自彼国不幸为嗢没斯所破,来投边境,已历岁年,抚纳之间,无
所不至。初则念其饥歉,给以粮储;旋则知其破伤,尽还马价。
前后遣使劳问,交驰道途。小小侵扰,亦尽不计。今可汗尚此
近塞,未议还蕃。朝廷大臣,四方节镇,皆怀疑忿,尽请兴师,虽
朕切务含弘,亦所未谕。一昨数使回来,皆言可汗只待马价,及
令付之次,又闻所止屡迁,或侵掠云、朔等州,或劫夺羌、浑诸
部,未知此意,终欲如何?若以未交马价,须近塞垣,行止之间,
亦宜先告边将。岂有倏来忽往,迁徙不常。虽云随逐水草,动
皆逼近城栅。遥揣深意,似恃姻好之情;每睹踪由,实为驰突之
计。况到横水栅下,杀戮至多。蕃、浑牛羊,岂吝驰掠;黎庶何
罪,皆被伤夷。所以中朝大臣皆云:"回纥近塞,已是违盟;更戮
边人,实背大义。"咸愿因此翦逐,以雪殂谢之冤。然朕志在怀
柔,情深屈己,宁可汗之负德,终未忍于幸灾。石戒直久在京
城,备知人实愤惋,发于诚恳,固请自行。嘉其深见事机,不能
违阻。可汗审自问遂,速择良图,无至不悛,以贻后悔。

诏太原起室韦沙陀三部落、吐浑诸部,委石雄为前锋。易定兵千人
守大同军,契苾通、何清朝领沙陀、吐浑六千骑趋天德,李思忠率回
纥、党项之师屯保大栅。

十月，吐蕃赞普卒，遣使论普热入朝告哀，诏将作少监李璟入蕃吊祭。帝幸泾阳，校猎白鹿原。谏议大夫高少逸、郑朗等于阁内论：“陛下校猎太频，出城稍远，万机废弛，星出夜归，方今用兵，且宜停止。”上优劳之。谏官出，谓宰相曰：“谏官甚要，朕时闻其言，庶几减过。”

三年春正月，以宿师于野，罢元会。敕新授银州刺史、本州押蕃落、银川监牧使何清朝可检校太子宾客、左龙武大将军，令分领沙陀、吐浑、党项之众赴振武，取刘沔处分。

二月，先诏百官之家不得于京城置私庙者，其皇城南向六坊不得置，其闲僻坊曲即许依旧置。太原刘沔奏：“昨率诸道之师至大同军，遣石雄袭回鹘牙帐，雄大败回鹘于杀胡山，乌介可汗被创而走。已迎得太和公主至云州。”是日，御宣政殿，百僚称贺。制曰：

夫天之所废，难施继绝之恩；人之所弃，当用侮亡之道。朕每思前训，岂忘格言。回鹘比者自恃兵强，久为桀骜，凌虐诸郡，结怨近邻。黠戛斯潜师彗扫，穿居瓦解，种族尽膏于原野，区落遂至于荆榛。今可汗逃走失国，窃号自立，远逾沙漠，寄命边陲。朕念其衰残，寻加赈恤。每陈章表，多诈谀之诏；接我使臣，如全盛之日。无伤禽哀鸣之意，有困兽犹斗之心。去岁潜入朔川，大掠牛马；今春掩袭振武，逼近城池。可汗皆自率兵，首为寇盗，不耻破败，莫顾姻亲。河东节度使刘沔料敌伐谋，乘机制胜，发胡貉之骑以为前锋，搴翎侯之旗伐彼在穴。短兵麏于帐下，元恶扶于毂中。况乘匪六飞，众才一旅，储备已竭，计日可擒。太和公主居处不同，情义久绝。怀土多思，亟闻《黄鹄》之歌；失位自伤，宁免《绿衣》之叹。念其羁苦，常轸朕心。今已脱干豺狼，再见宫阙，上以摅宗庙之宿愤，次以尉太皇太后之深慈，永言归宁，良用欣感。其回纥既以破灭，义在翦除，宜令诸道兵马使同进讨。河东立功将士已下，优厚赏给，续条疏处分。应在京外宅及东都修功德回纥，并勒冠带，各配诸道收管。其回纥及摩尼寺庄宅、钱物等,并委功德使与御史台及京兆府各差官点检收抽,不得容诸色人影占。如犯者并处极法,钱物纳官。摩尼寺僧委中书门下条疏闻奏。

以麟州刺史、天德行营副使石雄为银青光禄大夫、检校左散骑常侍、崖州刺史、御史大夫,充澧州西城中城都防御、本管押蕃落等使。刘沔检校尚书左仆射,张仲武检校尚书右仆射,余并如故。黠戛斯使注吾合素入朝,献名马二匹,言可汗已破回鹘,迎得太和公主归国,差人送公主入朝,愁回鹘残众夺之于路。帝遂遣中使送注吾合素往太原迎公主。时乌介可汗中箭,走投黑车子,诏黠戛斯出兵攻之。

三月,太和公主至京师,百官玉班于章敬寺迎谒,仍令所司告宪宗、穆宗二室。

四月,昭义节度使刘从谏卒,三军以从谏侄稹为兵马留后,上表请授节钺。寻遣使赍诏潞府,令稹护从谏之丧归洛阳。稹拒朝旨。诏中书门下两省尚书御史台四品已上、武官三品已上,会议刘稹可诛可宥之状以闻。

五月,敕诸道节度使置随身不得过六十人,观察使不得过四十人,经略、都护不得过三十人。筑望仙观于禁中。宰臣百僚进议状:“以昆戎未殄,塞上用兵不宜中原生事,潞府请以亲王遥领,令稹权知兵马事,以俟边上罢兵。”独李德裕以为泽潞内地,前时从谏许袭,已是失断,自后跋扈难制,规胁朝廷。以稹竖子,不可复践前车,讨之必殄。武宗性雄俊,曰:“吾与德裕同之,保无后悔。”自是谏官上疏言不可用兵相继。

六月,西内神龙寺灾。左军中尉楚国公仇士良卒。

秋七月戊子,宰相奏:“秋色已至,将议进军,幽州早平回鹘,镇、魏须速诛刘稹,各须遣使谕旨,兼值三镇军情。今日延英面奉圣旨,欲遣张贾充使。臣等续更商量,张贾干济有才,甚谙军中体势,然性刚负气,虑不安和,不如且命李回。若以台纲阙人,即兵部侍郎郑涯久为征镇判官,情甚精敏,虽无词辩,言事分明,官重事闲,最似相称。"上曰:"不如令李回去。"即遣回奉使三镇。

八月壬戌,火星自七月苍赤色,动摇井中,至是月十六日犯舆鬼。万年县东市火。黠戛斯使谛德伊斯难珠入朝。以右仆射、平章事陈夷行检校司空,兼河中尹、御史大夫,充河中节度、晋绛磁隰观察等使。

九月,制:

定天下者,致风俗于大同;安生人者,齐法度于画一。虽晋之栾、赵,家有旧勋;汉之韩、黥,身为佐命。至于干乱纪律,罔不枭夷。禁暴除残,古今大义。

故昭义节度刘悟,顷居海岱,尝列爪牙。属师道阻兵,王师问罪,三面开网,一境离心,乘此危机,遂能归命。宪宗嘉其诚款,授以南燕;穆宗待以腹心,委之上党。招致死士,固护一方,迨于末年,已亏臣节。刘从谏生禀戾气,幼习乱风。因跋扈之资,以专封壤;恃纪纲之力,以袭兵符,暂展执圭之仪,终无上寿之请。隙驹为喻,魏豹姑务于绝河;井蛙自居,孙述颇闻于恃险。诱受亡命,妄作妖言,中罔朝廷,潜图左道。接壤戎帅,屡奏阴谋,顾鬐鬣之所矜,岂渊鱼之是察。洎乎沈痼,曾靡哀鸣,犹驻将尽之魂,恣行邪僻之志,罔或奋拔,自树狡童。中使授医,莫睹其朝服;近臣衔命,不入于垒门。逆节甚明,人神共弃。其赠官及先所授官爵、并刘稹在身官爵,宜并削夺。成德军节度使王元逵、魏博节度使何弘敬,或姻连王室,或任重藩维,恳陈一至之诚,愿扬九伐之战。吴汉任职,受诏而初无办严;卜式朴忠,未战而义形于色。况成德军尝以枭骑横阵,首破朱滔。战气方酣,再回鲁阳之日;鼓音不息,三骑不周之山。魏博军顷以大旆涉河,竟歼师道。建十二郡之旗鼓,以列降人;削六十年之厉阶,尽归皇化。士传余勇,军有雄名,必能禀武侯之指纵,成葛亮之心伐。咨尔二师,朕所注怀,元逵可本官充北面招讨泽潞使,弘敬充东面招讨泽潞使。

曩者列祖在藩,先天启圣。符瑞昭晰,彩绘焕于泗亭;銮辂巡游，金石刻于代邸。实谓可封之俗，久为仁寿之乡。寇难以来，颇著诚节，必非同恶，咸许自新。其昭义将士及百姓等，如保初心，并赦而不问。如能舍逆效顺，以州郡兵众归降者，必厚加封旧赏。如能擒送刘稹者，别授土地，以报勋庸。顷随刘悟郓州旧将校子孙，既有义心，宜思改悔。如能感喻刘稹，束身归朝，必当待之如初，特与洗雪。尔等旧校，亦并酬劳。仍委夷行、刘沔、王茂元各进兵同力攻讨。其诸道进军，并不得焚烧庐舍，发掘坟墓，擒执百姓以为俘囚。桑麻田苗，各许本户为主。罪止元恶，务拯生灵。

　　於戏！蕃维大臣，抗疏于外；耆俊旧老，昌言于朝。戒朕以祖宗之法，不可私一族；刑赏之柄，所以正万邦。宜用甲兵，陈于原野。虽朕以恩不听，而群臣以义固争，询自金谋，谅非获已。布告中外，明体朕怀。

仍以徐泗节度使李彦佐为泽潞西南面招讨使。河阳节度使王茂元以本军屯万善。彦佐制下后逾月未出师，朝廷疑其持重，乃以天德军石雄为彦佐之副。刘稹牙将李丕降，用为忻州刺史。以陈许节度使王宰充泽潞南面招讨使。河阳节度使王茂元卒，赠司徒。王宰代茂元总万善之师。

　　十月，宰相监修国史李绅、兵部郎中史馆修撰判馆事郑亚进重修《宪宗实录》四十卷，颁赐有差。晋绛行营副招讨石雄奏收贼砦五。以河东节度使刘沔检校司空，兼滑州刺史、御史大夫，充义成军节度、郑滑濮观察等使。以荆南节度使、检校右仆射、同平章事李石可检校司空、平章事，兼太原尹、北都留守，充河南节度管内观察等使。

　　十一月，敕：“中外官员，过为繁冗，量宜减省，以便军民。宜令吏部条疏合减员数以闻。”

　　十二月，王宰奏收天井关。榆杜行营都将王逢奏兵少，乞济师，诏太原军二千人赴之。初刘沔破回鹘，留三千人戍横水，至是，李石以太原无兵，抽横水戍卒一千五百人以赴王逢。是月二十八日，横水军至太原,请出军优给。旧例每一军绢二疋,时刘沔交代后,军库无绢。石以己绢益之,方可人给一疋,便催上路。军人以岁将除,欲候过岁,期既速,军情不悦。都头杨弁乘士卒流怨,**激**之为乱。

四年春正月乙酉朔,以泽潞用兵,罢元会。其日,杨弁逐太原节度使李石。敕:"斋月断屠,出于释氏,国家创业,犹近梁、隋。卿相大臣,或沿兹弊。鼓刀者既获厚利,纠察者潜受请求。正月以万物生植之初,宜断三日。列圣忌断一日。仍准开元二十二年敕,三元日各断三日,余月不禁。"壬子,河东监军使吕义忠收复太原,生擒杨弁,尽斩其乱卒,百寮称贺。

二月甲寅朔。丁巳,制晋绛河中磁隰等州节度观察等使、中散大夫、检校左散骑常侍郎、河中尹、御史大夫、上柱国、博陵县开国男、食邑三百户崔元式可检校礼部尚书,兼太原尹、北都留守,充河东节度观察等使。戊午夜,太白犯镇星。辛酉,太原送杨弁与其同恶五十四人来献,斩于狗脊岭。

三月,以晋绛副招讨石雄为泽潞西面招讨,以汾州刺史李丕为副。以道士赵归真为左右街道门教授先生。时帝志学神仙,师归真。归真乘宠,每对,排毁释氏,言非中国之教,蠹耗生灵,尽宜除去,帝颇信之。

四月,王宰进军攻泽州。

五月,以司农卿薛元赏为京兆尹。

六月,金紫光禄大夫、尚书右仆射、中书侍郎、同平章事、判度支崔珙贬沣州刺史。癸丑,敕:"谏官论事,所见不同,连状署名,事同纠率。此后凡论公事,各随己见,不得连署姓名。如有大政奏论,即可连署。"制追削故左军中尉仇士良先授官及赠官,其家财并籍没。士良死后,中人于其家得兵仗数千件,兼发士良宿罪故也。敕责授官银青光禄大夫、沣州刺史、上柱国、安平郡开国公、食邑二千户崔珙再贬恩州司马员外置,以珙领盐铁时欠宋滑院盐铁九十万贯。帝令度支、盐铁、转运合为一使。

七月,以淮南节度使、检校司空杜悰守尚书右仆射、兼门下侍郎、同平章事,仍判度支,充盐铁转运等使。又制银青光禄大夫、守尚书右仆射、兼门下侍郎、同平章事、监修国史、上柱国、赵郡开国公、食邑二千户李绅可检校司空、平章事、扬州大都督府长史、淮南节度副大使、知节度事。吏部条奏中外合减官员一千一百一十四员。王元逵奏邢州刺史裴问、别将高元武以城降。洺州刺史王钊、磁州刺史安玉以城降何弘敬。山东三州平。潞州大将郭谊、张谷、陈扬廷遣人至王宰军,请杀稹以自赎。王宰以闻,乃等诏石雄率军七千入潞州,谊斩刘稹首以迎雄,泽、潞平五州。

八月戊戌,王宰传稹首与大将郭谊等一百五十人,露布献于京师,上御安福门受俘,百寮楼前称贺。以魏博节度使、检校尚书右仆射、同平章事何弘敬进封庐江郡开国公,食邑二千户;以成德军节度使王元逵检校司空、兼太子太师、同平章事,进封太原郡开国公,食邑二千户。宰相李德裕守太尉,进封卫国公,加食邑一千户。以兵部侍郎、翰林学士承旨崔铉为中书侍郎、同平章事。河东节度使陈夷行卒。

九月,以天德军使、晋绛行营招讨使石雄检校兵部尚书、河中尹、兼御史大夫、河中晋绛磁隰等州节度使。以前山南东道节度使卢钧检校尚书左仆射、潞州大都督府长史,充昭义军节度使、泽潞邢洺观察等使。以忠武军节度、陈许蔡等州观察处置等使、河阳行营诸军招讨使、金紫光禄大夫、检校尚书右仆射、御史大夫、上柱国、太原郡开国公、食邑二千户王宰检校司空、太原尹、北都留守,充河东节度、管内观察处置等使。制曰:"逆贼郭谊等,狐鼠之妖,依丘穴而作固;牛羊之力,得水草而逾凶。久从叛臣,皆负逆气。刘从谏背德反义,掩贼藏奸,积其怙乱之谋,无非新史之计。刘公直、安全庆等各凭地险,屡抗王师,每肆悖言,常怀革面。况郭谊、王协闻邢、洺归款,惧义旅覆巢,卖孽童以图全,据坚城而请命。昔伍被诣吏,不免就诛;延岑出降,终亦夷族。致之大辟,无所愧怀。"郭谊、刘公直、王协、安全庆、李道德、李佐尧、刘稹、稹母阿裴、稹弟曹九满郎君郎、妹四娘五娘、从兄洪卿汉卿周卿鲁卿匡尧、张谷男涯、解愁、陈扬廷弟宣、男丑奴、张溢男欢郎三宝、门客甄戈、伎术人郭谂蒋党、李训兄仲京、王涯侄孙羽、韩约男茂章茂宝、王璠男珪等，并处斩于独柳。敕以河阳三城镇遏使为孟州，割泽州隶焉，与怀、孟、泽为节度，号河阳。制以皇子愕为开府仪同三司、夏州刺史、朔方军节度大使，时党项叛，命亲王以制之。

十月，车驾幸户县。

十一月，幸云阳。

十二月，敕："礼日近，狱囚数多，案款已成，多有翻覆。其两京天下州见系囚，已结正及两度翻案伏款者，并令先事结断讫申。"时左仆射王起频年知贡举，每贡院考试讫，上榜后，更呈宰相取可否。复人数不多，宰相延英论言："主司试艺，不合取宰相与夺。比来贡举艰难，放人绝少，恐非弘访之道。"帝曰："贡院不会我意。不放子弟，即太过，无论子弟、寒门，但取实艺耳。"李德裕对曰："郑肃、封敖有好子弟，不敢应举。"帝曰："我比闻杨虞卿兄弟朋比贵势，妨平人道路。昨杨知至、郑朴之徒，并令落下，抑其太甚耳。"德裕曰："臣无名第，不合言进之非。然臣祖天宝末以仕进无他伎，勉强随计，一举登第。自后不于私家置《文选》，盖恶其祖尚浮华，不根艺实。然朝廷显官，须是公卿子弟。何者？自小便习举业，自熟朝廷间事，台阁仪范，班行准则，不教而自成。寒士纵有出人之才，登第之后，始得一班一级，固不能熟习也。则子弟成名，不可轻矣。"

五年春正月己酉朔，敕造望仙台于南郊坛。时道士赵归真特承恩礼，谏官上疏，论之延英。帝谓宰臣曰："谏官论赵归真，此意要卿等知。朕宫中无事，屏去声技，但要此人道话耳。"李德裕对曰："臣不敢言前代得失，只缘归真于敬宗朝出入宫掖，以此人情不愿陛下复亲近之。"帝曰："我尔时已识此道人，不知名归真，只呼赵练师。在敬宗时亦无甚过。我与之言，涤烦尔。至于军国政事，唯卿等与次对官论，何须问道士。非直一归真，百归真亦不能相惑。"归真自以涉物论,遂举罗浮道士邓元起有长年之术,帝遣中使迎之。由是与衡山道士刘玄靖及归真胶固,排毁释氏,而拆寺之请行焉。宰臣李德裕、杜悰、李让夷、崔铉、太常卿孙简等率文武百僚上徽号曰仁圣文武章天成功神德明道皇帝。辛亥,有事于郊庙,礼毕,御承天门,大赦天下。庚申,义安太后崩,敬宗之母也。遗令皇帝三日听政,十三日小祥,二十五日大祥,二十七日释服。兵部尚书归融奏:"事贵得中,礼从顺变,配祔之礼,宜有等差。请降服期,以日易月,十二日释服。内外臣僚亦请以其日释服。陵园制度,请无降杀。"从之。以前太原节度使、检校司空李石以本官充东都留守。

二月戊寅朔,太白掩昴之北侧。谏议大夫、权知礼部贡举陈士商选士三十七人中第,物论以为请托,令翰林学士白敏中覆试,落张溠、李玕、薛忱、张觊、崔凛、王谌、刘伯刍等七人。

三月,崔铉罢知政事,出为陕虢观察使。以御史中丞、兼兵部侍郎李回本官同平章事。

夏四月,皇第四女封延庆公主,第五女封靖乐公主。敕祠部检括天下寺及僧尼人数,大凡寺四千六百,兰若四万,僧尼二十六万五百。宰相杜悰罢知政事。以户部侍郎、判户部崔元式同平章事。

六月丙子,敕:"汉、魏已来,朝廷大政,必下公卿详议,博求理道,以尽群情。所以政必有经,人皆向道。此后事关礼法,群情有疑者,令本司申尚书都省,下礼官参议。如是刑狱,亦先令法官详议,然后申刑部参覆。如郎官、御史有能驳难,或据经史故事,议论精当,即擢授迁改以奖之。如言涉浮华,都无经据,不在申闻。"神策奏修望仙楼及廊舍五百三十九间功毕。

秋七月庚子,敕并省天下佛寺。中书门下条疏闻奏:"据令式,诸上州国忌日官吏行香于寺,其上州望各留寺一所,有列圣尊容,便令移于寺内;其下州寺并废。其上都、东都两街请留十寺,寺僧十人。"敕曰:"上州合留寺,工作精妙者留之;如破落,亦宜废毁。其合行香日,官吏宜于道观。其上都、下都每街留寺两所,寺留僧三十人。上都左街留慈恩、荐福,右街留西明、庄严。"中书又奏:"天下废寺,铜像、钟磬委盐铁使铸钱,其铁像委本州铸为农器,金、银、鍮石等像销付度支。衣冠士庶之家所有金、银、铜、铁之像,敕出后限一月纳官,如违,委盐铁使依禁铜法处分。其土、木、石等像合留寺内依旧。"又奏:"僧尼不合隶祠部,请隶鸿胪寺。其大秦穆护等祠,释教既已厘革,邪法不可独存。其人并勒还俗,递归本贯充税户。如外国人,送还本处收管。"

八月,制:

> 朕闻三代已前,未尝言佛,汉、魏之后,像教浸兴。是由季时,传此异俗,因缘染习,蔓衍滋多。以至于蠹耗国风,而渐不觉;诱惑人意,而众益迷。洎于九州山原,两京城阙,僧徒日广,佛寺日崇。劳人力于土木之功,夺人利于金宝之饰,遗君亲于师资之际,违配偶于戒律之间。坏法害人,无逾此道。且一夫不田,有受其饥者;一妇不蚕,有受其寒者。今天下僧尼,不可胜数,皆待农而食,待蚕而衣。寺宇招提,莫知纪极,皆云构藻饰,僭拟宫居。晋、宋、齐、梁,物力凋瘵,风俗浇诈,莫不由是而致也。况我高祖、太宗,以武定祸乱,以文理华夏,执此二柄,足以经邦,岂可以区区西方之教,与我抗衡哉!贞观、开元,亦尝厘革,铲除不尽,流衍转滋。朕博览前言,帝求舆议,弊之可革,断在不疑。而中外诚臣,协予至意,条疏至当,宜在必行。惩千古之蠹源,成百王之典法,济人利众,予何让焉。其天下所拆寺四千六百余所,还俗僧尼二十六万五百人,收充两税户,拆招提、兰若四万余所,收膏腴上田数千万顷,收奴婢为两税户十五万人。隶僧尼属主客,显明外国之教。勒大秦穆护、祆二千余人还俗,不杂中华之风。於戏!前古未行,假将有待;及今尽去,岂谓无时。驱游惰不业之徒,已逾十万;废丹艧无用之室,何啻亿千。自此清净训人,慕无为之理;简易齐政,成一俗之功。将使六合黔黎,同归皇化。尚以革弊之始,日用不知,下制明廷,宜体予意。

制第六女封乐温公主,第七女封长宁公主。中书奏:"伏见公主上表

称‘妾某者’，伏以臣妾之义，取其贱称；家人之礼，即宜区别。臣等
商量，公主上表，请如长公主之例，并云‘某邑公主几女上表’，郡、
县主亦望依此例称谓”。从之。

九月，火星犯上将。

十月乙亥，中书奏：“池水县武牢关是太宗擒王世充、窦建德之
地，关城东峰有二圣塑容，在一堂之内。伏以山河如旧，城垒犹存，
威灵皆盛于轩台，风云疑还于丰沛。诚宜百代严奉，万邦式瞻。西
汉故事，祖宗尝行幸处，皆令邦国立庙。今缘定觉寺例合毁拆。望
取寺中大殿材木，于东峰以造一殿，四面置宫墙，伏望名为昭武庙，
以昭圣祖武功之盛。委怀孟节度使差判官一人勾当。缘圣像年代
已久，望令李石于东都拣好画手，就增严饰。初兴功日，望令东都差
分司官一员荐告。”从之。

十一月甲辰，敕：“悲田养病坊，缘僧尼还俗，无人主持，恐残疾
无以取给，两京量给寺田赈济。诸州府七顷至十顷，各于本管选耆
寿一人勾当，以充粥料。

十二月，车驾幸咸阳。给事中韦弘质上疏，论中书权重，三司钱
谷不合相府兼领。宰相奏论之曰：

臣等昨于延英对，恭闻圣旨常欲朝廷尊，臣下肃，此是陛
下深究理本也。臣按《管子》云：“凡国之重器，莫重于令。令重
则君尊，君尊则国安。故国安在于尊君，尊君在于行令。君人
之理，本莫要于出令。故曰：亏令者死，益令者死，不行令者死，
不从令者死。又曰：令行于上，而下论可不可，是上失其威，下
系于人也。”自太和已来，其风大弊，令出于上，非之于下。此弊
不除，无以理国也。

昨韦弘质所论宰相不合兼领钱谷，臣等辄以事体陈闻。昔
匡衡所以云：“大臣者，国家之股肱，万姓所瞻仰，明王所慎
择。”《传》曰：“下轻其上，贱人图柄，则国家摇动，而人不静。”
弘质受人教导，辄献封章，是则贱人图柄矣。萧望之汉朝名儒
重德，为御史大夫，奏云：“今首岁日月少光，罪在臣等。”上以

望之意轻丞相,乃下侍中御史诘问。贞观中,监察御史陈师合上书云:"人之思虑有限,一人不可兼总数职。"太宗曰:"此人妄有毁谤,欲离间我君臣。"流师合于岭外。贾谊云:"人主如堂,群臣如陛,陛高则堂高。"亦由将相重君臣尊,其势然也。如宰相奸谋隐匿,则人人皆得上论。至于制置职业,固是人主之柄,非小人所得干议。古者朝廷之士,各守其官,思不出位。弘质贱人,岂得以非所宜言上渎明主,此是轻宰相挠时政也。昔东汉处士横议,遂有党锢事起,此事深要惩绝。伏望陛下详其奸诈,去其朋徒,则朝廷安静,制令肃然。臣等不胜感愤之至。弘质坐贬官。又奏曰:"天宝已前,中书除机密迁授之外,其他政事皆与中书舍人同商量。自艰难已来,务从权便,政颇去于台阁,事多系于军期,决遣万机,不暇博议。臣等商量,今后除机密公事外,诸侯表疏、百寮奏事、钱谷刑狱等事,望令中书舍人六人,依故事先参详可否,臣等议而奏闻。"从之。李德裕在相位日久,朝臣为其所抑者皆怨之。自崔铉、杜悰罢相后,中贵人上前言德裕太专,上意不悦,而白敏中之徒,教弘质论之,故有此奏。而德裕结怨之深,由此言也。

六年春正月癸卯朔。丁巳,左散骑常侍致仕冯定卒,赠工部尚书。已未,南诏、契丹、室韦、渤海、牂牁、昆明等国遣使入朝,对于麟德殿。兵部侍郎、判度支卢商奏:"诸道兵讨伐党项,今差度支郎官一人往所在有粮料州郡,先计度支给。"从之。已丑,渤海王子大之尊入朝。东都太微宫修成玄元皇帝、玄宗、肃宗三圣容,遣右散骑常侍裴章往东都荐献。监察元寿奏前彭州刺史李纵买本州龙兴寺婢为乳母,违法,贬随州长史。

二月壬申朔。癸酉,以时雨愆候,诏:"京城天下系囚,除官典犯赃、持仗劫杀、忤逆十恶外,余罪递减一等,犯轻罪者并释放。征党项行营兵士,不得滥有杀伤。"丁丑,左拾遗王龟以父兴元节度使起年高,乞休官侍养,从之。是夜,月犯毕大星,相去三寸。庚辰,以夏州节度使米暨充东北道招讨党项使。壬午，右庶子吕让进状："亡兄温女，太和七年嫁左卫兵曹萧敏，生二男。开成三年，敏心疾乘忤，因而离婚。今敏日愈，却乞与臣侄女配合。"从之。乙酉，前太子少保刘沔上可太子太保致仕。前寿州刺史王镇贬潞州长史。丁亥夜，月色少光，至一更一点，犯荧惑，相去四寸。后良久，其光烛地，在轸七度。壬辰，以翰林学士、起居郎孙谷为兵部员外郎充职。以旱，停上巳曲江赐宴。敕："比缘钱重币轻，生人转困，今新加鼓铸，必在流行，通变救时，莫切于此。宜申先甲之令，以儆居货之徒。京城诸道，宜起来年正月已后，公私行用，并取新钱。其旧钱权停三数年。如有违犯，同用铅锡钱例科断。其旧钱并没纳。"又敕："诸道铸钱，已有次第，须令旧钱流例有布，绢价值稍增。文武百寮俸料，起三月一日，并给见钱一半。先给疋段，对估时价，皆给见钱。"贬舒州刺史苏涤为连州刺史。涤李宗闵党，前自给事中为德裕所斥，累年郡守，至是李绅言其无政故也。以邠宁节度使高承恭充西南面招讨党项使。丙申夜，月掩牛南星，又犯岁星。丁酉，新罗使金国连入朝。辛丑夜，东北流星如桃，色赤，其光烛地，尾迹入大角，西流穿紫微垣。

三月壬寅，上不豫，制改御名炎。帝重方士，颇服食修摄，亲受法篆。至是药躁，喜怒失常，疾既笃，旬日不能言。宰相李德裕等请见，不许。中外莫知安否，人情危惧。是月二十三日，宣遗诏以皇太叔光王枢前即位。是日崩，时年三十三。谥曰至道昭肃孝皇帝，庙号武宗，其年八月，葬于端陵，德妃王氏祔焉。

史臣曰：开成中，王室浸卑，政由阉寺。及缀衣将变，储位遽移。昭肃以孤立维城，副兹当璧。而能雄谋勇断，振已去之威权；运策励精，拔非常之俊杰。属天骄失国，潞孽阻兵，不惑盈庭之言，独纳大臣之计。戎车既驾，乱略底宁，纪律再张，声名复振，足以蹈彰武出师之迹，继元和戡乱之功。然后迁访道之车，筑礼神之馆，栖心玄牝，物色幽人，将致俗于大庭，欲希踪于姑射。于是削浮图之法，惩游惰之民，志欲矫步丹梯，求珠赤水。徒见萧衍、姚兴之谬学，不悟秦王、汉武之非求,盖惑于左道之言,偏斥异方之说。况身毒西来之教,向欲千禩,蚩蚩之民,习以成俗,畏其教甚于国法,乐其徒不异登仙。如文身祝发之乡,久习而莫知其丑;以吐火吞刀之戏,乍观而便以为神。安可正之以《咸韶》,律之以章甫。加以笮融、何充之佞,代为乏人,非荀卿、孟子之贤,谁兴正论。一朝赜残金狄,燔弃胡书,结怨于膜拜之流,犯怒于鄙夫之口。哲王之举,不骇物情,前代存而勿论,实为中道。欲革斯弊,以俟河清,昭肃明照,听斯弊矣。

旧唐书卷一八下
本纪第一八下

宣宗下

宣宗圣武献文孝皇帝讳忱,宪宗第十三子,母曰孝明皇后郑氏。元和五年六月二十二日,生于大明宫。长庆元年三月,封光王,名怡。会昌六年三月一日,武宗疾笃,遗诏立为皇太叔,权勾当军国政事。翌日,枢前即帝位,改今名,时年三十七。帝外晦而内朗,严重寡言,视瞻特异。时幼宫中以为不慧。十余岁时,遇重疾沈缀,忽有光辉烛身,厥然而兴,正身拱揖,如对臣寮。乳媪以为心疾,穆宗视之,抚其背曰:"此吾家英物,非心惫也。"赐以玉如意、御马、金带。常梦乘龙升天,言之于郑后,乃曰:"此不宜人知者,幸勿复言。"历太和、会昌朝,愈事韬晦,群居游处,未尝有言。文宗、武宗幸十六宅宴集,强诱其言,以为戏剧,谓之"光叔"。武宗气豪,尤不为礼。及监国之日,哀毁满容,接待群寮,决断庶务,人方见其隐德焉。

四月辛未,释服,尊母郑氏曰皇太后。以兵部侍郎、翰林学士承旨白敏中守本官、同中书门下平章事;以特进、守太尉、门下侍郎、同平章事、上柱国、卫国公、食邑二千户李德裕检校太尉、同平章事、江陵尹、荆南节度使;以中散大夫、大理卿马植为金紫光禄大夫、刑部侍郎,充诸道盐铁等使。以成德军节度使王元逵检校太保,山南西道节度使王起检校司空,魏博节度使何弘敬、淮南节度使李升并检校司空,剑南西川节度使崔郸检校尚书右仆射,同中书门下平章事并如故。东都留守李石奏修奉太庙毕,所司迎奉太微宫神主袝庙讫。东都太庙者,本武后家庙,神龙中中宗反正,废武氏庙主,立太祖已下神主袝之。安禄山陷洛阳,以庙为马厩,弃其神主,而协律郎严郢收而藏之。史思明再陷洛阳,寻又散失。贼平,东京留守卢正己又募得之,庙已焚毁,乃寄主于太微宫。大历十四年,留守路嗣恭奏重修太庙,以迎神主。诏百官参议,纷然不定,礼仪使颜真卿坚请归袝,不从。会昌五年,留守李石因太微宫正殿圮堕,以废弘敬寺为太庙,迎神主袝之。又下百僚议,皆言准故事,无两都俱置之礼,唯礼部侍郎陈商议云:"周之文、武,有镐、洛二庙,今两都异庙可也。然不宜置主于庙,主宜依礼瘗于庙之北墉下。"事未行而武宗崩。宣宗即位,因诏有司迎太微宫寓主,袝废寺之新庙,而知礼者非之。制皇长男温可封郓王,二男泾可封雅王,第三男滋可封蕲王,第四男沂可封庆王。

五月,左右街功德使奏:"准今月五日赦书节文,上都两街旧留四寺外,更添置八所。两所依旧名兴唐寺、保寿寺。六所请改旧名,宝应寺改为资圣寺,青龙寺改为护国寺,菩提寺改为保唐寺,清禅寺改为安国寺,法云尼寺改为唐安寺,崇敬尼寺改为唐昌。右街添置八所。西明寺改为福寿寺,庄严寺改为圣寿寺。旧留寺,二所旧名,千福寺改为兴元寺,化度寺改为崇福寺,永泰寺改为万寿寺,温国寺改为崇圣寺,经行寺改为龙光寺,奉恩寺改为兴福寺。"敕旨依奏。诛道士刘玄靖等十二人,以其说惑武宗,排毁悉氏故也。今月五日赦书节文,吏部三铨选士,只凭资考,多匪实才,许观察使、刺史有奇才异政之士,闻荐试用。又观察使、刺史交代之时,册书所交户口如能增添至千户,即与超迁;如逃亡至七百户,罢后三年内不得任使。又徒流人在天德、振武者,管中量借粮种,俾令耕田以为业。以剑南东川节度使、检校礼部尚书卢商为兵部侍郎同平章事。

六月,以户部侍郎、充诸道盐铁转运使马植本官同平章事。

七月,以兵部尚书李让夷为剑南东川节度使。

十月,敕:"太庙祫享,合以功臣配。其宪宗庙,以裴度、杜黄裳、李愬、高崇文等配享。"以荆南节度使李德裕为东都留守。

十一月，有司享太庙，其穆宗室文曰"皇兄"。太常博士闵庆之奏："夫礼有尊尊，而不叙亲亲。祸文称弟未当，请改为'嗣皇帝'。"从之。京兆府奏："京师百司职田斛斗，请准会昌三年例，许人户自送纳京师，所冀州县无得欺隐。"从之。以江西观察使周墀为义成军节度使、郑滑观察等使。

十二月，刑部尚书、判度支崔元式奏："准七月二日敕，绫纱绢等次弱疋段，并同禁断，不得织造。臣欲与盐铁户部三司同条疏，先勘左藏库，令分析出次弱疋段州府，即牒本道官搜索狭小机杼，令焚毁。其已纳到次弱疋段，大中元年春正月戊戌朔，宫苑使奏："皇帝斋行事，内诸宫苑门共九十四所，并令锁闭，钥匙进内。候车驾还宫，则请领。"从之。戊申，皇帝有事于郊庙，礼毕，御丹凤门，大赦，改元，制条曰："古者郎官出，卿相治郡，所以重亲人之官，急为政之本。自浇风久扇，此道稍消，颃颃清途，便臻显贵。治人之术，未尝经心，欲使究百姓艰危，通天下利病，不可得也。为政之始，思厚儒风，轩墀近臣，盖备顾问，如其不知人疾苦，何以膺朕眷求？今后谏议大夫、给事中、中书舍人未曾任刺史，县令，或在任有赃累者，宰臣不得拟议。守宰亲人，职当抚字，三载考绩，著在格言。贞元年中，屡下明诏，县令五考，方得改移。近者因循，都不遵守，诸州或得三考，畿府罕及二年。以此字人，若为成政？道途郡吏有迎送之劳，乡里庶民无苏息之望。自今须满三十六个月，永为常式。"

二月丁卯，制宪宗第十七子惕封彭王，第十八子憺为棣王；皇第五子泽为濮王，第六子润为鄂王。敕修百福殿。以检校太尉、东都留守李德裕为太子少保，分司东都；以给事中郑亚为桂州刺史、御史中丞、桂管防御观察等使。二月丁酉，礼部侍郎魏扶奏："臣今年所放进士三十三人，其封彦卿、崔琢、郑延休等三人，实有词艺，为时所称，皆以父兄见居重位，不得令中选。"诏令翰林学士承旨、户部侍郎韦琮重考复，敕曰："彦卿等所试文字，并合度程，可放及第。有司考试，只在至公，如涉请托，自有朝典。今后但依常例放榜，不得别有奏闻。"帝雅好儒士，留心贡举。有时微行人间，采听舆论，以观选士之得失。每山池曲宴，学士诗什属和，公卿出镇，亦赋诗饯行。凡对臣寮，肃然拱揖，鲜有轻易之言。大臣或献章疏，即烧香盥手而览之。当时以大中之政有贞观之风焉。又敕："自今进士放榜后，杏园任依旧宴集，有司不得禁制。"武宗好巡游，故曲江亭禁人宴聚故也。

闰三月，敕："会昌季年，并省寺宇。虽云异方之教，无损致理之源。中国之人，久行其道，厘革过当，事体未弘。其灵山胜境、天下州府，应会昌五年四月所废寺宇，有宿旧名僧，复能修创，一任住持，所司不得禁止。"

四月，积庆太后萧氏崩，谥曰贞献，文宗母也。

六月，以义成军节度使周墀为兵部侍郎、判度支。册黠戛斯王子为英武诚明可汗，命鸿胪卿李业入蕃册拜。以金紫光禄大夫、守太子少保分司东都、上柱国、奇章郡开国公、食邑二千户牛僧孺守太子太师，银青光禄大夫、行太子宾客、上柱国、陇西郡开国公、食邑二千户李彦佐为太子太保，并依前分司。以左谏议大夫庾简休为虢州刺史，以正议大夫、行尚书考功郎中、知制诰、上柱国崔玙为中书舍人，以中散大夫、前湖州刺史、彭阳县开国男、食邑三百户令狐绹行尚书考功郎中、知制诰。

秋七月，制以正议大夫、尚书户部侍郎、知制诰、翰林学士承旨、上柱国、赐紫金鱼袋韦琮以本官同中书门下平章事。以太子少保分司东都、卫国公李德裕为人所讼，贬潮州司马员外置同正员。

八月，工部尚书、中书侍郎、平章事卢商为鄂岳观察使。神策军奏修百福殿成，名其殿曰雍和殿，楼曰亲亲楼，凡廊舍屋宇七百间，以会诸王子孙。

九月，前永宁县尉吴汝纳诣阙称冤，言："弟湘会昌四年任扬州江都县尉，被节度使李绅诬奏湘赃罪，宰相李德裕曲情附绅，断臣弟湘致死。"诏下御史台鞫按。

三年春正月壬戌，宰臣率文武百寮上徽号曰圣敬文思和武光孝皇帝，御宣政殿受册讫，宣德音。神策军修左银台门楼、屋宇及南面城墙，至睿武楼。

二月，制剑南西川节度、光禄大夫、检校吏部尚书、同平章事、成都尹、上柱国、陇西郡开国公、食邑二千户李回责授湖南观察使，桂州刺史、御史中丞郑亚责授桂管防御观察使循州刺史，前淮南观察判官魏铏贬吉州司户，陆浑县令元寿贬韶州司户，殿中侍御史蔡京贬澧州司马。御史台奏：

> 据三司推勘吴湘狱，谨具逐人罪状如后：扬州都虞候卢行立、刘群，于会昌二年五月十四日，于阿颜家吃酒，与阿颜母阿焦同坐，群自拟收阿颜为妻，妄称监军使处分，要阿颜进奉，不得嫁人，兼擅令人监守。其阿焦遂与江都县尉吴湘密约，嫁阿颜与湘。刘群与押军牙官李克勋即时遮拦不得，乃令江都百姓论湘取受，节度使李绅追湘下狱，计赃处死。具狱奏闻。朝廷疑其冤，差御史崔元藻往扬州按问，据湘虽有取受，罪不至死。李德裕党附李绅，乃贬元藻岭南，取淮南元申文案，断湘处死。今据三司使追崔元藻及淮南元推判官魏铏并关连人款状，淮南都虞候刘群、元推判官魏铏、典孙贞高利钱倚黄嵩、江都县典沈颁臣宰、节度押牙白沙镇遏使傅义、左都虞候卢行立、天长县令张思、典张洙清、陈回、右厢子巡李行璠、典臣金弘举、送吴湘妻女至澧州取受钱物人潘宰、前扬府录事参军李公佐、元推官元寿吴琪翁恭、太子少保分司李德裕、西川节度使李回、桂管观察使郑亚等，伏候敕旨。

其月，敕：

> 李回、郑亚、元寿、魏铏已从别敕处分。李绅起此冤诉，本由不真，今既身殁，无以加刑。粗塞众情，量行削夺，宜追夺三任官告，送刑部注毁。其子孙稽于经义，罚不及嗣，并释放。李德裕先朝委以重权，不务绝其党庇，致使冤苦，直到于今，职尔之由，能无恨叹！昨以李威所诉，已经远贬，俯全事体，特为从宽，宜准去年敕令处分，张弘思、李公佐卑吏守官，制不由己，不能守正，曲附权臣，各削两任官。崔元藻曾受无辜之贬，合从

洗雪之条，委中书门下商量处分。李恪详验款状，蠹害最深，以其多时，须议减等，委京兆府决脊杖十五，配流天德。李克勋欲收阿颜，决脊杖二十，配流硖州。刘群据其状，合议痛刑，曾效职官，不欲决脊，决臀杖五十，配流岳州。其卢行立及诸典吏，委三司使量罪科放讫闻奏。

三月己酉，兵部侍郎、判度支周墀本官平章事。以礼部尚书、盐铁转运使马植本官同平章事。日本国王子入朝贡方物，王子善棋，帝令待诏顾师言与之对手。

五月己未，日有蚀之。

六月己丑，太皇太后郭氏崩，谥曰懿安，宪宗妃，穆宗之母也。户部侍郎、兼御史大夫、判度支崔龟从奏："应诸司场院官请却官本钱后，或有欺隐欠负，征理须足，不得苟从恩荡，以求放免。今后凡隐盗欠负，请如官典犯赃例处分。纵逢恩赦，不在免限。"从之。

七月戊午，以前山南西道节度使高元裕为吏部尚书。

八月戊子，朝散大夫、中书舍人、充翰林学士、上柱国、平阴县开国男、食实封三百户、赐紫金鱼袋毕诚为刑部侍郎。

九月，敕："比有无良之人，于街市投匿名文书，及于箭上或旗幡上纵为奸言，以乱国法。此后所由切加捉搦，如获此色，便仰焚瘗，不得上闻。"

十一月，兵部侍郎、判户部事魏扶奏："天下州府钱物、斛斗、文簿，并委录事参军专判，仍与长史通判，至交代时具数申奏。如无悬欠，量与减选注拟。"敕："路随等所修《宪宗实录》旧本，却仰施行。其会昌新修者，仰并进纳。如有钞录得，敕到并纳史馆，不得辄留，委州府严加搜捕。"

以户部侍郎、判度支崔龟从本官同平章事。银青光禄大夫、门下侍郎，兼礼部尚书、同平章事韦琮为太子詹事，分司东都。

三年春正月丙寅，泾原节度使康季荣奏，吐蕃宁相论恐热以秦、原、安乐三州及石门等七关之兵民归国。诏太仆卿陆耽往喻旨，仍令灵武节度使朱叔明、邠宁节度使张君楮,各出本道兵马应接其来。以太常卿封敖检校兵部尚书,为兴元尹、山南西道节度使。

三月乙卯,敕待诏官宜令与刑法官、谏官次对。银青光禄大夫、中书侍郎、同平章事、监修国史、上柱国、汝南县开国子、食邑五百户周墀检校刑部尚书、梓州刺史,充剑南东川节度使。

四月,以正议大夫、守中书侍郎、同平章事、集贤殿大学士、赐紫金鱼袋马植为太子宾客,分司东都;以正议大夫、守御史大夫、上柱国、博陵县开国子、食邑五百户、赐紫金鱼袋崔铉可中书侍郎、平章事;正议大夫、行兵部侍郎、判户部事、上柱国、钜鹿县开国男、食邑五百户、赐紫金鱼袋魏扶可本官、平章事。

五月,幽州节度使、检校司徒、平章事张仲武卒,三军以其子直方知留后事。

六月癸未,五色云见于京师。敕:先经流贬罪人,不幸殁于贬所,有情非恶逆,任经刑部陈牒,许令归葬,绝远之处,仍量事官给棺椁。康季荣奏收复原州、石门、驿藏、木峡、制胜、六盘、石峡等六关讫。邠宁张君绪奏,今月十三日收复萧关。御史台奏,义成军节度使韦让于怀真坊侵街造屋九间,已令毁拆讫。敕于萧关置武州,改长乐为威州。

七月,三州七关军人百姓,皆河、陇遗黎,数千人见于阙下。上御延喜门抚慰,令其解辫,赐之冠带,共赐绢十五万匹。

八月,凤翔节度使李玭奏收复秦州,制曰:

自昔皇王之有国也,曷尝不文以守成,武以集事,参诸二柄,归乎大宁。朕猥荷丕图,思弘景运,忧勤庶政,四载于兹。每念河、湟土疆,绵亘逈阔。自天宝末,犬戎乘我多难,无力御奸,遂纵腥膻,不远京邑。事更十叶,时近百年。进士试能,靡不竭其长策;朝廷下议,皆亦听其直词。尽以不生边事为永图,且守旧地为明理,荏苒于是,收复无由。今者天地储祥,祖宗垂佑,左衽输款,边垒连降,刷耻建功,所谋必克。实枢衡妙算,将帅雄稜,副玄元不争之文,绝汉武远征之悔。瓯脱顿空于内地,斥堠全据于新封,莫大之休,指期而就。

况将士等栉沐风雨,暴露郊原,披荆棘而刁斗夜严,逐豺狼而穹庐晓破。动皆如意,古无与京,念此诚勤,宜加宠赏。泾原宜赐绢六万匹,灵武五万匹,凤翔、邠宁各四万匹,并以户部产业物色充,仍待季荣、叔明、李玼、君绪各回戈到镇,度支差脚支送。四道立功将士,各具名衔闻奏,当议甄酬。其秦、威、原三州及七关侧近,访闻田土肥沃,水草丰美,如百姓能耕垦种莳,五年内不加税赋。五年已后重定户籍,便任为永业。温池盐利,可赡边陲,委度支制置闻奏。凤翔、邠宁、灵武、泾原守镇将士,如能于本戍处耕垦营田,即度支给赐牛粮子种,每年量得斛斗,便充军粮,亦不限约定数。三州七关镇守官健,每人给衣粮两分,一分依常年例支给,一分度支加给,仍二年一替换。其家口委长吏切加安存。官健有庄田户籍者,仰州县放免差役。

秦州至陇州已来道路,要置堡栅,与秦州应接,委李玼与刘皋即便计度闻奏。如商旅往来,官健父兄子弟通传家信,关司并不得邀诘阻滞。三州七关刺史、关使,将来训练捍防有效能者,并与超序官爵。剑南西川沿边没蕃州郡,如力能收复,本道亦宜接借。三州七关创置戍卒,且要务静。如蕃人求市,切不得通;有来投降者,申取长吏处分。

呜呼!七关要害,三郡膏腴,候馆之残趾可寻,唐人之遗风尚在。追怀往事,良用兴嗟。夫取不在广,贵保其金汤;得必有时,讵计于迟速。今则便务修筑,不进干戈,必使足良足兵,有备无患,载洽亭育之道,永致生灵之安。中外臣寮,宜体朕意。九月辛亥,西川节度使杜悰奏收复维州。制曰:

朕祗荷丕业,思平泰阶,将分邪正之源,冀使华夷胥悦。其有常登元辅,久奉武宗;深苞祸心,盗弄国柄。虽已行谴斥之典,而未塞亿兆之言,是议再举朝章,式遵彝宪。守潮州司马员外置同正员李德裕,早藉门地,叨践清华,累居将相之荣,唯以奸倾为业。当会昌之际,极公台之荣,骋谀佞而得君,遂恣横而持政,专权生事,妒贤害忠。动多诡异之谋,潜怀僭越之志。秉直者必弃,向善者尽排。诬贞良造朋党之名,肆谗构生加诸之衅。计有逾于指鹿,罪实见其欺天。属者方处钧衡,曾无嫌避,委国史于爱婿之手,宠秘文于弱子之身,泊参信书,亦引亲昵。恭惟《元和实录》乃不刊之书,擅敢改张,罔有畏忌。夺他人之懿绩,为私门之令猷。又附李绅之曲情,断成吴湘之冤狱。凡彼簪缨之士,遏其取舍之途。骄居自夸,狡蠹无对,擢尔之发,数罪未穷。载窥罔上之由,益验无君之意。使天下之人,重足而迹,皆耆惧奉面,而慢易在心。为臣若斯,于法何逭。於戏!朕务全大体,久为含容,虽黜降其官荣,尚盖藏其丑状。而睥睨未已,兢惕无闻,积恶既彰,公议难抑。是宜移投荒服,以谢万邦。中外臣寮,当知予意。可崖州司户参军,所在驰驿发遣,纵逢恩赦,不在量移之限。

以起居郎庾道蔚、礼部员外郎李文儒并充翰林学士。

十月辛巳,京师地震,河西、天德、灵夏尤甚,戍卒压死者数千人。

十一月,东川节度使郑涯、凤翔节度使李玭奏修文川谷路,自灵泉到白云置十一驿,下诏褒美。经年为雨所坏,又令封敖修斜谷旧路。以刑部侍郎韦有翼为御史中丞,以职方员外郎郑处诲兼御史知杂。幽州军乱,逐其留后张直方,军人推其衙将周綝为留后。

十二月,追谥顺宗曰至德大圣大安孝皇帝,宪宗曰昭文彰武大圣孝皇帝。初以河、湟收复,百僚请加徽号,帝曰:“河、湟书复,继成先志,朕欲追尊祖宗,以昭功烈。”白敏中等对曰:“非臣愚昧所能及。”至是,上御宣政殿行事,及册出,俯偻目送,流涕呜咽。崖州司户参军李德裕卒于贬所。

四年春正月,以追尊二圣,御正殿,大赦天下。徒流比在天德者,以十年为限,既遇鸿恩,例减三载。但使循环添换,边不阙人,次第放归，人无怨苦。其秦、原、威、武诸州、诸关，先准格徒流人，亦量与立限，止于七年，如要住者，亦听。诸州府县民如请工假，一月已下，权差诸厅判官；一月已上，即准勾当例，其课料等据数每贯刻二百文，与见判案官添给。有故意杀人者，虽已伤未死、已死更生，意欲杀伤，偶然得免，并同已杀人条处分。

二月，皇女万寿公主出降右拾遗郑颢，以颢为银青光禄大夫、行起居郎、驸马都尉。

三月己卯，刑部奏："监临主守，应将官物私自贷使并贷借人，及以己物中纳官司者，并专知别当主掌所由有犯赃，并同犯入己赃，不在原赦之限。"从之。以幽州节度副大使、检校工部尚书张直方为左金吾卫将军。

四月，敕："法司用刑，或持巧诈，分律两端，遂成其罪。既奸吏行计，则黎庶何安？自今后应书罪定刑，宜直指其事，不得舞文，妄有援引。"又刑部奏："准今年正月一日敕节文，据会昌元年三月二十六日敕，窃盗赃至一贯文处死，宜委所司重详定条目奏闻。臣等检校，并请准建中三年三月二十四日敕，窃盗赃满三匹已上决杀，如赃数不充，量请科放。"从之。

七月丙子，大理卿刘濛奏："古者悬法示人，欲使人从善远罪，至于不犯，以致刑措。准太和二年十月二十六日刑部侍郎高钺条疏，准勘节目一十一件，下诸州府粉壁书于录事参军食堂，每申奏罪人，须依前件节目。岁月滋久，文字湮沦，州县推案，多违漏节目。今后请下诸道，令刻石置于会食之所，使官吏起坐观省，记忆条目，庶令案牍周详。"从之。

八月，刑部侍郎、御史中丞魏谟奏："诸道州府百姓诣台诉事，多差御史推劾，臣恐烦劳州县，先请差度支、户部、盐铁院官带宪衔者推劾。又各得三司使申称，院官人数不多，例专掌院务，课绩不办。今诸道观察使幕中判官，少不下五六人，请于其中带宪衔者委令推劾。如累推有劳，能雪冤滞，御史台阙官，便令奏用。"从之。

九月，以朝请大夫、检校礼部尚书、孟州刺史、河阳三城节度使李拭为太原尹、北都留守、河东节度等使。幽州节度使周綝卒,军人立其牙将张允伸为留后。

十月,中书侍郎、平章事魏扶罢知政事。

十一月己亥,敕:“收复成、维、扶等三州,建立已定,条令制置,一切合同。其已配到流人,宜准秦、原、威、武等州流例,七年放还。”以户部侍郎、判本司事令狐绹为兵部侍郎、同平章事。

十二月,以华州刺史周敬复为光禄大夫、检校左散骑常侍,兼洪州刺史、江南西道团练观察使,赐金紫。

五年春正月甲戌,制皇第七子洽封怀王,第八子汭为昭王,第九子汶为康王。敕两京天下州府,起大中五年正月一日已后,三年内不得杀牛。如郊庙享祀合用者,即以诸畜代。

二月,户部侍郎裴休充诸道盐铁转运等使。

四月癸卯,刑部侍郎刘瑑奏:据今年四月十三日已前,凡三百四十四年,杂制敕计六百四十六门,二千一百六十五条,议轻重,名曰《大中刑法统类》,欲行用之。

五月,以太原尹、河东节度使李拭为凤翔节度使;李业检校户部尚书、太原尹、北都留守,充河东节度使;守司空、门下侍郎、太原郡开国伯、食邑一千户白敏中检校司徒、同平章事、邠州刺史,充邠宁节度观察、东面招讨党项等使;以户部侍郎、判户部事魏谟本司同平章事。

七月,宰相监修国史崔龟从续柳芳《唐历》二十二卷上之。

八月,敕:“公主邑司,擅行文牒,恐多影庇,有紊条章。今后公主除录征封外,不得令邑司行文书牒府县,如缘公事,令邑司申宗正寺,与酌事体施行。”沙州刺史张义潮遣兄义潭以瓜、沙、伊、肃等十一州户口来献,自河、陇陷蕃百余年,至是悉复陇右故地。以义潮为瓜沙伊等州节度使。

九月,敕:“条疏刺史交代,须一一交割公事与知州官,方得离任。准会昌元年敕,刺史只禁科率由抑配人户,至于使州公廨及杂利润，天下州府皆有规制，不敢违越。缘未有明敕处分，多被无良人吏致使恐吓，或致言讼。起今后应刺史下担什物，及除替后资送钱物，但不率敛官吏，不科配百姓，一任各守州县旧例色目支给。如无公廨，不在资送之限。若辄有率配，以入己赃论。"以正议大夫、兵部侍郎、诸道盐铁转运使、上柱国、河东县开国子裴休守礼部尚书，进阶金紫；以前宣歙观察使、太中大夫、检校左散骑常侍裴谂权知兵部侍郎。

十月己亥，京兆尹韦博奏："京畿富户为诸军影占，苟免府县色役，或有追诉，军府纷然。请准会昌三年十二月敕，诸军使不得强夺百姓入军。"从之。

十一月，中书侍郎、兼吏部尚书、平章崔龟从检校尚书左仆射、汴州刺史，充宣武军节度使。沙州置归义军，以张义潮为节度使。太子詹事姚康献《帝王政纂》十卷；又撰《统史》三百卷，上自开辟，下尽隋朝，帝王美政、诏令、制置、铜盐钱谷损益、用兵利害，下至僧道是非，无不备载，编年为之。国子祭酒冯审奏："文宣王庙，始太宗立之，睿宗书额，武后窃政之日，改篆题'大周'二字，请削之。"从之。

十二月，盗斫景陵神门戟，京兆尹韦博罚两月俸，贬宗正卿李文举睦州刺史，陵令吴阅岳州司马，奉先令裴让隋州司马。

是岁，湖南大饥。

六年春正月戊辰，以陇州防御使薛逵为秦州刺史、天雄军使，兼秦、成两州经略使。

二月，右卫大将军郑光以赐田请免租税。宰相魏谟奏曰："郑光以国舅之亲，赐田可也，免税无以劝蒸民。"敕曰："一依人户例供税。"

三月，陇州刺史薛逵奏修筑定成关工毕。

四月丁酉，敕："常平义仓斛斗，每年检勘，实水旱灾沴处，录事参军先勘人户多少，支给先贫下户，富户不在支给之限。"以礼部尚书、诸道盐铁转运等使裴休可本官同平章事。

　　五月，敕："天下军府有兵马处，宜选会兵法能弓马等人充教练使，每年合教习时，常令教习。仍于其时申兵部。"御史台奏："诸色刑狱有关连朝官者，尚书省四品已上、诸司三品已上官，宜先奏取进止。如取诸色官状，即申中书取裁。"从之。

　　秋七月丙辰，前淮南节度使、金紫光禄大夫、检校尚书左仆射、兼扬州大都督府长史、御史大夫、上柱国、赞皇郡开国公、食邑一千五百户李珏卒，赠司空。敕犯赃人平赃，据律以当时物价上旬估。请取所犯之处，其月内上旬时估平之。从之。检校司空、太子少师、上柱国、范阳郡开国公、食邑二千卢钧可太原尹、北都留守、河东节度使。

　　九月，敕起居郎转官月限，宜以二十个月。

　　七年春正月壬辰，金紫光禄大夫、守太子少傅分司、上柱国、晋陵郡开国公、食邑二千户归融卒，赠右仆射。宗正卿李文举贬睦州刺史。

　　四月，以御史大夫郑朗为中书侍郎、同平章事。

　　五月，左卫率府仓曹张戣集律令格式条件相类一千二百五十条，分一百二十一门，号曰《刑法统类》，上之。

　　七月，以正议大夫、尚书左丞、上柱国、赐紫金鱼袋崔璪为刑部尚书，以银青光禄大夫、行兵部侍郎、知制诰、充翰林学士苏涤为尚书左丞，权知户部侍郎崔玙可权知兵部侍郎。

　　十月，尚书左仆射、门下侍郎、平章事、太清宫使、弘文馆大学士崔铉进《续会要》四十卷，修撰官杨绍复、崔瑑、薛逢、郑言等，赐物有差。

　　八年春正月，陕州黄河清。

　　二月，南蛮进犀牛，诏还之。

　　三月，敕以旱诏使疏决系囚。宰相监修国史魏谟修成《文宗实录》四十卷，上之。修史官给事中卢耽、太常少卿蒋偕、司勋员外郎王沨、右补阙卢吉，颁赐银器、锦彩有差。以山南东道节度使、检校户部尚书、襄州刺史、上柱国、酒泉县开国子、食邑三百户李景让为吏部尚书。

五月，以中书舍人、翰林学士韦澳为京兆尹；以户部侍郎、翰林学士承旨、上柱国、武功县开国子、食邑三百户苏涤检校兵部尚书，兼江陵尹、御史大夫，充荆南节度管内观察处置等使。

七月，银青光禄大夫、守门下侍郎、同平章事魏谟兼户部尚书。

八月，以司农卿郑助为检校左散骑常侍，兼夏州刺史、御史大夫、上柱国、荥阳县开国男、食邑三百户、夏绥银宥等州节度营田观察处置押蕃落安抚平夏党项等使。

九年春正月辛巳，银青光禄大夫、秘书监、许昌县开国男陈商卒，赠工部尚书。

二月，中书侍郎，兼礼部尚书、同平章事裴休检校吏部尚书，兼汴州刺史、御史大夫，充宣武军节度使、汴宋亳颍观察处置等使。

三月，试宏词举人，漏泄题目，为御史台所劾，侍郎裴谂改国子祭酒，郎中周敬复罚两月俸料，考试官刑部郎中唐枝出为处州刺史，监察御史冯颛罚一月俸料。其登科十人并落下。其吏部东铨委右丞卢懿权判。以吏部侍郎郑涯检校礼部尚书，兼定州刺史、御史大夫，充义武军节度、易定州观察处置、北平军等使。御史台据正月八日礼部贡院捉到明经黄续之、赵弘成、全质等三人伪造堂印、堂帖，兼黄续之伪著绯衫，将伪帖入贡院，令与举人虞蒸、胡简、党赞等三人及第，许得钱一千六百贯文。据勘黄续之等罪款，具招造伪，所许钱未曾入手，便事败。奉敕并准法处死。主司以自获奸人，并放。

七月，以河东节度使、检校司空、太原尹、北都留守、上柱国、范阳郡开国公、食邑二千户卢钧守尚书右仆射。

八月，以门下侍郎、守尚书右仆射、监修国史、博陵县开国伯、食邑一千户崔铉检校司空、同平章事，兼扬州大都督府长史，充淮南节度副大使、知节度使事。宣宗宴饯,赋诗以赐之。

九月,昭义节度使、检校礼部尚书、兼潞州大都督府长史、御史大夫、上柱国、赐紫金鱼袋郑涓检校刑部尚书、太原尹、北都留守、御史大夫,充河东节度;管内观察处置等使。

十一月,以河南尹刘瑑检校工部尚书、汴州刺史、兼御史大夫,充宣武军节度、宋亳汴颍观察处置等使。以中书舍人郑颢礼部侍郎。

十年春正月乙巳,以正议大夫、华州刺史、潼关防御、镇国军等使、上柱国、陇西县开国男、食邑三百户、赐紫金鱼袋李讷检校左散骑常侍,兼越州刺史、御史大夫、浙江东道都团练观察等使。

三月,中书门下奏:"据礼部贡院见置科目,《开元礼》、《三礼》、《三传》、《三史》、学究、道举、明算、童子等九科,近年取人颇滥,曾无艺可采,徒添入仕之门。须议条疏,俾精事业。臣已于延英面论,伏奉圣旨,将文字来者。其前件九科,臣等商量,望起大中十年,权三年,满后,至时赴科试者,令有司据所举人先进名,令中书舍人重复问过。如有本业稍通,堪备朝廷顾问,即作等第进名,候敕处分。如有事业荒芜,不合送名数者,考官即议朝责。其童子近日诸道所荐送者,多年齿已过,伪称童子,考其所业,又是常流。起今日后,望令天下州府荐送童子,并须实年十一、十二已下,仍须精熟一经,问皆全通,兼自能书写者。如违制条,本道长吏亦议惩法。"从之。

四月癸丑,以刑部郎中卢搏为庐州刺史,以给事中、渤海郡开国公、食邑二千户高少逸检校礼部尚书、华州刺史、潼关防御、镇国军等使。

六月,以兵部郎中裴夷直为苏州刺史。

九月,以中书舍人杜审权知礼部贡举。

十月,以邠宁庆节度使、检校礼部尚书、邠州刺史、上柱国、赐紫金鱼袋毕诚为检校兵部尚书、潞州大都督府长史、御史大夫,充昭义节度副大使、知节度使、潞邢洺等州观察使。桂管观察使令狐楚卒,赠礼部尚书。

十一年春正月,以银青光禄大夫、守吏部尚书、上柱国、酒泉县开国男、食邑三百户李景让为御史大夫;以朝请大夫、守御史中丞、兼尚书右丞、上柱国、赐紫金鱼袋夏侯孜为户部侍郎、判户部事;以朝散大夫、守京兆尹、上柱国、扶风县开国男、食邑三百户、赐紫金鱼袋韦澳检校工部尚书、孟州刺史、御史大夫,充河阳三城节度、孟怀泽观察处置等使。先是,车驾将幸华清宫,两省官进状论奏,诏曰:"朕以骊山近宫,真圣庙貌,未尝修谒,自谓阙然。今属阳和气清,中外事简,听政之暇,或议一行。盖崇礼敬之心,非以逸游为事。虽申敕命,兼虑劳人。卿等职备禁闱,志勤奉上,援据前古,列状上章,载陈恳到之词,深睹尽忠之节。已允来请,所奏咸知。"以剑南西川节度副大使、知节度事、管内观察处置统押近界诸蛮及西山八国云南安抚等使、特进、检校司徒、同中书门下平章事、兼成都尹、上柱国、太原郡开国公、食邑二千户白敏中以本官兼江陵尹,充荆南节度、管内观察处置等使。

二月,以夏绥银宥节度使、通议大夫、检校左散骑常侍、夏州刺史、御史大夫、上柱国、荥阳县开国男、食邑三百户、赐紫金鱼袋郑助为检校工部尚书、邠州刺史,充邠宁庆节度、管内营田观察处置,兼充庆州南路救援、盐州及当道沿路镇寨粮料等使,以右金吾卫将军田在宾检校右散骑常侍、兼夏州刺史,代郑助为夏绥银宥节度等使。以荆南节度使、银青光禄大夫、检校兵部尚书、兼江陵尹、御史大夫、上柱国、武功郡开国男、食邑三百户苏涤为太常卿。以银青光禄大夫、守门下侍郎、兼户部尚书、同平章事、监修国史、上柱国魏谟检校户部尚书、上柱国、赐紫金鱼袋崔慎由为中书侍郎、同平章事。以成德军节度、镇冀深赵观察处置等使、起复云麾将军、守左金吾卫大将军同正、检校兵部尚书、镇州大都督府长史王绍鼎为银青光禄大夫、检校尚书右仆射,余官如故。以通议大夫、中书门下侍郎、兼礼部尚书、同平章事、集贤殿大学士、上柱国、赐紫金鱼袋郑朗可监修国史。太中大夫、守工部尚书、同平章事、上柱国、赐紫金鱼袋崔慎由可集贤院大学士。

三月，起复朝请大夫、深州刺史、御史大夫，兼成德军节度判官王绍懿可检校左散骑常侍、镇府左司马、知府事，充成德军节度副使，兼充都知兵马使。以成德军中军兵马使、银青光禄大夫、检校太子宾客、兼监察御史、上柱国王景胤可本官、深州刺史、本州团练守捉使。检校左散骑常侍、右神武大将军知军事王绍孚可落起复，依前右神武大将军。绍懿、绍孚，镇州王绍鼎之弟也。景胤，绍鼎子也。以朝请大夫、检校刑部尚书、华州刺史，上柱国、鄮县开国男、食邑三百户、赐紫金鱼袋萧俶为太子宾客，分司东都。

四月，以职方郎中、知制诰裴坦为中书舍人。以朝议大夫、权知京兆尹崔郢为濮王傅，分司东都，以决杀府吏也。以江西观察使、洪州刺史、御史中丞、上柱国、赐紫金鱼袋张毅夫为京兆尹。以凤翔节度使、正议大夫、检校户部尚书，兼凤翔尹、上柱国、袭晋国公、食邑三千户、袭实封一百五十户裴识可许州刺史，充忠武军节度、陈许蔡观察等使；以吏部侍郎卢懿检校工部尚书，兼凤翔尹、御史大夫、凤翔陇右节度使；以中书舍人郑宪为洪州刺史、御史中丞、江南西道都团练观察处置等使，仍赐紫金鱼袋。以安南宣慰使、右千牛卫大将军宋涯为安南都护、御史中丞、本管经略招讨处置等使。以幽州节度使张允伸弟允中为荆州刺史，允千檀州刺史，允辛安塞军使，允举纳降军使，并兼御史中丞。以前邠宁节度使、朝议大夫、检校工部尚书、邠州刺史、上柱国、赐紫金鱼袋柳憙可检校礼部尚书、河南尹。

五月，以职方郎中李玄为寿州刺史。

六月，以朔方灵武定远等城节度使、朝散大夫、检校左散骑常侍、灵州大都督府长史、上柱国、赐紫金鱼袋刘潼为郑州刺史，驰驿赴任，以给边兵粮不及时也。以安南都护宋涯为容州刺史、容管经略招讨处置等使。制皇第三男灌封卫王，第十一男滩封广王。以朝散大夫、守尚书兵部侍郎、判度支、上柱国、彭城县开国男、食邑三百户,赐紫金鱼袋萧邺本官同平章事,判度支。以右监门将军、知内府省事、清河公崔巨淙为淮南监军。以特进、检校司空、兼太子太傅分司东都、上柱国、扶国郡开国公、食邑二千户杜悰本官判东都尚书省、兼御史大夫、充东都留守、东畿汝都防御使。

七月,以飞龙使、宫闱局令王归长守内侍省内常侍,知省事,充内枢密使。责授邠州员外司马张直方为右骁卫大将军。

八月,成德军节度使、检校尚书右仆射王绍鼎卒,赠司空,赙布帛三百段。以皇子昭王鼎为开府仪同三司、守镇州大都督府长史、成德军节度、镇冀深赵观察等大使;以成德军节度副使、都知兵马使、左司马、知府事、御史中丞王绍懿为成德军副使留后。以义武军节度、易定观察等使、检校礼部尚书、定州刺史、上柱国、荥阳县开国男、食邑三百户郑涯检校户部尚书、汴州刺史、上柱国,充宣武军节度副大使、知节度事、宋亳观察、亳州太清宫等使;以四镇北庭行军、泾原渭武节度使、银青光禄大夫、检校右散骑常侍、泾州刺史、御史大夫、上柱国、范阳县开国男、食邑三百户卢简求可检校工部尚书、定州刺史、义武节度使、易定观察、北都天平军等使;以盐州防御押蕃落诸军防秋都知兵马使、度支乌池榷税等使、检校右散骑常侍、盐州刺史、上柱国、赐紫金鱼袋陆耽代简求为泾原节度使。以翰林学士、朝散大夫、中书舍人、赐紫金鱼袋曹确权知河南尹。汝州防御使令狐绪有善政,郡人诣阙请立德政碑颂。绪以弟绹在中书,上表乞寝,从之。以太常卿苏涤为兵部尚书、权知吏部铨事,以银青光禄大夫、守散骑常侍、上柱国、渤海尹开国伯、食邑七百户封敖为太常卿。是月,荧惑犯东井。

九月,以秦州刺史李承勋为朝散大夫、检校工部尚书、泾州刺史,充四镇北庭泾原渭武节度等使;以礼部郎中杨知温充翰林学士;以中散大夫、尚书礼部侍郎、上柱国、赐紫金鱼袋杜审权为陕州大都督府长史、兼御史大夫、陕虢都防御观察处置等使;以银青光禄大夫、检校司空、兼太子太师、上柱国、范阳郡开国公、食邑二千户卢钧为检校司空、同中书门下平章事、兴元尹,充山南西道节度等使。右补阙陈煅、左拾遗王谱、右拾遗薛廷杰上疏谏遣中使往罗浮山迎轩辕先生。诏曰："朕以万机事繁,躬亲庶务,访闻罗浮山处士轩辕集,善能摄生,年龄亦寿,乃遣使迎之,或冀有少保理也。朕每观前史,见秦皇、汉武为方士所惑,常以之为诫。卿等位当论列,职在谏司,阅示来章,深纳诚意。"仍谓崔慎由曰："为吾言于谏官,虽少翁、栾大复生,不能相惑。如闻轩辕生高士,欲与之一言耳。"宰相郑朗累请告,三章求免。是月乙未,彗出于房初度,长三尺。

十月,制通议大夫、守中书侍郎、礼部尚书、同平章事、监修国史、上柱国、赐紫金鱼袋郑朗可检校尚书右仆射,兼太子少保。以山南西道节度使、中散大夫、检校礼部尚书、兴元尹、上柱国、赐紫金鱼袋蒋系权知刑部尚书,宰相崔慎由兼修国史,萧邺兼集贤殿大学士。以华州刺史高少逸为左散骑常侍,以苏州刺史裴夷直为华州刺史、潼关防御、镇国军等使,以太常少卿崔钧为苏州刺史。入回鹘册礼使、卫尉少卿王端章贬贺州司马,副使国子《礼记》博士李浔为郴州司马,判官河南府士曹李寂永州司马。端章等出塞,黑车子阻路而回故也。以成德军观察留后、御史中丞、赐紫金鱼袋王绍懿检校工部尚书,兼镇州大都督府长史、御史大夫,充成德军节度、镇冀深赵观察使等。以中书舍人李潘知礼部贡院。

十一月,太子少师郑朗卒,赠司空。银青光禄大夫、检校尚书左仆射、兼太子太保、充右羽林统军、御史大夫、上柱国、荥阳县开国男、食邑三百户郑光卒,辍朝三日,赠司徒,仍令百官奉慰,上之元舅也。宰相崔慎由为中书侍郎兼礼部尚书,尚书萧邺兼工部尚书,余并如故。

十二月,以昭义军节度使、朝议大夫、检校工部尚书、上柱国、平阴县开国男、食邑三百户毕诚为太原尹、北都留守、河东节度使;朝议大夫、检校礼部尚书、兼太原尹、北都留守、上柱国、赐紫金鱼袋刘瑑为尚书户部侍郎、判度支。以翰林学士承旨、通议大夫、守尚书户部侍郎、知制诰、上护军、赐紫金鱼袋蒋伸为兵部侍郎,充职。以金紫光禄大夫、守太子少保分司东都、上柱国、河东县开国男、食

邑五百户裴休检校户部尚书,兼潞州大都督府长史、昭义军节度副
大使、知节度事、潞磁邢洺观察等使。以正议大夫、行尚书兵部侍
郎、上柱国、河东县开国男、食邑三百户、赐紫金鱼袋柳仲郢本官兼
御史大夫,充诸道盐铁转运使。以正议大夫、检校户部尚书、兼太子
宾客、上柱国、赐紫金鱼袋孔温业本管分司东都,以病请告故也。礼
部郎中杨知温本官知制诰,充翰林学士。以幽州中军使、检校国子
祭酒、幽府左司马、知府事、御史中丞张简真检校右散骑常侍,允伸
之子也。以中散大夫、权知刑部尚书、上柱国、赐紫金鱼袋蒋系检校
户部尚书、凤翔尹、御史大夫、凤翔陇右节度观察处置等使。是岁,
舒州吴塘堰有众禽成巢,阔七尺、高七丈,而水禽、山鸟、鹰隼、燕雀
之类,无不驯狎。又有鸟人面绿毛,爪喙皆绀色,其声曰:"甘",人呼
为甘虫。

十二年春正月,以晋阳令郑液为通州刺史。罗浮山人轩辕集至
京师,上召入禁中,谓曰:"先生退寿而长生可致乎?"曰:"彻声色,
去滋味,哀乐如一,德施周给,自然与天地合德,日月齐明,何必别
求长生也。"留之月余,坚求还山。

三月,以前乡贡进士于琮为秘书省校书郎、寻尚皇女广德公
主,改银青光禄大夫、守右拾遗、驸马都尉。以安南本管经略招讨处
置使、朝散大夫、检校左散骑常侍、安南都护、御史大夫、赐紫金鱼
袋李弘甫为宗正卿。以太中大夫、守京兆尹、上柱国、赐紫金鱼袋张
毅夫为鄂州刺史、御史大夫、鄂岳蕲黄申等州都团练观察使。以太
中大夫、福州刺史、御史中丞、上柱国、赐紫金鱼袋杨发检校右散骑
常侍、广州刺史、御史大夫,充岭南东道节度观察处置等使。以朝散
大夫、守康王傅分司东都、上柱国、袭魏郡开国公、食邑二千户、赐
紫金鱼袋王式为安南都护、兼御史中丞,充安南本管经略招讨处置
等使。以朝请大夫、前守太子宾客分司东都、上柱国、鄪县开国男、
食邑三百户、赐紫金鱼袋萧俶守太子少保分司。以朝请大夫、检校
左散骑常侍、右金吾大将军,充右街使、上柱国、袭太原郡开国公、

食邑二千户、赐紫金鱼袋王镇为检校左散骑常侍、使持节、都督福州诸军事，兼福州刺史、御史大夫，充福建等州都团练观察处置等使。以翰林学士、朝议郎、守尚书司勋郎中、知制诰、赐绯鱼袋孔温裕为中书舍人，充职。以右骁卫上将军李正源守大内皇城留守。以朝议大夫、守尚书户部侍郎、判度支、上柱国、赐紫金鱼袋刘瑑本官同平章事，依前判度支。以太中大夫、守中书侍郎、兼礼部尚书、同平章事、监修国史、上柱国、赐紫金鱼袋崔慎由检校礼部尚书、梓州刺史、御史大夫、剑南东川节度副大使、知节度事，代韦有翼；以有翼为吏部侍郎。

　　二月，以前邕管经略招讨处置使、朝议郎、邕州刺史、御史中丞、赐紫金鱼袋段文楚为昭武校尉、右金吾卫将军；以朝议郎、守中书舍人、权知礼部贡举、上柱国、赐绯鱼袋李藩为尚书户部侍郎以朝散大夫、守工部尚书、同平章事、充集贤殿大学士、上柱国、彭城县开国男、食邑三百户、赐紫金鱼袋萧邺为监修国史。以朝议大夫、守户部侍郎、同平章事、判度支、上柱国、赐紫金鱼袋刘瑑可充集贤院学士。以渤海国王弟权知国务疑虔晃为银青光禄大夫、检校秘书监、忽汗州都督，册为渤海国王。以兵部侍郎柳仲郢为刑部尚书。以朝议大夫、守尚书户部侍郎、判户部事、上柱国、赐紫金鱼袋夏侯孜为兵部侍郎，充诸道盐铁转使使；以朝请大夫、权知刑部侍郎、赐紫金鱼袋杜胜为户部侍郎、判户部事。以光禄大夫、守左领军卫大将军分司东都、上柱国、会稽县开国公、食邑一千五百户康季荣可检校尚书右仆射，兼左卫上将军分司。贬前利州刺史杜仓为贺州司户，蔡州刺史李丛邵州司马。以工部郎中、知制诰于德孙，库部郎中、知制诰苗恪，并可中书舍人，依前翰林学士。以前右金吾卫将军郑薄璋，前鸿胪少卿郑汉卿，并起复授本官，国舅光之子也。以银青光禄大夫、行给事中、驸马都尉卫洙为工部侍郎，前濮王傅分司皇甫权为康王傅分司。以库部员外郎、史馆修撰李涣为长安令。

　　闰二月，以司农少卿卢籍为代州刺史，前江陵少尹杜恽为司农少卿。以河东马步都虞候段威为朔州刺史，充天宁军使，兼兴唐军沙陀三部落防遏都知兵马使。

五月，以兵部侍郎、盐铁转运使夏侯孜本官同平章事。

六月，南蛮攻安南府。

八月，洪州贼毛合、宣州贼康全大攻掠郡县，诏两浙兵讨平之。

十二月，太子少保魏谟卒，赠司徒。

十三年春正月，以虢陕观察使杜审权为户部侍郎、判户部事。

三月，宰相萧邺罢知政事，守吏部尚书。

四月，以翰林学士承旨、兵部侍郎、知制诰蒋伸本官同平章事。

五月，上不豫，月余不能视朝。

八月七日，宣遗诏立郓王为皇太子，勾当军国事。是日，崩于大明宫，圣寿五十。诏门下侍郎、平章事令狐绹摄冢宰。群臣上谥曰圣武献文孝皇帝，庙号宣宗。十四年二月，葬于贞陵。

史臣曰：臣尝闻黎老言大中故事，献文皇帝器识深远，久历艰难，备知人间疾苦。自宝历已来，中人擅权，事多假借，亦师豪右，大扰穷民。洎大中临驭，一之日权豪敛迹，二之日奸臣畏法，三之日阍寺詟气。由是刑政不滥，贤能效用，百揆四岳，穆若清风，十余年间，颂声载路。上宫衣浣濯之衣，常膳不过数器，非母后侑膳，辄不举乐，岁或小饥，忧形于色。虽左右近习，未尝见怠惰之容。与群臣言，俨然煦接，如待宾僚，或有所陈闻，虚襟听纳。旧时人主所行，黄门先以龙脑、郁金藉地，上悉命去之。宫人有疾，医视人，既瘳，即袖金赐之，诫曰："勿令敕使知，谓予私于侍者。"其恭俭好善如此。季年风毒，召罗浮山人轩辕集，访以治国治身之要，其伎术诡异之道，未尝措言。集亦有道之士也。十三年春，坚求还山。上曰："先生少留一年，候于罗浮山别创一道馆。"集无留意，上曰："先生舍我亟去，国有灾乎？朕有天下，竟得几年？"集取笔写"四十"字，而十字挑上，乃十四年也。兴替有数，其若是乎！而帝道皇猷，始终无缺，虽汉文、景不足过也。惜乎简籍遗落，旧事十无三四，玩墨挥翰，有所慊然。

　　赞曰：李之英主，实惟献文。枇稗尽去，淑慝斯分。河、陇归地，朔漠消氛。到今遗老，歌咏明君。

旧唐书卷一九上
本纪第一九上

懿　宗

　　懿宗昭圣恭惠孝皇帝讳漼,宣宗长子,母曰元昭皇太后晁氏。太和七年十一月十四日,生于藩邸。会昌六年十月,封郓王,本名温。大中十三年八月七日,宣遗诏立为皇太子监国,改今名。十三日,枢前即帝位,年二十七。帝姿貌雄杰,有异稠人。藩邸时常经重疾,郭淑妃侍医药,见黄龙出入于卧内。既间,妃以异告,帝曰:“慎勿复言。”又尝大雪数尺,而帝寝室之上独无,人皆异之。宣宗制《泰边陲乐曲词》有“海岳晏咸通”之句。又大中末,京城小儿叠布渍水,纽之向日,谓之拔晕。帝果以郓王即大位,以咸通为年号。

　　九月,释服,追尊母后晁氏为太后,谥曰元昭。

　　十月癸末,制以门下侍郎、守左仆射、同平章事令狐绹守司空,门下侍郎、兵部尚书、同平章事萧邺兼尚书右仆射,中书侍郎、礼部尚书、平章事夏侯孜兼兵部尚书,中书侍郎,平章事蒋伸兼工部尚书,并依前知政事。又以兵部侍郎郑颢为河南尹。以昭义军节度、潞邢磁洺观察等使、光禄大夫、检校吏部尚书、兼潞州大都督府长史、上柱国、河东县开国子、食邑五百户裴休为太原尹、北都留守、河东节度管内观察处置等使;以河中节度使、检校尚书左仆射毕诚为汴州刺史,充宣武军节度、宋亳观察等使。以中书舍人裴坦权知礼部贡举。

　　十二月,以户部侍郎、翰林学士杜审权为检校礼部尚书、河中晋绛节度等使。

咸通元年春正月，上御紫宸殿受朝，对室韦使。

二月，葬宣宗皇帝于贞陵。以右拾遗刘邺充翰林学士。以河中节度使杜审权为兵部侍郎、判度支，寻以本官同平章事；以门下侍郎、守司徒、同平章事令狐绹检校司徒、同平章事，出镇河中；尚书左仆射、诸道盐铁转运使杜悰同平章事。浙东观察使王式斩草贼仇甫，浙东郡邑皆平。

八月，以河东节度使裴休为凤翔尹、凤翔陇右节度使，以凤翔陇右节度使、银青光禄大夫、检校刑部尚书卢简求为太原尹、北都留守、河东节度使。

十一月丙午朔。丁未，上有事于郊庙，礼毕，御丹凤门，大赦，改元。以中书舍人薛耽权知贡举。

二年春二月，吏部尚书萧邺检校尚书右仆射、太原尹、北都留守、河东节度观察等使。郑滑节度使、检校工部尚书李福奏："属郡颍州去年夏大雨，沈丘、汝阴、颍上等县平地水深一丈，田稼、屋宇淹没皆尽，乞蠲租赋。"从之。以中书侍郎兼工部尚书蒋伸兼刑部尚书、右仆射，门下侍郎杜悰为左仆射，依前知政事。

四月，以前婺州刺史裴阅为颍州刺史，充本州团练镇遏等使。以驾部郎中王铎本官知制诰。

八月，以中书舍人卫洙为工部侍郎。寻改银青光禄大夫、检校礼部尚书，兼滑州刺史、御史大夫、驸马都尉，充义成军节度、郑滑颍观察处置等使。洙奏状称："蒙恩除授滑州刺史，官号内一字与臣家讳音同，虽文字有殊，而声韵难别，请改授闲官者。"敕曰："嫌名不讳，著在礼文，成命已行，固难依允。"以兵部侍郎曹确判度支，以兵部员外郎杨知远、司勋员外郎穆仁裕试吏部宏词选人。

九月，以前兵尚部侍郎、判度支毕諴为工部尚书、同平章事。蒋伸罢知政事。林邑蛮寇安南府，遣神策将军康承训率禁军及江西、湖南之兵赴援。

三年春正月，左仆射、门下侍郎、平章事杜悰率百僚上徽号曰睿文明圣孝德皇帝。

五月，敕："岭南分为五管，诚已多年。居常之时，同资御捍，有事之际，要别改张。邕州西接南蛮，深据黄洞，控两江之犷俗，居数道之游民。比以委人太轻，军威不振，境连内地，不并海南。宜分岭南为东、西道节度观察处置等使，以广州为岭南东道，邕州为岭南西道，别择良吏，付以节旄。其所管八州，俗无耕桑，地极边远，近罹盗扰，尤甚凋残。将盛藩垣，宜添州县。宜割桂州管内龚州、象州，容州管内藤州、岩州，并隶岭南西道收管。"宰臣杜悰兼司空，毕诚兼兵部尚书。驾部郎中、知制诰王铎为中书舍人。以邕管经略使郑愚为广州刺史，充岭南东道节度、观察处置等使；将军宋戎为岭南西道节度使。夏，淮南、河南蝗旱，民饥。南蛮陷交址，征诸道兵赴岭南。诏湖南水运，自湘江入泽渠，西造地面粥以馈行营。湘、漓溯运，功役艰难，军屯广州乏食。润州人陈磻石诣阙上书，言："江西、湖南，溯流运粮，不济军师，士卒食尽则散，此宜深虑。臣有奇计，以馈南军。"天子召见，磻石因奏："臣弟听思曾任雷州刺史，家人随海船至福建，往来大船一只，可致千石，自福建装船，不一月至广州。得船数十艘，便可致三万石至广府矣。"又引刘裕海路进军破卢循故事。执政是之，以磻石为盐铁巡官，往杨子院专督海运。于是康承训之军皆不缺供。

七月，徐州军乱，以浙东观察使王式检校工部尚书、徐州刺史、御史大夫、武宁军节度、徐泗濠观察等使。初，王智兴得徐州，召募凶豪之卒二千人，号曰银刀、雕旗、门枪、挟马等军，番宿卫城。自后浸骄，节度使姑息不暇。田牟镇徐日，每与骄卒杂坐，酒酣抚背，时把板为之唱歌。其徒日费万计。每有宾宴，必先厌食饫酒，祁寒暑雨，厄酒盈前，然犹喧噪邀求，动谋逐帅。前年寿州刺史温璋为节度使，骄卒素知璋严酷，深负忧疑。璋开怀抚谕，终为猜贰，给与酒食，未尝沥口，不期月而逐璋。上是以式代璋。时式以忠武、义成之师三千平定仇甫，便诏式率二镇之师渡淮。徐卒闻之，惧其势，无如之何。至大彭馆，方来迎谒。居三日，犒劳两镇兵令还，既擐甲执兵，即命环骄卒杀之。徐卒三千余人，是日尽诛，由是凶徒悉殄。

九月，以户部侍郎李晦检校工部尚书，兼兴元尹、山南西道节度使。

十一月，遣将军蔡袭率禁军三千，会诸道之师赴援安南。以吏部侍郎郑处诲萧仿、吏部员外郎杨俨、户部员外郎崔彦昭等试宏词选人。

十二月，以吏部侍郎萧仿权知礼部贡举。

四年春正月甲子朔。庚午，上有事于圆丘，礼毕，御丹凤楼，大赦。中外官宜准建中元年敕，授官后三日举一人自代。州牧令录上佐官，在任须终三考。河东节度使、检校刑部尚书卢简方以病求罢，诏以太子少师致仕归东都。以昭义节度使、检校礼部尚书、上柱国、赐紫金鱼袋刘潼为太原尹、北都留守、御史大夫、充河东节度观察处置等使。

二月，以左散骑常侍李荀检校工部尚书、滑州刺史、义成军节度、郑滑观察等使。

三月，以兵部侍郎、判度支杨收本官同平章事；以刑部侍郎曹汾为河南尹；以户部侍郎李瑑检校礼部尚书、潞州大都督府长史，充昭义节度、观察处置等使。

四月，敕徐州罢防御使，为支郡，隶兖州。

七月朔，制："安南寇陷之初，流人多寄溪洞。其安南将吏官健走至海门者人数不少，宜令宋式、李良瑰察访人数，量事救恤。安南管内被蛮贼驱劫处，本户两税、丁钱等量放二年，候收复后别有指挥。其安南溪洞首领，素推诚节，虽蛮寇窃据城壁，而酋豪各守土疆。如闻溪洞之间，悉藉岭北茶药，宜令诸道一任商人兴贩，不得禁止往来。廉州珠池，与人共利。近闻本道禁断，遂绝通商，宜令本州任百姓采取,不得止约。其徐州银刀官健,其中先逃窜者,累降敕旨,不令捕逐。其今年四月十八日,草贼头首已抵极法,其余徒党各自奔逃,所在更勿捕逐。"是月,东都、许、汝、徐、泗等州大水,伤稼。初,大中末,安南都护李琢贪暴,侵刻獠民,群獠引林邑蛮攻安南府。三年,大征兵赴援,天下骚动。其年冬,蛮竟陷交州,赴安南诸军并令抽退,分保岭南东、西道。

十一月,长安县尉、集贤校理令狐滈为左拾遗。制出,左拾遗刘蜕、起居郎张云上疏,论滈父绹秉权之日,广纳赂遗,受李琢贿,除安南,致生蛮寇,滈不宜居谏诤之列。时绹在淮南,上表论诉,乃贬云兴元少尹,蜕华阴令,滈改詹事司直。以中书舍人王铎权知礼部贡举,以兵部侍郎、判度支曹确同平章事,以中书侍郎、平章事毕诚检校吏部尚书、河中尹、晋绛慈隰节度使。就加幽州张允伸检校司徒。以兵部侍郎高璩本官同平章事,以户部侍郎裴寅判本司事。

五年春正月戊午朔,以用兵罢元会。谏议大夫裴坦上疏,论天下征兵,财赋方匮,不宜过兴佛寺,以困国力。优诏答之。二月,以兵部尚书牛丛检校兵部尚书兼成都尹、剑南西川节度副大使、知节度事。徐州处置观察防御使。以门下侍郎,兵部尚书平章事杜审权为润州刺史、浙江西道节度使。

三月,以兵部郎中高湜、员外于怀试吏部,平判选人。

四月,右仆射、平章事夏侯孜增爵五百户。以中书舍人王铎为礼部侍郎,以晋州刺史孟球检校工部尚书,兼徐州刺史。南蛮寇邕管,以秦州经略使高骈率禁军五千赴邕管,会诸道之师御之。

五月丁酉,制:

朕以寡昧,获承高祖、太宗之丕构,六载于兹矣。罔畋游是娱,罔声色是纵,罔刑戮是滥,罔邪佞是惑。夙夜悚惕,以忧以勤,庶几乎八表用康,兆人以泰。而西戎款附,北狄怀柔,独惟南蛮,奸宄不率。侵陷交址,突犯朗宁,爰及西州,亦用攘寇。劳我士卒,兴吾甲兵,骚动黎元,役力飞挽,每一轸念,闵然疚怀。

顾惟生人，罹此愁若，宜布自天之泽，俾垂及物之仁。如闻湖南、桂州，是岭路系口，诸道兵马纲运，无不经过，顿递供承，动多差配，凋伤转甚，宜有特恩。潭、桂两道各赐钱三万贯文，以助军钱，亦以充馆驿息利本钱。其江陵、江西、鄂州三道，比于潭、桂，徭配稍简，宜令本道观察使详其间剧，准此例与置本钱。邕州已西黎、㒼界内，昨因蛮寇，互有杀伤，宜令本道收拾埋瘗，量设祭酹。

徐州土风雄劲，甲士精强，比以制驭乖方，频致骚扰。近者再置使额，却领四州，劳逸既均，人心甚泰。但闻比因罢节之日，或有被罪奔逃，虽朝廷频下诏书，并令一切不问，犹恐尚怀疑惧，未委招携，结聚山林，终成讹误。况边方未静，深藉人才，宜令徐泗团练使选拣召募官健三千人，赴邕管防戍。待岭外事宁之后，即与替代归还。仍令每召满五百人，即差军将军押送，其粮料赏给，所司准例处分。

淮南、两浙海运，房隔舟船，访闻商徒，失业颇甚，所由纵舍，为弊实深。亦有搬货财委于水次，无人看守，多至散亡，嗟怨之声，盈于道路。宜令三道据所搬米石数，牒报所在盐铁巡院，令和雇入海舸船，分付所司。通计载米数足外，辄不更有隔夺，妄称贮备。其小舸短船到江口，使司自有船，不在更取商人舟船之限。如官吏妄行威福，必议痛刑。於戏！万方靡安，宁忘于罪己；百姓不足，敢急于责躬。用伸钦恤之怀，式表忧勤之旨。

壬寅，制以中书侍郎、平章事杨收为门下侍郎、兼刑部尚书，以中书侍郎、平章事曹确兼工部尚书，兵部侍郎、平章事高璩为中书侍郎、知政事，余并如故。

秋七月壬子，延资库使夏侯孜奏：

盐铁户部先积欠当使咸通四年已前延资库钱绢三百六十九万余贯匹。内户部每年合送钱二十六万四千一百八十贯匹，从大中十二年至咸通四年九月已前，除纳外，欠一百五十万五千七百一十四万贯匹。当使缘户部积欠数多,先具申奏,请于诸道州府场监院合纳户部所收八十文除陌钱内,割一十五文,属当使自收管。敕命虽行,送纳稽缓。今得户部牒称,所收管除陌钱绢外,更有诸杂物货,延资库征收不便,请起今年合纳延资库钱绢一时便足。其已前积欠,候物力稍克,积渐填纳。其所割一十五文钱,即当司仍旧收管。又缘累岁以来,岭南用兵,多支户部钱物。当使不欲坚论旧欠,请依户部商量,合纳今年一年额色钱绢须足,明年即依旧制,三月、九月两限送纳毕。其以前积欠,仍令户部自立填纳期限者。

敕旨依之。

十月丙辰,以中书舍人李蔚权知礼部贡举。

十一月乙酉,以大同军防御使卢简方检校工部尚书、沧州刺史、御史大夫,充义昌军节度、沧济德观察等使。乙未,以兵部侍郎萧置本官同中书门下平章事。

六年春正月癸未朔。丁亥,制以河东节度使、检校刑部尚书孔温裕为郓州刺史、天平军节度、郓曹棣观察处置等使。

二月,制以御史中丞徐商为兵部侍郎、同平章事。高璩罢知政事。以吏部尚书崔慎由、吏部侍郎郑从谠、吏部侍郎王铎、兵部员外郎崔谨张彦远等考宏词选人;金部员外郎张乂思、大理少卿董廙试拔萃选人。以给事中杨严为工部侍郎,寻召为翰林学士。

四月,西川节度使牛丛奏于蛮界筑新城、安城、遏戎州功毕。时南诏蛮入寇姚、嶲,陈许大将颜复成嶲州新筑二城。其年秋,六姓蛮攻遏戎州,为复所败,退去。兵部侍郎、平章事徐商、萧置转中书侍郎、知政事。

五月,以左丞杨知温为河南尹,以神策大将军马举为秦州经略招讨使,以右金吾大将军李宴元为夏州刺史、朔方节度等使。安南都护高骈奏于邕管大败林邑蛮。

七月,以右卫大将军薛绾检校工部尚书、徐州刺史,充徐泗团练观察防御等使。

九月，以中书舍人赵隲权知礼部贡举；以吏部侍郎萧仿检校礼部尚书、滑州刺史、御史大夫，充义成军节度、郑滑颍观察等使。

十二月，太皇太后郑氏崩，谥曰孝明。

是岁秋，高骈自海门进军破蛮军，收复安南府。自李琢失政，交址湮没十年，蛮军北寇邕容界，人不聊生，至是方复故地。

七年春正月戊寅朔，以太皇太后丧罢元会。

三月，成德军节度、镇冀深赵等州观察处置等使、金紫光禄大夫、检校司空、镇州大都督府长史、御史大夫、太原县开国伯、食邑七百户，袭食实封一百户王绍懿卒，赠司徒。绍鼎之弟，俱寿安公主之子也。三军推绍鼎子景崇知兵马留后事。就加幽州张允伸兼太保、平章事，进封燕国公。以吏部侍郎郑从谠检校礼部尚书、兼太原尹、北都留守、御史大夫、上柱国、荥阳县开国男、食邑三百户，充河东节度管内观察处置等使。

四月，寿安公主上表请入朝，诏曰："志兴奏汝以景崇未降恩命，欲来朝觐事，具悉。景崇素闻孝悌，颇有义方，洽三军爱戴之情，荷千里折冲之寄。缵乃旧服，绰有令猷，朝廷奖能，续有处分。缘孝明太后园寝有日，庶事且停，候祔庙礼成，当允诚请。"

七月，沙州节度使张义潮进甘峻山青骹鹰四联、延庆节马二匹、吐蕃女子二人。僧县延进《大乘百法门明论》等。

八月，镇州王景崇起复忠武将军、左金吾卫将军同正、检校右散骑常侍，兼镇州大都督府左司马、知府事、御史中丞，充成德军节度观察留后。上柱国、赐紫金鱼袋、中书侍郎、平章事徐商兼工部尚书。

十月，沙州张义潮奏：差回鹘首领仆固俊与吐蕃大将尚恐热交战，大败蕃寇，斩尚恐热，传首京师。右仆射、门下侍郎、平章事夏侯孜检校司空、平章事，兼成都尹、剑南西川节度等副大使、知节度事。安南高骈奏蛮寇悉平。

十一月十日，御宣政殿，大赦，以复安南故也。以翰林学士承旨、户部侍郎路岩为兵部侍郎、同平章事。义成军节度萧仿就加检校兵部尚书，褒能政也。以礼部郎中李景温、吏部员外郎高湘试拔萃选人。

八年春正月壬寅朔。丁未，河中、晋、绛地大震，庐舍压仆伤人，有死者。

三月，安南高骈奏："南至邕管，水路湍险，巨石梗涂，令工人开凿讫，漕船无滞者。"降诏褒之。制以门下侍郎、兼户部尚书、平章事、上柱国、晋阳县开国男、食邑三百户、赐紫金鱼袋杨收检校兵部尚书，充浙江西道观察使；以浙西观察使杜审权守尚书左仆射；以兵部侍郎于惊本官同平章事。

九月丁酉，延资库使曹确奏：

户部每年合送当使三月、九月两限绢二十一万四千一百匹，钱万贯，自大中八年已后，至咸通四年，积欠一百五十万五千七百余贯匹。前使杜惊申奏，起请咸通五年正月以后，于诸道州府场监院合送户部八十文除陌钱内，割十五文当使收管，以填积欠。续据户部牒称，州府除陌钱有折色零碎，请起咸通五年所合送延资库钱绢，逐年两限须足，其除陌十五文，当司仍旧收管。前使夏侯孜具事由申奏，且请依户部论请期限。其咸通五年钱绢，户部已送纳。自六年至八年，其钱绢依前旋纳，又积欠三十六万五千五百七贯匹者。伏以所置延资库，初以备边为名，至大中三年始改今号。若财货不充，则名额虚设。当制置之时，所令三司逐年分减送当使收管。元敕只有钱数，但令本司减割送库，不定色目。以此因循，渐隳旧制，年月既久，积欠渐多。既无计以征收，乃指色以取济，稍称备边名号，得遵元敕指挥。乃割户部除陌八十文内十五文收管，及户部请逐年送库，须且禀从。今既积欠又多，终虑不及期限。臣今酌量诸道州府场监院合送户部钱绢内分配，令勒留下合送延资库数

目,令本处别为纲运,与户部纲同送上都,直纳延资库,则户部
免有逋悬,不至累年积欠。

从之。

十月丙寅,兵部侍郎、判度支崔彦昭奏:"当司应收管江、淮诸
道州府咸通八年已前两税榷酒及支米价,并二十文除陌诸色属省
钱,准旧例逐年商人投状便换。自南蛮用兵已来,置供军使,当司在
诸州府场监钱,犹有商人便换,赍省司便换文牒至本州府请领,皆
被诸州府称准供军使指挥占留。以此商人疑惑,乃致当司支用不
充。乞下诸道州府场监院依限送纳及给还商人,不得托称占留者。"
敕旨从之。宰相、门下侍郎、户部尚书曹确兼吏部尚书门下侍郎、礼
部尚书路岩兼户部尚书,中书侍郎、工部尚书徐商兼刑部尚书,兵
部侍郎、平章事于悰为中书侍郎。以中书舍人刘允章权知礼部贡
举,以吏部侍郎卢匡、吏部侍郎李蔚、兵部员外郎薛崇、司勋员外郎
崔殷梦考吏部宏词选人。

九年春正月丙申,以吏部侍郎李蔚检校刑部尚书、汴州刺史、
御史大夫,充宣武节度、汴宋亳观察处置等使。幽州节度使张允伸
就加检校太傅。以兵部员外郎焦渎、司勋员外郎李岳考宏词选人。

七月戊戌,白虹横亘四方。其月,徐州赴桂林戍卒五百人,官健
许佶、赵可立杀其将王仲甫,以粮料判官庞勋为都头,剽掠湘潭、衡
山两县,有众千人,擅还本镇。

九月辛卯朔。甲午,庞勋陷宿州,知州判官焦潞奔归于徐。乙
未,庞勋陷徐州,杀节度使崔彦曾、判官焦潞、李税、温延皓、崔蕴、
韦廷义,惟免监军张道谨。遂出徐、宿官库钱帛,召募凶徒,不旬日
其徒五万。勋抗表请罪,仍命群凶邀求节钺。上遣中使因而抚之。
贼令别将梁伾守宿州,以姚周为柳子寨主,又遣刘行及、丁景琮、吴
迥攻围泗州。

十月,诏征河南、河东、山南诸道之师。贬浙西观察使杨收为端
州司马同正,收弟前浙东观察使、越州刺史、御史中丞严为韶州刺

史,检校工部尚书、洪州刺史、镇南节度、江南西道观察处置等使严
撰长流岭南。贼攻泗州势急,淮南节度使令狐绹虑失泗口,为贼奔
冲,乃令大将李湘赴援,为贼所诱,示弱乞降,乘其无备,为贼所袭,
举军皆没。湘与都监郭厚本俱为贼所执,送徐州。

十一月庚寅朔。丁酉戌时,妖星初出,如匹练亘空,化为云,没
在楚分。吴迥既执李湘,乃令小将张行简、吴约攻滁州。城内无兵,
有淮南游奕兵三百人在州界,见贼至,径来奔郡,贼乘之,遂陷滁
州。张行简执刺史高锡望,手刃之,屠其城而去。行简又进攻和州,
刺史崔雍登城楼谓吴迥曰:"城中玉帛、女子不敢惜,只勿取天子城
池。"贼许之,遂剽城中居民,杀判官张琢,以琢浚城壕故也。庞勋又
令将刘赞攻濠州,陷之,囚刺史卢望回于回车馆,望回郁愤而死,仆
妾数人皆为贼蒸而食之。

十二月庚辰朔,将军戴可师率沙陀、吐浑部落二万人,于淮南
与贼转战,贼党屡败,尽弃淮南之守。

是岁,江、淮蝗食稼,大旱。庞勋奏:"当道先发戍岭南兵士三千
人春冬衣,今欲差人送赴邕管。"鄂岳观察使刘允章上书言:"庞勋
聚徒十万,今若遣人达岭表,如戍卒与勋合势,则祸难非细。"寻诏
庞勋止绝,兼令江、淮诸道纪纲捕之。

十年春正月己未朔,以徐州用兵罢元会。癸亥,以右拾遗韦保
衡为银青光禄大夫、守起居郎、驸马都尉,尚皇女同昌公主,出降之
日,礼仪甚盛。以神武大将军王晏权检校工部尚书、徐州刺史、御史
大夫、充武宁军节度、徐泗濠观察,兼徐州北路行营招讨等使,智兴
之从子也;以将军朱克诚充北路招讨都虞候;王宥北路招讨前军
使。以翰林学士、户部侍郎刘瞻守本官同平章事。中书侍郎、兼户
部尚书、平章事蒋伸为太子太保,罢知政事,病免也。以门下侍郎、
兼刑部尚书、同平章事徐商检校兵部尚书、江陵尹、荆南节度使。以
右神策大将军、知军使、兼御史大夫、上柱国、龙阳县开国伯、食邑
一千户康承训可金紫光禄大夫、检校刑部尚书、兼右神策大将军、

御史大夫、上柱国、扶风郡开国公、食邑一千五百户,充徐泗行营都招讨使;又以将军李邵为徐州南路行营招讨都虞候;以将军史忠用为颍州行营都知兵马使;将军马澹为徐州行营都知兵马使;将军董涛充庐州行营都知兵马使;将军戴可师充曹州行营招讨使;将军朱耶赤心充太原行营招讨使、沙陀三部落等军使;将军王建充淮四行营招讨使;将军曹翔充兖海节度行营招讨使;将军马举为扬州都督府司马,充淮南行营招讨使;将军高罗锐为楚州刺史、本州行营招讨使;将军秦匡谟为濠州刺史、本州行营招讨使;将军李播为宿州刺史,赴庐州行营招讨使;以将军孟彪为太仆卿,充都粮料使。凡十八将。分董诸道之兵七万三千一十五人,正月一日进军攻徐州。魏博何弘敬奏当道點检兵马一万三千赴行营。时贼将刘行及、丁景琮、吴迥攻围泗州,可师乘胜救之,屯于石梁驿。贼自退去,可师追击,生擒刘行及,贼保都梁城,乃断行及之指,悬于城下以示贼。贼登城拜曰:“见与都头谋归朝。”可师既知其窘,乃退军五里。其城西面有水,三面大军,贼乃夜中涉水而遁。明早开城门,惟病妪数人而已。王师入垒未整,翌日诘旦重雾,贼军大至,可师方大醉,单马奔出,为虹县人郭真所杀,一军尽没,惟忠武、太原、沙陀之骑军保全而退。副将王健为贼所擒,刘行及却为贼将吴迥所得,吴迥乃进军复围泗州。自是梯冲云合,内外不通。庞勋恃其骤胜,遣人上表,词语不恭,又与康承训书,指斥朝政。王晏权者,智兴之犹子也,故授以武宁节制以招之,以冀招怀。徐人怨王式之诛,相扇构乱,数月招携,啖之以利,民□卒无革心者。康承训大军攻宿州,贼将梁伾出战屡败,乃授承训检校尚书右仆射,兼滑州刺史、义成军节度使。责授端州司马杨收长流欢州,与严撰并赐死于路;其党杨公庆、严季实、杨全益、史明、廉遂、何师玄、李孟勋、马全佑、李羽、王彦复等长流儋、崖、播等州;判官朱侃、常潾、阎均等配流岭南。以河中节度使、开府仪同三司、检校司徒、平章事、上柱国、谯郡开国公、食邑二千户夏侯孜为太子少保,分司东都。时南平蛮寇西川,责孜在蜀日失政也。

二月己丑,庞勋急攻泗州,遣牙将李员入城见刺史杜慆曰:"留后知中丞名族,不敢令军士失礼,但开城门,令百姓存活,无相疑也。"慆执而杀之。诏司农卿薛琼使淮南庐、寿、楚等州,点集乡兵以自固。

四月,康承训奏大败柳子寨贼,诏监军杨玄价与康承训商量,拔汴河水以灌宿州。

六月丁亥朔。戊戌,制曰:

> 动天地者莫若精诚,致和平者莫若修政。朕顾惟庸昧,托于王公之上,于兹十一年矣。只荷丕构,寅畏小心,慕唐尧之钦若昊天,遵周王之昭事上帝。念兹夙夜,靡替虔恭,同驭朽之忧勤,思纳隍之轸虑。内戒奢靡,外罢畋游,匪敢期于雍熙,所自得于清净,止望寰区无事,稼穑有年。然而独理不明,涉道唯浅,气多堙郁,诚未感通。旱叹是虞,虫螟为害,蛮延未宾于遐裔寇盗复蠹于中原。尚驾戎车,益调兵食,俾黎元之重困,每宵旰而忘安。今盛夏骄阳,时雨久旷,忧勤兆庶,旦夕焦劳。内修香火以虔祈,外罄牲玉以精祷。仰俟玄贶,必致甘滋。而油云未兴,秋稼阙望,因兹怨咎,轸于诚怀。

> 矧复暴政烦刑,强官酷吏,侵渔蠹耗,陷害孤茕,致有冤抑之人,构成灾沴之气。主守长吏,无忘奉公。伐叛兴师,盖非获已,除奸讨逆,必使当辜,苟或陷及平人,自然风雨愆候。凡行营将帅,切在审详,昭示恻悯之心,敬听勤恤之旨。应京城天下诸州府见禁囚徒,除十恶忤逆、官典犯赃;故意杀人、合造毒药、放火持仗、开劫坟墓及关连徐州逆党外,并宜量罪轻重,速令决遣,无久系留。雷雨不同,田畴方瘁,诚宜愍物,以示好生。其京城未降雨间,宜令坊市权断屠宰。昨陕虢中使回,方知蝗旱有损处,诸道长史,分忧共理,宜各推公,共思济物。内有饥歉,切在慰安,哀此蒸人,毋俾艰食。徐州寇孽未殄,师旅有征,凡合诛锄,审分淑慝,无令胁从横死,元恶偷生。宜申告伐之文,使知逆顺之理。於戏!每思禹、汤之罪己,其庶成、康之措

刑。孰谓德信未孚，教化犹梗。咨尔多士，俾予一人，既引过在躬，亦渐几于理。布告中外，称朕意焉。

贼将郑镒急攻寿州，诏南面招讨使马举救之，贼解围而去。康承训悉兵攻贼小睢寨，不利而退。

七月，康承训攻贼柳子寨，垂克而贼将王弘立救至，王师大败，承训退保宋州。庞勋乘胜自率徐州劲卒并攻泗州，留其都将许佶守徐州。诏南面招讨使马举为行营都招讨使，代承训率诸军以援泗州。

八月，和州防虞行官石伟等一百三十人状诉刺史崔雍，称："贼初劫乌江县，雍令步奏官二人探知，雍犹不信，二人并被枷扭。续差人探见贼已去州十里。贼寻逼州城，崔雍与贼头吴约于鼓角楼上饮酒，许与贼州。又认军事判官李谯为亲弟，表状驱使官张立为男，只乞二人并身，其余将士一任处置。便令押衙李词等各脱下衣甲，防虞官健束手被斩者八百余人。行官石琼脱衣甲稍迟，便被崔雍遣贼处斩。其崔雍所有料钱并家口，累差人押送往采石，今在润州。岂有将一千人兵士之命，赎拔已之一身，不惟辜其神明，实亦生负圣主。兼科配军州官吏修葺城池，妄称出料钱修城者。"敕曰："臣子之节，无如尽忠，士人之风，宜劣远耻。崔雍任居牧守，贼犯州城，御捍曾不发言，从容乃与命洒。况石琼未脱衣甲，志在当锋，不能奖其赤诚，翻令擒送贼所。原其深意，与贼通和，臣节全亏，情状可见，欲行朝典，宜更推穷。其崔雍家口并在宣州，宜令宣歙观察使追捉崔雍收禁速勘，逐具事由申奏。"是月，马举率师解泗州之围，贼党遁去。敕曰："当崔雍守郡之日，是庞勋肆逆之初。属狂寇奔冲，望风和好，置酒以邀贼将，启关而纳凶徒。城内不许持兵，皆令解甲，致使三军百姓，扠血相视，连头受诛。初闻奏陈，深骇观听。锡望守城而死，已有追荣；杜慆孤垒获全，寻加殊奖。既褒忠节，难赦罪人，玉石固分，惩劝斯在。将垂诫于四海，当何爱于一夫。其崔雍宜差内养孟公度专往宣州，赐自尽。"公度至，雍死于陵阳馆，其男党儿、归僧配流康州，锢身递送。司勋郎中崔原贬柳州司户，比部员外郎崔福昭州司户,长安县令崔朗澧州司户,左拾遗崔庚连州司户,荆南观察支使崔序衡州司户,皆雍之亲党也。

九月,贼宿州守将张玄稔以城降,有兵万人,马举率师赴之。庞勋闻之,以其众将攻玄稔。贼之劲将,出遂与举合势,急围徐州。许佶登城拒守者三日,佶败走出。玄稔收复徐州,庞勋方来赴援,闻城已拔,欲南趋濠州,马举追及涣河,击败之,勋溺水而死。萧县主将又斩许佶首来降,徐寇悉平。初,庞勋据徐州,仓库素无贮蓄,乃令群凶四出,于扬、楚、庐、寿、滁、和、兖、海、沂、密、曹、濮等州界剽牛马挽运粮糗,以夜继昼。招致亡命,有众二十万,男女十五已上,皆令执兵,其人皆舒锄钩为兵,号曰"霍锥"。首尾周岁,十余郡生灵,受其酷毒,至是尽平。与玄稔诏曰:"去岁灾兴分野,毒起徐方,蕞尔庸夫,称兵犯命,招谕不复,猖狂阒俊,胁从三州之人,污染万姓之俗。逆顺之理,邪正坐分,果有忠臣,悉歼逆党,再清郡邑,不举干戈。此皆众人协心,阖州受福。但以首尾周岁,取制凶威,里闾不安,农桑失业,言念于此,倍积忧怀。已有诏指挥,今授玄稔银青光禄大夫、检校右散骑常侍、兼右骁卫大将军、御史大夫,赐分帛五千匹、金楪一枚、盖椀一具、金腰带一条。军将张皋已下二十人,等第优给。今差高品李志承押领宣赐。"制曰:

　　朕以眇身,获承丕丛,虔恭惕厉,十一载于兹。况荷十七圣之鸿休,绍三百年之庆祚,将求理本,敢忘宵衣。虽诚信未孚,而寅畏不息,既绝意于苑囿,固无心于畋游,丛丛兢兢,日慎一日。休征罔应,沴气潜生,南蛮将罢于战争,徐寇忽孤于惠养。招谕不至,虐暴滋深,窃弄干戈,擅攻州镇。将邀符印,辄恣凶残,不畏神只,自贻覆灭。股肱之臣,以罪恶之难舍;腹心之众,谓悖逆之可诛。爰征甲兵,用救涂炭,上将宣力,内臣协心。选用皆得于良材,扫荡才及于周岁,诛干纪反常之憨类,惩乱臣贼子之奸谋。

　　今则已及偃戈,重康庶黎。畴庸之典,在丝发以无私;懋赏之时,贵纤毫之必当。其四面行营节度使,既成茂勋,宜加酬奖，并取别敕处分。应诸道行营都将已下节度及军将，各委本道具功劳名衔，分析闻奏，当续有处分。披坚执锐，冒涉寒暄，解甲橐弓，还乡复业，颁缯帛之赐，免差役之征。应四面行营将士，今既平宁，宜令次第放归本道。其赏赐匹段，已从别敕处分，到本道后，仍令节度使各犒宴放归私第，便令歇息，未用差使。如行营人，并免差科色役；如本厢本将，今后有节级员缺，且以行营军健量材差置，用酬征伐之勤。临敌用命，力屈殒身，须慰伤魂，以彰忠节。超与职事，仍加任使。如无父兄子弟，即有妻女者，即委州使厚加赠恤，常令安抚。如是都将至都虞候阵亡者，与赠官。应阵亡将士有父兄子弟愿入军者，便令本道填替。如无父兄子弟，仍且与给衣粮三年。因战阵伤损手足永废者，终身不得停给。如将士被贼杀害者，委所在州县量事救接，重与改瘗，勿令暴露，兼与设祭。

王者以仁恕为本，拯济是谋，元恶既已诛锄，胁从宜从宽宥。除庞勋亲属及桂州回戈逆党，为贼胁从及因战阵拒敌官军，招谕不悛，惧法逃走，皆非本恶，盖锋刃所驱，今并释放，一切不问。应旧军将军吏节级所由，既已归还，征赋先宜蠲免。其徐、宿、濠、泗等州应合征秋夏两税及诸色差科色役，一事已上，宜放十年，已后蠲放三年，待三年后续议条疏处分。编氓失业，丘井无人，桑柘枌榆，鞠为茂草，应行营处百姓田宅产业为贼残毁烧焚者，今既平宁，并许识认，各还本主，诸色人不得妄有侵占。九原可作，千载不忘，尚禁樵苏，宁伤丘垅。应有先贤坟墓碑记为人所知，被贼毁废者，即与掩藏，仍量致祭。自用兵已来，郡邑皆罹攻劫，远念惊挠，尤在慰安。今遣右散骑常侍刘异、兵部郎中薛崇等往彼宣抚。於戏！朕以四海为家，兆人为子。一物失所，每轸纳隍之忧；一方未宁，常负陟危之戒。今元凶就戮，逆党诛夷，载戢干戈，永销氛祲，庶平妖气，允洽嘉祥。暹迩臣僚，当体予意。

制以徐州南面招讨使、检校尚书左仆射、右神武大将军、权知淮南

节度事、扶风县开国伯、食邑一千户马举可检校司空,兼扬州大都
督府长史、淮南节度副大使、知节度事、以右武卫大将军、徐州东南
面招讨使曹翔检校兵部尚书,兼徐州刺史、御史大夫、徐泗濠团练
防御等使;以前淮南节度使、检校司空、平章事、上柱国、凉国公、食
邑三千户令狐绹为太子太保,分司东都。魏博节度使、检校太傅、同
平章事何弘敬卒,三军立其子全皞为兵马留后。

十一月,南诏蛮骠信坦绰酋龙率众二万寇嶲州。定边军节度都
头安再荣守清溪关,为贼所攻,再荣退保大渡河,北去清溪关二百
里,隔水相射,凡九日八夜。定边军节度使窦滂勒兵拒之。

十二月,骠信遣清平官十余人来伪和,与窦滂语次,蛮军船筏
竞渡,忠武、武宁军兵士结阵抗之,接战自午及申,蛮军稍却。窦滂
自缢于帐中,徐州将苗全绪解之,谓滂曰:“都统何至于是,但安心,
全绪与再荣、弘节等血战取胜。”全绪三人率兵而出,滂乃单骑宵
遁。其夜,蛮军营于山下。全绪等谋曰:“彼众我寡,若明日对阵,吾
属败矣。可夜击之,令其军乱,自解去。”忠武、武宁之师乃夜入蛮
军,弓弩乱发,蛮众大骇,全绪等三将保军而去。蛮军乘胜进攻西川
城,朝廷以颜庆复为大渡河制置、剑南应接等使,宋威为行营都知
兵马使,将兵数万,与忠武、武宁之师合,与蛮军战于汉州之毗桥,
大捷,解西川之围。明日,蛮军遁走,西川平。以蜀王佶为开府仪同
三司、成都尹、剑南西川节度副大使、知节度事,不出阁;以卢耽知
节度事。诏河东节度使郑从谠赴阙。以义成军节度使、光禄大夫、
检校尚书左仆射、同平章事、滑州刺史、上柱国、会稽县开国伯、食
邑二千户康承训以本官兼太原尹、北都留守,充河东军节度使。以
吏部侍郎杨知温、吏部侍郎于德孙李玄考官;司封员外郎卢涚、刑
部侍郎杨戴考试宏词选人;以虞部郎中宋震、前昭应主簿胡德融考
科目举人。诏以兵戈才罢,且务抚宁,其礼部贡举,宜权停一年,付
中书行敕指挥,其两省官等,不用论奏。敕荆南节度使杜悰:“据司
天奏,有小孛星气经历分野,恐有外夷兵水之患。缘边藩镇,最要提
防。宜训羽师徒,增筑城堡。凡关制置,具事以闻。”制以魏博节度

使何全皞起复检校司空、同平章事。

　　十一年春正月甲寅朔,制尚书右仆射杜审权为检校司徒、河中尹、绛慈隰节度观察处置等使。丙午,制宰相、门下侍郎、吏部尚书曹确可兼尚书左仆射,门下侍郎、户部尚书路岩可兼右仆射,中书侍郎于琮可兼户部尚书,平章事刘瞻可中书侍郎、知政事。余并如故。己酉,制:"河东节度使康承训,将门琐质,戎垒微才,曾不知兵,谬膺重禄。忧韬钤以效任,畜奸恶以事君,几授钺于戎藩,尝执金以徼道,谓其尽节,委以专征。属者徐部匪宁,敢干纪律,俾护诸将,坐覆危巢。罄国币以佐军,颁王爵而赏士,而玩寇莫战,按甲不前,立法未学于穰苴,申令顿亏于孙子。况部伍不战,逼挠无谋,人数空多,军威何振。使农夫释耒,工女下机,始凝望于天诛,翻有思于贼至。洎元凶自溃,玄稔效忠,彭门洞开,尔功何有!而负恩已甚,渎货是求,叨荣苟幸于一时,遗患遂逾于积岁。爰行国典,俾傅戎藩,可蜀王傅,分司东都。"再贬恩州司马同正,驰驿发遣。以检校左散骑常侍、泗州刺史杜慆检校工部尚书、滑州刺史、义成军节度、郑滑观察等使。以河东行营沙陀三部落羌浑诸部招讨使、检校太子宾客、监察御史朱邪赤心为检校工部尚书、单于大都护、御史大夫、振武节度、麟胜等州观察等使,仍赐姓名曰李国昌。以吏部尚书萧邺、吏部侍郎于德孙、吏部侍郎杨知温考官;司勋员外郎李耀、礼部员外郎崔澹等考试应宏词选人。以河阳三城节度、孟怀泽观察使、中散大夫、检校礼部尚书、孟州刺史、御史大夫崔彦昭为金紫光禄大夫、检校刑部尚书、太原尹、北都留守、河东节度观察等使。以兵部侍郎、翰林学士承旨、扶风县开国子、食邑五百户、驸马都尉韦保衡本官同平章事。以兵部侍郎刘邺判度支。左仆射、门下侍郎、同平章事曹确以病求免,授检校司空、同平章事,兼润州刺史,充浙江西道观察等使。魏博节度使何全皞酷政,为衙军所杀,推其大将韩君雄为留后。

　　四月癸未朔。戊子,敕:"去年属以用军之际,权停贡举一年,今既去戈,却宜仍旧。来年宜别许三十人及第,进士十人,明经二十人,已后不得援例。"

八月辛巳朔。己酉,同昌公主薨,追赠卫国公主,谥曰文懿。主,郭淑妃所生,主以大中三年七月三日生,咸通九年二月二日下降。上尤钟念,悲惜异常。以待诏韩宗绍等医药不效,杀之,收捕其亲族三百余人,系京兆府。宰相刘瞻、京兆尹温璋上疏论谏行法太过,上怒,叱出之。

九月丙辰,制以正议大夫、守中书侍郎、兼刑部尚书、同平章事、充集贤殿大学士、上柱国、彭城县开国侯、食邑一千户、赐紫金鱼袋刘瞻检校刑部尚书、同平章事,兼江陵尹,充荆南节度等使。翰林学士、户部侍郎、知制诰、上柱国、赐紫金鱼袋郑畋为梧州刺史;正议大夫、御史中丞、上柱国、赐紫金鱼袋孙瑝为汀州刺史;将仕郎、右谏议大夫、柱国、赐紫金鱼袋高湘为高州刺史;中散大夫、比部郎中、知制诰、柱国、赐紫金鱼袋杨知至为琼州司马;将仕郎、守礼部郎中魏筜为春州司马;朝议大夫、行刑部员外郎、判度支案、柱国张颜为播州司户;朝议大夫、行刑部员外郎、柱国崔颜融为雷州司户,并坐刘瞻亲善,为韦保衡所逐也。京兆尹温璋贬振州司马,制出之夜,璋仰药而死。刘瞻再贬康州刺史。

十月,以给事中薛能为京兆尹,以中书舍人高湜权知礼部贡举。

十一月己酉朔。辛亥,制以礼部尚书王铎本官同平章事。丁卯,敕:"徐州地当沛野,军本骁雄,实为壮国之都,固协建侯之制。况山河素异,土俗甚殷,岂欲削卑,挫其繁盛。盖缘比因稔祸,或至乱常,罪由己招,孽非天作。桂林叛卒,继有逆谋,涂炭生灵,首尾周岁。杀伤黎庶,污染忠良,所不忍言,寻加翦灭,是以卑其镇额,隶彼藩方。近属大兵已来,饥年荐至,且闻军人百姓,深耻前非,愿行旧规,却希建节。朕每深轸念,思致小康,特示渥恩,复其军额。宜赐宣徽库绫绢十万匹,助其宴犒,必获周丰。其徐州都团练使改为感化军节度、徐宿濠泗等州观察处置等使。"以吏部侍郎郑从谠检校户部尚书，兼汴州刺史、御史大夫，充宣武军度使，代李蔚；以蔚检校吏部尚书、扬州大都督府长史，兼淮南节度副大使、知节度事。

十二年春正月戊申，宰相路岩率文武百僚上徽号曰睿文英武明德至仁大圣广孝皇帝，御含元殿，册礼毕，大赦。辛酉，葬卫国公主于少陵原。先是，诏百僚为挽歌词，仍令韦保衡自撰神道碑，京兆尹薛能为外监护，供奉杨复璟为内监护，威仪甚盛，上与郭淑妃御延兴门哭送。幽州节度使张允伸病，请以子简会为节度副大使、权知兵马事，诏从之。

三月，以吏部尚书萧邺、吏部侍郎归仁晦李当考官；司封郎中郑绍业、兵部员外郎陆勋等考试宏词选人。

四月，以左仆射、门下侍郎、同平章事路岩检校司徒，兼成都尹、剑南西川节度等使。

五月庚申，敕：“慎恤刑狱，大《易》格言。《语》曰：如得其情，即哀矜而勿喜。而狱吏苛刻，务在舞文，守臣因循，罕闻视事。以此械系之辈，溢于狴牢；追捕之徒，繁于简牍。实伤和气，因致沴氛。况时属熇蒸，化先茂育，并赦罪戾，式顺生成。应天下所禁系罪人，除十恶忤逆、故意杀人、合造毒药、持仗行劫、开发坟墓外，余并宜疏理释放。或信任人吏，多有生情系留，续察访得知，本道观察使判官、州府本曹官必加惩谴，以诫慢易。到后十日内，速疏理分析闻奏。”上幸安国寺，赐讲经僧沉香高座。

七月辛丑，中书门下奏：

准今年六月十二日敕，厘革诸道及在京诸司奏官并请章服事者。其诸道奏州县官司录、县令、录事、参军，或见任公事，败缺不理，切要替换，及前任实有劳效，并见有阙员，即任各举所知。每道奏请，仍不得过两人。其河东、潞府、彬宁、泾原、灵武、盐夏、振武、天德、鄜坊、沧德、易定、三川等道观察防御等使及岭南五管，每道每年除令、录外，许量奏簿、尉及中下州判司及县丞共三人。福州不在奏州县官限。其黔中所奏州县官及大将管内官,即任准旧例处分。在京诸司及诸道带职奏官,或非时金替,考限未满,并却与本资官。诸道节度及都团练防御使下将校奏转试官及宪御等,令诸节度事每年量许五人,都团练防御量许三人为定,不得更于其外奏请。其御史中丞已下即准敕文条疏,须有军功,方可授任。自今后如显立战伐功劳者,任具事绩申奏,如检勘不虚,当别与商量处分,以外辄不得更有奏请。其幽、镇、魏三道望且准承前旧例处分。

敕旨从之。

十二月,以检校户部尚书、汴州刺史、御史大夫、宣武军节度使郑从谠为广州刺史、岭南东道节度观察处置等使。

十三年春正月壬寅朔。甲戌,制以兵部侍郎、判度支刘邺本官同平章事。幽州卢龙等军节度使、检校司徒、同平章事、幽州大都督府长史、上柱国、燕国公、食邑三千户张允伸卒,赠太尉,谥曰忠烈。允伸镇幽州二十三年。

二月,幽州牙将公素夺留后张简会军政,自称留后。丁巳,制以尚书右仆射、门下侍郎、同平章事于琮检校司空、襄州刺史,充山南东道节度观察处置等使;以御史中丞赵隐为户部侍郎、本官同平章事。

三月,以吏部尚书萧邺、吏部侍郎独孤云考官,职方郎中赵蒙、驾部员外郎李超考式宏词选人。试日,萧邺替差右丞孔温裕权判。

五月庚午朔。辛未,敕检校尚书左仆射、守左羽林军统军、御史大夫张直方贬康州司马同正,以其部下为盗故也。乙亥,国子司业韦殷裕于阁门进状,论淑妃弟郭敬述阴事。上怒甚,即日下京兆府决杀殷裕,籍没其家。殷裕妻崔氏,音声人郑羽客、王燕客、婢微娘、红子等九人配入掖庭。阁门使田献铦夺紫,配于桥陵,阁门司阎敬直决十五,配南衙,为受殷裕文状故也。给事中杜裔休贬端州司马。中书舍人崔沆循州司户,殷裕妻兄也;太仆少卿崔元应州司户,殷裕妻父也;前河阴院官韦君卿为爱州崇平尉,殷裕季父也。以前大理正万俟镕为国子司业,前兴元少尹冯彭为普州刺史,前大理正阳瑨为昌州刺史。丙子,制开府仪同三司、检校尚书左仆射、兼襄州刺史、御史大夫、充山南西道节度观察等使于琮可正议大夫、守普王傅,分司东都。辛巳,敕尚书左丞李当贬道州刺史,吏部侍郎王珮贬漳州刺史,左散骑常侍李郁贬贺州刺史,前中书舍人封彦卿贬潮州司户,翰林学士承旨、兵部侍郎、知制诰张祎贬封州司马,右谏议大夫杨塾贬和州司户,工部尚书严祁贬郴州刺史,给事中李觊蕲州刺史,给事中张铎藤州刺史,左金吾卫大将军、充左街使李敬伸儋州司户,前青州刺史、平卢军节度使于涓为凉王府长史,分司东都;前湖南观察使于环为袁州刺史。涓、环,琮之兄也。于蒇、于蔼亦配流。自李当已下,皆于琮之亲党也。为韦保衡所逐。以天德防御使、检校左散骑常侍段文楚为云州刺史、大同军防御使。

六月,义成军节度使、检校工部尚书杜慆奏:当管颍州僧道百姓举留刺史宗回,敕曰:"回清干临人,自有月限,方藉绥辑,未议替移。"六月,中书门下奏:

>　　今月十七日,延英面奉圣旨,令诫约天下州府,应有逃亡户口,其赋税差科,不得摊配现在人户上者。伏以诸道州府,或兵戈之后,灾沴之余,户口逃亡,田畴荒废,天不敷佑,人多艰危。乡闾屡困于征徭,币藏因兹而耗竭,遂使从来经费色额,太半空系簿书。缓征敛则缺于供须,促期限则迫于贫苦。言念凋弊,劳乃忧勤,不降明文,孰知圣念。其逃亡户口赋税及杂差科等,须有承佃户人,方可依前应役。如将缺税课额,摊于现在人户,则转成逋债,重困黎元。或富者有连阡之田,贫者无立锥之地,欲令均一,固在公平。若令狡滑之徒,得以升降由己,望其完葺,不亦难乎!全由长吏竭诚,方使疲氓渐泰。臣等商量,令诸道州府准此条疏,应有逃亡户口税赋并杂色差科等,不得辄更摊配于现存人户之上。务设法招携,多方抚御,乘兹丰稔,重获昭苏。苟致安宁,自当迁陟,不遵诏令,必举典刑。

从之。

七月，以前义昌军节度使卢简方为太仆卿。

十二月，以振武节度李国昌为检校右仆射、云州刺史、大同军防御等使。国昌恃功颇横，专杀长吏，朝廷不能平，乃移镇云中。国昌称病辞军务，乃以太仆卿卢简方检校刑部尚书、云州刺史，充大同军防御等使。上召简方于思政殿，谓之曰：“卿以沧州节镇，屈转大同。然朕以沙陀、羌、浑挠乱边鄙，以卿曾在云中，惠及部落，且忍屈为朕此行，具达朕旨，安慰国昌，勿令有所猜嫌也。”是月，李国昌小男克用杀云中防御使段文楚，据云州，自称防御留后。制追谥宣宗为元圣至明成武献文睿智章仁神聪懿道大孝皇帝。

十四年春正月丙寅朔。御史中丞韦蟾奏：“应诸州刺史除授，正衙辞谢后托故陈牒请假，实为容易。自今后如实有故为众所知者，三日外不在陈牒之限。应内外除官入京，合便朝谢，如遇假日，且合在都亭驿。近日多因请假，便归私家，既犯条章，颇乖礼敬。自今已后，望准故事，如未朝谢，须于都亭驿。如违越，台司勘当申奏。”从之。辛未，以云、朔暴乱，代北骚动，赐卢简方诏曰：“李国昌久怀忠赤，显著功劳，朝廷亦三授土疆，两移旄节，其为宠遇，实寡比伦。昨者征发兵师，又令克让将领，惟嘉节义，同绝嫌疑。近知大同军不安，杀害段文楚，推国昌小男克用主领兵权。事虽出于一时，心岂忘于长久？段文楚若实刻剥，自结怨嫌，但可申论，必行朝典。遽至伤残性命，刿剔肌肤，惨毒恣凌，殊可惊骇。况忠烈之后，节义之门，致兹横亡，尤悚观听。若克用暂勿主兵务，束手待朝廷除人，则事出权宜，不足猜虑。若便图军柄，欲奄有大同，则患系久长，故难依允。料国昌输忠效节，必当已有指挥。知卿两任云中，恩及国昌父子，敬惮怀感，不同常人。宜悚与书题，深陈祸福，殷勤晓喻，劈折指宜。切令大节无亏，勿使前功并弃。”简方准诏谕之，国昌不奉诏。乃诏太原节度使崔彦昭、幽州节度使张公素帅师讨之。

三月，以新除大同军使卢简方为单于大都护、振武节度、麟胜等州观察等使。时李国昌据振武，简方至岚州而卒。自是沙陀侵掠代北诸军镇。庚午，诏两街僧于凤翔法门寺迎佛骨，是日天雨黄土遍地。

四月八日，佛骨至京，自开远门达安福门，彩棚夹道，念佛之音震地。上登安福门迎礼之。迎入内道场三日，出于京城诸寺。士女云合，威仪盛饰，古无其比。制曰：“朕以寡德，缵承鸿业，十有四年。顷属寇猖狂，王师未息。朕忧勤在位，爱育生灵，遂乃尊崇释教，至重玄门，迎请真身，为万姓祈福。今观睹之众，隘塞路歧。载念狴牢，寝兴在虑，嗟我黎人，陷于刑辟。况渐当暑毒，系于缧绁，或积幽凝滞，有伤和气，或关连追扰，有妨农务。京畿及天下州府县禁囚徒，除十恶忤逆、故意杀人、官典犯赃、合造毒药、放火持仗、开发坟墓外，余罪轻重节级递减一等。其京城军镇，限两日内疏理讫闻奏；天下州府，敕到三日内疏理闻奏。”以吏部侍郎萧仿为兵部侍郎、同平章事。

六月，帝不豫。

七月癸亥朔。戊寅，疾大渐。庚午，制立晋王俨为皇太子，权勾当军国政事。辛巳，遗诏曰：

朕只事九庙，君临四海，夕惕如厉，宵分靡宁，必求政化之源，思建大中之道。至于怀柔夷貊，偃戢干戈，皆以德绥，亦自驯致，冀清净之为理，庶治平之可臻。自秋已来，忽尔安疹，坐朝既阙，逾旬未瘳。六疾斯侵，万机多旷，医和无验，以至弥留。呜呼！数哉有穷，圣贤之所必同，明于斯言，是为达节。载申顾命，式叶典谟。皇太子权勾当军国事俨。性禀宽和，生知忠孝，德苞睿哲，圣表徇齐，必能扬祖宗之重光，荷邦家之丕构。宜令所司具礼，于枢前即皇帝位。以司空、门下侍郎、平章事韦保衡摄冢宰。军国务殷，岂可久旷，况易月之制，行之自古，皇帝宜三日而听政，二十七日释服。诸道节度、观察、团练、防御等使，及监军、诸州刺史，受寄至重，并不得离任赴哀。文武常参官朝晡之临，十五举音。宫中当临者，非时无得擅哭。天下人吏百姓告哀后出临三日，皆释服，勿禁食肉、饮酒、婚姻、祭祀，释服

之后无禁当举。薄葬之礼,宜遵汉魏之文。其山陵制度,切在
俭约,并不得以金银锦绣文饰丧具。五坊鹰犬等,除搜狩外,余
并解放。其医官段璨、赵玭、苻虔休、马及等并释放。咨尔将相
卿士、中外臣僚,竭力尽忠,匡予令嗣,送往事居,无违朕志。
是日,崩于咸宁殿,圣寿四十一。百僚上谥曰睿文昭圣恭惠孝皇帝,
庙号懿宗。十五年二月,葬于简陵。

　　史臣曰:臣常接咸通耆老,言恭惠皇帝故事。当大中时,四海承
平,百职修举,中外无秕政,府库有余赀,年谷屡登,封疆无扰。恭惠
始承丕构,颇亦励精,延纳谠言,尊崇耆德,数稔之内,洋洋颂声。然
器本中庸,流于近习,所亲者巷伯,所昵者桑门。以蛊惑之侈言,乱
骄淫之方寸,欲无怠忽,其可得乎!及衅结蛮陬,奸生戍卒。发五岭
之转输,寰海动摇;征二蜀之捍防,蒸人荡覆。徐寇虽殄,河南几空。
然犹削军赋而饰伽蓝,困民财而修净业,以谀佞为爱己,谓忠谏为
妖言。争趋险诐之途,罕励贞方之节。见豕负涂之爱竖,非次宠升;
焦头烂额之辅臣,无辜窜逐。是以干戈布野,虫旱弥年,佛骨才入于
应门,龙辒已泣于苍野,报应无忒,斯其验欤!土德凌夷,祸阶于此。
虽有文、景之英继,难以兴焉,自兹龟玉之不昌,固其宜矣。黄发遗
叟,言之涕零。

　　赞曰:邦家治乱,在君听断。恭惠骄奢,贤良贬窜。凶竖当国,
怗人满朝。奸雄乘衅,贻谋道消。

旧唐书卷一九下
本纪第一九下

僖　宗

　　僖宗惠圣恭定孝皇帝讳儇,懿宗第五子,母曰惠安皇后王氏。咸通三年五月八日生于东内。初封普王,名俨。十四年七月,懿宗大渐。其月十八日,制曰:"朕守大器之重,居兆人之上,日慎一日,如履如临。旰昃劳怀,寝兴思理,涉道犹浅,导化未孚。而摄养乖方,寒暑成疹,实有虑于阙政,且无暇于怡神。恙未少瘳,日加浸剧,万务凡总,须有主张。考思旧章,谋于卿士,思阐鸿业,式建皇储。第五男普王俨改名儇,孝敬温恭,宽和博厚,日新令德,天假英姿,言皆中规,动必由礼。俾崇邦本,允协人心,宜立为皇太子,权勾当军国政事。咨尔中外卿士,泊于腹心之臣,敬保予胤,辅成予志,各竭乃心,以安黎庶。布告中外,知朕意焉。"是日,懿宗崩。二十日,即皇帝位于枢前,时年十二。左军中尉刘行深、右军中尉韩文约居中执政,并封国公。

　　八月,皇帝释服。册圣母王氏为皇太后。河南大水,自七月雨不止,至释服后方霁。

　　九月,守司空、门下侍郎、平章事韦保衡贬贺州刺史。以岳州刺史于琮为太子少傅,缘琮贬逐者并放还。循州司户崔沆复为中书舍人,前户部侍郎、知制诰、翰林学士承旨郑畋为左散骑常侍,前兵部侍郎、知制诰、翰林学士张裼为太子宾客,前谏议大夫高湘复为谏议大夫,前宣歙观察使杨严复为给事中。

十月，左仆射、门下侍郎、平章事刘邺检校左仆射、同平章事，兼扬州大都督府长史，充淮南节度观察副大使、知节度事。

十一月，以光禄大夫、守太子少傅、驸马都尉于琮检校尚书左仆射，兼襄州刺史、御史大夫，充山南东道节度观察等使。

十二月，雷震。义成军节度使、检校刑部尚书杜慆就加兵部尚书。

乾符元年春正月辛酉朔。乙丑，左仆射、门下侍郎、平章事萧仿兼右仆射。门下侍郎、吏部尚书、平章事王铎检校吏部尚书、同平章事，兼汴州刺史，充宣武军节度、宋亳观察等使。

二月，葬懿宗于简陵。

三月，以河东节度使、检校尚书右仆射崔彦昭为尚书兵部侍郎，充诸道盐铁转运等使。以银青光禄大夫、京兆尹、上柱国、岐山郡开国公、食邑三千户窦浣检校户部尚书、太原尹、北都留守、御史大夫，充河东节度管内观察处置等使。以中书侍郎、刑部尚书、同平章事赵隐检校吏部尚书、润州刺史、浙江西道都团练观察等使。

四月，崔彦昭本官同平章事，领使如故。以前淮南节度使李蔚为吏部尚书。以天平军节度使、检校尚书右仆射、兼郓州刺史高骈检校司空，兼成都尹，充剑南西川节度副大使、知节度事。以右散骑常侍韦荷为吏部侍郎。前同州刺史崔璞为右散骑常侍。右领军卫上将军浑偘检校吏部尚书、左千牛卫上将军。以侍御史卢胤征为司封员外郎，判户部案。

五月，以吏部侍郎郑畋为兵部侍郎、同平章事，户部侍郎、知制诰、翰林学士、赐紫金鱼袋卢携本官同平章事。太子右庶子李峄为太仆卿，侍御史裴渥为起居郎。以岭南东道节度使、检校刑部尚书郑从谠为刑部尚书，以吏部侍郎韦荷检校礼部尚书、广州刺史、岭南东道节度使。

七月，以礼部侍郎裴瓒为检校左散骑常侍、潭州刺史、御史大夫、湖南观察使；故湖南观察使李庾赠礼部尚书。

十月，以中书舍人崔沆为中书侍郎，右谏议大夫崔胤为给事中。

十一月丙戌朔。庚寅，上有事于宗庙，礼毕，御丹凤门，大赦，改元为乾符。宰相萧仿兼司空、弘文馆大学士、太清宫使，兵部侍郎崔彦昭为中书侍郎，兵部侍郎郑畋为集贤殿大学士。以宣慰沙陀六州部落、检校兵部尚书李钧为灵武节度，制曰："朕以沙陀骁勇，重累战功，六州蕃、浑，沐浴王化。念其出于猜贰，互有伤残，而克璋报仇，其意未已。被我君临之德，轸吾子育之心，爰择良能，俾之宣抚。惟尔先正，尝镇北门，待国昌以雄杰之才，置国昌于济活之地。既藉奕叶之旧，又怀任土之观。是用付以封疆，委以军旅，必集王事，无坠家声。"初钧父业镇太原，能安集代北部落。时李国昌父子据大同、振武，吐浑、契苾、幽州诸道之军攻之不利，故假钧灵武节钺，率师招谕之。以长安令李壁为谏议大夫，以吏部员外郎徐彦若为长安令。兵部郎中卢都为楚州刺史。

十二月，党项、回鹘寇边。以左司郎中崔原为兵部郎中，江州刺史李可仁为右司郎中。权知工部尚书牛蔚为礼部尚书，太子宾客于派为工部尚书。是冬，南诏蛮寇蜀，诏河西、河东、山南西道、东川征兵赴援。西川节度使高骈奏："奉敕抽发长武、鄜州、河东等道兵士赴剑南行营者。伏以西川新军旧军差到已众，况蛮蜓小丑，必可枝梧。今以道路崎岖，馆驿穷困，更有军顿，立见流移所谓望一处完全而百处俱破。且兵不在众而在于和，其左右神策长武镇、鄜州、河东所抽甲马兵士，人数不少，况备办军食，费损尤多。又缘三道藩镇，尽扼羌戎，边鄙未宁，望不差发。如已在道路，并请降敕勒回。"诏答曰："蛮蜓如尚愁凌，固须倍兵御敌；若已奔退，即要并力追擒。方藉北军，助平南寇，其三处兵士，宜委高骈候到蜀日分布驱使。县务多匕之办，宁乱整匕之师。其河东一千二百人，令窦浣不要差发。"时骈捍蛮已退，长武兵士竟至蜀而还，议者惜其劳费而虚邀出入之赏也。右军中尉韩文约以疾乞休致，从之。

二年春正月乙酉朔。己丑，宰相崔彦昭率文武百僚上尊号，上御正殿受册。以知内枢密田令孜为右军中尉。南蛮骠信遣使乞盟，许之。以凤州刺史郭弘业为左金吾卫将军。库部郎中韦岫为泗州刺史，都官员外郎李频为建州刺史。

二月，以兵部侍郎、充诸道盐铁转运使王凝为秘书监，以所补吏职罪也。以吏部侍郎裴坦为兵部侍郎，充诸道盐铁转运使。以翰林学士崔澹为中书舍人；翰林学士徐仁嗣为司封郎中，学士如故。以容管经略招讨使高秦检校户部尚书，太府卿李峄为宗正卿，湖州刺史张搏为庐州刺史，库部员外郎杨堪为吏部员外郎。

三月，以右补阙郑勤为起居郎，度支推官牛徽为右补阙。以户部郎中崔彦融为长安令，都官郎中杨知退为户部郎中。左司员外唐峤为刑部郎中，刑部员外郎毕绍颜为左司员外郎，侍御史郑项为刑部员外郎。

四月，海贼王郢攻剽浙西郡邑。以殿中侍御史李烛为礼部员外郎。以太子宾客张禓为吏部侍郎。前淮南节度使李蔚为太常卿，成德军节度使王景崇加开府仪同三司。秘书监萧岘为国子祭酒。汝州刺史崔彦冲为太子宾客分司。新除吏部侍郎张禓为京兆尹。东川点检兵马使吴行鲁可金紫光禄大夫、检校兵部尚书，兼梓州刺史、御史大夫，充剑南东川节度等使。以东川节度使、检校户部尚书崔充为河南尹；河南尹李晦检校左散骑常侍，兼福州刺史、福建都团练观察使。以凤翔陇西节度使、检校司徒、同平章事、上柱国、凉国公、食邑三千户令狐绹进封赵国公。

五月，濮州贼首王仙芝聚于长垣县，其众三千，剽掠闾井，进陷濮州，俘丁壮万人。郑州节度使李种出兵击之，为贼所败。以殿中少监薛珰为卫州刺史，国子司业裴拙为洋州刺史，中书舍人崔沆为礼部侍郎，兵部郎中裴虔余为太常少卿。

六月，以司勋员外郎薛迈为兵部郎中，户部员外郎郑就为司勋员外郎，仓部员外郎郑繁为户部员外郎，主客员外郎王镣为仓部员外郎。

秋七月，以大理卿蔡行以为丰州刺史、天德军都防御使，大理卿张彦远为大理卿。以京兆尹张裼检校户部尚书，兼郓州刺史、御史大夫，充天平军节度、郓曹濮观察等使。以左司勋员外郎杜贞符为都官郎中，吏部员外郎牛循为金州刺史，司封员外郎卢胤征为吏部员外郎。

十月，以秘书少监李贶为谏议大夫。以前大同军及云朔都防御营田供军等使李珰检校左散骑常侍、丰州刺史，充天德军丰州西城中城都防御使、本管押蕃落等使。以考功员外郎赵蕴为吏部员外郎，户部员外郎卢庄为起居员外郎，礼部员外郎萧遘为考功员外郎。

十一月，以起居郎刘崇龟为礼部员外郎，殿中侍御史孔纶为户部员外郎。是月，雷震电。左仆射王铎兼门下侍郎、同平章事，复辅政。

三年春正月己卯朔，司空、门下侍郎、同平章事萧仿以病求免，罢为太子太傅。浙西奏诛王郢徒党。以左金吾卫大将军、右街使齐克让检兵部尚书，兼兖沂海等州节度使。

三月，以吏部尚书归仁晦、吏部侍郎孔晦、吏部侍郎崔荛试宏词选人，考功郎中崔庾、考功员外郎周仁举为考官。以太常卿李蔚本官同平章事。奉天镇上言金龙昼见，自河升天。门下侍郎崔彦昭太清宫使、弘文馆大学士，中书侍郎、刑部尚书、平章事郑畋监修国史。以右武卫大将军墨冲谦为左金吾卫大将军，以黎州刺史杜閟为雅州刺史。

五月，以江西观察使独孤云为太子少傅，金州刺史束乡励为嘉州刺史。

六月，敕福建观察使李播、荆州刺史杨权古、蔚州刺史王龟范、璧州刺史张贽、濮州刺史韦浦、施州刺史娄博会、邢州刺史王回、抚州刺史崔理、黄州刺史计信卿等："刺史亲人之官，苟不谙详，岂宜除授。比为朕养百姓，非独荣尔一身，每念疲羸，实所伤叹。李播等九人授官之时，众词不可；王回等三人到郡无政，惟务贪求。实污方州，并宜停任。"以检校右散骑常侍、卫尉卿李铎为太府卿，以凉王傅分司裴思谦为卫尉卿，抚王府长史刘允章凉王傅。主客郎中崔福为汾州刺史，荆南节度副使王慆为主客郎中。

六月，以门下侍郎、刑部尚书、平章事、太清宫使、弘文馆大学士、判度支崔彦昭兼左仆射，中书侍郎郑畋兼门下侍郎，太常卿、平章事李蔚为中书侍郎。以歙州刺史萧骞为右司员外郎，右司员外郎崔潼为歙州刺史。

七月，草贼王仙芝寇掠河南十五州，其众数万。是月，贼逼颍、许，攻汝州，下之，虏刺史王镣。刑部侍郎刘承雍在郡，为贼所害。贼遂南攻唐、邓、安、黄等州。时关东诸州府兵不能讨贼，但守城而已。以户部郎中李节为驾部郎中，金部郎中王慆为户部郎中，主客郎中郑诫为金部郎中，金部员外郎张谯为主客郎中，屯田员外郎窦翔为金部员外郎，京兆司录赵晔为屯田员外郎。工部侍郎崔朗为同州刺史，左军辟仗使、左监门卫上将军西门思恭为右威卫上将军。以右谏议大夫、知制诰魏籧为中书舍人。

九月，以右丞崔尧权知吏部侍郎，礼部侍郎崔沆为尚书右丞，中书舍人高湘权知礼部侍郎，京兆尹杨知至为工部侍郎。兵部尚书、兼太常卿李珰检校尚书右仆射、太常；卫尉卿萧宽为鸿胪卿，充闲厩使。以宰相崔彦昭男保谦为秘书省校书郎。右仆射、门下侍郎、平章事崔昭加特进；门下侍郎、礼部尚书、平章事郑畋可特进。太中大夫、平章事卢携可银青光禄大夫；银青光禄大夫；平章事李蔚可金紫光禄大夫。以太府卿李峰检校工部尚书、滑州刺史、御史大夫，充义成军节度、郑滑颍观察处置等使。雅州自六月地震至七月未止，压伤人颇众。诏河南藩镇举兵讨贼。以刑部郎中李磎为户部郎中，分司东都；户部郎中郑诫为刑部郎中。户部郎中、知制诰、翰林学士王徽为中书舍人，户部员外郎、翰林学士萧遘为户部郎中，学士并如故。谏议大夫赵蒙为给事中，商州刺史张同为谏议大夫。

十一月，以司门员外郎郑尧为池州刺史，水部员外郎樊充为工部员外郎,汴宋度支使杜孺休为水部员外郎。太常少卿崔浑贬康州刺史,扬州左司马郑祥为澧州刺史,度支分巡院使李仲章为建州刺史。

十二月,以右金吾卫将军张简会为左金吾大将军,充右街使;右龙武将军李韬为右金吾将军。前陕西虢观察使陆塎为太子宾客。

四年春正月癸酉朔。丁丑,降制赦天下系囚及徒流人放还。以谏议大夫李汤为给事中,以兵部郎中崔厚为谏议大夫。大理少卿王承颜为盐州刺史,明州刺史殷僧辩为大理卿。以吏部尚书郑从谠、吏部侍郎孔晦、吏部侍郎崔莸考宏词选人。

三月,以开府、行内侍监致仕刘行深为内侍郎省观军容、守内侍监致仕。以判盐铁案、检校考功郎中郑溦为司封员外郎,充转运判官。兵部员外郎裴渥为蕲州刺史,职方员外郎卢澄为兵部员外郎。以草贼大寇河南、山南,诏曰:

　　乱常干纪,天地所不容;伐罪吊人,帝王之大典。历观往代,遍数前朝,其有怙众称兵,恣凶构孽,或疑迷于郡县,或残害于生灵。初则狐假鸱张,自谓骁雄莫敌;旋则鸟焚鱼烂,无非破败而终。盖以逆顺相悬,幽明共怒。近者庞勋拒命,王郢挺灾,结聚至多,猖狂颇甚,寻则身膏原野,家受诛夷。亦有方从叛乱,能自徊翔,移吉凶于反掌之间,变祸福于立谈之际。则诸葛爽今为刺史,朱实见存将军,弘霸郎受职于禁营,宋再雄策名于淮海,莫不身名光显,家族辉荣。近准诸道奏报,草贼稍多,江西、淮南、宋、亳、曹、颍,或攻郡县,或掠乡村。虽命兵师,县令招抚。朕以宽弘为理,慈愍居心,每念苍生,皆同赤子。恨不能均其衣食,令致荒饥,宁忍迫以锋芒,断其身首。如王仙芝及诸贼头领能洗心悔过,散卒休兵,所在州府投降,便令具名闻奏,朝廷当议奖升。如诸贼顽傲不悛峥强自恃,即宜令诸道兵师掎角诛剪。若诸军全捕得一火草贼数至三百人已上者,超授将军,赏钱一千贯。如乡村有干勇才略,而能率使义徒,驱除草寇者,本处以闻,亦与重赏。如郑镒、汤群之辈,已为刺史,朝廷故不食言。敕到,宜令诸道明行宣谕,令知朕意。

青州节度使宋威上表:"请步骑五千,特为一使,兼率本道兵士,所在讨贼,必立微功以酬圣奖。"优诏嘉之,乃授威诸招讨草贼使,仍给禁兵三千,甲马五百匹。仍谕河南方镇曰:"王仙芝本为盐贼,自号草军,南至寿、庐,北经曹、宋。半年烧劫,仅十五州;两火转斗,逾七千众。诸道发遣将士,同共讨除,日月渐深,烟尘未息。盖以递相观望,虚费粮粮,州县罄于供承,乡村泣于侵暴。今平卢军节度使宋威深愤崔蒲,请行诛讨。朕以威前时蜀部,破南诏之全军;比岁徐州,摧庞勋之大阵。官阶甚贵,可以统诸道之都头;骁勇素彰,足以破伏戎之草寇。今已授指挥诸道兵马招讨草贼使,候宋威到本道日,供给犒设,并取上供钱支给。仍命指挥都头,凡攻讨进退,取宋威处份。"时贼渠王仙芝、尚君长在安州,宋威自青州与副使曹全晸进军攻讨,所在破贼。是月,冤朐贼黄巢聚万人攻郓州,陷之,逐节度使薛崇。

五月,幽州节度使李茂勋上表乞致仕,以其男可举权知兵马事。制以寿王杰为开府仪同三司、幽州经略卢龙等军节度观察押奚契丹等使;以幽州节度副使、权知兵马事李可举检校左散骑常侍、幽州大都督府左司马,充幽州兵马留后。制以幽州卢龙节度使、检校工部尚书李茂勋守尚书左仆射致仕。以前绵州刺史皇甫镛为秘书少监,以陈州刺史许珂为睦州刺史,以右卫将军程可复为左卫大将军。黄巢贼陷沂州。

六月,以宣歙观察使高骈检校司空,兼润州刺史、镇海军节度、苏常杭润观察处置、江淮盐铁转运、江西招讨等使。以汝州防御使李钧检校尚书右仆射、潞州大都督府长史,充昭义军节度、潞邢洺磁观察等使。幽州留后李可举请以本军讨沙陀三部落,从之。

七月,黄巢自沂、海,其徒数万,趋颍、蔡,入查牙山,遂与王仙芝合。

七月,贼陷随州,执刺史崔休徵。群贼屯于白洑。是月,江州贼首柳彦璋聚徒陷江州,杀刺史陶祥。

八月,以中书舍人崔澹权知贡举。沙陀大寇云、朔。

十月,诏昭义节度李钧、幽州李可举、吐浑赫连铎白义诚、沙陀安庆薛葛部落合兵讨李国昌父子于蔚州。

十一月,贼王仙芝率众渡汉,攻江陵,节度使杨知温婴城拒守。知温本非御侮之才,城无宿备,贼急攻之。

十二月,贼陷江陵之郛,知温穷蹙,求援于襄阳,山南东道节度使李福悉其师援之。时沙陀军五百骑在襄阳,军次荆门,骑军击贼,败之。贼尽焚荆南郛郭而去。

五年春正月丁酉朔,沙陀首领李尽忠陷遮虏军。太原节度使窦浣遣都押衙康传圭率河东土团二千人屯代州,将发,求赏呼噪,杀马步军使邓虔。窦浣自入军中安慰,仍借率富户钱五万贯以赏之。朝廷以浣非御侮才,以前昭义节度使曹翔检校尚书右仆射,兼太原尹、北都留守、河东节度使;又以左散骑常侍支谟为河东节度副使。

二月,王仙芝余党攻江西,招讨使宋威出军屡败之,仍宣诏书谕仙芝。仙芝致书于威,求节钺,威伪许之。仙芝令其大将尚君长、蔡温玉奉表入朝,威乃斩君长、温玉以徇。仙芝怒,急攻洪州,陷其郛。宋威赴援,与贼战,大败之,杀仙芝,传首京师。尚君长弟尚让为黄巢党,以兄遇害,乃大驱河南、山南之民,其众十万,大掠淮南,其锋甚锐。侍中、晋国公王铎请自督众讨贼,天子以宋威失策杀君长,乃以王铎检校司徒、兼侍中、门下侍郎、江陵尹、荆南节度使,充诸道兵马都统。

三月,王铎奏衮州节度使李系为统府左司马,兼潭州刺史,充湖南都团练观察使。黄巢之众再攻江西,陷虔、吉、饶、信等州,自宣州渡江,由浙东欲趋福建,以无舟船,乃开山洞五百里,由陆趋建州,遂陷闽中诸州。以吏部尚书郑从谠、吏部侍郎崔沆考宏词选人。

七月,滑州、忠武、昭义诸道之师会于太原,大同军副使支谟为前锋,先趋行营。

八月，沙陀陷岢岚军，曹翔自率军赴忻州。翔至军，中风而卒，诸军皆退。太原大惧，闭城门，昭义兵士为乱，动坊市。

九月，门下侍郎、吏部尚书、平章事李蔚检校尚书左仆射，充东都留守；以吏部尚书郑从说本官同平章事。

十月，司空、平章事崔彦昭罢为太子太傅。

十一月，制以河东宣慰使、权知代北行营招讨崔季康检校户部尚书，兼太原尹、北都留守，充河东节度、代北行营招讨使。沙陀攻石州，崔李康求之。

十二月，季康与北面行营招讨使李钧，与沙陀李克用战于岢岚军之洪谷，王师大败，钧中流矢而卒。戊戌，代州，昭义军乱，为代州百姓所杀殆尽。以中书舍人张读权知礼部贡举。

六年春正月辛卯朔，河东节度使崔季康自静乐县收合余众回军，军乱，杀孔目官石裕。季康委众遁归行营，裨将张锴、郭朏率其众归太原，兵士鼓噪，攻东阳门，入使衙，季康父子皆被害。

三月，以吏部侍郎崔沆、崔澹试宏词选人，驾部郎中卢蕴、刑部郎中郑顼为考官。制以彬宁节度使李侃检校户部尚书，兼太原尹、北都留守，充河东节度等使。

四月，黄巢陷桂管。

五月，贼围广州，仍与广南节度使李岩、浙东观察使崔璆书，求保荐，乞天平军钺。璆岩上表论之，诏公卿议可否。宰相郑畋、卢携争论于中书，词语不逊，俱罢为太子宾客，分司东都。以吏部侍郎崔沆为兵部侍郎、户部侍郎、翰林学士豆卢瑑为兵部侍郎，并本官同平章事。黄巢陷广州，大掠岭南郡邑。

八月，制以特进、检校司空、东都留守李蔚为检校司徒、同平章事，兼太原尹、北都留守、河东节度观察，兼代北行营招讨供军等使。

十月，制以镇海军节度、浙江西道观察处置等使高骈检校司徒、同平章事、扬州大督府长史，充淮南节度副大使、知节度事、江淮盐铁转运、江南行营招讨等使,进封燕国公,食邑三千户。初,骈在浙西,遣大将张璘、梁缵等大破黄巢于浙东,贼进寇福建,逾岭表,故移镇扬州。时贼北逾大庾岭,朝廷授骈诸道行营兵马都统。太原节度使李蔚卒。以礼部侍郎张读权知左丞事。

十一月,制以银青光禄大夫、检校右散骑常侍、河东行军司马、雁门代北制置等使、石岭镇北兵马、代北军等使、上柱国康传圭检校工部尚书,兼太原尹、北都留守、河东节度使。时传圭已率兵在代州,是月自行营赴任,两都虞候张锴、郭胐迎于乌城驿,并杀之,军中震悚。又制以神策大将军周宝检校尚书左仆射,兼润州刺史、镇海军节度、浙江西道观察等使。以定州已来制置内闲厩宫苑等使、金紫光禄大夫、检校刑部尚书、上柱国、太原县开国伯、食邑七百户王处存检校户部尚书,兼定州刺史,充义武军节度、易定观察处置、北平军等使。

十二月,制以河东马步军都虞候朱玫为代州刺史。以太子宾客分司卢携为兵部尚书、同平章事;太子宾客郑畋检校左仆射、凤翔尹,充凤翔节度使。

广明元年春正月乙卯朔,上御宣政殿,制曰:

朕只膺宝祚,嗣守宗祧,夙夜一心,勤劳八载,实欲驱黎元于仁寿,致华夏之升平。而国步犹艰,群生寡遂,灾迍荐起,寇孽仍臻。窃弄干戈,连攻郡邑,虽输降款,未息狂谋。江右、海南,疮痍既甚,湖湘荆汉,耕织屡空。言念疲羸,良深轸恻,我心未济,天道如何。赖近者严敕师徒,稍闻胜捷,皆明圣之潜佑,宁非德以言功。属节变三阳,日当首岁,乃御正殿,爰命改元,况及发生,是宜在宥。自古继业守文之主,握图御宇之君,必自正月吉辰,发号施令。所以垂千年之懿范,固万代之洪基,莫不由斯道也。可改乾符七年为广明元年。

近日东南州府,频奏草贼结连。本是平人,近于饥馑,驱之为盗,情不愿为。委所在长吏子细晓谕,如自首归降,保非诈

伪，便须抚纳，不要勘问。如未倒戈，即登时剪扑。东南州府遭
贼之处，农桑失业，耕种不时。就中广州、荆南、湖南，盗贼留
驻，人户逃亡，伤夷最甚，自广明已前诸色税赋，宜令十分减
四。其河中府、太原府遭贼寇掠处，亦宜准此。

　　吏部选人粟错及除驳放者，除身名渝滥欠考外，并以比远
残阙收注。入仕之门，兵部最滥，全无根本，颇坏纪纲。近者武
官多转入文官，依资除授，宜惩僭幸，以辨品流。自今后武官不
得转入文官选改，所冀轮辕各适，秩序区分，其内司不在此限。
沙陀部落逾雁门关，进逼忻州。

　　二月，沙陀逼太原，陷大谷。康传圭遣大将伊钊、张彦球、苏弘
轸分兵拒之于秦城驿，为沙陀所败。传圭怒，斩苏弘轸。张彦球部
下兵士为乱，倒戈攻太原，杀传圭，监军使周从寓安慰方定。是月，
制以开府仪同三司、门下侍郎、兼兵部尚书、同平章事、充太清宫
使、弘文馆大学士、延资库使、上柱国、荥阳郡开国公、食邑三千户
郑从谠检校司空、同平章事，兼太原尹、北都留守，充河东节度、管
内观察处置兼行营招讨供军等使。黄巢贼军自衡、永州下，顿频陷
湖南、江西属郡。时都统王铎前锋都将李系守潭州，有众五万，并诸
团结军号十万，贼自桂阳编木为筏数千，其众乘暴水沿湘而下，径
至潭州，急攻其城，一日而陷。李系仅以身免，兵士五万皆为贼所
杀，流尸塞江。贼将尚让乘胜沿流而下，进逼江陵。王铎闻系军败，
乃弃城奔襄阳。别将刘汉宏大掠江陵之民，剽剥不胜其酷，士民亡
窜山谷，江陵焚剽殆尽。半月余，贼众方至江陵。

　　三月，贼悉众欲寇襄阳，江西招讨使曹全晸与襄阳节度使刘巨
容谋拒之。时营于荆门，贼军一万屯于团林驿。全晸命巨容悉以精
甲阵于林薄之中，自以骑军挑战，伪不胜而遁。贼大乘之，比至荆
门，其徒不成列，巨容发伏击之，贼大溃而走。全晸铁骑急追之，比
至江陵，十俘七八。黄巢、尚让以余众徒济江。全晸方渡江袭贼，遽
诏至，以段彦谟为江西节度使，全晸乃还。贼遂率舟军东下，攻鄂
州，陷其郛。全晸救至，贼遂转战江西，陷江西饶、信、杭、衢、宣、歙、

池等十五州。全晸在江西。朝廷以王铎统众无功，乃授淮南节度使高骈为诸道兵马行营都统。骈令大将军张璘渡江讨贼，屡捷。贼众疫疠，其将李罕之以一军投淮南，其众稍沮。是月，沙陀寇忻、代，诏以汝州防御使诸葛爽为北面行营副招讨，率东都防御兵士赴代州。

四月甲申朔，大雨雹，大风拔雨京街树十二三，东都长夏门内古槐十拔七八，宫殿鸱尾皆落。丁酉，制以检校吏部尚书、前太常卿、上柱国、陇西郡开国公、食邑三千户李琢为光禄大夫、检校尚书右仆射、御史大夫，充蔚朔等州诸道行营都招讨使；应东北面行营李孝昌、李元礼、诸葛爽、王重盈、朱玫等兵马及忻、代州土团，并取琢处分。以内常侍张存礼充都粮料使，判官崔铤充制置副使。

六月，代北行营招讨使李琢、幽州节度使李可举、吐浑首领赫连铎等军讨李克用于云州。时克用令其大将军傅文达守蔚州，高文集守朔州。吐浑赫连铎遣人说高文集令归国，文集与沙陀首领李友金、萨葛都督米海万、安庆都督史敬存以前蔚州归款于李琢。时克用率众御燕军于雄武军。

九月，沙陀三部落李友金等开门迎天军，克用闻之，亟来赴援，为李可举之兵追击，大败于药儿岭。李琢、赫连铎又击败于蔚州，降文达，李克用部下皆溃，独与国昌及诸兄弟北入达靼部。乃以吐浑都督赫连铎为云州刺史、大同军防御使，吐浑白义诚为蔚州刺史，萨葛米海万为朔州刺史，加李可举检校司徒、同平章事。

七月，黄巢之众渡江寇淮南。是岁春末，贼在信州疫疠，其徒多丧。淮南将张璘急击之，贼惧，以金啖璘，仍致书高骈乞保命归国。骈信之，厚待其使，许求节钺。时昭义、武宁、义武等军兵马数万赴淮南，骈欲收功于己，乃奏贼已将殄，不假诸道之师，并遣还北，贼知诸军已退，以求节钺不获，暴怒，与骈绝，请战。骈怒，令张璘整军击之，为贼所败，临阵杀璘。贼遂乘胜渡江，攻天长、六合等县，骈不能拒，但决陈登水自固而已。朝廷闻贼复振，大恐，诏河南诸道之师屯于殷水。官军大集，贼未北渡。时兖州节度使齐克让屯汝州。

九月，徐州兵三千人赴殷水，途经许。许州节度使薛能前为徐帅,得军民情。徐军吏至,请馆,能以徐军怀惠,令馆于州内。许军惧徐人见袭,许州大将周岌自殿水以其戍卒还,逐薛能,自据其城。徐军已至河阴,闻许军乱,徐将时溥清亦以戍兵还徐,逐节度使支详。齐克让惧兵见袭,亦还衮州。溵水诸军皆散。贼闻之,十月,乃悉众渡淮。黄巢自号率土大将军,其众富足,自淮已北整众而行,不剽财货,惟驱丁壮为兵耳。

十一月辛亥朔。己巳,贼陷东都,留守刘允章率分司官属迎谒之,贼供顿而去,坊市晏然。壬申,陷虢州。丙子,攻潼关,守关诸将望风自溃。

十二月庚辰朔。辛巳,贼据潼关。时左军中尉田令孜专政,宰相卢携曲事之,相与误谋,以至倾败。令孜恐众罪加己,请贬携官,命学士王徽、裴彻为相。甲申,宣制以户部侍郎、翰林学士王徽、裴彻本官同平章事。贬右仆射、门下侍郎、平章事卢携为太子宾客。携闻贼至,仰药而死。是日,上与诸王、妃、后数百骑,自子城由含光殿金光门出幸山南,文武百官僚不之知,并无从行者,京城晏然。是日晡晚,贼入京城,时右骁卫大将张直方率武官十余迎黄巢于坡头。壬辰,黄巢据大内,僭号大齐,称年号金统。悉陈文物,据丹凤门伪赦。以太常博士皮日休、进士沈云翔为学士。为伪赦书云:“揖让之仪,废已久矣,窜逃之迹,良用怃然。朝臣三品已上并停见任,四品已下宜复旧位。”以赵章为中书令,尚让为太尉,崔璆为中书侍郎、平章事。时宰相豆卢瑑、崔沆、故相左仆射刘邺、太子少师裴谂、御史中丞赵蒙、刑部侍郎李溥、故相于琮皆从驾不及,匿于闾里,为贼所捕,皆遇害。将作监郑綦、库部郎中郑系义不臣贼,举家雉经而死。

中和元年春正月庚戌朔,车驾在兴元。以翰林学士承旨、尚书户部侍郎、知制诰萧遘为兵部侍郎,充诸道盐铁转运等使;寻以本官同平章事,领使如故。以宿州刺史刘汉宏为越州刺史、镇东军节度、浙江东道观察处置等使。诏太原节度使郑从谠发本道之师,与北面行营招讨副使诸葛爽、代州刺史北面行营马步都虞候朱玫、夏州将李思恭等行营诸军,并赴京师讨贼。河中马步都虞候王重荣逐其帅李郁,自称留后。

二月,代州北面行营都监押陈景思率沙陀、萨葛、安庆等三部落与吐浑之众三万赴援关中,次绛州。沙陀首领翟稽俘掠绛州叛还,景思知不可用,遣使诣行在,请赦李国昌父子,令讨贼以赎罪,从之。

三月,陈景思赏诏入达靼,召李克用军屯蔚州,克用因大掠雁门已北军镇。以凤翔节度使郑畋守司空、门下侍郎、同平章事,充京西诸道行营都统,与泾原节度使程宗楚、秦州经略使仇公遇、鄜延节度使李孝昌、夏州节度使拓拔思恭等同盟起兵,传檄天下。黄巢遣大将林言、尚让率众数万寇凤翔,郑畋率师逆击,大败贼众于龙尾陂。

四月,以前大同军防御使李克用检校工部尚书,兼代州刺史、雁门已北行营兵马节度等使。

五月,李克用赴代州,遂率蕃、汉兵万人南出石岭关,称准诏赴难长安。丁巳,沙陀军至太原,郑从谠供给粮料。辛酉,沙陀求发军赏钱,从谠与钱千贯,米千石。克用怒,纵兵大掠。从谠求援于振武,契苾通自率兵来赴,与沙陀战于晋王岭,沙陀败走,陷榆次、阳曲而退。是日大风,天雨土。特进、尚书右仆射赵隐卒,赠司空。

六月,沙陀退还代州。车驾幸成都府,西川节度使陈敬瑄自来迎奉。

七月丁未朔。乙卯,车驾至西蜀。丁巳,御成都府廨,改广明二年为中和元年,大赦天下。以兵部侍郎、判度支韦昭度本官同平章事。以侍中王铎检校太尉、中书令,兼滑州刺史、义成军节度、郑滑观察处置,兼充京城四面行营都统;以太子太保崔安潜为副。观军容使西门思恭为天下行营兵马都监押;中书侍郎、平章事、诸道盐铁转运等使韦昭度为供军使。时淮南节度使高骈为诸道行营都统,自车驾出幸,中使相继促骈起军,骈托以周宝、刘汉宏不利于己,迁延半岁,竟不出军,乃以铎为都统。以河中节度使王重荣为京城北面都统,义武军节度使王处存为京城东面都统,鄜延节度使李孝昌为京城西面都统,朔方军节度使拓拔思恭为京城南面都统。以忠武监军使杨复光为天下行营兵马都监,代西门思恭。许王铎以便宜从事。遣郎官、御史分行天下,征兵赴关内。

八月,代北行营兵马使诸葛爽、朱玫、拓拔思恭等军屯渭桥。朱玫屯兴平,为贼将王璠所击,退保奉天。诸葛爽降贼,伪署爽河阳节度使。许州牙将秦宗权奏破贼于汝州,乃授宗权蔡州防御使。昭义节度使高浔与贼将李详战于石桥,为贼所败,退归河中。贼乘胜陷同州。

九月,泽潞高浔牙将刘广擅还据潞州。是月,浔天井关戍将孟方立率戍卒攻刘广,杀之。方立遂自称留后,仍移军镇于邢州。制以京城四面催阵使、守兵部尚书王徽检校左仆射,兼潞州大都督府长史、昭义节度、潞邢洺磁观察等使。贬高浔端州刺史。杨复光、王重荣以河西、昭义、忠武、义成之师屯之武功。凤翔节度使郑畋以病征还行在,以凤翔大将李昌言代畋为节度使,兼京城西面行营都统。

十月,青州军乱,逐节度使安师儒,立其行营将王敬武为留后。

十二月,行营都统王铎率禁军、山南东川之师三万至京畿,屯于周至。

二年春正月甲辰朔,天下勤王之师,云会京畿,京师食尽。贼食树皮,以金玉买人于行营之师,人获数百万。山谷避乱百姓,多为诸军之所执卖。

二月,泾原大将唐弘夫大败贼将林言于兴平,俘斩万计。王处存率军二万,径入京城,贼伪遁去。京师百姓迎处存,欢呼叫噪。是日军士无部伍,分占第宅,俘掠妓妾。贼自灞上分门复入,处存之众苍黄溃乱,为贼所败。黄巢怒百姓欢迎处存,凡丁壮皆杀之,坊市为之流血。自是诸军退舍,贼锋愈炽。

三月，前蔚州刺史苏祐为沙陀所败，弃郡投镇州，至灵寿，部人为盗，祐为王景崇所杀。

七月辛丑朔。丙午夜，西北方赤气如绛虹竟天。贼将尚让攻宜君寨，雨雪盈尺，甚寒，贼兵冻死者十二三。

八月庚子，贼同州防御使朱温杀其监军严实，与大将胡真、谢瞳等来降，王铎承制拜华州刺史、潼关防御、镇国军等使。魏博节度韩简自率军三万攻河阳，伪署节度使诸葛爽弃城而去，简遣大将守河桥而还。

九月，贼以黄邺为华州刺史。初，贼以李详守华州，详与朱温素善，及温归河中，黄巢遣阉官后冗率功臣马千匹至华杀详，以邺代归。太原诸山桃杏有花实。

十月，西北方无云而雷，名"天狗坠"。以岚州刺史汤群为怀州刺史，时群倚沙陀为援，朝廷疑而易之。郑从谠遣人传官告授群，群怒，杀使者，据城，内沙陀。魏博节度使韩简以兵攻郓州，节度使曹全晸拒之，为简所败，执而杀之。全瑄大将朱瑄以余众保郓州，乞和于简，简舍之而去。

十一月，沙陀李克用监军陈景思以部落之众一万七千骑自岚石州路赴河中。贼将李详下牙队斩华州守将归明，王铎用其部将王遇为华州刺史。

十二月己亥朔。庚戌，成德军节度、镇冀深赵观察处置等使、开府仪同三司、检校太尉、中书令、上柱国、常山郡王、食邑六千户王景崇卒，赠太傅，谥曰忠穆。遗表请以子镕缵继戎事，遂以镕为兵马留后。

三年春正月戊辰朔，车驾在成都府。雁门节度使、检校工部尚书李克用率师至河中。己巳，沙陀军进沙苑之乾坑。

二月，沙陀攻华州，刺史黄邺出奔至石堤谷，追擒之。魏博节度使韩简再兴兵讨河阳，诸葛爽遣大将李罕之拒之于武陟，逆击之，魏军大败而还。大将乐彦祯先据魏州，韩简为部下所杀，推彦祯为留后。就加李克用检校尚书左仆射、忻代云蔚等州观察处置等使。

三月丁卯朔。壬申，沙陀军与贼将赵章、尚让战于成店，贼军大败，追奔至良天坡，横尸三十里；王重荣筑尸为京观。

四月丁酉朔。庚子，沙陀、忠武、义成、义武等军趋长安，贼悉众于渭桥，大败而还；李克用乘胜追之。己卯，黄巢收其残众，由蓝田关而遁。庚辰，收复京城。天下行营兵马都监杨复光上章告捷行在，曰：

顷者妖兴雾市，啸聚丛祠，而岳牧藩侯，备盗不谨。谓大同之运，常可容奸；谓无事之秋，纵其长恶。贼首黄巢，因得充盈窟穴，蔓延崔蒲，驱我蒸黎，徇其凶逆。展钼鹤以成锋刃，杀耕牛以恣燔炮，魑魅昼行，魃蜴夜噬。自南海失守，湖外丧师，养虎灾深，驯枭逆大。物无不害，恶靡不为，豺狼贻朝市之忧，疮痏及腹心之痛。遂至毒流万姓，盗污两京，衣冠衔涂炭之悲，郡邑起丘墟之叹。万方共怒，十道齐攻，仗九庙之威灵，殄积年之凶丑。河中节度使王重荣神资壮烈，天赋机谋，誓立功名，志安家国。至于屯田待敌，率士当冲，收百姓十万余家，降贼党三万余众。法能持重，功遂晚成，久稽原野之刑，未决雷霆之怒。自收同、华，进逼京师，夕烽高照于国门，游骑频临于灞岸。既知四隅断绝，百计奔冲，如穷鸟触笼，似飞蛾赴焰。雁门节度使李克用神传将略，天付忠贞，机谋与武艺皆优，臣节共本心相称。杀贼无非手刃，入阵率以身先，可谓雄才，得名飞将。统领本军南下，与臣同力前驱，虽在寝兴，不忘寇孽。今月八日遣衙队将前锋杨守宗、河中骑将白志迁、横野军使满存、躡云都将丁行存、朝邑镇将康师贞、忠武黄头军使庞从等三十二都，随李克用自光泰门先入京师，力摧凶逆。又遣河中将刘让王环首冀君武孙珫、忠武大将乔从遇、郑滑将韩从威、荆南大将申屠惊、沧州大将贾滔、易定大将张仲庆、寿州大将张行方、天德大将顾彦郎、左神策弩手甄君楚公孙佐、横冲军使杨守亮、躡云都将高周彝、忠顺都将胡贞、绛州监军毛宣伯聂弘裕等七十都继进。贼尚为坚阵,来抗官军。李克用率励骁雄,整齐金革,叫噪而声将动瓦,喑呜而气欲吞沙。宽列戈矛,麾军夹击,自卯至申,凶徒大败。自望春宫鏖杀,至升阳殿合围,戈不滥挥,矢无虚发。其贼即时奔逬,散入商山,徒延漏刃之生,伫作饮头之同效驱驰,兼臣所部二万余人,数岁栉风沐雨,既兹荡定,并录以闻。

报至,从官称贺。

五月,制以河中节度使、检校尚书右仆射王重荣检校司空、同平章事,余如故。雁门已北行营节度、忻代蔚、朔等州观察处置等使、检校尚书左仆射、代州刺史、上柱国、食邑七百户李克用检校司空、同平章事,兼太原尹、北京留守,充河东节度、管内观察处置等使。义武军节度使、检校司空王处存检校司徒、同平章事,余如故。以检校尚书右仆射、华州刺史、潼关防御等使朱温检校司空,兼汴州刺史、御史大夫,充宣武节度观察等使,仍赐名全忠。京城西北面行营都统、充金紫光禄大夫、检校司空、邠州刺史、邠宁节度使朱玫就加同平章事,进封吴兴县侯,食邑一千户。鄜坊节度使、金紫光禄大夫检校尚书右仆射东方逵就加同平章事。王铎罢行营都统,依前检校太师、中书令,进封晋国公,加食邑二千户,节度观察使如故。时中尉田令孜用事,自负帷幄之功,以铎用兵无功,而由杨复光建策召沙陀成破贼之效,欲权归北司,乃黜王铎而悦复光也。就加诸道行营兵马都监杨复光开府仪同三司、弘农郡开国公,食邑三千户,充同华等州管内制置使,仍赐号"资忠耀武匡国平难功臣"。

六月乙未朔。甲子,杨复光卒于河中,其部下忠武八都都头鹿晏弘、晋晖、王建、韩建等各以其众散去。时复光兄复恭知内枢密,田令孜以复光立破贼功,惮而恶之,故贼平赏薄。及闻复光死,甚悦,复摈复恭,罢枢密为飞龙使。是月,黄巢围陈州,营于州北五里。初,贼出蓝田关,遣前锋将孟楷攻蔡州,刺史秦宗权以兵逆战,为楷所败,宗权势窘,与贼通和。孟楷移兵攻陈州,刺史赵犨示弱,伏兵击之,临阵斩楷。楷,贼之爱将,深惜之。黄巢怒,悉众攻陈州。时黄巢与宗权合从,纵兵四掠,远近皆罹其酷。时仍岁大饥,民无积聚,贼俘人为食,其炮炙处谓之"舂磨寨",白骨山积,丧乱之极,无甚于斯。贼攻城急,徐州节度使时溥、许州周岌、汴州朱全忠皆出师护援之。

七月,制以西川节度使、开府仪同三司、守太尉、同平章事、成都尹、上柱国、颍川郡王、食邑三千户、实封四百户陈敬瑄赐铁券。诏郑从谠赴行在。

八月,李克用赴镇太原。制以前振武节度、检校司空、兼单于都护、御史大夫李国昌为检校司徒、代州刺史、雁门已北行营节度、蔚、朔等州观察等使。

十月,李国昌卒。

十一月,蔡贼秦宗权围许州。

十二月,诏河东李克用赴援陈许。忠武大将鹿晏弘陷兴元,逐节度使牛勖,自为留后。

四年春正月癸亥朔,车驾在成都府。

二月,河东节度使李克用将出师援陈许,河阳节度使诸葛爽以兵屯泽州拒之。

三月壬戌朔。甲戌,克用移军自河中南渡,东下洛阳。

四月辛卯朔。甲寅,沙陀军次许州,节度使周岌、监军田从异以兵会战。贼将尚让屯太康,黄邺屯西华,稍有刍粟。己未,沙陀分兵攻太康、西华贼寨砦。庚申,尚让、黄邺遁去,官军得其刍粟,黄巢亦退保郾城。以兵部侍郎、判度支郑昌凝以本官同平章事。

五月辛酉朔。癸亥,沙陀追黄巢而北。丁卯,次尉氏。戊辰,大雨,平地水深三尺,沟河涨溢。贼至中牟,临汴河欲渡,沙陀遽至,贼大骇,其党分溃,杀伤溺死殆半。尚让一军降时溥,别将杨能、李谠、霍存、葛从周、张归霸等降朱全忠,李周、杨景彪以残众走封丘。己巳,沙陀渡汴河,趋封丘,黄巢兄弟悉力拒战,李克用击败之。获所俘男女五万口,牛马万余,并伪乘舆、法物、符印、宝货、戎仗等三万计。得巢幼子，年六岁。黄巢既败，以其残众东走。庚午，李克用急蹑黄巢，一日夜行二百里，马疲乏死者殆半。宿冤朐，粮运不及，骑军至寡，乃与忠武监军田从异班师。甲戌，次汴州，节度使朱全忠馆克用于上源驿。全忠以克用兵力寡弱，大军在远，乃图之。是夜，置酒邮舍，克用既醉，全忠以兵围驿，纵火烧之。雷雨骤作，平地水深尺余，克用逾垣仅免。其部下三百余人及监军使史敬思、书记任珪皆被害。丙子，克用至许州，率本军还原。庚辰，徐州将李师悦、陈景思率兵万人追黄巢于兖州。

六月，郓州节度使朱瑄奏大败贼于合乡。

秋七月未朔。癸酉，贼将林言斩黄巢、黄揆、黄秉三人首级降时溥。初，徐将李师悦与贼战于瑕丘，贼殊死战，其众殆尽。林言与巢走至太山狼虎谷之襄王村，惧追至并命，乃斩贼降师悦。壬午，捷书至行在，从官称贺。河东节度使李克用累表诉屈，请讨汴州。天子优诏和解之，就加克用阶特进，封陇西郡王以悦之。自是全忠、克用有寻戈之怨。

九月，山南西道节度使鹿晏弘为禁军所讨，弃城拥众东出襄、邓，大掠许州。晏弘大将王建、韩建、张造、晋晖、李师泰各率本军归朝，田令孜以建等杨复光故将，薄之，皆授诸卫将军，惟以王建为壁州刺史。

十月，关东诸镇上章请车驾还京。

十一月，鹿晏弘陷许州，杀周岌，自称留后，寻为秦宗权所攻。制以义成军节度、检校太师、中书令、上柱国、晋国公王铎为沧州刺史、义昌军节度使、沧德观察处置等使。

十二月丁亥朔，大明宫留守、权知京兆尹、御史大夫、京畿制置等使王徽与留司百官上表，请车驾还宫。诏以来年正月还京。新除沧德节度使王铎，为魏博节度使乐彦祯害之于漳南县之高鸡泊，行从三百余人皆遇害。

光启元年春正月丁巳朔，车驾在成都府。己卯，僖宗自蜀还京。

二月丁亥朔。丙申，车驾次凤翔。

三月丙辰朔。丁卯，车驾至京师。己巳，御宣政殿，大赦，改元光启。时李昌符据凤翔，王重荣据蒲、陕，诸葛爽据河阳、洛阳，孟方立据邢、洺，李克用据太原、上党，朱全忠据汴、滑，秦宗权据许、蔡，时溥据徐、泗，朱瑄据郓、齐、曹、濮，王敬武据淄、青，高骈据淮南八州，秦彦据宣、歙，刘汉宏据浙东，皆自擅兵赋，迭相吞噬，朝廷不能制。江淮转运路绝，两河、江淮赋不上供，但岁时献奉而已。国命所能制者，河西、山南、剑南、岭南西道数十州。大约郡将自擅，常赋殆绝，藩侯废置，不自朝廷，王业于是荡然。蔡贼秦宗权侵寇藩邻，制以徐州节度使时溥为钜鹿王，充蔡州四面行营兵马都统。宗权将秦贤攻汴、郑不已，以汴州刺史朱全忠为沛郡王，充蔡州西北面行营都统。杭州刺史董昌大败刘宏之众，进攻越、婺、台、明等州，下之。遂以昌为杭州刺史、镇东军节度、浙江东道观察等使，以杭州大将钱镠为杭州刺史。

闰三月，镇冀节度使王镕献耕牛千头，农具九千，兵仗十万。

四月乙卯朔，以开府仪同三司、右金吾卫上将军、左街功德使、齐国公田令孜为左右神策十军使。时自蜀中护驾，令孜招募新军五十四都，都千人，左右神策各二十七都，分为五军，令孜总领其权。时军旅既众，南衙北司官属万余，三司转运无调发之所，度支惟以关畿税赋，支给不充，赏劳不时，军情咨怨。旧日安邑、解县两池榷盐税课，盐铁使特置盐官以总其事。自黄巢乱离，河中节度使王重荣兼领榷务，岁出课盐三千车以献朝廷。至是令孜以亲军缺供，计无从出，乃举广明前旧事，请以两池榷务归盐铁使，收利以赡禁军。诏下，重荣上章论诉，言河中地窄，悉籍盐课供军。

五月，制以河中节度使、检校司徒、同平章事、河中尹、上柱国、琅邪郡王王重荣为检校太傅、同平章事，兼兖州刺史、兖沂海节度观察处置等使，代齐克让。以克让检校司徒、兼定州刺史、御史大夫，充义武节观察、北平军等使，代王处存。以处存依前检校太傅、同平章事、河中尹、河中晋慈隰节度观察等使。是月，宰臣萧遘率文武百僚上徽号曰至德光烈孝皇帝,御宣政殿受册,大赦。

六月甲寅朔。丙辰,定州王处存奏:"幽州节度李可举、镇州节度使王镕各令大将率领兵士侵攻当道,臣并已杀退。"时李可举乘天子播越,中原大乱,以河朔三镇,休戚事同,惟易、定二郡为朝廷所有,乃同议攻处存以分其地。会燕将李全忠有夺帅之志,军情相疑。全忠方围易州,处存出奇骑以击之,燕军大败。是月,全忠收合残众攻幽州,李可举举室登楼自焚而死,全忠自称留后。沧州军乱,逐其帅杨令孜,立衙将卢彦威为留后。制以保銮都将、检校司徒、兼黔州刺史、黔中节度观察等使曹诚检校太保,兼沧州刺史,充义昌军节度、沧德观察等使。河中王重荣累表论列,数令孜离间方镇,令孜遣邠宁节度使朱玫会合鄜、延、灵、夏之师讨河中。

九月,朱玫屯沙苑。王重荣求援于太原。

十月,李克用率太原军南出阴地关。

十一月,河中、太原之师与禁军对垒于沙苑。

十二月辛亥朔。癸酉,官军合战,为沙陀所败,朱玫走还邠州。神策军溃散,遂入京师肆掠。乙亥,沙陀逼京师,田令孜奉僖宗出幸凤翔。初,黄巢据京师,九衢三内,宫室苑然。及诸道兵破贼,争货相攻,纵火焚剽,宫室居市闾里,十焚六七。贼平之后,令京兆尹王徽经年补茸,仅复安堵。至是,乱兵复焚,宫阙萧条,鞠为茂草矣。

二年春正月辛巳朔,车驾在凤翔。李克用旋师河中,与朱玫、王重荣同上表,请驾驻跸凤翔,仍数田令孜之罪。乃以飞龙使杨复恭复知内枢密事。戊子,田令孜迫乘舆请幸兴元。庚寅,车驾次宝鸡。授刑部尚书孔纬兼御史大夫,令率从官赴行在。时车驾夜出,宰相萧遘、裴彻、郑昌图及文武百僚不之知,扈从不及,故令孔纬促之。萧遘恶令孜弄权,再乱京国,因邠州奏事判官李松年至凤翔,乃令亟召朱玫迎奉。癸巳,朱玫引步骑五千至凤翔。令孜闻邠州军至,奉帝入散关,令禁军守灵璧。玫至,禁军溃散,遂长驱追驾至尊途驿。嗣襄王煴疾,为玫所得。时兴元节度使石君涉闻车驾入关,乃毁彻栈道，栅绝险要，车驾由他道仅达，为邠州军踵后，崎岖危殆者数四。

二月辛亥朔，以十军观军容使、开府田令孜为剑南西川节度监军，以内枢密使杨复恭为神策左军中尉。

三月庚辰朔。戊午，兴元节度使右君涉弃城入朱玫军内。丙申，车驾至兴元。戊辰，以翰林学士承旨、兵部尚书、知制诰杜让能为兵部侍郎；刑部尚书、御史大夫孔纬为兵部侍郎，充诸道盐铁转运等使；并以本官同平章事。保銮都将李铤、杨守亮、杨守宗等败邠州军于凤州。

四月庚戌朔，是夜荧惑犯月角。壬子，朱玫、李昌言迫宰相萧遘等于凤翔驿舍，请嗣襄王暖权监军国事。玫自为大丞相，兼左右神策十军使。遂驱率文武百僚奉襄王还京师。

五月己卯朔。庚辰，襄王僭即皇帝位，年号建贞。以萧遘初沮襄王监国之命，罢知政事，为太子少师。以朱玫为侍中、诸道盐铁转运使。以裴彻为门下侍郎、右仆射、同平章事、判度支。中书侍郎、刑部尚书、平章事郑昌图判户部事。萧遘移疾归河中之永乐。伪制加诸侯官爵。以淮南节度使、检校太尉、兼侍中高骈为太师、中书令、江淮盐铁转运、诸道行营兵马都统。又以淮南右都押衙、和州刺史吕用之检校兵部尚书，兼广州刺史、岭南东道节度使。令户部侍郎柳涉往江淮宣谕，户部侍郎夏侯潭河北宣谕，诸藩郎将多授其伪署，惟定州、太原、宣武、河中拒而不受。是月，星孛于箕尾，历北斗摄提。荆南、襄阳仍岁蝗旱，米斗三十千，人多相食。杨复恭兄弟于河中、太原有破贼连衡之旧，乃奏遣谏议大夫刘崇望赍诏宣谕，达复恭之旨。王重荣、李克用欣然听命，寻遣使贡奉，献缣十万匹，愿杀朱玫自赎。崇望使还，君臣相贺。

六月己酉本朔，以扈跸都将杨守亮为金州刺史、金商节度、京畿制置使。守亮率师二万趋金州，与王重荣、李克用犄角进军。时朱玫遣将王行瑜率邠宁、河西之师五万屯凤州，保銮都李铤、李茂贞、陈珮等抗之于大唐峰。

七月戊寅朔,蔡贼秦宗权陷许州,杀鹿晏弘。以金商节度使杨守亮检校司徒,兼兴元尹,充山南西道节度等使。王行瑜急攻兴州,守亮出师击败之。

八月,邠州节度使李全忠卒,三军立其子匡威为留后。

九月,杨守亮复败邠州军于凤州,军容杨复恭密遣人说王行瑜,令谋归国。

十月壬子朔,滑州军乱,逐其帅安师儒,推衙将张骁主留后军务。师儒奔汴州,朱全忠杀之,遂以兵攻滑,斩张骁以告行在,朝廷以汴帅全忠兼领义成军节度使。壬辰夜,白虹见西方。

十一月,蔡贼孙儒陷郑州,刺史李璠遁免。儒引军攻河阳。

十二月乙巳朔。是月,朱玫爱将王行瑜受密诏,自凤州率众还长安。辛酉,行瑜斩朱玫及其党与数百人,纵兵大掠。是冬苦寒,九衢积雪,兵入之夜,寒冽尤剧,民吏剽剥之后,僵冻而死蔽地。裴彻、郑昌图及百官奉襄王奔河中,王重荣绐称迎奉,执李熅斩之,械裴彻、郑昌图于狱,文武官僚遭戮者殆半。重荣函襄王首赴行在。刑部奏请御兴元城南门,阅俘馘受贺,下礼院定仪注。博士殷盈孙奏曰:

伏以伪熅违背宗社,僭窃乘舆,欺天之祸既盈,盗国之罪斯重,果至覆败,以就诛夷。九重之妖祲既除,万国之生灵共庆,宜陈贺礼,以显皇猷。然物议之间,有所未允。臣按礼经,公族有罪,狱既具,有司闻于公曰:"某之罪在大辟。"君曰:"赦之。"如是者三,有司走出致刑,君复使谓之曰:"虽然,固当赦之。"有司曰:"不及矣!"君为之素服不乐三月。《左传》:卫君在晋,卫臣元咺立卫君之弟叔武,卫君入国,叔武前驱所杀,卫君哭之,左氏书焉。今伪熅,皇族也,虽犯殊殆之罪,宜就屠戮,其可以朝群臣而受贺乎?臣以为熅胤系金枝,名禁标牒,迫胁之际,不能守节效死,而乃甘心逆谋,罪实滔天,刑不可赦。已为军前处置,宜即黜为庶人,绝其属籍,其首级仍委所在以庶人礼收葬。大捷之庆,当以朱玫首级到日称贺,为得其宜。上不輮于宸衷，下无伤于物体，协礼经之旨，祛中外之疑。
遂罢贺礼。及朱玫传首至，乃御楼受俘馘。是月，蔡贼孙儒陷河阳，诸葛仲方奔归汴州，别将李罕之出据泽州，张全义据怀州。

三年春正月乙亥朔，车驾在兴元府。制以邠州都将王行瑜检校刑部尚书，兼邠州刺史、邠宁庆节度使。保銮都将李铤检校司空、黔州刺史、黔中节度观察使；扈跸都头李茂贞为检校尚书左仆射、洋州刺史、武定军节度使；扈跸都头杨守宗为金州刺史、金商节度等使；保銮都将陈珮检校尚书右仆射，为宣州刺史、宣歙观察使。兵部侍郎、诸道租庸使张浚本官同平章事。

二月乙巳朔，润州牙将刘浩、度支使薛朗同谋逐其帅周宝，刘浩自称留后。

三月乙亥朔。甲申，车驾还京，次凤翔。以宫室未完，节度使李昌符请驻跸，以俟毕工。河中械送伪宰相裴彻、郑昌图，命斩之于岐山县。太子少师致仕萧遘赐死于永乐县。以特进、监修国史、门下侍郎、吏部尚书、平章事孔纬领诸道盐铁转运使。以集贤殿大学士、中书侍郎、兵部尚书、平章事杜让能进封襄阳郡公，增食邑三千户。

四月甲辰朔，扬州牙将毕师铎自高邮率戍兵攻扬州，下之，囚高骈于别室，自总军政。蔡贼秦贤攻汴州，周列三十六寨。朱全忠乞师于兖郓，朱瑾率师来赴，屯封禅寺，朱瑄屯静戎镇。

五月甲戌朔。乙亥，秦宗权自率众来应秦贤。壬午，郓、兖、汴三镇之师大破蔡贼于边孝村，宗权退走。孙儒闻秦贤败，尽驱河阳之人杀之，投尸于河，焚烧闾井而去。王师收孟、洛、许、汝、怀、郑、陕、虢等州。诏以扈驾都头杨守宗权知许州事，汴将孟从益权知郑州事。诸葛爽旧将李罕之自泽州书河阳，怀州刺史张全义收洛阳。扬州牙将毕师铎召宣州观察使秦彦入扬州，推为节度使。

六月癸卯朔。戊申，天威军都头杨守立与李昌符争道，麾下相欧。上命中使谕之，不止，是夜严兵为备。己酉，守立以兵攻昌符，战于通衢。昌符兵败，出保陇州，命扈驾都将李茂贞攻之。甲寅，河中牙将常行儒杀其帅王重荣,推重荣兄重盈为兵马留后。丙辰,太常礼院奏:"太庙十一室,并祧庙八室,孝明太后等别庙三室,自车驾再幸山南,并经焚毁,神主失坠。今大驾还京,宜先葺宗庙神主,然后还宫。"遂诏修奉太庙使宰相郑延昌修奉。是时,宫室未完,国力方困,未暇举行旧制,延昌请权以少府监大厅为太庙。太庙凡十一室,二十三间,间十一架,今监五间,请添造成十一间,以备十一室之数。敕曰:"敬依典礼。"

七月壬申朔,陇州刺史薛知筹以城降李贞,遂拔陇州,斩李昌符、昌仁等,传首献于行在。丙子,制以武定军节度工出谋划策使、检校尚书左仆射,兼洋州刺史、御史大夫、上柱国、陇西郡公、食邑一千五百户李茂贞检校司空、同平章事,兼凤翔尹、凤翔陇右节度等使。

九月辛未朔,淮南节度使高骈为其牙将毕师铎所杀。杨行密急攻广陵,蔡贼秦宗权遣其将孙儒将兵三万渡淮,争扬州,城中食尽。

十一月,秦彦、毕师铎溃围奔于孙儒军,行密入据扬州。

十一月秦彦引孙儒之兵攻广陵,行密遣使求援于朱全忠。制授全忠检校太尉、侍中,兼扬州大都督府长史,充淮南节度观察等使、行营兵马都统。汴将李璠率师至淮口以援之。

十二月己巳朔,东川节度使顾彦朗、壁州刺史王建连兵五万攻成都,陈敬瑄告难于朝,诏中使谕之。

文德元年春正月己亥朔,车驾在凤翔。制故凤翔陇右节度观察处置等使、检校司徒、同平章事,兼凤翔尹、上柱国、荣阳郡开国公,食邑三千户郑畋赠司徒,谥曰文昭。蔡贼孙儒斩秦彦、毕师铎于高邮。

二月己巳朔,壬午,车驾在凤翔至京师。魏博军乱,逐其帅乐彦祯。彦祯子相州刺史从训率众攻魏州,牙军立其小校罗宗弁为留后,出兵拒之。从训求援于汴,朱全忠遣将朱珍渡河赴之。戊子,上御承天门,大赦,改元文德。宰相韦昭度兼司空,孙纬、杜让能加左右仆射，进阶开府仪同三司，并赐号"持危启运保义功臣"。张濬兼兵部尚书，进阶开府仪同三司。左右神策十军观军容使、左金吾卫上将军、左右街功德使、上柱国、弘农郡开国公杨复恭进封魏国公，加食邑七千户，赐号"忠贞启圣定国功臣"。以保銮都将、黔中节度使李铤检校司徒、平章事，保銮都将陈珮检校司空、广州刺史、岭南东道节度使。藩镇诸侯，进秩有差。宰臣韦昭度率文武百僚上徽号曰圣文睿德光武弘孝皇帝。

三月戊戌朔，正殿受册。庚子，上暴疾。壬寅，大渐。癸卯，宣制立弟寿王杰为皇太弟，勾当军国事。是夕，崩于武德殿，圣寿二十七，群臣上谥曰惠圣恭定孝皇帝，庙号僖宗。其年十二月，葬于靖陵。

史臣曰：恭帝冲年缵历，政在宦臣，惕励虔恭，殷代重慎。属世道交丧，海县横流，赤眉摇荡于中原，黄屋流离于退徽，黔黎涂炭，宗社丘墟。而犹藩垣多仗义之臣，心腹有尽忠之辅，驱驾豪杰，号令军戎，终诛伏莽之徒，大雪失邦之耻。而令孜一为谬计，几丧丕图，虽如线之仅存，固棼丝之莫救。茫茫禹迹，空悲文命之艰难；赫赫宗周，竟坠文王之基业。非僖皇失道之过，其土运之穷欤？悲夫！

赞曰：运历将穷，人君幼冲。尘飞巨盗，波骇群雄。天既降丧，人罕输忠。回銮返正，禁旅之功。

旧唐书卷二〇上
本纪第二〇上

昭　宗

　　昭宗圣穆景文孝皇帝讳晔,懿宗第七子,母曰惠安太后王氏。以咸通八年二月二十二日生于东内。十三年四月,封寿王,名杰。乾符四年,授开府仪同三司、幽州大都督、幽州卢龙等军节度、押奚契丹、管内观察处置等使。帝于僖宗,母弟也,尤相亲睦。自艰难播越,尝随侍左右,握兵中要,皆奇而爱之。文德元年二月,僖宗暴不豫。时初复宫阙,人心倾瞩,遽闻被疾,军民骇愕。及大渐之夕,而未知所立。群臣以吉王最贤,又在寿王之上,将立之,唯军容杨复恭请以寿王监国。三月六日,宣遗诏立为皇太弟。八日,柩前即位,时年二十二。以司空韦昭度摄冢宰。已丑,见群臣,始听政。帝攻书好文,尤重儒术,神气雄俊,有会昌之遗风。以先朝威武不振,国命浸微,而尊礼大臣,详延道术,意在恢张旧业,号令天下。即位之始,中外称之。

　　四月戊辰朔。庚午,追谥圣母惠安太后曰恭献。乙亥,河南尹张全义以兵袭李罕之于河阳,罕之出据泽州。魏博衙军杀其帅乐彦祯于龙兴寺,又击乐从训,败之。从训以残众保洹水,为罗宗弁陷其城而杀之。壬午,蔡贼孙儒陷扬州,杨行密溃围而出,据宣州。孙儒自称淮南节度,仍率其众攻宣州。

　　五月丁酉朔,制以宣武军节度使、检校侍中、沛郡王朱全忠为蔡州四面行营兵马都统。自秦贤、石璠败后,蔡贼渐弱,时溥方为全忠所攻,故移溥都统之命授全忠。壬寅,蔡贼将伪署荆襄节度使赵德諲遣使归朝,愿讨贼自效,乃以德諲为蔡州四面行营副都统,德諲遂以荆襄之兵属全忠。

六月丁卯朔,以川贼王建大乱,剑南陈敬瑄告难,制以开府仪同三司、守司空、门下侍郎、同平章事、太清宫使、弘文馆大学士、延资库使、上柱国、扶阳郡开国公,食邑二千户韦昭度检校司徒、门下侍郎、平章事,兼成都尹,充剑南西川节度副大使、知节度事,兼两川招抚制置等使。蔡州行营奏大破贼于龙陂,进军以逼贼城。

七月丙申朔,泽州刺史李罕之引太原之师攻河阳,为汴将丁会所败,退还高平。

九月乙未,汴将朱珍败时溥之师于翙膀桥,遂陷宿州,自是溥婴城不敢复出。汴将胡元琼急攻蔡州。

十二月甲子朔,蔡州牙将申藂执秦宗权,挝折其足,乞降。诏中使宣谕,便以藂权知留后。比中使至,别将郭璠杀申藂,篡宗权,絷送汴州。蔡、申、光等州平。诏赐蔡州行营兵士钱二十五万贯,令度支逐近支给。是月,葬僖宗于靖陵。

龙纪元年春正月癸巳朔,上御武德殿受朝驾,宣制大赦,改元。中外文武臣僚进秩颁爵有差。以剑南西川节度、两川招抚制置使韦昭度检校司空,为东都留守;以翰林学士承旨、兵部侍郎、知制诰刘崇望本官同平章事;以刑部侍郎孙揆为京兆尹。

二月癸亥朔。己丑,汴州行军司马李璠监送逆贼秦宗权并妻赵氏以献,上御延喜门受俘,百僚称贺,以之徇市,告庙社,斩于独柳,赵氏笞死。初,自诸侯收长安,黄巢东出关,兴宗权合。巢贼虽平,而宗权之凶徒大集,西至金、商、陕、虢,南极荆、襄,东过淮甸,北侵徐、衮、汴、郑,幅员数十州。五六年间,民无耕织,千室之邑,不存一二,岁既凶荒,皆脍人而食,丧乱之酷,未之前闻。宗权既平,而朱全忠连兵十万吞噬河南,衮、郓、青、徐之间,血战不解,唐祚以至于亡。中书奏请以二月二十二日为嘉会节,从之。

三月壬辰朔，以右仆射、门下侍郎、同平章事孔纬守司空、太清宫使、弘文馆大学士、延资库使、领诸道盐铁转运等使，以右仆射、门下侍郎、集贤殿大学士杜让能为左仆射、盐修国史、判度支，以中书侍郎、户部尚书、同平章事张濬为集贤殿大学士、判户部事。

四月壬戌朔，以宣武淮南等节度副大使、知节度事、管内营田观察处置等使、开府仪同三司、检校太傅、兼侍中、扬州大都督府长史、汴州刺史、充蔡州四面行营都统、上柱国、沛郡王、食邑四千户朱全忠为检校太尉、中书令，进封东平王，仍赐赏军钱十万贯。

五月壬辰朔，汉州刺史王建陷成都府，迁陈敬瑄于雅州，建自称西川兵马留后。复用田令孜为监军。

六月辛酉朔，邢洺节度使孟方立卒，三军推其弟洺州刺史迁为留后，太原李克用出军攻之。杭州刺史钱镠攻宣州，下之，擒刘浩，剖心以祭周宝。

七月，诏于杭州置武胜军，以镠为本军防御观察等使。

十月己未朔，青州节度使王敬武卒。制以特进、太子少师、博陵郡开国侯、食邑一千户崔安潜检校太傅、兼侍中、青州刺史、平卢军节度观察、押新罗渤海两蕃等使。青州三军以敬武子师范权知兵马事。

十一月己丑朔，将有事于圆丘。改御名曰晔。辛亥，上宿齐于武德殿，宰相百僚朝服于位。时两军中尉杨复恭及两枢密皆朝服侍上，太常博士钱珝、李绰等奏论之曰：“皇帝赴齐宫，内臣皆服朝服。臣检国朝故事及近代礼令，并无内官朝服助祭之文。伏惟皇帝陛下承天御历，圣祚中兴，祗见宗祧，克陈大礼。皆禀高祖、太宗之成制，必循虞、夏、商、蜩之旧经，轩冕服章，式遵彝宪。礼院先准大礼使牒称得内侍省牒，要知内臣朝服品秩，礼院已准礼令报讫。今参详近朝事例，若内官及诸卫将军必须制冠服，即各依所兼正官，随资品依令式服本官之服。事存传听，且可俯从，然亦不分明著在礼令。乞圣慈允臣所奏。”状入，至晚不报。钱珝又进状曰：“臣今日巳时进状，论内官冠服制度，未奉圣旨。伏以陛下虔事郊禋，式遵彝范，凡关典礼，必守宪章。今陛下行先王之大礼，而内臣遂服先王之法服。来日朝献大圣祖，臣赞导皇帝行事，若侍臣服章有违制度，是为非礼，上渎祖宗，臣期不奉敕。臣谬当圣代，叨备礼官，获正朝仪，死且不朽，脂膏泥滓，是所甘心。”状入，降朱书御札曰：“卿等所论至当，事可从权。勿以小瑕，遂妨大礼。”于是内四臣遂以法服侍祠。甲寅，圆丘礼毕，御承天门，大赦。

十二月戊午，宰臣杜让能兼司空。

大顺元年春正月戊子朔，御武德殿受朝贺。宰臣百僚上徽号曰圣文睿德光武弘孝皇帝，礼毕，大赦，改元大顺。

二月丁巳，宰臣兼国子祭酒孔纬以孔子庙经兵火，有司释奠无所，请内外文臣自观察使、制使下及令佐，于本官料钱上缗抽十文，助修国学，从之。宣武节度使朱全忠进位守中书令，加食邑千户，余如故。太原都将安金俊攻围邢州历年，城中食尽，邢洺观察使孟迁以城降，乃以孟迁之族归太原。克用以大将安建为邢洺留后。

三月丁亥朔，朱全忠上表：“关东藩镇，请除用朝廷名德为节度观察使。如藩臣固位不受代，臣请以兵诛之。如王徽、裴璩、孔晦、崔安潜等皆缙绅名族，践历素高，宜用为徐郓青兖等道节度使。”从之。昭义节度使李克修卒，太原帅克用之弟也，三军推克修弟克恭知留后事。

四月丙辰朔，李克用遣大将安金俊率师攻云州。赫连铎求援于幽州，李匡威出后援之，战于蔚州，太原军大败，燕军执安金俊，献之于朝。李匡威、赫连铎、朱全忠等上表：“请因沙陀败亡，臣兴河北三镇及臣所镇汴滑河阳之兵平定太原，愿朝廷命重臣一人都总戎事。”昭宗以太原于艰难时间兴复大功，心疑其事，下两省、御史台、尚书省四品已上官议。唯党全忠者言其可伐，不可者十之七，宰臣杜让能、刘崇望深以为不可。惟张濬议曰：“先朝再幸兴元，实沙陀之罪。比虑河北诸侯兴之胶固，无以涤除。今两河大藩皆愿诛讨，不因其离贰而除之，是当断失断也。”孔纬曰：“濬言是也。”军容杨复恭曰:"先朝蒙犯霜露,播越草莽,七八年间,寝不安席,虽贼臣摇荡于外,亦由失制于中。陛下缵承,人心忻戴,不宜轻举干戈,为国生事。望优诏报全忠,且以柔服为辞。"上然之。全忠密遣瀹之亲党赂瀹,瀹恃全忠之援,论奏不已,天子俛偻从之。

五月,制特进、中书侍郎、兵部尚书、同平章事、集贤殿大学士、上柱国、河间郡开国伯、食邑七百户张瀹为太原四面行营兵马都统,京兆尹孙揆副之。以华州节度使韩建为北面行营招讨都虞候、供军等使;以宣武节度使朱全忠为太原东南面招讨使;成德军节度使王容为太原东面招讨使;幽州节度使李匡威为太原北面招讨使,云州防御使赫连铎副之。丙午,潞州军乱,杀其帅李克恭。监军使薛缋本函克恭首献之于朝,瀹方起兵,朝廷称贺。壬子,都招讨使张瀹、孙揆率神策诸军三千赴行营,昭宗御安喜门临送,诫誓之。

六月乙卯,李克用大将权知邢洺兵马留后安建上表,请以三州归顺,遣中使往劳之。制以德州刺史、权知沧州兵马留后卢彦威检校尚书右仆射,兼沧州刺史、御史大夫,充义昌军节度、沧德观察处置等使。彦威,光启初逐其帅杨全玫,求旄节,朝廷以扈跸都将曹诚为沧德节度使,诚虽不至任,而彦威之请不行。至是,王镕、罗弘信因张瀹用兵,为彦威论请,故有斯授。以京兆尹、行营兵马副招讨孙揆检校兵部尚书,兼潞州大都督府长史,充昭义节度副大使、知节度事。张瀹会诸军于晋州,朱全忠选汴卒三千为张瀹牙队。

秋七月乙酉朔,王师屯于阴地,太原大交康君立以兵拒战。朱全忠遣大将葛从周率千骑入潞州,从周权充兵马留后。朱全忠奏已差兵士守潞州,请节度使孙揆赴镇。时中使韩归范押揆旌节、官告送至行营。丙申,揆建节,率兵二千,自晋州赴镇昭义。戊申,至长子县山谷中。太原骑将李存孝伏兵执揆兴韩归范牙兵五百,俘送太原,余兵悉为存孝所杀。太原将康君立率兵二万攻潞州。

九月甲申,幽州、云州藩、汉兵三万攻雁门,太原将李存信、薛阿檀击败之。汴将葛从周弃上党,康君立入据之,克用以君立为泽潞兵马留后。

十一月癸丑，太原将邢州刺史李存孝自恃擒孙揆功，合为昭义帅，怨克用授康君立。存孝自晋州率行营兵归邢州，据城上表归朝，仍致书与张濬、王镕求援。克用遣大将李存信、薛阿檀拒王师于阴地，三战三捷，由是河西鄜、夏、彬、岐之军渡河西归。韩建以诸军保平阳，存信追之，建军又败，建退保绛州。张濬以汴卒、禁军万人在晋州，存信攻之三日，相与谋曰："张濬宰相，俘无益，天子禁兵，不宜加害。如得平阳，于我无利。"遂退舍五十里而军。

十二月壬午朔，张濬、韩建拔晋、绛遁去，李存信收晋、绛，大掠河中四郡。丙寅，制特进、中书侍郎、平章事、太原四面行营都统张濬可检校兵部尚书，兼鄂州刺史、御史大夫，充鄂岳观察使。以开府仪同三司、守徒、门下侍郎、同平章事、上柱国、鲁国公、食邑三千户、充诸道盐铁转运等使孔纬检校司徒，兼江陵尹、荆南节度观察处置使。庚午，新除鄂岳观察使张濬责授连州刺史，新除荆南节度使孔纬责授均州刺史，并驰驿赴任。太原军屯晋州，李克用遣中使韩归范还朝，因上表诉冤，言："被贼臣张濬依倚朱全忠离间功臣，致削夺臣官爵。"朝廷欲令释憾，下群臣议其可否。左仆射韦昭度等议曰：

赏功罚否，前圣之令猷；含垢匿瑕，百王之垂训。是以雷解而义文象德，纲开而汤化归仁，用彼怀柔，式存彝范。上自轩农之代，下臻文武之朝，罔不允洽宽弘，以流泽。况国家德祖守成之日，宪宗致理之时，车轨一同，桑麻万里。烛龙外野，悉在梯杭；火鼠穷郊，咸归正朔。然犹王承宗拥兵镇、冀，诏范希朝讨之，仍岁无功，卒行赦宥。而又朱滔以幽州之众，结田悦、李纳、王武俊之强，遣马燧等征之不克，旋又宽之。以累圣之典谋睿哲，大朝之纪律文明，非不欲厉彼风驱，快其电扫。然且考春秋之义，稽楚、郑之文，或退而许平，或服而更舍，存于旧史，载彼新书。

李克用代漠强宗，阴山贵胤，呼吸而风云作气，指麾而草树成形。仰天指心，誓献秩訾之首；伏弢歃血，屡亲都护之营。

所谓勇多上人,自匪窃来归我。及陛下圣考懿宗皇帝之朝,彭门失守,亲驱锐卒,首建殊功。而先帝即位之初,渚宫大扰,复提义旅,克静妖氛。其后封豕长蛇,荐食上国,继以子朝之乱,皆因重耳之盟,保大朝之宗祧,垂中兴于简册。盖圣王之御天下也,有勋可书,有绩可载,宥过不忘于十代,念功岂止于一时。天高听卑,请事斯语。且四海之内,创痍犹殷,九贡之邦,纲修未理。昨者遽起彬、岐之众,寻已退还;又征燕、苏之师,倏闻内变。出于嚷馈失职,资庡绝供,致此投戈,是乘借箸。盖下计之未熟,非圣谋之不臧。傥宸断重离,天机间出,录兹成款,散彼师徒,虚其念旧之怀,待以如初之礼。臣等所议,实以在斯。

抑又闻往者汉将赵充国欲因边境衰弱,出兵击之,于是魏相上书,昼陈利害,且曰:"恃国家之大,矜人物之众,欲见威于敌者,谓之骄兵。兵骄者灭,非但人事,乃天道也。"又曰:"臣不知此兵何名者也。"兵出无名,事乃不成,汉宣纳之,竟罢其伐。伏惟皇帝陛下鉴往古用师之难,采列圣迁善之美,恩加区宇,信及豚鱼,则臣等不胜恳愿。

况今汴、魏犹艰,幽、定方困,纵遣之调发,岂能集事!虚行号令,徒召寇雠,将以剿人,非唯辱国。且点戛斯举勤王之众,推效命之诚,未能房骑独攻,所望汉兵同力。令兹数镇,奔命不遑,难致济师,恐又生事。谕其渐当暑热,非利戎旃,悉力颁沿,遣还蕃部。重盈陈五郡之卒,益谨关防;王珙振两河之雄,更严旗鼓。然后奖其上表,哀以自陈,录彼前劳,责之后效。徵神爵之往典,还日逐之故封。谕其已斥王恭,不使更疑晋帝,凡百臣子,实切乃诚。其克用在身官爵,并请欲还,仍依前编入属籍。从之。以翰林学士承旨、兵部侍郎崔昭纬本官同平章事。御史中丞徐彦若为户部侍郎、同平章事。尚书右仆射王徽卒,赠司空,谥曰贞。

二年春正月壬子朔,李克用急攻邢州。李存孝求援于王镕,镕出军援之,屯于尧山。克用自太原至,击败之,进围邢州。司徒、门下侍郎、平章事杜让能进位太尉、太清宫使、弘文馆大学士、延资库使、领诸道盐铁转运等使。以中书侍郎、吏部尚书、平章事刘崇望为门下侍郎、监修国史、判度支事,工部侍郎、平章事崔昭纬判户部事。

二月辛巳,李克用复检校太师、中书令、太原尹、北都留守、河东节度观察处置等使。时张濬、韩建兵败后,为太原将李存信等所追,至是方自含山逾王屋,出河清,达于河阳。属河溢,无舟楫,逮坏人庐舍,为木罂数百,方获渡,人多覆溺,休其徒于司徒庙。是役也,朝廷倚朱全忠及三镇兵。全忠方连兵徐郓,乃求兵粮于镇、魏,全忠终不至行营。镇、魏倚太原为盾蔽,如破太原郡,恐危镇、魏,王镕、罗弘信亦不出师。唯邠、岐、华、鄜、夏乌合之众会晋州。兵未交而孙揆擒,燕卒败,所以河西、岐下之师望风溃散,而濬、建至败。全忠以镇、魏不助兵粮观望,遣庞师古将兵讨魏,陷十县,罗弘信乞盟,乃退。棣州刺史张蟾为青州将王师范所败。新授平卢节度使崔安潜自棣州归朝,复授太子少师。

三月辛亥朔,以青州权知兵马留后王师范检校兵部尚书,兼青州刺史、御史大夫,充平卢军节度观察、押新罗、渤海两蕃等使。淮南节度孙儒为宣州观察使杨行密所杀。初,行密扬州失守,据宣州,孙儒以兵攻围三年。是春,淮南大饥,军中疫疠死者十三四。是月,孙儒亦病,为帐下所执,降行密。行密乃并孙儒之众,复据广陵。

六月,王镕出军援李存孝,克用大举讨镇州。

七月,太原军出井陉,屯于常山镇,大掠镇、赵、深诸郡。幽州节度使李匡威自率步骑三万援王镕。

八月,克用班师。

九月丁未朔。乙卯,天子赐左军中尉杨复恭几杖,以大将军致仕。复恭怒,称病不受诏。

十月丁丑朔。甲申,天威军使李顺节率禁兵讨杨复恭,复恭假子玉山军使杨守信以兵拒之，列阵于昌化里。昭宗登延喜楼，陈兵自卫以俟变。相持至晚，不战而退。是夜，守信乃拥其众卫复恭出京师，且战且行，出通化门，由七盘路之商州，又令义儿张绾为后殿。永安都头安权追及绾，擒之而还。

十一月，朱全忠上表，请移时溥节镇。是月，汴军陷宿州，乃授溥太子太师。溥将刘知俊降汴军。镇州王容、幽州李匡威复谋攻定州以分其地，五处存求援于太原。

十二月丙子朔，以光禄大夫、门下侍郎、右仆射、平章事、监修国史、判度支、上柱国、彭城县开国男刘崇望检校司空、同平章事。兼徐州刺史，充武宁军节度、徐宿观察制置使。时李顺节恃恩恣横，出入以兵仗自随，两军中尉刘景宣、西门君遂惧其窃图非望。丁亥，两中尉传诏召顺节，顺节以甲士三百自承，至银台门，门司传诏止从者。两中尉在仗舍邀顺节，坐次，令部将嗣光审斫顺节，头随剑落。其部下知顺节死，大噪出延喜门。是日，天威、捧日、登封三都乱，剽永宁里，至晚方定。户部尚书郑延昌为中书侍郎、平章事、判度支。

景福元年春正月丙午朔，上御武德殿受朝贺，大赦，改元景福。凤翔李茂贞、彬州王行约瑜、华州韩建、同州王行秦州李茂庄等上表疏兴元杨守亮纳叛臣杨复恭，请同出本军讨伐，兼自备供军粮料，不取给于度支，只请加茂贞山南招讨使名。内臣皆不可其奏，昭宗亦以茂贞得山南之后有问鼎之志，诏久之不下。茂贞怒，与王行瑜不俟进止，发兵攻兴元。累请招讨之命，兼兴宰相杜让能、中尉西门君遂书，词语诟詈，凌蔑王室，昭宗心不能容。

二月丙子朔。庚寅，太原、易定之兵合势攻镇州，王镕复告难于幽州，李匡威率步骑三万赴之。时太原之众军于常山镇，易定之众军坚固镇，燕、赵之卒分拒之。

三月，克用、处存敛军而退。

四月乙亥，左军中尉西门君遂杀天威军使贾德晟，时德晟与李顺节俱掌天威军,顺节死,中尉恶德晟,诬奏杀之。是日,德晟部下千余骑出奔凤翔,自是岐军益盛。

五月甲辰,制以河南尹张全义检校司徒、同平章事,兼孟州刺史,充河阳三城节度、孟怀泽观察等使。

七月,燕、赵之卒合势援邢州,太原大将李存信率军拒于尧山,王镕大败而还。

十一月辛丑,凤翔、邠宁之众攻兴元府,陷之。山南西道节度使杨守亮兴前左军中尉杨复恭、判官李巨川突围而遁,将奔太原。李茂贞表其子继密权知兴元府事。

十二月辛未朔,华州节度使韩建奏于乾元县遇兴元溃散兵士,击败之。其杨守亮、杨复恭并已处斩讫,皆传首京师。

二年春正月辛丑朔,制以权知剑南东川兵马留后顾彦晖检校尚书右仆射,兼梓州刺史、御史大夫,充剑南东川节度观察等使。时王建连年攻彦晖,李茂贞欲与建争东川,故表请彦晖正授旄钺,示修好也。

二月庚午朔,太原李克用以兵攻镇州,师出井陉,王镕惧,再求救于幽州。甲申,李匡威复来赴援,太原之军还邢州。

三月庚子,制以捧日都头陈珮为广州刺史、岭南东道节度使,扈跸都头曹诚为黔州刺史、黔中节度使,耀德都头李铤为润州刺史、镇海军节度使,宣威都头孙惟晟为江陵尹、荆南节度使,并加特进、同平章事。各令赴镇,并落军权。时朝议以茂贞傲侮王命,武臣难制,欲用杜让能及亲王典禁兵,故罢五将之权,兼以平章事悦其心。太尉杜让能册拜,加食邑至六千户。是月,幽州节度使李匡威弟匡筹据幽州,自称留后,以符追行营兵,兵皆还幽州。匡威既无归路,遣判官李贞抱入奏,请朝觐。王镕感匡威援助之惠,乃筑第于恒州,迎匡威处之。

四月己巳,汴将王重师、牛存节陷徐州,节度使时溥举家自燔而死。朱全忠遣将庞师古守徐州。

六月丁酉朔。乙卯，幽州节度使李匡威谋害王镕而夺其帅，恒州三军攻匡威，杀之。戊午，制太尉、门下侍郎、平章事、晋国公杜让能加食邑至九千户。门下侍郎、吏部尚书、平章事崔昭纬进阶光禄大夫，中书侍郎、平章事郑延昌兼刑部尚书，并加食邑至千户。以祠部郎中、知制诰陆扆为中书舍人，依前翰林学士。幽州节度使李匡筹遣使檄王镕，讯杀匡威之罪。二藩结怨，朱全忠遣判官韦震使幽州和解之。

七月，李克用兴兵攻镇州，败王镕军于平山。镕惧，乞盟，请以兵粮助攻邢州，许之，克用遂旋军襄国。癸未，制以凤翔陇州节度使、检校太尉、中书令、凤翔尹、上柱国、岐王、食邑四千五百户李茂贞为兴元尹、山南西道节度等使。以中书侍郎、同平章事徐彦若检校尚书左仆射、同平章事，兼凤翔尹，充凤翔陇州节度使。时茂贞恃兵求兼领山南节度，昭宗久之不行，茂贞表章不逊，深诋时政，上不能容，将加兵问罪。故以彦若代之。

八月丙申朔，以嗣覃王为京西招讨使，神策大将军李鐬副之。

九月丙寅朔，以武胜军防御使钱镠为镇海军节度、浙江西道观察处置等使，仍移镇海军额于杭州。乙亥，覃王率銮驾五十四军进攻岐阳，屯于兴平。李茂贞以兵逆战，屯于周至。壬午，岐军进迫兴平，王师自溃。茂贞乘胜逼京师，进屯三桥。甲申，昭宗御安福门，斩观军容使西门君遂、内枢密使李周潼，遣中使赐茂贞诏，令收兵归镇。茂贞陈兵临皋驿，数宰臣杜让能之罪，请诛之。制贬太尉、平章事、晋国公杜让能为雷州司户。

十月乙未，赐杜让能自尽，其弟户部侍郎弘徽坐让能赐死。

十一月，制以凤翔节度使李茂贞守中书令，进封秦王，兼兴元尹、山南西道节度使。邠州节度使王行瑜赐号"尚父"，赐铁券。以门下侍郎、吏部尚书、平章事、监修国史崔昭纬兼尚书左仆射，充诸道盐铁转运等使；以特进、行右仆射韦昭度为司空、门下侍郎、同平章事、弘文馆大学士、太清宫使、延资库使。中书侍郎、刑部尚书、平章事、判度支郑延昌罢知政事，守尚书左仆射，以病求罢故也。以新除凤翔节度使徐彦若复知政事。户部侍郎、判户部事王搏本官同平章事。

乾宁元年春正月丑朔,上御武德殿受朝,宣制大赦,改元乾宁。凤翔李茂贞来朝,大陈兵卫,献妓女三十人,宴之内殿,数日还藩。时茂贞有山南梁、洋、兴、凤、岐、陇、秦、泾、原等十五余郡,甲兵雄盛,凌弱王室,颇有问鼎之志。

二月,汴人大败衮、郓之军于东阿,瑄、瑾势蹙,求援于太原,李克用出师援之。

三月甲子朔,太原军攻邢州,陷之,执其逆将李存孝,槛送太原,裂之。克用以大将马师素权知邢洺团练事。

五月,蔡贼孙儒部将刘建锋攻陷潭州,自称湖南节度使。以翰林学士、中书舍人陆扆为户部侍郎、知制诰,充职。

六月壬辰,李克用攻陷云州,执大同防御使赫连铎,以其牙将薛志勤守云中。

十月庚寅,以中书侍郎、平章事王搏为湖南节度使。以翰林学士承旨、礼部尚书、知制诰李磎为户部侍郎、同平章事。宣制之日,水部郎中、知制诰刘崇鲁出班而泣,言磎奸邪,党附内官,不可居辅弼之地,由是制命不行。戊申,制御史中丞崔胤为兵部侍郎、同平章事。是月,李克用以太原之众进攻幽州。

十二月,幽州节度使李匡筹溃围而遁。克用陷幽州,以李匡威故将刘仁恭为幽州兵马留后。是月,李匡筹南奔赴关,至景城,为沧州节度使卢彦威所杀。

二年春正月己未朔,河中节度使、检校太师、中书令、河中尹、上柱国、琅邪郡王王重荣卒,三军立重荣子行军司马珂知留后事。

二月己丑朔,王重荣子陕州节度使珙、降州刺史瑶举兵讨王珂,兼上章诉珂冒姓,非重荣子。珂、珙争为蒲帅,上遣中使慰劳。

三月,制以中书侍郎、同平章事崔胤检校尚书左仆射、同平章事、河中尹,充河中节度、晋绛慈显观察处置等使。浙东节度使董昌僭号称平罗国,年称大圣,用婺州刺史蒋环为宰相,仍伪署官员。镇海军节度使钱镠请以本军进讨,从之。以翰林学士承旨、兵部侍郎、知制诰赵光逢为尚书左丞,依前充职。太原李克用上章言王重荣有功于国,其子珂宜承袭,请赐节钺。邠州王行瑜、凤翔李茂贞、华州韩建各上章,言珂蜈蛉,不宜缵袭,请以王珂为陕州,王珙为河中。天子以先允克用之奏,久之不下。

五月丁巳朔。甲子,李茂贞、王行瑜、韩建等各率精甲数千人入觐,京师大恐,人皆亡窜,吏不能止。昭宗御安福门以俟之,三帅既至,拜舞楼下,昭宗临轩自谕之曰:“卿等藩侯,宜存臣节,称兵入朝,不由奏请,意在何也?”茂贞、行瑜汗流浃背,不能对,唯韩建陈叙入觐之由。上并召升楼,赐之卮酒,宴之于同文殿。茂贞、行瑜极言南北司相倾,深蠹时政,请诛其太甚者。乃贬宰相韦昭度、李磎,寻杀之于都亭驿,杀内官数人而去。王行瑜留弟行约,茂贞留假子阎圭,各以兵二千人宿卫。时三帅同谋废昭宗立吉王,闻太原起军乃止,留兵宿卫而还。壬申,以责授均州司户孔纬、绣州司户张濬并为太子宾客。以翰林学士、户部侍郎、知制诰陆扆为兵部侍郎,充职。

六月丁亥朔,以京兆尹、嗣薛王知柔兼户部尚书、判度支,兼诸道盐铁转运使。壬辰,以太子宾客孔纬为吏部尚书,寻复开府仪同三司、守司空、门下侍郎、同平章事、弘文馆大学士、太清宫延资库使、上柱国、鲁郡开国公,食邑四千户、食实封二百户,仍号“持危启运保乂功臣”。时纬在华州,寻属太原军至而止。以太子宾客张濬复光禄大夫、行兵部尚书、上柱国、河间郡开国侯、食邑二千户。濬在长水,亦不至京师。复以王抟为中书侍郎、平章事。

七月丙辰朔,李克用举军渡河,以讨王行瑜、李茂贞、韩建等称兵诣阙之罪。庚申,同州节度使王行实弃郡入京师,谓两军中尉骆全瓘、刘景宣曰:“沙陀十万至矣!请奉车驾幸邠州,且有城守。”时景宣附凤翔,癸亥夜,阎圭与刘景宣子继晟、“同州王行实纵火剽东市，请上出幸。上闻乱，登承天门，遣诸王率禁兵御之。捧日都头李筠率本军侍卫楼上。阎圭以凤翔之卒攻李筠，矢及御座之楼扉。上惧，下楼与亲王、公主、内人数百幸永兴坊李筠营。扈跸都头李君实以兵继至，乃兴筠两都兵士侍卫出启夏门，憩于华严寺，以候内人继至。其日晚，幸落城镇。京师士庶从幸者数十万，比至南山谷口，渴死者三之一。至暮，为盗寇掠，恸哭之声，殷动山谷。权令京兆尹知柔中书事及随驾置顿使。信宿，宰相徐彦若、王抟、崔胤三人至，乃移石门镇之佛宫。仍令知枢密刘光裕、薛王知柔归京师制置，俣禁军以备宫禁。丙寅，李克用遣牙将阎谓奉表左问，奏屯军河中，候进止发赴邠州。丁卯，上遣内官张承业传诏克用军，便令监太原行营兵马，发赴新平。又令内官郄廷立传诏泾州，令张镭起泾原之师会克用军。上在南山半月余，克用仍在河中，未至渭北。上惧凤翔兵士劫迁，乃令延王将御服、鞍马、玉斝等至河中，宣谕曰："朕以景宣、全瓘、行宝、继鹏为表裹之奸谋，纵干戈于双阙，烟尘倏忽，劫杀纵横。朕偶脱锋芒，遂移辇略，所为巡幸，止在近郊。去知卿统领雄师，驻临蒲坂，累飞书诏，继遣使人。期卿以社稷为忧，君亲在念，必思乡应，速议龚行。岂谓将涉两旬，未有来表，忧虞是切，寝食不遑。岂忠义不切疚怀，而道途或有阻滞？今则专令亲信，恳吒勋贤，故遣延王戒丕、丹王允与供奉官王鲁纡等宣示。卿宜便董貔貅，径临邠凤，荡平妖穴，以拯阽危，是所望也。"

八月乙酉朔，延王至河中，克用已发前锋至渭北，又令史俨率五百骑赴行在侍卫。己丑，克用自至渭桥寨。癸巳，于梨园杀邠军数千，获其大将王令陶以献。又诏鄜州节度使李思孝本军进讨。丁酉，制以河东节度使、开府仪同三司、守太师、中书令，兼太原尹、北都留守、上柱国、陇西郡王李克用为邠宁四面行营都招讨使。夏州节度使李思谏充彬宁东北面招讨使，泾原节度使张镭充邠宁西面招讨使，河中节度使王珂充行营供军粮料使。李茂贞闻之惧，斩阎圭、武秃子，传首行在，上章请罪。辛丑，制削夺王行瑜在身官爵。改授李克用邠宁四面行营都统，其大将盖寓、李存信、阎锷、判官王让、李袭吉等并降诏锡赍。又以河中都监袁季贞充邠宁四面行营兵马都监押。壬寅，李克用遣子存贞奉表行在，请车驾还宫。答诏曰："昨延王回，言卿忧时体国，执礼输忠，接遇之间，周旋尽节。备知肺腑，识我恩荣，静惟尊主之必，果契知臣之分。朕欲取今月二十四日却复都城，冀宁兆庶，倚我勋德，有若长城，速伸翦荡之谋，以慰黔黎之望。"癸卯，又令延王传诏，令克用发骑军三千赴三桥屯驻，以备回銮。辛亥，车驾还宫。壬子，司空、门下侍郎、平章事、监修国史、诸道盐铁转运使崔昭纬罢知政事，为太子宾客。以河中兵马留后王珂检校司空，兼河中尹、御史大夫，充护国军节度、河中晋、绛、慈、显观察等使；以幽州兵马留后刘仁恭检校司空，兼幽州大都督府长史，充幽州卢龙军节度、押奚契丹等使；以故左军中尉杨复恭开府、魏国公：并从克用奏请也。

九月甲寅朔。丙辰，制光禄大夫、守尚书左仆射、门下侍郎、同平章事、监修国史、上柱国、东莞郡公徐彦若为司空、门下侍郎、同平章事、太清宫修奉太庙等使、弘文馆大学士、延资库使，充诸道盐铁转运等使。正议大夫、中书侍郎、同平章事王抟为金紫光禄大夫、户部尚书、门下侍郎、监修国史、判度支；正议大夫、中书侍郎、同平章事崔胤为金紫光禄大夫、兼礼部尚书、集贤殿大学士、判户部事。并赐号"扶危匡国致理功臣"。癸亥，司空、门下侍郎、平章事、太清宫修奉太庙等使、弘文馆大学士、延资库使、上柱国、鲁郡开国公孔纬卒，赠太尉。

十月甲申朔，王师破贼梨园寨，俘斩万计，行瑜由是婴城自固。丁亥，制赦系囚，其节文曰："其有任崇柱石，位重台衡，薪委以军权，或参诸宥密。竟因连谤，终至祸名，郁我好生，嗟乎强死。应大顺已来，有非罪而加削夺者，并复官资。其杜让能、西门君遂、李周潼已下，并与昭雪，还其爵秩。韦昭度顷处台司，每伸相业，王行瑜求尚书令，独能抑之，致于沉冤，谅由此事。李磎文章宏赡，迥出辈流，竟以朋党之间，挤于死地，凡在有识，孰不咨嗟。宜并兴昭洗，仍复官爵。"又敕：太子宾客崔昭纬责授梧州司马，水部郎中、知制诰刘崇鲁贬崖州司户。又诏邠州行营都统曰："邠州节度副使崔铤，破贼之时，勿令漏网。邠与昭纬去年朋党，交结行瑜，构合祸胎，原由此贼。付四面行营知委。"是月，四面行营大集邠州。

十一月癸未朔。壬寅，五行瑜与其妻子部曲五百余人溃围出奔，至庆州，行瑜为部下所杀，并其家二百口，并诣行营乞降，李克用遣牙将阎锷献于京师。

十二月甲申朔，昭宗御延喜门受俘馘，百僚楼前称贺。制以李克用守太师、中书令，进封晋王，食邑九千户，改赐"忠贞平难功臣"。是月，克用班师太原。制：皇第三子柷封棣王，第五子禊封虔王，第六子禋封沂王，第七子祎封遂王。

三年春正月癸丑朔，制以特进、户部尚书、兼京兆尹、嗣薛王知柔检校司徒，兼广州刺史、御史大夫，充清海军节度、岭南东道观察处置等使。以尚书右丞崔泽为凤州刺史。魏博罗弘信击败太原军于莘县。初，衮郓求援于太原，克用令蕃将史完府、何怀宝等千骑赴之。至是又令大将李存信屯于莘县，魏人常假其道，存信戢军不谨，或侵挠魏民。弘信怒，伏兵击之，其军宵溃。自是弘信南结于梁，与太原绝，衮郓已至俱陷。

二月壬子朔，制以通王滋为开府仪同三司，判侍卫诸道军事。以银青光禄大夫、户部尚书、嘉兴县子、食邑五百户陆扆为兵部尚书。

三月壬子朔，以考功员外郎、集贤殿学士杜德祥为工部郎中、知制诰。

四月壬午朔，湖南军乱，杀其帅刘建锋，三军立其部将权知邵州刺史马殷为兵马留后。镇海军节度使钱镠攻越州，下之，斩董昌，平浙东。制加钱镠检校太尉、中书令。

五月辛巳，责授梧州司马崔昭纬赐自尽。制金紫光禄大夫、户部尚书、门下侍郎、平章事、监修国史、上柱国、太原郡开国公王抟为检校尚书左仆射、同平章事，兼越州刺史，充镇东节度、浙江东道观察处置等使。

六月庚戌，李克用率沙陀、并、汾之众五万攻魏州，及其郛，大掠于其六郡，陷成安、洹水、临漳十余邑，报莘之怨也。凤翔李茂贞怨国家有朱玫之讨，绝朝贡，谋将犯阙，天子命覃王治兵以俟变。是月，茂贞上章，请以兵师入觐。上令通王、覃王、延王分统安圣、捧宸、保宁、宣化等四军，以卫近畿。丙寅，凤翔军犯京畿，覃王抿之于娄馆，接战不利。

秋七月庚辰朔。壬辰，岐军逼京师，诸王率禁兵奉车驾将幸太原。癸巳，次渭北。京州韩建遣子充奉表起居，请驻跸华州，乃授建京畿都指挥、安抚制置、催促诸道纲运等使。诏谓建曰："启途之行，已在河东，今且幸鄜畤。"甲午，次富平。韩建来朝，泣奏曰："藩臣倔强，非止茂贞。虽太原勤王，无宜巡幸。臣之镇守，控扼关畿，兵力虽微足以自固。陛下锴轻舍近畿，远巡极塞，去园陵宗庙，宁不痛心，失魏阙金汤，又非良算。若舆驾渡河，必难再复，谋苟不臧，悔之宁及。愿陛下且驻三峰，以图恢复。"上亦泣下曰："朕难奈茂贞，忿不思难。卿言是也。"乙未，次下邽。丙申，驻跸华州，以衙城为行宫。时岐军犯京师，宫室鄽间，鞠为灰烬，自中和已来葺构之功，扫地尽矣。乙巳，制以金紫光禄大夫、中书侍郎、兼礼部尚书、同平章事、集贤殿大学士、判户部事、上柱国、博陵县开国伯崔胤检校尚书左仆射、兼广州刺史、御史大夫，充清海军节度、岭南东道观察处置等使。丙午，制以翰林学士承旨、尚书左丞、知制诰、嘉兴县开国子、食邑五百户陆扆为户部侍郎、同平章事。

八月己酉朔。甲寅，新除镇东军节度使钱镠权领浙江东道军州事。戊午，制以户部侍郎、平章事陆扆为中书侍郎，兼判户部事。

九月己卯朔，汴州朱全忠、河南尹张全义与关东诸侯俱上表，言秦中有灾，请车驾迁都洛阳。全忠、全义言臣已表率诸藩，缮治洛阳宫室。优诏答之。乙未，制新除清海军节度使崔胤复知政事。绣之出镇，朱全忠再表请论奏，言胤不宜去相位，故有是命。丁酉，制中书侍郎、集贤殿大学士、判户部事陆扆责授硖州刺史，崔胤怒扆代己，诬奏扆党庇茂贞故也。丙午，制以镇国军节度使韩建检校太尉，兼中书令，充修复宫阙、京畿制置、催促诸道纲运等使。以京兆尹孙偓为兵部侍郎、同平章事。

十月戊申朔，以中书舍人、权知礼部贡举薛昭纬为礼部侍郎。壬子，制以兵部侍郎、平章事孙偓为中书侍郎，充凤翔行营招讨使。甲寅，偓于驿舍会诸将，以议进军。戊午，李茂贞上表章请罪，愿改事君之礼，继修职贡，仍献钱十五万，助修京阙。韩建左右之，师遂不行。

十一月丁丑朔，以韩建兼领京兆尹、京城把截使。

十二月丁，李克用纵兵俘剿魏博诸郡邑。以前翰林学士承旨、尚书左丞、知制诰赵光远为御史中丞。太常礼院奏权立行庙，以备告飨，从之。

四年春正月丁丑朔，车驾在华州行宫，受群臣朝贺。癸未，汴将庞师古陷郓州，节度使朱瑄与妻荣氏溃围，瑄至中都，为野人所杀，荣氏俘于汴军。朱全忠署庞师古为郓州兵马留后。宰相孙偓罢知政事，守兵部尚书。

二月丙午朔。戊申，汴将葛从周攻兖州，陷之，节度使朱瑾奔杨行密，其将康怀贞降从周，朱全忠署从周为兖州兵马留后。自是郓、齐、曹、棣、兖、沂、密、徐、宿、陈、许、郑、滑、濮等州皆没于全忠，唯王帅范守青州，亦纳款于汴。巳未，制朝议大夫、守右散骑常侍、上柱国、荥阳县男郑綮为礼部侍郎、同平章事。癸丑，责授硖州刺史陆扆为工部尚书。甲寅，华州防城将花重武告睦王巳下八王欲谋杀韩建，移车驾幸河中。帝闻之骇然，召韩建谕之，建辞疾不敢行。帝即令通王巳下诣建治所自陈。建奏曰："今日未时，睦王、济王、韶王、通王、彭王、韩王、仪王、陈王等八人到臣治所，不测事由。臣酌量事体，不合与诸王相见，兼恐久在臣所，于事非宜。况睦王等与臣中外事殊，尊卑礼隔，至于事柄，未有相侵，忽然及门，意不可测。"又引晋室八王挠乱天下事，请依旧制，令诸王在十六宅，不合典兵。其殿

后捧日、扈跸等军人,皆坊市无赖之徒,不堪侍卫,伏乞放散,以宁
众心。"昭宗不得已,皆从之。是日,囚八王于别第,殿后侍卫四军二
万余人皆放散,杀捧日都头李筠于大云桥下,自是天子之卫士尽
矣。丙辰,韩建上表,请封拜皇太子、亲王,以为维城之计。己未,制
德王裕宜册为皇太子。辛酉,制第八男祕可封景王,第九男祚可封
辉王,第十男祺可封祁王,第十一男禛可封雅王,第十二男祥可封
琼王。

三月丙子朔。戊寅,制韩建进封昌黎郡王,改赐"资忠靖国功
臣"。以光禄大夫、兵部尚书、上柱国、河间郡开国侯、食邑二千户张
濬为尚书左仆射,依前充租庸使。

四月丙午朔,就加福建节度使王潮检校尚书右仆射。韩建献封
事十条,其三,太子、诸王请置师傅教导。乃以太子宾客王膊为诸王
侍读。宰相郑綮以病乞骸,乃罢知政事。

五月乙朔,以国子博士朱朴为右谏议大夫、同平章事。

七月甲戌,帝与学士、亲王登齐云楼,西望长安,令乐工唱御制
《菩萨蛮》词,奏毕,皆泣下沾襟,覃王已下并有属和。

八月甲辰朔,以工部尚书陆扆为兵部尚书。韩建与邠、岐三镇
素有无君之迹,及李克用诛行瑜,心常切齿。去岁车驾将幸河东,乃
令延王戒丕使太原,见克用,陈省方之意。是月,延王自太原还。韩
建奏曰:"自陛下即位已来,与近辅交恶,皆因诸王典兵,儿徒乐祸,
遂致舆驾不安。比者臣奏罢兵权,实虑有不测之变。今闻延王、覃
王尚苞阴计,愿陛下宸断不疑,制于未乱,即社稷之福也。"上曰:
"岂至是耶!"居数日,以上无报,乃与知枢密刘季述矫制发兵,围十
六宅。诸王惧,披发沿垣而呼曰:"官家救儿命!"或登屋沿树。是日,
通王、覃王已下十一王并其侍者,皆为建兵所拥,至石堤谷,无长少
皆杀之,而建以谋逆闻。寻杀太子詹事马道殷、将作监许岩士,贬平
章事朱朴,皆上所宠昵者。

九月癸酉朔,以御史中丞狄归昌为尚书右丞。以刑部侍郎杨涉
为吏部侍郎。制以镇海军节度使钱镠为镇海军范度、浙江东西道观

察处置等使、杭州越州刺史、上柱国、吴王。

冬十月癸卯朔,以华州节度使韩建兼同州刺史、匡国军节度使。朱全忠遣其将权徐州兵马留后庞师古、兖州留后葛从周率兖、郓、曹、濮、徐、宿、滑等兵士七万渡淮讨杨行密。制以太中大夫、前御史中丞裴贽为礼部尚书、知贡举。幽州节度使刘仁恭大败沙陀于安塞,李克用单骑仅免。

十一月壬申朔。癸酉,淮南大将朱瑾潜出舟师袭汴军于清口,庞师古举军皆没,师古被执。时葛从周自霍丘渡淮,至濠州,闻师古败,乃退军,信宿至淠河,方渡而朱瑾至。是日杀伤溺死殆尽,还者不满千人,唯牛存节一军先渡获免。比至颍州,大雪寒冻,死者十五六。自古丧师之甚,无如此也。由是行密据有江、淮之间。以检校司空、权知兖州兵马事葛从周为兖州刺史,充泰宁军节度使;以颍州刺史王敬荛检校尚书左仆射,兼徐州刺史,充武宁军节度使:从全忠奏也。

光化元年春正月辛未朔,车驾在华州。以兵部侍郎崔远为户部侍郎、同平章事。诸道贡修宫阙钱,命京兆尹韩建入京城计度。朱全忠遣判官韦震奏事,求兼领郓州。时全忠军败之后,欲自大其权,以扼邻藩之变。幽州节度使刘仁恭恃安塞之捷,欲吞噬河朔,是月遣其子守文将兵袭沧州,节度使卢彦威弃城而遁,守文遂据之,自称留后。

四月庚子,制淑妃何氏宜册为皇后。上幸陕岊寺,宴从官于韩建所献御庄。

五月己巳朔,以立后大赦。汴将葛从周率众攻李克用邢、洺、磁等州,陷之。全忠署从周为三州兵马留后。

六月己亥,帝幸西溪观竞渡。天下藩牧、文武百僚上表,请车驾还京。

七月,汴将氏叔琮陷赵匡凝之随、唐、邓等州。敕升华州为兴德府,刺史为尹,左右司马为少尹,郑县为次赤,官员资望一同五府。

封华岳庙为佑顺侯。

八月戊戌朔。己未，车驾自华还京师。甲子，御端门，大赦，改元光化。

九月戊辰朔，以御史中丞狄归昌为尚书左丞。制以镇国、匡国等军节度使韩建守太傅、中书令、兴德尹，封颖川郡王，赐铁券，并御写"忠贞"以遗之。建累上表辞王爵，乃改封许国公。魏博节度使罗弘信进封临清郡王。是月，弘信卒，赠太师，谥曰庄肃。衙军立其子副大使绍威知兵马事，寻赐之节钺。

十月丁酉朔，河南尹张全义就加侍中。汴将朱友恭自江西行营还，过安州，杀刺史武瑜，遣部将守之。汴将张存敬以兵袭蔡州，刺史崔洪纳款，请以弟贤质于汴，许之。

十二月丙寅，李克用将潞州节度使薛志勤死，泽州刺史李罕之乘其无帅，袭潞取之，遣其子颢乞降于汴，全忠表罕之为节度使。

二年春正月乙未朔。丁未，以兵部尚书陆扆为兵部侍郎、同平章事。

二月，蔡州刺史崔洪为衙兵所迫，同窜淮南。时洪以弟贤质于汴，汴人遣贤还蔡，徵兵三千出征。蔡兵乱，杀贤，遂挟洪渡淮。朱全忠令其子友裕守蔡州。幽州节度使刘仁恭驱燕军十万，将兼赵、魏。是月陷贝州，人无少长皆屠之，投尸清水，为之不流。遂进攻魏州。罗绍威求救于汴。

三月，朱全忠遣大将张存敬率师援之，屯于内黄。葛从周自邢、洺率劲骑八百入魏州。燕将刘守文、单可及闻汴军在内黄，引军往击之。存敬设伏内黄东，大败燕军，俘斩三万，生擒单可及。刘守文以余众还魏州，为存敬、从周所乘，燕军复败，仁恭父子仅免。汴、魏合兵蹑之，赵人复邀之东境，自魏至沧五百里间，僵尸相枕。

是春，有白气竟天如练，自西南彻东北，而旋有燕卒之败。

四月，汴将氏叔琮由上党进军攻太原，出石会，为沙陀擒其前锋将陈章，叔琮乃退去。

六月,制以昭义节度使、检校太尉、兼太师、侍中、潞州大都督府长史、陇西郡开国公、食邑三千户李罕之为孟州刺史,充河阳三城节度、孟怀观察等使;以检校司徒、孟州刺史、河阳节度使丁会为泽、潞等节度使:从全忠奏也。丁丑,李罕之至怀州,卒于传舍。陕州军乱,杀其帅王珙,立都将军李璠为留后。丁亥,制以前太常卿刘崇望为吏部尚书,兵部侍郎裴枢为吏部侍郎,户部侍郎薛昭纬为兵部侍郎。

七月,青州守海州将牛从毅拥郡人投淮南,行密遂有海州。

十一月,陕州衙将朱简杀李璠,自称留后,降汴,全忠表简为帅守。

三年春正月庚子朔,以礼部尚书裴贽为刑部尚书。癸卯,朱全忠奏:“本贯宋州砀山县,蒙恩升为辉州,其地卑湿,难葺庐舍,请移辉州治所于单父县。”从之,仍赐号为崇德军。

四月戊午,汴、魏合军攻沧州,以报入郓之役,葛从周连陷沧德郡邑,王镕遣使和解于全忠,令刘仁恭修好,汴、魏班师。辛未,皇后、太子谒九庙。

六月丁巳,朱全忠表陕州兵马留后朱简乡里同宗,改名友谦,乞真授节钺。从之。戊辰,特进、司空、门下侍郎、平章事、监修国史王抟贬崖州司户,寻赐死于蓝田驿,枢密使宋道弼、景务修并死。为崔胤所诬,言三人中外相结也。

七月丁亥朔,兵部尚书刘崇望卒,赠司空。甲午,兵部郎中薛正表为右谏议大夫。以许州刺史朱友恭检校司徒,为颖州刺史;以左武卫将军赵霖检校左仆射,为许州刺史;宣武押衙刘知俊检校右仆射,为郑州刺史:从全忠奏也。戊申,制以武贞军节度、沣朗叙等州观察处置等使、开府仪同三司、检校司徒、同平章事、朗州刺史、上柱国、冯翊郡开国侯、食邑一千五百户雷满检校太保,封冯翊郡王,余如故。以武泰军节度、黔中观察处置等使、光禄大夫、检校尚书左仆射、黔州刺史、御史大夫、上柱国赵崇封天水县开国子,食邑五百户。庚戌,制昭义节度留后、光禄大夫、检校司空、上柱国孟迁为检校司徒,兼潞州大都府长史,充昭义节度副大使、知节度事、潞磁邢洺等州观察处置使,仍封平昌县男,食邑三百户,从李克用奏也。以金紫光禄大夫、守兵部尚书、上柱国、乐安郡开国公、食邑一千五百户孙储守兵部尚书,兼京兆尹。乙卯,制忠烈卫圣镇国功臣、剑南西川节度副大使、知节度事、管内营田观察处置统押近界诸蛮兼西山八国云南安抚制置等使、开府仪同三司、检校太尉、中书令、成都尹、上柱国、琅邪郡王、食邑三千户、实封一百户王建可兼剑南东川、武信军两道都指挥制置等使,加食邑一千户,余如故。时建攻下梓州顾彦晖,兼有东川洋、果、阆等州故也。又以忠义军节度、山南东道管内观察处置三司水陆发军等使、开府仪同三司、检校太尉、中书令、兼襄州刺史、上柱国、南平王、食邑三千户赵匡凝可检校太师、兼中书令,加实封一百户。

八月丙辰朔,朱全忠奏:“先割汝州隶许州,请却还东都。河阳先管泽州,今缘蕃戎占据,得失不常,请权割河南府王屋、清河、巩三县隶河阳。”从之。癸亥,制忠贞平难功臣、河东节度、管内观察处置等使、开府仪同三司、守太师、兼中书令、北都留守、太原尹、上柱国、晋王、食邑九千户、食实封七百户李克用加实封一百户。丁卯,以朝请大夫、虞部郎中、知制诰、上柱国、赐紫金鱼袋颜荛为中书舍人。己巳,制前归义军节度副使、权知兵马留后、银青光禄大夫、检校国子祭酒、监察御史、上柱国张承奉为检校左散骑常侍,兼沙州刺史、御史大夫,充归义节度、瓜沙伊西等州观察处置押蕃落等使。庚辰,太原大将李嗣昭攻洺州,下之,执汴将朱绍宗。汴将葛从周率师赴之,嗣昭弃城而去。从周邀之于青山口,晋军大败,从周乘胜攻镇州。壬午,制荆南节度、忠万归夔涪峡等州观察处置水陆催运等使、开府仪同三司、检校太尉、兼中书令、江陵尹、上柱国、上谷郡王、食邑三千户成汭可检校太师、中书令,余如故。甲申,制扶危匡国致理功臣、特进、行尚书左仆射、兼门下侍郎、同平章事、监修国史、判度支、上柱国、清河郡开国公、食邑二千户崔胤可开府仪同三司，进封魏国公，加食邑一千户，余如故。

九月丙戌朔，朱全忠引三镇之师攻镇州，王镕惧，遣判官周式、副大使王昭祚、主事梁公儒子弟为质于汴，出犒师绢十五万匹求盟，许之。张存敬遂自深、冀进军，攻瀛、莫，下郡邑二十，阻寸泥泞，不及幽州。遂西行陷祁州，大败中山将王处直军于沙河北，进屯怀德驿。遂攻定州，节度使王郜奔太原，衙将王处直斩孔目官梁汶，出缣二十万乞盟，许之。全忠遂署王处直为义武军留后。乙巳，制扶危匡国致理功臣、开府仪同三司、守太保、兼门下侍郎、平章事，充太清宫使、修奉太庙使、弘文馆大学士、延资库使、诸道盐铁转运等使、上柱国、齐国公、食邑五千户、食实封一百户徐彦若可检校太尉、同平章事，充清海军节度、岭南东道管内观察处置供军粮料等使。丙午，制光禄大夫、中书侍郎、兼吏部尚书、同平章事、充集贤殿大学士、判户部事、博陵郡开国公、食邑二千户崔远罢知政事，守本官。戊申，制左仆射、门下侍郎、平章事、监修国史、判度支崔胤充太清宫使、修奉太庙使、弘文馆大学士、延资库使，依前判度支，兼充诸道盐铁转运等使。光禄大夫、中书侍郎、兼户部尚书、同平章事、上柱国、吴郡开国公、食邑一千五百户陆扆为门下侍郎、户部尚书、监修国史。以正议大夫、守刑部尚书、上柱国、河东县开国男、食邑三百户、赐紫金鱼袋裴贽为中书侍郎，兼刑部尚书、同平章事，充集贤殿大学士。以银青光禄大夫、行尚书吏部侍郎、上柱国裴枢为中书侍郎、同平章事，判户部事。辛亥，以光禄大夫、尚书右仆射、租庸使张濬罢租庸使，守本官。

十月丙辰朔。辛酉，以前清海军节度副使、朝散大夫、检校左散骑常侍、御史大夫、上柱国王溥守左散骑常侍，充盐铁副使。癸未，制以保义军节度留后、银青光禄大夫、检校户部尚书、兼御史大夫、上柱国朱友谦为金紫光禄大夫、检校尚书右仆射，兼陕州大都督府长史、御史大夫，充保义军节度、陕虢观察处置等使。

十一月乙酉朔。庚寅，左右军中尉刘季述、王仲先废昭宗，幽于东内问安宫，请皇太子裕监国。时昭宗委崔胤以执政，胤恃全忠之助,稍抑宦官。而帝自华还宫后,颇以禽酒肆志,喜怒不常,自宋道弼等得罪,黄门尤惧。至是,上猎苑中,醉甚,是夜,手杀黄门、侍女数人得坐观?我等内臣也,可以便宜从事。"即以禁兵千人破关而入,问讯中人,具知其故。即出与宰臣谋曰:"主上所为如此,非社稷之主也。废昏立明,具有故事,国家大计,非逆乱也。"即召百官署状,崔胤等不获已署之。季述、仲先与汴州进奏官程岩等十三人请对,对讫,季述上殿待罪次。左右军将士齐唱万岁声,遂突入宣化门,行至思政殿,便行杀戮,径至乞巧楼下。帝遽见兵士,惊坠床下,起而将去,季述、仲先掖而令坐。何皇后遽出拜曰:"军容长官护官家,勿至惊恐,有事取容商量。"季述即出,百官合同状,曰:"陛下倦临宝位,中外群情,愿太子监国,请陛下颐养于东宫。"帝曰:"吾昨与卿等欢饮,不觉太过,何至此耶!"皇后曰:"圣人依他军容语。"即于御前取国宝付季述,即时帝与皇后共一辇,并常所侍从十余内人赴东宫。入后,季述手自扃锁院门,日于窗中通食器。是日,迎皇太子监国,矫宣昭宗命称上皇。甲午,宣上皇制,太子登皇帝位,宰臣、百僚、方镇加爵进秩,又赐百僚银一千五百两、绢千匹、绵万两充救接,皆季述求媚于朝也。时朱全忠在定州行营,崔胤与前左仆射张浚告难于全忠,请以兵问罪,全忠自行营还大梁。

十二月乙卯朔。癸未夜,护驾盐州都将孙德昭、周承诲、董彦弼以兵攻刘季述、王仲先,杀仲先,携其首诣东宫门,呼曰:"逆贼王仲先已斩首讫,请陛下出宫慰谕兵士。"宫人破钥,帝与皇后方得出。

天复元年春正月甲申朔,昭宗反正,登长乐门楼,受朝贺。班未退,孙德昭执刘季述至楼前,上方诘责,已为乱棒击死,乃尸之于市。乙酉,制以孙德昭检校司空,充静海军节度使。丙戌,宰相崔胤进位司空。己丑,朱全忠械程岩,折足槛送京师,戮之于市。制皇太子裕降为德王,改名祐。庚寅,制以孙德昭为安南节度、检校太保。以周承诲为邕州刺史、邕管节度经略使,以董彦弼为容州刺史、容管节度等使,并检校太保、同平章事。杀神策军使李师虔、徐彦回。

敕曰:"朕临御已来,十有四载,常慕好生之德,固无乐杀之心。昨季述等幽辱朕躬,迫胁太子。李师虔是逆贼亲厚,选来东内主持,动息之间,俾其侦伺。每有须索,皆不供承。要纸笔则恐作诏书,索锥刀则虑为利器,凌辱万状,出入搜罗。朕所御之衣,昼服夜濯,凝冽之际,寒苦难胜。嫔嫱公主,衾裯皆阙。缗钱则贯百不入,缯帛则尺寸难求。六辈同其主张,五人权其威势若言状罪,翰墨难穷,若许生全,是为贷法,宜并处斩。"时朱全忠既服河朔三镇,欲窥图王室篡代之谋,以李克用在太原,惧其角逐。是月,全忠令大将张存敬率兵三万,由含山袭河中王珂。晋州刺史张汉瑜、绛州刺史陶建不意贼至,城守无备,皆以郡降。存敬移兵围河中,王珂求救于太原,克用不能救,乃婴城谓存敬曰:"吾与汴王有旧,俟王至即降。"

二月甲寅朔。戊辰,朱全忠至河中,遂移王珂及兄璘、弟瓒举室徙于汴,以张存敬守河中。是月,制以全忠检校太师、守中书令,进封梁王。

三月癸未朔,全忠引军归汴,奏:"河中节度使岁贡课盐三千车,臣今代领池场,请加二千车,岁贡五千车。候五池完葺,则依平时供课额。"从之。

四月癸丑朔,汴军大举攻太原,氏叔琮以兵三万由天井关进攻泽潞,节度使孟迁以上党降。叔琮长驱出围柏,营于洞涡驿。葛从周率赵、魏、中山之兵由土门入,陷承天军,与叔琮会。时属大雨,刍粮不给,汴将保众而还。甲戌,天子有事于宗庙。是日,御长乐门,大赦天下,改元天复。李茂贞自镇来朝,赐宴于寿春殿,进钱数万缗。时中尉韩全诲及北司与茂贞相善,宰相崔胤与朱全忠相善,四人各为表裏。全忠欲迁都洛阳,茂贞欲迎驾凤翔,各有挟天子令诸侯之意。

五月壬午朔。庚子,制门下侍郎、户部尚书、平章事陆扆加兵部尚书,进阶特进。壬寅,制以朱全忠兼河中尹、河中节度、晋张慈隰观察处置、安邑解县两池榷盐制置等使。

闰六月辛巳朔,制以河阳节度丁会依前检校司徒,兼潞州大都督府长史、昭义节度等使,代孟迁;以迁检校司徒,为河阳节度。全忠奏也。仍请于昭义节度官阶内落下邢、洺、磁三州,却以泽州为属郡,其河阳节度只以怀州为属郡,从之。全忠又奏请以齐州隶郓州,从之。

十月己卯朔。戊戌,全忠引四镇之师七万赴河中,京师闻之大恐,豪民皆亡窜山谷。

十一月己酉朔。壬子,中尉韩全海与凤翔护驾都将李继海奉车驾出幸凤翔。是日,汴军陷同州,执州将司马郆,华州节度使韩建遣判官李巨川送款。甲寅,汴军驻灵口。乙卯,全忠知帝出幸,乃回兵攻华州。大军驻赤水,全忠以亲兵驻西溪。韩建出降,乃署为忠武军节度使,以陈州为理所。丁巳,宰相崔胤令户部侍郎王溥至赤水寨,促全忠以兵迎驾。戊午,全忠自赤水趋长安,崔胤率文武百僚太子太师卢知猷已下迎全忠于坡头。庚申,汴军趋凤翔。戊辰,至岐下。全忠令判官李择、裴铸入城奏事,言:“臣在河中,得崔胤书,言奉密诏令臣以兵士迎驾,臣不敢擅自迎銮。”昭宗怒胤矫命,连诏全忠以兵士还镇。辛未,全忠引军离凤翔,退攻彬州。甲戌,制扶危致理功臣、开府仪同三司、守司空、门下侍郎、平章事、充太清宫使、弘文馆大学士、延资库使、诸道盐铁转运等使、判度支、上柱国、魏国公、食邑五千户、食实封二百户崔胤可责授朝散大夫、守工部尚书。乙亥,彬州节度使李继徽以城降,全忠乃舍其孥于河中,以继徽从军。以汴军营于三原。

十二月己卯,崔胤自长安至三原寨,与全忠谋攻凤翔。

二年春正月戊申朔,车驾在凤翔。全忠在三原,李克用遣大将周德威攻慈、隰、晋等州。全忠归河中,令其将朱友宁率众五万屯绛州,大败太原军于蒲县西北,友宁乘胜追奔,陷汾州,进围太原。天子遣谏议大夫张颉至晋州谕全忠,令与太原通和。属友宁再战不利,乃还关西。

四月丁丑,朱友宁总大军屯于兴平。

五月，岐军出战，大败于武功南之汉谷。全忠闻捷，自引汴军五万西征。

六月，进营虢县。丁亥，进围凤翔，遣判官入城迎驾。

九有月，岐军出战，又败。

十一月，鄜州节度使李周彝率众救凤翔。

十二月癸酉，汴将孔勍乘虚袭下鄜州，获周彝妻子，周彝即以兵士来降。于是邠、宁、鄜、坊等州皆陷于汴军。茂贞惧，谋诛内官以解。

三年春正月癸卯朔，车驾在凤翔。甲辰，天子遣中使到全忠军，茂贞亦令军将郭启奇来达上欲还京之旨。丙午，青州牙将刘郢陷全忠之兖州，又令牙将张厚入奏，是日，亦窃发于华州，杀州将娄敬思。上又令户部侍郎韩偓、赵国夫人宠颜宣谕于全忠军。辛亥，全忠令判官李振入奏，上令翰林学士姚洎传宣，令全忠唤崔胤令率文武百僚来迎驾。癸丑，上令礼部尚书苏循传诏，赐全忠玉带，仍令全忠处分蒋玄晖侍帝左右。丁巳，蒋玄晖与中使同押送中尉韩全诲、张弘彦已下二十人首级，告谕四镇兵士回銮之期。戊午，遣中使走马华州，追崔胤，胤托疾不至。甲子巳时，车驾出凤翔，幸全忠军。全忠素服待罪，泣下不自胜，上亲解玉带赐之。乙丑，扶风，令朱友伦总兵侍卫。丙寅，次武功。丁卯，次兴平，宰臣崔胤率百官迎谒。即日降制，以崔胤守司空、门下侍郎、兵部平章事，复太清宫使、弘文馆大学士、延资库使、诸道盐铁转运使、判度支，魏国公封邑如故。戊辰，次咸阳。己巳，入京师。天子素服哭于太庙，改服冕旒，谒九庙。礼毕，御长乐楼，大赦，百僚称贺。全忠处左军。辛未，宴全忠于内殿，内弟子奏乐。是日，制内官第五可范已下七百人并赐死于内侍省，其诸道监军及小使，仰本道节度使处斩讫奏，从全忠、崔胤所奏也。帝悲惜之，自为奠文祭之。

二月壬申朔。甲戌，制赐全忠"回天再造竭忠守正功臣"名。己卯，制以辉王祚充诸道兵马元帅。又制以回天再造竭忠守正功臣、宣武宣义天平护国等军节度使、汴、宋、亳、辉、河中、晋、绛、慈、隰、郑、滑、颖、郓、齐、曹等州观察处置等使、太清宫修葺宫阙制置度支解县池场等使、开府仪同三司、检校太师、守中书令、河中尹、汴、滑、郓等州刺史、上柱国、梁王、食邑九千户、食实封六百户朱全忠可守太尉、中书令，充诸道兵马副元帅，进邑三千户。以宰臣崔胤守司徒、兼侍中，判六军十二卫。以吏部尚书、平章事裴枢检校右仆射、同平章事，兼广州刺史、清海军节度、岭南东道观察等使。甲戌，制以门下侍郎、兵部尚书、同平章事、监修国史陆扆责授沂王传分司。己丑，上宴全忠于寿春殿。又令全忠与茂贞书，取平原公主。同州节度使赵珝、陕州节度使朱友谦来朝。制以朱友裕为华州刺史，充感化军节度使。乙未，会鞠于保宁殿，全忠得头筹，令内弟子送酒，仍面赐副元帅官告。以新除广州节度使裴枢为门下侍郎、吏部尚书、平章事、监修国史；以户部侍郎王溥同平章事。戊戌，全忠归大梁，上宴之内殿，置酒于延喜门。是日，全忠与四镇判官皆预席，上临轩泣别，又令中使走送御制《杨柳枝》词五首赐之。辛丑，平原公主至京师。

三月壬寅朔，全忠引四镇之兵征王师范。先是，大将朱友宁、杨师厚前军临淄、青，师范求援于淮南，杨行密遣将王景仁帅众万人赴之。

四月辛未朔，西川王建以兵攻秦、陇，乘茂贞之弱也，仍遣判官书庄入贡，修好于全忠。

五月，制凤翔、陇右、四镇、北庭行军、彰义军范度、泾原渭武观察处置押蕃落等使、开府仪同三司、守尚书令、兼侍中、凤翔尹、上柱国、秦王李茂贞可检校太师、守中书令。初，茂贞凌弱王室，朝廷姑息，加尚书令，及是全忠方守太尉，茂贞惧，乞罢尚书令故也。崔胤奏：“六军十二卫名额空存，实无兵士。京师侍卫，亦藉亲军。请每军量召募一千一百人，共置六行六百人。”从之。乃令六军诸卫副使、京兆尹郑元规立格招收于市。制以颖州刺史朱友恭检校司空，兼徐州刺史，充武宁军节度使，从全忠奏也。

六月，青州、淮南军与汴人战于临淄，汴军大败，朱友宁战死，传首淮南。

九月，汴将杨师厚大败青州军于临朐。荆南节度使成汭以舟师赴援鄂州，澧朗雷彦恭承虚袭陷江陵。汭军士闻之溃归，汭愤怒投水而死。赵匡凝遂以兵袭荆州，据之。辛巳，汴州护驾都将朱友伦击鞠坠马卒，全忠怒，杀同鞠将校数人。

十一月丁本朔，王师范以青州降杨师厚，全忠复令师范知青州事。汭州、凤翔兵士逼京畿。汴军屯河中。青州牙将刘郡以兖州降葛从周，禀师范命也。全忠嘉之，署为元帅府都押衙，权知郓州留后事。

十二月丁卯朔。辛巳，制以礼部尚书独孤损为兵部侍郎、同平章事。丙申，制守司徒、侍中、太清宫使、弘文馆大学士、延资库使、判六军十二卫事、诸道盐铁转运使、判度支、上柱国、魏国公、食邑四千五百户崔胤责授太子宾客，守刑部尚书、兼京兆尹、六军诸卫副使郑元规责授循州司户。是日，汴州扈驾指挥使朱友谅杀胤及元规、皇城使王建勋、飞龙使陈班、阁门使王建袭、客省使王建乂、前左仆射上柱国河间郡公张浚。全忠将逼车驾幸洛阳，惧胤、浚立异也。

天祐元年春正月丁酉朔，以翰大学士、左拾遗柳璨为右谏议大夫、同平章事，赐紫金鱼袋。己亥，制以兵部尚书崔远为中书侍郎、同平章事、集贤殿大学士。己酉，全忠率师屯河中，遣牙将寇彦卿奉表请车驾迁都洛阳。全忠令医安居人按籍迁居，彻屋木，自渭浮河而下，连甍号哭，月余不息。秦人大骂于路曰："国贼崔胤，召朱温倾覆社稷，俾我及此，天乎！天乎！"丁巳，车驾发京师。癸亥，次陕州，全忠迎谒于路。

二月丙寅朔。乙亥，全忠辞赴洛阳，亲督工作。

四月丙寅朔。癸巳，帝遣晋国夫人可证传诏谕全忠，言中宫诞蓐未安，取十月入洛阳宫。全忠意上迟留俟变，怒甚，谓牙将寇彦卿曰："亟往陕州,到日便促官家发来!"

闰四月乙未朔。丁酉,车驾发陕州。壬寅,次谷水行宫。时崔胤所募六军兵士,胤死后亡散并尽,从上东迁者,唯诸王、小黄门十数,打毬供奉内园小儿共二百余人。全忠在陕,仍虑此辈为变,欲尽去之,以汴卒为侍卫。至谷水顿,全忠令医官许昭远告内园等谋变,因会设幄,酒食次并坑之,乃以谋逆闻。由是帝左右前后侍卫职掌,皆汴人也。甲辰,车驾由征安门入,朱全忠、张全义、宰相裴枢独孤损前导。是日大风雨土,跬步不辨物色,日暝稍止。上谒太庙,礼毕还宫,御正殿宣劳从官卫士,受贺。乙巳,上御光政门,大赦,制曰:

乃睠中州,便侯伯会朝之路;运逢百六,顺古仿禳避之宜。况建鼎旧京,我家二宅,轩辕通其左,郏、鄏引其前。周平王之东迁,更延姬姓;汉光武之定业,克茂刘宗。肇葺新都,祈天永命,皆因否运,复启昌期。或西避于戎狄,或载歼于妖孽。朕遭家不造,布德不明,十载已来,三罗播越。亦属灾缠秦、雍,叛起邠、岐。始幸石门,以避卫兵之乱;载迁华岳,仍惊畿邑之侵。忧危则矢及车舆,凌胁则火延宫庙。迨至逆连宫竖,构结奸凶,致刘季述幽朕于下宫,韩全诲劫予于右辅。莫匪兵围内殿,焰亘九重,皆思假武以容身,唯效指鹿而威众。矫宣天宪,欺蔑外藩,行书诏以任情,欲忠良而获罪。虽群方岳牧,协力匡扶,拘戎律于阻修,报朝恩而隔越。副元帅、梁王全忠以兼镇近辅,总兵四藩,远赴岐阳,躬迎大驾。辛勤百战,尽剿凶渠,营野三年,竟回銮辂。咸、镐载新其宫阙,让、珪绝类于阉徒,方崇再造之功,以正中兴之运。又邠岐结叠,巴蜀连兵,上负国恩,下隳邻好。焚宫烈火,更延菼于亲邻;却驾凶锋,复延侵于禁苑。抑又太一游处,拼集六宫,罚星荧惑,久缠东井,玄象荐灾于秦分,地形无过于洛阳。爰有一二荩臣,洎四方同志,竭心王室,共誓嘉谋。魏镇定燕,航大河而毕至;陈徐潞蔡,辇巨轴以偕来。披荆棘而立朝廷,划灰烬而化轮奂。左郊桃而右社稷,肃尔崇严;前广殿而后重廊,霭然华邃。公卿佥议,龟筮协从。甲子令年,

孟夏初吉，备法驾而离陕分，列百官而入洛郊，观此殷繁，良多
嘉慰。谢罪太庙，忧惕惊怀；登御端门，轸恻兴感。盖以一人寡
祐，致万姓靡宁，工役艰疲，忠良尽瘁，克建再迁之业，冀延八
百之基。宜覃涣汗之恩，俟此雍熙之庆，涤瑕荡垢，咸与惟新。
可大赦天下，改天复四年为天祐元年。於戏！肆眚闾阎，即安
宫闱。虽九庙几筵，已闷于新室；而诸陵松柏，遥隔于旧都。将
务乂宁，难申绻慕。文武百辟，执事具僚，从我千里而来，端尔
一心苟政。恩覃既往，效责从新，方当开国之初，必举慢官之
罚。

戊申，敕今后除留宣徽两院、小马坊、丰德库、御厨、客省、阁
门、飞龙、庄宅九使外，其余并停。内园冰井公事委河南尹，仍不差
内夫人传宣。杀医官阎祐之、国子博士欧阳特，言星谶也。宰相裴
枢兼右仆射、诸道盐铁转运等使、监修国史，户部尚书、门下侍郎、
平章事独孤损判度支，中书侍郎、平章事柳璨判户部事。

五月乙丑朔。丙寅，制河阳节度使张汉瑜同平章事。宴百僚于
崇勋殿，上赞述全忠之功业，因言御楼前一日所司亡失赦书，赖元
帅府收得副本施行，几失事矣，中书不得无过。裴枢等起待罪。中
饮，帝更衣，召全忠曲宴阁中，全忠恳辞。帝曰："朕以全忠功业崇
高，欲斋中款曲，以表庇赖耳。全忠既不欲来，即令敬翔来，朕与之
言。"全忠令敬翔私退，奏曰："敬翔亦醉而出矣。"己巳，全忠辞赴大
梁，宴于崇勋殿，是日雨甚。乙酉，翰林学士、左谏议大夫、知制诰沈
栖远守本官，以病陈乞故也。丁亥，敕河南府畿县先灭尉一员，可准
京兆府例，复置县尉一员。癸巳，中书奏：准今年四月十一日赦文，
陕州都督府改为兴唐府，其都督府长史宜改为尹，左右司马为少
尹，录事为司录，陕县为次赤，余为次畿。从之。

六月甲午朔，邠州杨崇本侵掠关内，全忠遣朱友裕屯军于百仁
村。丙申，通议大夫、中书舍人、赐紫金鱼袋杨注可充翰林学士。庚
子，三佛齐国入朝使蒲诃粟可宁远将军。丁未，制金紫光禄大夫、太
子少傅卢绍可太子太保致仕。银青光禄大夫、太子少师、天水男、食

邑三百户赵崇可检校右仆射。甲寅,以京兆少尹郑韬光为太常少
卿,前侍御史韦说为右司员外郎,前进士姚颐为校书郎,前进士赵
颀、刘明济、窦专并可秘书省校书郎正字,从柳璨奏也。荆南襄州忠
义军节度、开府仪同三司、检校太师、中书令、江陵尹、襄州刺史、上
柱国、楚王、食邑六千户赵匡凝宜备礼册命。

　　七月癸亥朔,全忠率师讨邠、凤。甲子,自汴至洛阳,宴于文思
毬场。全忠入,百官或坐于廊下,全忠怒,笞通引官何凝。丙寅,制
金紫光禄大夫、行御史中丞、上柱国韩仪责授棣州司马,侍御史归
蔼责授登州司户,坐百官傲全忠也。甲戌,制以中大夫、中书舍人、
上柱国、赐紫金鱼袋杜彦林为太中大夫、守御史中丞。丁丑,制以兵
部郎中萧顾为吏部郎中,户部郎中徐绾为兵部郎中,司勋员外郎张
茂枢为礼部郎中,监察御史郤殷象为右补阙。己卯,制武昌军节度、
鄂岳蕲黄等州观察处置兼三司水陆发运淮南西面行营招讨等使、
开府仪同三司、检校太师、中书令、西平王、食邑三千户杜洪加食邑
一千户,实封二百户。庚寅,中书奏:“西京旧有凌烟阁,图画功臣,
今迁都洛阳,合议修建。副元帅梁王勋庸冠世,请凌阁之侧别创一
阁,以表殊勋。”从之。

　　八月壬辰朔。壬寅夜,朱全忠令左龙武统军朱友恭、右龙武统
军氏叔琮、枢密使蒋玄晖弑昭宗于椒殿。自帝迁洛,李克用、李茂
贞、西川王建、襄阳赵匡凝知全忠篡夺之谋,连盟举义,以兴复为
辞。而帝英杰不群,全忠方事西讨,虑变起于中,故害帝以绝人望。
帝自离长安,日忧不测,与皇后、内人唯沉饮自宽。是月壬寅,全忠
令判官李振自河中至洛阳,与友恭等图之。是夜二鼓,蒋玄晖迁龙
武衙官史太等百人叩内门,言军前有急奏面见上。内门开,玄晖每
门留卒十人,至椒殿院,贞一夫人启关,谓玄晖曰:“急奏不应以卒
来。”史太执贞一杀之,急趋殿下。玄晖曰:“至尊何在?”昭仪李渐荣
临轩谓玄晖曰:“院使莫伤官家,宁杀我辈。”帝方醉,闻之遽起。史
太持剑入椒殿,帝单衣旋柱而走,太追而弑之。渐荣以身护帝,亦为
太所杀。复执何皇后,将害之。后求哀于玄晖,玄晖以全忠止令害

帝,释后而去。帝殂,年三十八,群臣上谥曰圣穆景文孝皇帝,庙号昭宗。二年二月二十日,葬于和陵。

旧唐书卷二〇下
本纪第二〇下

哀　帝

哀皇帝讳柷，昭宗第九子，母曰积善太后何氏。景福元年九月三日，生于大内。乾宁四年二月，封辉王，名祚。天复三年二月，拜开府仪同三司，充诸道兵马元帅。天祐元年八月十二日，昭宗遇弑。翌日，蒋玄晖矫宣遗诏，曰："我国家化隋为唐，奄有天下，三百年之盛业，十八叶之耿光。朕自缵丕图，垂将二纪，虽恭勤无怠，属运数多艰。致寰宇之未宁，睹兵戈之屡起，赖勋贤协力，宗社再安。岂意宫闱之间，祸乱忽作，昭仪李渐荣、河东夫人裴贞一潜怀逆节，辄肆狂谋，伤痕既深，已及危革。万机不可以久旷，四海不可以乏君，神鼎所归，须有缵继。辉王祚幼彰岐嶷，长实端良，哀然不群，予所钟爱，必能克奉丕训，以安兆人。宜立为皇太子，仍改名柷，监军国事。於戏！孝爱可以承九庙，恭俭可以安万邦，无乐逸游，志康寰宇。百辟卿士，佑兹冲人，载扬我高祖、太宗之休烈。"是日迁神枢于西宫，文武百僚班慰于延和门外。其日午时，又矫宣皇太后令曰："予遭家不造，急变爰臻，祸生女职之徒，事起宫奚之辈。皇帝自罹锋刃，已至弥留，不及顾遗，号恸徒切。定大计者安社稷，纂丕图者择贤明，议属未亡人，须示建长策。承高祖之宝运，惟元勋之忠规，伏示股肱，以匡冲昧。皇太子柷宜于枢前即皇帝位，其哀制并依祖宗故事，中书门下准前处分。於戏！送往事居，古人令范，行今报旧，前哲格言。抆泪敷宣，言不能喻。"帝时年十三，乞且监国枢前即位，宜差太常卿王溥充礼使，又令太子家令李能告哀于十六宅。丙午，大行皇帝大殓，皇太子柩前即皇帝位。己酉，矫制曰："昭仪李渐荣、河东夫人裴贞一，今月十一日夜持刀谋逆，惧罪投井而死，宜追削为悖逆庶人。"蒋玄晖夜既弑逆，诘旦宣言于外曰："夜来帝与昭仪博戏，帝醉，为昭仪所害。"归罪宫人，以掩弑逆之迹。然龙武军官健备传二夫人之言于市人。寻用史太为棣州刺史，以酬弑逆之功。

庚戌，群臣上表请听政。甲寅，中书奏："皇帝九月三日降诞，请以其日为乾和节。"从之。乙丑，百僚赴西宫，殓讫，释服。皇帝见群臣于崇勋殿西廊下。中书帖：今月二十四日释服后，三日一度进名起居。丙辰，敕："朕奉太后慈旨，以两司纲运未来，百官事力多阙，且夕霜冷，深轸所怀。令于内库方圆银二千一百七十二两，充见任文武常参官救接，委御史台依品秩分俵。"是日，皇帝听政。丁巳，敕：乾和节方在哀疚，其内道场宜停。戊午，遣刑部尚书张祎告哀于河中，全忠号哭尽哀。庚申，敕："乾和节文武百僚诸军使诸道进奏官准故事于寺观设斋，不得宰杀，只许酒果脯醢。"辛酉，敕："三月二十三日嘉会节。伏以大行皇帝仙驾上升，灵山将卜，神既游于天际，节宜辍于人间。准故事，嘉会节宜停。"

九月壬戌朔，百官素服赴西内临，进名奉慰。戊辰，大行皇帝大祥，百官素服赴西内临。己巳，敕右仆射、门下侍郎、礼部尚书、平章事裴枢宜充大行皇帝山陵礼仪使，门下侍郎、平章事独孤损宜充大行皇帝山陵使，兵部侍郎李燕充卤簿使，权知河南尹韦震充桥道使，宗正卿李克勤充按行使。庚午，皇帝释服从吉。中书门下奏："伏以陛下光继宝图，纂承丕绪，教道克申于先训，保任实自于慈颜。今则正位宸居，未崇徽号。伏以大行皇帝皇后母临四海，德冠六宫，推尊宜正于鸿名，敬上式光于睿孝，望上尊号曰皇太后。"奉敕宜依。又敕辉王府官属宜停。辛巳，山陵桥道使改差权河南尹张廷范，其顿递陵下应接等使，并令廷范兼之。庚寅，中书奏："太常寺止鼓两字"敔"上字犯御名，请改曰"肇"。从之。

十月辛卯朔，日有蚀之，在心初度。壬辰，全忠自河中来朝，赴西内临祭讫,对于崇勋殿。甲午,敕检校太保、左龙武统军朱友恭可复本姓名李彦威,贬崖州司户同正。检校司徒、右龙武统军氏叔琮可贬贝州司户同正。又敕:“彦威等主典禁兵,妄为扇动,既有彰于物论,兼亦系于军情。谪掾退方,安能塞责?宜配充本州长流百姓,仍令所在赐自尽。”河南尹张廷范收彦威杀之。临刑,大呼曰:“卖我性命,欲塞天下之谤,其如神理何!操心若此,欲望子孙长世,可乎?”呼廷范,谓曰:“公行当及此,勉自图之。”是日,全忠归大梁。丙申,制天平军节度使、检校太师、中书令,兼郓州刺史、上柱国、东平王、食邑七千户张全义本官兼河南尹、许州刺史、忠武军节度观察等使、判六军诸卫事。皇帝即位行事官、左丞杨涉进封开国伯,加食邑四百户。吏部侍郎赵光逢进开国公,加食邑三百户。右散骑常侍窦回、给事中孙续、户部郎中知制诰封舜卿等加勋阶。礼仪使、太常卿王溥与一子八品正员官。书宝册官吏部尚书陆扆、刑部尚书张祎,扆与一子八品正员官,祎加阶。太子太保卢绍卒。魏博罗威进救接百官绢千匹、绵三千两。

十一月辛酉朔。癸酉午时,日有黄白晕,旁有青赤纴。杨行密攻光州,又急攻鄂州,杜洪遣使求援,全忠率师五万自颍州渡淮,至霍丘大掠以纾之,行密分兵来拒。乙酉,敕:“据太常礼院奏,于十二月内择日册太后者。朕近奉慈旨,以山陵未毕,哀感方缠。凡百有司,且虞充奉,吉凶之礼,难以并施。太后册礼,宜俟山陵毕日。庶得桥山攀慕,彰尽节于群臣;兰殿承荣,展盛仪于朕志。情既获遂,礼实宜之。付所司。”己丑,岭南东道辨州宜改为勋州。

十二月辛卯朔。癸卯,权知河南府尹、和王傅张廷范宜复本官。光禄大夫、检校司徒、河东县开国子、食邑五百户、充山陵副使、权知河南尹、天平军节度副使韦震权知郓州军州事。

二年春正月庚申朔,杨行密陷鄂州,执节度使杜洪,斩于扬州市。鄂、岳、蕲、黄等州入行密。全忠自霍丘还大梁。甲子,太常卿王溥上大行皇帝谥号、庙号,乃敕右仆射、平章事裴枢撰谥册,中书侍郎柳璨撰哀册。辛未，敕："朕祗荷丕图，仰惟先训，方迫遗弓之痛，俯临同轨之期。将展孝思，亲扶护卫。皇太后义深鸣凤，痛切攀龙，亦欲专奉灵舆，躬及园寝，兼尽追摧之道，用终克敬之仪。其大行皇帝山陵发引日，朕随太后亲至陵所。付中书门下，宜体至怀。"群臣三表论谏，乃止。

二月庚寅朔。壬辰，制以前知鄜州军州事、检校尚书左仆射刘寻为右金吾卫大将军，充右街使。检校左仆射朱汉宾为右羽林统军。丙申，群臣告谥于西宫。己亥，敕："今月十一日，大行皇帝启攒宫。准故事，坊市禁音乐，至二十日掩玄宫毕，如旧。"庚子，启攒宫，文武百僚夕临于西宫。丁未，灵驾发引，濮王已下从，皇帝、太后长乐门外祭毕归大内。己酉，葬昭宗皇帝于和陵。庚戌，制以太常卿王溥为工部尚书。壬子，制以汝州刺史裴迪为刑部尚书。泰宁军节度、检校司空、衮州刺史、御史大夫葛从周检校司徒、兼右金吾上将军致仕，从周病风，不任朝谒故也。以左金吾上将军卢彦威为左威卫上将军。是月社日，枢密使蒋玄晖宴德王裕已下九王于九曲池，既醉，皆绞杀之，竟不知其瘗所。丙辰，左仆射裴贽等议迁庙，合迁顺宗一室，从之，己未，昭宗皇帝神主祔太庙，礼院奏昭宗庙乐，曰《咸宁之舞》。

三月庚申朔。壬戌，制以前平卢军节度使、检校太傅、同平章事、兼青州刺史、上柱国、琅邪郡公、食邑二千五百户王师范为孟州刺史、河阳三城怀孟节度观察等使，从全忠奏也。甲子，制以特进、尚书右仆射、门下侍郎、同平章事、太清宫使、弘文馆大学士、延资库使、诸道盐铁转运使、判度支、上柱国、河东郡开国公、食邑二千户裴枢可守尚书左仆射。光禄大夫、门下侍郎、户部尚书、同平章事、监修国史、河南县开国子、食邑五百户独孤损可检校尚书左仆射、同平章事，兼安南都护，充静海节度、安南管内观察处置等使。以光禄大夫、中书侍郎、同平章事、集贤殿大学士、上柱国、博陵郡开国公、食邑一千五百户崔远可守尚书右仆射。以正议大夫、中书侍郎、同平章事、判户部事、上柱国、河东县男、食邑三百户柳璨为门下侍郎、兼户部尚书、同平章事、太清宫使、弘文馆大学士、延资库使、诸道盐铁转运等使。以正议大夫、尚书吏部侍郎、上柱国、赐紫金鱼袋张文蔚为中书侍郎、同平章事、监修国史、判度支。以银青光禄大夫、行尚书左丞、上柱国、弘农县伯、食邑七百户杨涉为中书侍郎、同平章事、集贤殿大学士、判户部事。庚午，敕："朕以宰臣学士，文武百僚，常拘官局，空逐游从。今膏泽不愆，丰年有望，当兹韶景，宜示优恩。自今月十二日后至十六日，各令取便选胜追游。付所司。"壬申，以检校司徒、和王傅张廷范为太常卿。丁亥，敕："翰林学士、户部侍郎杨注是宰臣杨涉亲弟，兄既秉于枢衡，弟故难居宥密，可守本官，罢内职。"

四月己丑朔。壬辰，敕河南府缑氏县令宜兼充和陵台令，仍升为赤县。癸巳，敕曰："文武二柄，国家大纲，东西两班，官职同体。咸匡圣运，共列明廷，品秩相对于高卑，禄俸皆均于厚薄。不论前代，只考本朝。太宗皇帝以中外臣僚，文武参用，或自军卫而居台省，亦由衣冠而秉节旄，足明于武列文班，不令分清浊优劣。近代浮薄相尚，凌蔑旧章，假偃武以修文，竞弃本而逐末。虽蓝衫鱼简，当一见而便许升堂；纵拖紫腰金，若非类而无令接席。以是显扬荣辱，分别重轻，遂失人心，尽隳朝体。致其今日，实此之由，须议改更，渐期通济。文武百官，自一品以下，逐月所给料钱，并须均匀，数目多少，一般支给。兼差使诸道，亦依轮次，既就公平，必期开泰。凡百臣庶，宜体朕怀。"和王傅张廷范者，全忠将吏也，以善音律，求为太常卿，全忠荐用之。宰相裴枢以廷范非乐卿之才，全忠怒，罢枢相位。柳璨希旨，又降此诏斥枢辈，故有白马之祸。丙午，前棣州刺史刘仁遇检校司空，兼兖州刺史、御史大夫，充泰宁军节度使。乙未，制左仆射裴枢、新除清海军节度使独孤损、河南尹张全义、工部尚书王溥、司空致仕裴贽、刑部尚书张祎，并赐一子八品正员官，以奉山陵之劳也。敕曰："朕以宿麦未登，时阳久亢，虑阙粢盛之备，轸予宵旰之怀。所宜避正位于宸居，减珍羞于常膳，谅惟眇质，深合罪躬。自今月八日已后，不御正殿，减常膳。付所司。"辛丑，侍御史李光庭都殿

象、殿中丞张升崔昭矩、起居舍人卢仁炯卢鼎苏楷、吏部员外郎崔
协、左补阙崔咸休、右补缺杜承昭罗衮、右拾遗韦彖路德延，并宜赐
绯鱼袋；兵部郎中韦乾美、比部郎中杨焕，皆赐紫金鱼袋：并以奉山
陵之劳也。壬寅，敕："朕获荷丕图，仰遵慈训，爰崇徽号，已定礼仪，
冀申为子之心，以展奉亲之敬。昨所司定今月二十五日行皇太后册
礼。再奉慈旨，以宫殿未停工作，蒸暑不欲劳人，宜改吉辰，固难违
命。册礼俟修大内毕功日，所司以闻。"癸卯，太清宫使柳璨奏修上
清宫毕，请改为太清宫，从之。

甲辰夜，彗起北河，贯文昌，其长三丈，在西北方。丁未，敕："设
官分职，各有司存，铨衡既任于吏曹，除授宁烦于宰职。但所司注拟
申到，中书过验酌量，苟或差舛，难可书定。近年除授，其徒实繁，占
选部之缺员，择公当之优便，遂致三铨注拟之时，皆旷职务。且以宰
相之任，提举百司，唯务公平无私，方致渐臻有道。应天下州府令
录，并委吏部三铨注拟。自天祐二年四月十一日已后，中书并不除
授，或诸荐奏量留，即度可否施行。庶各司其局，免致紊隳，宰相提
纲，永存事体。付所司。"辛亥，以彗字谪见，德音放京畿军镇诸司禁
囚，常赦不原外，罪无轻重，递减一等，限三日内疏理闻奏。壬子，
敕："朕以冲幼，克嗣丕基，业业兢兢，勤恭夕惕。彗星谪见，罪在朕
躬。虽已降赦文，特行恩宥，起今月二十四日后，避正殿，减常膳，以
明思过。付所司。"丙辰，敕："准向来事例，每贯抽除外，以八百五十
文为贯，每陌八十五文。如闻坊市之中，多以八十为陌，更有除折，
顿爽旧规。付河南府，市肆交易，并以八十五文为陌，不得更有改
移。"戊午，敕："东上阁门，西上阁门，比帝出入，以东上为先。大忌
进名，即西上阁门为便。比因阉官擅权，乃以阴阳取位，不思南面，
但启西门。迩来相承，未议更改，详其称谓，似爽旧规。自今年五月
一日后，常朝出入取东上阁门，或遇奉慰，即开西上阁门，永为定
制。付所司。"又敕："朕以上天谪见，避殿责躬，不宜朔会朝正殿。其
五月一日朝会，宜权停。"

五月己未朔，以星变不视朝。敕曰："天文变见，合事祈禳，宜于

太清宫置黄箓道场,三司支给斋料。"壬戌,敕:"法驾迁都之日,洛
京再建之初,虑怀土有类于新丰,权更名以变于旧制。妖星既出于
雍分,高闶难效于秦余,宜改旧门之名,以壮卜年之永。延喜门改为
宣仁门,重明门改为兴教门,长乐门改为光政门,光范门曰应天门,
乾化门曰乾元门,宣政门曰敷政门,宣政殿曰贞观殿,日华门曰左
延福门,月华门曰右延福门,万寿门曰万春门,积庆门曰兴善门,含
章门曰膺福门,含清门曰延义门,金銮门曰千秋门,延和门曰章善
门,保宁殿曰文思殿。其见在门名,有与西京门同名者,并宜复洛旧
门名。付所司。"乙酉夜,西北彗星长六七十丈,自轩辕大角及天市
西垣,光辉猛怒,其长竟天。丙寅,有司修皇太后宫毕。中书奏:"皇
太后慈惠临人,宽仁驭物,早叶俔天之兆,克彰诞圣之符。今轮奂新
宫,规摹旧典,崇训既征于信史,积善宜显于昌期。太后宫请以善为
名。"从之。又以将卜郊禋,预调雅乐,宜以太常卿张廷范充修乐县
使。丁卯,荆襄节度使赵匡凝奏为故使成汭立祠宇,从之。己巳,太
清宫使柳璨奏:"近敕改易宫殿门名,窃以玄元皇帝庙,西京曰太清
宫,东京曰太微宫,其太清宫请复为太微宫,臣便给入宫阶。"从之。
庚午,敕:"所司定今年十月九月九日有事郊丘,基修制礼衣祭服宜
令宰臣柳璨判,祭器宜令张文蔚、杨涉分判,仪仗车辂宜令太常卿
张廷范判。

　　壬申,制新除静海军节度使、银青光禄大夫、检校尚书左仆射、
同平章事、兼安南都护、河南郡开国侯、食邑一千户独孤损可责授
朝散大夫、棣州刺史,仍令御史台发遣出京讫闻奏。敕曰:"朕谬将
眇质,叨荷丕图,常怀驭朽之心,每轸泣辜之念。谅于黜责,岂易施
行。左仆射裴枢、右仆射崔远,虽罢机衡尚居揆路,既处优崇之任,
未伤进退之规。不能秉志安家,但恣流言谤国,颇兴物论,难抑朝
章。须离八座之荣,尚付六条之政,勉思咎己,无至尤人。枢可责授
朝散大夫、登州刺史,远可责授朝散大夫、莱州刺史,便发遣出京。"
兵部郎中韦乾美贬沂州司户。甲戌,敕中书舍人封渭贬齐州司户,
右补缺郑辇密州莒县尉,兵部员外卢协祁州司户,并员外置。乙亥,

敕吏部尚书陆扆贬濮州司户,工部尚书王溥淄州司户。司天奏:"旬
朔已前,星文变见,仰观垂象,特轸圣慈。自今月八日夜已后,连遇
阴雨,测候不得。至十三日夜一更三點,天色暂晴,景纬分明,妖星
不见于碧虚,灾沴潜消于天汉者。"敕曰:"上天谪见,下土震惊,致
夙夜之沈忧,恐生灵之多难。不居正殿,尽辍常羞,益务斋虔,以申
禳祷。果致玄穹覆祐,孛彗消除,岂罪己之感通,免贻人于灾沴。式
观陈奏,深慰诚怀。"丙子,敕户部郎中李仁俭贬和王府咨议,起居
舍人卢仁炯安州司户,寿安尉、直弘文馆卢晏沧州东光尉。丁丑,陈
许节度使张全义奏:"得许州留后状申,自多事以来,许州权为列
郡,今特创鼓角楼讫,请复为军额。"敕旨依旧置忠武军牌额。戊寅,
宴群臣于崇勋殿,全忠与王熔、罗绍威置宴也。庚辰,敕特进、检校
司徒、守太保致仕赵崇可曹州司户,银青光禄大夫、兵部侍郎王赞
可濮州司户。辛巳,敕责授登州刺史裴枢可陇州司户,责授棣州刺
史独孤损可琼州司户,责授莱州刺史崔远可白州司户。壬午,敕司
勋员外韦甄责授和王友,洛阳县令李光序责授左春坊典设郎。甲
申,秘书监崔仁鲁可密州司户,国子祭酒崔澄陈州司户,太府少卿
裴针徐州司户,卫尉少卿裴纾曹州南华尉,左补阙崔咸休宁陵尉,
司封员外薛滈辉州司户,前盐铁推官独孤宪临沂尉,秘书少监裴铢
郓州司户,长安尉、直史馆裴格符离尉,兵部郎中李象郑州司户,刑
部员外卢荐范县尉。丙戌,颍州汝阴县人彭文妻产三男。丁亥,敕
以翰林学士、尚书职方郎中张策兼充史馆修撰,修国史。

　　六月戊子朔,敕:"责授陇州司户裴枢、琼州司户独孤损、白州
司户崔远、濮州司户陆扆、淄州司户王溥、曹州司户赵崇、濮州司户
王赞等,皆受国恩,咸当重任。罔思罄竭,唯贮奸邪,虽已谪于遐方,
尚难宽于国典。委御史台差人所在州县各赐自尽。"时枢等七人已
至滑州,皆并命于白马驿,全忠令投尸于河。已丑,敕:"君臣之间,
进退以礼,矧于求旧,欲保初终,苟自掇于悔尤,亦须行于黜责。特
进、守司空致仕、上柱国、河东县开国公、食邑二千户裴贽早以公
望,常践台司,靡闻竭力以匡时,每务养恬而避事。泊从请老,不谓

无恩，合慎枢机，动循规矩。虽云勇退，乃有后言，自为簿从之酉，颇失人臣之礼。谪居郡掾，用正朝纲，可责授青州司户。刑部郎中李煦可莱州司户。"辛卯，太微宫使柳璨奏："前使裴枢充宫使日，权奏请玄元观为太清宫，又别奏在京弘道观为太清宫，至今未有制置。伏以今年十月九日陛下亲事南郊，先谒圣祖庙，弘道观既未修葺，玄元观又在北山，若车驾出城，礼非便稳。今欲只留北邙山上老君庙一所，其玄元观请拆入都城，于清化坊内建置太微宫，以备车驾行事。"从之。壬辰，敕："诸道节度、观察、防御、刺史等，部内有新除朝官、前资朝官，敕到后三日内发遣赴阙，仍差人监送。所在州县不得停住，苟或稽违，必议贬黜。付所司。"癸巳，敕："卫尉少卿敬沼是裴贽之甥，常累于舅，或以明经挠文柄，或以私事窃化权。贽巳左迁，尔又何逭！可贬徐州萧县尉。"丙申，敕："福建每年进橄榄子，比因阉竖出自闽中，牵于嗜好之间，遂成贡奉之典。虽嘉忠荩，伏恐烦劳。今后只供进蜡面茶，其进橄榄子宜停。"戊戌，敕：密县令裴练贬登州牟平尉，长水令崔仁略淄州高苑尉，福昌主簿陆珣沂州新太尉，泥水令独孤韬范县尉，并员外置，皆裴枢、崔远、陆扆宗党也。壬寅，湖南马殷奏，岳州洞庭、青草之侧，有古祠四所，先以荒圮，臣复修庙了毕，乞赐名额者。敕旨黄陵二妃祠曰懿节，洞庭君祠曰利涉侯，青草祠曰安流侯；三闾大夫祠，先以澧朗观察使雷满奏，巳封昭灵侯，宜依天祐元年九月二十九日敕处分。丙午，全忠奏："得宰相柳璨记事，欲拆北邙山下玄元观移入都内，于清化坊取旧昭明寺基，建置太微宫，准备十月九日南郊行事。缘延资库盐铁并无物力，令臣商量者。臣巳牒判六军诸卫张全义指挥工作讫。"优诏嘉之。丁未，敕："太子宾客柳逊尝为张浚租庸判官，又王溥监修日奏充判官，授工部侍郎，又与赵崇、裴贽为刎颈之交。昨裴枢等得罪之时，合当连坐，尚矜暮齿，且俾悬车，可本官致仕。"戊申，敕前司勋员外郎、赐绯鱼袋李延古责授卫尉寺主簿。

七月戊午朔。辛酉，赐全忠《迎銮记功碑文》，立于都内。全忠进助郊礼钱三万贯。癸亥，再贬柳逊曹州司马。辛巳，敕全忠请铸河中、晋、绛诸县印,县名内有"城"字并落下,如密、郑、绛、蒲例,单名为文。壬午,宰臣柳璨、礼部尚书苏循充皇太后册礼使。是日,于积善宫行礼毕,帝乘辇赴太后宫称贺。丙戌,太常礼院奏:"每月朔望,皇帝赴积善宫起居,文武百官于宫门进名起居。"从之。

八月丁亥朔。戊子,制中书舍人姚洎可尚书户部侍郎,充元帅府判官,从全忠奏也。洛苑使奏谷水屯地内嘉禾合颖。乙未,敕:伪称官阶入泉州晋江县应乡贡明经陈文巨招伏罪款,付河南府决杀。庚子,敕:"汉代元勋,邓禹冠诸侯之上;晋朝重位,王导居百辟之先。皆道著匡扶,功宣寰宇,其于崇宠,迥异等伦。朕获以眇躬,重兴丕运,凡关制度,必法旧章,实仗勋贤,永安宗社。副元帅梁王正守太尉、中书令,忠武军节度使、河南尹张全义亦正守中书令,俱深倚注,咸正台衡。其朝廷册礼、告祀天地宗庙,其司空则差官摄行,太尉、侍中、中书令即宰臣摄行。今太尉副元帅任冠藩垣,每遇行礼之时,或不在京国,即事须差摄太尉行事。全义见居阙下,任正中枢,不可更差别官又摄中书令事。其太尉官,如梁王朝觐在京,便委行事,如却赴镇,即依前摄行。所合差中书令,便委全义以本官行礼。其侍中、司空、司徒即临时差官。付所司。"壬寅,敕:"前太中大夫、尚书兵部侍郎、赐紫金鱼袋司空图俊造登科,朱紫升籍,既养高以傲代,类移山而钓名。志乐漱流,心轻食禄。匪夷匪惠,难居公正之朝;载省载思,当徇幽栖之志。宜放还中条山。"癸卯,敕太常卿张廷范宜充南郊礼仪使。丁未,制削夺荆襄节度使赵匡凝在身官爵。是月乙未,全忠遣大将杨师厚讨匡凝,收唐、邓、福、郢、随等州,全忠自率亲军赴之。荆襄之军,阵于汉水之阴。

九月丁巳朔。辛酉,杨师厚于襄州西六十里阴谷江口伐竹木为浮梁。癸亥,梁成,引军渡江。甲子,赵匡凝率劲兵二万,阵于江之湄。师厚一战败之,遂乘胜蹑之,阵于城下。是夜,匡凝挈其孥溃围遁走。乙丑,师厚入襄阳。丙寅,全忠继至。壬申,匡凝牙将王建武遣押牙常质以荆南降。言权知荆南军府事赵匡明今月十一日弃城上峡,奔蜀川。敕曰:"梁王躬临貔武,收复荆、襄,拔岘首若转丸,平荆门如沃雪,连收两镇,并走二凶。乃眷勋庸,载深嘉注,宜赐诏奖饰。"内出宣旨:"奶婆杨氏可赐号昭仪,奶婆王氏可封郡夫人,第二奶婆王氏先帝已封郡夫人,准杨氏例改封。"中书奏议言:"乳母古无封夫人赐内职之例,近代因循,殊乖典故。昔汉顺帝以乳母宋氏为山阳君,安帝乳母王氏曰野王君,当时朝议非之。今国祚中兴,礼宜求旧。臣等商量,杨氏望赐号安圣君,王氏曰福圣君,第二王氏曰康圣君。"从之。己巳,敕武成王庙宜改为武明王。乙酉,敕先择十月九日有事郊丘,备物之间,有所未办,宜改用十一月十九日。

十月丙戌朔,制梁王全忠可充诸道兵马元帅,别开府幕,加食邑通前一万五千户,实封一千五百户。金州冯行袭奏当道昭信额内一字,与元帅全忠讳字同,乃赐号戎昭军。制削夺荆南留后赵匡凝官爵。丁亥,敕:"洛城坊曲内,旧有朝臣诸司宅舍,经乱荒榛。张全义葺理已来,皆已耕垦,既供军赋,即系公田。或恐每有披论,认为世业,须烦按验,遂启幸门。其都内坊曲及畿内已耕植田土,诸色人并不得论认。如要业田,一任买置。凡论认者,不在给还之限。如有本主元自差人勾当,不在此限。如荒田无主,即许识认。付河南府。"甲午,起居郎苏楷驳昭宗谥号曰:"帝王御宇,由理乱以审污隆;宗祀配天,资谥号以定升降。故臣下君上皆不得而私也。伏以陛下顺考古道,昭彰至公,既当不讳之朝,宁阻上言之路。伏以昭宗皇帝睿哲居尊,恭俭垂化,其于善美,孰敢蔽亏。然而否运莫兴,至理犹郁,送致四方多事,万乘频迁。始则阉竖猖狂,受幽辱于东内;终则嫔嫱悖乱,罹天阙于中闱。其于易名,宜循考行。有司先定尊谥曰圣穆景文孝皇帝,庙号昭宗,敢言溢美,似异直书。按后汉和、安、顺帝,缘非功德,遂改宗称。以允臣下之请。今郊禋有日,祫祭惟时。将期允惬列圣之心,更下详议新庙之称。庶使叶先朝罪己之德,表圣主无私之明。"楷,礼部尚书循之子,凡劣无艺。乾宁二年应进士登第后,物论以为滥,昭宗命翰林学士陆扆、秘书监冯撰覆试黜落,永不许入举场,楷负愧衔怨。至是,全忠弑逆君上,柳璨陷害朝臣,乃与起居郎罗衮、起居舍人卢鼎连署驳议。楷目不知书,手仅能执笔,其文罗衮作也。时政出贼臣,哀帝不能制。太常卿张廷范改谥曰恭灵庄闵孝皇帝,庙号曰襄宗。全忠雄猜物鉴,自楷驳谥后,深鄙之,既传代之后,循、楷父子皆斥逐,不令在朝。丁未,所司改题昭宗神主,辍朝一日。癸丑,敕成德军宜改为武顺管内槀城县曰槀平,信都曰尧都,栾城曰栾氏,阜城曰汉阜,临城为房子,避全忠祖、父名也。

十一月乙卯朔,敕潞州潞城县改为潞子,黎城曰黎亭。全忠平荆襄后,遂引军将攻淮南。行次枣阳,阻雨,比至光州,道险涂潦,人马饥乏。休止十余日,乃趋固始。进军距寿州三十里,寿人闭壁不出,左右言师老不可用。是月丙辰,全忠自正阳渡淮而北,至汝阴。全忠深悔此行无益。丁卯,至大梁。时哀帝以此月十九日亲祠圜丘,中外百司礼仪法物已备。戊辰,宰相已下于南郊坛习仪。而裴迪自大梁回,言全忠怒蒋玄晖、张廷范、柳璨等谋延唐祚,而欲郊天改元。玄晖、柳璨大惧。庚午,敕曰:“先定此月十九日亲礼南郊,虽定吉辰,改卜亦有故事。宜改取来年正月上辛。付所司。”辛巳,制:回天再造竭忠守正功臣、诸道兵马元帅、宣武宣义天平护国等军节度观察处置、修宫阙制置、度支解县池场、亳州太清宫等使、开府仪同三司、守太尉、中书令、河中尹、汴滑郓等州刺史、上柱国、梁王、食邑一万五千户、实封一千五百户朱全忠可授相国,总百揆,其以宣武宣义天平护国天雄武顺忠武佐国河阳、义武、昭义、保义、戎昭、武定、泰宁、平卢、匡国、镇国、武宁、忠义、荆南二十一道为魏国,仍进封魏王,依前充诸道兵马元帅、太尉、中书令、宣武、宣义、天平、护国等军节度观察处置等使,加食邑五千户,实封八千五百户,入朝不趋,剑履上殿,赞拜不名,兼备九锡之命,仍择日备礼册命。又制以杨师厚为襄州兵马留后,左龙武统军张慎思为武宁军兵马留后。壬午,中书门下奏:“相国魏王总百揆,百司合呈纳本司印。其中书门下印,堂后王仁珪呈纳,中书公事,权追中书省印行遣。”从之。甲申敕河南告成县改为阳邑,蔡州襄城改为苞孚,同州韩城改为韩原,绛州冀城改为浍州,郓州郓城改为万安,慈州文城改为屈邑，泽州晋城改高都，阳城改为护泽，安州应城改为应阳，洪州丰城改为吴高。全忠令判官司马郢让相国总百揆之命。

十二月乙酉朔，戊子，诏蒋玄晖赍手诏赴魏国，不许陈让锡命。辛卯，制：正议大夫、门下侍郎，兼户部尚书、同平章事、太微宫使、弘文馆大学士、延资库使，充诸道盐铁转运等使、上柱国、河东县开国男、食邑三百户柳璨可光禄大夫、守司空，兼门下侍郎、同平章事、太微宫使、弘文馆大学士、延资库使，充诸道盐铁转运等使，进封河东县开国伯，通前食邑七百户，充魏国册礼使。制：相国魏王曾祖赠太傅茂琳追封魏王，谥宣宪；祖赠太师信追封魏王，谥武元；父赠尚书令诚追封魏王，谥文明。敕右常侍王钜、太常卿张廷范、给事中崔沂、工部尚书李克助、祠部郎中知制诰张茂枢、膳部员外知制诰杜晓、吏部郎中李光嗣、驾部郎中赵光胤、户部郎中崔协、比部郎中杨焕、左常侍孔拯、右谏议萧顷、左拾遗裴璩、右拾遗高济、职方郎中牛希逸、主客郎中萧蘧等，随册礼使柳璨魏国行事。先是，北院宣徽使王殷使寿州行营，构蒋玄晖于全忠，全忠怒，急归大梁。上令刑部尚书裴迪赍诏慰劳全忠，全忠忿恨，语极不逊，故行相国百揆之命以悦其心。蒋玄晖自至大梁陈诉，全忠怒犹不解。帝忧之。甲午，上召三宰相议其事，柳璨曰："人望归元帅，陛下揖让释负，今其时也。"帝曰："运祚去唐久矣，幸为元帅所延。今日天下，非予之天下，神器大宝，归于有德，又何疑焉。他人传予意不尽，卿自往大梁，备言此怀。"乃赐茶、药，便令进发。乙未，敕：枢密使蒋玄晖宜削在身官爵，送河南府处斩。丰德库使应顼、尚食使朱建武送河南府决杀。

庚子，敕：枢密使及宣徽南院北院并停。其枢密公事，令王殷权知。其两院人吏，并勒归中书。其诸司诸道人，并不得到宣徽院，凡有公事，并于中书论请。其延义、千秋两门，只差小黄门三人勾当，其官健勒归本军。敕："魏王坚辞庞命，过示挥谦。朕以国史所书元帅之任，并以天下为名，爰自近年，改为诸道，既非旧制，须在正名。宜追制改为天下兵马元帅，余准诏旨处分。"辛丑，敕："汉宣帝中

兴，五日一听朝，历代通规，永为常式。近代不循旧仪，轨躐制度，既
奸邪之得计，致临视之失常，须守旧规，以循定制。宜每月只许一、
五、九日开延英，计九度。其入阁日，仍于延英日一度指挥；如有大
段公事，中书门下具榜子奏请开延英，不计日数。付所司。"又敕：
"宫嫔女职，本备内任，近年已来，稍失仪制。宫人出内宣命。采御
参随视朝，乃失旧规，须为永制。今后每遇延英坐朝日，只令小黄门
祗候引从，宫人不得擅出内门，庶循典仪，免至纷杂。"壬寅，戎昭军
奏收复金州，兵火之后，井邑残破，请移理所于均州，从之。仍改为
武定军。

　　乙巳，汴州别驾蒋仲伸决杀，玄晖季父也。又敕："蒋玄晖身居
密近。擅弄威权，鬻爵卖官，聚财营第，而苞藏悖逆，稔浸奸邪。虽
都市已处于极刑，而屈法尚慊于众怒，更示焚弃之典，以惩显负之
踪。宜追削为凶逆百姓，仍委河南府揭尸于都门外，聚众焚烧。"玄
晖死后，王殷、赵殷衡等又谮于全忠云："内人相传，玄晖私侍积善
宫，与柳璨、张廷范为盟誓之交，求兴唐祚。"戊申，全忠令知枢密王
殷害皇太后何氏于积善宫，又杀宫人阿秋、阿虔，言通导蒋玄晖。己
酉，敕以太后丧，废朝三日。百官奉慰讫。又敕曰："皇太后位承坤
德，有愧母仪。近者凶逆诛夷，宫闱词连丑状，寻自崩变，以谢万方。
朕以幼冲，君临区宇，虽情深号慕，而法难徇私，勉循泰、汉之规，须
示追降之典。其遣黄门收所上皇太后宝册，追废为庶人，宜差官告
郊庙。"庚戌，敕："朕以谬荷丕图，礼合亲谒郊庙，先定来年正月上
辛用事。今以宫闱内乱。播于丑声，难以惭恶之容，入于祖宗之庙。
其明年上辛亲谒郊庙宜停。"壬子，敕积善宫安福殿宜废。癸丑，敕
光禄大夫、守司空、门下侍郎、平章事、太微宫使、弘文馆大学士、延
资库使、诸道盐铁转运使柳璨责授朝议郎，守登州刺史。又敕："太
常卿张廷范、太常少卿裴碉、温瓒、祠部郎中知制诰张茂枢等，蒋玄
晖在枢密之时，与柳璨、张廷范共为朋扇，日相往来，假其游宴之
名，别贮倾危之计。苟安重位，酷陷朝臣，既此阴谋，难宽大辟。柳
璨已从别敕处分，廷范可责授莱州司户。裴涧常同聚会，固共苞藏，

涧可青州北海尉，銮临淄尉，茂枢博昌尉，并员外置。"甲寅，敕："责授登州刺史柳璨，素矜恞巧，每务回邪。幸以庸才，骤居重位，曾无显效，孤负明恩。诡谲多端，苞藏莫测，但结连于凶险，独陷害于贤良。罪既贯盈，理须窜殛。可贬密州司户，再贬长流崖州百姓，委御史台赐自尽。"是日斩于上东门外。又敕："张廷范性唯庸妄，志在回邪，不能保慎宠荣，而乃苞藏凶险。密交柳璨，深结玄晖，昼议宵行，欺天负地。神只共怒，罪状难原。宜除名，委河南府于都市集众，以五车分裂。温銮、裴涧、张茂枢并除名，委于御史台所在赐自尽。柳璨弟瑀、瑊，送河南府决杀。"

　　三年春正月乙卯朔，全忠以四镇之师七万，会河北诸军，屯于深州乐城。戊午，敕右拾遗柳瑗贬洺州鸡泽尉，璨疏属也。乙丑，全忠自汴河赴魏州。丙寅，制："定乱安国功臣、镇海镇东军节度、浙江东西道观察处置等使、淮南东面行营招讨营田安抚两浙盐铁制置发运等使、开府仪同三司、守侍中、兼中书令、杭越两州刺史、上柱国、吴王、食邑九千户、实封五百户钱镠，总临两镇，制抚三吴。道途阻艰，未行册命，宜令所司择日备礼。"己巳夜，魏博节度使罗绍威杀其衙内亲军八千人。戊午，全忠自内黄入魏州。是月，魏博衙外兵五万自历亭还，分据绍威贝、博等州，汴军攻围之。壬申，敕："相国总百揆魏王顷辞册命，宜令所司再行册礼。"辛巳，国子监奏："奉去年十一月五日敕文，应国学每年与诸道等一例解送两人，今监生郭应图等六十人连状论诉。"敕旨："取士之科，明经极重，每年人数，已有旧规，去夏条疏，盖防渝滥。今国子监、河南府俱有论奏，所试明经，宜令准常年例解送礼部，放人多少，酌量施行。但不徇嘱求，无致侥幸。付所司。"

　　二月甲申朔，魏博节度使罗绍威宜许于本镇置三代私庙。癸卯，敕今年礼部所放进士，据依去年人数外，更放两人。

　　三月甲寅朔。甲戌，敕："河中、昭义管内，俱有慈州，地里相去不远，称谓时闻错误，其昭义管内慈州宜改为惠州。"壬戌，全忠奏河中判官刘崇子匡图，今年进士登第，遽列高科，恐涉群议，请礼部落下。戊寅，制元帅梁王可兼领诸道盐铁转运等使，判度支户部事，充三司都制置使。辛巳，敕贬西都留守判官、左谏议大夫郑宾崖州司户，寻赐死。

四月甲申朔，日有蚀之，在胃十二度。戊申，魏博罗绍威奏："臣当管博州聊城县、武阳、莘县、武水、博平、高堂等五县，皆于黄河东岸，其乡村百姓渡河输税不便，与天平军管界接连，请割属郓。"从之。

五月癸酉朔，追赠故荆南节度使成汭、鄂岳节度使杜洪官爵，仍于本州立祠庙，从全忠奏也。丙申，敕："天祐二年九月二十日于金州置戎昭军，割均、房二州为属郡。比因冯行袭叶赞元勋，克宣丕绩，用奖济师之效，遂行割地之权。今命帅得人，畴庸有秩，其戎昭军额宜停，其均、房二州却还山南东道收管。"

六月癸未朔。甲申，敕："襄州近因赵匡凝作帅，请别立忠义军额，即非往制，固是从权。忠义军额宜停废，依旧为山南东道节度使。"己亥，权知唐州事卫审符奏，州郭凋残，又不居要路，请移理所于泌阳县，从之。制以京兆尹、佑国军节度使韩建为青州节度使，代王重师；以重师代建为京兆尹。壬寅，敕："文武百僚每月一度入阁于贞观殿。贞观大殿，朝廷正衙，遇正至之辰，受群臣朝贺。比来视朔，未正规仪，今后于崇勋殿入阁。付所司。"左拾遗、充史馆修撰裴璩以堂叔母危疾在济源，无兄弟侍疾，乞假宁省，从之。

七月壬子朔。己未全忠始自魏州归大梁，魏博六州平定。检校工部尚书、守宗正卿、嗣彬王震停见任，落下袭封，以请告于外也。辛未，皇妹永明公主薨，罢朝三日。

八月甲辰，全忠复自汴州北渡河，攻沧州。乙未，魏博奏割贝州永济、广宗，相州临河、内黄、洹水、斥丘等六县隶魏州，从之。

九月辛亥朔。丁卯，全忠大军至沧州，军于长芦。是月积阴霖雨不止，差官崇都门。

十月乙未，两浙钱镠请于本镇立三代私庙，从之。

十一月庚戌朔。丙子，废牛羊司。御厨肉河南府供进，所有进到牛羊，便付河南府收管。

十二月己卯朔，淮南伪署宣歙观察使、检校司徒王茂章可金紫光禄大夫、检校太保，从钱镠奏也。茂章背杨镠，以宣州降钱镠故也。己丑，全忠奏文武两班一、五、九朝日，元帅府排比廊食。敕曰："百官入朝，两廊赐食，迁都之后，有司官阙供。元帅梁王欲整大纲，复行故事，俾其班列，益认优隆，宜赐诏奖饬。"甲辰，河阳节度副使孙乘贬崖州司户，寻赐自尽。

闰十二月己酉朔，福建百姓僧道诣阙，请为节度使王审知立德政碑，从之。乙丑，华州镇国节度观察处置等使额及兴德府名，并宜停废，复为华州刺史，充本州防御使，仍隶同州为支郡，所管华、商两州诸县，先升次赤、次畿并罢，宜依旧名。西都佑国军作镇已来，未有属郡，其金州、商州宜隶为属郡。京兆府奉先县本属冯翊，栎阳连接下邽，奉先县宜却隶同州，栎阳宜隶华州。丙寅，夺西川节度使王建在身官爵。戊辰，李克用与幽州之众同攻潞州，全忠守将丁会以泽、潞降太原，克用以其子嗣昭为留后。甲戌，全忠烧长芦营旋军，闻潞州陷故也。乙亥，贬兴唐府少尹孙秘长流爱州，寻赐死，孙乘弟也。

四年春正月戊寅朔。壬寅，全忠自长芦至大梁，天子遣御史大夫薛贻矩赍诏慰劳。全忠自弑昭宗之后，岐、蜀、太原，连兵牵制，关西日削。幸罗绍威杀牙军，全获魏博六州。将行篡代，欲威临河朔，乃再兴师临幽、沧，冀仁恭父子乞盟，则与之相结，以固王熔、绍威之心。而自秋迄冬，攻沧州无功，及闻丁会失守，烧营遽还。路由魏州，罗绍威知失势，恐兵袭己，深赞篡夺之谋，他日如王受禅，必磬六州军赋以助大礼，全忠深感之。至大梁，会薛贻矩来，乃以臣礼见全忠。贻矩承间密陈禅代之谋，全忠心德之。贻矩还奏曰："元帅有受代意，陛下深体时事，去兹重负。"帝曰："此吾素怀也。"乃降诏元帅以二月行传禅之礼，全忠伪辞。

二月壬子,诏文武百官以今月七日齐赴元帅府。癸丑,宰相百官辞,全忠以未断表为词。

三月戊寅朔,全忠令大将李思安率兵三万,合魏博之众,攻掠幽州。思安顿兵临其郛,会仁恭子守光率兵赴援,思安乃还。庚寅,诏薛贻矩再使大梁,达传位之旨。甲辰,诏曰:

> 敕宰臣文武百辟,藩岳庶尹,明听朕言。夫大宝之尊,神器之重,倪非德充宇宙,功济黔黎,著重华纳麓之功,彰文命导川之绩,允熙帝载,克代天工,则何以统御万邦,照临八极。元帅梁王,龙颜瑞质,玉理奇文,以英谋睿武定寰瀛,以厚泽深仁抚华夏。神功至德,绝后光前,缇油罕纪其鸿勋,讴诵显归于至化。二十年之功业,亿兆众之推崇,迩无异言,远无异望。朕惟王圣德,光被八纮,宜顺玄穹,膺兹宝命。况天文符瑞,杂沓宣明,虞夏昌期,显于图箓。万机不可以久旷,天命不可以久违,神只叶心,归于有德。朕敬以天下,传禅圣君,退居旧藩,以备三恪。今敕宰臣张文蔚、杨涉等率文武百僚,备法驾奉迎梁朝,勉厉肃恭,尊戴明主。冲人释兹重负,永为虞宾,获奉新朝,庆泰兼极。中外列辟,宜体朕怀。

乙酉,乃以中书侍郎、平章事张文蔚充册使,礼部尚书苏循为副。中书侍郎、平章事杨涉押传国宝使,翰林学士、中书舍人张策为副。御史大夫薛贻矩为押金宝使,左丞赵光逢为副。甲午,文蔚押文武百僚赴大梁。甲子,行事。册曰:

> 皇帝若曰:咨尔天下兵马元帅、相国总百揆梁王,朕每观上古之书,以尧舜为始者,盖以禅让之典,垂于无穷。故封泰山,禅梁父,略可道者七十二君,则知天下至公,非一姓独有。自古明王圣帝,焦思劳神,惴若纳隍,坐以待旦,莫不居之则兢畏,去之则逸安。且轩辕非不明,放勋非不圣,尚欲游于姑射,休彼大庭。矧乎历数寻终,期运久谢,属于孤藐,统御万方者哉!况自懿祖之后,孽幸乱朝,祸起有阶,政渐无象。天纲幅裂,海水横流,四纪于兹,群生无庇。洎乎丧乱,谁其底绥。洎于小

子,粤以幼年,继兹衰绪。岂兹冲昧,能守洪基?惟王明圣在躬,体于上哲。奋扬神武,戡定区夏,大功二十,光著册书。北越阴山,南逾瘴海,东至碣石,西暨流沙,怀生之伦,罔不悦附。矧予寡昧,危而获存。今则上察天文,下观人愿,是土德终极之际,乃金行兆应之辰。况十载之间彗星三见,布新除旧,厥有明征,讴歌所归,属在睿德。今遣持节、银青光禄大夫、守中书侍郎、同中书门下平章事张文蔚等,奉皇帝宝绶,敬逊于位。於戏!天之历数在尔躬,允执其中,天禄永终。王其只显大礼,享兹万国,以肃膺天命。

全忠建国,奉帝为济阴王,迁于曹州,处前刺史氏叔琮之第。时太原、幽州、凤翔、西川犹称天祐正朔。天祐五年二月二十一日,帝为全忠所害,时年十七,仍谥曰哀皇帝,以王礼葬于济阴县之定陶乡。中兴之初,方备礼改卜,遇国丧而止。明宗时就故陵置园邑,有司请谥曰昭宣光烈孝皇帝,庙号"景宗"。中书覆奏少帝行事,不合称宗,存谥而已。知礼者亦以宣、景之谥非宜,今只取本谥,载之于纪。

史臣曰:悲哉!土运之将亡也,五常殆尽,百怪斯呈,宇县瓜分,皇图瓦解。昭宗皇帝英猷奋发,志愤陵夷,旁求奇杰之才,欲拯沦胥之运。而世途多僻,忠义俱亡,极爵位以侍贤豪,罄珍奇而托心腹。殷勤国士之遇,罕有托孤之贤,豢丰而犬豕转狞,肉饱而虎狼逾暴。五侯九伯,无非问鼎之徒;四岳十连,皆畜无君之迹。虽萧屏之臣扼腕,岩廊之辅痛心,空衔毁室之悲,宁救丧邦之祸?及扶风西幸,洛邑东迁,如寄珠于盗跖之门,蓄水于尾闾之上,往而不返,夫何言哉!至若川竭山崩,古今同叹;虎争龙战,兴替无常。纵肱篚之不仁,亦攫金之有道。曹操请刑于椒壶,盖迫阴谋;马昭拒命于凌云,窘于见讨。诚知丑迹,得以为词,而全忠所行,止于残忍。况自岐迁洛,天子块然,六军尽斥于秦人,四百皆环于汴卒。冕旒如寄,纤芥为疑,迎銮未及于崇朝,事刃已闻于涂地。立嗣君于南面,毙母后于中闻，黄门与禁旅皆歼，宗室共衣冠并殪。复又盗钟掩耳，嫁祸于人。何九六之数穷，偶天人之道尽，目击斯乱，言之伤心。哀帝之时，政由凶族。虽揖让之令，有类于山阳；而凌逼之权，过逾于侯景。人道浸薄，阴隲难征，然以此受终，如何延永！

　　赞曰：勋华受命，揖让告终。朔取顺守，仁道已穷。暴则短祚，义则延洪。虞宾之祸，非止一宗。

旧唐书卷二一
志第一

礼仪一

《记》曰:"人生而静,天之性也;感物而动,性之欲也。"欲无限极,祸乱生焉。圣人惧其邪放,于是作乐以和其性,制礼以检其情,俾俯仰有容,周旋中矩。故肆觐之礼立,则朝廷尊;郊庙之礼立,则人情肃;冠婚之礼立,则长幼序;丧祭之礼立,则孝慈著;搜狩之礼立,则军旅振;享宴之礼立,则君臣笃。是知礼者,品汇之璇衡,人伦之绳墨,失之者辱,得之者荣,造物已还,不可须臾离也。

五帝之时,斯为治本。类帝禋宗,吉礼也;遏音陶瓦,凶礼也;班瑞肆觐,宾礼也;诛苗殛鲧,军礼也;厘降嫔虞,嘉礼也。故曰,修五礼五玉,尧、舜之事也。时代犹淳,节文尚简。及周公相成王,制五礼六乐,各有典司,其仪大备。暨幽、厉失道,平王东迁,周室浸微,诸侯侮法。男女失冠婚之节,《野麇》之刺兴焉;君臣废朝会之期,践土之讥著矣。葬则奢俭无算,军则狙诈不仁。数百年间,礼仪大坏。虽仲尼自卫返鲁,而有定礼之言,盖举周公之旧章,无救鲁邦之乱政。仲尼之世,礼教已亡。遭秦燔炀,遗文殆尽。

汉兴,叔孙通草定,止习朝仪。至于郊天祀地之文,配祖禋宗之制,拊石鸣球之备物,介丘璧水之盛猷,语则有之,未遑措思。及世宗礼重儒术,屡访贤良,河间博洽古文,大搜经籍,有周旧典,始得《周官》五篇,《士礼》十七篇。王又鸠集诸子之说,为礼书一百四十篇。后仓二戴因而删择,得四十九篇,此《曲台集礼》,今之《礼记》是也。然数百载不见旧仪,诸子所书,止论其意。百家纵胸臆之说,五礼无著定之文。故西汉一朝,曲台无制。郊上帝于甘泉,祀后土于汾阴。宗庙无定主,乐悬缺金石。巡狩非勋、华之典,封禅异陶、匏之音。光武受命,始诏儒官,草定仪注,经邦大典,至是粗备。汉末丧乱,又沦没焉。而卫宏、应仲远、王仲宣等掇拾遗散,裁志条目而已。东京旧典,世莫得闻。

自晋至梁,继令条缵。鸿生钜儒,锐思绵绝,江左学者,仿佛可观。隋氏平陈,寰区一统,文帝命太常卿牛弘集南北仪注,定《五礼》一百三十篇。炀帝在广陵,亦聚学徒,修《江都礼集》。由是周、汉之制,仅有遗风。

神尧受禅,未遑制作,郊庙宴享,悉用隋代旧仪。太宗皇帝践祚之初,悉兴文教,乃诏中书令房玄龄、秘书监魏徵等礼官学士,修改旧礼,定著《吉礼》六十一篇,《宾礼》四篇,《军礼》二十篇,《嘉礼》四十二篇,《凶礼》六篇,《国恤》五篇,总一百三十八篇,分为一百卷。

玄龄等始与礼官述议,以为《月令》蜡祭,唯祭天宗,谓日月而下。近代蜡五天帝、人帝、五地极,皆非古典,今并除之。又依礼,有益于人则祀之。神州者国之所托,余八州则义不相及。近代通祭九州,今除八州等八座,唯祭皇地祇及神州,以正祀典。又汉建武中封禅,用元封时故事,封泰山于圜台上,四面皆立石阙,并高五丈。有方石再累,藏玉牒书。石检十枚,于四边检之,东西各三,南北各二。外设石封,高九尺,上加石盖。周设石距十八,如碑之状,去坛二步,其下石跗入地数尺。今案封禅者,本以成功告于上帝。天道贵质,故藉用稿秸,樽以瓦甒。此法不在经诰,又乖醇素之道,定议除之。又案梁甫是梁阴,近代设坛于山上,乃乖处阴之义。今定禅礼,改坛位于山北。又皇太子入学及太常行山陵、天子大射、合朔、陈五兵于太社、农隙讲武、纳皇后行六礼、四孟月读时令、天子上陵朝庙、养老于辟雍之礼,皆周所阙,凡增多二十九条。余并准依古礼,旁求异代,择其善者而从之。太宗称善,颁于内外行焉。

高宗初,议者以《贞观礼》节文未尽,又诏太尉长孙无忌,中书令杜正伦、李义府,中书侍郎李友益,黄门侍郎刘祥道、许圉师,太子宾客许敬宗,太常少卿韦琨,太学博士史道玄,符玺郎孔志约,太常博士萧楚才、孙自觉、贺纪等重加缉定,勒成一百三十卷。至显庆三年奏上之,增损旧礼,并与令式参会改定之,高宗自为之序。时许敬宗、李义府用事,其所损益,多涉希旨,行用已后,学者纷议,以为不及贞观。上元三年三月,下诏令依贞观年礼为定。仪凤二年,又诏显庆新修礼多有事不师古,其五礼并依周礼行事。自是礼司益无凭准,每有大事,皆参会古今礼文,临时撰定。然贞观、显庆二《礼》,皆行用不废。时有太常卿裴明礼、太常少卿韦万石相次参掌其事,又前后博士贺敳、贺纪、韦叔夏、裴守真等多所议定。

则天时,以礼官不甚详时,特诏国子博士祝钦明及叔夏,每有仪注,皆令参定。叔夏卒后,博士唐绍专知礼仪,博学详练旧事,议者以为称职。先天二年,绍为给事中,以讲武失仪,得罪被诛。其后礼官张星、王琇又以元日仪注乖失,诏免官归家学问。

开元十年,诏国子司业韦绍为礼仪使,专掌五礼。十四年,通事舍人王岊上疏,请改撰《礼记》,削去旧文,而以今事编之。诏付集贤院学士详议。右丞相张说奏曰:"《礼记》汉朝所编,遂为历代不刊之典。今去圣久远,恐难改易。今之五礼仪注,贞观、显庆两度所修,前后颇有不同,其中或未折衷。望与学士等更讨论古今,删改行用。"制从之。初令学士右散骑常侍徐坚及左拾遗李锐、太常博士施敬本等检撰,历年不就。锐卒后,萧嵩代为集贤院学士,始奏起居舍人王仲丘撰成一百五十卷,名曰《大唐开元礼》。二十年九月,颁所司行用焉。

昊天上帝、五方帝、皇地祇、神州及宗庙为大祀,社稷、日月星辰、先代帝王、岳镇海渎、帝社、先蚕、释奠为中祀,司中、司命、风伯、雨师、诸星、山林川泽之属为小祀。大祀,所司每年预定日奏下。小祀,但移牒所由。若天子不亲祭享,则三公行事;若官缺,则职事三品已上摄三公行事。大祀散斋四日,致斋三日。中祀散斋三日,致斋二日。小祀散斋二日，致斋一日。散斋之日，昼理事如旧，夜宿于家正寝，不得吊丧问疾，不判署刑杀文书，不决罚罪人，不作乐，不预秽恶之事。致斋惟为祀事得行，其余悉断。若大祀，斋官皆于散斋之日，集于尚书省受誓戒，太尉读誓文。致斋之日，三公于尚书省安置；余官各于本司，若皇城内无本司，于太常郊社、太庙署安置。皆日未出前至斋所。至祀前一日，各从斋所昼漏上水五刻向祠所。接神之官，皆沐浴给明衣。若天子亲祠，则于正殿行致斋之礼。文武官服裤褶，陪位于殿庭。车驾反斋官赴祠祭之所，州县及金吾清所行之路，不得见诸凶秽及缞绖者，哭泣之声闻于祭所者权断，讫事依旧。斋官至祠所，太官惟设食。祭讫，依班序馂，讫，均胙，贵者不重，贱者不虚。中祀已下，惟不受誓戒，自余皆同大祀之礼。

武德初，定令：

每岁冬至，祀昊天上帝于圆丘，以景帝配。其坛在京城明德门外道东二里。坛制四成，各高八尺一寸，下成广二十丈，再成广十五丈，三成广十丈，四成广五丈。每祀则昊天上帝及配帝设位于平座，藉用稿秸，器用陶匏。五方上帝、日月、内官、中官、外官及众星，并皆从祀。其五方帝及日月七座，在坛之第二等；内五星已下官五十五座，在坛之第三等；二十八宿已下中官一百三十五座，在坛之第四等；外官百十二座，在坛下外壝之内；众星三百六十座，在外壝之外。其牲，上帝及配帝用苍犊二，五方帝及日月用方色犊各一，内官已下加羊豕各九。

夏至，祭皇地祇于方丘，亦以景帝配。其坛在宫城之北十四里。坛制再成，下成方十丈，上成五丈。每祀则地祇及配帝设位于坛上，神州及五岳、四镇、四渎、四海、五方、山林、川泽、丘陵、坟衍、原隰，并皆从祀。神州在坛之第二等。五岳已下三十七座，在坛下外壝之内。丘陵等三十座。在壝外。其牲，地祇及配帝用犊三，神州用黝犊一，岳镇已下加羊豕各五。

孟春辛日，祈谷，祀感帝于南郊，元帝配，牲用苍犊二。

孟夏之月，雩祀昊天上帝于圆丘，景帝配，牲用苍犊二。五方上帝、五人帝、五官帝并从祀,用方色犊十。

季秋,祀五方上帝于明堂,元帝配牲用苍犊二。五人帝、五官并从祀,用方色犊十。

孟冬,祭神州于北郊,景帝配牲用黝犊二。

贞观初,诏奉高祖配圆丘及明堂北郊之祀,元帝专配感帝,自余悉依武德。永徽二年,又奉太宗配祀于明堂,有司遂以高祖配五天帝,太宗配五人帝。

显庆元年,太尉长孙无忌与礼官等奉议曰:

臣等谨寻方册,历考前规,宗祀明堂,必配五郊,预入明堂,自缘从祀。今以太宗作配,理有未安。伏见永徽二年七月,诏建明堂,伏惟陛下天纵圣德,追奉太宗,已遵严配。时高祖先在明堂,礼司致感,竟未迁祀,率意定仪,遂便著令。乃以太宗皇帝降配五人帝,虽复亦在明堂,不得对越天帝,深乖明诏之意,又与先典不同。

谨案《孝经》云:"孝莫大于严父,严父莫大于配天。昔者周公宗祀文王于明堂,以配上帝。"伏惟诏意义在于斯。今所司行令,殊为失旨。又寻汉、魏、晋、宋历代礼仪,并无父子同配明堂之义。唯《祭法》云:"周人禘喾而郊稷,祖文王而宗武王。"郑玄注云:"禘、郊、祖、宗,谓祭祀以配食也。禘谓祭昊天于圜丘,郊谓祭上帝于南郊,祖、宗谓祭五帝、五神于明堂也。"寻郑此注,乃以祖、宗合为一祭,又以文、武共在明堂,连衽配祀,良为谬矣。故王肃驳曰:"古者祖有功而宗有德,祖、宗自是不毁之名,非谓配食于明堂者也。审如郑义,则《孝经》当言祖祀文王于明堂,不得言宗祀也。凡宗者,尊也。周人既祖祀后庙,又尊其祀,孰谓祖于明堂者乎?"郑引《孝经》以解《祭法》,而不晓周公本意,殊非仲尼之义旨也。又解"宗武王"云:"配勾芒之类,是谓五神,位在堂下。"武王降位,失君叙矣。

又案《六韬》曰:"武王伐纣,雪深丈余,五车二马,行无辙迹,诣营求谒。武王怪而问焉,太公对曰:'此必五方之神,来受事耳。'遂以其名召入,各以其职命焉。既而克殷,风调雨顺。"岂有生来受职,殁则配之,降尊敌卑,理不然矣。故《春秋外传》曰:"禘、郊、祖、宗、报五者,国之典祀也。"《传》言五者,故知各是一事,非谓祖、宗合祀于明堂也。

臣谨上考殷、周,下洎贞观,并无一代两帝同配于明堂。南齐萧氏以武、明昆季并于明堂配食,事乃不经,未足援据。又检武德时令,以元皇帝配于明堂,兼配感帝。至贞观初缘情革礼,奉祀高祖配于明堂,奉迁世祖专配感帝。此即圣朝故事已有递迁之典,取法宗庙,古之制焉。

伏惟太祖景皇帝构室有周,建绝代之丕业;启祚汾、晋,创历圣之洪基。德迈发生,道符立极。又世祖元皇帝潜鳞韫庆,屈道事周,导潜发之灵源,肇光宅之垂裕。称祖清庙,万代不迁。请停配祀,以符古义。伏惟高祖太武皇帝躬受天命,奄有神州,创制改物,体元居正,为国始祖,抑有旧章。昔者炎汉高帝,当涂太祖,皆以受命,例并配天。请遵故实,奉祀高祖于圆丘,以配昊天上帝。伏惟太宗文皇帝道格上玄,功清下黩,拯率土之涂炭,协大造于生灵,请准诏书,宗祀于明堂,以配上帝。又请依武德故事,兼配感帝作主。斯乃二祖德隆,永不迁庙;两圣功大,各得配天。远协《孝经》,近申诏意。

二年七月,礼部尚书许敬宗与礼官等又奏议:

据祠令及新礼,并用郑玄六天之议,圆丘祀昊天上帝,南郊祭太微感帝,明堂祭太微五帝。谨按郑玄此义,唯据纬书,所说六天,皆谓星象,而昊天上帝,不属穹苍。故注《月令》及《周官》皆谓圆丘所祭昊天上帝为北辰星曜魄宝。又说《孝经》"郊祀后稷以配天"及明堂严父配天,皆为太微五帝。考其所说,舛谬特深。按《周易》云:"日月丽于天,百谷草木丽于地。"又云:"在天成象,在地成形。"足明辰象非天,草木非地。《毛诗传》云:"元气昊大,则称昊天,远视苍苍,则称苍天。"此则苍昊为体,不入星辰之例。且天地各一,是曰两仪。天尚无二,焉得有六？是以王肃群儒，咸驳此义。又检太史《圆丘图》，昊天上帝座外，别有北辰座，与郑义不同。得太史令李淳风等状，昊天上帝图位自在坛上，北辰自在第二等，与北斗并列，为星官内座之首，不同郑玄据纬书所说。此乃羲和所掌，观象制图，推步有征，相沿不谬。

又按《史记·天官书》等，太微宫有五帝者，自是五精之神，五星所奉矣。其又以是人主之象，故况之曰帝。亦如房心为天王之象，岂是天乎？《周礼》云："兆五帝于四郊。"又云："祀五帝则掌百官之誓戒。"惟称五帝，皆不言天。自太微之神，本非穹昊之祭。又《孝经》惟云"郊祀后稷"，无别圆丘之文。王肃等以为郊即圆丘，圆丘即郊，犹王城、京师，异名同实。符合经典，其义甚明。而今从郑说，分为两祭，圆丘之外，别有南郊，违弃正经，理深未允。且检吏部式，惟有南郊陪位，更不别载圆丘。式文既遵王肃，祠令仍行郑义，令、式相乖，理宜改革。

又《孝经》云"严父莫大于配天"，下文即云："周公宗祀文王于明堂，以配上帝。"则是上帝即是明堂所祀，正在配天，而以为但祭星官，反违明义。又按《月令》："孟春之月，祈谷于上帝。"《左传》亦云："凡祀，启蛰而郊，郊而后耕。故郊祀后稷，以祈农事。"然则启蛰郊天，自以祈谷，谓为感帝之祭，事甚不经。今请宪章姬、孔，考取王、郑，四郊迎气，存太微五帝之祀；南郊明堂，废纬书六天之义。其方丘祭地之外，别有神州，谓之北郊，分地为二，既无典据，理又不通，亦请合为一祀，以符古义。仍并条附式令，永垂后则。

敬宗等又议笾、豆之数曰："按今光禄式，祭天地、日月、岳镇、海渎、先蚕等，笾、豆各四。祭宗庙，笾、豆各十二。祭社稷、先农等，笾、豆各九。祭风师、雨师，笾、豆各二。寻此式文，事深乖谬。社稷多于天地，似不贵多。风雨少于日月，又不贵少。且先农、先蚕，俱为中祭，或六或四，理不可通。又先农之神，尊于释奠，笾、豆之数，先农乃少，理既差舛，难以因循。谨按《礼记·郊特牲》云：'笾、豆之荐,水土之品,不敢用亵味而贵多品,所以交于神明之义也。'此即祭祀笾、豆,以多为贵。宗庙之数,不可逾郊。今请大祀同为十二,中祀同为十,小祀同为八,释奠准中祀。自余从座,并请依旧式。"诏并可之,遂附于礼令。

乾封初,高宗东封回,又诏依旧祀感帝及神州。司礼少常伯郝处俊等奏曰:

显庆新礼,废感帝之祀,改为祈谷。昊天上帝,以高祖太武皇帝配神州。检旧礼,感帝以世祖元皇帝配神州。今既奉敕依旧祭感帝。今改祈谷为感帝,以高祖太武皇帝配神州。又高祖依新礼见配圆丘昊天上帝及方丘皇地祇,若更配感帝神州,便恐有乖古礼。按《礼记·祭法》云:"有虞氏禘黄帝而郊喾,夏后氏亦禘黄帝而郊鲧,殷人禘喾而郊冥,周人禘喾而郊稷。"郑玄注云:"禘谓祭上帝于南郊曰郊"。又按《三礼义宗》云,"夏正郊天者,王者各祭所出帝于南郊",即《大传》所谓"王者禘其祖之所自出,以其祖配之"是也。此则禘须远祖,郊须始祖。今若禘郊同用一祖,恐于典礼无所据。其神州十月祭者,十月以阴用事,故以此时祭之,依检更无故实。按《春秋》"启蛰而郊",郑玄注《礼》云:"三王之郊,一用夏正。"又《三礼义宗》云:"祭神州法,正月祀于北郊。"请依典礼,以正月祭者。请集奉常博士及司成博士等总议定奏闻。其灵台、明堂,检旧礼用郑玄义,仍祭五方帝,新礼用王肃义。

又下诏依郑玄义祭五天帝,其雩及明堂,并准敕祭祀。于是奉常博士陆遵楷、张统师、权无二、许子儒等议称:"北郊之月,古无明文。汉光武正月辛未,始建北郊。咸和中议,北郊同用正月,然皆无指据。武德来礼令即用十月,为是阴用事,故于时祭之。请依旧十月致祭。"

乾封二年十二月,诏曰:

夫受命承天,崇至敬于明礼;膺图纂箓,昭大孝于严配。是以荐鲦鲐于清庙,集振鹭于西雍,宜《雅颂》于太师,明肃恭于考室。用能纪配天之盛业，嗣积德之鸿休，永播英声，长为称首。周京道丧，秦室政乖，礼乐沦亡，典经残灭。遂使汉朝博士，空说六宗之文；晋代鸿儒，争陈七祀之议。或同昊天于五帝，分感帝于五行。自兹以降，递相祖述，异论纷纭，是非莫定。

朕以寡薄，嗣膺丕绪，肃承禋祀，明发载怀，虔奉宗祧，寤寐兴感。每惟宗庙之重，尊配之仪，思革旧章，以申诚敬。高祖太武皇帝抚运膺期，创业垂统，拯庶类于涂炭，寘怀生于仁寿。太宗文皇帝德光齐圣，道极几神，执锐被坚，栉风沐雨，劳形以安百姓，屈己而济四方，泽被区中，恩覃海外。乾坤所以交泰，品物于是咸亨。掩玄阙而开疆，指青丘而作镇。巍巍荡荡，无得名焉。《礼》曰："化人之道，莫急于礼。礼有五经，莫重于祭。祭者，非物自外至也，自内生于心也。是以惟贤者乃能尽祭之义。"况祖功宗德，道冠百王；尽圣穷神，业高千古。自今以后，祭圆丘、五方、明堂、感帝、神州等祠，高祖太武皇帝、太宗文皇帝崇配，仍总祭昊天上帝及五帝于明堂。庶因心致敬，获展虔诚，宗祀配天，永光鸿烈。

仪凤二年七月，太常少卿韦万石奏曰："明堂大享，准古礼郑玄义，祀五天帝，王肃义，祀五行帝。《贞观礼》依郑玄义祀五天帝，显庆已来新修礼祀昊天上帝。奉乾封二年敕祀五帝，又奉制兼祀昊天上帝。伏奉上元三年三月敕，五礼并依贞观年礼为定。又奉去年敕，并依周礼行事。今用乐须定所祀之神，未审依古礼及《贞观礼》，为复依见行之礼？"时高宗及宰臣并不能断，依违久而不决。寻又诏尚书省及学者详议，事仍不定。自此明堂大享，兼用贞观、显庆二《礼》。

则天临朝，垂拱元年七月，有司议圆丘、方丘及南郊、明堂严配之礼。成均助教孔玄义奏议曰：

谨按《孝经》云："孝莫大于严父，严父莫大于配天。"明配尊大，昊天是也。物之大者，莫若于天，推父此天，与之相配，行孝之大，莫过于此，以明尊配之极也。又《易》云："先王以作乐崇德,殷荐之上帝,以配祖考。"郑玄注:"上帝,天帝也。"故知昊天之祭,合祖考并配。请奉太宗文武圣皇帝、高宗天皇大帝配昊天上帝于圆丘,义符《孝经》、《周易》之文也。神尧皇帝肇基王业,应天顺民,请配感帝于南郊,义符《大传》之文。又《祭法》云:"祖文王而宗武王。"祖,始也;宗,尊也。所以名祭为尊始者,明一祭之中,有此二义。又《孝经》云:"宗祀文王于明堂。"文王言祖,而云宗者,亦是通武王之义。故明堂之祭,配以祖考。请奉太宗文武圣皇帝、高宗天皇大帝配祭于明堂,义符《周易》及《祭法》之文也。

太子右谕德沈伯仪曰:

谨按《礼》:有虞氏禘黄帝而郊喾,祖颛顼而宗尧。夏后氏禘黄帝而郊鲧,祖颛顼而宗禹。殷人禘喾而郊冥,祖契而宗汤。周人禘喾而郊稷,祖文王而宗武王。"郑玄注云:"禘、郊、祖、宗,谓祭祀以配食也。禘谓祭昊天于圆丘,祭上帝于南郊曰郊,祭五帝、五神于明堂曰祖、宗。"伏寻严配之文,于此最为详备。虞、夏则退颛顼而郊喾,殷人则舍契而郊冥。去取既多,前后乖次。得礼之序,莫尚于周。禘喾郊稷,不间于二王;明堂宗祀,始兼于两配。咸以文王、武王父子殊别,文王为父,上主五帝;武王对父,下配五神。《孝经》曰:"严父莫大于配天,则周公其人也。昔者周公宗祀文王于明堂,以配上帝。"不言严父武王以配天,则武王虽在明堂,理未齐于配祭;既称宗祀,义独主于尊严。虽同两祭,终为一主。故《孝经纬》曰:"后稷为天地主,文王为五帝宗"也。必若一神两祭便,则五祭十祠,荐献频繁,礼亏于数。此则神无二主之道,礼崇一配之义。窃寻贞观、永徽,共尊专配;显庆之后,始创兼尊。必以顺古而行,实谓从周为美。高祖神尧皇帝请配圆丘、方泽,太宗文武圣皇帝请配南郊、北郊。高宗天皇大帝德迈九皇,功开万宇,制礼作乐,告禅升中,率土共休,普天同赖,窃惟莫大之孝,理当总配五天。

凤阁舍人元万顷、范履冰等议曰:

伏惟高祖神尧皇帝凿乾构象，辟土开基。太宗文武圣皇帝绍统披元，循机阐极。高宗天皇大帝弘祖宗之大业，廓文武之宏规。三圣重光，千年接旦。神功睿德，图图牒而难称；盛烈鸿猷，超古今而莫拟。岂徒锱铢尧、舜、糠秕殷、周而已哉！谨案见行礼，昊天上帝等祠五所，咸奉高祖神尧皇帝、太宗文武圣皇帝兼配。今议者引《祭法》、《周易》、《孝经》之文，虽近稽古之辞，殊失因心之旨。但子之事父，臣之事君，孝以成志，忠而顺美。窃以兼配之礼，特禀先圣之怀，爰取训于前规，遂申情于大孝。《诗》云："昊天有成命，二后受之。"《易》曰："殷荐之上帝，以配祖考。"敬寻厥旨，本合斯义。今若远摭遗文，近乖成典，拘常不变，守滞莫通，便是臣黜于君，遽见郊丘之位，下非于上，靡遵弓剑之心。岂所以申太后哀感之诚，徇皇帝孝思之德！慎终追远，良谓非宜。严父配天，宁当若是？伏据见行礼，高祖神尧皇帝、太宗文武圣皇帝，今既先配五祠，理当依旧无改。高宗天皇大帝齐尊曜魄，等邃含枢，阐三叶之宏基，开万代之鸿业。重规叠矩，在功烈而无差；享帝郊天，岂祀配之有别。请奉高宗天皇大帝历配五祠。

制从万顷议。自是郊丘诸祠皆以三祖配。

及则天革命，天册万岁元年，加号为天册金轮大圣皇帝，亲享南郊，合祭天地。以武氏始祖周文王追尊为始祖文皇帝，后考应国公追尊为无上孝明高皇帝，亦以二祖同配，如乾封之礼。其后长安年，又亲享南郊，合祭天地及诸郊丘，并以配焉。

中宗即位，神龙元年九月，亲享昊天上帝于东都之明堂，以高宗天皇大帝崇配，其仪亦依乾封故事。至景龙三年十一月，亲祀南郊，初将定仪注，国子祭酒祝钦明希旨上言后亦合助祭，遂奏议曰："谨按《周礼》：'天神曰祀，地祇曰祭，宗庙曰享。'又《内司服》：'职掌王后之六服，凡祭祀，供后之衣服。'又《祭统》曰：'夫祭也者，必夫妇亲之。'据此诸文，即知皇后合助皇帝祀天神祭地祇明矣。望请别修助祭仪注同进。"上令宰相与礼官议详其事。太常博士唐绍、蒋钦绪建议云："皇后南郊助祭，于礼不合。但钦明所执，是祭宗庙礼，非祭天地礼。按汉、魏、晋、宋及后魏、齐、梁、隋等历代史籍，兴王令主，郊天祀地，代有其礼，史不阙书，并不见皇后助祭之事。又高祖神尧皇帝、太宗文武圣皇帝、高宗天皇大帝南郊祀天，并无皇后助祭之礼。"尚书右仆射韦巨源又协同钦明之义，上遂以皇后为亚献，仍补大臣李峤等女为斋娘，执笾豆焉。

时十一月十三日乙丑冬至，阴阳人卢雅、侯艺等奏请促冬至就十二日甲子以为吉会。时右台侍御史唐绍奏曰："礼所以冬至祀圆丘于南郊，夏至祭方泽于北郊者，以其日行躔次，极于南北之际也。日北极当晷度循半，日南极当晷度环周。是日一阳交生，为天地交际之始。故《易》曰：'复，其见天地之心乎！'即冬至卦象也。一岁之内吉莫大焉。甲子但为六旬之首，一年之内，隔月常遇，既非大会，晷运未周，唯总六甲之辰，助四时而成岁。今欲避环周以取甲子，是背大吉而就小吉也。"太史令傅孝忠奏曰："准《漏刻经》，南陆北陆并日校一分，若用十二日，即欠一分。未南极，即不得为至。"上曰："俗谚云，'冬至长于岁'，亦不可改。"竟依绍议以十三日乙丑祀圆丘。

睿宗太极元年正月，初将有事南郊，有司立议，惟祭昊天上帝而不设皇地祇位。谏议大夫贾曾上表曰：

> 微臣详据典礼，谓宜天地合祭。谨按《礼祭法》曰："有虞氏禘黄帝而郊喾，夏后氏禘黄帝而郊鲧。"传曰：大祭曰禘。然则郊之与庙，俱有禘祭。禘庙，则祖宗之主俱合于太祖之庙；禘郊，则地祇群望俱合于圆丘，以始祖配享。皆有事而大祭，异于常祀之义。《礼大传》曰："不王不禘。"故知王者受命，必行禘礼。《虞书》曰："月正元日，舜格于文祖，肆类于上帝，禋于六宗，望于山川，遍于群神。"此则受命而行禘礼者也。言"格于文祖"，则余庙之享可知矣。言"类于上帝"，则地祇之合可知矣。且山川之祀，皆属于地，群望尚遍，况地祇乎！《周官》"以六律、六吕、五声、八音、六舞、大合乐，以致神祇，以和邦国，以谐万

人"。又"凡六乐者，六变而致象物及天神祇，此则禘郊合天神、地祇、人鬼而祭之乐也。

《三辅故事》汉祭圆丘仪：上帝位昊天正南面，后土位兆亦南面而少东。又《东观汉记》云："光武即位，为坛于鄗之阳，祭告天地，采用元始故事。二年正月，于洛阳城南依鄗为圆坛，天地位其上，皆南向西上。"按两汉时自有后土及北郊祀，而此已于圆丘设地位，明是禘祭之仪。又《春秋说》云："王者一岁七祭，天地合食于四孟，别于分、至。"此复天地自常有同祭之义。王肃云："孔子言兆圆丘于南郊，南郊即圆丘，圆丘即南郊也。"又云："祭天而地配。"此亦郊祀合祭之明说。惟郑康成不论禘当合祭，而分昊天上帝为二神，专凭纬文，事匪经见。又其注《大传》"不王不禘"义，则云："正岁之首，祭感帝之精，以其祖配。"注《周官·大司乐》圆丘，则引《大传》五禘以为冬至之祭。递相矛盾，未足可依。

伏惟陛下膺箓居尊，继文在历，自临宸极，未亲郊祭。今之南郊，正当禘礼，固宜合祀天地，咸秩百神，答受命之符，彰致敬之道。岂可不崇盛礼，同彼常郊，使地祇无位，未从禘享！今请备设皇地祇并从祀等座，则礼得稽古，义合缘情。然郊丘之祀，国之大事，或失其情，精禋将阙。臣术不通经，识惭博古，徒以昔谬礼职，今忝谏曹，正议是司，敢陈忠说。事有可采，惟断之圣虑。

制令宰臣召礼官详议可否。礼官国子祭酒褚无量、国子司业郭山恽等咸请依曾所奏。时又将亲享北郊，竟寝曾之表。

玄宗即位，开元十一年十一月，亲享圆丘。时中书令张说为礼仪使，卫尉少卿韦绦为副，说建议请以高祖神尧皇帝配祭，始罢三祖同配之礼。

至二十年，萧嵩为中书令，改撰新礼。祀天一岁有四，祀地有二。冬至，祀昊天上帝于圆丘，高祖神尧皇帝配，中官加为一百五十九座，外官减为一百四座。其昊天上帝及配帝二座，每座笾用十二，簠、簋、甑、俎各一。上帝则太樽、著樽、牺樽、象樽、壶樽各二,山罍六。配帝则不设太樽及壶樽,减山罍之四,余同上帝。五方帝座则笾、豆各十,簠、簋、甑、俎各一,太樽二。大明、夜明、笾、豆各八,余同五方帝。内官每座笾、豆二,簠、俎各一。内官已上设樽于十二阶之间。内官每道间著樽二,中官牺樽二,外官著樽二,众星壶樽二。正月上辛,祈谷,祀昊天上帝于圆丘,以高祖配,五方帝从祀。其上帝、配帝,笾、豆等同冬至之数。五方帝,太樽、著樽、牺樽、山罍各一,笾、豆等亦同冬至之数。孟夏,雩祀昊天上帝于圆丘,以太宗配,五方帝及太昊等五帝、勾芒等五官从祀。其上帝、配帝、五方帝,笾、豆各八。簠、簋、甑、俎各一。五官每座笾、豆各二,簠、簋、及俎各一。季秋,大享于明堂,祀昊天上帝,以睿宗配,其五方帝、五人帝、五官从祀。笾、豆之数,同于雩祀。夏至,祀皇地祇于方丘,以高祖配,其从祀神州已下六十八座,同贞观之礼。地祇、配帝,笾、豆如圆丘之数。神州,笾、豆各四,簠、簋、甑、俎各一。五岳、四镇、四海、四渎、五方、山林、川泽等三十七座,每座笾、豆各二,簠、簋各一。五方五帝、丘陵、坟衍、原隰等三十座,笾、豆、簠、簋、甑、俎各一。立冬,祭神州于北郊,以太宗配。二座笾、豆各十二,簠、簋、甑、俎各一。自冬至圆丘已下,余同贞观之礼。

　　时起居舍人王仲丘既掌知修撰,乃建议曰:

　　　　按《贞观礼》,正月上辛,祀感帝于南郊,《显庆礼》,祀昊天上帝于圆丘以祈谷。《左传》曰:"郊而后耕。"《诗》曰:"《噫嘻》,春夏祈谷于上帝。"《礼记》亦曰:"上辛祈谷于上帝。"则祈谷之文,传于历代,上帝之号,允属昊天。而郑康成云:"天之五帝递王,王者之兴,必感其一,因其所感,别祭尊之。故夏正之月,祭其所生之帝于南郊,以其祖配之。故周祭灵威仰,以后稷配之,因以祈谷。"据所说祀感帝之意,本非祈谷。先儒所说,事恐难凭。今祈谷礼,请准礼修之。且感帝之祀,行之自久。《记》曰:"有其举之,莫可废也。"请于祈谷之坛,遍祭五方帝。夫五帝者,五行之精。五行者,九谷之宗也。今请二礼并行,六神咸祀。

又按《贞观礼》，孟夏雩祀五方上帝、五人帝、五官于南郊，《显庆礼》，则雩祀昊天上帝于圆丘。且雩祀上帝，盖为百谷祈甘雨。故《月令》云："命有司大雩帝，用盛乐，以祈谷实。"郑玄云："雩上帝者，天之别号，允属昊天，祀于圆丘，尊天位也。"然雩祀五帝既久，亦请二礼并行，以成大雩帝之义。

又《贞观礼》，季秋祀五方帝、五官于明堂，《显庆礼》，祀昊天上帝于明堂。准《孝经》曰："郊祀后稷以配天，宗祀文王于明堂，以配上帝。"先儒以为天是感精之帝，即太微五帝，此即皆是星辰之例。且上帝之号，皆属昊天，郑玄所引，皆云五帝。《周礼》曰："王将旅上帝，张毡案，设皇邸。祀五帝，张大次小次。"由此言之，上帝之与五帝，自有差等，岂可混而为一乎！《孝经》云："严父莫大于配天。"其下文即云："宗祀文王于明堂，以配上帝。"郑玄注云："上帝者，天之别名。神无二主，故异其处。"孔安国云："帝，亦天也。"然则禋享上帝，有合经义。而五方皆祀，行之已久，有其举之，难于即废。亦请二礼并行，以成《月令》大享帝之义。

天宝十载五月已前，郊祭天地，以高祖神尧皇帝配座，故将祭郊庙，告高祖神尧皇帝室。宝应元年，杜鸿渐为太常卿礼仪使，员外郎薛颀、归崇敬等议：以神尧为受命之主，非始封之君，不得为太祖以配天地。太祖景皇帝始受封于唐，即殷之契，周之后稷也。请以太祖景皇帝郊祀配天地，告请宗庙，亦太祖景皇帝酌献。谏议大夫黎干议，以太祖景皇帝非受命之君，不合配享天地。二年五月，干进议状为十诘十难，曰：

集贤校理润州别驾归崇敬议状及礼仪使判官水部员外郎薛颀等称：禘谓冬至祭天于圆丘，周人则以远祖帝喾配，今欲以景皇帝为始祖，配昊天于圆丘。

臣干诘曰：《国语》曰："有虞氏、夏后氏俱禘黄帝，商人禘舜，周人禘喾。"俱不言祭昊天于圆丘，一也。《诗·商颂》曰："《长发》，大禘也。"又不言祭昊天于圆丘，二也。《诗·周颂》

曰："《雍》，禘太祖也。"又不言祭昊天于圆丘，三也。《礼记·祭法》曰："有虞氏、夏后氏俱禘黄帝，殷人、周人俱禘喾。"又不言祭昊天于圆丘，四也。《礼记·大传》曰："不王不禘。王者禘其祖之所自出，以其祖配之。"又不言祭昊天于圆丘，五也。《尔雅·释天》曰：禘，大祭也。"又不言祭昊天于圆丘，六也。《家语》云："凡四代帝王之所郊，皆以配天也。其所谓禘者，皆五年大祭也。"又不言祭昊天于圆丘，七也。卢植云："禘，祭名。禘者帝也，事尊明谛，故曰禘。"又不言祭昊天于圆丘，八也。王肃云："禘谓于五年大祭之时。"又不言祭昊天于圆丘，九也。郭璞云："禘，五年之大祭。"又不言祭昊天于圆丘，十也。

臣干谓禘是五年宗庙之大祭，《诗礼》经传，文义昭然。今略举十谛以明之。臣惟见《礼记·祭法》及《礼记·大传》、《商颂·长发》等三处郑玄注，或称祭昊天，或云祭灵威仰。臣精详典籍，更无以禘为祭昊天于圆丘及郊祭天者。审如禘是祭之最大，则孔子说《孝经》为万代百王法，称周公大孝，何不言禘祀帝喾于圆丘以配天，而反言："郊祀后稷以配天"？是以《五经》俱无其说，圣人所以不言。轻议大典，亦何容易。犹恐不悟，今更作十难。

其一难曰：《周颂》："《雍》，禘祭太祖也。"郑玄笺云："禘，大祭。太祖，文王也。"《商颂》云："《长发》，大禘也。"玄又笺云："大禘，祭天也。"夫商、周之《颂》，其文互说。或云禘太祖，或云大禘，俱是五年宗庙之大祭，详览典籍，更无异同。惟郑玄笺《长发》，乃称是郊祭天。详玄之意，因此《商颂》禘如《大传》云大祭，如《春秋》"大事于太庙"，《尔雅》"禘大祭"，虽云大祭，亦是宗庙之祭，可得便称祭天乎？若如所说，大禘即云郊祭天，称禘即上祭宗庙。又《祭法》说虞、夏、商、周禘黄帝与喾，《大传》"不王不禘"，禘上俱无大字，玄何因复称祭天乎？又《长发》文亦不歌喾与感生帝，故知《长发》之禘，而非禘喾及郊祭天明矣。殷、周五帝之大祭，群经众史及鸿儒硕学，自古立言著论，序之详矣，俱无以禘为祭天。何弃周、孔之法言，独取康成之小注，便欲违经非圣，诬乱祀典，谬哉！

其二难曰：《大传》称"礼，不王不禘，王者禘其祖之所自出，以其祖配之，诸侯及其太祖"者，此说王者则当禘。其谓《祭法》，虞、夏、殷、周禘黄帝及喾，"不王则不禘，所当禘其祖之所自出"，谓虞、夏出黄帝，殷、周出帝喾，以近祖配而祭之。自出之祖，既无宗庙，即是自外至者，故同之天地神祇，以祖配而祀之。自出之说，非但于父，在母亦然。《左传》子产云："陈则我周之自出。"此可得称出于太微五帝乎？故曰"不王不禘，王者禘其祖之所自出，以其祖配之"，此之谓也。及诸侯之禘，则降于王者，不得祭自出之祖，只及太祖而已。故曰"诸侯及其太祖"，此之谓也。郑玄错乱，分禘为三：注《祭法》云"禘谓祭昊天于圆丘"，一也。注《左传》称"郊祭天，以后稷配灵威仰"，笺《商颂》又称"郊祭天"，二也。注《周颂》云"禘大祭，大于四时之祭，而小于祫，太祖谓文王"，三也。禘是一祭，玄析之为三，颠倒错乱，皆率胸臆，曾无典据，何足可凭。

其三难曰：虞、夏、殷、周已前，禘祖之所自出，其义昭然。自汉、魏、晋已还千余岁，其礼遂阙。又郑玄所说，其言不经，先儒弃之，未曾行用。愚以为错乱之义，废弃之注，不足以正大典。

其四难曰：所称今《三礼》行于代者，皆是郑玄之学，请据郑学以明之。曰虽云据郑学，今欲以景皇帝为始祖之庙以配天，复与郑义相乖。何者？《王制》云："天子七庙。"玄云："此周礼也。"七庙者，太祖及文、武之祧与亲庙四也。殷则六庙，契及汤与二昭二穆也。据郑学，夏不以鲧及颛顼、昌意为始祖，昭然可知也。而欲引稷、契为例，其义又异是。爰稽邃古洎今，无以人臣为始祖者，惟殷以契，周以稷。夫稷、契者，皆天子元妃之子，感神而生。昔帝喾次妃简狄，有娀氏之女，吞玄鸟之卵，因生契。契长而佐禹治水，有大功。舜乃命契作司徒，百姓既和，

遂封于商。故《诗》曰："天命玄鸟，降而生商，宅殷土芒芒。"此
之谓也。后稷者，其母有邰氏之女曰姜嫄，为帝喾妃，出野履巨
迹，歆然有孕，生稷。稷长而勤于稼穑，尧闻，举为农师，天下得
其利，有大功，舜封于邰，号曰后稷。唐、虞、夏之际，皆有令德。
故《诗》曰："履帝武敏歆，居然生子，即有邰家室。"此之谓也。
舜、禹有天下，稷、契在其间，量功比德，抑其次也。舜授职，则
播百谷，敷五教。禹让功，则平水土，宅百揆。故《国语》曰："圣
人之制祀也，功施于人则祀之，以死勤事则祀之。"契为司徒而
人辑睦，稷勤百谷而死，皆居前代祀典，子孙有天下，得不尊而
祖之乎？

其五难曰：既遵郑说，小德配寡，遂以后稷只配一帝，尚不
得全配五帝。今以景皇帝特配昊天，于郑义可乎？

其六难曰：众难臣云：上帝与五帝，一也。所引《春官》：祀
天旅上帝，祀地旅四望。旅训众，则上帝是五帝。臣曰，不然。
旅虽训众，出于《尔雅》，及为祭名，《春官》训陈，注有明文。若
如所言，旅上帝便成五帝，则季氏旅于泰山，可得便是四镇耶？

其七难曰：所云据郑学，则景皇帝亲尽，庙主合祧，却欲配
祭天地，错乱祖宗。夫始祖者，经纶草昧，体大则天，所以正元
气广大，万物之宗尊，以长至阳气萌动之始日，俱祀于南郊也。
夫万物之始，天也。人之始，祖也。日之始，至也。扫地而祭，
质也。器用陶匏，性也。牲用犊，诚也。兆于南郊，就阳位也。
至尊至质，不敢同于先祖，礼也。故《白虎通》曰："祭天岁一，
何？天至尊至质，事之不敢亵黩，故因岁之阳气始达而祭之。"
今国家一岁四祭之，黩莫大焉。上帝、五帝，其祀遂阙，怠亦甚
矣。黩与怠，皆礼之失，不可不知。夫亲有限，祖有常，圣人制
礼，君子不以情变易。因家重光累圣，历祀百数，岂不知景皇帝
始封于唐。当时通儒议功度德，尊神尧克配彼天，宗太宗以配
上帝。神有定主，为日已久。今欲黜神尧配含枢纽，以太宗配
上帝，则紫微五精，上帝佐也，以子先父，岂礼意乎！非止神祇

错位,亦以祖宗乖序,何以上称皇天祖宗之意哉!若夫神尧之功,太宗之德,格于皇天上帝,臣以为郊祀宗祀,无以加焉。

其八难曰:欲以景皇帝为始祖,既非造我区宇,经纶草昧之主,故非夏始祖禹、殷始祖契、周始祖稷、汉始祖高帝、魏始祖武皇帝、晋始祖宣帝、国家始祖神尧皇帝同功比德,而忽升于宗祀圜丘之上,为昊天匹,曾谓圜丘不如林放乎?

其九难曰:昨所言魏文帝丕以武帝操为始祖,晋武帝炎以宣帝懿为始祖者。夫孟德、仲达者,皆人杰也。拥天下之强兵,挟汉、魏之微主,专制海内,令行草偃,服衮冕,陈轩悬,天子决事于私第,公卿列拜于道左,名虽为臣,势实凌君。后主因之而业帝,前王由之而禅代,子孙尊而祖之,不亦可乎?

其十难曰:所引商、周、魏、晋,既不当矣,则景皇帝不为始祖明矣。我神尧拔出群雄之中,廓清隋室,拯生人于涂炭,则夏禹之勋不足多;成帝业于数年之间,而汉祖之功不足比。夏以大禹为始祖,汉以高帝为始祖,则我唐以神尧为始祖,法夏则汉,于义何嫌?今欲革皇天之祀,易太祖之庙,事之大者,莫大于斯,曾无按据,一何寡陋,不愧于心,不畏于天乎!

以前奉诏,令诸司各据礼经定议者。臣干忝窃朝列,官以谏为名,以直见知,以学见达,不敢不罄竭以裨万一。昨十四日,具以议状呈宰相,宰相令朝臣与臣论难。所难臣者,以臣所见独异,莫不腾辞飞辩,竞欲碎臣理,钳臣口。剖析毫厘,分别异同,序坟典之凝滞,指子传之乖谬,事皆归根,触物不碍。但臣言有宗尔,岂辩者之流也。又归崇敬、薛颀等援引郑学,欲芜祀典,臣为明辩,迷而不复。臣辄作十诘十难,援据坟籍,昭然可知。庶郊禘事得其真,严配不失其序,皇灵降祉,天下蒙赖。臣亦何顾不蹈鼎镬?谨敢闻达,伏增悚越。

议奏,不报。

至二年春夏旱。言事者云:太祖景皇帝追封于唐,高祖实受命之祖,百神受职,合依高祖。今不得配享天地,所以神不降福,以致

愆阳。代宗疑之,诏百僚会议。太学博士独孤及献议曰:

礼,王者禘其祖之所自出,以其祖配之。凡受命始封之君,皆为太祖。继太祖已下六庙,则以亲尽迭毁。而太祖之庙,虽百代不迁。此五帝、三王所以尊祖敬宗也。故受命于神宗,禹也,而夏后氏祖颛顼而郊鲧。缵禹黜夏,汤也,而殷人郊冥而祖契。革命作周,武王也,而周人郊稷而祖文王。则明自古必以首封之君,配昊天上帝。唯汉氏崛起,丰公、太公,皆无位无功,不可以为祖宗,故汉以高皇帝为太祖,其先细微也。非足为后代法。

伏惟太祖景皇帝以柱国之任,翼周弼魏,肇启王业,建封于唐。高祖因之,以为天地之号,天所命也。亦如契之封商,后稷之封邰。禘郊祖宗之位,宜在百代不迁之典。郊祀太祖,宗祀高祖,犹周之祖文王而宗武王也。今若以高祖创业,当跻其祀,是弃三代之令典,尊汉氏之末制,黜景皇帝之大业,同丰公太公之不祀,反古违道,失孰大焉?夫追尊景皇,庙号太祖,高祖、太祖所以崇尊之礼也。若配天之位既异,则太祖之号宜废,祀之不修,庙亦当毁。尊祖报本之道,其坠于地乎!汉制,擅议宗庙,以大不敬论。今武德、贞观宪章未改,国家方将敬祀事,和神人,禘郊之间,恐非所宜。臣谨称礼文,参诸往制,请仍旧典。

竟依归崇敬等议,以太祖配享天地。

广德二年正月十六日,礼仪使杜鸿渐奏:"郊、太庙,大礼,其祝文自今已后,请依唐礼,板上墨书。其玉简金字者,一切停废。如允臣所奏,望编为常式。"敕曰:"宜行用竹简。"

贞元元年十一月十一日,德宗亲祀南郊。有司进图,敕付礼官详酌。博士柳晚冕奏曰:"开无定礼,垂之不刊。天宝改作,起自权制。此皆方士谬妄之说,非礼典之文,请一准《开元礼》。"从之。

其年十月二十七日,诏:"郊祀之义,本于至诚,制礼定名,合从事实,使名实相副,则尊卑有伦。五方配帝,上古哲王,道济烝人,礼著明祀。论善计功，则朕德不类，统天御极，朕位攸同。而于祝文称臣以祭，既无益于诚敬，徒有渎于等威。前京兆府司录参军高佩上疏陈请，其理精详。朕重变旧仪，访于卿士，申明大义，是用释然。宜从改正，以敦至礼。自今已后，祀五方配帝祝文，并不须称臣。其余礼数如旧。”六年十一月八日，有事于南郊。诏以皇太子为亚献，亲王为终献。上问礼官：“亚献、终献合受誓诫否？”吏部郎中柳冕曰：“准《开元礼》，献官前七日于内受誓诫。辞云：‘各扬其职，不供其事，国有常刑。’今以皇太子为亚献，请改旧辞，云：‘各扬其职，肃奉常仪’。”从之。

十五年四月，术士匡彭祖上言：“大唐土德，千年合符，请每于四季月郊祀天地。”诏礼官儒者议。归崇敬曰：“准礼，立春日迎春于东郊，祭青帝。立夏日迎夏于南郊，祭赤帝。立秋后十八日，迎黄灵于中地，祭黄帝。秋、冬各于其方。黄帝于五行为土，王在四季，土生于火，用事于未，而祭于秋，三季则否。汉、魏、周、隋，共行此礼。国家土德乘时，亦以每岁六月土王之日，祀黄帝于南郊，以后土配，合于典礼。彭祖凭候纬之说，据阴阳之书，事涉不经，恐难行用。”乃寝。

元和十五年十二月，将有事于南郊。穆宗问礼官：“南郊卜日否？”礼院奏：“伏准礼令，祠祭皆卜。自天宝已后，凡欲郊祀，必先朝太清宫，次日飨太庙，又次日祀南郊。相循至今，并不卜日。”从之。及明年正月，南郊礼毕，有司不设御榻，上立受群臣庆贺。及御楼仗退，百僚复不于楼前贺，乃受贺于兴庆宫。二者阙礼，有司之过也。

　　按：本书纪第十一有错简两节，已据沈氏德潜校本改正。本卷复有错简，仍依前例订正如下：

　　今第六页前十一行“自是五精之神五星所奉矣。其又”以下原接今第十二页前十四行“五方帝、五帝、五官从祀”。

　　今第十二页前十四行“以睿宗配”下原接今第十七页前九行“太常博士独孤及献议曰”。

　　今第十七页前九行"百僚会议"下原接今第六页前十一行"天是人主之象"，但殿本于今第六页前十一行"五星所奉矣。其又以天是人主之象"句脱去"矣"字，"其又以天是"五字作"以其是"三字。

　　按：殿本考证云"五星所奉矣"下应接"以其是人主之象"云云，原本以字伪，"矣"下误接"其又以五方帝"云云，共误二千三百余字。今查自"五方帝至百僚会议"，实三千五百字。

　　又考证云"以睿宗配"下应接"其五方帝"云云，原本误接"太常博士独孤及"云云，共三千三百余字。今查自"太常博士独孤及"至"有司之过也"只一千九十八字。

　　又考证云："诏百僚会议"下应接"太常博士独孤及"云云，原本误接"天是人主之象"云云，共四千二百余字。今查自"以其是人主之象"至"以睿宗配"只四千五百六字。

　　以上三则考证所记字数均与实数不符，特为订正。张元济识。

旧唐书卷二二
志第二

礼仪二

　　隋文帝开皇中,将作大匠宇文恺依《月令》造明堂木样以献。帝令有司于京城安业里内规兆其地,方欲崇建,而诸儒争论不定,竟议罢之。炀帝时,恺复献明堂木样并议状,属迁都兴役,事又不就。终于隋代,季秋大享,恒在雩坛设祀。

　　高祖受禅,不遑创仪。太宗平定天下,命儒官议其制。贞观五年,太子中允孔颖达以诸儒立议违古,上言曰:"臣伏寻前敕,依礼部尚书卢宽、国子助教刘伯庄等议,以为'从昆仑道上层祭天'。又寻后敕云:'为左右阁道,登楼设祭。'臣检六艺群书百家诸史,皆名基上曰堂,楼上曰观,未闻重楼之上而有堂名。《孝经》云:'宗祀文王于明堂。'不云明楼、明观,其仪一也。又明堂法天,圣王示俭,或有蒹蒿为柱,茸茅作盖。虽复古今异制,不可恒然,犹依大典,惟在朴素。是以席惟藁秸,器尚陶匏,用秬粟以贵诚,服大裘以训俭。今若飞楼架道,绮阁凌云,考古之文,实堪疑虑。按《郊祀志》:汉武明堂之制,四面无壁,上覆以茅。祭五帝于上座,祀后土于下防。臣以上座正为基上,下防惟是基下。既云无四壁,未审伯庄如何上层祭神,下有五室?且汉武所为,多用方士之说,违经背正,不可师祖。又卢宽等议云:'上层祭天,下堂布政,欲使人神位别,事不相干。'臣以古者敬重大事,与接神相似,是以朝觐祭祀,皆在庙堂,岂有楼上祭祖,楼下视朝?阁道升楼,路便窄隘,乘辇相仪接神不敬,步往则劳曳圣躬。侍卫在劳,百司供奉。求之典诰,全无此理。臣非敢固执愚见,以求己长。伏以国之大典,不可不慎。乞以臣言下群臣详议。”

侍中魏征议曰:“稽诸古训,参以旧图,其上圆下方,复庙重屋,百虑一致,异轸同归。洎当涂膺箓,未遑斯礼;典午聿兴,无所取则。裴頠以诸儒持论,异端蜂起,是非舛互,靡所适从,遂乃以人废言,止为一殿。宋、齐即仍其旧,梁、陈遵而不改。虽严配有所,祭享不匮,求之典则,道实未弘。夫孝因心生,礼缘情立。心不可极,故备物以表其诚;情无以尽,故饰宫以广其敬。宣尼美意,其在兹乎! 臣等亲奉德音,令参大议,思竭尘露,微增山海。凡圣人有作,义重随时,万物斯睹,事资通变。若据蔡邕之说,则至理失于文繁;若依裴頠所为,则又伤于质略。求之情理,未允厥中。今之所议,非无用舍。请为五室重屋,上圆下方,既体有则象,又事多故实。下室备布政之居,上堂为祭天之所,人神不杂,体亦宜之。其高下广袤之规,几筵尺丈之制,则并随时立法,因事制宜。自我而作,何必师古。廓千载之疑议,为百王之懿范。不使泰山之下,惟闻黄帝之法;汶水之上,独称汉武之图。则通乎神时,庶几可俟,子来经始,成之不日。”议犹未决。

十七年五月,秘书监颜师古议曰:

明堂之制,爰自古昔,求之简牍,全文莫睹。始之黄帝,降及有虞,弥历夏、殷,迄于周代,各立名号,别创规模。众说舛驳,互执所见,巨儒硕学,莫有详通,斐然成章,不知裁断。究其指要,实布政之宫也。徒以战国纵横,典籍废弃;暴秦酷烈,经礼湮亡。今之所存,传记杂说,用为准的,理实芜昧。

然《周书》之叙明堂,纪其四面,则有应门、雉门,据此一途,固是王者之常居耳。其青阳、总章、玄堂、太庙及左个、右个,与四时之次相用,则路寝之义,足为明证。《文王居明堂之篇》:“带以弓韣,祠于高禖。下九门磔禳以御疾疫,置梁除道以利农夫,令国有酒以合三族。”凡一事等,皆合《月令》之文。观其所为，皆在路寝者也。《戴礼》：“昔周公朝诸侯于明堂之位，天子负斧扆南向而立。明堂也者，明诸侯之尊卑也。”《周礼》又云：“周人明堂，度九尺之筵，东西九筵，堂一筵。”据其制度，即大寝也。《尸子》亦曰：“黄帝曰合宫，有虞氏曰总章，殷曰阳馆，周曰明堂。”斯皆路寝之征，知非别处。大戴所说，初有近郊之言，复称文王之庙，进退无据，自为矛盾。原夫负扆受朝，常居出入，既在皋库之内，亦何云于郊野哉？《孝经传》云“在国之阳”，又无里数。

汉武有怀创造，询于缙绅，言论纷然，终无定据，乃立于汶水之上，而宗祀焉，明其不拘远近，无择方面。孝成之代，表行城南，虽有其文，厥功靡立。平帝元始四年，大议营创。孔牢等乃以为明堂、辟雍、太学，其实一也，而有三名。金褒等又称经传无文，不能分别同异。中兴之后，蔡邕作论，复云明堂太庙，一物二名。郑玄则曰：“在国之阳，三里之外。”七里之内，丙巳之地。”颖客《释例》亦云：“明堂太庙，凡有八名，其体一也。”苟立同异，竞为巧说，并出自胸怀，曾无师祖。

审夫功成作乐，理定制礼，草创从宜，质文递变。旌旗冠冕，古今不同，律度权衡，前后不一，随时之义，断可知矣。假如周公旧章，犹当择其可否；宣尼彝则，尚或补其阙漏。况郑氏臆说，淳于谀闻，匪异守株，何殊胶柱？愚谓不出墉雉，迩接宫闱，实允事宜，谅无所惑。但当上遵天旨，祗奉德音，作皇代之明堂，永贻范于来叶。区区碎议，皆略而不论。

又上表曰：“明堂之制，陛下已发德音，久令详议。但以学者专，人人异言，损益不同，是非莫定。臣愚以为五帝之后，两汉已前，下方圆，皆不相袭。惟在陛下圣情创造，即为大唐明堂，足以传于代，何以论户牖之多少，疑阶廷之广狭？若恣儒者互说一端，久无决，徒稽盛礼。昔汉武欲草封禅仪，博望诸生，所说不同，莫知孰。唯御史大夫倪宽劝上自定制度，遂成登封之礼。臣之愚诚，亦陛下斟酌繁省，为其节文，不可谦拒，以淹大典。”寻以有事辽海，未暇营创。

永徽二年七月二日，敕曰："上玄幽赞，处崇高而不言；皇王提象，代神功而理物。是知五精降德，爰应帝者之尊；九室垂文，用纪配天之业。且合宫、灵符，创鸿规于上代；太室、总章，标茂范于中叶。虽质文殊制，奢俭异时，然则立天中，作人极，布政施教，其归一揆。朕嗣膺下武，丕承上烈，思所以答眷上灵，聿遵孝享，而法宫旷礼，明堂寝构。今国家四表无虞，人和岁稔，作范垂训，今也其时。宜令所司与礼官学士等考核故事，详议得失，务依典礼，造立明堂。庶旷代阙文，获申于兹日；因心展敬，永垂于后昆。其明堂制度，令诸曹尚书及左右丞侍郎、太常、国子秘书官、弘文馆学士同共详议。"

于是太常博士柳宣依郑玄义，以为明堂之制，当为五室。内直丞孔志约据《大戴礼》及卢植、蔡邕等义，以为九室。曹王友赵慈皓、秘书郎薛文思等各造明堂图。诸儒纷争，互有不同。上初以九室之议为是，乃令所司详定形制及辟雍门阙等。

明年六月，内出九室样，仍更令有司损益之。有司奏言：

内样：堂基三重，每基阶各十二。上基方九雉，八角，高一尺。中基方三百尺，高一筵。下基方三百六十尺，高一丈二尺。上基象黄琮，为八角，四面安十二阶。请从内样为定。基高下仍请准周制高九尺，其方共作司约准一百四十八尺。中基下基，望并不用。

又内室各方三筵，开四闼、八窗。屋圆楣径二百九十一尺。按春秋大飨五帝，各在一室，商量不便，请依两汉季秋合飨，总于太室。若四时迎气之祀，则各于其方之室。其安置九室之制，增损明堂故事，三二相重。太室在中央，方六丈，其四隅之室，谓之左右房，各方二丈四尺。当太室四面，青阳、明堂、总章、玄堂等室，各长六丈，以应太室；阔二丈四尺，以应左右房。室间并通巷，各广一丈八尺。其九室并巷在堂上，总方一百四十四尺，法坤之策。屋圆楣、盾、檐，或为未允。请据郑玄、卢植等说，以前梁为楣，其径二百一十六尺，法乾之策。圆柱旁出九室四

隅,各七尺,法天以七纪。柱外余基,共作司约准面别各余一丈
一尺。内室别四闼、八窗,检与古同,请依为定。其户依古外设
而不开。内外有柱三十六,每柱十梁。内有七间,柱根以上至
梁高三丈,梁以上至屋峻起,计高八十一尺。上圆下方,飞檐应
规,请依内样为定。其屋盖形制,仍望据《考工记》改为四阿,并
依礼加重檐,准太庙安鸱尾。堂四向五色,请依《周礼》白盛为
便。其四向各随方色。请施四垣及四门。

辟雍,按《大戴礼》及前代说,辟雍多无水广、内径之数。蔡
邕云:"水广二十四丈,四周于外。"《三辅黄图》云"水广四周",
与蔡邕不异,仍云"水外周堤"。又张衡《东京赋》称"造舟为
梁"。《礼记》、《明堂位》、《阴阳录》云:"水左旋以象天。"商量水
广二十四丈,恐伤于阔,今请减为二十四步,垣外量取周足。仍
依故事造舟为梁,其外周以圆堤,并取《阴阳》"水行左旋"之
制。

殿垣,按《三辅黄图》,殿垣四周方在水内,高不蔽日,殿门
去殿七十二步。准今行事陈设,犹恐窄小。其方垣四门去堂步
数,请准太庙南门去庙基远近为制。仍立四门八观,依太庙门
别各安三门,施玄阃,四角造三重魏阙。

此后群儒纷竞,各执异议。尚书左仆射于志宁等请为九室,太
博士唐胨等请为五室。高宗令于观德殿依两议张设,亲与公卿观
。帝曰:"明堂之礼,自古有之。议者不同,未果营建。今设两议,
等以何者为宜?"工部尚书阎立德对曰:"两议不同,俱有典故。九
似暗,五室似明。取舍之宜,断在圣虑。"上以五室为便,议又不
,由是且止。

至乾封二年二月,详宜略定,乃下诏曰:"朕以寡薄,忝承丕绪。
二圣之遗训,抚亿兆以初临,驭朽竞怀,推沟在念。而上玄垂佑,
社降休,岁稔时和,人殷俗阜。车书混一,文轨大同。检玉泥金,
中告禅,百蛮执贽,万国来庭,朝野欢娱,华夷胥悦。但为郊禋严
,未安太室,布政施行,犹阙合宫。朕所以日昃忘疲,中宵辍寝,讨

论坟籍，错综群言，采三代之精微，探九皇之至赜，斟酌前载，制造明堂。栋宇方圆之规，虽兼故实；度筵陈俎之法，独运财成。宣诸内外，博考详议，求其长短，冀广异闻。而鸿生硕儒，俱称尽善，缙绅士子，并奏该通。创此宏摹，自我作古。因心既展，情礼获伸，永言宗祀，良深感慰。宜命有司，及时起作，务从折中，称朕意焉。"于是大赦天下，改元为总章，分万年置明堂县。

明年三月，又具规制广狭，下诏曰：

合宫听朔，阐皇轩之茂范；灵府通和，敷帝勋之景化。殷人阳馆，青珪备礼；姬氏玄堂，彤璋合献。虽运殊骊翰，时变质文，至于立天中，建皇极，轨物施教，其归一揆。考图汶上，仅存公玉之仪；度室圭躔，才纪中元之制。属炎精坠驾，璇宫毁斸，四海沦于沸鼎，九土陷于涂原。高祖太武皇帝杖钺唐郊，收钤雍野，纳祥符于苍水，受灵命于丕山。飞沈泳沫，动植游源。太宗文皇帝盟津光誓，协降火而登坛；丰谷断蛇，应屯云而鞠旅。封金岱岭，昭累圣之鸿勋；勒石九都，成文考之先志。固可以作化明堂，显庸太室。傍罗八柱，周建四门，木工不琢，土事无文，丰约折衷，经始勿亟，阙文斯备，大礼聿修。

其明堂院每面三百六十步，当中置堂。按《周易》乾之策二百一十有六，坤之策一百四十有四，总成三百六十，故方三百六十步。当中置堂，处二仪之中，定三才之本，构兹一宇，临此万方。自降院每面三门，同为一宇，徘徊五间。按《尚书》，一期有四时，故四面各一所开门；每时有三月，故每一所开三门；一期十有二月，故周回总十二门。所以面别一门，应兹四序，既一时而统三月，故于一舍而置三门。又《周易》三为阳数，二为阴数，合而为五，所以每门舍五间。院四隅各置重楼，其四墉各依本方色。按《淮南子》，地有四维，故四楼。又按《月令》，水、火、金、木、土五方各异色，故其墙各依本方之色。

基八面，象八方。按《周礼》，黄琮礼地。郑玄注：琮者，八方之玉，以象地形，故以祀地。则知地形八方。又按《汉书》，武帝立八觚坛以祀地。登地之坛,形象地,故令为八方之基,以象地形。基高一丈二尺,径二百八十尺。按《汉书》,阳为六律,阴为六吕。阳与阴合,故高一丈二尺。又按《周易》,三为阳数,八为阴数。三八相乘,得二百四十。按《汉书》,九会之数有四十,合为二百八十,所以基径二百八十尺。故以交通天地之和,错综阴阳之数。以明阳不独运,资阴和以助成;阴不孤行,待阳唱而方应。阴阳两顺,天地咸亨,则百宝斯兴,九畴攸序。基每面三阶,周回十二阶,每阶为二十五级。按《汉书》,天有三阶,故每面三阶;地有十二辰,故周回十二阶。又按《文子》,从凡至圣,有二十五等,故每阶二十五级。所以应符星而设阶,法台耀以疏陛,上拟霄汉之仪,下则地辰之数。又列兹重级,用准圣凡。象皇极之高居,俯庶类而临耀。

基之上为一堂,其宇上圆。按《道德经》:天得一以清,地得一以宁,侯王得一以为天下贞。又曰:道生一,一生二,二生三,三生万物。又按《汉书》:太极元气,函三为一。又曰:天子以四海为家。故置一堂以象元气,并取四海为家之义。又按《周礼》,苍壁礼天。郑玄注:壁圆以象天。故为宇上圆。堂每面九间,各广一丈九尺。按《尚书》,地有九州,故立九间。又按《周易》,阴数十,故间别一丈九尺,所以规模厚地,准则阴阳,法二气以通基,置九州于一宇。堂周回十二门,每门高一丈七尺,阔一丈三尺。按《礼记》,一岁有十二月,所以置十二门。又按《周易》,阴数十,阳数七,故高一丈七尺;又曰阳数五,阴数八,故阔一丈三尺。所以调兹玉烛,应彼金辉,叶二气以循环,逐四序而迎节。堂周回二十四窗。高一丈三尺,阔一丈一尺,二十三棋,二十四明。按《史记》,天有二十四气,故置二十四窗。又按《书》,一年十二月,并象闰,故高一丈三尺。又按《周易》,天数一,地数十,故阔一丈一尺;又天数九,地数十,并四时成二十三,故二十三棋。又按《周易》,八纯卦之本体,合二十四爻,故有二十四明。列牖疏窗,象风候气,远周天地之数,曲准阴阳之和。

堂心八柱,各长五十五尺。按《河图》,八柱承天,故置八柱。又按《周易》,大衍之数五十有五,故长五十五尺。耸兹八柱,承彼九间,数该大衍之规,形符立极之制。且柱为阴数,天实阳元,柱以阴气上升,天以阳和下降,固阴阳之交泰,乃天地之相承。堂心之外,置四柱为四辅。按《汉书》,天有四辅星,故置四柱以象四星。内以八柱承天,外象四辅明化,上交下泰,表里相成,叶台耀以分辉,契编珠而拱极。八柱四辅之外,第一重二十柱。按《周易》,天数五,地数十,并五行之数合而为二十,故置二十柱。体二仪而立数,叶五位以裁规,式符立极之功,允应刚柔之道。八柱四辅之外,第二重二十八柱。按《史记》,天有二十八宿,故有二十八柱。所以仰则乾图,上符景宿,考编珠而纪度,观列宿以迎时。八柱四辅之外,第三重三十二柱。按《汉书》,有八节、八政、八风、八音,四八三十二柱。调风御节,万物资以化成;布政流音,九区仰而贻则。外面周回三十六柱。按《汉书》,一期三十六旬,故法之以置三十六柱。所以象岁时而致用,顺寒暑以通微,璇玑之度无忒,玉历之期永契。八柱之外,修短总有三等。按《周易》,天、地、人为三才,故置柱长短三等。所以拟三才以定位,高下相形;体万物以资生,长短兼运。八柱之外,都合一百二十柱。按《礼记》,天子置三公、九卿、二十七大夫、八十一元士,合为一百二十,是以置一百二十柱。分职设官,翊化资于多士;开物成务,构厦藉于群材。其上槛周回二百四柱。按《周易》,坤之策一百四十有四,又《汉书》,九会之数有六十,故置二百四柱。所以采坤策之玄妙,法甲乙之精徽,环回契辰象之规,结构准阴阳之数。又基以象地,故叶策于坤元;柱各依方,复规模于甲子。

重楣,二百一十六条。按《周易》,乾之策二百一十有六,故置二百一十六条。所以规模《易》象,拟法乾元,应大衍之深玄,叶神策之至数。大小节及拱,总六千三百四十五。按《汉书》,

会月之数六千三百四十五，故置六千三百四十五枚。所以远采三统之文，傍符会月之数，契金仪而调节，偶璇历以和时。重干，四百八十九枚。按《汉书》，章月二百三十五，闰月周回二百五十四，总成四百八十九，故置四百八十九枚。所以法履端之奥义，象举正之芳猷，规模历象，发明章、闰。下柳，七十二枚。按《易纬》，有七十二候，故置七十二枚。所以式模芳节，取规贞候，契至和于昌历，偶神数于休期。上柳，八十四枚。按《汉书》，九会之数有七十。又按《庄子》：六合之外，圣人存而不论。司马彪注：天地四方为六合。总成八十四，故置八十四枚。所以模范二仪，包罗六合，准会阴阳之数，周通气候之源。枅，六十枚。按《汉书》，推太岁之法有六十，故置六十枚。所以兼该历数，包括阴阳，采甲乙之深微，穷辰子之玄奥。连拱，三百六十枚。按《周易》，当期之日，三百有六十，故置三百六十枚。所以叶周天之度，准当期之日，顺平分而成岁，应暑运以循环。小梁，六十枚。按《汉书》，有六十甲子，故置六十枚。构此虹梁，遐规凤历，傍竦四宇之制，遥符六甲之源。棒，二百二十八枚。按《汉书》，章中二百二十八，故置二百二十八枚。所以应长历之规，象中月之度，广综阴阳之数，傍通寒暑之和。方衡，一十五重。按《尚书》，五行生数一十有五，故置十五重。结栋分间，法五行而演秘；疏楹叠构，叶生数以成规。南北大梁，二根。按《周易》，太极生两仪，故置二大梁。轨范乾坤，模拟天地，象玄黄之合德，表覆载以生成，阳马，三十六道。按《易纬》，有三十六节，故置三十六道。所以显兹嘉节，契此贞辰，分六气以燮阴阳，环四象而调风雨。椽，二千九百九十根。按《汉书》，月法二千三百九十二，通法五百九十八，共成二千九百九十。所以偶推步之规，合通法之数。是知疏椽构宇，则大壮之架斯隆；积月成年，则会历之规无爽。大招，两重，重别三十六条，总七十二。按《淮南子》，太平之时，五日一风，一年有七十二风，故置七十二条。所以通规瑞历，叶数祥风，遥符淳俗之年，远则休征之契。飞檐椽,九百二十九枚。按《汉书》,从子至午,其数九百二十九,故置九百二十九枚。所以采辰象之宏模,法周天之至数。且午为阴本,子实阳源,子午分时,则生成之道自著;阴阳合德,则覆载之义兹隆。

堂檐,径二百八十八尺。按《周易》,乾之策二百一十六,《易纬》云,年有七十二候,合为二百八十八尺,故径二百八十八尺,所以仰叶乾策,远承贞候,顺和气而调序,拟圆盖以照临。堂上栋,去基上面九十尺。按《周易》天数九,地数十,以九乘十,数当九十,故去基上面九十尺。所以上法圆清,下仪方载,契阴阳之至数,叶交泰之贞符。又以兹天九,乘于地十,象阳唱而阴和,法乾施而坤成。檐,去地五十五尺。按《周易》,大衍之数五十有五,故去地五十五尺。所以拟大《易》之嘉数,通惟神之至赜,道合万象,理贯三才。上以清阳玉叶覆之。按《淮南子》,清阳为天,合以清阳之色。

诏下之后,犹群议未决。终高宗之世,未能创立。

则天临朝,儒者屡上言请创明堂。则天以高宗遗意,乃与北门学士议其制,不听群言。垂拱三年春,毁东都之乾元殿,就其地创之。四年正月五日,明堂成。凡高二百九十四尺,东西南北各三百尺。有三层:下层象四时,各随方色;中层法十二辰,圆盖,盖上盘九龙捧之;上层法二十四气,亦圆盖。亭中有巨木十围,上下通贯,栭、栌、橕、棍,藉以为本,亘之以铁索。盖为鸑鷟,黄金饰之,势若飞翥。刻木为瓦,夹纻漆之。明堂之下施铁渠,以为辟雍之象。号万象神宫。因改河南县为合宫县。诏曰:

黄轩御历,朝万方于合宫;丹陵握符,咨四岳于衢室。有虞辑瑞,总章之号既存;大禹锡圭,重屋之名攸建。殷人受命,置阳馆以辨方;周室凝图,立明堂以经野。用能范围三极,幽赞五神,展尊祖之怀,用宗祀之典。爰从汉、魏,迨及周、隋,经始之制虽兴,修广之规未备。

朕以庸昧,虔膺厚托,受寄于缀衣之夕,荷顾于仍几之前。

伏以高宗往年，已属意于阳馆，故京辅之县，预纪明堂之名，改元之期，先著总章之号。朕于乾封之际，已奉表上尘，虽简宸心，未遑营构。今以鼎郊胜壤，圭邑奥区，处天地之中，顺阴阳之序，舟车是凑，贡赋攸均，爰藉子来之功，式遵奉先之旨。

夫明堂者，天子宗祀之堂，朝诸侯之位也。开乾坤之奥策，法气象之运行，故能使灾害不生，祸乱不作。眷言盛烈，岂不美欤！比者鸿儒礼官，所执各异，咸以为明堂者，置之三里之外，七里之内，在国阳明之地。今既俯迩宫掖，恐黩默灵祇，诚乃布政之居，未为宗祀之所。朕乃为丙巳之地，去宫室遥远，每月所居，因时飨祭，常备文物，动有烦劳，在于朕怀，殊非所谓。今故裁基紫掖，避宇彤闱，经始肇兴，成之匪日。但敬事天地，神明之德乃彰；尊祀祖宗，严恭之志方展。若使惟云布政，负扆临人，则茅宇土阶，取适而已，岂必劳百姓之力，制九筵而御哉！诚以获执频繁，虔奉宗庙故也。时既沿革，莫或相遵，自我作古，用适于事。今以上堂为严配之所，下堂为布政之居，光敷礼训，式展诚敬。来年正月一日，可于明堂宗祀三圣，以配上帝。宜令礼官、博士、学士、内外明礼者，详定仪礼，务从典要，速以奏闻。

永昌元年正月元日，始亲享明堂，大赦改元。其月四日，御明堂布政，颁九条以训于百官。文多不载。翌日，又御明堂，飨群臣，赐缣缯有差。自明堂成后，纵东都妇人及诸州父老入观，兼赐酒食，久之乃止。吐蕃及诸夷以明堂成，亦各遣使来贺。载初元年冬正月庚辰朔，日南至，复亲飨明堂，大赦改元，用周正。翌日，布政于群后。其年二月，则天又御明堂，大开三教。内史邢文伟讲《孝经》，命侍臣及僧、道士等以次论议，日昃乃罢。

天授二年正月乙酉，日南至，亲祀明堂，合祭天地，以周文王及武氏先考、先妣配，百神从祀，并于坛位次第布度以祀之。于是春官郎中韦叔夏奏曰："谨按明堂大享，唯祀五帝。故《月令》云：'是月也，大享帝。'则《曲礼》所云'大享不问卜'，郑玄注云'谓遍祭五帝于明堂，莫适卜'是也。又按《祭法》云：'祖文王而宗武王。'郑玄注云：'祭五帝、五神于明堂曰祖、宗。故《孝经》云：宗祀文王于明堂，以配上帝。'据此诸文，明堂正礼，唯祀五帝，配以祖宗及五帝、五官神等，自外余神，并不合预。伏惟陛下追远情深，崇禋志切，于明堂享祀，加昊天上帝、皇地祇，重之以先帝、先后配享，此乃补前王之阙典，弘严配之虔诚。往以神都郊坛未建，乃于明堂之下，广祭众神，盖义出权时，非不刊之礼也。谨按礼经：其内官、中官、五岳、四渎诸神，并合从祀于二至。明堂总奠，事乃不经。然则宗祀配天之亲，杂与小神同荐，于严敬之道，理有不安。望请每岁元日，惟祀天地大神，配以帝后。其五岳以下，请依礼于冬、夏二至，从祀方丘、圜丘，庶不烦黩。"从之。

时则天又于明堂后造天堂，以安佛像，高百余尺。始起建构，为大风振倒。俄又重营，其功未毕。证圣元年正月丙申夜，佛堂灾，延烧明堂，至曙，二堂并尽。寻时又无云而雷，起自西北。则天欲责躬避正殿。宰相姚璹曰："此实人火，非是天灾。至如成周宣榭，卜代逾长；汉武建章，盛德弥永。今明堂是布政之所，非宗祀也。"则天乃御端门观酺宴，下诏令文武九品已上各上封事，极言无有所隐。左拾遗刘承庆上疏曰：

臣闻自古帝王，皆有美恶，休祥所以昭其德，灾变所以知其咎，天道之常理，王者之常事。然则休祥屡臻，不可矜功而自满；灾变奄降，不可轻忽而靡惊。故殷宗以桑谷生朝，怀惧而自省，妖不胜德，遂立中兴之功；辛纣以雀生大鸟，恃福而自盈，祥不胜骄，终致倾亡之祸。故知灾变之生，将自觉悟明主，扶持大业，使盛而不衰。理须祇畏神心，警惧天诫，饬身正事，业业兢兢，则凶往而吉来，转祸而为福。昔殷汤祷身而降雨，成王省事以反风，宋公忧荧惑之灾，而应三舍之寿，高宗惩雊雉之异，而享百年之福，此其类也。

自陛下承天理物，至道事神，美瑞嘉祥，涛臻狎委，非臣所能尽述。日者变生人火，损及神宫，惊惕圣心，震动黎庶。臣谨按《左传》曰："人火曰火，天火曰灾。"人火因人而兴，故指火体而为称；天火不知何起，直以所灾言之。其名虽殊，为害不别。又《汉书·五行志》曰："火失性则自上而降，及滥焰妄起，灾宗庙，烧宫馆。"自上而降，所谓天火；滥焰妄起，所谓人火。其来虽异，为患实同。王者举措营为，必关幽显。幽为天道，显为人事，幽显迹通，天人理合。今工匠宿藏其火，本无放燎之心；明堂教化之宫，复非延火之所。孽煨潜扇，倏忽成灾，虽则因人，亦关神理。臣愚以为火发既先从麻主，后及总章，意将所营佛舍，恐劳而无益。但崇其教，即是津梁，何假绀宫，方存汲引？既僻在明堂之后，又前逼牲牢之筵，兼以厥构崇大，功多难毕。立像弘法，本拟利益黎元；伤财役人，却且烦劳家国。承前大风摧木，天诚已显；今者毒焰冥炽，人孽复彰。圣人动作，必假天人之助，一兴功役，二者俱违，厥应昭然，殆将缘此。

臣以为明堂是正阳之位，至尊所居，展礼班常，崇化立政，玉帛朝会，神灵依凭，营之可曰大功，损之实非轻事，既失严禋之所，复伤孝理之情。陛下昨降明制，犹申寅畏之旨，群僚理合兢畏震悚，勉力司存，岂合承恩耽乐，安然酺宴？又下人感荷圣德，睹变憎惶，神体克宁，岂非深悦。但以火气初止，尚多惊惧，余忧未息，遽以欢事遇之。臣恐忧喜相争，伤于情理。故传曰："可忧而为乐，取忧之道。"又古者有火，祭四墉。四墉，积阴之气，祈之以禳火灾。火，阳之气，欢乐阳事，火气方胜，不可复兴阳事。

臣闻灾变之兴，至圣不免，聿修其德，来患可禳。陛下垂制博访，许陈至理。而左史张鼎以为"今既火流王屋，弥显大周之祥"，通事舍人逢敏奏称："当弥勒初成佛道时，有天魔烧宫，七宝台须臾散坏"。斯实谄妄之邪言，实非君臣之正论。晻昧王化，无益万机。夫天道虽高，其察弥近；神心虽寂，其听弥聪，交际皇王，事均影响。今大风烈火，谴告相仍，实天人丁宁，匡谕圣主，使鸿基益固，天禄永终之意也。伏愿陛下乾乾在虑，翼翼

为怀,若涉巨川,如承大祭,审其致灾之理,详其降眚之由,无
替天人之心,而兴不急之役。则兆人蒙赖,福禄靡穷,幸甚,幸
甚。

则天寻令依旧规制重造明堂,凡高二百九十四尺,东西南北广
三百尺。上施宝凤,俄以火珠代之。明堂之下,圜绕施铁渠,以为辟
雍之象。天册万岁二年三月,重造明堂成,号为通天宫。四月朔日,
又行亲享之礼,大赦,改元为万岁通天。翼日,则天御通天宫之端扆
殿,命有司读时令,布政于群后。

其年,铸铜为九州鼎,既成,置于明堂之庭,各依方位列焉。神
都鼎高一丈八尺,受一千八百石。冀州鼎名武兴,永州鼎名长安,兖
州名日观,青州名少阳,徐州名车源,扬州名江都,荆州名江陵,梁
州名咸都。其八州鼎高一丈四尺,各受一千二百石。司农卿宗晋卿
为九鼎使,都用铜五十六万七百一十二斤。鼎上图写本州山川物产
之像,仍令工书人著作郎贾膺福、殿中丞薛昌容、凤阁主事李元振、
司农录事钟绍宗等分题之,左尚方署令曹元廓图画之。鼎成,自玄
武门外曳入,令宰相、诸王率南北衙宿卫兵十余万人,并仗内大牛、
白象共曳之。则天自为《曳鼎歌》,令相唱和。其时又造大仪钟,敛
天下三品金,竟不成。九鼎初成,欲以黄金千两涂之。纳言姚璹曰:
"鼎者神器,贵于质朴,无假别为浮饰。臣观其状,光有五彩辉焕错
杂其间,岂待金色为之炫耀?"乃止。其年九月,又大享于通天宫。以
契丹破灭,九鼎初成,大赦,改元为神功。

圣历元年正月,又亲享及受朝贺。寻制:每月一日于明堂行告
朔之礼。司礼博士辟闾仁谞奏议曰:

谨按经史正文,无天子每月告朔之事。惟《礼记》、《玉藻》
云:"天子听朔于南门之外。"周《天官》、《太宰》:"正月之吉,布
政于邦国都鄙。"干宝注云:"周正建子之月,告朔日也。"此即
《玉藻》之听朔矣。今每岁首元日,于通天宫受朝,读时令,布政
事,京官九品以上、诸州朝集使等咸列于庭,此则听朔之礼毕,
而合于《周礼》、《玉藻》之文矣。而郑玄注《玉藻》"听朔",以秦

制月令有五帝五官之事，遂云："凡听朔，必特牲告其时帝及其神，配以文王、武王。"此郑注之误也。故汉魏至今莫之用。按《月令》云"其帝太昊，其神勾芒"者，谓宣布时令，告示下人，其令词云其帝其神耳。所以为敬授之文，欲使人奉其时而务其业。每月有令，故谓之《月令》，非谓天子月朔日以祖配帝而祭告之。其每月告朔者，诸侯之礼也。故《春秋左氏传》曰："公既视朔，遂登观台。"又郑注《论语》云："礼，人君每月告朔于庙，有祭谓之朝享。鲁自文公始不视朔。"是诸侯之礼明矣。今王者行之，非所闻也。按郑所谓告其帝者即太昊等五人帝，其神者即重黎等五行官。虽并功施于人，列在祀典，无天子每月拜祭告朔之文。

臣等谨检《礼论》及《三礼义宗》、《江都集礼》、《贞观礼》、《显庆礼》及祠令，并无天子每月告朔之事。若以为代无明堂，故无其告朔之礼，则《江都集礼》、《贞观礼》、《显庆礼》及祠令，著祀五方上帝于明堂，即《孝经》"宗祀文王于明堂"也。此则无明堂而著其享祭，何为告朔独阙其文？若以君有明堂即合告朔，则周、秦有明堂，而经典正文，无天子每月告朔之事。臣等历观今古，博考载籍，既无其礼，不可习非。望请停每月一日告朔之祭，以正国经。窃以天子之尊，而用诸侯之礼，非所谓颁告朔、令诸侯、使奉而行之义也。

凤阁侍郎王方庆又奏议曰：

谨按明堂，天子布政之宫也。盖所以顺天气，统万物，动法于两仪，德被于四海者也。夏曰世室，殷曰重屋，姬曰明堂，此三代之名也。明堂，天子太庙，所以宗祀其祖，以配上帝。东曰青阳，南曰明堂，西曰总章，北曰玄堂，中曰太室。虽有五名，而以明堂为主。汉代达学通儒，咸以明堂、太庙为一。汉左中郎将蔡邕立议，亦以为然。取其宗祀，则谓之清庙；取其正室，则谓之太室；取其向阳，则谓之明堂；取其建学，则谓之太学；取其圜水，则谓之辟雍。异名而同事，古之制也。天子以孟春正月上辛日,于南郊总受十二月之政,还藏于祖庙,月取一政班于明堂。诸侯孟春之月,朝于天子,受十二月之政,还藏于祖庙,月取一政而行之。盖所以和阴阳、顺天道也。如此则祸乱不作,灾害不生矣。故仲尼美而称之曰:"明王之以孝理天下也。"人君以其礼告庙,则谓之告朔;听视此月之政,则谓之视朔,亦曰听朔。虽有三名,其实一也。

今礼官议称"经史正文无天子每月告朔之事"者。臣谨按《春秋》:"文公六年闰十月,不告朔。"《谷梁传》曰:闰,附月之余日,天子不以告朔。"《左氏传》云:"闰月不告朔,非礼也。闰以正时,时以作事,事以厚生,生人之道,于是乎在矣。不告闰朔,弃时政也。"臣据此文,则天子闰月亦告朔矣。宁有他月而废其礼者乎?博考经籍,其文甚著。何以明之?《周礼·太史》职云:"颁告朔于邦国。闰月,告王居门终月。"又《礼记》、《玉藻》云:"闰月则阖门左扉,立于其中。"并是天子闰月而行告朔之事也。

礼官又称:"《玉藻》,'天子听朔于南门之外。'《周礼·天官太宰》,'正月之吉,布政于邦国都鄙。'干宝注云,'周正建子之月,告朔日也。'此即《玉藻》之听朔矣。今每岁首元日,通天宫受朝,读时令,布政事,京官九品以上、诸州集使等咸列于庭,此听朔之礼毕,而合于《周礼》、《玉藻》之文矣。《礼论》及《三礼义宗》、《江都集礼》、《贞观礼》、《显庆礼》及祠令,无王者告朔之事"者。臣谨按《玉藻》云:"玄冕而朝日于东门之外,听朔于南门之外。"郑注云:"朝日,春分之时也。东门、南门,皆谓国门也。明堂在国之阳,每月就其时之堂而听朔焉,卒事,反宿于路寝。凡听朔,必以特牲告其时帝及其神,配以文王、武王。"臣谓今岁首元日,通天宫受朝,读时令及布政,自是古礼孟春上辛,受十二月之政,班于明堂,其义昭然,犹未行也。即如礼官所言,遂阙其事。

臣又按《礼记·月令》,天子每月居青阳、明堂、总章、玄堂,即是每月告朔之事。先儒旧说,天子行事,一年十八度入明堂;大享不问卜,一入也;每月告朔,十二入也;四时迎气,四入也;巡狩之年,一入也。今礼官立议,王惟岁首一入耳,与先儒既异,臣不敢同。郑玄云:"凡听朔告其帝。"臣愚以为告朔之日,则五方上帝之一帝也。春则灵威仰,夏则赤熛怒,秋则白招拒,冬则叶光纪,季月则含枢纽也,并以始祖而配之焉。人帝及神,列在祀黄,亦于其月而享祭之。鲁自文公始不视朔,子贡见其礼废,欲去其羊,孔子以羊存犹可识其礼,羊亡其礼遂废,故云:"尔爱其羊,我爱其礼。"

汉承秦灭学,庶事草创,明堂、辟雍,其制遂阙。汉武帝封禅,始造明堂于太山,既不立于京师,所以无告朔之事。至汉平帝元始中,王莽辅政,庶几复古,乃建明堂、辟雍焉。帝祫祭于明堂,诸侯王、列侯、宗室子弟九百余人助祭毕,皆益户、赐爵及金帛、增秩、补吏各有差。汉末丧乱,尚传其礼。爰至后汉,祀典仍存。明帝永平二年,郊祀五帝于明堂,以光武配,祭牲各一犊,奏乐如南郊。董卓西移,载籍湮灭,告朔之礼,于此而坠。暨于晋末,戎马生郊,礼乐衣冠,扫地总尽。元帝过江,是称狼狈,礼乐制度,南迁盖寡,彝典残缺,无复旧章,军国所资,临事议之。既阙明堂,宁论告朔。宋朝何承天纂集其文,以为《礼论》,虽加编次,事则阙如。梁代崔灵恩撰《三礼义宗》,但捃摭前儒,因循故事而已。隋大业中,炀帝命学士撰《江都礼集》,只抄撮《礼论》,更无异文。《贞观》、《显庆礼》及祠令不言告朔者,盖为历代不传,其文遂阙,各有由绪,不足依据。今礼官引为明证,在臣诚实有疑。

陛下肇建明堂,聿遵古典,告朔之礼,犹阙旧章,钦若稽古,应须补葺。若每月听政于明堂,事亦烦数,孟月视朔,恐不可废。

上又命奉常广集众儒,取方庆、仁诿所奏,议定得失。当时大儒成均博士吴扬吾、太学博士郭山恽曰:"臣等谨按《周礼》、《礼记》及

《三传》，皆有天子告朔之礼。夫天子颁告朔于诸侯，秦政焚灭《诗》、《书》，由是告朔礼废。今明堂肇建，总章新立，绍百王之绝轨，树万代之鸿规，上以严配祖宗，下以敬授人时，使人知礼乐，道适中和，灾害不生，祸乱不作。今若因循颁朔，每月依行，礼贵随时，事须沿革。望依王方庆议，用四时孟月日及季夏于明堂修复告朔之礼，以颁天下。其帝及神，亦请依方庆用郑玄义，告五时帝于明堂上。则严配之道，通于神明；至孝之德，光于四海。"制从之。

长安四年，始制：元日明堂受朝，停读时令。

中宗即位，神龙元年九月，亲享明堂，合祭天地，以高宗配。礼毕，曲赦京师。明年驾入京，于季秋大享，复就圜丘行事，迄于睿宗之世。

开元二年八月，太子宾客薛谦光献《九鼎铭》。其《蔡州鼎铭》，天后御撰，曰："羲、农首出，轩、昊膺期。唐、虞继踵，汤、禹乘时。天地光宅，域中雍熙。上天降鉴，方建隆基。"紫微令姚崇奏曰："圣人启运，休兆必彰，请宣付史馆。"从之。

五年正月，幸东都，将行大享之礼。太常少卿王仁忠、博士冯宗、陈贞节等议，以武氏所造明堂，有乖典制，奏议曰：

明堂之建，其所从来远矣！自天垂象，圣人则之。蒿柱茅檐之规，上圆下方之制，考之大数，不逾三七之间，定之方中，必居丙巳之地者，岂非得房心布政之所，当太微上帝之宫乎？故仰叶俯从，正名定位，人神不杂，各司其序，则嘉应响至，保合太和。

昔汉氏承秦，经籍道息，旁求湮坠，详究难明。孝武初，议立明堂于长安城南，遭窦太后不好儒术，事乃中废。孝成之代，又欲立于城南，议其制度，莫之能决。至孝平元始四年，始创造于南郊，以申严配。光武中元元年，立于国城之南。自魏、晋迄于梁朝，虽规制或殊，而所居之地，常取丙巳者，斯盖百王不易之道也。

高宗天皇大帝纂承平之运，崇朴素之风，四夷来宾，九有咸义。永徽三年，诏礼官学士议明堂制度，群儒纷竞，各执异端，久之不决，因而遂止者，何也？非谓财不足、力不堪也。将以周、孔既遥，礼经且紊，事不师古，或爽天心，难用作程，神不孚佑者也。

则天太后总禁闱之政，藉轩台之威，属皇室中圮之期，蹑和熹从权之制，以为乾元大殿，承庆小寝，当正阳亭午之地，实先圣听断之宫。表顺端闱，储精营室，爰从朝享，未始临御。乃起工徒，挽令摧覆。既毁之后，雷声隐然，众庶闻之，或以为神灵感动之象也。于是增土木之丽，因府库之饶，南街北阙，建天枢大仪之制，乾元遗趾，兴重阁层楼之业。烟焰蔽日，梁柱排云，人斯告劳，天实贻诫。煨烬甫尔，遽加修复。况乎地殊丙巳，未答灵心，迹匪膺期，乃申严配。事昧彝典，神不昭格。此其不可者一也。又明堂之制，木不镂，土不文。今体式乖宜，违经紊礼，雕镌所及，穷侈极丽。此其不可者二也。高明爽垲，事资虔敬，刻迩宫掖，何以祈天？人神杂扰，不可放物。此其不可者三也。况两京上都，万方取则，而天子阙当阳之位，听政居便殿之中，如司其忧，岂容沉默。当须审考历之计，择烦省之宜，不便者量事改修，可因者随宜适用，削彼明堂之号，克复乾元之名，则当宁无偏，人识其旧矣。

诏令所司详议奏闻。

刑部尚书王志愔等奏议，咸以此堂所置，实乖典制，多请改削，依旧造乾元殿。乃下诏曰："古之操皇纲、执大象者，何尝不上稽天道，下顺人极，或变通以随时，爰损益以成务。且衢室创制，度堂以筵，用之以礼神，是光孝享，用之以布政，盖称视朔，先王所以厚人伦、感天地者也。少阳有位，上帝斯歆，此则神贵于不黩，礼殿于至敬。今之明堂，俯邻宫掖，此之严祀，有异肃恭，苟非宪章，将何轨物？由是礼官博士、公卿大夫，广参群议，钦若前古，宜存露寝之式，用罢辟雍之号。可改为乾元殿，每临御宜依正殿礼。"自是驾在东都，常以元日冬至于乾元殿受朝贺。季秋大享祀，依旧于圆丘行事。

十年，复题乾元殿为明堂，而不行享祀之礼。二十五年，驾在西京，诏将作大匠康𬀪素往东都毁之。𬀪素以毁拆劳人，乃奏请且拆上层，卑于旧制九十五尺。又去柱心木，平座上置八角楼，楼上有八龙，腾身捧火珠。又小于旧制，圆五尺。覆以真瓦，取其永逸。依旧为乾元殿。

旧唐书卷二三
志第三

礼仪三

封禅之礼，自汉光武之后，旷世不修。隋开皇十四年，晋王广率百官抗表，固请封禅。文帝令牛弘、辛彦之、许善心等创定仪注。至十五年，行幸兖州，遂于太山之下，为坛设祭，如南郊之礼，竟不升山而还。

贞观六年，平突厥，年谷屡登，群臣上言请封泰山。太宗曰："议者以封禅为大典。如朕本心，但使天下太平，家给人足，虽阙封禅之礼，亦可比德尧、舜；若百姓不足，夷狄内侵，纵修封禅之仪，亦何异于桀、纣？昔秦始皇自谓协洽天心，自称皇帝，登封岱宗，奢侈自矜。汉文帝竟不登封，而躬行俭约，刑措不用。今皆称始皇为暴虐之主，汉文为有德之君。以此而言，无假封禅。礼云，'至敬不坛'，扫地而祭，足表至诚，何必远登高山，封数尺之土也！"侍中王珪对曰："陛下发德音，明封禅本末，非愚臣之所及。"秘书监魏徵曰："随末大乱，黎民遇陛下，始有生望。养之则至仁，劳之则未可。升中之礼，须备千乘万骑，供帐之费，动役数州。户口萧条，何以能给？"太宗深嘉征言，而中外章表不已。上问礼官两汉封山仪注，因遣中书侍郎杜正伦行太山上七十二帝坛迹。是年两河水潦，其事乃寝。

至十一年，群臣复劝封山，始议其礼。于是国子博士刘伯庄、睦州刺史徐令言等，各上封祀之事，互设疑议，所见不同。多言新礼中封禅仪注，简略未周。太宗敕秘书少监颜思古、谏议大夫朱子奢等，与四方名儒博物之士参议得失。议者数十家,递相驳难,纷纭久不决。于是左仆射房玄龄、特进魏征、中书令杨师道,博采众议堪行用而与旧礼不同者奏之。

其议昊天上帝坛曰:"将封先祭,义在告神,且备谒敬之仪,方展庆成之礼。固当于坛下址,预申齐洁,赞飨已毕,然后登封。既表重慎之深,兼示行事有渐。今请祭于泰山下,设坛以祀上帝,以景皇帝配享。坛长一十二丈,高一丈二尺。"

又议制玉牒曰:"金玉重宝,质性贞坚,宗祀郊禋,皆充器币,岂嫌华美,实贵精确。况乎三神壮观,万代鸿名,礼极殷崇,事资藻缛。玉牒玉检,式韫灵奇,传之无穷,永存不朽。今请玉牒长一尺三寸,广厚各五寸。玉检厚二寸,长短阔狭一如玉牒。其印齿请随玺大小,仍缠以金绳五周。"

又议玉策曰:"封禅之祭,严配作主,皆奠玉策,肃奉虔诚。今玉策四枚,各长一尺三寸,广一寸五分,厚五分。每策五简,俱以金编。其一奠上帝,一奠太祖座,一奠皇地祇,一奠高宗座。"

又议金匮曰:"登配之策,盛以金匮,归格艺祖之庙室。今请长短令容玉策,高广各六寸。形制如今之表函。缠以金绳,封以金泥,印以受命玺。"

又议方石再累曰:"旧藏玉牒,止用石函,亦犹盛书箧笥,所以或呼石箧。今请方石三枚,以为再累。其十枚石检,刻方石四边而立之。缠以金绳,封以石泥,印以受命玺。"

又议泰山上圜坛曰:"四出开道,坛场通义,南面入升,于事为允。今请介丘上圆坛广五丈,高九尺,用五色土加之。四面各设一阶。御位在坛南,升自南阶,就上封玉牒。"

又议圆丘上土封曰:"凡言封者,皆是积土之名。利建分封,亦以班社立号。谓之封禅,厥义可知。今请于圜坛之上,安置方石,玺缄既毕,加土筑以为封。高一丈二尺,而广二丈,以五色土以封,玉牒藏于其内。祀禅之土,其封制亦同此。"

又议玉玺曰:"谨详前载方石缄封,玉检金泥,必资印玺,以为秘固。今请依令用受命玺以封石检。其玉检既与石检大小不同,请更造玺一枚,方一寸二分,文同受命玺,以封玉牒。石检形制,依汉建武故事。"

又议立碑曰:"勒石纪号,显扬功业,登封降禅,肆觐之坛,立碑纪之。"

议设告至坛曰:"既至山下,礼行告至,柴于东方上帝,望秩遍礼群神。今请其坛方八十一尺,高三尺,陛仍四出。其禅方坛及余仪式,请从今礼。仍请柴祭、望秩,同时行事。"

又议废石阙及大小距石曰:"距石之设,意取牢固,本资实用,岂云雕饰。今既积土厚封,足与天长地久。其小距环坛,石阙回建,事非经诰,无益礼义,烦而非要,请从减省。"

太宗从其议,仍令附之于礼。

十五年,下诏,将有事于泰山,复令公卿诸儒详定仪注。太常卿韦挺、礼部侍郎令狐德棻为封禅使,参考其议。时论者又执异见,颜师古上书申明前议。太宗览其奏,多依师古所陈为定。车驾至洛阳宫,会有彗星之变,乃下诏罢其事。

高宗即位,公卿数请封禅,则天既立为皇后,又密赞之。麟德二年二月,车驾发京,东巡狩,诏礼官、博士撰定封禅仪注:

有司于乾封元年正月戊辰朔。先是,有司斋戒。于前祀七日平旦,太尉誓百官于行从中台,云:"来月一日封祀,二日登封泰山,三日禅社首,各扬其职。不供其事,国有常刑。"上斋于行宫四日,致斋三日。近侍之官应从升者,及从事群官、诸方客使,各本司公馆清斋一宿。前祀一日,诸卫令其属:未后一刻,设黄麾半仗于外壝之外,与乐工人俱清斋一宿。

有司于太岳南四里为圆坛,三成、十二阶,如圆丘之制。坛上饰以青,四面各依方色,并造燎坛及壝三重。又造玉策三枚,皆以金绳连编玉简为之。每简长一尺二寸,广一寸二分,厚三分,刻玉填金为字。又为玉匮一,以藏正座玉策,长一尺三寸。并玉检方五寸,当绳处刻为五道,当封玺处刻深二分,方一寸二分。又为金匮二，以藏配座玉策，制度如玉匮。又为黄金绳以缠金玉匮，各五周。为金泥、玉匮、金匮。为玉玺一枚，方一寸二分，文同受命玺，封玉匮、金匮。又为石礅，以藏玉匮。用方石再累，各方五尺，厚一尺。刻方石中令容玉匮。礅旁施检处，皆刻深三寸三分，阔一尺。当绳处皆刻深三分，阔一寸五分。为石检十枚，以检石礅，皆长三尺，阔一尺，厚七寸。皆刻为印齿三道，深四寸。当封玺处方五寸，当通绳处阔一寸五分。皆有小石盖，制与检刻处相应，以检抵封泥。其检立于礅旁，南方、北方各三，东方、西方各二，去礅隅皆七寸。又为金绳以缠石礅，各五周，径三分。为石泥以泥石礅，其泥，末石和方色土为之。为距石十二枚，分距礅隅，皆再累，各阔二尺，长一丈，斜刻其首，令与礅隅相应。

泰山之上，设登封之坛，上径五丈，高九尺，四出陛。坛上饰以青，四面依方色。一壝，随地之宜。其玉牒、玉匮、石礅、石检、距石，皆如封祀之制。又为降禅坛于社首山上，方坛八隅，一成八陛，如方丘之制。坛上饰以黄，四面依方色。三壝，随地之宜。其玉策、玉匮、石礅、石检、距石等，亦同封祀之制。

至其年十二月，车驾至山下。及有司进奏仪注，封祀以高祖、太宗同配，禅社首以太穆皇后、文德皇后同配，皆以公卿充亚献、终献之礼。于是皇后抗表曰：

伏寻登封之礼，远迈古先，而降禅之仪，窃为未允。其祭地祇之日，以太后昭配，至于行事，皆以公卿。以妾愚诚，恐未周备。何者？乾坤定位，刚柔之义已殊；经义载陈，中外之仪斯别。瑶坛作配，既合于方祇；玉豆荐芳，实归于内职。况推尊先后，亲飨琼筵，岂有外命宰臣，内参禋祭？详于至理，有紊徽章。但礼节之源，虽兴于昔典；而升降之制，尚缺于遥图。且往代封岳，虽云显号，或因时省俗，意在寻仙；或以情觊名，事深为己。岂如化被乎四表，推美于神宗；道冠乎二仪，归功于先德。宁可仍遵旧轨，靡创彝章？

妾谬处椒闱，叨居兰掖。但以职惟中馈，道属于蒸、尝；义切奉先，理光于苹、藻。罔极之思，载结于因心；祇肃之怀，实深于明祀。但妾早乖定省，已阙侍于晨昏；今属崇禋，岂敢安于帷帘。是故驰情夕寝，眷嬴里而翘魂；叠虑宵兴，仰梁郊而耸念。伏望展礼之日，总率六宫内外命妇，以亲奉奠。冀申如在之敬，式展虔拜之仪。积此微诚，已淹气序。既属銮舆将警，奠璧非赊，辄效丹心，庶裨大礼。冀圣朝垂则，永播于芳规；萤烛末光，增辉于日月。

于是祭地祇、梁甫，皆以皇后为亚献，诸王大妃为终献。

丙辰，前罗舍府果毅李敬贞论封禅须明水实樽：“《淮南子》云：‘方诸见月，则津而为水。’高诱注云：‘方诸，阴燧，大蛤也。熟摩拭令热，以向月，则水生。以铜盘受之，下数石。’王充《论衡》云：‘阳燧取火于日，方诸取水于月，相去甚远，而火至水来者，气感之验也。’《汉书仪》云：‘八月饮酎，车驾夕牲，以鉴诸取水于月，以阳燧取火于日。’《周礼考工记》云：‘金有六齐。金锡半，谓之鉴燧之齐。’郑玄注云：‘鉴燧，取水火于日月之器也。’准郑此注，则水火之器，皆以金锡半为之。今司宰有阳燧，形如圆镜，以取明火，阴鉴形如方镜，以取明水。但比年祠祭，皆用阳燧取火，应时得；以阴鉴取水，未有得者，常用井水替明水之处。”奉敕令礼司研究。敬贞因说先儒是非，言及明水，乃云：“《周礼》金锡相半，自是造阳燧法，郑玄错解以为阴鉴之制。依古取明水法，合用方诸，引《淮南子》等书，用大蛤也。”又称：“敬贞曾八九月中，取蛤一尺二寸者依法试之。自人定至夜半，得水四五斗者。敬贞所陈，检有故实。”又称：“先经试验确执，望请差敬贞自取蚌蛤，便赴太山与所司对试。”

是日，制曰：“古今典制，文质不同，至于制度，随世代沿革，唯祀天地，独不改张，斯乃自处于厚，奉天以薄。今又封禅，即用玉牒金绳，器物之间，复有瓦樽秸席，一时行礼，文质顿乖，驳而不论，深为未惬。其封祀、降禅祈谷上帝、后土位，先设藁秸、瓦瓶、瓢杯等物，并宜改用衵褥罍爵，每事从文。其诸郊祀，亦宜准此。”于是昊天上帝之座褥以苍,皇地祇褥以黄,配帝及后褥以紫,五方上帝及大明、夜明席皆以方色,内官已下席皆以莞。

三年正月,帝亲享昊天上帝于山下,封祀之坛,如圆丘之仪。祭讫,亲封玉策,置石礩,聚五色土封之。圆径一丈二尺,高九尺。其日,帝率侍臣已下升泰山。翌日,就山上登封之坛封玉策讫,复还山下之斋宫。其明日,亲祀皇地祇于社首山上,降禅之坛,如方丘之仪。皇后为亚献,越国太妃燕氏为终献。翌日,上御朝觐坛以朝群臣,如元日之仪。礼毕,宴文武百僚,大赦改元。初,上亲享于降禅之坛,行初献之礼毕,执事者皆趋而下。宦者执帷,皇后率六宫以升,行礼。帷帘皆以锦绣为之。百僚在位瞻望,或窃议焉。于是诏立登封、降禅、朝觐之碑,各于坛所。又诏名封祀坛为舞鹤台,介丘坛为万岁台,降禅坛为景云台,以纪当时所见之瑞焉。

高宗既封泰山之后,又欲遍封五岳。至永淳元年,于洛州嵩山之南,置崇阳县。其年七月,敕其所造奉天宫。二年正月,驾幸奉天宫。至七月,下诏将以其年十一月封禅于嵩岳。诏国子司业李行伟、考工员外郎贾大隐、太常博士韦叔夏、裴守贞、辅抱素等详定仪注。于是议:

立封祀坛,如圆丘之制。上饰以玄,四面依方色。为圆坛,三成,高二丈四尺,每等高六尺。坛上径一十六步,三等各阔四步。设十二陛,陛皆上阔八尺,下阔一丈四尺。为三重壝,距外壝三十步,内壝距五十步。燎坛在坛东南外壝之内,高三尺,方一丈五尺,南出陛。

登封坛,圆径五丈,高九尺。四出陛,为一壝,饰以五色,准封祀。

壝祭禅,上饰以金,四面依方色,为八角方坛,再成,高一丈二尺,每等高四尺。坛上方十六步,每等广四步,设八陛。其上坛陛皆广八尺,中等陛皆广一丈,下等陛皆广一丈二尺。为三重壝之大小,准封祀。为埋陷,在坛之未地外壝之内,方深取足容物,南出陛。

朝觐坛,于行宫之前为坛。宫方三分。壝二,在南。坛方二十四丈,高九尺,南面两陛,余三面各一陛。

封祀、登封,五色土封石礥为圆封,上径一丈二尺,下径三丈,高九尺。禅祭,五色土封为八角方封,大小准封祀制度。所用尺寸,唯历东封,并用古尺。诸坛并筑土为之,礼无用石之文。并度影以定方位。登封、降禅,四出陛各当四方之中,陛各上广七尺,下广一丈二尺。

封祀玉帛料,有苍璧,四圭有邸,圭璧。禅祭有黄琮,两圭有邸,无圭璧。

又定登封、降禅、朝觐等日。准礼,冬至祭天于圜丘,其封祀请用十二日。准东封祀故事,十二日登封,十三日禅祭,十四日朝觐。若有故,须改登封已下期日,在礼无妨。

又辇舆料云:封祀、登封,皇帝出乘玉辂,还乘金辂。皇太子往还金辂。禅祭,皇帝,太子如封祀。

又衣服料云:东封祠祭日,天皇服衮冕,近奉制,依《贞观礼》服大裘。又云:衮冕服一具,斋服之;通天冠服一具,回服之;翼善冠服一具,马上服之。皇太子衮冕服。又齐则服远游冠,受朝则公服远游冠服,马上则进德冠服。

当时又令详求射牛之礼。行伟、守贞等议曰:“据《周礼》及《国语》,郊祀天地,天子自射其牲。汉武唯封太山,令侍中谒者射牛行事。至于余祀,亦无射牲之文。但亲春射牲,虽是古礼,久从废省。据封禅礼,祀日,未明十五刻,宰人以鸾刀割牲,质明而行事。比銮驾至时,牢牲总毕,天皇唯奠玉酌献而已。今若祀前一日射牲,事即伤早。祀日方始射牲,事又伤晚。若依汉武故事,即非亲射之仪,事不可行。”诏从之。寻属高宗不豫,遂罢封禅之礼。

则天证圣元年,将有事于嵩山,先遣使致祭以祈福助,下制,号嵩山为神岳,尊嵩山神为天中王,夫人为灵妃。嵩山旧有夏启及启母、少室阿姨神庙,咸令预祈祭。至则天册万岁二年腊月甲申,亲行登封之礼。礼毕,便大赦,改元万岁登封,改嵩阳县为登封县,阳成县为告成县。粤三日丁亥，禅于少室山。又二日己丑，御朝觐坛朝群臣，咸如乾封之仪。则天以封禅日为嵩岳神祇所佑，遂尊神岳天中王为神岳天中皇帝，灵妃为天中皇后，夏后启为齐圣皇帝；封启母神为玉京太后，少室阿姨神为金阙夫人；王子晋号为升仙太子，别为立庙。登封坛南有槲树，大赦日于其杪置金鸡树。则天自制《升中述志碑》，树于坛之丙地。

　　玄宗开元十二年，文武百僚、朝集使、皇亲及四方文学之士，皆以理化升平，时谷屡稔，上书请修封禅之礼并献赋颂者，前后千有余篇。玄宗谦冲不许。中书令张说又累日固请，乃下制曰：

　　　自古受命而王者，曷尝不封泰山，禅梁父，答厚德，告成功。三代之前，罔不由此。越自魏、晋，以迄周、隋，帝典阙而大道隐，王纲弛而旧章缺，千载寂寥，封崇莫嗣。物极而复，天祚我唐，武、文二后，应图受箓。洎于高宗，重光累盛，承至理，登介丘，怀百神，震六合，绍殷、周之统，接虞、夏之风。中宗弘懿铄之休，睿宗沐粹精之道，巍巍荡荡，无得而称者也。

　　　朕昔戡多难，禀略先朝，虔奉慈旨，嗣膺丕业。是用创九庙以申孝敬，礼二郊以展严禋，宝菽粟于水火，捐珠玉于山谷。兢兢业业，非敢追美前王；日慎一日，实以奉遵遗训。至于巡狩大典，封禅鸿名，顾惟寡薄，未遑时迈，十四载于兹矣。今百谷有年，五材无眚，刑罚不用，礼义兴行，和气氤氲，淳风澹泊。蛮夷戎狄，殊方异类，重译而至者，日月于阙廷；奇兽神禽，甘露嘉醴，穷祥极瑞，朝夕于林簌。王公卿士，馨乃诚于中；鸿生硕儒，献其书于外。莫不以神祇合契，亿兆同心。斯皆烈祖圣考，垂裕余庆。故朕赖宗庙之介福，敢以眇身，颛其克让。是以敬奉群议，弘此大猷，以光我高祖之丕图，以绍我高祖之鸿烈。永言陟配，追感载深。可以开元三年十一月十日，式遵故实，有事太山。所司与公卿诸儒详择典礼，预为备具，勿广劳人，务存节约，以称朕意。

于是诏中书令张说、右散骑常侍徐坚、太常少卿韦绦、秘书少监康子元、国子博士侯行果等,与礼官于集贤书院刊撰仪注。

玄宗初以灵山好静,不欲喧繁,与宰臣及侍讲学士对议,用山下封祀之仪。于是张说谓徐坚、韦绦等曰:"乾封旧仪,禅社首,享皇地祇,以先后配飨。王者父天而母地,当今皇母位,亦当往帝之母也,子配母飨,亦有何嫌?而皇后配地祇,非古之制也。天监孔明,福善如响。乾封之礼,文德皇后配地祇,天后为亚献,越国太妃为终献。宫闱接神,有乖旧典。上玄不佑,遂有天授易姓之事,宗社中圮,公族诛灭,皆由此也。景龙之季,有事圆丘,韦氏为亚献,皆以妇人升坛执笾豆,渫黩穿苍,享祀不洁。未及逾年,国有内难,终献皆受其咎,掌座斋郎及女人执祭者,多亦夭卒。今主上尊天敬神,事资革正。斯礼以睿宗大圣贞皇帝配皇地祇,侑神作主。"乃定议奏闻。上从之。

旧礼:郊祀既毕,收取玉帛牲体,置于柴上;然后燔于燎坛之上,其坛于神坛之左。显庆中,礼部尚书许敬宗等因修改旧礼,乃奏曰:

谨按祭祀之礼,周人尚臭,祭天则燔柴,祭地则瘗血,宗庙则焫萧灌鬯,皆贵气臭,同以降神。礼经明白,义释甚详。委柴在祭物之初,理无所惑。是以《三礼义宗》等并云:"祭天以燔柴为始,然后行正祭。祭地以瘗血为为先,然后行正祭。"又《礼论》说太常贺循上言:"积柴旧在坛南,燎祭天之牲,用犊左胖,汉仪用头,今郊用胁之九个。太宰令奉牲胁,太祝令奉圭璧,俱奠燎薪之上。"此即晋氏故事,亦无祭天之文。既云汉仪用牲头,头非神俎之物,且祭末俎皆升右胖之胁。唯有《三礼》、贺循既云用祭天之牲左胖,复云今仪用胁九个,足明燔柴所用,与升俎不同。是知自在祭初,别燔牲体,非于祭末,烧神余馔。此则晋氏以前,仍遵古礼。唯周、魏以降,妄为损益。缘告庙之币,事毕瘗埋,因改燔柴,将为祭末。事无典实,礼阙降神。

又燔柴、正祭,牲、玉皆别。苍璧苍犊之流,柴之所用;四圭骍犊之属,祀之所须。故郊天之有四圭,犹祀庙之有圭瓒。是以《周官典瑞》，文势相因，并事毕收藏，不在燔例。而今新礼引用苍璧，不顾圭瓒，遂亦俱燔，义既有乖，理难因袭。

又燔柴作乐，俱以降神，则处置之宜，须相依准。柴燔在左，作乐在南，求之礼情，实为不类。且《礼论》说积柴之处在神坛之南，新礼以为坛左，文无典故。请改燔为祭始，位乐悬之南，外壝之内。其阴祀瘞埋，亦请准此。

制可之。自是郊丘诸祀，并先焚而后祭。

及玄宗将作封禅之礼，张说等参定仪注，徐坚、康子元等建议曰：

臣等谨按显庆年修礼官长孙无忌等奏改燔柴在祭前状称"祭祀之礼，必先降神。周人尚臭，祭天则燔柴"者。臣等按礼，迎神之义，乐六变则天神降，八变则地祇出，九变则鬼神可得而礼矣。则降神以乐，《周礼》正文，非谓燔柴以降神也。案尚臭之义，不为燔之先后。假如周人尚臭，祭天则燔柴，容或燔臭先以迎神。然则殷人尚声，祭天亦燔柴，何声可燔先迎神乎？又按显庆中无忌等奏称"晋氏之前，独遵古礼。周、魏以降，妄为损益"者。今按郭璞《晋南郊赋》及注《尔雅》："祭后方燔。"又按《宋志》所论，亦祭后方燔。又检南齐、北齐及梁郊礼，亦饮福酒后方燔。又检后周及隋郊祀，亦先祭后燔。据此，即周遵后燔，晋不先燎。无忌之事，义乃相乖。

又按《周礼·大宗伯》职："以玉作六器，以礼天地四方。"《注》云："礼为始告神时荐于神座也。"下文云："以苍璧礼天，以黄琮礼地，皆有牲币，各如其器之色。"又《礼器》云："有以少为贵者，祭天特牲。"是知苍璧之与苍牲，俱各奠之神座，理节不惑。又云："四圭有邸，以祀天、旅上帝。"即明祀昊天上帝之时，以旅五方天帝明矣。其青圭、赤璋、白琥、玄璜，自是立春、立夏、立秋、立冬之日，各于其方迎气所用，自分别矣。今按显庆所改新礼，以苍璧与苍牲、苍币，俱用先燔。苍璧既已燔矣，所以遂加四圭有邸，奠之神座。苍牲既已燔矣，所以更加骍牲，充其实俎。混昊天于五帝,同用四圭;失特牲之明文,加为二犊。深乖礼意,事乃无凭。

考功员外郎赵冬曦、太学博士侯行果曰:"先焚者本以降神,行之已久。若从祭义,后焚为定。"中书令张说执奏曰:"徐坚等所议燔柴前后,议有不同。据祭义及贞观,显庆已后,既先燔,若欲正失礼,求祭义,请从《贞观礼》。如且因循不改,更请从《显庆礼》。凡祭者,本以心为主,心至则通于天地,达于神祇。既有先燔、后燎,自可断于圣意,圣意所至,则通于神明。燔之先后,臣等不敢裁定。"玄宗令依后燔及先奠之仪。是后太常卿宁王宪奏请郊坛时祭,并依此先奠璧而后燔柴、瘗埋,制从之。

时又有四门助教施敬本驳奏旧封禅礼八条,其略曰:

旧礼,侍中跪取匜沃盥,非礼也。夫盥手洗爵,人君将致洁而尊神,故能使小臣为之。今侍中,大臣也,而盥沃于人君;太祝,小臣也,乃诏祝于天神。是接天神以小臣,奉人君以大臣,故非礼。按《周礼·大宗伯》曰:"郁人,下士二人,赞裸事。"则沃盥此职。汉承秦制,无郁人之职,故使近臣为之。魏、晋至今,因而不改。然则汉礼,侍中行之则可矣,今以侍中为之,则非也。汉侍中,其始也微。高帝时籍孺为之,惠帝时闳孺为之,留侯子辟强年十五为之。至后汉,楼坚以议郎拜侍中,邵阖自侍中迁步兵校尉,秩千石,少府卿之属也。少府卿秩中二千石,丞秩千石,侍中与少府丞班同。魏代苏则为之。旧侍中亲省起居,故谓之"执兽子"。吉茂见谓之曰,"仕进不止执兽子",是言其为亵臣也。今侍中,名则古官,人非昔任,掌同燮理,寄实盐梅,非复汉、魏"执兽子"之班,异乎《周礼》郁人之职。行舟不息,坠剑方遥,验刻而求,可谓谬矣。

夫祝以传命,通主人之意以荐于神明,非贱职也。故两君相见,则卿为上傧。况天人之际,其肃恭之礼,以两君为喻,不亦大乎!今太祝,下士也,非所以重命而尊神之义也。然则周、汉太祝,是礼矣。何者?按《周礼·大宗伯》曰:"太祝,下大夫二人，上士四人，掌六祝之辞。"大宗伯为上卿，今礼部尚书、太常卿比也；小宗伯中大夫，今侍郎、少卿比也；太祝下大夫，今郎中、太常丞比也；上士四人，今员外郎、太常博士之比也。故可以处天人之际，致尊极之辞矣。又汉太祝令，秩六百石，与太常博士同班。梁太祝令，与南台御史同班。今太祝下士之卑，而居下大夫之职，斯又刻舟之论，不异于前矣。

又曰：

旧礼，谒者引太尉升坛亚献，非礼也。谒者已贱，升坛已重，是微者用之于古，而大体实变之于今也。按《汉官仪》：尚书御史台官属有谒者仆射一人，秩六百石，铜印青绶；谒者三十五人，以郎中满岁称权事，未满岁称权谒者。又按《汉书·百官公卿表》：光禄勋官属有郎中、员外，秩比二千石；有谒者，掌宾赞受事，员七十人，秩比六百石。古之谒者，秩异等，今谒者班微，以之从事，可谓疏矣。

又曰：

旧礼，尚书令奉玉牒，今无其官，请以中书令从事。按汉武帝时，张安世为尚书令，游宴后宫，以宦者一人出入帝命，改为中书谒者令。至成帝，罢宦者，用士人。魏黄初改秘书，置中书监令。旧尚书并掌制诰，既置中书官，而制诰枢密皆掌焉。则自魏以来，中书是汉朝尚书之职。今尚书玉牒，是用汉礼，其官既阙，故可以中书令主之。

议奏，玄宗令张说、徐坚召敬本与之对议详定。说等奏曰："敬本所议，其中四条，先已改定。有不同者，望临时量事改摄。"制从之。

十二年十一月丙戌，至泰山，去山趾五里，西去社首山三里。丁亥，玄宗服衮冕于行宫，致斋于供帐前殿。己丑，日南至，大备法驾，至山下。玄宗御马而登，侍臣从。先是玄宗以灵山清洁，不欲多人上，欲初献于山上坛行事，亚献、终献于山下坛行事。因召礼官学士贺知章等入讲仪注，因问之，知章等奏曰："昊天上帝，君位；五方时帝，臣位；帝号虽同，而君臣异位。陛下享君位于山上，群臣祀臣位于山下,诚足以垂范来叶,为变礼之大者也。礼成于三,初献、亚、终,合于一处。"玄宗曰:"朕正欲如是,故问卿耳。"于是敕三献于山上行事,其五方帝及诸神座于山下坛行事。玄宗因问:"玉牒之文,前代帝王,何故秘之?"知章对曰:"玉牒本是通于神明之意。前代帝王,所求各异,或祷年算,或思神仙,其事微密,是故莫知之。"玄宗曰:"朕今此行,皆为苍生祈福,更无秘请。宜将玉牒出示百僚,使知朕意。"其辞曰:"有唐嗣天子臣某,敢昭告于昊天上帝。天启李氏,运兴土德。高祖、太宗,受命立极。高宗升中,六合殷盛。中宗绍复,继体不定。上帝眷佑,锡臣忠武。底绥内难,推戴圣父。恭承大宝,十有三年。敬若天意,四海晏然。封祀岱岳,谢成于天。子孙百禄,苍生受福。"

庚寅,祀昊天上帝于山上封台之前坛,高祖神尧皇帝配享焉。邠王守礼亚献,宁王宪终献。皇帝饮福酒。癸巳,中书令张说进称:"天赐皇帝太一神策,周而复始,永绥兆人。"帝拜稽首。山上作圆台四阶,谓之封坛。台上有方石再累,谓之石礉。玉牒、玉策,刻玉填金为字,各盛以玉匮,束以金绳,封以金泥,皇帝以受命宝印之。纳二玉匮于礉中,金泥礉际,以"天下同文"之印封之。坛东南为燎坛,积柴其上。皇帝就望燎位,火发,群臣称万岁,传呼下山下,声动天地。山下坛祀,群臣行事已毕,皇帝未离位,命中书门下曰:"朕以薄德,恭膺大宝,今封祀初建,云物休佑,皆是卿等辅弼之力。君臣相保,勉副天心,长如今日,不敢矜息。"中书令张说跪言:"圣心诚恳,宿斋山上。昨夜则息风收雨,今朝则天清日暖,复有祥风助乐,卿云引燎,灵迹盛事,千古未闻。陛下又思慎终如初,长福万姓,天下幸甚。"

先是车驾至岳西来苏顿,有大风从东北来,自午至夕,裂幕折柱,众恐。张说倡言曰:"此必是海神来迎也。"及至岳下,天地清晏。玄宗登山,日气和煦。至斋次日入后,劲风偃人,寒气切骨。玄宗因不食,次前露立,至夜半,仰天称:"某身有过,请即降罚。若万人无福,亦请某为当罪。兵马辛苦,乞停风寒。"应时风止,山气温暖。时

从山上布兵至于山坛，传呼辰刻及诏命来往，斯须而达。夜中燃火
相属，山下望之，有如连星自地属天。其日平明，山上清迥，下望山
下，休气四塞，登歌奏乐，有祥风自南而至，丝竹之声，飘若天外。及
行事，日扬火光，庆云纷郁，遍满天际。群臣并集于社首山帷宫之
次，以候銮驾，遥望紫烟憧憧上达，内外欢噪。玄宗自山上便赴社首
斋次，辰巳间至，日色明朗，庆云不散。百辟及蕃夷争前迎贺。

辛卯，享皇地祇于社首之泰折坛，睿宗大圣贞皇帝配祀。五色
云见，日重轮。藏玉策于石礲，如封坛之仪。壬辰，玄宗御朝觐之帐
殿，大备陈布。文武百僚，二王后，孔子后，诸方朝集使，岳牧举贤良
及儒生、文士上赋颂者，戎狄夷蛮羌胡朝献之国，突厥颉利发，契
丹、奚等王，大食、谢䫻、五天十姓，昆仑、日本、新罗、靺鞨之侍子及
使，内臣之番，高丽朝鲜王，伯济带方王，十姓摩阿史那兴昔可汗，
三十姓左右贤王，日南、西二、凿齿、雕题、牂牁、乌浒之酋长，咸在
位。制曰：

朕闻天监唯后，后克奉天，既合德以受命，亦推功而复始。
厥初作者七十二君，道洽迹著，时至符出，皆用事于介丘，升中
于上帝。人神之望，盖有以塞之，皇王之序，可得而言。朕接统
千岁，承光五叶，惟祖宗之德在人，惟天地之灵作主。往者内
难，幽赞而集大勋；间无外虞，守成而缵旧服。未尝不乾乾终
日，思与公卿大夫上下协心，聿求至理，以弘我烈圣，其庶乎馨
香。今九有大宁，群氓乐业，时必敬授而不夺，物亦顺成而无
夭。懋建皇极，幸致太和。洎乃幽遐，率由感被。戎狄不至，唯
文告而来庭；麟凤已臻，将觉情而在薮。以故凡百执事，亟言大
封。顾惟不德，切欲勿议。伏以先圣储祉，与天同功，荷传符以
在今，敢侑神而无报。大篇斯在，朕何让焉。遂奉遵高宗之旧
章，宪乾封之令典，时迈东土，柴告岱岳。精意上达，昡礨来应，
信宿行事，云物呈祥。登降之礼斯毕，严配之诚获展。百神群
望，莫不怀柔，四方诸侯，莫不来庆，斯是天下之介福，邦家之
耿光也。无穷之休祉，岂独在予；非常之惠泽，亦宜逮下。可大

赦天下。封泰山神为天齐王,礼秩加三公一等。仍令所管崇饰
祠庙,环山十里,禁其樵采。给近山二十户复,以奉祠神。

玄宗制《纪太山铭》,御书勒于山顶石壁之上。其辞曰:

朕宅内有十载,顾惟不德,愧于至道,任夫难任,安夫难
安。兹朕未知获戾于上下,心之浩荡,若涉大川。赖上帝垂休,
先后储庆,宰相庶尹,交修皇极,四海会同,五典敷畅,岁云嘉
熟,人用大和。百辟金谋,唱余封禅,谓孝莫大于严父,礼莫盛
于告天,天符既至,人望既积,固请不已,固辞不获。肆余与夫
二三臣,稽虞《典》,绎汉制,张皇六师,震雷九宇。旌旗有列,士
马无哗,肃肃邕邕,翼翼溶溶,以至岱宗,顺也。

《尔雅》曰:"泰山为东岳。"《周官》曰:"兖州之镇山。"实万
物之始,故称岱焉;其位居五岳之伯,故称宗焉。自昔王者受命
易姓,于是乎启天地,荐成功,序图录,纪氏号。朕统承先王,兹
率厥典,实欲报玄天之眷命,为苍生之祈福,岂敢高视千古,自
比九皇哉!故设坛场于山下,受群方之助祭;躬封燎于山上,冀
一献之通神。斯亦因高崇天,就广增地之义也。

乃仲冬庚寅,有事东岳,类于上帝,配我高祖。在天之神,
罔不毕降。粤翌日,禅于社首,佑我圣考,祀于皇祇。在地之神,
罔不咸举。

暨壬辰,觐群后,上公进曰:天子膺天符,纳介福。群臣拜
稽首,呼万岁。庆合欢同,乃陈诚以德,大浑协度,彝伦攸叙,三
事百揆,时乃之功。万物由庚,兆人允植,列牧众宰,时乃之功。
一二兄弟,笃行孝友,锡类万国,时唯休哉!我儒制礼,我史作
乐,天地扰顺,时唯休哉!蛮夷戎狄,重译来贡,累圣之化,朕何
慕焉。五灵百宝,日来月集,会昌之运,朕何惑焉。凡今而后,
儆乃在位,一王度,齐象法,权旧章,补缺政,存易简,去烦苛。
思立人极,乃见天则。

於戏!天生蒸人,惟后时能以美利利天下,事天明矣。地
德载物,惟后时相,能以厚生生万人,事地察矣。天地明察,鬼

神著矣。惟我艺祖文考，精爽在天，其曰"懿尔幼孙，克享上帝。惟帝时若，馨香其下"，丕乃曰"有唐氏文武之曾孙隆基，诞锡新命，缵我旧业，永保天禄，子孙其承之"。余小子敢对扬上帝之休命，则亦与百执事尚绥兆人，将多于前功，而戢彼后患。一夫不获，万方其罪予。一心有给，上天其知我。朕惟宝行三德，曰慈、俭、谦。慈者，覆无疆之言；俭者，崇将来之训；自满者人损，自谦者天益。苟如是，则轨迹易循，基构易守。磨石壁，刻金石，冀后人之听辞而见心，观末而知本。铭曰：

维天生人，立君以理，维君受命，奉天为子。代去不留，人来无已，德凉者灭，道高斯起。赫赫高祖，明明太宗，爰革隋政，奄有万邦。馨天张宇，尽地开封，武称有截，文表时邕。高宗稽古，德施周溥，茫茫九夷，削平一鼓。礼备封禅，功齐舜禹，岩巍岱宗，卫我神主。中宗绍运，旧邦惟新，睿宗继明，天下归仁。恭己南面，氤氲化淳，告成之礼，留诸后人。缅余小子，重基五圣，匪功伐高，匪德矜盛。钦若祀典，丕承永命，至诚动天，福我万姓。古封太山，七十二君，或禅亭亭，或禅云云。其迹不见，其名可闻，祗遹文祖，光昭旧勋。方士虚诞，儒书不足，佚后求仙，诬神检玉。秦灾风雨，汉污编录，德未合天，或承之辱。道在观政，名非从欲，铭心绝岩，播告群岳。

于是中书令张说撰《封祀坛颂》、侍中源乾曜撰《社首坛颂》、礼部尚书苏颋撰《朝觐坛颂》以纪德。

玄宗乙酉岁生，以华岳当本命。先天二年七月正位，八月癸丑，封华岳神为金天王。开元十年，因幸东都，又于华岳祠前立碑，高五十余尺。又于岳上置道士观，修功德。至天宝九载，又将封禅于华岳，命御史大夫王𫓧开凿险路以设坛场，会祠堂灾而止。

旧唐书卷二四
志第四

礼仪四

武德、贞观之制，神祇大享之外，每岁立春之日，祀青帝于东郊，帝宓羲配，勾芒、岁星、三辰、七宿从祀。立夏，祀赤帝于南郊，帝神农氏配，祝融、荧惑、三辰、七宿从祀。季夏土王日，祀黄帝于南郊，帝轩辕配，后土、镇星从祀。立秋，祀白帝于西郊，帝少昊配，蓐收、太白、三辰、七宿从祀。立冬，祀黑帝于北郊，帝颛顼配，玄冥、辰星、三辰、七宿从祀。每郊帝及配座，用方色犊各一，笾、豆各四，簠、簋各二，甒、俎各一。勾芒已下五星及三辰、七宿，每宿牲用少牢，每座笾、豆、簠、簋、甒、俎各一。孟夏之月，龙星见，雩五方上帝于雩坛，五帝配于上，五官从祀于下。牲用方色犊十，笾豆已下，如郊祭之数。

帝喾，配祭于顿丘。唐尧，契配，祭于平阳。虞舜，咎繇配，祭于河东。夏禹，伯益配，祭于安邑。殷汤，伊尹配，祭于偃师。周文王，太公配，祭于酆。周武王，周公、召公配，祭于镐。汉高祖，萧何配，祭于长陵。三年一祭，以仲春之月。牲皆用太牢。祀官以当界州长官，有故，遣上佐行事。

五岳、四镇、四海、四渎，年别一祭，各以五郊迎气日祭之。东岳岱山，祭于兖州；东镇沂山，祭于沂州；东海，于莱州；东渎大淮，于唐州。南岳衡山，于衡州；南镇会稽，于越州；南海，于广州；南渎大江，于益州。中岳嵩山，于洛州。西岳华山，于华州；西镇吴山，于陇州；西海、西渎大河，于同州。北岳恒山，于定州；北镇医无闾山，于营州；北海、北渎大济，于洛州。其牲皆用太牢，笾、豆各四。祀官以当界都督、刺史充。

仲春、仲秋二时戊日，祭太社、太稷，社以勾龙配，稷以后稷配。社、稷各用太牢一，牲色并黑，笾、豆、簠、簋各二，甒、俎各三。春分，朝日于国城之东；秋分，夕月于国城之西。各用方色犊一，笾、豆各四，簠、簋、甒、俎各一。孟春吉亥，祭帝社于籍田，天子亲耕；季春吉巳，祭先蚕于公桑，皇后亲桑。并用太牢，笾、豆各九。将蚕日，内侍省预奉移所司所事。诸祭祀卜日，皆先卜上旬；不吉，次卜中旬、下旬。筮日亦如之。其先蚕一祭，节气若晚，即于节气后取日。立春后丑，祀风师于国城东北；立夏后申，祀雨师于国城西南；立秋后辰，祀灵星于国城东南；立冬后亥，祀司中、司命、司人、司禄于国城西北。各用羊一，笾、豆各二，簠、簋各一。季冬晦，堂赠傩，磔牲于宫门及城四门，各用雄鸡一。仲春，祭马祖；仲夏，祭先牧；仲秋，祭马社；仲冬，祭马步。并于大泽，用刚日。牲各用羊一，笾、豆各二，簠、簋各一。季冬藏冰，仲春开冰，并用黑牡、秬黍，祭司寒之神于冰室，笾、豆各二，簠、簋、俎各一。其开冰，加以桃弧棘矢，设于神座。

季冬寅日，蜡祭百神于南郊。大明、夜明，用犊二，笾、豆各四，簠、簋、甒、俎各一。神农氏及伊耆氏，各用少牢一，笾、豆各四，簠、簋、甒、俎各一。后稷及五方、十二次、五官、五方田畯、五岳、四镇、四海、四渎以下，方别各用少牢一，当方不熟者则阙之。其日祭井泉于川泽之下，用羊一。卯日祭社稷于社宫，辰日腊享于太庙，用牲皆准时祭。井泉用羊二。二十八宿，五方之山林、川泽，五方之丘陵、坟衍、原隰，五方之鳞、羽、蠃、毛、介，五方之水墉、坊、邮表畷，五方之猫、于菟及龙、麟、朱鸟、白虎、玄武，方别各用少牢一，各座笾、豆、簠、簋、俎各一。蜡祭凡一百八十七座。当方年谷不登，则阙其祀。蜡祭之日，祭五方井泉于山泽之下，用羊一，笾、豆各二，簠、簋及俎各一。蜡之明日，又祭社稷于社宫，如春秋二仲之礼。

显庆中，更定笾、豆之数，始一例。大祀笾、豆各十二，中祀各十,小祀各八。

京师孟夏以后旱,则祈雨,审理冤狱,赈恤穷乏,掩骼埋胔。先祈岳镇、海渎及诸山川能出云雨者,皆于北郊望而告之。又祈社稷,又祈宗庙,每七日皆一祈。不雨,还从岳渎。旱甚,则大雩,秋分后不雩。初祈后一旬不雨,即徙市,禁屠杀,断伞扇,造土龙。雨足,则报祀。祈用酒醢,报准常祀,皆有司行事。已齐未祈而雨,及所经祈者,皆报祀。若霖雨不已,祟京城诸门,门别三日,每日一祟。不止,乃祈山川、岳镇、海渎;三日不止,祈社稷、宗庙。其州县,祟城门;不止,祈界内山川及社稷。三祟、一祈,皆准京式,并用酒脯醢。国城门报用少牢,州县城门用一特牲。

太宗贞观三年正月,亲祭先农,躬御耒耜,籍于千亩之甸。初,晋时南迁,后魏来自云、朔,中原分裂,又杂以獯戎,代历周、隋,此礼久废,而今始行之,观者莫不骇跃。于是秘书郎岑文本献《籍田颂》以美之。初,议籍田方面所在,给事中孔颖达曰:“礼,天子籍田于南郊,诸侯于东郊。晋武帝犹于东南。今于城东置坛,不合古礼。”太宗曰:“礼缘人情,亦何常之有。且《虞书》云‘平秩东作’,则是尧、舜敬授人时,已在东矣。又乘青辂、推黛耜者,所以顺于春气,故知合在东方。且朕见居少阳之地,田于东郊,盖其宜矣。”于是遂定。自后每岁常令有司行事。

则天时,改籍田坛为先农。神龙元年,礼部尚书祝钦明与礼官等奏曰:“谨按经典,无先农之文。《礼记·祭法》云:‘王自为立社,曰王社。’先儒以为社在籍田,《诗》之《载芟篇》序云‘春籍田而祈社稷’是也。永徽年中犹名籍田,垂拱已后删定,改为先农。先农与社,本是一神,频有改张,以惑人听。其先农坛请改为帝社坛,以应礼经王社之义。其祭先农、然先农改为帝社坛,仍准令用孟春吉亥祠后土,以勾龙氏配。”制从之。于是改先农为帝社坛,于坛西立帝稷坛,礼同太社、太稷,其坛不备方色,所以异于太社也。

睿宗太极元年,亲祀先农,躬耕帝籍。礼毕,大赦,改元。

玄宗开元二十年冬,礼部员外郎王仲丘又上疏请行籍田之礼。

二十三年二月，亲祀神农于东郊，以勾芒配。礼毕，躬御耒耜于千亩之甸。时有司进仪注："天子三推，公卿九推，庶人终亩。"玄宗欲重劝耕籍，遂进耕五十余步，尽垅乃止。礼毕，辇还斋宫，大赦。侍耕、执牛官皆等级赐帛。玄宗开元二十六年，又亲往东郊迎气，祀青帝，以勾芒配，岁星及三辰七宿从祀。其坛本在春明门外，玄宗以祀所隘狭，始移于浐水之东面，而位望春宫。其坛一成，坛上及四面皆青色。勾芒坛在东南。岁星已下各为一小坛，在青帝坛之北。亲祀之时，有瑞雪，坛下侍臣及百僚拜贺称庆。

肃宗乾元三年春正月丁丑，将有事于九宫之神，兼行籍田礼。自明凤门出，至通化门，释辂而入坛，行宿斋于宫。戊寅，礼毕，将耕藉，先至于先农之坛。因阅耒耜，有雕刻文饰，谓左右曰："田器，农人执之，在于朴素，岂文饰乎？"乃命彻之。下诏曰："古之帝王，临御天下，莫不务农敦本，保俭为先，盖用勤身率下也。属东耕启候，爰事藉章，将欲劝彼蒸人，所以执兹耒耜。如闻有司所造农器，妄加雕饰，殊匪典章。况绀辕缥轪，固前王有制，崇奢尚靡，谅为政所疵。靖言思之，良用叹息，岂朕法尧、舜，重茅茨之意耶！其所造雕饰者宜停。仍令有司依农用常式，即别改造，庶万方黎庶，知朕意焉。"翌日己卯，致祭神农氏，以后稷配享。肃宗冕而朱纮，躬秉耒耜而九推焉。礼官奏陛下合三推，今过礼。肃宗曰："朕以身率下，自当过之，恨不能终于千亩耳。"既而伫立久之，观公卿、诸侯、王公已下耕毕。

太宗贞观十四年春正月庚子，命有司读春令，诏百官之长，升太极殿列坐而听之。开元二十六年，玄宗命太常卿韦绦每月进《月令》一篇。是后每孟月视日，玄宗御宣政殿，侧置一榻，东面置案，命韦绦坐而读之。诸司官长，亦升殿列座而听焉。岁余，罢之。乾元元年十二月丙寅立春，肃宗御宣政殿，命太常卿于休烈读春令。常参官五品已下正员，并升殿预坐而听之。

旧仪，岳渎已下，祝版御署讫，北面再拜。证圣元年，有司上言曰："伏以天子父天而母地，兄日而姊月，于礼应敬，故有再拜之仪。谨按五岳视三公，四渎视诸侯，天子无拜公侯之礼，臣愚以为失尊卑之序。其日月已下,请依旧仪。五岳已下,署而不拜。"制可,从之。

贞观之礼,无祭先代帝王之文。显庆二年六月,礼部尚书许敬过等奏曰:"谨案《礼记·祭法》云:'圣王之制祀也,法施于人则祀之,以死勤事则祀之,以劳定国则祀之,能御大灾则祀之,能捍大患则祀之。'又'尧、舜、禹、汤、文、武,有功烈于人,及日月星辰,人所瞻仰;非此族也,不在祀典'。准此,帝王合与日月同例,常加祭享,义在报功。爰及隋代,并遵斯典。汉高祖祭法无文,但以前代迄今,多行秦、汉故事。始皇无道,所以弃之。汉祖典章,法垂于后。自隋已下,亦在祠例。伏惟大唐稽古垂化,网罗前典,唯此一礼,咸秩未申。今请聿遵故事,三年一祭。以仲春之月,祭唐尧于平阳,以契配;祭虞舜于河东,以咎繇配;祭夏禹于安邑,以伯益配;祭殷汤于偃师,以伊尹配;祭周文王于酆,以太公配;祭武王于镐,以周公、召公配;祭汉高祖于长陵,以萧何配。"

玄宗开元二十二年正月,诏曰:"古圣帝明王、岳渎海镇,用牲牢,余并以酒脯充奠祀。"二十三年正月,诏:"自今已后,明衣绢布,并祀前五日预给。"丁酉,诏:"自今已后,有大祭,宜差丞相、特进、开府、少保、少傅、尚书、御史大夫摄行事。"天宝六载正月,诏:"三皇、五帝,于京城置令、丞。"七载五月,诏:"三皇已前帝王,宜于京城共置庙官。历代帝王肇迹之处,德业可称者,忠臣、义士、孝妇、烈女,所在亦置一祠宇。晋阳真人等并追赠,得道升仙处,度道士永修香火。"九载九月,处士崔昌上《大唐五行应运历》,以王者五十代而一千年,请国家承周、汉,以周、隋为闰。十一月,敕:"唐承汉后,其周武王、汉高祖同置一庙并官吏。"十二载九月,以魏、周、隋依旧为二王后,封韩公、介、酅公等,依旧五庙。

天宝六载正月,诏大祭祀骍犊,量减其数。肃宗上元元年闰四月,改元,制以岁俭,停中小祠享祭。至其年仲伙,复祠文宣于太学。永泰二年,春夏累月亢旱,诏大臣裴冕等十余人,分祭川渎以祈雨。礼仪使右常侍于休烈请依旧祠风伯、雨师于国门旧坛,复为中祠,从之。

高祖武德二年，国子立周公、孔子庙。七年二月己酉，诏：“诸州有明一经已上未被升擢者，本属举送，具以名闻，有司试策，皆加叙用。其吏民子弟，有识性明敏，志希学艺，亦具名申送，量其差品，并即配学。州县及乡，并令置学。”丁酉，幸国子学，亲临释奠。引道士、沙门有学业者，与博士杂相驳难，久之乃罢。

贞观十六年三月丁丑，太宗幸国子学，亲观释奠。祭酒孔颖达讲《孝经》，太宗问颖达曰：“夫子门人，曾、闵俱称大孝，而今独为曾说，不为闵说，何耶？”对曰：“曾孝而全，独为曾能达也。”制旨驳之曰：“朕闻《家语》云：曾晳使曾参锄瓜，而误断其本，晳怒，援大杖以击其背，手仆地，绝而复苏。孔子闻之，告门人曰：‘参来勿内。’既而曾子请焉，孔子曰：‘舜之事父母也，使之常在侧；欲杀之，乃不得。小箠则受，大杖则走。今参于父，委身以待暴怒，陷父于不义，不孝莫大焉。’由斯而言，孰愈于闵子骞也？”颖达不能对。太宗又谓侍臣：“诸儒各生异意，皆非圣人之本旨也。孝者，善事父母，自家刑国，忠于其君，战陈勇，朋友信，扬名显亲，此之谓孝。具在经典，而论者多离其文，迥出事外，以此为教，劳而非法，何谓孝之道耶！”

二十一年，诏曰：“左丘明、卜子夏、公羊高、谷梁赤、伏胜、高堂生、戴圣、毛苌、孔安国、刘向、郑众、杜子春、马融、卢植、郑玄、服虔、何休、王肃、王弼、杜预、范甯、贾逵总二十二座，春秋二仲，行释奠之礼。”初，以儒官自为祭主，直云博士姓名，昭告于先圣。又州县释奠，亦以博士为主。敬宗等又奏曰：

按《礼记·文王世子》：“凡学官，春释奠于其先师。”郑注云：“官，谓《诗》、《书》、《礼》、《乐》之官也。”彼谓四时之学，将习其道，故儒官释奠，各于其师。既非国学行礼，所以不及先圣。至于春、秋二时合乐之日，则天子视学，命有司典秩，即总祭先圣、先师焉。秦、汉释奠，无文可检。至于魏武，则使太常行事。自晋、宋已降，时有亲行，而学官主祭，全无典实。且名称国学，乐用轩悬，樽俎威仪，盖皆官备，在于臣下，理不合专。

况凡在小神，犹皆遣使行礼，释奠既准中祀，据理必须禀命。今请国学释奠，令国子祭酒为初献，祝辞称"皇帝谨遣"，仍令司业为亚献，国子博士为终献。其州学，刺史为初献，上佐为亚献，博士为终献。县学，令为初献，丞为亚献。博士既无品秩，请主簿及尉通为终献。若有阙，并以次差摄。州县释奠，既请各刺史、县令亲献主祭，望准祭社，同给明衣。修附礼令，以为永则。

高宗显庆二年七月，礼部尚书许敬宗等议："依今，周公为先圣，孔子为先师。又《礼记》云：'始立学，释奠于先圣。'郑玄注云：'若周公、孔子也。'且周公践极，功比帝王，请配成王。以孔子为先圣。"二年，废书、算、律学。龙朔二年正月，东都置国子监丞、主簿、录事各一员，四门助教博士、四门生三百员，四门俊士二百员。二月，复置律及书、算学。三年，以书隶兰台，算隶秘阁局，律隶详刑寺。乾封元年正月，高宗东封还，次邹县顿，祭宣父，赠太师。总章元年二月，皇太子弘幸国学，释奠，赠颜回太子少师，曾参太子少保。仪凤三年五月，诏："自今已后，《道德经》并为上经，贡举人皆须兼通。其余经及《论语》，任依常式。"

则天天授三年，追封周公为褒德王，孔子为隆道公。则天长寿二年，自制《臣轨》两卷，令贡举人为业，停《老子》。神龙元年，停《臣轨》，复习《老子》。以邹、鲁百户封隆道公，谥曰文宣。

睿宗景云二年八月丁巳，皇太子释奠于太学。太极元年正月，诏："孔宣父祠庙，令本州修饰，取侧近三十户以供洒扫。"

开元七年十月戊寅，皇太子诣国学，行齿胄之礼。开元十一年，春秋二时释奠，诸州宜依旧用牲牢，其属县用酒脯而已。十九年正月，春秋二时社及释奠，天下州县等停牲牢，唯用酒脯，永为常式。二十四年三月，始移贡举，遣礼部侍郎姚奕请进士帖《左传》、《礼记》通五及第。二十五年三月，敕："明经自今已后，帖十通五已上；口问大义十条，取通六已上；仍答时务策三道，取粗有文理者及第。进士停帖小经，宜准明经例试大经，帖十通四，然后试杂文及及策，讫,封所试杂文策,送中书、门下详覆。"二十六年正月,敕:"诸州乡贡见讫,令引就国子监谒先师,学官为之开讲,质问疑义,有司设食。弘文、崇文两馆学生及监内得举人,亦听预焉。"其日,祀先圣已下,如释奠之礼。青宫五品已下及朝集使,就监观礼。遂为常式,每年行之至今。

初,开元八年,国子司业李元瓘奏称:"先圣孔宣父庙,先师颜子配座,今其像立侍,配享合坐。十哲弟子,虽复列像庙堂,不预享祀。谨检祠令:何休、范甯等二十二贤,犹沾从祀,望请春秋释奠,列享在二十二贤之上。七十子,请准旧都监堂图形于壁,兼为立赞,庶敦劝儒风,光崇圣烈。曾参等道业可崇,独受经于夫子,望准二十二贤预飨。"敕改颜生等十哲为坐像,悉预从祀,曾参大孝,德冠同列,特为塑像,坐于十哲之次。图画七十子及二十二贤于庙壁上。以颜子亚圣,上亲为之赞,以书于石。闵损已下,令当朝文士分为之赞。

二十七年八月,又下制曰:

弘我王化,在乎儒术。执能发挥此道,启迪含灵,则生人已来,未有如夫子者也。所谓自天攸纵,将圣多能,德配乾坤,身揭日月。故能立天下之大本,成天下之大经,美政教,移风俗,君君臣臣,父父子子,人到于今受其赐。不其猗欤!於戏!楚王莫封,鲁公不用,俾夫大圣,才列陪臣,栖迟旅人,固可知矣。年祀浸远,光灵益彰,虽代有褒称,而未为崇峻,不副于实,人其谓何?

朕以薄德,只膺宝命,思阐文明,广被华夏。时则异于今古,情每重于师资。既行其教,合旌厥德。爰申盛礼,载表徽猷。夫子既称先圣,可追谥为文宣王。宜令三公持节册命,应缘册及祭,所司速择日,并撰仪注进。其文宣陵并旧宅立庙,量加洒扫,用展诚敬。其后嗣可谓文宣公。至如辨方正位,著自礼经,苟非得所,何以示则?昔缘周公南面,夫子西坐,今位既有殊,坐岂如旧,宜补其坠典,永作成式。自今已后,两京国子监,夫子皆南面而坐,十哲等东西列侍。天下诸州亦准此。

　　且门人三千，见称十哲，包夫众美，实越等夷。畅玄圣之风规，发人伦之耳目，并宜褒赠，以宠贤明。颜子渊既云亚圣，须优其秩，可赠兖公。闵子骞可赠费侯，冉伯牛可赠郓侯，冉仲弓可赠薛侯，冉子有可赠徐侯，仲子路可赠卫侯，宰子我可赠齐侯，端木子贡可赠黎侯，言子游可赠吴侯，卜子夏可赠魏侯。又夫子格言，参也称鲁，虽居七十之数，不载四科之目。顷虽异于十哲，终或殊于等伦，允稽先旨，俾循旧位。庶乎礼得其序，人焉式瞻，宗洙泗之丕烈，重胶庠之雅范。

　　又赠曾参、颛孙师等六十七人皆为伯。于是正宣父坐于南面，内出王者衮冕之服以衣之。遣尚书左丞相裴耀卿就国子庙册赠文宣王。册毕，所司奠祭，亦如释奠之仪，公卿已下预观礼。又遣太子少保崔琳就东都庙以行册礼，自是始用宫悬之乐。春秋二仲上，令三公摄行事。

　　天宝元年，明经、进士习《尔雅》。九载七月，国子监置广文馆，知进士业，博士、助教各一人，秩同大学士。十二载七月，诏天下举人不得充乡贡，皆补学生。四门俊士停。

　　宝应二年六月，敕令州县每岁察秀才孝廉，取乡闾有孝悌廉耻之行荐焉。委有司以礼待之，试其所通之学，《五经》之内，精通一经，兼能对策，达于理体者，并量行业授官。其明经、进士并停。国子学道举，亦宜准此。因杨绾之请也。诏下朝臣集议，中书舍人贾至议，请依绾奏。有司奏曰："窃以今年举人等，或旧业既成，理难速改，或远州所送，身已在途，事须收奖。其今秋举人中有情愿旧业举试者，亦听。明年已后，一依新敕。"后绾议竟不行。

　　自至德后，兵革未息，国学生不能廪食，生徒尽散，堂塓颓坏，常借兵健居止。至永泰二年正月，国子祭酒萧昕上言："崇儒尚学，以正风教，乃王化之本也。"其月二十九日，敕曰：

　　　　理道同归，师氏为上，化人成俗，必务于学。俊造之士，皆从此途，国之贵游，罔不受业。修文行忠信之教，崇只庸孝友之德，尽其师道，乃谓成人。兼复扬于王廷，考以政事，征之以礼，任之以官。寔于周行，莫匪邦彦，乐得贤也，其在兹乎！

　　朕志求理体，尤重儒术，先王大教，敢不底行。顷以戎狄多难，急于经略，太学空设，诸生盖寡。弦诵之地，寂寥无声，函丈之间，殆将不扫。上庠及此，甚用恻焉。今宇县攸宁，文武兼备，方投戈而讲艺，俾释菜而行礼。四科咸进，六艺复兴，神人以和，风化浸美。日用此道，将无间然。

　　其诸道节度、观察、都防御使等，朕之腹心，久镇方面。眷其子弟，各奉义方，修德立身，事资括羽。恐干戈之后，学校尚微，僻居远方，无所谘禀。山东寡学，质疑必就于马融；关西盛名，尊儒乃称于杨震。负经来学，当集京师。并宰相、朝官及神策六军军将子弟欲习业者，自今已后，并令补国子生。欲其业重簉金，器成琢玉，日新厥德，代不乏贤。其中身虽有官，欲附学读书者，亦听。其学官，委中书、门下即简择行业堪为师范者充。学生员数多少，所集经业，考试等第，并所供粮料，及学馆破坏，要量事修理，各委本司作条件闻奏。务须详悉，称朕意焉。

　　及二月朔上丁释奠，萧昕又奏：诸宰相元载、杜鸿渐、李抱玉及常参官、六军军将就国子学听讲论，赐钱五百贯。令京兆尹黎干造食。集诸儒、道、僧，质问竟日。此礼久废，一朝能举。八月，国子学成祠堂、论堂、六馆院及官吏所居厅宇，用钱四万贯，拆曲江亭子瓦木助之。四日，释奠，宰相、常参官、军将尽会于讲堂，京兆府置食，讲论。军容使鱼朝恩说《易》，又于论堂画《周易》镜图。自至德二年收两京，唯元正含元殿受朝贺，设宫悬之乐，虽郊庙大祭，只有登歌乐，亦无文、武二舞。其时军容使鱼朝恩知监事，庙庭乃具宫悬之乐于讲堂前，又有教坊乐府杂伎，竟日而罢。

　　二十五日，诏曰："古者设官分土，所以崇德报功。总内署之纲，事密于清禁；弘上庠之教，德润于鸿业，赋开千乘，礼序九宾。必资兼济之能，用协至公之选。开府仪同三司、兼右监门卫大将军、仍知观军容宣慰处置使、知内侍省事、内飞龙闲厩使、内弓箭库使、知神策军兵马使、上柱国、冯翊郡开国公鱼朝恩,温良恭俭,宽柔简廉,长才博达,敏识高妙。学究儒玄之秘,谋穷遁甲之精。百行资身,一心奉上。自王室多故,云雷经始,五原之北,弘先启行;三河之表,爰整其旅。成师必胜,每合于韬钤;料敌无遗,可征于蓍蔡。关洛既定,幽燕复开,海外有截,厥功惟茂。历事三圣,始终竭力。顷东都扈跸,释位勤王,时当缀旒,节见披棘,下江助我,甲令先书,社稷之卫,邦家是赖。及边陲罢警,戎务解严,方奖励于《易》象。才兼文武,所谓勋贤,亦既任能,斯焉命赏,宜膺朝典,式副公议。可行内侍监,判国子监事,充鸿胪礼宾等使,封郑国公,食邑三千户。”

二十四日,于国子监上。诏宰相及中书门下官、诸司常参官、六军军将送上。京兆府造食,内教坊音乐,竿木浑脱,罗列于论堂前。朝恩辞以中官不合知南衙曹务,宰相仆射大夫皆劝之,朝恩固辞,乃奏之。宰相引就食,奏乐,中使送酒及茶果,赐充宴乐,竟日而罢。元载奏状。又使中使宣敕云:“朝恩既辞不止,但任知学生粮料。”是日,宰相军将已下子弟三百余人,皆衣紫衣,充学生房,设食于廊下。贷钱一万贯,五分收钱,以供监官学生之费。俄又请青苗地头取一百文资课以供费同。旧例,两京国子监生二千余人,弘文馆、崇文馆、崇玄馆学生,皆廪饲之。十五载,上都失守,此事废绝。乾元元年,以兵革未息,又诏罢州县学生,以俟丰岁。

则天垂拱五年四月,雍州永安人唐同泰伪造瑞石于洛水,献之。其文曰:“圣母临人,永昌帝业。”于是号其石为“宝图”,赐百官宴乐,赐物有差。授同泰为游击将军。其年五月下制,欲亲拜洛受“宝图”。先有事于南郊,告谢昊天上帝。令诸州都督、刺史并诸亲,并以拜洛前十日集神都。于是则天加尊号为圣母神皇。大赦天下。改“宝图”为“天授圣图”,洛水为永昌。封其神为显圣侯,加特进,禁渔钓,祭享斋于曲渎。所出处号曰圣图泉,于泉侧置永昌县。又以嵩山与洛水接近,因改嵩山为神岳,授太师、使持节、神岳大都督、天中王,禁断刍牧。其天中王及显圣侯,并为置庙。又先于汜水得

瑞石，因改汜水县为广武县。至其年十二月，则天亲拜洛受图，为坛
于洛水之北，中桥之左。皇太子皆从，内外文武百僚、蛮夷酋长，各
依方位而立。珍禽奇兽，并列于坛前。文物卤簿，自有唐已来，未有
如此之盛者也。礼毕，即日还宫。神都父老勒碑于拜洛坛前。号曰
"天授圣图之表"。开元五年，左补阙卢履冰上言曰："则天皇后拜洛
受图坛及碑文，云垂拱四年唐同泰得石，文云'圣母临人，永昌帝
业'之所建。因改元为永昌，仍置永昌县。县既寻废，同泰亦已贬官，
唯碑坛独立。准天枢、颂台之例，不可更留。"始令所司毁之，其显圣
侯庙亦寻毁拆。

　　开元二十年正月己丑，诏两京及诸州各置玄元皇帝庙一所，并
置崇玄学。其生徒令习《道德经》及《庄子》、《列子》、《文子》等，每年
准明经例举送。至闰四月，玄宗梦京师城南山趾有天尊之像，求得
之于盩厔楼观之侧。至天宝元年正月癸丑，陈王府参军田同秀称于
京永昌街空中见玄元皇帝，以"天下太平，圣寿无疆"之言传于玄
宗，仍云桃林县故关令尹喜宅傍有灵宝符。发使求之，十七日，献于
含元殿。于是置玄元庙于太宁坊，东都于积善坊旧邸。二月丁亥，
御含元殿，加尊号为开元天宝圣文神武皇帝。辛卯，亲祔玄元庙。丙
申，诏：《史记·古今人表》，玄元皇帝升入上圣。庄子号南华真人，
文子号通玄真人，列子号冲虚真人，庚桑子号洞虚真人。改《庄子》
为《南华真经》，《文子》为《通玄真经》，《列子》为《冲虚真经》，《庚桑
子》为《洞虚真经》。亳州真源县先天太后及玄元庙各置令一人。两
京崇玄学各置博士、助教，又置学生一百员。桃林县改为灵宝县。田
同秀与五品官。四月，诏崇文习《道德经》。七月，陇西李氏敦煌、姑
臧、绛郡、武阳四房隶于宗正寺。九月，两京玄元庙改为太上玄元
庙，天下准此。十月，改新丰骊山为会昌山，仍于秦坑儒之所立祠
宇。新作长生殿改为集灵台。

　　二年正月丙辰，加玄元皇帝尊号"大圣祖"三字，崇玄学改为崇
玄馆，博士为学士，助教为直学士，更置大学士员。三月壬子，亲谒
玄元宫，圣祖母益寿氏号先天太后，仍于谯郡置庙。尊皋繇为德明

皇帝,凉武昭王为兴圣皇帝。西京玄元庙为太清宫,东京为太微宫,天下诸州为紫极宫。九月,谯郡紫极宫宜准西京为太清宫,先天太皇及太后庙亦并改为宫。

三载三月,两京及天下诸郡于开元观、开元寺,以金铜铸玄宗等身天尊及佛各一躯。七载二月,于大同殿修功德处,玉芝两茎生于柱础上。五月,玄宗御兴庆殿,授册尊号曰开元天宝圣文神武应道皇帝。十二月,以玄元皇帝见于朝元阁,改为降圣阁。改会昌县为昭应县,改会昌山为昭应山。封昭应山神为玄德公,立祠宇。

初,太清宫成,命工人于太白山采白石,为玄元圣容,又采白石为玄宗圣容,侍立于玄元之右。皆依王者衮冕之服,缯彩珠玉为之。又于像设东刻白石为李林甫、陈希烈之形。及林甫犯事,又刻石为杨国忠之形,而瘗林甫之石。及希烈、国忠贬,尽毁瘗之。

八载六月,玉芝产于大同殿。先是,太白山人李浑称于金星洞仙人见,语老人云,有玉版石记符“圣上长生久视”。令御史中丞王𫓶入山洞,求而得之。闰六月四日,玄宗朝太清宫,加圣祖玄元皇帝尊号曰圣祖大道玄元皇帝,高祖、太宗、高宗、中宗、睿宗尊号并加“大圣”字,皇后并加“顺圣”字。五日,玄宗御含元殿,加尊号曰开元天宝圣文神武应道皇帝。大赦。自今已后,每至禘祫,并于太清宫圣祖前设位序。太白山封神应公,金星洞改嘉祥洞,所管华阳县改为真符县。两京及十道一大郡,置真符玉芝观。

九载十月,先是,御史大夫王𫓶奏称太白山人王玄翼见玄元皇帝于宝山洞中。乃遣王𫓶、张均、王倕、韦济、王翼、王岳灵于洞中得玉石函《上清护国经》、宝券、纪箓等,献之。

十一月,制:“承前宗庙,皆称告享。自今已后,每亲告献太清、太微宫,改为朝献,有司行事为荐献。亲告享宗庙改为朝献,有司行事为荐享。亲巡陵改为朝陵,有司行事为拜陵。应诸事告宗庙者,并改为表。其郊天、后土及享祠祝文云‘敢昭告’者,并改为‘敢昭荐’。

十载正月,有事于南郊,于坛所大赦。自今已后,摄祭南郊,荐献太清宫，荐享太庙，其太尉行事前一日，于致斋所具羽仪卤簿，公服引入，亲授祝版，乃赴清斋所。

　　汾阴后土之祀，自汉武帝后废而不行。玄宗开元十年，将自东都北巡，幸太原，便还京，乃下制曰："王者承事天地以为主，郊享泰尊以通神。盖燔柴泰坛，定天位也；瘗埋泰折，就阴位也。将以昭报灵祇，克崇严配。爰逮秦、汉，稽诸祀典，立甘泉于雍畤，定后土于汾阴，遗庙岿然，灵光可烛。朕观风唐、晋，望秩山川，肃恭明神，因致禋敬，将欲为人求福，以辅升平。今此神符，应于嘉德。行幸至汾阴，宜以来年二月十六日祠后土，所司准式。"

　　先是，睢上有后土祠，尝为妇人塑像，则天时移河西梁山神塑像，就祠中配焉。至是，有司送梁山神像于祠外之别室，内出锦绣衣服，以上后土之神，乃更加装饰焉。又于祠堂院外设坛，如皇地祇之制。及所司起作，获宝鼎三枚以献。十一年二月，上亲祠于坛上，亦如方丘仪。礼毕，诏改汾阴为宝鼎。亚献邠王守礼、终献宁王宪已下，颁赐各有差。二十年，车驾又从东都幸太原，还京。中书令萧嵩上言："去十一年亲祠后土，为祈谷，自是神明昭格，累年丰登。有祈必报，礼之大者。且汉武亲祠睢上，前后数四，伏请准旧祀后土，行赛之礼。"上从之。其年十一月至宝鼎，又亲祠以申赛谢。礼毕，大赦。仍令所司刊石祠所，上自为其文。

　　开元二十四年七月乙巳，初置寿星坛，祭老人星及角、亢等七宿。天宝三年，有术士苏嘉庆上言："请于京东朝日坛东，置九宫贵神坛，其坛三成，成三尺，四阶。其上依位置九坛，坛尺五寸。东南曰招摇，正东曰轩辕，东北曰太阴，正南曰天一，中央曰天符，正北曰太一，西南曰摄提，正西曰咸池，西北曰青龙。五为中，戴九履一，左三右七，二四为上，六八为下，符于遁甲。四孟月祭，尊为九宫贵神，礼次昊天上帝，而在太清宫太庙上。用牲牢、璧币，类于天地神祇。"玄宗亲祀之。如有司行事，即宰相为之。肃宗乾元三年正月，又亲祀之。初，九宫神位，四时改位，呼为飞位。乾元之后，不易位。

　　太和二年八月，监察御史舒元舆奏："七月十八日，祀九宫贵神，臣次合监祭，职当检察礼物。伏见祝版九片，臣伏读既竟，窃见陛下亲署御名及称臣于九宫之神。臣伏以天子之尊，除祭天地、宗庙之外，无合称臣者。王者父天母地，兄日姊月，比以九宫为目，是宜分方而守其位。臣又观其名号，乃太一、天一、招摇、轩辕、咸池、青龙、太阴、天符、摄提也。此九神，于天地犹子男也，于日月犹侯伯也。陛下尊为天子，岂可反臣于天之子男耶？臣窃以为过。纵阴阳者流言其合祀，则陛下当合称皇帝遣其官致祭于九宫之神，不宜称臣与名。臣实愚瞀，不知其可。伏缘行事在明日鸡初鸣时，成命已行，臣不敢滞。伏乞圣慈异日降明诏礼官详议，冀明万乘之尊，无所亏降，悠久误典，因此可正。"诏都省议，皆如元舆之议。乃降为中祠，祝版称皇帝，不署。

　　会昌元年十二月，中书门下奏："准天宝三年十月六日敕，'九宫贵神，实司水旱，功佐上帝，德庇下人。冀嘉谷岁登，灾害不作。每至四时初节，令中书门下往摄祭'者。准礼，九宫次昊天上帝，坛在太清宫、太庙上，用牲牢、璧币，类于天地。天宝三载十二月，玄宗亲祠。乾元二年正月，肃宗亲祀。伏自累年已来，水旱愆候，恐是有司祷请，诚敬稍亏。今属孟春，合修祀典，望至明年正月祭日，差宰臣一人祷请。向后四时祭，并请差仆射、少师、少保、尚书、太常卿等官，所冀稍重其事，以申严敬。臣等十一月二十五日已于延英面奏，伏奉圣旨令检仪注进来者。今欲祭时，伏望令有司崇饰旧坛，务于严洁。"敕旨依奏。

　　二年正月四日，太常礼院奏："准监察御史关牒：'今月十三日，祀九宫贵神，已敕宰相崔珙摄太尉行事，合受誓诫，及有司徒、司空否？'伏以前件祭本称大祠，准大和三年七月二十四日敕，降为中祠。昨据敕文，只称崇饰旧坛，务于严洁，不令别进仪注，更有改移。伏恐不合，却用大祠礼料，伏候裁旨。"中书门下奏曰：

　　　　臣准天宝三年十月六日敕，"九宫贵神，实司水旱"。臣等伏睹，既经两朝亲祠，必是祈请有征。况自大和已来，水旱愆候，陛下常忧稼穑，每念烝黎。臣等合副圣心，以修坠典。伏见大和三年礼官状云："纵司水旱兵荒，品秩不过列宿。今者五星悉是从祀，日月犹在中祀。"窃详其意，以星辰不合比于天官。曾不知统而言之，则为天地，在于辰象，自有尊卑。谨按后魏王钧《志》："北辰第二星，盛而常明者，乃为元星露寝，天帝常居，始由道奥而为变通之迹。又天皇大帝，其精曜魄宝，盖万神之秘图，河海之命纪皆禀焉。"据玄说即昊天上帝也。天一掌八气、九精之政令，以佐天极。征明而有常，则阴阳序，大运兴。太一掌十有六神之法度，以辅人极。征明而得中，则神人和而王道升平。又北斗有权、衡二星，天一、太一参居其间，所以财成天地，辅相神道也。若一概以列宿论之，实为浅近。按《汉书》曰："天神贵者太一，佐曰五帝。"古者天子以春秋祭太一，列于祀典，其来久矣。今五帝犹为大祀，则太一无宜降祀，稍重其祀，固为得所。刘向有言曰："祖宗所立神祇旧典，诚未易动。"又曰："古今异制，经无明文，至尊至重，难以疑说正也。"其意不欲非祖宗旧典。以刘向之博通，尚难于改作，况臣等学不究于天人，识尤懵于祀典，欲为参酌，恐未得中。伏望更令太常卿与学官同详定，庶获明据。

从之。

检校左仆射太常卿王起、广文博士卢就等献议曰：

伏以九宫贵神，位列星座，往因致福，诏立祠坛。降至尊以称臣，就东郊以亲拜。在祀典虽云过礼，庇群生岂患无文，思福黔黎，特申严奉，诚圣人屈己以安天下之心也。厥后祝史不明，精诚亦息，礼官建议，降处中祀。今圣德忧勤，期臻寿域，兵荒水旱，寤寐轸怀，爰命台臣，缉兴坠典。

伏惟九宫所称之神，即太一、摄提、轩辕、招摇、天符、青龙、咸池、太阴、天一者也。谨按《黄帝九宫经》及萧嵩《五行大义》："一宫，其神太一，其星天蓬，其卦坎，其行水，其方白。二宫，其神摄提，其星天内，其卦坤，其行土，其方黑。三宫，其神轩辕,其星天冲,其卦震,其行木,其方碧。四宫,其神招摇,其星天辅,其卦巽,其行木,其方绿。五宫,其神天符,其星天禽,其卦离,其行土,其方黄。六宫,其神青龙,其星天心,其卦乾,其行金,其方白。七宫,其神咸池,其星天柱,其卦兑,其方赤。八宫,其神太阴,其星天任,其卦艮,其行土,其方白。九宫,其神天一,其星天英,其卦离,其行火,其方紫。"观其统八卦,运五行,土飞于中,数转于极,虽敬事迎厘,不闻经见,而范围亭育,有助昌时,以此两朝亲祀而臻百祥也。然以万物之精,上为列星,星之运行,必系于物。贵而居者,则必统八气,总万神,干权化于混茫,赋品汇于阴隲,与天地日月,诚相参也。岂得系赖于敷佑,而屈降于等夷?

又据太尉摄祀九宫贵神旧仪:前七日,受誓诫于尚书省,散斋四日,致斋三日。牲用犊。祝版御署,称嗣天子臣。圭币乐成。比类中祠,则无等级,今据《江都集礼》及《开元礼》:蜡祭之日,大明、夜明二座及朝日、夕月,皇帝致祝,皆率称臣。若以为非泰坛配祀之时,得主日报天之义。卑缘厌屈,尊用德伸,不以著在中祠,取类常祀。此则中祠用大祠之义也。又据太社、太稷,开元之制,列在中祠。天宝三载二月十四日敕,改为大祠,自后因循,复用前礼。长庆三年正月,礼官献议,始准前敕,称为大祠。唯御署祝文,称天子谨遣某官某昭告。文义以为殖物粒人,则宜增秩,致祝称祷,有异方丘,不以伸为大祠,遂屈尊称。此又大祠用中祠之礼也。参之日月既如彼,考之社稷又如此,所谓功钜者因之以殊礼,位称者不敢易其文,是前圣后儒陟降之明征也。

今九宫贵神,既司水旱,升福禳灾,人将赖之,追举旧章,诚为得礼。然以立祠非古,宅位有方,分职既异其司存,致祝必参乎等列。求之折中,宜有变通,稍重之仪,有以为比。伏请自今已后,却用大祠之礼,誓官备物,无有降差。唯御署祝文,以社稷为本,伏缘已称臣于天帝,无二尊故也。

敕旨依之,付所司。

天宝十载四月二十九日,移黄帝坛于子城内坤地,将亲祠祭,坛成而止。

玄宗先天二年,封华岳神为金天王。开元十三年,封泰山神为天齐王。天宝五载,封中岳神为中天王,南岳神为司天王,北岳神为安天王。六载,河渎封灵源公,济渎封清源公,江渎封广源公,淮渎封长源公。十载正月,四海并封为王。遣国子祭酒嗣吴王祗祭东岳天齐王,太子家令嗣鲁王宇祭南岳司天王,秘书监崔秀祭中岳中天王,国子祭酒班景倩祭西岳金天王,宗正少卿李成裕祭北岳安天王;卫尉少卿李浣祭江渎广源公,京兆少尹章恒祭河渎灵源公,太子谕德柳偡祭淮渎长源公,河南少尹豆卢回祭济渎清源公;太子率更令嗣道王錬祭沂山东安公,吴郡太守赵居贞祭会稽山永兴公,大理少卿李积祭吴岳山成德公,颍王府长史甘守默祭霍山应圣公,范阳司马毕炕祭医无闾山广宁公;太子中允李随祭东海广德王,义王府长史张九章祭南海广利王,太子中允柳奕祭西海广润王,太子洗马李齐荣祭北海广泽王。取三月十七日一时礼册。

玄宗御极多年,尚长生轻举之术。于大同殿立真仙之像,每中夜凤兴,焚香顶礼。天下名山,令道士、中官合炼醮祭,相继于路。投龙奠玉,造精舍,采药饵,真诀仙踪,滋于岁月。

肃宗至德二年春,在凤翔,改汧阳郡吴山为西岳,增秩以祈灵助。及上元二年,圣躬不康,术士请改吴山为华山,华山为泰山,华州为泰州,华阳县为太阴县。宝应元年,复旧。

则天长安三年,令天下诸州宜教人武艺,每年准明经进贡例申奏。开元十九年,于两京置太公尚父庙一所,以汉留侯张良配飨。天宝六载,诏诸州武举人上省,先谒太公庙,拜将帅亦告太公庙。至肃宗上元二年闰四月,又尊为武成王,选历代良将为十哲。

高宗显庆元年三月辛巳,皇后武氏有事于先蚕。玄宗天宝二年三月辛卯,皇后王氏祀先蚕。肃宗乾元二年三月己巳,皇后张氏祠先蚕于苑内,内外命妇同采焉。

　　旧仪,大祭祀。官悬、轩悬奏于庭,登歌于堂上。自至德二年克复两京后,乐工不备,时又艰食,诸坛庙祭享,空有登歌,无坛下、庭中乐及二舞。

　　旧仪,凡祭享,有司行事,则太尉奠瓒币,司徒捧俎,司空扫除,太尉初献,太常卿亚献,光禄卿终献。自上元后,南郊、九宫神坛、太庙,备此五官,余即太常卿摄司空,光禄卿摄司徒,贵省于事。

　　旧仪,有协律郎立于阼阶上,麾竿以节乐。今无协律之位。

　　旧仪,光禄欲为祭馔,将阳燧望日取火,谓之明火。太牢皆栈饲于廪牺署,以至充腯。临祭视其充瘦,谓之省牲。肃宗上元二年九月,改元为元年,诏:"圆丘方泽,依恒存一太牢。皇庙诸祠,临时献熟。"今昊天上帝、太庙,一牢,羊豕各三,余祭尽随事办供以备礼。明火、栈饲之礼,亦不暇矣。

旧唐书卷二五

志第五

礼仪五

唐礼:四时各以孟月享太庙,每室用太牢。季冬蜡祭之后,以辰日腊享于太庙,用牲如时祭。三年一祫,以孟冬。五年一禘,以孟夏。又时享之日,修七祀于太庙西门内之道南:司命、户以春,灶以夏,门、厉以秋,行以冬,中霤则于季夏迎气日祀之。若品物时新堪进御者,所司先送太常,与尚食相知,简择精好者,以滋味与新物相宜者配之。太常卿奉荐于太庙,不出神主。仲春荐冰,亦如之。

武德元年五月,备法驾迎宣简公、懿王、景皇帝、元皇帝神主,祔于太庙,始享四室。

贞观九年,高祖崩,将行迁祔之礼,太宗命有司详议庙制。谏议大夫朱子奢建议曰:

按汉丞相韦玄成奏立五庙,诸侯亦同五。刘子骏议开七祖,邦君降二。郑司农蹑玄成之辙,王子雍扬国师之波,分涂并驱,各相师祖,咸玩其所习,好同恶异。遂令历代桃祧,多少参差,优劣去取,曾无画一。《传》称“名位不同,礼亦异数”。《易》云“卑高以陈,贵贱位矣”。岂非别嫌疑,慎微远,防陵僭,尊君卑佐,升降无舛,所贵礼者,义在兹乎!若使天子诸侯,俱立五庙,便是贱可以同贵,臣可以滥主,名器无准,冠屦同归,礼亦异数,义将安设?《戴记》又称:“礼有以多为贵者,天子七庙,诸侯五庙。”若天子五庙,才与子男相埒,以多为贵,何所表乎？愚以为诸侯立高祖以下，并太祖五庙，一国之贵也。天子立高祖以上，并太祖七庙，四海之尊也。降杀以两，礼之正焉。前史所谓"德厚者流光，德薄者流卑"，此其义也。伏惟圣祖在天，山陵有日，祔祖严配，大事在斯。宜依七庙，用崇大礼。若亲尽之外，有王业之所基者，如殷之玄王，周之后稷，尊为始祖。倘无其例，请三昭三穆，各置神主，太祖一室，考而虚位。将待七百之祚，递迁方处，庶上依晋、宋，傍惬人情。

于是八座奏曰：

臣闻揖让受终之后，革命创制之君，何尝不崇亲亲之义，笃尊尊之道，虔奉祖宗，致敬郊庙。自义乖阙里，学灭秦庭，儒雅既丧，经籍湮殄。虽两汉纂修绝业，魏、晋敦尚斯文，而宗庙制度，典章散逸，习所传而竞偏说，执浅见而起异端。自昔迄兹，多历年代，语其大略，两家而已。祖郑玄者则陈四庙之制，述王肃者则引七庙之文，贵贱混而莫辩，是非纷而不定。

陛下至德自然，孝思罔极，孺慕逾匹夫之志，制作穷圣人之道，诚宜定一代之宏规，为万世之彝则。臣奉述睿旨，讨论往载，纪七庙者实多，称四祖者盖寡。校其得失，昭然可见。《春秋·谷梁传》及《礼记·王制·祭法·礼器》、《孔子家语》，并云："天子七庙，诸侯五庙，大夫三庙，士二庙。"《尚书》曰："七世之庙，可以观德。"至于孙卿、孔安国、刘歆、班彪父子、孔晁、虞喜、干宝之徒，或学推硕儒，或才称博物，商较今古，咸以为然。故其文曰："天子三昭三穆，与太祖之庙而七。"晋、宋、齐、梁，皆依斯义，立亲庙六，岂非有国之茂典，不刊之休烈乎？若使违群经之明文，从累代之疑议，背子雍之笃论，尊康成之旧学，则天子之礼，下逼于人臣，诸侯之制，上僭于王者，非所谓尊卑有序，名位不同者也。况复礼由人情，自非天坠，大孝莫重于尊亲，厚本莫先于严配。数尽四庙，非贵多之道。祀逮七世，得加隆之心。是知德厚者流光，乃可久之高义；德薄者流卑，实不易之令范。臣等参议，请依晋、宋故事，立亲庙六，其祖宗之

制,式遵旧典。庶承宗之道,兴于理定之辰;尊祖之义,成于孝
治之日。

制从之。于是增修太庙,始崇祔弘农府君及高祖神主,并旧四室为
六室。

二十三年,太宗崩,将行崇祔之礼,礼部尚书许敬宗奏言:"弘
农府君庙应迭毁。谨按旧仪,汉丞相韦玄成以为毁主瘗埋。但万国
宗飨,有所从来,一旦瘗埋,事不允惬。晋博士范宣意欲别立庙宇,
奉征西等主安置其中。方之瘗埋,颇叶情理,事无典故,亦未足依。
又议者或言毁主藏于天府,祥瑞所藏,本非斯意。今谨准量,去祧之
外,犹有坛墠,祈祷所及,窃谓合宜。今时庙制,与古不同,共基别
室,西方为首,若在西夹之中,仍处尊位,祈祷则祭,未绝祗享,方诸
旧仪,情实可安。弘农府君庙远亲杀,详据旧章,礼合迭毁。臣等参
议,迁奉神主,藏于夹室,本情笃教,在理为弘。"从之。其年八月庚
子,太宗文皇帝神主祔于太庙。

文明元年八月,奉高宗神主祔于太庙中,始迁宣皇帝神主于夹
室。垂拱四年正月,又于东都立高祖、太宗、高宗三庙,四时享祀,如
京庙之仪。别立崇先庙以享武氏祖考。则天寻又令所司议立崇先
庙室数,司礼博士、崇文馆学士周悰希旨,请立崇先庙为七室,其皇
室太庙,减为五室。春官侍郎贾大隐奏曰:"臣窃准秦、汉皇太后临
朝称制,并据礼经正文,天子七庙,诸侯五庙。盖百王不易之义,万
代常行之法,未有越礼违古而擅裁仪注者也。今周悰别引浮议,广
述异文,直崇临朝权仪,不依国家常度,升崇先之庙而七,降国家之
庙而五。臣闻皇图广辟,实崇宗社之尊;帝业弘基,实等山河之固。
伏以天步多艰,时逢遏密,代天理物,自古有之。伏惟皇太后亲承顾
托,忧勤黎庶,纳孝慈之请,垂矜抚之怀,实所谓光显大猷,恢崇圣
载。其崇先庙室,合同诸侯之数,国家宗庙,不合辄有移变。臣之愚
直,并依正礼,周悰之请,实乖古仪。"则天由是且止。

天授二年,则天既革命称帝,于东都改制太庙为七庙室,奉武
氏七代神主,祔于太庙。改西京太庙为享德庙,四时唯享高祖已下

三室，余四室令所司闭其门，废其享祀之礼。又改西京崇先庙为崇尊庙，其享祀如太庙之仪。万岁登封元年腊月，封嵩山回，亲谒太庙。明年七月，又改京崇尊庙为太庙，仍改太庙署为清庙台，加官员，崇其班秩。圣历二年四月，又亲祀太庙，曲赦东都城内。

中宗即位，神龙元年正月，改享德庙依旧为京太庙。五月，迁武氏七庙神主于西京之崇尊庙，东都创置太庙。太常博士张齐贤建议曰：

昔孙卿子云："有天下者事七代，有一国者事五代。"则天子七庙，古今达礼。故《尚书》称"七代之庙，可以观德"。《祭法》称"王立七庙，一坛之庙而七。"莫不尊始封之君，谓之太祖。太祖之庙，百代不迁。祫祭之礼，毁庙之主，陈于太祖，未毁庙之主，皆升合食于太祖之室。太祖东向，昭南向，穆北向。太祖者，商之玄王、周之后稷是也。太祖之外，更无始祖。但商自玄王以后，十有四代，至汤而有天下。周自后稷已后，十有七代，至武王而有天下。其间代数既远，迁庙亲庙，皆出太祖之后，故得合食有序，尊卑不差。其后汉高祖受命，无始封祖，即以高皇帝为太祖。太上皇帝之父，立庙享祀，不在昭穆合食之列，为尊于太祖故也。魏武创业，文帝受命，亦即以武帝为太祖。其高皇、太皇、处士君并为属尊，不在昭穆合食之列。晋宣创业，武帝受命，亦即以宣帝为太祖。其征西、豫章、颍川、京兆府君等并为属尊，不在昭穆合食之列。历兹已降，至于有隋，宗庙之制，斯礼不改。故宇文氏以文皇帝为太祖，隋室以武元皇帝为太祖。国家诞受天命，累叶重光。景皇帝始封唐公，实为太祖。中间代数既近，列在三昭三穆之内，故皇家太庙，唯有六室。其弘农府君、宣、光二帝，尊于太祖，亲尽则迁，不在昭穆合食之数。

今皇极再造，孝思匪宁。奉二月二十九日敕："七室已下，依旧号尊崇。"又奉三月一日敕："既立七庙，须尊崇始祖，速令详定"者。伏寻礼经，始祖即是太祖，太祖之外，更无始祖。周朝太祖之外，以周文王为始祖，不合礼经。或有引《白虎通义》云"后稷为始祖、文王为太祖、武王为太宗"，及郑玄注《诗雍》序云"太祖谓文王"以为说者。其义不然。何者？彼以礼"王者祖有功，宗有德，周人祖文王而宗武王"，故谓文王为太祖耳，非祫祭群主合食之太祖。

今之议者，或有欲立凉武昭王为始祖者，殊为不可。何者？昔在商、周，稷、离始封，汤、武之兴，祚由稷、离，故以稷、离为太祖，即皇家之景帝是也。凉武昭王勋业未广，后主失国，土宇不传。景王始封，实基明命。今乃舍封唐之盛烈，崇西凉之远构，考之前古，实乖典礼。魏氏不以曹参为太祖，晋氏不以殷王邛为太祖，宋氏不以楚元王为太祖，齐、梁不以萧何为太祖，陈、隋不以胡公、杨震为太祖，则皇家安可以凉武昭王为太祖乎？汉之东京，大议郊祀，多以周郊后稷，汉当郊尧。制下公卿议，议者多同，帝亦然之。杜林正议，独以为"周室之兴，祚由后稷。汉业特起，功不缘尧。祖宗故事，所宜因循"。竟从林议。又传称，"欲知天上，事问长人"，以其近之。武德、贞观之时，主圣臣贤，其去凉武昭王，盖亦近于今矣。当时不立者，必不可立故也。今既年代浸远，方复立之，是非三祖二宗之意。实恐景皇失职而震怒，武昭虚位而不答，非社稷之福也。

宗庙事重，禘祫礼崇，先王以之观德。或者不知其说，既灌而往，孔子不欲观之。今朝命惟新，宜应慎礼，祭如神在，理不可诬。请准敕加太庙为七室，享宣皇帝以备七代，其始祖不合别有尊崇。

太常博士刘承庆、尹知章又议云：

谨按《王制》：天子七庙，三昭三穆，与太祖之庙而七。"此载籍之明文，古今之通制。皇唐稽考前范，详采列辟，崇建宗灵，式遵斯典。但以开基之主，受命之君，王迹有浅深，太祖有远近。汤、文祚基稷、离，太祖代远，出乎昭穆之上，故七庙可全。若夏继唐、虞，功非由鲧；汉除秦、项，力不因尧。及魏、晋经图，周、隋拨乱，皆勋隆近代，祖业非远，受命始封之主，不离昭穆之亲，故肇立宗祊，罕闻全制。夫太祖以功建，昭穆以亲崇，有功百代而不迁，亲尽七叶而当毁。或以太祖代浅，庙数非备，更于昭穆之上，远立合迁之君，曲从七庙之文，深乖迭毁之制。

皇家千龄启旦，百叶重光。景皇帝浚德基唐，代数犹近，号虽崇于太祖，亲尚列于昭穆，且临六室之位，未申七代之尊。是知太庙当六，未合有七。故先朝惟有宣、光、景、元、神尧、文武六代亲庙。大帝登遐，神主升祔于庙室，以宣皇帝代数当满，准礼复迁。今止有光皇帝已下六代亲庙，非是天子之庙数不当有七，本由太祖有远近之异，故初建有多少之殊。敬惟三后临朝，代多儒雅，神祊事重，礼岂虚存，规模可沿，理难变革。宣皇既非始祖，又庙无祖宗之号，亲尽既迁，其庙不合重立。若礼终运往，建议复崇，实违《王制》之文，不合先朝之旨。请依贞观之故事，无改三圣之宏规，光崇六室，不亏古议。

时有制令宰相更加详定，礼部尚书祝钦明等奏言："博士三人，自分两议：张齐贤以始同太祖，不合更祖昭王；刘承庆以《王制》三昭三穆，不合重崇宣帝。臣等商量，请依张齐贤以景皇帝为太祖，依刘承庆尊崇六室。"制从之。寻有制以孝敬皇帝为义宗，升祔于太庙。其年八月，崇祔光皇帝、太祖景皇帝、太祖元皇帝、高祖神尧皇帝、太宗文武圣皇帝、皇考高宗天皇大帝、皇兄义宗孝敬皇帝于东都之太庙，躬行享献之礼。

二年，驾还京师，太庙自是亦崇享七室，仍改武氏崇尊庙为崇恩庙。明年二月，复令崇恩庙一依天授时享祭。时武三思用事，密令安乐公主讽中宗，故有此制。寻又特令武氏崇恩庙斋郎取五品子充。太常博士杨孚奏言："太庙斋郎承前只七品已下子。今崇恩庙斋郎既取五品子，即太庙斋郎作何等级？"上曰："太庙斋郎亦准崇恩庙置。"孚奏曰："崇恩庙为太庙之臣，太庙为崇恩庙之君，以臣准君，犹为僭逆，以君准臣，天下疑惧。孔子曰：'名不正则言不顺，言不顺则事不成，事不成则礼乐不兴，礼乐不兴则刑罚不中，刑罚不中则人无所措手足。故君子名之必可言也。'伏愿无惑邪言，以为乱始。"其事乃寝。崇恩庙至睿宗践祚，乃废毁之。

景云元年冬，将葬中宗孝和皇帝于定陵，中书令姚元之、吏部尚书宋璟奏言："准礼，大行皇帝山陵事终，即合祔庙。其太庙第七室，先祔皇兄义宗孝敬皇帝、哀皇后裴氏神主。伏以义宗未登大位，崩后追尊，神龙之初，乃特令迁祔。《春秋》之议，国君即位未逾年者，不合列叙昭穆。又古者祖各别立庙，孝敬皇帝恭陵在洛州，望于东都别立义宗之庙，迁祔孝敬皇帝、哀皇后神主，命有司以时享祭，则不违先旨，又协古训，人神允穆，进退得宜。在此神主，望入夹室安置。伏愿陛下以礼断恩。"制从之。及既葬，祔中宗孝和皇帝、和思皇后赵氏神主于太庙。其义宗即于东都从善里建庙享祀。时又追尊昭成、肃明二皇后，于亲仁里别置仪坤庙，四进享祭。

开元四年，睿宗崩，及行祔庙之礼，太常博士陈贞节、苏献等奏议曰："谨按孝和皇帝在庙，七室已满。今睿宗大圣真皇帝是孝和之弟，甫及仲冬，礼当祔迁。但兄弟入庙，古则有焉，递迁之礼，昭穆须正。谨按《礼论》，太常贺循议云：'兄弟不相为后也。故殷之盘庚，不序于阳甲，而上继于先君；汉之光武，不嗣于孝成，而上承于元帝。'又曰：'晋惠帝无后，怀帝承统，怀帝自继于世祖，而不继于惠帝。其惠帝当同阳甲、孝成，别出为庙。'又曰：'若兄弟相代，则共是一代，昭穆位同。至其当迁，不可兼毁二庙。'此盖礼之常例也。《荀卿子》曰，'有天下者事七代'，谓从祢巳上也。尊者统广，故恩及远祖。若傍容兄弟，上毁祖考，此则天子有不得全事于七代之义矣。孝和皇帝有中兴之功，而无后嗣，请同殷之阳甲、汉之成帝，出为别庙，时祭不亏，大祫之辰，合食太祖。奉睿宗神主升祔太庙，上继高宗，则昭穆永贞，献裸长序。"制从之。初令以仪坤庙为中宗庙，寻又改造中宗庙于太庙之西。

贞节等又以肃明皇后不合与昭成皇后配祔睿宗，奏议曰："礼，宗庙父昭子穆，皆有配座，每室一帝一后，礼之正仪。自夏、殷而来，无易兹典。伏惟昭成皇后,有太姒之德,已配食于睿宗;则肃明皇后,无启母之尊,自应别立一庙。谨按《周礼》云'奏夷则,歌小吕,以享先妣'者,姜嫄是也。姜嫄是帝喾之妃,后稷之母,特为立庙,名曰閟宫。又《礼论》云,晋伏系之议云:'晋简文郑宣后既不配食,乃筑宫于外,岁时就庙享祭而已。'今肃明皇后无祔配之位,请同姜嫄、宣后,别庙而处,四时享祭如旧仪。"制从之。于是迁昭成皇后神主祔于睿宗之室,惟留肃明神主仪坤庙。

时太常卿姜皎复与礼官上表曰:"臣闻敬宗尊祖,享德崇恩,必也正名,用光时宪,礼也。伏见太庙中则天皇后配高宗天皇大帝,题云'天后圣帝武氏'。伏寻昔居宠秩,亲承顾托,因摄大政,事乃从权。神龙之初,已去帝号,岑羲等不闲政体,复题帝名。若又使帝号长存,恐非圣朝通典。夫七庙者,高祖神尧皇帝之庙也。父昭子穆,祖德宗功,非夫帝子天孙,乘乾出震者,不得升祔于斯矣。但皇后祔庙,配食高宗,位号旧章,无宜称帝。今山陵日近,升祔非遥,请申陈告之仪,因除'圣帝'之字,直题云'则天皇后武氏'。"诏从之。

时既别造义宗庙,将作大匠韦凑上疏曰:"臣闻王者制礼,是曰规模;规模之兴,实资师古;师古之道,必也正名;惟名与实,固当相副。其在宗庙,礼之大者,岂可失哉!礼,祖有功而宗有德,祖宗之庙,百代不毁。故殷太甲曰太宗,太戊曰中宗,武丁曰高宗。周宗文王、武王。汉则文帝为太宗,武帝为世宗。其后代有称宗,皆以方制海内,德泽可宗,列于昭穆,期于不毁。祖宗之义,不亦大乎!况孝敬皇帝位止东宫,未尝南面,圣道诚冠于储副,德教不被于寰瀛,立庙称宗,恐非合礼。况别起寝庙,不入昭穆,稽诸祀典,何义称宗?而庙号义宗,称之万代。以臣庸识,窃谓不可。望更令有司详定,务合于礼。"于是太常请以本谥"孝敬"为庙称,从之。

五年正月,玄宗将行幸东都,而太庙屋坏,乃奉七庙神主于太极殿。玄宗素服避正殿,辍朝三日,亲谒神主于太极殿,而后发幸东都。乃敕有司修太庙。明年,庙成,玄宗还京,行亲祔之礼。时有司撰仪注,以祔祭之日车驾发宫中,玄宗谓宋璟、苏颋曰:"祭必先斋,所以齐心也。据仪注，祭之发大明宫，又以质明行事，纵使侵星而发，犹是移辰方到，质明之礼，其可及乎？又朕不宿斋宫，即安正殿，情所不敢。宜于庙所设斋宫，五日赴行宫宿斋，六日质明行事，庶合于礼。"璟等称圣情深至，请即奉行。诏有司改定仪注。六日，玄宗自斋宫步诣太庙，入自东门，就立位。乐奏九成，升自阼阶，行祼献之礼。至睿宗室，俯伏鸣咽，侍臣莫不流涕。

有河南府人孙平子诣阙上言："中宗孝和皇帝既承大统，不合迁于别庙。"玄宗令宰相召平子与礼官对定可否，太常博士苏颋等固执前议。平子口辩，所引咸有经据，颋等不能屈。时苏颋知政事，以颋是其从祖之兄，颇党助之，平子之议竟不得行。平子论竟不已，遂谪平子为康州都城尉，仍差使领送至任，不许东西。平子之任，寻卒。时虽贬平子，议者深以其言为是。

至十年正月，下制曰："朕闻王者乘时以设教，因事以制礼，沿革以从宜为本，取舍以适会为先。故损益之道有殊，质文之用斯异。且夫至德之谓孝，所以通乎神明；大事之谓祀，所以虔乎宗庙。国家握纪命历，重光累盛，四方由其继明，七代可以观德。朕嗣守丕业，祗奉睿图，聿怀昭事，罔不恤祀。尝览古典，询诸旧制，远则夏、殷事异，近则汉、晋道殊，虽礼文之不一，固严敬之无二。朕以为立爱自亲始，教人睦也；立敬自长始，教人顺也。是知朕率于礼，缘于情，或教以道存，或礼从时变，将因宜以创制，岂沿古而限今。况恩以降杀而疏，庙以迁毁而废。虽式瞻古训，礼则不违；而永言孝思，情所未足。享尝则止，岂爱崇而礼备；有祷而祭，非德盛而流永。其祧室宜列为正室，使亲而不尽，远而不祧，庙以貌存，宗犹尊立。俾四时式荐，不间于毁主；百代靡迁，匪惟于始庙。所谓变以合礼，动而得中，严配之典克崇，肃雍之美兹在。又兄弟继及，古有明文。今中宗神主，犹居别处，详求故实，当宁不安，移就正庙，用章大典。仍创立九室，宜令所司择日启告移迁。"

十一年春，玄宗还京师，下制曰："崇建宗庙，礼之大者；聿追孝飨，德莫至焉。今宗以立尊，亲无迁序，永惟严配，致用蠲洁，栋宇式崇，裸奠斯授。顾兹薄德，获承禋祀，不躬不亲，曷展诚敬？宜用八月十九日祇见九室。”于是追尊宣皇帝为献祖，复列于正室，光皇帝为懿祖，并还中宗神主于太庙。及将亲祫，会雨而止。乃令所司行事。其京师中宗旧庙，便毁拆之。东都旧庙，始移孝敬神主祔焉。其从善里孝敬旧庙，亦令毁拆。二十一年，玄宗又特令迁肃明皇后神主祔于睿宗之室，仍以旧仪坤庙为肃明观。

大历十四十月，代宗神主将祧，礼仪使颜真卿以元皇帝代数已远，准礼合祧，请迁于西夹室。其奏议曰：

《王制》："天子七庙，三昭三穆，与太祖之庙而七。"又《礼器》云："有以多为贵者，天子七庙。"又《伊尹》曰："七代之庙，可以观德。"此经典之明证也。七庙之外，则曰"去祧为坛，去坛为墠"。故历代儒者，制迭毁之礼，皆亲尽宜毁。伏以太宗文皇帝，七代之祖；高祖神尧皇帝，国朝首祚，万叶所承；太祖景皇帝，受命于天，始封于唐，元本皆在不毁之典。代祖元皇帝，地非开统，亲在七庙之外。代宗皇帝升祔有日，元皇帝神主，礼合祧迁。

或议者以祖宗之名，难于迭毁。昔汉朝近古，不敢以私灭公，故前汉十二帝，为祖宗者四而已。至后汉渐违经意，子孙以推美为先。自光武已下，皆有庙号，则祖宗之名，莫不建也。安帝信谗，害大臣，废太子，及崩，无上宗之奏，后自建武以来无毁者，因以陵号称宗。至桓帝失德，尚有宗号。故初平中，左中郎蔡邕以和帝以下，功德无殊，而有过差，不应为宗。余非宗者，追尊三代，皆奏毁之。是知祖有功，宗有德，存至公之义，非其人不居，盖三代立礼之本也。自东汉已来，则此道衰矣。魏明帝自称烈祖，论者以为逆自称祖宗。故近代此名悉为庙号，未有子孙践祚而不祖宗先王者。以此明之，则不得独据两字而为不合祧迁之证。假令传祚百代，岂可上崇百代以为孝乎？请依三昭三穆之义，永为通典。

宝应二年，升祔玄宗、肃宗，则献祖、懿祖已从迭毁。伏以

代宗睿文孝皇帝卒哭而祔，则合上迁一室。元皇帝代数已远，
　　其神主准礼当祧，至禘祫之时，然后享祀。
于是祧元皇帝于西夹，祔代宗神主焉。

　　永贞元年十一月，德宗神主将祧，礼仪使杜黄裳与礼官王泾等
请迁高宗神主于西夹室。其议曰："自汉、魏已降，沿革不同。古者
祖有功，宗有德，皆不毁之名也。自东汉、魏、晋，迄于陈、隋，渐违经
意，子孙以推美为先，光武已下，皆有祖宗之号。故至于迭毁亲尽，
礼亦迭迁。国家九庙之尊，皆法周制。伏以太祖景皇帝受命于天，
始封元本，德同周之后稷也。高祖神尧皇帝国朝首祚，万叶所承，德
同周之文王也。太宗文皇帝应天靖乱，垂统立极，德同周武王也。周
人郊后稷而祖文王、宗武王，圣唐郊景皇帝、祖高祖而宗太宗，皆在
不迁之典。高宗皇帝今在三昭三穆之外，谓之亲尽，新主入庙，礼合
迭迁，藏于从西第一夹室，每至禘祫之月，合食如常。"于是祧高宗
神主于西夹室，祔德宗神主焉。

　　元和元年七月，顺宗神主将祧，有司疑于迁毁，太常博士王泾
建议曰：

　　　礼经"祖有功，宗有德"，皆不毁之名也。惟三代行之。汉、
　　魏已降，虽曰祖宗，亲尽则迁，无功亦毁，不得行古之道也。昔
　　夏后氏十五代，祖颛顼而宗禹。殷人七代，祖契而宗汤。周人
　　三十六王，以后稷为太祖，祖文王而宗武王。圣唐德厚流广，远
　　法殷、周，奉景皇帝为太祖，祖高祖而宗太宗，皆在百代不迁之
　　典。故代宗升祔，迁代祖也；德宗升祔，迁高宗也。今顺宗升祔，
　　中宗在三昭三穆之外，谓之亲尽，迁于太庙夹室，礼则然矣。

　　　或谏者以则天太后革命，中宗复而兴之，不在迁藏之例，
　　臣窃未谕也。昔者高宗晏驾，中宗奉遗诏，自储副而陟元后。则
　　天太后临朝，废为庐陵王。圣历元年，太后诏复立为皇太子。属
　　太后圣寿延长，御下日久，奸臣擅命，紊其纪度。敬晖、桓彦范
　　等五臣，俱唐旧臣，匡辅王室，翊中宗而承大统。此乃继父业，
　　是中宗得之而且失之；母授子位，是中宗失之而复得之。二十

年间,再为皇太子,复践皇帝位,失之在己,得之在己,可谓革命中兴之义殊也。

又以周、汉之例推之,幽王为犬戎所灭,平王东迁,周不以平王为中兴不迁之庙,其例一也。汉吕后专权,产、禄秉政,文帝自代邸而立之,汉不以文帝为中兴不迁之庙,其例二也。霍光辅迁之庙,其例三也。伏以中宗孝和皇帝,于圣上为六代伯祖,尊非正统,庙亦亲尽。爰及周、汉故事,是与中兴功德之主不同,奉迁夹室,固无疑也。

是月二十四日,礼仪使杜黄裳奏曰:"顺宗皇帝神主已升祔太庙,告祧之后,即合递迁中宗皇帝神主,今在三昭三穆之外,准礼合迁于太庙从西第一夹室,每至禘祫之日,合食如常。"于是祧中宗神主于西夹室,祔顺宗神主焉。

有司先是以山陵将毕,议迁庙之礼。有司以中宗为中兴之君,当百代不迁之位。宰臣召史官蒋武问之,武对曰:"中宗以弘道元年于高宗枢前即位,时春秋已壮矣。及母后篡夺,神器潜移。其后赖张柬之等同谋,国祚再复。此盖同于反正,恐不得号为中兴之君。凡非我失之,自我复之,谓之中兴,汉光武、晋元帝是也。自我失之,因人复之,晋孝惠、孝安是也。今中宗于惠、安二帝事同,即不可为不迁之主也。"有司又云:"五王有再安社稷之功,今若迁中宗庙,则五王永绝配享之例。"武曰:"凡配享功臣,每至禘祫年方合食太庙,居常即无享礼。今迁中宗神主,而禘祫之年,毁庙之主并陈于太庙,此则五王配食,与前时如一也。"有司不能答。

十五年四月,礼部侍郎李建奏上大行皇帝谥曰圣神章武孝皇帝,庙号宪宗。先是,河南节度使李夷简上议曰:"王者祖有功,宗有德。大行皇帝戡翦寇逆。累有武功,庙号合称祖。陛下正当决在宸断,无信龊龊书生也。"遂诏下公卿与礼官议其可否。太常博士王彦威奏议:"大行庙号,不宜称祖,宜称宗。"从之。

其月,礼部奏:"准贞观故事,迁庙之主,藏于夹室西壁南北三间。第一间代祖室,第二间高宗室,第三间中宗室。伏以山陵日近,睿宗皇帝祧迁有期,夹室西壁三室外,无置室处。准《江都集礼》:'古者迁庙之主,藏于太室北壁之中。'今请于夹室北壁,以西为上,置睿宗皇帝神主石室。"制从之。

长庆四年正月,礼仪使奏:"谨按《周礼》:'天子七庙,三昭三穆,太祖之庙而七。'《荀卿子》曰:'有天下者祭七代,有一国者祭五代。'则知天子上祭七庙,典籍通规。祖功宗德,不在其数。国朝九庙之制,法周之文。太祖景皇帝,始为唐公。肇庆天命,义同周之后稷。高祖神尧皇帝,创业经始,化隋为唐,义同周之文王。太宗文皇帝,神武应期,造有区夏,义同周之武王。其下三昭三穆,谓之亲庙,四时常飨,自如礼文。今以新主入庙,玄宗明皇帝在三昭三穆之外,是亲尽之祖,虽有功德,礼合祧迁,禘祫之岁,则从合食。"制从之。

开成五年,礼仪使奏:"谨按天子七庙,祖功宗德,不在其中。国朝制度,太庙九室。伏以太祖景皇帝受封于唐,高祖太宗创业受命,有功之主,百代不迁。今文宗元圣昭献皇帝升祔有时,代宗睿文孝武皇帝是亲尽之祖,礼合祧迁,每至禘祫,合食如常。"从之。

会昌元年六月,制曰:"朕近因载诞之日,展承颜之敬,太皇太后谓朕曰:'天子之孝,莫大于丕承;人伦之义,莫大于嗣续。穆宗睿圣文惠孝皇帝厌代已久,星霜屡迁,祢宫旷合食之礼,惟帝深濡露之感。宣懿皇太后,长庆之际,德冠后宫,凤表沙麓之祥,实茂河州之范。先朝恩礼之厚,中壸莫偕。况诞我圣君,缵承昌运,已协华于先帝,方延祚于后昆。思广贻谋,庶弘博爱,爰从旧典,以慰孝思。当以宣懿皇太后祔太庙穆宗睿圣文惠孝皇帝之室。率是彝训,其敬承之。'朕只奉慈旨,载深感咽。宜令宣示中外,咸使闻知。"

会昌六年五月,礼仪使奏:

武宗昭肃皇帝祔庙,并合祧迁者。伏以自敬宗、文宗、武宗兄弟相及,已历三朝。昭穆之位,与承前不同。所可疑者,其事有四:一者,兄弟昭穆同位,不相为后;二者,已祧之主,复入旧庙;三者,庙数有限,无后之主,则宜出置别庙;四者,兄弟既不相为后,昭为父道,穆为子道,则昭穆同班,不合异位。

据《春秋》"文公二年，跻僖公"。何休云："跻，升也。谓西上也。惠公与庄公当同南西上，隐、桓与闵、僖当同西北面上。"孔颖达亦引此义释经。又贺循云："殷之盘庚，不序阳甲；汉之光武，上继元帝。"晋元帝、简文，皆用此义毁之，盖以昭穆位同，不可兼毁二庙故也。《尚书》曰："七代之庙，可以观德。"且殷家兄弟相及，有至四帝，不及祖祢，何容更言七代，于理无矣。

二者，今已兄弟相及，同为一代，矫前之失，则合复祔代宗神主于太庙。或疑已祧之主，不合更入太庙者。按晋代元、明之时，已迁豫章、颍川矣，及简文即位，乃元帝之子，故复豫章、颍川二神主于庙。又国朝中宗已祔太庙，至开元四年，乃出置别庙，至十年，置九庙，而中宗神主复祔太庙。则已迁复入，亦可无疑。

三者，庙有定数，无后之主，出置别庙者。按魏、晋之初多同庙，盖取上古清庙一宫，尊远神祇之义。自后晋武所立之庙，虽云七主，而实六代，盖景、文同庙故也。又按鲁立姜嫄、文王之庙，不计昭穆，以尊尚功德也。晋元帝上继武帝，而惠、怀、愍三帝，时贺循等诸儒议，以为别立庙，亲远义疏，都邑迁异，于理无嫌也。今以文宗弃代才六七年，武宗甫迄复土，遽移别庙，不齿祖宗，在于有司，非所宜议。

四者，添置庙之室。按《礼论》，晋太常贺循云："庙以容主为限，元拘常数。"故晋武帝时，庙有七主六代。至元帝、明帝，庙皆十室。及成、康、穆三帝，皆至十一室。自后虽迁故祔新，大抵以七代为准，而不限室数。伏以江左大儒，通颐睹奥，事有明据，固可施行。今若不行是议，更以迭毁为制，则当上不及高曾未尽之亲，下有忍臣子恩义之道。

今备讨古今，参校经史，上请复代宗神主于太庙，以存高曾之睹。下以敬宗、文宗、武宗同为一代，于太庙东间添置两室，定为九代十一室之制，以全臣子恩敬之义，庶协大顺之宜，得变礼之正,折古今之纷互,立群疑之杓指。俾因心广孝,永烛于皇明;昭德事神,无亏于圣代。

敕曰:"宗庙事重,实资参祥。宜令尚书省、两省、御史台四品以上官、大理卿、京兆尹等集议以闻。"尚书左丞郑涯等奏议曰:"夫礼经垂则,莫重于严配,必参损益之道,则合典礼之文。况有明征,是资折衷。伏自敬宗、文宗、武宗三朝嗣位,皆以兄弟,考之前代,理有显据。今谨详礼院所奏,并上稽古文,旁摭史氏,协于通变,允谓得宜。臣等商议,请依礼官所议。"从之。

大中三年十一月,制追尊宪宗、顺宗谥号,事下有司。太常博士李稠奏请别造宪宗、顺宗神主,改题新谥。上疑其事,诏都省集议。右司郎中杨发、都官员外郎刘彦模等奏:"考寻故事,无别造神主改题之例。"事在《杨发传》。时宰臣奏:"改造改题,并无所据,酌情顺理,题则为宜。况今士族之家,通行此例,虽尊卑有异,而情理则同。望就神主改题,则为通允。"依之。

黄巢犯长安,僖宗避狄于成都府。中和元年夏四月,有司请享太祖已下十一室,诏公卿议其仪。太常卿牛丛与儒者同议其事。或曰:"王者巡狩,以迁庙主行。如无迁庙之主,则祝奉币帛皮珪告于祖祢,遂奉以出,载于斋车,每舍奠焉。今非巡狩,是失守宗庙。夫失守宗庙,则当罢宗庙之事。"丛疑之。将作监王俭、太子宾客李匡义、虞部员外郎袁皓建议同异。及左丞崔厚为太常卿,遂议立行庙。以玄宗幸蜀时道宫玄元殿之前,架幄幕为十一室。又无神主,题神版位而行事。达礼者非之,以为止之可也。明年,乃特造神主以祔行庙。

光启元十二月二十五日,僖宗再幸宝鸡。其太庙十一室并祧庙八室及孝明太皇太后等别庙三室等神主,缘室法物,宗正寺官属奉之随驾户县,为贼所劫,神主、法物皆遗失。三年二月,车驾自兴元还京,以宫室未备,权驻凤翔。礼院奏:皇帝还宫,先谒太庙。今宗庙焚毁,神主失坠,请准礼例修奉者。礼院献议曰:"按《春秋》:'新宫灾,三日哭。'《传》曰:'新宫,宣公庙也。三日哭,礼也。'按《国史》，开元五年正月二日，太庙四室摧毁，时神主皆存，迎奉于太极殿安置，玄宗素服避正殿。宝应元年，肃宗还京师，以宗庙为贼所焚，于光顺门外设次，向庙哭。历检故事，不见百官奉慰之仪。然上既素服避殿，百官奉慰，亦合情礼。窃循故事，比附参详，恐须宗正寺具宗庙焚毁及神主失坠事由奏，皇帝素服避殿，受慰讫，辍朝三日，下诏委少府监择日依礼新造列圣神主。如此方似合宜。伏缘采栗须十一月，渐恐迟晚。"修奉使宰相郑延昌具议，中书门下奏曰："伏以前年冬再有震惊，俄然巡幸，主司宗祝，迫以苍黄。伏缘移跸凤翔，未敢陈奏。今则将回銮辂，皆举典章，清庙再营，孝思咸备。伏请降敕，命所司参详典礼修奉。"敕曰："朕以凉德，祗嗣宝图，不能上承天休，下正人纪，兵革竞兴于宇县，车舆再越于藩垣，宗庙震惊，烝尝废阙。敬修典礼，倍切哀摧。宜付所司。"

又修奉太庙使宰相郑延昌奏："太庙大殿十一室、二十三间、十一架，功绩至大，计料支费不少。兼宗庙制度有数，难为损益。今不审依元料修奉，为复更有商量？请下礼官详议。"太常博士殷盈孙奏议言："如依元料，难以速成，况帑藏方虚，须资变礼。窃以至德二年，以新修太庙未成，其新造神主，权于长安殿安置，便行祫告之礼，如同宗庙之仪，以俟庙成，方为迁祔。今京城除充大内及正衙外，别无殿宇。伏闻先有诏旨，欲以少府监大厅权充太庙。其厅五间，伏缘十一室于五间之中陈设隘狭，请更接续修建，成十一间，以备十一室荐飨之所。其三太后庙，即于少府监取西南屋三间，以备三室告飨之所。"敕旨从之。

大顺元年，将行禘祭，有司请以三太后神主祔飨于太庙。三太后者，孝明太皇太后郑氏，宣宗之母也；恭僖皇太后王氏，敬宗之母也；贞献皇太后萧氏，文宗之母也。三后之崩，皆作神主，有故不当入太庙。当时礼官建议，并置别庙，每年五享，及三年一禘，五年一祫，皆于本庙行事，无奉神主入太庙之文。至是乱离之后，旧章散失，礼院凭《曲台礼》，欲以三太后祔享太庙。博士殷盈孙献议非之，曰：

臣谨按三太后，宪宗、穆宗之后也。二帝已祔太庙，三后所以立别庙者，不可入太庙故也。与帝在位，皇后别庙不同。今有司误用王彦威《曲台礼》，禘别庙太后于太庙，乖戾之甚。臣窃究事体，有五不可。

《曲台礼》云："别庙皇后，禘祫于太庙，祔于祖姑之下。"此乃皇后先崩，已造神主，夫在帝位，如昭成、肃明、元献、昭德之比。昭成、肃明之崩也，睿宗在位。元献之崩也，玄宗在位。昭德之崩也，肃宗在位。四后于太庙未有本室，故创别庙，当为太庙合食之主，故禘祫乃奉以入飨。其神主但题云"某谥皇后"，明其后太庙有本室，即当迁祔，帝方在位，故皇后暂立别庙耳。本是太庙合食之祖，故禘祫乃升，太庙未有位，故祔祖姑之下。今恭僖、贞献二太后，皆穆宗之后。恭僖，会昌四年造神主，合祔穆宗庙室。时穆宗庙已祔武宗母宣懿皇后神主，故为恭僖别立庙，其神主直题云皇太后，明其终安别庙，不入太庙故也。贞献太后，大中元年作神主，立别庙，其神主亦题为太后，并与恭僖义同。孝明，咸通五年作神主，合祔宪宗庙室。宪宗庙已祔穆宗之母懿安皇后，故孝明亦别立庙，是懿宗祖母，故题其主为太皇太后。与恭僖、贞献亦同，帝在位，后先作神主之例。今以别庙太后神主，禘祭升享太庙，一不可也。

《曲台礼别庙皇后禘祫于太庙仪注》云："内常侍奉别庙皇后神主，入置于庙庭，赤黄褥位。奏云'某谥皇后禘祫祔享太庙'，然后以神主升。"今即须奏云"某谥太皇太后"。且太庙中皇后神主二十一室，今忽以太皇太后入列于昭穆，二不可也。

若但云"某谥皇后"，即与所题都异，神何依凭？此三不可也。

《古今礼要》云："旧典，周立姜嫄别庙，四时祭荐，及禘祫于七庙，皆祭。惟不入太祖庙为别配。魏文思甄后，明帝母，庙及寝依姜嫄之庙，四时及祔皆与诸庙同。"此旧礼明文，得以为证。今以别庙太后禘祫于太庙，四不可也。

　　所以置别庙太后,以孝明不可与懿安并祔宪宗之室,今禘享乃处懿安于舅姑之上,此五不可也。

　　且祫,合祭也。合犹不入太祖之庙,而况于禘乎?窃以为并皆禘于别庙为宜。且恭僖、贞献二庙,比在朱阳坊,禘、祫赴太庙,皆须备法驾,典礼甚重,仪卫至多。咸通之时,累遇大飨,耳目相接,岁代未遥,人皆见闻,事可询访,非敢以臆断也。

　　或曰:以三庙故禘、祫于别庙,或可矣,而将来有可疑焉。谨案睿宗亲尽已祧,今昭成、肃明二后同在夹室,如或后代宪宗、穆宗亲尽而祧,三太后神主其得不入夹室乎?若遇禘、祫,则如之何?对曰:"此又大误也。三太后庙若亲尽合祧,但当闷而不享,安得处于夹室。禘、祫则就别庙行之,历代已来,何尝有别庙神主复入太庙夹室乎?禘、祫,礼之大者,无宜错失。宰相孔纬曰:"博士之言是也。昨礼院所奏仪注,今已敕下,大祭日迫,不可遽改,且依行之。"于是遂以三太后祔祫太庙。达礼者讥其太谬,至今未正。

　　会昌六年十一月,太常博士任畴上言:"去月十七日,飨德明、兴圣庙,德庙直候论状,称懿祖室在献祖室之上,当时虽以为然,便依行事,犹牒报监察使及宗正寺,请过祭详窥玉牒,如有不同,即相知闻奏。尔后伏检《高祖神尧皇帝本纪》,伏审献祖为懿祖之昭,懿祖为献祖之穆,昭穆之位,天地极殊。今庙室夺伦,不即陈奏,然尚为苟且,罪不容诛。仍敕修撰朱俦、检讨王皞研精详覆,得报称:'天宝二年,制追尊咎繇为德明皇帝,凉武昭王为兴圣皇帝,十载,立庙。至贞元十九年,制从给事中陈京、右仆射姚南仲等一百五十人之议,以为禘、祫是祖宗以序之祭,凡有国者必尊太祖。今国家以景皇帝为太祖,太祖之上,施于禘、祫,不可为位。请按德明、兴圣庙共成四室,祔迁献、懿二祖。'谨寻俦等所报,即当时表奏,并献居懿上。伏以德尊谥为孝君,臣严敬有司慎恪,是岁还不当失序。四十余载,理难寻诘。伏祈圣鉴,即垂诏敕,具礼迁正。"

　　其月,畴又奏曰:"伏闻今月十三日敕,以臣所奏献、懿祖二室

倒置事,宜令礼官集议闻奏者。臣去月十七日,缘遇太庙祫飨太祖
景皇帝已下群主,准贞元十九年所祔献、懿祖于德明庙,共为四室。
准元敕。各于本室行享礼。审知献祖合居懿祖之上,昭穆方正。其
时亲见献祖之室,倒居懿祖之下。于后遍校图籍,实见差殊,遂敢闻
奏。今奏敕宜令礼官集议闻奏者。臣得奉礼郎李冈、太祝柳仲年、
协律郎诸葛畋、李潼、检讨官王皞、修撰朱俦、博士闵庆之等七人状
称:'谨按《高祖神尧皇帝本纪》及皇室图谱,并武德、贞观、永徽、开
元已来诸礼著在甲令者,并云献祖宣皇帝是神尧之高祖,懿祖光皇
帝是神尧皇帝之曾祖,以高曾辨之,则献祖是懿祖之父,懿祖是献
祖之子,即博士任畴所奏倒祀不虚。臣等伏乞即垂诏敕,具礼迁
正。'"其事遂行。

僖宗自兴元还京,夏四月,将行禘祭,有司引旧仪:"禘德明、兴
圣二庙,及懿祖、献祖神主祔兴圣、德明庙,通为四室。"黄巢之乱,
庙已焚毁,及是将禘,俾议其仪。博士殷盈孙议曰:"臣以德明等四
庙,功非创业,义止追封,且于今皇帝年代极遥,昭穆甚远。可依晋
韦弘'屋毁乃已'之例,因而废之。"敕下百僚都省会议,礼部员外薛
昭纬奏议曰:

伏以礼贵从宜,过犹不及,祀有常典,理当据经。谨按德明
追尊,实为邈远,征诸历代,莫有其伦。自古典礼该详,无逾周
室。后稷实始封之祖,文王乃建极之君,且不闻后稷之前,别议
立庙。以至二汉则可明征刘累,梁、魏则近有萧、曹,稽彼简书,
并无追号。迨于兴圣,事非有据。尽以始王于凉,遂列为祖。类
长沙于后汉之代,等楚元于宋高之朝,悉无尊祀之名,足为宪
章之验。重以献祖、懿祖,皆非宗有德而祖有功,亲尽宜桃,理
当毁瘗,迁于二庙,亦出一时。且武德之初,议宗庙之事,神尧
听之,太宗参之,硕学通儒,森然在列,而不议立皋陶、凉武昭
之庙,盖知其非所宜立也。尊太祖、代祖为帝,而以献祖为宣简
公,懿祖为懿王,卒不加帝号者,谓其亲尽则毁明矣。《春秋左
氏传》:"孔子在陈,闻鲁庙灾。曰:'其桓僖乎?'已而果然。"盖

以亲尽不毁，宜致天灾，炯然之征，不可忽也。据太常礼院状所引至德二年克复后不作弘农府君庙神主，及晋韦泓"屋朽乃已"之议，颇为明据，深协礼经。其兴圣等四室，请依礼院之议。奉敕敬依典礼，付所司。

开元二十三年正月，制以笾、豆之荐，或未能备物，宜令礼官学士详议具奏。太常卿韦绦请"宗庙之奠，每室笾、豆各加十二。又今之酌献酒爵，制度全小，仅无一合，执持甚难，请稍令广大。其郊祀奠献，亦准此。仍望付尚书省集众官详议，务从折衷"。于是兵部侍郎张均及职方郎中韦述等建议曰：

> 谨按《礼祭统》曰："凡天之所生，地之所长，苟可荐者，莫不咸在。水草陆海，三牲八簋，昆虫之异，草木之实，阴阳之物，皆备荐矣。"圣人知孝子之情深，而物类之无限，故为之节制，使祭有常礼，物有其品，器有其数。上自天子，下至公卿，贵贱差降，无相逾越，百代常行无易之道也。又按《周礼膳夫》，"掌王之食饮膳羞：食用六谷，膳用六牲，饮用六清，羞用百有二十品，珍用八物，酱用百有二十瓮"，则与祭祀之物，丰省本殊。《左传》曰："享以训恭俭，宴以示慈惠，恭俭以行礼，慈惠以布政。"又曰："享有体荐，宴有折俎。"杜预曰："享有体荐，爵盈而不饮，豆乾而不食，宴则相与食之。"享之与宴，犹且异文，祭奠所陈，固不同矣。又按《周礼》'笾人、豆人，各掌四笾、四豆之实，供祭祀与宾客，所用各殊，据此数文，祭奠不同常时，其来久矣。

> 且人之嗜好，本无恁准，宴私之馔，与时迁移。故圣人一切同归于古，虽平生所嗜，非礼亦不荐也；平生所恶，是礼即不去也。《楚语》曰："屈到嗜芰，有疾，召宗老而属曰：'祭我必以芰。'及卒，宗老将荐芰，屈建命去之，曰：'祭典有人，国君有牛享，大夫有羊馈，士有豚犬之奠，庶人有鱼炙之荐，笾豆脯醢，则上下安之。不羞珍异，不陈庶侈，不以私欲干国之典。'遂不

用。"此则礼外之食，前贤不敢荐也。今欲取甘旨之物，肥浓之味，随所有者皆充祭用，苟逾旧制，其何限焉。虽笾豆有加，岂能备也？

《传》曰："大羹不致，粢食不凿，昭其俭也。"《书》曰："黍稷非馨，明德惟馨。"事神在于虔诚，不求厌饫。三年一禘，不欲黩也。三献而终，礼有成也。《风》有《采苹》、《采蘩》，《雅》有《行苇》、《调酌》，守以忠信，神其舍诸！若以今之珍馔，平生所习，求神无方，何必师古。簠簋可去，而盘盂杯案当在御矣；《韶护》可息，而箜篌笛笙当在奏矣。凡斯之流，皆非正物，或兴于近代，或出于蕃夷，耳目之娱，本无则象，用之宗庙，后嗣何观？欲为永式，恐未可也。且自汉已降，诸陵皆有寝宫，岁时朔望，荐以尝馔，此既常行，亦足尽至孝之情矣。宗庙正礼，宜依典故，率情变革，人情所难。

又按旧制，一升曰爵，五升曰散。《礼器》称："宗庙之祭，贵者献以爵，贱者献以散。"此明贵小贱大，示之节俭。又按《国语》，观射父曰："郊禘不过茧栗，蒸尝不过把握。"夫神，以精明临人者也，所求备物，不求丰大。苟失于礼，虽多何为？岂可舍先王之遗法，徇一时之所尚，废弃礼经，以从流俗。裂冠毁冕，将安用之！且君子爱人以礼，不求苟合，况在宗庙，敢忘旧章。请依古制，庶可经久。

礼部员外郎杨仲昌议曰："谨按《礼》曰：'夫祭不欲烦，烦则黩；亦不欲简，简则怠。'又郑玄云：'人生尚亵食，鬼神则不然。神农时虽有黍稷，犹未有酒醴。及后圣作为醴酪，犹存玄酒，示不忘古。'《春秋》曰：'苹蘩蕰藻之菜，潢污行潦之水，可羞于王公，可荐于鬼神。'又曰：'大羹不和，粢食不凿。'此明君人者，有国奉先，敬神严享，岂肥浓以为尚，将俭约以表诚。则陆海之物，鲜肥之类，既乖礼文之情，而变作者之法，皆充祭用，非所详也。《易》曰：'樽酒簋贰，纳约自牖。'此明祭存简易，不在繁奢。所以一樽之酒，贰簋之奠，为明祀也。抑又闻之，夫义以出礼，礼以体政，违则有紊，是称不经。荐肥浓则亵味有登，加笾爵则事非师古。与其别行新制，宁如谨守旧章？"

时太子宾客崔沔、户部郎中杨伯成、左卫兵曹刘秩等皆建议以为请依旧礼，不可改易。于是宰臣等具沔、述等议以奏。玄宗曰："朕承祖宗休德，至于享祀粢盛，实思丰洁，礼物之具，谅在昭忠。其非芳洁不应法制者，亦不可用。"以是更令太常量加品味。韦绦又奏："请每室加笾、豆各六，每四时异品，以当时新果及珍馐同荐。"制可之。又酌献酒爵，玄宗令用龠升一升，合于古义，而多少适中。自是常依行焉。

后汉世祖光武皇帝葬于原陵，其子孝明帝追思不已。永平元年，乃率诸侯王、公卿，正月朝于原陵，亲奉先后阴氏妆奁箧笥悲恸，左右侍臣，莫不呜咽。梁武帝父丹阳尹顺之，追尊为太祖文帝，先葬丹徒，亦尊为建陵。武帝即大位后，大同十五年，亦朝于建陵，有紫云荫覆陵上，食顷方灭。梁主著单衣介帻，设次而拜，望陵流哭，泪之所沾，草皆变色。陵傍有枯泉，至时而水流香洁。因谓侍臣曰，陵阴石虎，与陵俱创二百余年，恨小，可更造碑石柱麟，并二陵中道门为三阆。园陵职司，并赐一级。奉辞诸陵，哭踊而拜。周太祖文帝葬于成陵，其子明帝初立，元年十二月，谒于成陵。

高祖神尧葬于献陵，贞观十三年正月乙巳，太宗朝于献陵。先是日，宿卫设黄麾仗周卫陵寝，至是质明，七庙子孙及诸侯百僚、蕃夷君长皆陪列于司马门内。皇帝至小次，降舆纳履，哭于阙门，西面再拜，恸绝不能兴。礼毕，改服入于寝宫，亲执馔，阅视高祖及先后服御之物，匍匐床前悲恸。左右侍御者莫不歔欷。初，甲辰之夜，大雨雪。及皇帝入陵院，悲号哽咽，百辟哀恸，是时雪益甚，寒风暴起，有苍云出于山陵之上，俄而流布，天地晦冥。至礼毕，皇帝出自寝宫，步过司马门北，泥行二百余步，于是风静雪止，云气歇灭，天色开霁。观者窃议，以为孝感之所致焉。是日曲赦三原县及从官卫士等，大辟已下，已发觉，未发觉，皆释其罪。免民一年租赋。有八十已上，及孝子顺孙、义夫节妇、鳏寡孤独、有笃疾者，赐物各有差。宿卫陵邑中郎将、士斋员及三原令以下，各赐爵一级。丁未，至自献陵。己酉，朝于太极殿。庚子，会群臣，奏《功成庆善》及《破阵》之乐。

玄宗开元十七年十一月丙申，亲谒桥陵。皇帝望陵涕泣，左右并哀感。进奉先县同赤县，以所管陵三百户供陵寝，三府兵马供卫，曲赦县内大辟罪已下。戊戌，谒定陵。己亥，谒献陵。壬寅，谒昭陵。己巳，谒乾陵。戊申，车驾还宫。大赦天下，流移人并放还，左降官移近处，百姓无出今年地税之半。每陵取侧近六乡以供陵寝。皇帝初至桥陵，质明，柏树甘露降，曙后祥烟遍空。皇帝谒昭陵，陪葬功臣尽来受飨，风吹飙飙，若神祇之所集。陪位文武百僚皆闻先圣叹息、功臣蹈舞之声，皆以为至孝所感。天宝二年八月，制："自今已后，每至九月一日，荐衣于陵寝。"十三载，改昭、献、乾、定、桥五陵署为台，其署令改为台令，加旧一级。

旧唐书卷二六
志第六

礼仪六

建中元年三月,礼仪使上言:"东都太庙阙木主,请造以祔。"初,武后于东都立高祖、太宗、高宗三庙。至中宗已后,两京太庙,四时并祫。至德乱后,木主多亡缺未祔。于是议者纷然,而大旨有三:其一曰,必存其庙,遍立群主,时祫之。其二曰,建庙立主,存而不祭,若皇舆时巡,则就祫焉。其三曰,存其庙,瘗其主,驾或东幸,则饰斋车奉京师群庙之主以往。议者皆不决而罢。

贞元十五年四月,膳部郎中归崇敬上疏:"东都太庙,不合置木主。谨按典礼,虞主用桑,练主用栗,重作栗主,则埋桑主。所以神无二主,犹天无二日,土无二王也。今东都太庙,是则天皇后所建,以置武氏木主。中宗去其主而存其庙,盖将以备行幸迁都之置也。且殷人屡迁,前八后五,前后迁都一十三度,不可每都而别立神主也。议者或云:'东都神主,已曾虔奉而礼之,岂可以一朝废之乎?'且虞祭则立桑主而虔祀,练祭则立栗主而埋桑主,岂桑主不曾虔祀,而乃埋之?又所阙之主,不可更作,作之不时,非礼也。"

长庆元年二月,分司官库部员外郎李渤奏:"太微宫神主,请归祔太庙。"敕付东都留守郑絪商量闻奏。絪奏云:"臣谨详三代典礼,上稽高祖、太宗之制度,未尝有并建两庙、并祫二主之礼。天授之际,祀典变革。中宗初复旧物,未暇详考典章,遂于洛阳创宗庙。是行还都之制,实非建国之仪。及西归上都,因循未废。德宗嗣统,坠典克修，东都九庙，不复告飨。谨按《礼记》，仲尼答曾子问曰：'天无二日，土无二王，尝、禘、郊、社，尊无二上。'所以明二主之非礼也。陛下接千载之大统，扬累圣之耿光，宪章先王，垂法后嗣。况宗庙之礼，至尊至重，违经黩祀，时谓不钦。特望择三代令典，守高祖、太宗之宪度，鉴神龙权宜之制，遵建中矫正之礼，依经复古，允属圣明。伏以太微宫元皇帝三代、睿宗圣文孝武皇帝神主，参考经义，不合祔飨。至于迁置神主之礼，三代以降，经无明文。伏望委中书门下与公卿礼官质正详定。"敕付所司。

太常博士王彦威等奏议曰：

谨按国初故事，无两都并建宗庙、并行飨祭之礼。伏寻《周书·召诰·洛诰》之说，实有祭告丰庙、洛庙之文，是则周人两都并建宗祧，至则告飨。然则两都皆祭祖考，礼祀并兴。自神龙复辟，中宗嗣位，庙既偕作，飨亦并行。天宝末，两都倾陷，神主亡失。肃宗既复旧物，但建庙作主于上都。其东都神主，大历中始于人间得之，遂寓于太微宫，不复祔飨。

臣等谨按经传，王者之制，凡建居室，宗庙为先，庙必有主，主必在庙。是则立庙两都，盖行古之道，主必在庙，实依礼经。今谨参详，理合升祔。谨按元皇帝是追王，高宗、中宗、睿宗是祧庙之主，其神主合藏于太庙从西第一夹室。景皇帝是始封不迁之祖，其神主合藏于太庙从西第一室。高祖、太宗、玄宗、肃宗、代宗是创业有功亲庙之祖。伏准《江都集礼》：'正庙之主，藏于太室之中。'《礼记》：'群庙之主，有故则聚而藏诸祖庙。'伏以德宗之下，神主未作，代宗之上，后主先亡，若归本室，有虚神主。事虽可据，理或未安。今高祖已下神主，并合藏于太祖之庙，依旧准故事不飨。如陛下肆觐东后，移幸洛阳，自非祧主，合归本室。其余阙主，又当特作，而祔飨时祭、禘、祫如仪。

臣又按国家追王故事，太祖之上，又有德明、兴圣、懿祖别庙。今光皇帝神主，即懿祖也。伏缘东都先无前件庙宇，光皇帝神主今请权祔于太庙夹室,居元皇帝之上。如驾在东都,即请准上都式营建别庙,作德明、兴圣、献祖神主,备礼升祔。又于太庙夹室奉迎光皇帝神主归别庙第四室,禘、祫如仪。

或问曰:礼,作栗主,瘗桑主。汉、魏并有瘗桑之议,大历中亦瘗孝敬皇帝神主,今祔而不瘗,如之何?答曰:古者师行以迁主,无则主命,自非迁祖之主,别无出庙之文。凡邑有宗庙先君之主曰都,则两都宗庙,各宜有主。

又问曰:古者作主,必因虞、练,若主必归祔,则室不可虚,则当祔已亡之主,创当祔之主。礼经无说,如之何?答曰:虞、练作主,礼之正也。非时作主,事之权也。王者遭时为法,因事制宜,苟无其常,则思其变。如驾或东幸,庙仍虚主,即准肃宗广德二年上都作主故事,特作阙主而祔。盖主不可阙,故礼贵从宜,《春秋》之义,变而正之者。臣伏思祖宗之主,神灵所凭,寓于太微,不入宗庙,据经复本,允属圣明。

至是下尚书省集议,而郎吏所议,与彦威多同。丞郎则各执所见,或曰“神主合藏于太微宫”;或云“并合埋瘗”;或云“阙主当作”;或云“舆驾东幸,即载上都神主而东”。咸以其言,不本经据。竟以纷议不定,遂不举行。

会昌五年八月,中书门下奏:“东都太庙九室神主,共二十六座,自禄山叛后,取太庙为军营,神主弃于街巷,所司潜收聚,见在太微宫内新造小屋之内。其太庙屋室并在,可以修崇。大和中,太常博士议,以为东都不合置神主,车驾东幸,即载主而行。至今因循,尚示修建。望令尚书省集公卿及礼官、学官详议。如不要更置,须有收藏去处。如合置,望以所拆大寺材木修建。既是宗室官居守,便望令充修东都太庙使,勾当修缮。”奉敕宜依。

六年三月,太常博士郑路等奏:“东都太微宫神主二十座,去年二月二十九日礼院分析闻奏讫。伏奉今月七日敕,‘此礼至重,须遵典故,宜令礼官、学官同议闻奏’者。臣今与学官等详议讫,谨具分析如后:献祖宣皇帝、宣庄皇后、懿祖光皇帝、光懿皇后、文德皇后、高宗天皇大帝、则天皇后、中宗大圣昭孝皇帝、和思皇后、昭成皇后、孝敬皇帝、孝敬哀皇后已前十二座,亲尽迭毁,宜迁诸太庙,祔于兴圣庙。禘袷之岁,乃一祭之。东都无兴圣庙可祔,伏请且权藏于太庙夹室。未题神主十四座,前件神主既无题号之文,难伸祝告之礼。今与礼官等商量,伏请告迁之日,但瘗于旧太微宫内空闲之地。恭酌事理,庶协从宜。"制可。

太常博士段瓒等三十九人奏议曰:

礼之所立,本于诚敬;庙之所设,实在尊严。既曰荐诚,则宜统一。昔周之东西有庙,亦可征其所由。但缘卜洛之初,既须营建,又以迁都未决,因议两留。酌其事情,匪务于广,祭法明矣。

伏以东都太庙,废已多时,若议增修,稍乖前训。何者?东都始制寝庙于天后、中宗之朝,事出一时,非贞观、开元之法。前后因循不废者,亦踵镐京之文也。《记》曰:"祭不欲数,数则烦。"天宝之中,两京悉为寇陷,西都庙貌如故,东都因此散亡。是知九庙之灵,不欲歆其烦祀也。自建中不葺之后,弥历岁年。今若庙貌惟新,即须室别有主。旧主虽在,大半合桃,必几筵而存之,所谓宜桃不桃也。孔子曰,"当七庙五庙,无虚主也",谓庙不得无主者也。旧主如有留去,新庙便合创添。谨按《左传》云:"祔练作主。"又载圣云:"虞而立几筵。"如或过成之,便是以凶干吉。创添既不典,虚庙又非仪。考诸礼文,进退无守。

或曰"汉于郡国置宗庙凡百余所,今止东西立庙,有何不安"者,当汉氏承秦焚烧之余,不识典故,至于庙制,率意而行。比及元、成二帝之间,贡禹、韦玄成等继出,果有正论,竟从毁除。足知汉初不本于礼经,又安可程法也?或曰"几筵不得复设,庙寝何妨修营,候车驾时巡,便合于所载之主"者。究其终始,又得以论之。昨者降敕参详,本为欲收旧主,主既不立,庙何可施?假令行幸九州,一一皆立庙乎?愚以为庙不可修,主宜藏瘗,或就瘗于坎室,或瘗于两阶间,此乃百代常行不易之道也。

其年九月敕：“段瓌等详议，东都不可立庙。李福等别状，又有异同。国家制度，须合典礼，证据未一，则难建立。宜并令赴都省对议，须归至当。”

工部尚书薛元赏等议：

伏以建中时，公卿奏请修建东都太庙，当时之议，大旨有三：其一曰，必存其庙，备立其主，时祫之日，以他官摄行。二曰，建庙立主，存而不祭，皇舆时巡，则就祫焉。三曰，存其庙，瘗其主。臣等立其三议，参酌礼经，理宜存庙，不合置主。

谨按《礼祭义》曰：“建国之神位，右社稷而左宗庙。”《礼记》云：“君将营宫室，宗庙为先。”是知王者建邦设都，必先宗庙、社稷。况周武受命，始都于丰，成王相宅，又卜于洛，烝祭岁于新邑，册周公于太室。故《书》曰：“戊辰，王在新邑，烝祭岁。王入太室祼。”成王厥后复立于丰，虽成洛邑，未尝久处。逮于平王，始定东迁。则周之丰、镐，皆有宗庙明矣。

又按曾子问“庙有二主”，夫子对以“天无二日，土无二王，尝、禘、郊、社，尊无二上，未知其为礼”者。昔齐桓公作二主，夫子讥之，以为伪主。是知二主不可并设，亦明矣。夫圣王建社以厚本，立庙以尊祖，所以京邑必有宗社。今国家定周、秦之两地，为东西之两宅，辟九衢而立宫阙，设百司而严拱卫，取法玄象，号为京师。既严帝宅，难虚神位，若无宗庙，何谓皇都？然依人者神，在诚者祀，诚非外至，必由中出，理合亲敬，用交神明。位宜存于两都，庙可偕立；诚难专于二祭，主不并设。

或以《礼》云“七庙五庙无虚主”，是谓不可无主。所以天子巡狩，亦有所尊，尚饰斋车，载迁主以行。今若修庙瘗主，则东都太庙，九室皆虚，既违于经，须征其说。臣复探赜礼意，因得尽而论之。所云“七庙五庙无虚主”，是谓见祫之庙不可虚也。今之两都，虽各有庙，禘祫祫献，斯皆亲奉于上京，社主几筵，不可虚陈于东庙。且《礼》云：“唯圣人为能祫帝，孝子为能祫亲。"昔汉韦玄成议废郡国祀，亦曰："立庙京师，躬亲承事，四海之内，各以其职来祭。"人情礼意，如此较然。二室既不并居，二庙岂可偕祔？但所都之国，见飨之庙，既无虚室，则叶通经议者，又欲置主不飨，以俟巡幸。昔鲁作僖公之主，不于虞、练之时，《春秋》书而讥之。合祔之主，作非其时，尚为所讥。今若置不合祔之主，不因时而作，违经越礼，莫甚于此。岂有九室合飨之主，而有置而不飨之文？两庙始创于周公，二主获议于夫子。自古制作，皆范周、孔，旧典犹在，足可明征。臣所以言东都庙则合存，主不合置。今将修建庙宇，诚不亏于典礼。其见在太微宫中六主，请待东都建修太庙毕，具迎置于西夹室，闭而不飨，式彰陛下严祀之敬，以明圣朝尊祖之义。

吏部郎中郑亚等五人议："据礼院奏，以为东都太庙既废，不可复修，见在太微宫神主，请瘗于所寓之地。有乖经训，不敢雷同。臣所以别进议状，请修祔主，并依典礼，兼与建中元年礼仪使颜真卿所奏事同。臣与公卿等重议，皆以为庙固合修，主不可瘗，即与臣等别状意同。但众议犹疑东西二庙，各设神主，恐涉庙有二主之义，请修庙虚室，以太微宫所寓神主藏于夹室之中。伏以六主神位，内有不祧之宗，今用迁庙之仪，犹未合礼。臣等犹未敢署众状，盖为阙疑。"

太学博士直弘文馆郑遂等七人议曰："夫论国之大事，必本乎正而根乎经，以臻于中道。圣朝以广孝为先，以得礼为贵，而臣下敢不以经对。三论六故，已详于前议矣。再捧天问，而陈乎诸家之说，求于典训，考乎大中，庙有必修之文，主无可置之理。何则？正经正史，两都之庙可征。《礼》称'天子不卜处太庙'，'择日卜建国之地，则宗庙可知'。则废庙之说，恐非所宜废。谨按《诗》、《书》、《礼》三经及汉朝两史，两都并设庙，而载主之制，久已行之。敢不明征而去文饰，援据经文，不易前见。东都太庙，合务修崇，而旧主当瘗，请于太微宫所藏之所。皇帝有事于洛，则奉斋车载主以行。"

太常博士顾德章议曰：

夫礼虽缘情,将明厥要,实在得中,必过礼而求多,则反亏于诚敬。伏以神龙之际,天命有归,移武氏庙于长安,即其地而置太庙,以至天宝初复,不为建都。而设议曰:"中宗立庙于东都,无乖旧典。"征其意,不亦谬乎?

又曰"东都太庙,至于睿宗、玄宗,犹奉而不易"者。盖缘尝所尊奉,不敢辄废也。今则废已多时,犹循莫举之典也。

又曰"虽贞观之始,草创未暇,岂可谓此事非开元之法"者。谨按定《开元六典》敕曰:"听政之暇,错综古今,法以《周官》,作为《唐典》。览其本末,千载一朝。《春秋》谓考古之法也,行之可久,不曰然欤?"此时东都太庙见在,《六典》序两都宫阙,西都具太庙之位,东都则存而不论,足明事出一时,又安得曰"开元之法"也? 又三代礼乐,莫盛于周。昨者论议之时,便宜细大,取法于周,迁而立庙。今立庙不因迁,何美之而不能师之也?

又曰"建国神位,右社稷而左宗庙,君子将营宫室,宗庙为先"者。谨按《六典》,永昌中则天以东都为神都。迄后渐加营构,宫室百司,于是备矣。今之宫室百司,乃武氏改命所备也。上都已建国立宗庙,不合引言。

又曰"东都洛阳祭孝宣等五帝,长安祭孝成等三帝"。以此为置庙之例,则大非也。当汉两处有庙,所祭之帝各别。今东都建庙作主,与上都尽同,概而论之,失之甚者。

又曰"今或东洛复太庙,有司同日侍祭,以此为数,实所未解"者。谨按天宝三载诏曰:"顷四时有事于太庙,两京同日。自今已后,两京各宜别择日。"载在祀典,可得而详。且立庙造主,所以祭神,而曰存而勿祀,出自何经?"当七庙五庙无虚主",而欲立虚庙,法于何典?前称庙貌如故者,即指建中之中,就有而言,以为国之先也。前以非时不造主者,谓见有神主,不得以非时而造也。若江左至德之际,主并散亡,不可拘以例也。

或曰"废主之瘗,请在太微宫"者。谨按天宝二年敕曰:"古之制礼，祭用质明，义兼取于尚幽，情实缘于既没。我圣祖澹然常在，为道之宗，既殊有尽之期，宜展事生之礼。在今已后，每至圣祖宫有昭告，宜改用卯时"者。今欲以主瘗于宫所，即与此敕全乖。

又曰"主不合瘗，请藏夹室"者。谨按前代藏主，颇有异同。至如夹室，宜用以序昭穆也。今庙主俱不中礼，则无禘祫之文。

又曰君子将营宫室，以宗庙为先，则建国营宫室而宗庙必设。东都既有宫室，而太庙不合不营。凡以论之，其义斯胜。而西周、东汉，并曰两都，其各有宗庙之证，经史昭然，又得以极思于扬榷。《诗》曰："其绳则直，缩板以载，作庙翼翼。"《大雅》"瓜瓞"，言丰庙之作也。又曰："于穆清庙，肃雍显相。"洛邑既成，以率文王之祀。此《诗》言洛之庙也。《书》曰："成王既至洛，烝祭岁，文王骍牛一，武王骍牛一。"又曰"祼于太室"，康王又居丰，"命毕公保厘东郊"。岂有无庙而可烝祭，非都而设保厘？则《书》东西之庙也。逮于后汉卜洛西京之庙亦存。建武二年，于洛阳立庙，而成、哀、平三帝祭于西京。一十八年，亲幸长安，行禘礼。当时五室列于洛都，三帝留于京庙，行幸之岁，与合食之期相会，不奉斋车，又安可以成此礼？则知两庙周人成法，载主以行，汉家通制。或以当虚一都之庙为不可，而引"七庙无虚主"之文。《礼》言一都之庙，室不虚主，非为两都各庙而不可虚也。既联出征之辞，更明载主之意，因事而言，理实相统，非如诗人更可断章以取义也。古人求神之所非一，奉神之意无二，故废桑主，重作栗主，既事埋之，以明其一也。

或又引《左氏传》筑眉凡例，谓"有宗庙先君之主曰都"，而立建主之论。按鲁庄公二十八年冬，筑郿，《左传》为筑发凡例，《谷梁》讥因薮泽之利，《公羊》称避凶年造邑之嫌。三传异同，左氏为短。何则？当春秋二百年间，鲁凡城二十四邑，唯郿一邑称筑城，其二十三邑，岂皆有宗庙先君之主乎？执此为建主之端，又非通论。

或又曰："废主之瘗，何以在于太微宫所藏之所？宜舍故依新，前已列矣。"按瘗主之位有三：或于北牖之下，或在西阶之间，庙之事也。其不当立之主，但随其所以瘗之。夫主瘗乎当立之庙，斯不然矣。以在所而言，则太微宫所藏之所，与汉之寝园无异。历代以降，建一都者多，两都者少。今国家崇东西之宅，极严奉之典，而以各庙为疑，合以建都故事，以相质正，即周、汉是也。今详议所征，究其年代，率皆一都之时，岂可以拟议，亦孰敢献酬于其间？详考经旨，古人谋寝必及于庙，未有设寝而不立庙者。国家承隋氏之弊，草创未暇，后虽建于垂拱，而事有所合。其后当干戈宁戢之岁，文物大备之朝，历于十一圣，不议废之。岂不以事虽出于一时，庙有合立之理，而不可一一革也？今洛都之制，上自宫殿楼观，下及百辟之司，与西京无异。銮舆之至也，虽厮役之贱，必归其所理也。岂先帝之主，独无其所安乎？时也，虞主尚瘗，废主宜然。或以马融、李舟二人称"寝无伤于偕立，庙不妨于暂虚"，是则马融、李舟，可法宣尼矣。以此拟议，乖当则深。

或称"凡邑有宗庙先君之主曰都，无曰邑，邑曰筑，都曰城"者。谨按春秋二百四十年间，惟郿一邑称筑。如城郎、费之类，各有所因，或以他防，或以自固，请之尽有宗庙，理则极非。

或称"圣主有复古之功，简册有考文之美，五帝不同乐，三王不同礼，遭时为法，因事制宜"。此则改作有为，非有司之事也。如有司之职，但合一一据经；变礼从时，则须俟明诏也。

凡不修之证，略有七条：庙立因迁，一也；已废不举，二也；庙不可虚，三也；非时不造主，四也；合载迁主行，五也；尊无二上，六也；《六典》不书，七也。谨按文王迁酆立庙，武王迁镐立庙，成王迁洛立庙。今东都不因迁而欲立庙，是违因迁立庙也。谨按《礼记》曰："凡祭，有其废之，莫敢举也。有其举之，莫敢废也。"今东都太庙，废已八朝，若果立之，是违已废不举也。谨按《礼记》曰："当七庙五庙无虚主。"今欲立虚庙，是违庙不可虚也。谨按《左传》："丁丑，作僖公主。书不时也。"《记》又曰："过时不祭，礼也。"合礼之祭，过时犹废，非礼之主，可以作乎？今欲非时作主，是违非时不作主也。谨按《曾子问》："古者师行以迁庙主行乎？孔子曰：天子巡狩，必以迁庙主行，载于斋车，言必有尊也。今也取七庙之主以行，则失之矣。"皇氏云："迁庙主者，载迁一室之主也。"今欲载群庙之主以行，是违载迁之主也。谨按《礼记》曰："天无二日，土无二王。尝、禘、郊、社，尊无二上也。"今欲两都建庙作主，是违尊无二上也。谨按《六典》序两都宫阙及庙宇，此时东都有庙不载，是违《六典》不书也。遍考书传，并不合修。浸以武德、贞观之中，作法垂范之日，文物大备，儒彦毕臻，若可修营，不应议不及矣。

《记》曰："乐由天作，礼以地制。天之体，动也。地之体，止也。"此明乐可作，礼难变也。伏惟陛下诚明载物，庄敬御天，孝方切于祖宗，事乃求于根本。再令集议，俾定所长。臣实职司，敢不条白以对。

德章又有上中书门下及礼院详议两状，并同载于后。其一曰：

伏见八月六日敕，欲修东都太庙，令会议事。此时已有议状，准礼不合更修。尚书丞郎已下三十八人，皆同署状。德章官在礼寺，实忝司存，当圣上严禋敬事之时，会相公尚古黜华之日，脱国之祀典，有乖礼文，岂唯受责于旷官，窃惧贻耻于明代。所以勤勤恳恳，将不言而又言也。

昨者异同之意，尽可指陈。一则以有都之名，便合立庙；次则欲崇修庙宇，以候时巡。殊不知庙不合虚，主惟载一也。谨按贞观九年诏曰："太原之地，肇基王业，事均丰、沛，义等宛、谯，约礼而言，须议立庙。"时秘书监颜师古议曰："臣傍观祭典，遍考礼经，宗庙皆在京师，不于下土别置。昔周之丰、镐，实为迁都，乃是因事便营，非云一时别立。"太宗许其奏，即日而停。由是而言，太原岂无都号，太原尔时犹废，东都不立可知。且庙室惟新，即须有主，主既藏瘗，非虚而何？是有都立庙之言，不攻而自破矣。又按《曾子问》曰："古者师行，必以迁庙主行乎？孔子曰：天子巡狩，必以迁庙主行，载于斋车，言必有尊也。今也取七庙之主以行，则失矣。"皇氏云："迁庙主者，惟载新迁一室之主也。"未祧之主，无载行之文。假使候时巡，自可修营一室，议构九室，有何依凭？

夫宗庙，尊事也，重事也，至尊至重，安得以疑文定论。言苟不经，则为擅议。近者敕旨，凡以议事，皆须一一据经。若无经文，任以史证。如或经史皆不据者，不得率意而言。则立庙东都，正经史无据，果从臆说，无乃前后相违也。《书》曰："三人占，则从二人之言。"会议者四十八人，所同者六七人耳，比夫二三之喻，又何其多也！夫尧、舜之为帝，迄今称咏之者，非有他术异智者也，以其有贤臣辅翼，能顺考古道也。故尧之书曰"若稽古帝尧"。《孔氏传》曰：传说佐殷之君，亦曰"事不师古，匪说攸闻"。考之古道既如前，验以国章又如此，将求典实，无以易诸。伏希必本正经，稍抑浮议，蹑皋夔之古道，法周孔之遗文，则天下守贞之儒，实所幸甚。其余已具前议。

其二曰：

夫宗庙之设，主于诚敬，旋观典礼，贰则非诚。是以匪因迁都，则不别立庙宇。《记》曰："天无二日，土无二王，尝、禘、郊、社，尊无二上。"又曰："凡祭，有其废之，莫敢举也。有其举之，莫敢废也。"则东都太庙，废已多时，若议增修，稍违前志，何者？圣历、神龙之际，武后始复明辟，中宗取其庙易置太庙焉，本欲权固人心，非经久之制也。伏以所存神主，既请祧藏，今庙室惟新，即须有主。神主非时不造，庙寝又无虚议，如修复以俟时巡，惟载一主，备在方册，可得而详。又引经中义有数等，或是弟子之语，或是他人之言。今庙不可虚，尊无二上，非时不造主，合载一主行，皆大圣祖及宣尼亲所发明者，比之常据，不可同涂。又丘明修《春秋》，悉以君子定褒贬，至陈泄以忠获罪，晋文以臣召君，于此数条，不复称君子，将评得失，特以宣尼断之。《传》曰："危疑之理，须圣言以明也。"或以东都不同他都，地有坛社宫阙，欲议权茸，似是无妨。此则酌于意怀，非曰经据也。但以遍讨今古，无有坛社立庙之证，用以为说，实所未安。谨按上自殷、周，傍稽故实，除因迁都之外，无别立庙之文。

制曰："自古议礼，皆酌人情。必稷嗣知几，贾生达识，方可发挥大政，润色皇猷，其他管窥，盖不足数。公卿之议，实可施行，德章所陈，最为浅近，岂得苟申独见，妄有异同？事贵酌中，理宜从众。宜令有司择日修崇太庙，以留守李石充使勾当。"六年三月，择日既定，礼官既行，旋以武宗登遐，其事遂寝。宣宗既位，竟迎太微宫神主祔东都太庙，禘祫之礼，尽出神主合食于太祖之前。《贞观礼》，祫享，功臣配享于庙庭，禘享则不配。当时令文，禘祫之日，功臣并得配享。贞观十六年，将行禘祭，有司请集礼官学士等议，太常卿韦挺等一十八人议曰："古之王者，富有四海，而不朝夕上膳于宗庙者，患其礼过也。故曰：'春秋祭祀，以时思之。'至于臣有大功享禄，其后孝子率礼，洁粢丰盛，禘、祀、烝尝，四时不辍，国家大祫，又得配焉。所以昭明其勋，尊显其德，以劝嗣臣也。其禘及时享，功臣皆有应预。故周礼六功之官，皆配大烝而已。先儒皆取大烝为祫祭。高堂隆、庾蔚之等多遵郑学，未有将为时享。又汉、魏祫祀，皆在十月，晋朝礼官，欲用孟秋殷祭，左仆射孔安国启弹，坐免者不一。梁初误禘功臣，左丞何佟之驳议，武帝允而依行。降洎周、齐，俱遵此礼。窃以五年再殷，合诸天道，一大一小，通人雅论，小则人臣不预，大则兼及功臣。今礼禘无功臣，诚谓礼不可易。"乃诏改令从礼。至开元中改修礼，复令禘祫俱以功臣配飨焉。

高宗上元三年十月，将祫享于太庙。时议者以《礼纬》"三年一祫，五年一禘"，《公羊传》云"五年而再殷祭"，议交互莫能断决。太学博士史璨等议曰："按《礼记·正义》引郑玄《禘祫志》云：'《春秋》：僖公三十三年十二月薨。文公二年八月丁卯，大享于太庙。《公羊传》云：大享者何？祫也。'是三年丧毕，新君二年当祫，明年当禘于群庙。又宣公八年禘，僖公也，宣公八年皆有禘，则后禘去前禘五年。以此定之，则新君二年祫，三年禘。自尔已后，五年而再殷祭，则六年当祫，八年当禘祭。昭公十年，齐归薨，至十三年丧毕当祫，为平丘之会，冬，公如晋。至十八年祫，二十年禘，二十三年祫，二十五年禘。昭公二十五年‘有事于襄宫’是也。如上所云，则禘已后隔三年祫，已后隔三年禘。此则有合礼经，不违《传》义。”自此依璨等议为定。

开元六年秋，睿宗丧毕，祫享于太庙。自后又相承三年一祫，五年一禘，各自计年，不相通数。至二十七年，凡经五禘、七祫。其年夏禘讫，冬又当祫。太常议曰：

禘祫二礼，俱为殷祭，祫为合食祖庙，禘谓谛序尊卑。由先君逮下之慈，成群嗣奉亲之孝，事异常享，有时行之。然而祭不欲数，数则黩；亦不欲疏，疏则怠。故王者法诸天道，制祀典焉。蒸尝象时，禘祫如闰。五岁再闰，天道大成，宗庙法之，再为殷祭者也。谨按《礼记·王制》、《周官宗伯》，郑玄注解，高堂所议，并云“国君嗣位，三年丧毕，祫于太祖。明年禘于群庙。自尔已后，五年再殷，一祫一禘。”汉、魏故事，贞观实录，并用此礼。又按《礼纬》及《鲁礼禘祫注》云，三年一祫，五年一禘，所谓五年而再殷祭也。”又按《白虎通》及《五经通义》、许慎《异议》、何休《春秋》、贺循《祭议》，并云三年一禘。何也？以为三年一闰，天道小备，五年再闰，天道大备故也。此则五年再殷，通计其数，一祫一禘，迭相乘矣。今太庙禘祫，各自数年，两岐俱下，不相通计。或比年频合，或同岁再序，或一禘之后，并为再祫，或五年之内，骤有三殷，法天象闰之期，既违其度；五岁再殷之制，数又不同。求之礼文，颇为乖失。

说者或云：“禘祫二礼，大小不侔，祭名有殊，年数相去。祫以三纪，抵小而合；禘以五断，至十而周。有兹参差，难以通计。”窃以三祫五禘之说，本出《礼纬》，五岁再殷之数，同在其篇，会通二文，非相诡也。盖以禘后置祫，二周有半，数以全数，谓之三年一闰，只用三十二月也。其禘祫异称，各随四时，秋冬为祫，春夏为禘。祭名虽异，为殷则同，譬如礿、祠、蒸、尝，其体一也。郑玄谓祫大禘小，传或谓祫小禘大，肆陈之间，或有增减，通计之义，初无异同。盖象闰之法，相传久矣。惟晋代陈舒有三年一殷之议，自五年、八年又十一、十四，寻其议文所引，亦以象闰为言。且六岁再殷，何名象闰？五年一禘，又奚所施？矛盾之说，固难凭也。

夫以法天之度，既有指归，稽古之理，若兹昭著。禘祫二祭，通计明矣。今请以开元二十七年己卯四月禘，至辛巳年十月祫，至甲申年四月又禘，至丙戌年十月又祫，至己丑年四月又禘，至辛卯年十月又祫。自此五年再殷，周而复始。又禘祫之说，非唯一家，五岁再殷之文，既相师矣，法天象闰之理，大抵亦同。而禘后置祫，或近或远，盈缩之度，有二法焉：郑玄高堂，则先三而后二；徐邈之议，则先二而后三，谨按郑氏所注，先三之法，约三祫五禘之文，存三岁五年之位。以为甲年既禘，丁年当祫，己年又禘，壬年又祫，甲年又禘，丁年又祫，周而复始，以此相承。祫后去禘，十有八月而近，禘后去祫，三十二月而遥，分析不均，粗于算矣。假如攻乎异端，置祫于秋，则三十九月为前，二十一月为后，虽小有愈，其间尚偏。窃据本文，皆云象闰，二闰相去，则平分矣，两殷之序，何不等耶？且又三年之言，本举全数，二周有半，实准三年，于此置祫，不违文矣，何必拘滞隔三正乎？盖千虑一失，通儒之蔽也。徐氏之议，有异于是，研核周审，最为可凭。以为二禘相去，为月六十，中分三十，置一祫焉。若甲年夏禘，丙年冬祫，有象闰法，毫厘不偏。三年一祫之文，既无乖越；五岁再殷之制，疏数有均。校之诸儒，义实长久。今请依据以定二殷，预推祭月，周而复始。

礼部员外郎崔宗之驳下太常，令更详议，令集贤学士陆善经等更加详核，善经亦以其议为允。于是太常卿韦绍奏曰："礼有禘祫，俱称殷祭，二法更用，鳞次相承。或云五岁再殷，一禘一祫。或云三年一祫，五年一禘。法天象闰，大趣皆同。皆以太庙禘祫，计年有差，考于经传，微有所乖。顷在四月，已行禘享，今指孟冬，又申祫仪，合食礼频，恐违先典。伏以陛下能事毕举，旧物咸甄，宗祐祗慎之时，经训申明之日。臣等忝在持礼，职司讨论，辄据旧文，定其伦序。请以今年夏禘，便为殷祭之源，自此之后，禘、祫相代五年再殷，周而复始。其今年冬祫，准礼合停，望令所司，但行时享，即严禋不黩，庶合旧仪。"制从之。

旧仪，天宝八年闰六月六日敕文："祫之礼，以存序位，质文之变，盖取随时。国家系本仙宗，业承圣祖，重熙累盛，既锡无疆之休，合享登神，思弘不易之典。自今已后，每禘祫并于太清宫圣祖前设位序正，上以明陟配之礼，钦若玄象，下以尽虔祭之诚，无违至道。比来每缘禘祫，时享则停，事虽适于从宜，礼或亏于必备。已后每缘禘祫，其常享以素馔，三焚香以代三献。"

建中二年九月四日，太常博士陈京上疏言："今年十月，祫享太庙，并合飨迁庙献祖、懿祖二神主。《春秋》之意，毁庙之主，陈于太祖，未毁庙之主，皆升合食于太祖。太祖之位，在西而东向，其下子孙，昭穆相对，南北为别，庙无毁庙迁主不享之文。征是礼也，自于周室，而国朝祀典，当与周异。且周以后稷配太庙，为始封之祖，而乃立庙。庙毁主迁，皆在太祖之后。禘祫之时，无先于太庙太祖者。正太祖东向之位，全其尊而不疑。然今年十月禘飨太庙，伏请据魏、晋旧制为比，则构筑别庙。东晋以征西等四府君为别庙，至禘祫之时，则于太庙正太祖之位以申其尊，别庙祭高皇、太皇、征西等四府君以叙其亲。伏以国家若用此义，则宜别为献祖、懿祖立庙，禘祫祭之，以重其亲；则太祖于太庙遂居东向，以全其尊。伏以德明、兴圣二皇帝，曩立庙，至禘祫之时，常用飨礼，今则别庙之制，便就兴圣庙藏祔为宜。"敕下尚书省百僚集议。

礼仪使太子少师颜真卿议曰："议者或云献祖、懿祖亲远庙迁，不当祫享，宜永閟于西夹室。又议者云，二祖宜同祫享，于太祖并昭穆，而空太祖东向之位。又议者云，二祖若同祫享，即太祖之位永不得正，宜奉迁二祖神主祔藏于德明皇帝庙。臣伏以三议俱未为允。

且礼经残缺，既无明据，儒者能方义类，斟酌其中，则可举而行之，盖协于正也。伏惟太祖景皇帝以受命始封之功，处百代不迁之庙，配天崇享，是极尊严。且至禘祫之时，暂居昭穆之位，屈己申孝，敬奉祖宗，缘齿族之礼，广尊先之道，此实太祖明神烝烝之本意，亦所以化被天下，率循孝悌也。请依晋蔡谟等议，至十月祫享之日，奉献祖神主居东向之位，自懿祖、太祖洎诸祖宗，遵左昭右穆之列。此有彰国家重本尚顺之明义，足为万代不易之令典也。又议者请奉二祖神主于德明皇帝庙，行祫祭之礼。夫祫，合也。故《公羊传》云：'大事者何？祫也。'若祫祭不陈于太庙而享于德明庙，是乃分食也，岂谓合食乎？名实相乖，深失礼意，固不可行也。"

　　贞元七年十一月二十八日，太常卿裴郁奏曰："禘、祫之礼，殷、周以迁庙皆出太祖之后，故得合食有序，尊卑不差。及汉高受命，无始封祖，以高皇帝为太祖。太上皇，高帝之父，立庙享祀，不在昭穆合食之列，为尊于太祖故也。魏武创业，文帝受命，亦即以武帝为太祖。其高皇、太皇、处士君等，并为属尊，不在昭穆合食之列。晋宣创业，武帝受命，亦即以宣帝为太祖。其征西、颍川等四府君，亦为属尊，不在昭穆合食之列。国家诞受天命，累圣重光。景皇帝始封唐公，实为太祖。中间世数既近，于三昭三穆之内，故皇家太庙，惟有六室。其弘农府君、宣、光二祖，尊于太祖，亲尽则迁，不在昭穆之数。著在礼志，可举而行。开元中，加置九庙，献、懿二祖皆在昭穆，是以太祖景皇帝未得居东向之尊。今二祖已祧，九室惟序，则太祖之位又安可不正？伏以太祖上配天地，百代不迁，而居昭穆，献、懿二祖，亲尽庙迁，而居东向，征诸故实，实所未安。请下百僚佥议。"敕旨依。

　　八年正月二十三日，太子左庶子李嵘等七人议曰：

　　《王制》："天子七庙，三昭三穆，与太祖而七。"周制也。七者，太祖及文王、武王之祧，与亲庙四也。太祖，后稷也。殷则六庙，契及汤与二昭二穆。夏则五庙，无太祖，禹与二昭二穆。而晋朝博士孙钦议云："王者受命太祖及诸侯始封之君，其已前神主,据已上数过五代即毁其庙,禘祫不复及也。禘祫所及者,谓受命太祖之后,未毁主升藏于二祧者也。虽百代,禘祫及之。"伏以献、懿二祖,太祖以前亲尽之主也。拟三代以降之制,则禘祫不及矣。代祖神主,则太祖已下毁庙之主,则《公羊传》所谓"已毁庙之主,陈于太祖"者是也。谨按汉永光四年诏,议罢郡国庙及亲尽之祖,丞相韦玄成议太上、孝惠庙,皆亲尽宜毁,太上庙主宜瘗于园,孝惠主迁于太祖庙。奏可。太上,则太祖已前之主,瘗于园,禘祫不及故也,则今献、懿二祖之比也。孝惠迁于太祖庙,明太祖已下子孙,则禘祫所及,则今代祖元皇帝神主之比也。自魏、晋及宋、齐、隋、陈相承,始受命之君皆立庙,虚太祖之位。自太祖之后至七代君,则太祖东向位,乃成七庙。太祖以前之主,魏明帝则迁处士主置于园邑,岁时使令丞奉荐,世数犹近故也。至东晋明帝崩,以征西等三祖迁入西除,名之曰祧,以准远庙。至康帝崩,穆帝立,于是京兆迁入西除,同谓之祧,如前之礼,并禘祫所不及。

　　国朝始飨四庙,宣、元并太祖、世祖神主祔于庙。贞观九年,将祔高祖于太庙,朱子奢请准礼立七庙,其三昭三穆,各置神主。太祖,依晋宋以来故事,虚其位,待递迁方处之东向位。于是始祔弘农府君及高祖为六室,虚太祖之位而行禘祫。至二十三年,太宗祔庙,弘农府君乃藏于西夹室。文明元年,高宗祔庙,始迁宣皇帝于西夹室。开元十年,玄宗特立九庙,于是追尊宣皇帝为献祖,复列于正室,光皇帝为懿祖,以备九室。禘祫犹虚太祖之位。祝文于三祖不称臣,明全庙数而已。至德二载克复后,新作九庙神主,遂不造弘农府君神主,明禘祫不及故也。至宝应二年,祔玄宗、肃宗于庙,迁献、懿二祖于西夹室,始以太祖当东向位,以献、懿二祖为是太祖以前亲尽神主,准礼禘祫不及,凡十八年。

　　至建中二年十月,将祫飨,礼仪使颜真卿状奏:合出献、懿二祖神主行事,其布位次第及东面尊位,请准东晋蔡谟等议为定。遂以献祖当东向，以懿祖于昭位南向，以太祖于穆位北向，以次左昭右穆，陈列行事。且蔡谟当时虽有其议，事竟不行，而我唐庙祧，岂可为准？嵘伏以尝、禘、郊、社，尊无二上，瘗毁迁藏，礼有义断。以献、懿为亲尽之主，太祖已当东向之尊，一朝改移，实非典故。谓宜复先朝故事，献、懿神主藏于西夹室，以类《祭法》所谓"远庙为祧，去祧为坛，去坛为墠，坛、墠有祷则祭，无祷乃止"。太祖既昭配天地，位当东向之尊。庶上守贞观之首制，中奉开元之成规，下遵宝应之严式，符合经义，不失旧章。

吏部郎中柳冕等十二人议曰：

天子受命之君，诸侯始封之祖，皆为太祖，故虽天子，必有尊也，是以尊太祖焉；故虽诸侯，必有先也，亦以尊太祖焉。故太祖已下，亲尽而毁。洎秦灭学，汉不及礼，不列昭穆，不建迭毁，晋失之，宋因之。于是有连五庙之制，于是有虚太祖之位。夫不列昭穆，非所以示人有序也；不建迭毁，非所以示人有杀也；连五庙之制，非所以示人有别也；虚太祖之位，非所以示人有尊也。此礼之所由废。按《礼》："父为士，子为天子，祭以天子，葬以士。"今献祖祧也，懿祖亦祧也，唐未受命，犹士礼也。是故高祖、太宗以天子之礼祭之，不敢以太祖之位易之。今而易之，无乃乱先王之序乎？昔周有天下，追王太王、王季以天子之礼，及其祭也，亲尽而毁之。汉有天下，尊太上皇以天子之礼，及其祭也，亲尽而毁之。唐有天下，追王献、懿二祖以天子之礼，及其祭也，亲尽而毁之。则不可代太祖之位明矣。

又按《周礼》有先公之祧，有先王之祧。先公之迁主，藏乎后稷之庙，其周未受命之祧乎？先王之迁主，藏乎文王之庙，其周已受命之祧乎？故有二祧，所以异庙也。今献祖已下之祧，犹先公也；太祖已下之祧，犹先王也。请筑别庙以居二祖，则行周之礼，复古之道。故汉之礼，因于周也；魏之礼，因于汉也；隋之礼，因于魏也。皆立三庙，有二祧。又立私庙四于南阳，亦后汉制也。以为人之子，事太宗降其私亲，故私庙所以奉本宗也，太庙所以尊正统也。虽古今异时，文质异礼，而知礼之情，与问礼之本者，莫不通其变，酌而行之。故上致其崇，则太祖属尊乎上矣；下尽其杀，则祧主亲尽于下矣；中处其中，则王者主祧于中矣。

工部郎中张荐等议曰："昔殷、周以稷、离之后，所以昭、穆合祭，尊卑不差。如夏后氏以禹始封，遂为不迁之祖。故夏五庙，禹与二昭二穆而已。据此则鲧之亲尽，其主已迁。左氏既称'禹不先鲧'，足明迁庙之主，虽属尊于始封祖者，亦在合食之位矣。又据晋、宋、齐、梁、北齐、周、隋史，其太祖已下，并同禘祫，未尝限断迁毁之主。伏以南北八代，非无硕学巨儒，宗庙大事，议必精博，验于史册，其礼佥同。又详魏、晋、宋、齐、梁、北齐、周、隋故事，及《贞观》、《显庆》、《开元》所禘祫并虚东向。既行之已久，实群情所安。且太祖处清庙第一之室，其神主虽百代不迁，永歆烝尝，上配天地，于郊庙无不正矣。若至禘、祫之时，暂居昭穆之列，屈己申孝，以奉祖祢，岂非伯禹烝烝敬鲧之道欤？亦是魏、晋及周、隋之太祖，不敢以卑厌尊之义也。议者或欲迁二祖于兴圣庙，及请别置筑室，至禘祫年飨之。夫祫，合也。此乃分食，殊乖礼意。又欲藏于西夹室，永不及祀，无异汉代瘗园，允为不可。辄敢征据正经，考论旧史，请奉献、懿二祖与太祖并从昭穆之位，而虚东向。"

司勋员外郎裴枢议曰："禘之主，亦犹是也。若祔于远庙，无乃中有一间，等上不伦。西位常虚，则太祖永厌于昭穆；异庙别祭，则祫飨事主乎合食？永秘比于姜嫄，则推祥机而无事。《礼》云：'亲亲故尊祖，尊祖故敬宗，敬宗故收族，所以宗庙严，社稷重。'由是言也，太祖之上复有追尊之祖，则亲亲尊祖之义，无乃乖乎？太庙之外，轻置别祭之庙，则宗庙乃不严，社稷无乃不重乎？且汉丞相韦玄成请瘗于园，晋征士虞喜请瘗于庙两阶之间。喜又引左氏说，古者先王日祭于祖考，月祀于曾高，时享及二祧，岁祫及坛墠，终禘及郊宗石室。是谓郊宗之上，复有石室之祖，斯最近矣。但当时议所居石室，未有准酌。喜请于夹室中，愚以为石室可据，所以处之之道未安。何者？夹室谓居太祖之下毁主，非是安太祖之上藏主也。未有卑处正位，尊在傍居。考理即心，恐非允协。今若建石室于园寝，迁神主以永安，采汉、晋之旧章，依禘袷之一祭，修古礼之残缺，为国朝之典故，庶乎《春秋》变礼之正，动也中者焉。"

考功员外郎陈京议曰："京前为太常博士，已于建中二年九月四日，奏议袷飨献、懿二祖所安之位，请下百僚博采所疑。其时礼仪使颜真卿因是上状，与京议异，京议未行。伏见去年十一月二十八日诏下太常卿裴郁所奏，大抵与京议相会。伏以兴圣皇帝，则献祖之曾祖，懿祖之高祖。夫以曾孙袷引于曾、高之庙，岂礼之不可哉？实人情之大顺也。"

京兆少尹韦武议曰："凡三年一袷，五年一禘。袷则群庙大合，禘则各序其祧。谓主迁弥远，祧室既修，当袷之岁当以献祖居于东向，而懿祖序其昭穆，以极所亲。若行禘礼，则太祖复筵于西，以众主列其左右。是则于太祖不为降屈，于献祖无所厌卑。考礼酌情，谓当行此为胜。"

同官县尉仲子陵议曰："今儒者乃援'子虽齐圣，不先父食'之语，欲令已祧献祖，权居东向，配天太祖，屈居昭穆，此不通之甚也。凡左氏'不先食'之言，且以正文公之朔祀，儒者安知非夏后庙数未足之时，而言禹不先鲧乎！且汉之禘、袷，盖不足征。魏、晋已远，太祖皆近。是太祖之上，皆有迁主。历代所疑，或引《閟宫》之诗而永閟，或因虞主之义而瘗园，或缘远庙为祧以筑宫，或言太祖实卑而虚位。惟东晋蔡谟凭左氏'不先食'以为说，欲令征西东向。均定数者，此最不安。且蔡谟此议，非晋所行。前有司不本谟改筑之言，取征西东向之一句为万代法，此其不可甚也。臣又思之，永閟瘗园，则臣子之心有所不安；权虚正位，则太祖之尊无时而定。则别筑一室，义差可安。且兴圣之于献祖，乃曾祖也，昭穆有序，飨祀以时。伏请奉献、懿二祖迁于德明、兴圣庙，此其大顺也。或以袷者合也，今二祖别庙，是分食也，何合之为？臣以为德明、兴圣二庙，每禘袷之年亦皆飨荐，是亦分食，奚疑于二祖乎？”

其月二十七日，吏部郎中柳冕上《禘祫义证》，凡一十四道，以备顾问，并议奏闻。

至三月十二日，祠部奏郁等议状。至十一年七月十二日，敕："于顾等议状，所请各殊，理在讨论，用求精当。宜令尚书省会百僚与国子监儒官，切磋旧状，定可否，仍委所司具事件闻奏。"其月二十六日，左司郎中陆淳奏曰："臣寻七年百僚所议，虽有一十六状，总其归趣，三端而已。于顾等一十四状，并云复太祖之位。张荐状则云并列昭穆，而虚东飨之位。韦武状则云当祫之岁，献祖居于东飨，行禘之礼，太祖复筵于西。谨按礼经及先儒之说，复太祖之位，位既正也，义在不疑。太祖之位既正，懿、献二主，当有所归。详考十四状，其意有四：一曰藏诸夹室，二曰置之别庙，三曰迁于园寝，四曰祔于兴圣。藏诸夹室，是无飨献之期，异乎周人藏于二祧之义，礼不可行也。置之别庙，始于魏明之说，实非《礼经》之文。晋义熙九年，虽立此义，已后亦无行者。迁于园寝，是乱宗庙之仪，既无所凭，殊乖经意，不足征也。惟有祔于兴圣之庙，禘祫之岁乃一祭之，庶乎亡于礼者之礼，而得变之正也。"

十九年三月，给事中陈京奏："禘是大合祖宗之祭，必尊太祖之位，以正昭穆。今年遇禘，伏恐须定向来所议之礼。"敕曰："禘祫之礼，祭之大者，先有众议，犹未精详，宜令百僚会议以闻。"时左仆射姚南仲等献议状五十七封，诏付都省再集百僚议定闻奏。户部尚书王绍等五十五人奏议："请奉迁献祖、懿祖神主祔德明、兴圣庙，请别增两室奉安神主。缘二十四日禘祭，修庙未成，请于德明、兴圣庙垣内权设幕屋为二室，暂安神主。候增修庙室成，准礼迁祔神主入新庙。每至禘祫年，各于本室行飨礼。"从之。是月十五日，迁献祖、懿祖神主权祔德明、兴圣庙之幕殿。二十四日，飨太庙。自此景皇帝始居东向之尊，元皇帝已下依左昭右穆之列矣。

二祖新庙成，敕曰："奉迁献祖、懿祖神主，正太祖景皇帝之位，虔告之礼，当任重臣。宜令检校司空平章事杜佑摄太尉，告太清宫；

门下侍郎平章事崔损摄太尉,告太庙。"又诏曰:"国之大事,式在明禋。王者孝飨,莫重于禘祭,所以尊祖而正昭穆也。朕承列圣之休德,荷上天之眷命,虔奉牲币,二十五年,永惟宗庙之位,禘尝之序,夙夜祗栗,不敢自专。是用延访公卿,稽参古礼,博考群议,至于再三。敬以令辰,奉迁献祖宣皇帝神主、懿祖光皇帝神主,祔于德明、兴圣皇帝庙。太祖景皇帝正东向之位。宜令所司循礼,务极精严,只肃祀典,载深感惕。咨尔中外,宜悉朕怀。"

会昌六年十月,太常礼院奏:"禘祫祝文称号,穆宗皇帝、宣懿皇后韦氏、敬宗皇帝、文宗皇帝、武宗皇帝,缘从前序亲亲,以穆宗皇帝室称为皇兄,未合礼文。得修撰官朱俦等状称:'礼叙尊尊,不叙亲亲。陛下于穆宗、敬宗、武宗三室祝文,恐须但称嗣皇帝臣某昭告于某宗。'臣等同考礼经,于义为允。"从之。

贞元十二年,祫祭太庙。近例,祫祭及亲拜郊,皆令中使一人引伐国宝至坛所,所以昭示武功。至是上以伐国大事,中使引之非宜,乃令礼官一人,就内库监领至太庙焉。

旧仪,高祖之庙,则开府仪同三司淮安王神通、礼部尚书河间王孝恭、陕东道大行台右仆射郧国公殷开山、吏部尚书渝国公刘政会配飨。太宗之庙,则司空梁国公房玄龄、尚书右仆射莱国公杜如晦、尚书左仆射申国公高士廉配飨。高宗之庙,则司空英国公李勣、尚书左仆射北平县公张行成、中书令高唐县公马周配飨。中宗之庙,则侍中平阳郡王敬晖、侍中扶阳郡王桓彦范、中书令南阳郡王袁恕己配享。睿宗之庙,则太子太傅许国公苏环、尚书左丞相徐国公刘幽求配飨。

天宝六载正月,诏:京城章怀、节愍、惠文、宣太子,与隐太子、懿德太子同为一庙,呼为七太子庙,以便于祀享。太庙配飨功臣,高祖室加裴寂、刘文静,太宗室加长孙无忌、李靖、杜如晦,高宗室加褚遂良、高季辅、刘仁轨,中宗室加狄仁杰、魏元忠、王同皎等十一人。大祭祀,驿犊减数。十载,太庙置内官。十一载闰三月,制:"自今已后，每月朔望日，宜令尚食造食，荐太庙，每室一牙盘，内官享荐。仍五日一开室门洒扫。”

其后又有玄宗子静德太子庙，肃宗子恭懿太子庙。孝敬庙在东京太庙院内，贞顺皇后、让皇帝庙在京中。余皆四时致祭。

旧唐书卷二七
志第七

礼仪七

贞观十四年，太宗因修礼官奏事之次，言及丧服，太宗曰："同爨尚有缌麻之恩，而嫂叔无服。又舅之与姨，亲疏相似，而服纪有殊，理未为得。宜集学者详议。余有亲重而服轻者，亦附奏闻。"于是侍中魏徵、礼部侍郎令狐德棻等奏议曰：

臣闻礼所以决嫌疑，定犹豫，别同异，明是非者也。非从天降，非从地出，人情而已矣。夫亲族有九，服术有六，随恩以薄厚，称情以立文。然舅之与姨，虽为同气，论情度义，先后实殊。何则？舅为母之本族，姨乃外戚他族，求之母族，姨不在焉，考之经典，舅诚为重。故周王念齐，每称舅甥之国；秦伯怀晋，实切《渭阳》之诗。在舅服止一时，为姨居丧五月，循名责实，逐末弃本。盖古人之情，或有未达，所宜损益，实在兹乎！

《记》曰："兄弟之子，犹子也，盖引而进之也；嫂叔之不服，盖推而还之也。"礼：继父同居，则为之期；未尝同居，则不为服。从母之失，舅之妻，二人相为服。或曰，同爨缌，然则继父之徒，并非骨肉，服重由乎同爨，恩轻在乎异居。故知制服虽系于名，亦缘恩之厚薄者也。或有长年之嫂，遇孩童之叔，劬劳鞠养，情若所生，分饥共寒，契阔偕老。譬同居之继父，方他人之同爨，情义之深浅，宁可同日而言哉！在其生也，爱之同于骨肉；及其死也，则曰推而还之。求之本原，深所未谕。若推而远之为是，则不可生而共居；生而共居之为是，则不可死同行路。重其生而轻其死，厚其始而薄其终，称情立文，其义安在？且事嫂见称，载籍非一。郑仲虞则恩礼甚笃，颜弘都则竭诚致感，马援则见之必冠，孔伋则哭之为位。此并躬践教义，仁深孝友，察其所尚之旨，岂非行觉者欤？但于其时，上无哲王，礼非下之所议，遂使深情郁乎千载，至理藏于万古，其来久矣，岂不惜哉！

今属钦明在辰，圣人有作，五礼详洽，一物无遗。犹且永念慎终，凝神遐想。以为尊卑之叙，虽焕乎大备；丧纪之制，或情理未周。爰命秩宗，更详考正。臣等奉遵明旨，触类旁求，采摭群经，讨论传记。咸引兼实，无文之礼咸秩，敦睦之情毕举，俾变薄俗于既往，垂笃义于将来，信六籍所不能谈，超百王而独得者也。诸儒所守，互有异同，详求阙中，申明圣旨。

谨按曾祖父母旧服齐衰三月，请加为齐衰五月。嫡子妇旧服大功，请加为期。众子妇小功，今请与兄弟子妇同为大功九月。嫂叔旧无服，今请服小功五月报。其弟妻及夫兄，亦小功五月。舅服缌麻，请与从母同服小功。

制可之。

显庆二年九月，修礼官长孙无忌等又奏曰："依古丧服，甥为舅缌麻，舅报甥亦同此制。贞观年中，八座议奏：'舅服同姨，小功五月。'而今律疏，舅报于甥，服犹三月。谨按旁尊之服，礼无不报，已非正尊，不敢降也。故甥为从母五月，从母报甥小功，甥为舅缌麻，舅亦报甥三月，是其义矣。今甥为舅使同从母之丧，则舅宜进甥以同从母之报。修律疏人不知礼意，舅报甥服，尚止缌麻，于例不通，礼须改正。今请修改律疏，舅报甥亦小功。"又曰：'庶母古礼缌麻，新礼无服。谨按庶母之子，即是己昆季，为之杖齐，而己与之无服。同气之内，吉凶顿殊，求之礼情，深非至理。请依典故，为服缌麻。"

制又从之。

龙朔二年八月，所司奏："同文正卿萧嗣业，嫡继母改嫁身亡，请申心制。据令，继母改嫁及为长子，并不解官。"既而有敕："虽云嫡母，终是继母，据礼缘情，须有定制。付所司议定奏闻。"司礼太常伯陇西郡王博等又奏称：

缅寻《丧服》，母名斯定，嫡、继、慈、养，皆在其中。惟出母制，特言出妻之子，明非生己，则皆无服。是以今云母嫁，又云出妻之子。出言其子，以著所生，嫁即言母，通包养、嫡，俱当解任，并合心丧。其不解者，惟有继母之嫁。继母为名，正据前妻之子，嫡于诸婢，礼无继母之文。甲令今既见行，嗣业理申心制。然奉敕议定，方垂永则，令有不安，亦须厘正。窃以嫡、继、慈、养，皆非所生，并同行路。嫁虽比出稍轻，于父终为义绝。继母之嫁，既殊亲母，慈、嫡义绝，岂合心丧？望请凡非所生，父卒而嫁，为父后者无服，非承重者杖期，并不心丧，一同继母。有符情礼，无玷旧章。

又心丧之制，惟施服屈，杖期之服，不应解官。而令文三年齐斩，亦入心丧之例；杖期解官，又有妻丧之舛。又依礼，庶子为其母缌麻三月。既是所生无服，准例亦合解官。令文漏而不言，于事终须修附。既与嫡母等嫁同一令条，总议请改，理为允惬者。

依集文武官九品以上议。得司卫正卿房仁裕等七百三十六人议，请一依司礼状，嗣业不解官。得右金吾卫将军薛孤吴仁等二十六人议，请解嗣业官，不同司礼状者。母非所生，出嫁义绝，仍令解职，有紊缘情。杖期解官，不甄妻服，三年齐斩，谬曰心丧。庶子为母缌麻，漏其中制。此并令文疏舛，理难因袭。依房仁裕等议，总加修附，垂之不朽。其礼及律疏有相关涉者，亦请准此改正。嗣业既非嫡母改醮，不合解官。

诏从之。

上元元年，天后上表曰："至如父在为母服止一期，虽心丧三年，服由尊降。窃谓子之于母，慈爱特深，非母不生，非母不育。推燥居湿，咽苦吐甘，生养劳瘁，恩斯极矣！所以禽兽之情，犹知其母，三年在怀，理宜崇报。若父在为母服止一期，尊父之敬虽周，报母之慈有阙。且齐斩之制,足为差减,更令周以一期,恐伤人子之志。今请父在为母终三年之服。"高宗下诏,依议行焉。

开元五年,右补阙卢履冰上言:"淮礼,父在为母一周除灵,三年心丧。则天皇后请同父没之服,三年然始除灵。虽则权行,有紊彝典。今陛下孝理天下,动合礼验,请仍旧章。庶叶通典。"于是下制令百官详议,并舅及嫂叔服不依旧礼,亦合议定。刑部郎中田再恩建议曰:

乾尊坤卑,天一地二,阴阳之位分矣,夫妇之道配焉。至若死丧之威,隆杀之等,礼经五服之制,齐斩有殊,考妣三年之丧,贵贱无隔,以报免怀之慈,以酬罔极之恩者也。

稽之上古,丧期无数,暨乎中叶,方有岁年。《礼》云:"五帝殊时,不相沿乐;三王异代,不相袭礼。"《白虎通》云:"质文再而变,正朔三而复。"自周公制礼之后,孔父刊经已来,爰殊厌降之仪,以标服纪之节。重轻从俗,斟酌随时。故知礼不从天而降,不由地而出也,在人消息,为适时之中耳。春秋诸国,鲁最知礼,以周公之后,孔子之邦也。晋韩起来聘,言"周礼尽在鲁矣"。齐仲孙来盟,言"鲁犹秉周礼"。尚有子张问高宗谅阴三年,子思不听其子服出母,子游谓同母异父昆弟之服大功,子夏谓合从齐衰之制。此等并四科之数,十哲之人,高步孔门,亲承圣训,及遇丧事,犹此致疑,即明自古已来,升降不一者也。

三年之制,说者纷然。郑玄以为二十七月,王肃以为二十五月。又改葬之服,郑云服缌三月,王云讫葬而除。又继母出嫁,郑云皆服,王云从于继育,乃为之服。又无服之殇,郑云子生一月,哭之一日;王云以哭之一日易服之月。郑、王祖经宗传,各有异同;荀挚采古求遗,互为损益。方知去圣渐远,残缺弥多。故曰会礼之家,名为聚讼,宁有定哉!而父在为母三年,行之已逾四纪,出自高宗大帝之代,不从则天皇后之朝。大帝御极之辰,中宫献书之日,往时参议,将可施行,编之于格,服之已久。前王所是，疏而为律；后王所是，著而为令。何必乖先帝之旨，阻人子之情，亏纯孝之心，背德义之本？有何妨于圣化，有何紊于彝伦，而欲服之周年，与伯叔母齐焉，与姑姊妹同焉？夫三年之丧，如白驹之过隙，君子丧亲，有终身之忧，何况再周乎！

夫礼者，体也，履也，示之以迹。孝者，畜也，养也，因之以心。小人不耻不仁，不畏不义。服之有制，使愚人企及；衣之以衰，使见之摧痛。以此防人，人犹有朝死而夕忘者；以此制人，人犹有释服而从吉者。方今渐归古朴，须敦孝义，抑贤引愚，理资宁戚，食稻衣锦，所不忍闻。

若以庶事朝仪，一依周礼，则古之人臣见君也，公卿大夫贽羔雁、圭璧，今何故不依乎？周之用刑也，墨、劓、宫、刖，今何故不行乎？周则侯、甸、男、卫，朝聘有数，今何故不行乎？周则不五十不仕，七十不入朝，今何故不依乎？周则井、邑、丘、甸，以立征税，今何故不行乎？周则分土五等，父死子及，今何故不行乎？周则冠冕衣裳，乘车而战，今何故不行乎？周则三老五更，胶序养老，今何故不行乎？诸如此例，不可胜述。何独孝思之事，爱一年之服于其母乎？可为痛心，可为恸哭者！

《诗》云："哀哀父母，生我劬劳。"《礼》云："父之亲子也，亲贤而下无能；母之亲子也，贤则亲之，无能则怜之。"阮嗣宗晋代之英才，方外之高士，以为母重于父。据齐斩升数，粗细已降，何忍服之节制，减至于周？岂后代之士，尽惭于古。循古未必是，依今未必非也。

又同爨服缌，礼经明义。嫂叔还别，同诸路人。引而进之，触类而长。犹子咸衣苴葈，季父不服缌麻，推远之情有余，睦亲之义未足。又母之昆弟，情切《渭阳》，翟辅讼舅之冤，宁氏宅甥之相，我之出也，义亦殷焉。不同从母之尊，遂降小功之服，依诸古礼，有爽俗情。今贬舅而宗姨，是陋今而荣古。此并太宗之制也，行之百年矣，辄为刊复，实用有疑。

于是纷议不定。履冰又上疏曰：

《礼》：父在，为母十一月而练，十三月而祥，十五月而禫，心丧三年。上元中，则天皇后上表，请同父没之服，亦未有行。至垂拱年中，始编入格，易代之后，俗乃通行。臣开元五年，频请仍旧。恩敕并嫂叔舅姨之服，亦付所司详议。诸司所议，同异相参。所司惟执齐斩之文，又曰亦合典礼。窃见新修之格，犹依垂拱之伪，致有祖父母安存，子孙之妻亡没，下房筵几，亦立再周，甚无谓也。据《周易·家人》卦云："利女贞，女正位于内，男正位于外。男女正，天地之大义。家人有严君焉，父母之谓也。父父、子子、兄兄、弟弟、夫夫、妇妇，家道正而天下正矣。"《礼》："女在室以父为天；出嫁，以夫为天。"又，"在家从父，出嫁从夫，夫死从子。"本无自专抗尊之法。即《丧服四制》云："天无二日，土无二王，国无二君，家无二尊，以一理之也。故父在为母服周者，避二尊也。"伏惟陛下正持家国，孝理天下，而不断在宸衷，详正此礼，无随末俗，顾念儿女之情。臣恐后代复有妇夺夫政之败者。

疏奏未报。履冰又上奏曰：

臣闻夫妇之道，人伦之始。尊卑法于天地，动静合于阴阳，阴阳和而天地生成，夫妇正而人伦式序。自家刑国，牝鸡无晨，四德之礼不愆，三从之义斯在。即《丧服四制》云："天无二日，土无二王，国无二君，家无二尊，以一理之也。故父在为母服周者，见无二尊也。"准旧仪，父在为母一周除灵，再周心丧。父必三年而后娶者，达子之志焉。岂先圣无情于所生，固有意于家国者矣。

原夫上元肇年，则天已潜秉政，将图僭篡，预自崇先。请升慈爱之丧，以抗尊严之礼，虽齐斩之仪不改，而几筵之制遂同。数年之间，尚未通用。天皇晏驾，中宗蒙尘。垂拱之末，果行圣母之伪符；载初之元，遂启易代之深衅。孝和虽多反正，韦氏复效晨鸣。孝和非意暴崩，韦氏旋即称制。不蒙陛下英算，宗庙何由克复？《易》云："臣弑其君，子弑其父，非一朝一夕之故。"
其斯之谓矣。臣谨寻礼意，防杜实深，若不早图刊正，何以垂戒
于后？所以薄言礼教，请依旧章，恩敕通明，蒙付所司详议。

且臣所献者，盖请正夫妇之纲，岂忘母子之道。诸议多不
讨其本源，所非议者，大凡只论罔极之恩；丧也宁戚，禽兽识母
而不识父；秦燔书后礼经残缺，后儒缀集，不足可凭。岂得与伯
叔母服同，岂得与姑姊妹制等；三王不相袭礼，五帝不相沿乐；
齐斩足为升降，岁年何忍不同：此并道听途说之言，未习先王
之旨，又安足以议经邦理俗之礼乎？臣请据经义以明之。所云
"罔极之恩"者，春秋祭祀，以时思之。君子有终身之忧，霜露之
感，岂止一二周之服哉！故圣人恐有朝死而夕忘，曾鸟兽之不
若，为立中制，使贤不肖共成文理而已。所云"丧也宁戚"者，孔
子答林放之问。至如太奢太俭，太易太戚，皆非礼中。苟不得
中，名为俱失，不如太俭太戚焉。毁而灭性，犹愈于朝死夕忘
焉。此论临丧哀毁之容，岂比于同宗异姓之服？所云"禽兽识
母而不识父"者，禽兽群居而聚麀，而无家国之礼，少虽知亲爱
其母，长不解尊严其父。引此为谕，则亦禽兽之不若乎！所云
"秦燔书后礼经残缺，后儒缀集，不足可凭"者，人间或有遗逸，
岂亦家户到而燔之？假若尽燔，苟不可信，则坟典都谬，庠序徒
立，非圣之谈，复云安属？所云"与伯叔姑姊服同"者，伯叔姑姊
有筵杖之制、三年心丧乎？所云"五帝不相沿乐，三王不相袭
礼"，诚哉是言！此是则天怀私苞祸之情，岂可复相沿乐袭礼
乎？所云"齐斩足为升降"者，母齐父斩，不易之礼。

按《三年问》云："将由修饰之君子喻，三年之丧，若驷之过
隙，遂之，则是无穷也。然则何以周也？曰：至亲以周断。是何
也？曰："天地则已易矣，四时则已变矣，其在天地之中者，莫不
更始焉，以是象之也。然则何以三年？曰：加重焉耳。"故父加
至再周，父在为母加三年心丧。今者还同父没之制，则尊厌之
律安施？《丧服四制》又曰："凡礼之大体，体天地，法四时，则阴

阳,顺人情,故谓之礼。"訾之者是不知礼之所由生。非徒不识礼之所由制,亦恐未达孝子之通义。

臣谨按《孝经》,以明陛下孝治之合至德要道,请论世俗訾礼之徒。夫至德谓孝悌,要道谓礼乐。"移风易俗,莫善于乐,安上治民,莫善于礼。"又《礼》有"无体之礼,无声之乐"。按《孝经援神契》云:"天子孝曰就,就之为言成也。天子德被天下,泽及万物,始终成就,则其亲获安,故曰就也。诸侯孝曰度,度者法也。诸侯居国,能奉天子法度,得不危溢,则其亲获安,故曰度也。卿大夫孝曰誉,誉之为言名也。卿大夫言行布满,能无恶称,誉达遐迩,则其亲获安,故曰誉也。士孝曰究,究者以明审为义。士始升朝,辞亲入仕,能审资父事君之礼,则其亲获安,故曰究也。庶人孝曰畜,畜者含畜为义。庶人含情受朴,躬耕力作,以畜其德,则其亲获安,故曰畜也。"陛下以韦氏构逆,中宗降祸,宸衷哀愤,睿情卓烈。初无一旅之众,遂殄九重之妖,定社稷于贴危,拯宗枝于涂炭。此陛下孝悌之至,通于神明,光于四海,无所不通。使诸侯得守其法度,卿大夫得尽其言行,士得资亲以事君,庶人得用天而分地。此陛下无体之礼,以安上理人也。上元以来,政由宁氏,文明之后,法在凶人。贼害宗亲,诛灭良善,勋阶岁累,酺赦年频。佞之则荣华,正之则迁谪。神龙、景云之际,其事尤繁;先天、开元之间,斯弊都革。此陛下之无声之乐,以移风易俗也。

臣前状单略,议者未识臣之恳诚。谨具状重进,请付中书门下商量处分。臣言若谠,然敢侧足于轩墀;臣言不忠,伏请窜迹于荒裔。

左散骑常侍元行冲奏议曰:"天地之性,惟人最灵者,盖以智周万物,惟睿作圣,明贵贱,辨尊卑,远嫌疑,分情理也。是以古之圣人,征性识事,缘情制服,有申有厌。天父、天夫,故斩衰?三年,情理俱尽者,因心立极也。生则齐体,死则同穴,比阴阳而配合,同两仪而成化。而妻丧杖期,情礼俱杀者,盖以远嫌疑,尊乾道也。父为嫡子三年斩衰,而不去职者,盖尊祖重嫡,崇礼杀情也。资于事父以事君,孝莫大于严父。故父在,为母罢职齐周而心丧三年,谓之尊厌者,则情申而礼杀也。斯制也,可以异于飞走,别于华夷。羲、农、尧、舜,莫之易也;文、武、周、孔,同所尊也。今若舍尊厌之重,亏严父之义,略纯素之嫌,贻非圣之责,则事不师古,有伤名教矣。姨兼从母之名,即母之女党,加于舅服,有理存焉。嫂叔不服,避嫌疑也。若引同爨之缌,以忘推远之迹,既乖前圣,亦谓难从。谨详三者之疑,并请依古为当。”自是百僚议竟不决。

至七年八月,下敕曰:“惟周公制礼,当历代不刊;况子夏为《传》,乃孔门所受。格条之内,有父在为母齐衰三年,此有为而为,非尊厌之义。与其改作,不如师古,诸服纪宜一依《丧服》文。”自是卿士之家,父在为母行服不同:或既周而禫,禫服六十日释服,心丧三年者;或有既周而禫,禫服终三年者;或有依上元之制,齐衰三年者。时议者是非纷然,元行冲谓人曰:“圣人制厌降之礼,岂不知母恩之深也,以尊祖贵祢,欲其远别禽兽,近异夷狄故也。人情易摇,浅识者众。一紊其度,其可止乎!”二十年,中书令萧嵩与学士改修定五礼,又议请依上元敕,父在为母齐请三年为定。及颁礼,乃一依行焉。

二十三年,藉田礼毕,下制曰:“服制之纪,或有所未通,宜令礼官学士详议闻奏。”太常卿韦绦奏曰:“谨按《仪礼丧服》:舅,缌麻三月。从母,小功五月。《传》曰:何以小功,以名加也。堂姨、舅、舅母,恩所不及。外祖父母,小功五月。《传》曰:何以小功,以尊加也。舅,缌麻三月,并是情亲而服属疏者也。外祖正尊,同于从母之服。姨舅一等,服则轻重有殊。堂姨舅亲即未疏,恩绝不相为服。亲舅母来承外族,同爨之礼不加。窃以古意犹有所未畅者也。且为外祖小功,此则正尊情甚亲而服属疏者也,请加至大功九月。姨舅侪类,亲既无别,服宜齐等,请为舅加至小功五月。堂姨舅疏降一等,亲舅母从服之例,先无制服之文,并望加至袒免。臣闻礼以饰情,服从义制,或有沿革,损益可明。事体既大,理资详审。望付尚书省集众官吏详议,务从折衷,永为典则。"

于是太子宾客崔沔建议曰:"窃闻大道既隐,天下为家。圣人因之,然后制礼。礼教之设,本为正家,家道正而天下定矣。正家之道,不可以贰,总一定议,理归本宗。父以尊崇,母以厌降,岂忘爱敬,宜存伦序。是以内有齐斩,外服皆缌麻,尊名所加,不过一等,此先王不易之道也。前圣所志,后贤所传,其来久矣。昔辛有适伊川,见被发而祭于野者,曰:'不及百年,此其戎乎?其礼先亡矣!'贞观修礼,时改旧章,渐广渭阳之恩,不遵洙泗之典。及弘道之后,唐元之间,国命再移于外族矣。礼亡征兆,俔或斯见,天人之际,可不诫哉!开元初,补阙卢履冰尝进状论丧服轻重,敕令佥议。于时群议纷拏,各安积习,太常礼部,奏依旧定。陛下运稽古之思,发独断之明,至开元八年,特降别敕,一依古礼。事符故实,人知向方,式固宗盟,社稷之福。更图异议,窃所未详。愿守八年明旨,以为万代成法。"

职方郎中韦述议曰:

天生万物,惟人最灵。所以尊尊亲亲,别生分类,存则尽其爱敬,没则尽其哀戚。缘情而制服,考事而立言,往圣讨论,亦已勤矣。上自高祖,下至玄孙,以及其身,谓之九族。由近而及远,称情而立文,差其轻重,遂为五服。虽则或以义降,或以名加,教有所从,理不逾等。百王不易,三代可知,日月同悬,咸所仰也。自微言既绝,大义复乖,虽文质有迁,而必遵此制。

谨按《仪礼·丧服传》曰:"外亲之服皆缌麻。"郑玄谓:"外亲,异姓。正服不过缌麻。"外祖父母,小功五月,以尊加也。从母,小功五月,以名加也。舅甥外孙、中外昆弟,依本服缌麻三月。若以匹敌,外祖则祖也,舅则伯叔父之别也。姨舅伯叔,则父母之恩不殊,而独杀于外氏,圣人之心,良有以也。《丧服传》曰:"禽兽知母而不知父。"野人曰,父母何算焉。都邑之士,则知尊祢矣。大夫及学士,则知尊祖也。诸侯及其太祖,天子及其始祖,圣人究天道而厚于祖祢,系姓族而亲其子孙,近则别其贤愚,远则异于禽兽。由此言之,母党比于本族,不可同贯明矣。

　　且家无二尊，丧无二斩，人之所奉，不可贰也。特重于大宗者，降其小宗；为人后者，减其父母之服；女子出嫁，杀其本家之丧。盖所存者远，所抑者私也。今若外祖及舅更加服一等，堂舅及姨列于服纪之内，则中外之制，相去几何？废礼徇情，所务者末。古之制作者知人情之易摇，恐失礼之将渐，别其同异，轻重相悬，欲使后来之人，永不相杂。微旨斯在，岂徒然哉！

　　且五服有上杀之义，必循源本，方及条流。伯叔父母本服大功九月，从父昆弟亦大功九月，并以上出于祖，其服不得过于祖也。从祖祖父母、从祖父母、从祖昆弟，皆小功五月，以出于曾祖，服不得过于曾祖也。族祖祖父母、族祖父母、族祖昆弟，皆缌麻三月，以其出于高祖，其服不得过于高祖也。堂舅姨既出于外曾祖，若为之制服，则外曾祖父母及外伯叔祖父母，亦宜制服矣。外祖加至大功九月，则外曾祖合至小功，外高祖合至缌麻。若举此而舍彼，事则不均；弃亲而录疏，理则不顺。推而广之，是与本族无异矣。服皆有报，则堂外甥、外曾孙、侄女之子，皆须制服矣。

　　圣人岂薄其骨肉，背其恩爱。情之亲者，服制乃轻，盖本于公者薄于私，存其大者略其细，义有所断，不得不然。苟可加也，亦可减也，往圣可得而非，则礼经可得而隳矣。先王之制，谓之彝伦，奉以周旋，犹恐失坠，一紊其叙，庸可止乎？且旧章沦胥，为日已久矣。所存者无几，又欲弃之，虽曰未达，不知其可。请依《仪礼·丧服》为定。

礼部员外郎杨仲昌议曰："谨按《仪礼》曰：'外服皆缌。'又曰外祖父母以尊加从母以名加，并为小功五月。'其为舅缌，郑文贞公魏征已议同从母例，加至小功五月讫。今之所加，岂异前旨？虽文贞贤也，而周、孔圣也，以贤改圣，后学何从？堂舅姨、堂舅母，并升为祖免，则何以祖述礼经乎？如以外祖父母加至大功，则岂无加报于外孙乎？如外孙为报，服大功，则本宗庶孙，何同等而相浅乎？傥必如是，深所不便。窃恐内外乖序，亲疏夺伦，情之所沿，何所不至，理必然也。昔子路有姊之丧而不除，孔子问之，子路对曰：'吾寡兄弟而不忍也。'子曰：'先王制礼，行道之人皆不忍也。'子路闻而除之。此则圣人因言以立训，援事抑情之明例也。礼不云乎，无轻议礼。明其蟠于天地，并彼日月，贤者由之，安敢小有损益也！况夫《丧服》之纪，先王大猷，奉以周旋，以匡人道。一辞宁措，千载是遵，涉于异端，岂曰弘教。伏望各依正礼，以厚儒风。太常所谓增加，愚见以为不可。"又户部郎中杨伯成、左监门录事参军刘秩并同是议，与沔等略同。

议奏，上又手敕侍臣等曰："朕以为亲姨舅既服小功，则舅母于舅有三年之服，服是受我而厚，以服制情，则舅母之服，不得全降于舅也，宜服缌麻。堂姨舅古今未制服，朕思敦睦九族，引而亲之，宜服袒免。又郑玄注《礼记》云'同爨缌'，若比堂姨舅于同爨，亲则厚矣。又《丧服传》云，'外亲之服皆缌'，是亦不隔于堂姨舅也。若以所服不得过本，而须为外曾祖父母及外伯叔祖父母制服，亦何伤乎？是皆亲亲敦本之意，卿等更熟详之。"

侍中裴耀卿、中书令张九龄、礼部尚书李林甫等奏曰："外族之亲，礼无厌降。外甥既为舅母制服，舅母还合报之。夫外甥既为报服，则与夫之姨舅，以类是同，外甥之妻，不得无服。所增者颇广，所引者渐疏。微臣愚蒙，犹有未达。"玄宗又手制答曰："从服有六，此其一也。降杀之制，礼无明文。此皆自身率亲，用为制服。所有存抑，尽是推恩。朕情有未安，故令详议，非欲苟求变古，以示不同。卿等以为'外族之亲，礼无厌降，报服之制，所引甚疏'且姨舅者，属从之至近也，以亲言之，则亦姑伯之匹敌也。岂有所引者疏，而降所亲者服？又妇，从夫者也。夫之姨舅，夫既有服，从夫而服，由是睦亲。实欲令不肖者企及，贤者俯就。卿等宜熟详之。"耀卿等奏曰："陛下体至仁之德，广推恩之道，将弘引进，以示睦亲，再发德音，更令详议。臣等按《大唐新礼》：亲舅加至小功，与从母同服。此盖当时特命，不以轻重递增，盖不欲参于本宗，慎于变礼者也。今圣制亲姨舅小功,更制舅母缌麻,堂姨舅袒免等服,取类《新礼》,垂示将来,通于物情,自我作则。群儒风议,徒有稽留。并望准制施行。"制从之。

天宝六年正月,出嫁母宜终服三年。